KB205441

Refo 500 성경 해설 4

대선지서

Refo 500 성경 해설 시리즈는 종교개혁 500주년을 맞아 **〈고신 Refo 500 준비위원회〉**가 기획하고 **〈세움북스〉**가 협력하여 출간하게 되었습니다. 건강한 개혁주의 신학을 담고 있는 본서가 한국교회를 말씀 위에 바로 세우는 유익하고 좋은 도구가 되길 소망합니다.

Refo 500 성경 해설 시리즈 4

Refo 500 성경 해설 : 대선지서

초판 1쇄 인쇄 2020년 10월 25일
초판 1쇄 발행 2020년 10월 30일

지은이 | 박우택
펴낸이 | 강인구 · 고신 Refo 500 준비위원회
감 수 | 김성수 문장환 박영호

펴낸곳 | 세움북스
등 록 | 제2014-000144호
주 소 | 서울시 종로구 삼일대로 428(낙원동) 낙원상가 5층 500-8호
전 화 | 02-3144-3500
팩 스 | 02-6008-5712
이메일 | cdgn@daum.net

디자인 | 참디자인

ISBN 979-11-87025-75-7 (03230)
979-11-87025-20-7 (03230) 세트

* 이 책은 신저작권법에 의하여 국내에서 보호를 받는 저작물입니다.
출판사와의 협의 없는 무단 전재와 무단 복제를 엄격히 금합니다.
* 책 값은 뒷표지에 있습니다.
* 잘못된 책은 교환하여 드립니다.

Refo 500 성경 해설 시리즈 4

Refo 500
성경 해설

박우택 지음

대선지서
The Major Prophetic Books

세움북스

저자 서문

종교개혁 500주년을 맞아 그 의미를 바르게 진단하는 일은 복된 미래를 열어 가는 초석이 된다. 종교개혁이 어떤 의미를 가지고 있는지 '세계 레포 500'에서 자문학자들이 "2017년 종교개혁 500주년을 위한 진단과 전망"을 23개 항목으로 발표한 바가 있다. 그 중에 이 책의 핵심과 관련된 몇 가지 내용을 요약하면 다음과 같다.

> 종교개혁은 오직 믿음으로 하나님께 의롭다 함을 받음으로 직접 하나님 앞에 서 있는 존재로서 사람을 발견하게 했다. 이러한 사람의 존재, 그 자유와 책임에 대한 언급은 교회와 기독교를 넘어 사회 각 분야, 특히 문화, 학문, 교육, 법, 정치, 경제 영역에 영향을 미쳤다. 그리고 사람이 하나님 앞에 서 있다는 사실은 자신이 믿는 것을 이해하고 자신의 믿음에 관해 설명할 수 있다는 점을 포함하기 때문에 종교개혁의 중심적인 관심사는 성경과 설교였다. 그래서 성경이 일반 대중의 언어로 번역되고 성경에 근거한 강해설교가 예배의 필수불가결한 요소가 되었다. 이 기본 신념은 그리스도인을 양성하기 위해 교육의 필요성을 불러일으켰다.

자문학자들의 이 진단은 옳을 뿐만 아니라 매우 중요하다고 생각한다. 성경을 가르칠 때 하나님 앞에 서 있는 존재로서 자기 자신을 발견하게 하고, 그 사람으로 하여금 하나님이 원하시는 새로운 세상, 곧 하나님 나라를 건설하게 할 수 있다고 믿기 때문이다.

종교개혁의 표어(motto)는 '오직 성경'(sola scriptura), '오직 믿음'(sola fide), '오직 은혜'(sola gratia)다. 이 중 첫 번째 '오직 성경'은 나머지 2개의 표어를 올바른 방향으로 이끄는 가장 중요한 요소다. 성경은 우리가 믿어야 할 믿음의 내용과 하나님이 우리를 구원하여 하나님 나라에 살게 하시는 은혜와 그 은혜를 받은 자의 자유와 책임을 기록하기 때문이다.

당시 종교개혁자들은 '오직 성경'이라고 말했지만 오늘날 불행하게도 다수의 가르치는 자들은 원저자이신 하나님의 의도와 상관없이 그들의 주관적인 생각에 따라 가르쳤다. 그래서 성도들로 하여금 성경을 바르게 읽지 못하게 했다. 이뿐만 아니라 누구든지 읽고 구원의 길을 찾을 수 있도록 쉽게 기록된 책을 어렵고 복잡하게 만들어 돌아가게 만들거나, 어떤 경우에는 아예 길을 찾을 수 없게 만든다. 심지어 성도들의 자유를 유린하거나 억압하는 도구로 사용하기도 한다. 또한 '오직 믿음'이라고 말했지만 믿음이 무엇이며, 그 믿음이 어떻게 표현되는지를 설명하지 못했기 때문에 실천과 연결되지 못했다. '오직 은혜'라고 말했지만 하나님이 우리의 구원을 위해 행하신 은혜가 무엇인지 보여 주지 못함으로 기복주의로 흐르게 하여 '값싼 은혜'만 넘쳐나게 되었다.

이러한 현상의 근본 원인은 성경이 어떤 책이며, 어떻게 기록하고 있는지 모르기 때문이다. 성경은 하나님이 우리를 구원하시기 위해 역사 가운데 행하신 구속사를 기록하고 있다. 그리고 그 구속사를 누구나 잘 알 수 있도록 우리가 사용하는 언어로 기록하였다. 언어를 이해하는 핵심은 문맥이다. 문맥은 본문의 의미를 결정하는 가장 중요한 요소다. 성경에서 어떤 단어의 문맥은 그 단어가 속해 있는 구절이며, 구절의 문맥은 그 구절이 속해 있는 문단이며, 문단의 문맥은 장(章)이며, 장의 문맥은 그 장이 속해 있는 책이다. 성경 기록의 특성상 각각의 저자가 66권을 다른 역사적인 상황에서 기록했다 할지라도 성경은 한 분 저자이신 하나님의 감동으로 된 책이기에(딤후 3:16) 성경 전체가 한 문맥을 이루고 있다. 이것은 성경 각 부분이 성경 전체의 핵심 주제인 언약과 그 언약의 목표인 하나님 나라와 밀접한 연관성을 가지고 있다는 것이다. 그럼에도 성경을 문맥과 관계없이, 또한 언약의 핵심인 그리스도와 아무런 연관성이 없이 연결하기 때문에 성경을 기록한 목적에 이르지 못한다. 하나님 앞에 서 있는 자신의 존재와 그 존재에 합당한 자유와 책임을 인식할 수가 없다. 이러한 이유에서 성경이 어떻게 그리스도와 연관되는지 올바른 신학적 관점과 그 내용을 기록한 방법을 이해하는 것이 필요하다.

현재 성경 개관서나 개론서도 있고, 셀 수도 없는 주해서들이 있다. 그럼에도 이 책을 쓴 것은 개혁주의 교리 표준과 성경해석 원리에 따라 성경 전체와 각각의 본문이 어떤 의미를 가지고 있는지 성경의 논리에 따라 설명할 필요가 있기 때문이다. 이 책은 다음과 같은 몇 가지 특징들을 가지고 있다. 이 특징들은 이 책을 어떻게 읽고 사용해야 하는지의 문제와 연관되어 있다.

1. 우리가 믿어야 할 믿음의 내용과 하나님이 그리스도 안에서 행하신 은혜를 구속사와 하나님 나라의 관점에서 설명하였다. 그래서 성경 전체와 각 권과 절들이

어떻게 이와 연관되는지 설명했다.

2. 구속사에서 하나님이 우리를 구속하시기 위하여 역사 가운데 행하신 하나님의 주권적인 사역만을 강조하지 않고, 하나님의 언약 당사자인 사람의 역할과 책임도 동일하게 강조하였다. 구속사에서 하나님이 우리를 구속하시기 위해 행하신 객관적인 사실을 아는 일이 중요하지만 언약 당사자인 사람이 하나님과 교제하며 그 은혜를 누리는 일과 이 세상에서의 그 역할과 책임도 중요하다고 보았기 때문이다.
3. 성경 저자들이 주제와 전하고자 하는 교훈을 어떻게 전달하는지 보여 주려고 했다. 각 책이 어떤 문학적 구조를 가지고 있고, 어떤 문학적 장치와 기교를 사용하여 의미를 전달하고 있는지를 보여 주려고 했다. 또한 각 책의 성격에 따라 이야기로 된 계시는 스토리를 살렸고, 설명으로 된 계시는 논리의 흐름을 살렸다.
4. 각 책의 주제와 기록 목적을 성경 자체가 가지고 있는 논리적 근거에 따라 기술했다. 어떤 근거에서 그 책의 주제가 되고 목적이 되는지, 저자가 주제를 전달하는 도구로 사용한 문학적 구조와 다양한 문학적 장치를 통하여 드러냈다.
5. 성경 각 권이 가지고 있는 스토리나 논리의 흐름에 따라 각 책의 모든 내용을 성경의 순서대로 기술했다. 누구든지 성경과 함께 읽어 가면 더 좋지만, 그냥 읽어도 성경 순서에 따라 그 내용과 그 의미를 알 수 있도록 썼다. 교회나 성도가 성경 전체를 읽거나 가르치려고 할 때 이 책과 함께 읽는다면, 성경의 주제와 논리를 따라 읽고 의미를 쉽게 파악할 수 있다. 그리고 성경 어떤 본문을 알고 싶다면 성경 순서에 따라 쉽게 찾을 수 있다.
6. 일선 목사님들이 새벽기도회, 주일 오후나 저녁예배 또는 수요 예배에서 차례대로 설교하거나 가르칠 수 있도록 썼다. 긴 본문도 선택할 수도 있고, 짧은 본문을 선택할 수 있도록 문단의 흐름과 대지를 따라 썼다. 작은 단위의 본문도 가능하다면 다 해설하려고 했다. 필요하다면 성경의 원어와 문법적 특징 등을 다루어 의미를 더 자세히 알 수 있게 썼다.
7. 목회자나 독자들이 다른 주석이나 주해서를 사용하지 않더라도 쉽게 성경의 핵심을 파악하고 가르칠 수 있도록 썼다. 뿐만 아니라 더 깊은 연구가 가능하도록 참고 문헌과 출처를 밝혔고, 또한 설명주를 달아 의미를 더 자세하게 알 수 있게 했다.
8. 목회자와 독자들이 이 책을 읽다가 의미를 더 보완하거나 적용점이 있다면 기록

할 수 있도록 여백을 두었다. 성경의 특성상 이 여백은 본문의 의미를 더 풍성하게 할 수 있다.

9. 독자들이 더 잘 이해할 수 있도록 고착화된 몇 가지 외래어를 제외하고는 신학이나 문학과 관련된 전문 용어를 우리말인 한글로 표기했다. 또한 일본이나 중국의 언어 습관에서 비롯된 어투를 버리고 때로는 어색하지만 우리말로 표기하려고 했다.

이 책이 성경을 사랑하고 성경의 이상을 이 땅에 실현하기 원하는 성도들의 필요를 다 충족시키지는 못할 것이다. 그래도 이 책을 성도들이 성경과 함께 읽고 공부하면서 믿음으로 하나님에 의해 의롭다 함을 받은 자로서 그 자유와 책임을 발견하게 되기를 소망한다. 그리고 그들이 구속사의 넓은 지평에서 하나님과 교제하며 하나님 나라를 경험하게 되기를 원한다. 이뿐만 아니라 주님이 다시 오시는 그날까지 복음을 전파하여 성령 안에서 의와 평화와 기쁨이 특징인 하나님 나라를 만들어 가게 되기를 꿈꾼다(롬 14:17). 이 나라는 하나님이 그의 경륜 가운데 설계하셨고, 우리 믿음의 조상들과 바울과 요한이 꿈꾸었던 새로운 세상이다.

"고신 Refo 500 준비위원회"(이하 Refo 500)가 종교개혁 500주년 기념 사업으로 성경 전체를 우리의 교리 표준에 따라 구속사와 하나님 나라의 관점에서 개관한 책을 써 줄 수 있는지 물었고, 어떻게 쓸 것인지 계획서를 제출해 줄 것을 요청하였다. Refo 500이 그 계획서를 검토한 후 이 복되고 영광스러운 작업을 저에게 맡겨 주신 것에 진심으로 감사드린다. 특히 위원장이신 박영호 목사님(창원 새순교회)께 감사드린다. 박 목사님은 목회자와 독자의 입장에서 제가 쓴 원고를 긴 시간 동안 꼼꼼하게 여러 번 읽으며 내용을 보완하거나 바로잡는 일에 도움을 주셨다. 또한 글의 주인은 저자가 아니라 일선 목회자와 독자들이기 때문에 쉽게 읽을 수 있는 책이 되어야 함을 지적해 주셨다. 박 목사님은 성경을 알고 성경대로 살면서 교회마다 성경이 바르게 가르쳐지기를 원하는 '성경의 사람'이다. 또한 이 책의 전체적인 틀을 잡아주시고 수시로 대화하고 격려하며 감수해 주신 김성수 교수님(고려신학대학원)과 문장환 목사님(신학박사, 진주삼일교회)께 감사드린다. 또한 제가 속한 노회의 목사님들(박명진, 이영, 도근도, 김주환, 이순교, 정연무, 박보현 목사님)과 사모님들에게 감사드린다. 이 분들은 제가 이 책을 쓰기 시작하면서 함께 공부하며 책의 방향성을 잡는 일에 도움을 주셨다. 이 분들 중에 정연무 목사님(한샘교회), 박보현 목사님(지음교회)은 이 책을 긴 시간 독회(讀會)하며 내용을 보완하거나 바로잡는 일에 도움을 주셨다.

이 책을 출판할 수 있도록 도와 준『특강 소요리문답』과『특강 종교개혁사』의 저자 황희상 선생님과 이 책을 의미 있게 생각하고 출판해 주신 세움북스 강인구 대표님에게 감사드린다.

그리고 이 책을 쓰는 일에 결코 잊을 수 없는 분들이 있다. 이분들이 기회를 주고 배려해 주지 않았다면 이 책을 쓰는 일 자체가 불가능했을 것이다. 이분들은 제가 지금 협동목사로 봉사할 수 있는 은혜를 주신 한밭교회 곽창대 목사님과 장로님들과 성도들이다. 특히 곽 목사님은 제가 이 책을 쓸 수 있도록 배려해 주시고 격려해 주셨다. 교회에서 책의 초고를 강의할 때 성도들의 질문과 격려는 책의 내용을 더욱 풍성하게 만들었다. 성경과 교회를 사랑하는 성도들과 교제하며 교회를 섬기는 것은 큰 복이다. 그리고 사랑하는 아내와 세 딸들이 복음의 동역자로 함께 기도하며 격려해 주지 않았다면 이 일이 가능하지 않기에 이들에게도 감사드린다. 그러나 하나님의 인도가 없었다면 이 영광스러운 일을 할 수 없기에 하나님의 은혜와 위로는 이 모든 감사 위에 있다.

2017. 8. 17.

박우택

추천사

500년 전 종교개혁은 위클리프, 후스, 루터, 칼빈 등이 성경의 진리를 깨닫고 그 진리에 헌신하므로 일어났다. 당시 잘못된 교황제도 아래서 교회는 성경을 잘못 해석하여 구원과 은혜 교리를 왜곡시켰다. 그중에 하나가 면죄부다. 성도들은 성경을 읽지 못해서 진리를 알 수 없었다. 종교개혁자들은 모든 성도가 자기들의 언어로 성경을 읽을 수 있게 했다. 그래서 종교개혁의 불길이 불꽃처럼 타올라 번졌다. 진리로 자유를 얻은 많은 사람들이 순교자의 길을 걸었음에도 하나님의 교회는 진리의 말씀 위에 세워지고 부흥하게 되었다.

시간이 흘러 종교개혁자들이 진리의 터 위에 세운 교회가 다시 무너졌다. 유럽에서 시작하여 북미 대륙까지 성경 해석에 인본주의와 세속주의가 영향을 미쳤다. 성경이 구원과 생활에 유일한 표준이 아니라는 생각이 교회 안에 들어왔다. 하나님의 존재마저 의심했다. 종교개혁 500주년을 맞이한 한국교회 역시 동일한 위기를 만나고 있다. 종교개혁자들의 후예들이라고 외치기도 하고 '오직 성경'이라는 구호도 잊은 적이 없다. 그럼에도 한국교회 선교 역사 130년에 성경을 바르고 충분하게 설교하고 가르쳤는지 확신이 서지 않는다.

성경 한 권이면 충분하다는 목회자와 성도를 찾아보기가 쉽지 않다. 또한 일부이기는 하나 성경을 잘못 해석하여 하나님의 목적과 뜻을 왜곡하는 사람들이 교회 안팎에서 늘어나고 있다. 순수한 복음이 선포되지 않는다. 새롭게 되는 길은 한 가지뿐이다. 그것은 하나님의 말씀을 바르게 해석하여 교회 안에서 충족하게 선포되어야 한다는 것이다. 말씀 위에 교회를 세워 새롭게 하고 성장시키기 위해서는 말씀과 기도에 전념해야 한다. 성경의 역사를 볼 때 모세, 사무엘 등이 백성들에게 하나님의 말씀을 전하고 가르침으로 하나님의 백성들을 바른 길로 인도했고, 바벨론 포로 이후에 에스라가 레위인과 백성들을 가르쳐 포로 귀환 공동체를 개혁했다. 신약시대 사도 바울은 말씀을 전파하여 교회를 세우고 디모데 같은 일꾼을 길러내었다. 이 역사를 보면서 우리는 사람을 바꾸고 시대를 변화시키는 것은 하나님의 말씀이라고 확신한다.

종교개혁 500주년을 맞아 출간되는『Refo 500 성경 해설 시리즈』는 박우택 목사 한 사람이 썼다. 이렇게 한 이유는 성경 전체를 일관된 관점과 방법론에 따라 통일성있게 쓰도록 하기 위함이다. 그는 고신대학교와 고려신학대학원과 교회에서 성경을 가르치고 연구한 성경신학자로서 성경이 어떤 책인지 잘 설명하였다. 또한 구속사적인 해석과 계시전달방법인 문학적인 해석을 통해 하나님의 작정과 인류를 구원하시기 위해 행하시는 대속적인 사랑과 하나님이 이 역사 속에서 이루고자 하시는 궁극적 목적인 하나님 나라가 어떻게 세워지고 완성되는지 잘 표현하였다. 창세기부터 계시록까지 66권이 한 권의 책임을 보여줄 뿐만 아니라 건강한 개혁주의 신학을 가지고 성경 전체를 해설하였다.

『Refo 500 성경 해설 시리즈』는 종교개혁 500주년을 맞아 교회가 말씀 위에 세워져 교회가 새로워지고 부흥하기를 소망하며 기획된 책이다. 누구든지 이 해설서를 통해 혼자서도 충분히 성경을 가르칠 수 있는 목회자, 교사, 부모가 될 수 있을 것이다. 성경 다중번역 시대에 좋은 번역 성경을 읽어야 하고, 좋은 해설서를 곁에 두고 읽어야 한다. 이 책을 통해서 율법을 연구하고 준행하며 가르치기로 했던 에스라 같은 사람이 많이 일어나기를 소망한다. 하나님의 말씀이 완전하고 송이꿀보다 더 달다는 것을 맛보게 되기를 바란다(시 19:7-10). 기쁜 마음으로 이 책을 적극 추천한다.

박영호 목사(고신 Refo 500 준비위원회 위원장)

추천사

한 신학자가 일관된 신학적 관점과 방법론을 가지고 일정한 깊이와 수준을 유지하면서 성경 전 권을 다 해설한다는 것은 정말 힘든 작업이라 할 수 있다. 교회 역사에서 이런 작업을 이룬 신학자는 손에 꼽을 정도로 적다. 그러나 이 작업은 교회에 정말 필요한 일이 아닐 수 없다. 개혁 신학의 관점에서 창세기부터 요한계시록까지 꼼꼼히 주석한 고 박윤선 박사님의 성경 주석은 지난 반세기 동안 한국의 많은 목회자들에게 큰 도움을 주었다. 특히 이 주석은 장로교 목사님들만이 아니라 많은 목회자들과 성경을 배우고 싶은 성도들에게 없어서는 안 될 보배와 같은 책으로 지금도 그 독특한 위치를 차지하고 있다. 종교개혁자 칼뱅도 개혁 신학을 바탕으로 구약의 사사기, 열왕기서, 역대기서, 에스라-느헤미야, 신약의 요한계시록 등을 제외하고 성경 전 권을 주석했다. 이 주석을 전 세계의 개혁파 목사님들이 아직도 가장 권위 있게 참고하고 있다. 이렇듯 바른 신학적 관점으로 성경을 읽고 해설하는 것은 그 신학의 전통 속에 있는 설교자들과 성도들에게 중요한 선물이 아닐 수 없다.

종교개혁 500주년이 되는 해에 박우택 박사가 성경 전 권을 해설한 책을 출간하게 된 것은 정말 의미 있고 기쁜 일이 아닐 수 없다. 박우택 박사는 거의 30년간 지역 교회에서 목회를 하고 끊임없이 설교하면서, 한편으로 고려신학대학원에서 계속 구약학을 가르쳐 온 학자이다. 그의 역사서 강의에는 학생들로 늘 가득 찼다. 학구적으로 꼼꼼하고 치밀하게 본문을 분석하고 목회적으로 종합하는 그의 수업과 강의는 신대원 학생들로부터 가장 환영받는 강의였다. 누구보다도 이 해설서를 쓸 적임자라고 할 수 있는 학자요 목회자이다.

이 책은 저자가 서문에서 언급하였듯이 성경의 핵심 주제인 구속사와 하나님 나라의 관점으로 성경 저자들이 전달하고자 했던 방법인 문학적 특징과 문맥의 흐름을 따라 이해할 수 있도록 쓴 성경 해설서이다. 그래서 이 책은 목회자들이 설교할 때뿐만 아니라 성도들이 성경을 규칙적으로 읽거나 큐티(QT)를 할 때도 직접적으로 도움을 줄 수 있는 장점을 가지고 있다. 그리고 개혁 신학의 핵심을 담고 있는 교리 표준인 웨스트민스터 표준 문서에 따라 중요 교리를 설명하고 있다.

일본의 사사키 아타루(佐々木 中)라는 철학자는 종교개혁을 "읽기 혁명"이라고 명명한 바 있다. 이렇게 말한 것은 성경을 직접 읽을 뿐만 아니라 성경을 바른 관점과 신학을 통해 읽고자 했던 혁명이 종교개혁이었다는 것이다. 종교개혁 500주년을 맞이하여 발간되는 박우택 박사의 성경 해설서가 한국 교회 목회자들과 성도들이 성경을 바르게 읽게 하므로 설교 강단과 교회와 세상을 새롭게 만드는 신앙의 혁명을 가져오게 되기를 희망하면서 목회자들만이 아니라 모든 성도들에게 이 책을 진심으로 추천한다.

신원하 교수(고려신학대학원, 원장)

추천사

본서와 같이 신구약 성경 전반의 흐름을 개관하되 개론서 수준이 아니라 모든 본문들을 신학적이고도 문학적으로 정리해 주는 책을 찾기는 어렵다. 더군다나 각 분야의 전문가들이 각 파트를 하나씩 담당해서 쓰는 것이 아니라 한 저자가 신구약 전체를 다루는 경우는 굉장히 보기 드문 일이다. 누군가에겐 무모한 시도로 보일 수도 있을 것이다. 하지만 저자가 박우택 박사라면 이야기가 달라진다. 박우택 목사님은 이런 책을 쓸 충분한 자격과 능력을 갖춘 분이다. 박 목사님은 거의 30년 동안 신학교와 교회에서 성경을 가르쳐 왔기 때문이다. 박 목사님은 고신대의 학부 학생들과 석사 과정 학생들, 고려신학대학원의 목회자 후보생들과 여신원 학생들, 교회의 성도들, 선교지의 지도자들을 가리지 않고 다양한 대상들에게 다양한 성경 분야들을 강의해 왔다. 이러한 그의 강의 경력은 에스라-느헤미야에 대한 그의 박사 학위 논문을 통해서 더욱 더 예리하게 다듬어졌다. 박사 학위를 받기 이전에도 신대원 학생들에게 환호를 받았던 '에스라-느헤미야' 과목이었지만 학위 논문을 쓴 이후에는 반드시 들어야 하는 선택 과목으로 확실하게 자리를 잡게 되었다. 평소에 박 목사님을 대하면서 느낀 그 느낌이 본서에 고스란히 반영되었다. 성경에 대한 열정과 구속사적 해석에 대한 소신, 그리고 교회에 대한 그의 사랑이 본서에서 그대로 묻어난다.

본서는 여러 가지 면에서 교회 사역자들과 성도들에게 유익하다. 먼저, 성경 전체에 대한 그림을 잘 그려 준다. 구속사적인 흐름을 보여 줄 뿐만 아니라 각 책이 그 흐름 가운데서 차지하는 자리들을 잘 제시해 준다. 무엇보다 구약과 신약 본문들을 수시로 연결해 주면서 전체의 흐름을 독자들이 지속적으로 감지하게 해 준다. 평상시에 나무는 보는데 숲을 볼 수 없어서 아쉬움을 느끼던 독자들의 목마름을 채워줄 생수와 같은 책이다.

또한 본서는 신학적이고 신앙적이다. 학문적인 논쟁이나 전문적인 해석만을 다룬 책도 아니고 전문성이 결여된 묵상집도 아니다. 전문성을 가지고 각 책들에 대한 해석을 제시하되 신학적이고도 신앙적으로 제시한다. 본문에 대한 필자의 신학적 설명은 어느 새 신앙적인 적용이 되고 있다. 평생 개혁주의 신학과 신앙에 헌신한 저자의 삶이 책의 곳곳에 성실하게 반영되어 있다. 독자들이 성경의 흐름을 파악하면서 신학적인 방향성을 잘 잡을 수 있게 하는 책이다.

본서는 성경이 가지고 있는 문학적인 측면들을 잘 부각시켜 준다. 하나님이 우리에게 성경을 주시되 각 시대 저자들의 문학적 기술과 감수성을 잘 사용하셔서 효과적으로 전달하셨다. 이러한 문학적 특징들이 어우러져서 신학적인 교훈이라는 열매를 만들어 낸다. 본서는 이러한 특징들을 잘 드러내 준다. 본서가 가진 이런 장점들은 저자가 문학적 기교나 특징들에 대해 수년간 탐구하고 연구한 열매이기도 하다. 우리는 본서를 통해서 다른 개론서들에서 잘 보기 어려운 선물들을 누리게 될 것이다.

본서가 가지고 있는 다양한 장점들이 본서를 읽는 많은 독자들에게 고스란히 전달이 되어 한국 교회 가운데 성경에 대한 관심과 열정이 새롭게 일어나게 되기를 기대한다.

김성수 교수(고려신학대학원, 구약학)

목차

선지서는 어떤 책인가? · 25

the prophetic books

이사야 · 41

Isaiah

예레미야 애가 · 351 Lamentations

다니엘 · 517

Daniel

선지서는 어떤 책인가?

S U M M A R Y

1. 선지자의 신적 기원
2. 선지자에 사용된 용어
3. 선지자와 역사적 상황
4. 선지자의 사역과 그의 메시지
5. 선지서의 문학적 구조와 특징

선지서는 어떤 책인가?

일반적으로 선지서는 대선지서와 소선지서로 구분한다. 대선지서는 4권으로 이사야, 예레미야, 에스겔, 다니엘이고, 소선지서는 12권으로 호세아, 요엘, 아모스, 오바냐, 요나, 미가, 나훔, 하박국, 스바냐, 학개, 스가랴, 말라기다. 대선지서와 소선지서는 구분하는 차이는 메시지의 중요성에 근거해 있는 것이 아니라 크기에 근거해 있다(Vangemeren 1988, 275). 대선지서와 소선지서의 순서는 논란이 되는 부분은 있으나 시대적인 순서를 따랐던 것처럼 보인다. 히브리 정경 형태에서 이사야, 예레미야, 에스겔, 12 소선지서로 구분하였고, 애가와 다니엘은 성문서에 포함되었다. 히브리 정경 형태도 구약성경을 이해하는 일에 도움이 되는 것은 사실이나 지금 일반적으로 한글이나 영어 성경에서 사용하는 구분에 따랐다.

모든 선지자의 메시지 기초는 언약이다. 구약시대의 선지자들은 하나님께서 세우신 자들로서 대부분 시내산과 모압에서 하나님과 맺은 언약에 기초하여 현실을 조명하고 복과 저주를 선포했다. 그래서 선지자들의 메시지는 일반적으로 하나님과 맺은 언약에 근거하여 과거에 보여주신 하나님의 사랑에 토대를 두고 언약 백성들의 현재의 삶의 모습을 조명하고 미래에 있게 될 심판과 회복의 순서로 나타난다. 그리고 선지서는 모세오경에 기록된 언약과 율법이 각 시대에 어떻게 적용되고 있는지 선지자의 메시지를 통해 보여주기 때문에 율법과 역사서를 해석하는 열쇠가 되기도 한다.

1. 선지자 제도의 신적 기원

구약성경에서 선지자들의 활동이 매우 다양하게 묘사되고 있기에 선지자 제도를 단순하게 설명할 수 없다. 그런데도 선지자란 본질상 하나님의 계시를 인간에게 전달하도록 부름받은 자라고 간단하게 표현해도 무방하다. 선지자 집단 가운데 가장 잘 알려진 집단은 성경을 기록한 선지자들이다. 그들이 기록한 선지서[1]는 구약성경에 있어서 아주 중요한 부분을 차지한다. 선지자 개념을 바르게 이해하기 위해 그 기원부터 살펴보아야 한다.

선지자를 이해할 때 선지서를 기록한 선지자들만이 중요한 위치를 차지하는 것은 아니다. 이미 그들 이전에 아브라함(창 20:7), 아론의 누이 미리암(출 15:20), 모세(신 34:10), 랍비돗의 아내 드보라(삿 4:4), 사무엘(삼상 3:20), 나단(삼하 7:2), 아히야(왕상 14:18), 하나니의 아들 예후(왕상 16:7), 엘리야(왕상 18:36), 엘리사(왕상 19:16) 그리고 다른 선지자들과 이름 없는 선지자들도 있었다(왕상 13:11; 20:35 등).

선지자의 기원을 살펴보기 위해서는 구약성경 자체가 제공하는 증언에 주의를 기울여야 한다. 구약성경에 선지자의 기원에 대하여 세부적인 것을 말해주는 본문이 신명기 18:9–22이다. 이 본문에서 모세는 약속의 땅으로 들어가려는 이스라엘 백성에게 이방나라의 가증한 행위들, 곧 그의 아들이나 딸을 불 가운데로 지나게 하는 자나 점쟁이나 길흉을 말하는 자나 요술하는 자나 무당이나 진언자나 신접자나 박수나 초혼자를 용납하지 말라고 했다. 대신에 하나님이 자기 백성을 위해 선지자를 일으킬 것인데 그는 그들과 하나님 사이의 중보자 역할을 할 것이고 하나님의 모든 말씀을 백성들에게 이를 것이라고 했다. 선지자들은 하나님이 세우신 자들이고 그들의 입에는 하나님 말씀이 있고 그 말씀을 선포하는 사람이다. 이것이 신적인 기원이다(영 2002, 7).

모세는 "네 하나님 여호와께서 너희 가운데 네 형제 중에서 너를 위하여 나와 같은 선지자 하나를 일으키시리니 너희는 그의 말을 들을지니라"(신 18:15)라고 했다. 하나님이 세우실 선지자는 '너희 가운데 네 형제 중에서' 일으키실 것이다. 그래서 이스라엘 사람이 아닌 발람같은 사람은 하나님이 세우신 선지자가 아니다. 하나님이 시내산의 사건을 회상하면서 이스라엘 백성들은 하나님의 임재 앞에 죄를 깨닫게 되고 감히 하나님 앞에 서 있을 수 없다는 사실을 깨닫고는 "내가 다시는 내 하나님 여호와의 음성을 듣지 않게 하시고 다시는 이 큰 불을 보지 않게 하소서 두렵건대 내가 죽을까 하나이다"(신 18:16)라고 말했다. 그때 하나님께서는 "그들의 말이 옳도다"(신 18:17)라고 하시며 중보자 모세를 통하여 말씀하시겠다고 하셨다. 이러한 관점에서 선지자는 하나님이 세우시는 모세와 같다. 모세가 중보자로서 백성들 앞에서 하나님을 대표했던 것처럼 선지자도 역시 그러할 것이다. 이것은 하나님께서 약속한 선지자가 모든 면에서 모세와 같음을 말하는 것

1 일반적으로 '선지서'라고 부르고 있으나 학자들에 따라 '예언서'(豫言書)라고 부르기도 하고 '예언서'(預言書)라고 부르기도 한다. 전자는 예언적인 내용에 비중을 두고 있고, 후자는 하나님의 말씀을 맡은 자라는 의미에 비중을 두고 있다.

이 아니라 백성들 앞에서 여호와의 대표자라는 사실에서 모세와 같음을 말하는 것이다(Driver 1978, 228). 그러므로 백성들은 하나님의 대표자로서 선지자에게 귀를 기울여야 한다(영 2002, 29–30). 그러나 선지자들은 하나님의 말씀을 정기적으로 가르치는 선생은 아니다. 이스라엘에는 이미 중보자요 하나님의 말씀을 가르치는 제사장이 있었다(신 33:10). 그런데도 하나님이 선지자를 세우신 것은 구약성경의 이야기 속에서 특정한 시대를 위한 것이다(하우스 2014a, 1300). 하나님은 그의 말씀을 선지자들의 입술에 둘 것이며, 미래에도 계속 이 일을 하실 것이다. 그러므로 선지자 제도는 하나님의 선물(은사)로 보아야 한다(영 2002, 38).[2] 왜냐하면 선지자는 하나님의 거룩한 백성으로 하여금 삶의 독특성을 유지하여 하나님의 은혜와 축복을 받게 하는 일과 하나님의 뜻과 이 세상에 구현하는 일을 하였기 때문이다. 하나님은 이 선지자들에게 미래 세대를 위한 증인으로서 그들에게 준 계시를 선포하고 기록하도록 성령의 권능을 부여하셨다(Vangemeren 1990, 18–19).

그러므로 선지자의 기원은 가나안이나 당시 고대 근동에서 발견되거나, 어떤 시대적인 상황 속에서 생긴 제도가 아니다. 그럼에도 구약성경의 선지자들과 이방의 점쟁이들이나 술사들의 행동 사이에 어떤 유사한 점이 있는 것은 사실이다. 현재 이스라엘 선지자의 기원은 가나안, 이집트 및 아랍에 이르기까지 광범위하게 추적되고 있고, 보다 최근에는 메소포타미아의 고대 도시 마리(Mari)에서 발견된 마리 사본은 직접적 예언에 관해 훈련을 받은 남녀 선지자 무리에 대하여 언급하고 있다. 이 훈련이 정상적인 예언의 형태는 아니라고 할지라도 영감에 의해 신탁을 받았다고 말한 점은 구약성경의 선지자와 유사점이 있다(Malmat 1966, 207–227). 하셀 블록(2001, 7)은 이러한 점을 근거로 선지자 예언의 기원은 여호와의 소명에서 비롯되었고 선지자들을 통하여 자신의 뜻을 계시하시며 심판과 구원을 선포하신다고 해도 이스라엘 선지자 제도는 독특한 것은 아니라고 했다. 그러나 고대 근동에 선지자 제도나 예언 현상이 있었다는 것이 분명하다고 할지라도 구약성경의 선지자 기원은 고대 근동의 문화에서 비롯된 것이 아니다. 선지자의 예언은 사도 베드로의 증거를 통하여 말하고 있는 바와 같이 "예언은 언제든지 사람의 뜻으로 낸 것이 아니요 오직 성령의 감동하심을 입은 사람들이 하나님께 받아 말한 것임이니라"(벧후1:21)라는 말씀을 받아들여야 한다.

---

2 하나님이 이스라엘에 선지자를 주신 것이 왜 선물이며 은혜인지 성경 여러 곳에서 말한다(참조. 시 74:9; 애 2:9; 겔 7:26–27; 암 8:11 등).

2. 선지자에 사용된 용어

하나님은 특정한 시대에 선지자들을 세워 하나님의 말씀을 계시하셨다. 구약성경에 보면 선지자들을 여러 가지 용어로 표현한다. 그것은 '나비'(נָבִיא), '로에'(רֹאֶה), '호제'(חֹזֶה), '이쉬 엘로힘'(אִישׁ־אֱלֹהִים) 등이다. 선지자와 관련된 이 용어가 개역개정판에는 '이쉬 엘로힘'은 '하나님의 사람'이라고 번역하였고, 나머지는 대부분 '선지자'라고 번역했다. 이 용어는 선지자가 어떤 사람인지를 보여주는데 중요한 통찰력을 준다.

(1) 나비(נָבִיא)

하나님은 모세를 대신하여 말할 그의 형 아론을 가리켜 '네 대언자'(너비에카 נְבִיאֶךָ, נָבִיא)라고 하셨다(출 7:2). 여기서 이 단어는 상전으로부터 받은 메시지를 선포하는 자라는 뜻이다. 또한 아브라함에게 이 용어를 사용하셨다. 하나님은 사라를 데려간 아비멜렉에게 "이제 그 사람의 아내를 돌려보내라 그는 선지자(나비, נָבִיא)라 그가 너를 위하여 기도하리니 네가 살려니와 네가 돌려보내지 않으면 너와 네게 속한 자가 다 정녕 죽을 줄 알지니라"(창 20:7)라고 하셨다. 이 경우 선지자는 하나님과 특별한 관계 속에 있으면서 다른 사람을 위해 중재할 수 있는 자에게 사용되고 있다. 그러므로 성경의 용례를 볼 때 선지자는 하나님의 말씀을 전하는 자요, 동시에 하나님과 백성 사이의 중보자 위치에 있는 자임을 알 수 있다.

(2) 로에(רֹאֶה)

개역개정판은 '로에'를 '선견자'로 번역했다. 이 용어의 의미는 '보다'(라아, ראה)라는 동사의 분사형으로 '보는 자'(seer)라는 뜻이다. 이 용어는 구약성경에 모두 12회 사용되었다. 이 선견자를 사무엘상 9:9의 "… 옛적에는 선견자라 일컬었더라"라는 말씀에 근거하여 사무엘서가 쓰여진 시대에는 하나님의 사람이 선지자라고 불렀던 반면에 사울 시대에는 선지자가 선견자로 불렀다고 보기도 하나 '나비'와 '로에'로 시대를 구분하는 것은 적절하지 못하다. 사무엘도 '나비'(נָבִיא)를 사용했고(삼상 10:5) 오경에도 이를 사용했기 때문에 같은 의미로 썼다고 보는 것이 자연스럽다(영 2002, 74).

그러면 '나비"(נָבִיא)와 '로에'(רֹאֶה)의 차이는 무엇인가? 존슨(Johnson 1962, 11)은 '나비'는

자신을 비정상적인 상태로 들어감으로 신적인 인도하심을 얻는 사람이었고, '로에'는 시각적 혹은 청각적인 경험을 통하여 정보를 얻는 사람으로 보았다. 영(2002, 75-76)은 '나비'는 하나님께 받은 메시지를 말하는 것으로 선지자의 능동적 사역에 강조점이 있고, '로에'는 선지자가 그 메시지를 보는 경험을 더 강조하고 있다고 보았다. 그리고 '나비는 백성에 대한 선지자의 관계에 강조점을 두고 있고, '로에'는 하나님께 대한 그의 관계에 강조를 두고 있다고 보았다. 그리고 두 용어는 같은 의미로 하나님께서 그에게 주신 메시지를 선포하는 자라는 뜻이다.

(3) 호제(חֹזֶה)

'호제'라는 용어는 구약성경에 모두 18번이 나온다. 이 용어는 다윗 시대에 등장하는 일곱 명의 선지자 가운데 네 명에게 사용되었다. 그 네 명은 갓(삼하 24:11), 헤만(대상 25:5), 아삽(대하 29:30), 그리고 여두둔(대하 35:15) 등이다. 후에 이 용어로 부른 선지자는 잇도(대하 12:15)와 하나니의 아들 예후(대하 19:2)와 아모스(암 7:12) 등이다(후에 사용된 이 이름은 개역개정판에는 모두 '선견자'로 번역됨).

이사야 30:9-10에 보면 선지자에 관한 용어인 '로에'(רֹאֶה)와 '호제'(חֹזֶה)를 서로 같은 의미로 쓰고 있다. 이로 보아 두 개의 다른 용어를 사용하기는 하나 두 용어는 문맥적으로 의를 선포하는 사람으로 같은 서로의 의미다. 특히 '호제'는 계시를 받는 방식을 강조하는 것으로 '보는 것'에 강조점이 있다(영 2002, 76-77).

(4) 이쉬 엘로힘(אִישׁ־אֱלֹהִים)

이 용어는 일반적으로 '하나님의 사람'이라고 번역한다. 이 용어는 모세(신 33:1), 사무엘(삼상 9:6), 엘리사(왕하 4:9) 등에게 사용되었으며, 벧엘에 있는 단을 향하여 저주를 외친 젊은 선지자에게 사용되기도 했다(왕상 13:11-32). 이 용어는 하나님을 아는 자로서 특별한 사명을 위하여 하나님의 보내심을 받은 자를 말한다(우드 1995, 82-83). '하나님의 사람'이라는 용어는 거의 모든 선지자에게 적용되어 사용되고 있는데, 이는 선지자가 하나님이 세우신 사람임을 강조하는 표현으로 선지자가 어떤 사람인지를 보여주는 용어라 할 수 있다.

3. 선지자와 역사적 상황

선지자들은 하나님의 말씀을 정기적으로 가르치는 선생은 아니다. 이스라엘에는 이미 중보자요 하나님의 말씀을 가르치는 제사장이 있었다(신 33:10). 그런데도 하나님이 선지자를 세우신 것은 구약성경의 이야기 속에서 특정한 시대를 위한 것이다(하우스 2014a, 1300). 각각의 선지자들은 그들이 처해 있는 독특한 상황에서 하나님 말씀을 전하였고, 하나님의 계획에 대하여 독특한 관점을 보여주었다. 이러한 이유에서 선지자가 살았던 시대적, 역사적, 문화적 상황을 인식하는 일은 참으로 중요하다. 이 모든 일을 알 수 있는 출발점이 선지자가 어떤 시대에 활동하였는지를 확정하는 일이다.

선지서는 시대가 불분명한 몇 권의 책을 제외하곤 선지자가 언제 계시를 받았는지를 기록하고 있다. 예를 들면 이사야서는 이사야가 유다 왕 웃시야, 요담, 아하스, 히스기야 시대에 받은 계시이고(사 1:1), 예레미야서는 예레미야가 요시야, 여호아하스, 여호야김, 여호야긴, 시드기야 시대에 받은 계시다(렘 1:1-3). 선지자가 어느 나라, 어느 시대에, 누구를 대상으로 사역했는지 다음 두 개의 "도표"를 참조하라. 하나의 도표는 유다와 이스라엘에 사역한 구전 선지자에 대한 도표이고, 또 하나는 기록 선지자에 대한 도표다. 이것은 하나님이 당시 구체적인 역사적 상황에서 선포해야 할 메시지를 주셨기 때문에 이를 이해하려면 정치적, 사회적, 종교적 상황을 고려해야 한다는 것이다. 그리고 선지서는 선지자가 사역한 시대를 기록한 역사서 가운데 열왕기서와 에스라-느헤미야의 기록과 밀접한 연관이 있기에 독자들은 대조하며 읽어야 한다.

선지서에 배열된 정경의 순서가 일반적으로 시대 순서로 되어있다고 보지만 실제 내용을 검토해 보면 차이가 있다. 일치된 견해가 아니라 관점에 따라 차이가 있으나 불록(2001, 1)은 그의 책에서 시대순으로 선지서를 배열하여 설명했다. 그는 선지서를 요나, 아모스, 호세아, 미가, 이사야, 스바냐, 하박국, 예레미야, 나훔, 에스겔, 오바댜, 다니엘, 학개, 스가랴, 요엘, 말라기의 순서로 구분했다.

이스라엘과 유다의 구전 선지자들

선지자	이스라엘 왕(주전)	유다 왕(주전)	근거 본문
나단		다윗(1010-970) 솔로몬(970-930)	대하 9:29
잇도	여로보암(930-909)		대하 9:29

선지자	이스라엘 왕(주전)	유다 왕(주전)	근거 본문
실로 사람 아히야	여로보암(930–909)	솔로몬(970–930)	왕상 11:26–40; 14:1–18 대하 9:29
스마야		르호보암(930–913)	왕상 12:22–24
유다에서 온 선지자	여로보암(930–909)		왕상 13:1–34
하나니		아사(910–869)	대하 16:7
하나니의 아들 예후	바아사(909–886)		왕상 16:1–4
엘리야	아합(874–853) 아하시야(853–852)		왕상 16:34–왕하 2:12
무명 선지자	아합(874–853)		왕상 20:13–43
미가야	아합(874–853)		왕상 22:1–36
엘리사	여호람(851–841) 예후(841–814) 여호아하스(814–798) 여호아스(798–782)		왕상 19:19–21; 왕하 2–10; 13:14–21
무명 선지자	예후(841–814)		왕하 9:4
아하사엘		여호사밧(872–848)	대하 20:14–17
엘리에셀		여호사밧(872–848)	대하 20:37
스가랴		요아스(835–796)	대하 24:20

이스라엘과 유다의 기록 선지자들

선지자	나라	시대	대상	근거 본문
이사야	유다	웃시야(792–740) → 히스기야(715–686)	유다	사 1:1
예레미야	유다	요시야(640–609) → 시드기야(597–586)	유다	렘 1:1–3
에스겔	유다 (바벨론)	여호야긴(598–597) 잡혀온 지 5년, 주전 593년부터	포로된 백성	겔 1:2
다니엘	유다 (바벨론)	여호야김(609–598) 3년 605년부터	포로된 백성	단 1:1; 10:1
호세아	이스라엘	여로보암 2세(793–753)	이스라엘	호 1:1
요엘	유다	주전 516–444?	포로 귀환자	욜 3:2–6
아모스	이스라엘	여로보암(793–753)	이스라엘	암 1:1
오바댜	유다 (바벨론)	주전 586년 이후	에돔	옵 1:1, 11–16

선지자	나라	시대	대상	근거 본문
요나	이스라엘	여로보암(793–753)	니느웨	왕하 14:25–27
미가	유다	요담(750–735) → 히스기야(715–686)	사마리아 예루살렘	미 1:1
나훔	유다	므낫세(697–642) → 요시야(640–609)	니느웨	나 1:1
하박국	유다	요시야(640–609) → 여호야김(609–598)	유다	합 1:5–11
스바냐	유다	요시야(640–609)	유다	습 1:1
학개	유다	다리오(522–486)	포로 귀환자	학 1:1; 2:1
스가랴	유다	다리오(522–486)	포로 귀환자	슥 1:1
말라기	유다	아하수에로(486–465) 아닥사스다(465–424)	포로 귀환자	말 1:6–3:5

특이한 점은 선지서가 주로 이스라엘 역사에서 중요한 세 시대에 주신 계시를 다루고 있다는 것이다. 그 세 시대는 이스라엘이 앗수르에 의해 멸망한 시대(주전 722년), 유다가 바벨론에 의해 멸망한 시대(주전 586년), 고레스 칙령으로 돌아온 사람들의 시대(주전 539년)다. 세 시대를 중심으로 기록된 선지서를 도식화하면 다음과 같다. 이로 보아 이스라엘 왕정 시대와 바벨론 포로 시대 이후 가장 역사적으로 위험한 상황이거나 중요한 시대에 하나님이 선지자들을 보내셨음을 알 수 있다.

선지서의 저자들이 사역한 시대

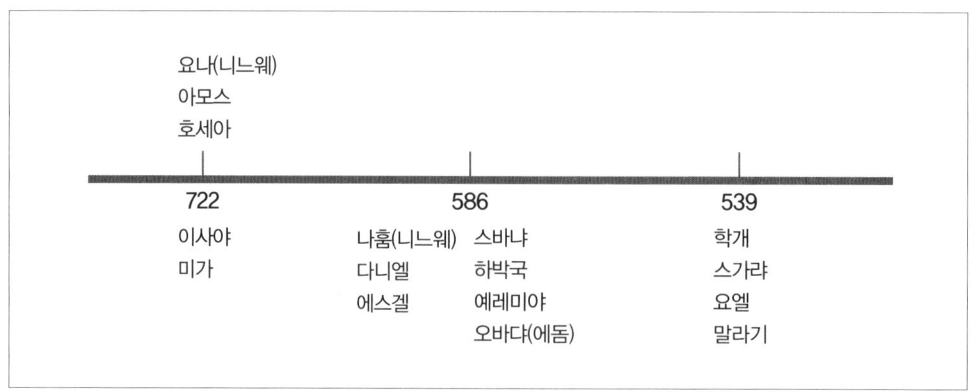

4. 선지자의 사역과 그의 메시지

선지서는 구약성경의 중요한 주제를 대부분 포함하고 있고 또한 율법서를 각 시대적 상황에 어떻게 적용되는지를 보여주기 때문에 구약성경을 해석하는 일과 그 책의 핵심 주제를 알게 하는 일에 중요한 역할을 한다.

(1) 선지자의 사역

선지자가 어떤 일을 하는 사람인지 이해하기 위해서 이에 대한 오해들이 무엇인지 이해하는 것이 필요하다. 그 오해는 첫째, 선지자는 '미래에 일어날 일'을 전하는 예언자라고 생각한다. 둘째, 선지자는 사회나 공동체에 비판만을 한다고 생각한다. 셋째, 주로 왕이나 지도자에 대한 비판적 대적자로 생각한다(송제근 2017a, 230-233). 그러나 선지자의 메시지가 미래를 포함하고 있는 것은 사실이나 이방의 점술에서 하는 예언과는 다르다. 선지자의 미래는 언약에 근거를 두고 언약 백성이 법을 어겼을 때 미래에 심판을, 그리고 언약 백성이라도 법을 지키는 일의 한계를 알기에 그리스도 안에서 미래를 바라보는 것이다. 그리고 선지자의 메시지가 비판적인 것은 사실이나 하나님과 맺은 언약에 근거하여 당시 사회 현상을 진단하기 때문이지만 동시에 그들의 복된 미래가 어디에 있는지를 함께 제시한다. 그 비판적 메시지가 주로 왕과 지도자를 대적하는 것처럼 보이나 그 모든 잘못의 원인이 왕과 지도자들에게 있기 때문이다. 그리고 동시에 백성들의 잘못을 함께 지적한다.

그러면 선지자들은 무엇을 근거로 책망하기도 하고 그리스도 안에서 복된 미래를 예언하는가? 그것은 언약이다. 특히 시내산 언약에서 언약을 지키는 일은 하나님을 사랑하고 섬기는 방법이요 언약 속에 내포된 복을 누리는 방법이다. 그리고 제사장 나라로서 하나님의 뜻을 이루며 하나님 나라를 건설하는 방법이다.[3] 모세 이후의 선지자들은 하나님의 백성으로 이루어진 사회의 감독자들로서 항상 시내산 언약이라는 뼈대 안에서 활동했다. 선지자들은 율법을 거울로 삼아서 백성 개개인과 국가 전체가 어떤 죄를 지었는지 볼 수 있게 했다. 그리고 그들은 백성들에게 그 언약에 신실하게 순종하도록 촉구하며 필요할 때에는 그들의 불신과 불순종을 책망하였다. 이처럼 선지자의 사역은 그 언

3 이 점에 대해서 『Refo 500 성경 해설』 전체 시리즈 가운데 1권인 "모세오경"의 출애굽기 19-24장을 참조하라.

약의 축복들을 누리기 위한 조건들과 밀접한 연관성을 가지고 있다(Goldsworthy 1987, 78). 반게메렌(Vangemeren 1988, 269)은 선지자를 유다를 기소하고, 그 죄책을 선포하며, 다가오는 주의 심판을 미리 경고하라고 주께 위임받은 언약 집행의 검사라고 했다.

그러므로 선지자는 하나님께 받은 말씀을 전하는 사람이지만 동시에 하나님과 맺은 언약에 근거하여 현재를 진단하여 죄를 책망하며 사람들이 어떻게 하나님과 교제하며 제사장 나라로 사명을 다할 수 있는지를 보여주는 자들이다.

(2) 선지자의 메시지

역사를 보면 언약 백성들은 몇 시대를 제외하고 대부분 범죄함으로 언약의 복을 누리지 못했다. 그래서 하나님께서는 선지자들을 통하여 말씀하셨다. 선지자들은 그들에게 다양한 방식으로 책망하기도 하고 격려하기도 하면서 '주의 날'에 임하게 될 심판을 선포하였고, 경건한 남은 자들이 누리게 될 새로운 시대를 예언하기도 했다(Vangemeren 1988, 268–269). 특히 주전 8세기부터 선지자들은 심판과 다가올 회복의 증거로서 그들의 메시지를 기록했다. 모세와 여호수아가 다가올 세대를 위하여 기록된 증거를 남겼던 것처럼(신 31:24–29; 수 24:25–27) 선지자들의 사역은 그들이 전한 말씀을 모으고 보존함으로써 영구적으로 보존되었다(Vangemeren 1988, 269). 이것이 이사야부터 말라기까지의 선지서다.

선지서를 읽을 때 핵심되는 메시지는 무엇일까? 이에 대해 폴 하우스(2014a, 1301–1302)는 선지서의 통일된 주제들을 지적했는데 선지서의 핵심되는 메시지가 무엇인지 잘 보여준다. 그가 지적한 것을 요약하면 다음과 같다.

첫째, 선지자들은 하나님이 자신들을 통해 말씀하셨다고 단언한다. 선지자들은 반복적으로 "여호와께서 이같이 말씀하시되"라는 표현을 썼다. 베드로는 선지자들이 '성령의 감동하심'을 받았다고 설명한다(벧후 1:21).

둘째, 선지자들은 하나님이 언약 관계를 위해 이스라엘을 선택하셨다고 단언한다. 선지자들은 하나님과 맺은 언약 관계를 토대로 이스라엘은 특별한 책임을 지닌 민족이라고 말했다(렘 2–6장; 호 1–3장; 암 2:6–3:8 등). 선지자들을 통해 하나님은 이스라엘이 자신에 대한 믿음과 열방을 섬겨야 할 책임을 지닌 제사장 나라로서의 사명을 다해야 함을 설명하신다.

셋째, 선지자들은 이스라엘 백성 대다수가 죄를 지었음을 지적한다. 예를 들면 이스라엘 백성들은 계명을 어겼고(렘 7:1–15; 호 4:2), 다른 신들을 경배했고(겔 8:1–18), 서로를 학대하고 공의를 지키지 않았다(사 1:21-31).

넷째, 선지자들은 심판으로 말미암아 죄가 근절될 것이라고 선언한다. 이 심판은 종종 '여호와의 날'이라고 부른다(사 2:12-22; 욜 2:1-11; 습 1:7-18 등). 이날은 예루살렘이 바벨론에 의해 멸망한 때와 같은 한 날이지만(렘 42:18) 하나님이 세상의 모든 사람을 심판하시는 날이기도 하다(사 24:1-23).

다섯째, 선지자들은 회복의 날이 있음을 약속한다. 이 회복의 날은 메시아가 오심으로 이루어진다. 메시아는 세상에 평화와 의를 가져올 것이다(사 9:2-7; 11:1-16). 메시아는 유대인이든 이방인든 하나님의 영을 주셔서 마음에서 우러나와 하나님의 법을 지켜 교제하는 새 시대가 되게 하실 것이다(겔 31:31-40; 겔 34:25-31 등). 메시아는 세상에서 죄를 씻어내고 땅을 재창조하실 것이다(사 65:17-25; 66:18-24; 습 3:8-20). 죄 때문에 왜곡되고 변질된 창조 세계가 다시 온전해질 것이다.

선지자들은 서로 다른 시대에 서로 다른 상황에서 글을 썼지만 그들의 메시지는 상호간에, 또한 다른 유형의 성경책들과 신학적인 조화를 이룬다(하우스 2014a, 1301). 선지서를 바르게 해석하려면 반게메렌(Vangemeren 1990, 44-46)이 정리한 내용 가운데 몇 부분이 중요한 통찰력을 준다.

첫째, 선지자의 메시지는 통일성을 보여준다. 선지자들은 구속을 위하여 하나님이 오시고 자기 백성과 함께하시며 완전한 구원을 이루어 주시겠다는 약속을 말한다.

둘째, 선지자의 메시지는 연속성을 보여준다. 선지자의 메시지는 모세 시대에 기초가 놓였다가 사무엘 시대부터 왕정 시대가 되어 다듬어지고, 엘리야와 엘리사 시대와 그 이후 포로 시대와 그 이후에 변화를 겪지만 선지적 유산은 수 세기를 걸쳐 유기적이고 점진적인 발전을 보여준다.

셋째, 선지자의 메시지는 한 분 하나님의 사자로서 긴 기간에 걸쳐 다양한 방식으로 계시를 받았으나 각자의 메시지는 서로 유기적으로 연결되어 있다(히 1:1-3). 이것은 선지자가 자신의 시대에 하나님의 구속에 대하여 증거하고 있다는 것을 의미함과 동시에 주님과 사도들의 말씀을 포함하여 전체적으로 이해되어야 함을 의미한다.

넷째, 선지자의 메시지는 하나님 중심적이다. 선지자들은 하나님이 어떤 분이시며 어떤 일을 행하셨는지와 인간이 어떤 존재이며 왜 죄용서와 구원을 받아야 하고 계명을 지켜야 하는지를 증거했다.

다섯째, 선지자의 메시지는 점진적이다. 그것은 구속사에서 일어난 변화들, 곧 포로, 회복, 회복 이후 등에서 서서히 변화된다. 선지자 메시지의 주제와 환상과 예언은 하나님의 성령에 기원이 있고, 성령의 감독 아래에 선지자의 증거는 선지적 집성(prophetic corpus)으로 발전했다. 하나님의 점진적 계시는 발아하여 성장하고 개화하는 씨와 같다. 포로 이전 시대부터 포로 이후 시대까지 계시의 점진적인 발전은 선지자의 메시지를 해석하는 데 도움이 된다. 그것은 마치 예수 그리스도 안에서 하나님의 계시의 점진적인 발전이 선지서를 이해하는 일에 도움이 되는 것과 같다. 선지자가 전하는 메시지의 점진적인 면은 강을 형성하는 작은 개울과 같다. 그것은 포로 이전부터 우리 주님이 강림하실 때까지 힘차게 굽이쳐 흐르다가 신약의 사도들의 글과 합류하여 큰 강을 형성하기 때문이다. 그리고 선지자가 전하는 메시지의 점진적인 영역은 구속사에서 굴곡과 변화를 설명하고 있다. 점진은 항상 연속선과 불연속선을 포함하고 있기에 선지자의 메시지는 내적으로 서로 연관되어 있고, 독특하고, 역동적이고 다양한 면을 가지고 있다. 그러면서도 선지자의 메시지는 내적인 통일성을 가지고 있고, 한 성령에 의해 결합되어 하나의 구속계획을 드러낸다.

5. 선지서의 문학적 구조와 특성

각각의 선지서는 선지자가 사역한 시대의 역사적 상황에서 받은 계시를 선지자가 가진 다양한 은사와 문학적 소양을 활용하여 전달했다. 선지자는 하나님께 받은 계시를 어떤 종류의 글에 담을 것인지(산문이냐 운문이냐) 담을 것인지를 결정한 후에 그가 전달하고자 하는 주제를 어떤 구조와 논리로 전개할는지 고민했던 것으로 보인다. 그리고 그 주제를 선명하게 전달하기 위해 다양한 비유와 문학적 장치를 사용했다.

예를 들면 이사야는 1–66장 대부분을 운문(poetry)으로 기록했으나 이사야 6–8장과 36–39장은 산문(prose)으로 기록했다. 운문으로 기록했다는 것은 시의 특성인 평행법과 반복과 이미지를 많이 사용했다는 것을 의미한다. 그리고 누가 읽어도 이사야 1–39장은 주전 8세기 앗수르 침략과 연관하여 책망과 심판의 메시지를 많이 기록한 반면에 이사야 40–66장은 책망과 심판의 미세지가 적고 바벨론 포로에서 돌아오는 내용과 메시아 오심으로 이루어질 회복된 새로운 세상에 대한 묘사가 많음을 알 수 있다. 에스겔은 네 개의 주요 환상과 열한 개의 상징적인 행동, 다섯 가지의 비유 등과 수미쌍관법, 평행 구조 등 다양한 문학적 장치와 비유적 언어를 사용했다. 애가의 저자는 다섯 편의 시 가운데 네 편의 시는 알파벳 이합체 시(alphabetic acrostic poetry)로 기록했다. 하박국은 당시 유다에 행해지는 악행을 보고 갈등하며 하나님께 질문하는 내용(A)과 그의 질문에 대한 하나님의 응답(B) 구문이 두 번 반복하고 그에 대한 결론적인 노래(C)의 형태인 A–B–A′–B′–C 구조로 주제를 전달했다. 말라기는 당시 언약 백성들에게 하시는 하나님의 말씀(A), 그 말씀에 대한 백성들의 반응(B), 하나님 말씀의 정당성을 입증하고 개혁을 요구하는 내용(C), 곧 A–B–C 구조를 여섯 번 반복하는 평행 구조로 기록하되 논쟁 형식으로 기록했다.

선지서 가운데 몇 권의 예로 든 책만이 아니라 선지자들이 모두 다양한 문학적 구조와 다양한 비유와 문학적 장치를 통해 전달한다. 이러한 이유에서 반게메렌(Vangemeren 1990, 44)이 각각의 선지서는 그 역사적 상황, 선지자의 심리적 상태, 배경, 백성들의 반응, 그 계시가 특별히 강조하고자 하는 초점을 가지고 있었기 때문에 다양한 빛깔의 계시를 모자이크하는 일에 탁월하게 공헌했다고 본 것은 의미가 있다. 선지자가 전하고자 하는 주제를 정교한 문학적 구조와 다양한 비유와 상징과 문학적 장치를 사용하여 메시지를 전달했다면 선지서를 이해하는 일에 이 점을 반드시 고려해야 한다. 신학적 주제와 문학적 구조는 밀접하게 연관되어 있기 때문이다(Hill & Walton 1991, 342).

이사야

Isaiah

S U M M A R Y

이사야

이사야서는 현재 우리가 사용하는 성경 구분에 따르면 선지서 가운데 첫 번째 책으로 선지서 전체의 틀을 보여준다.[1] 이사야서는 하나님의 주권, 섭리, 언약, 구원, 심판, 은혜와 이스라엘과 세상의 미래 등과 같은 신학적 주제와 당시 역사적 상황에서 있을 전쟁과 그 전쟁에서의 구원, 이스라엘이 바벨론 포로로 끌려가는 일과 회복, 오실 그리스도에 대한 다양한 묘사, 완성된 하나님 나라 등과 같은 예언을 담고 있다. 또한 이 책은 오실 그리스도에 대한 동정녀 탄생과 임마누엘에 대한 예언(사 7:14; 참조. 마 1:23), 종의 모습으로 오실 그리스도에 대한 예언(사 42:19; 49:1–7; 50:4–11; 52:13–53:12) 등도 담고 있다. 이러한 내용들은 성경 전체가 담고 있는 주제들이고, 구속사 전체에 대한 그림을 보여준다. 이러한 점 때문에 이사야서를 성경의 축소판이라고 하기도 한다(Oswalt 2003, 17).

이 책은 이러한 주제와 구속사와 관련된 내용을 대부분 운문(poetry)으로 기록했다.[2] 그리고 그리스도 안에서 통일된 주제에 따라 전체 내용이 정교하게 구성되어 있다.

I. 저자와 역사적 배경

이사야서의 저자는 그 표제에서 밝힌 대로 이사야다(사 1:1). 표제뿐만 아니라 신약성경도 증거하고 있다(요 12:37–41[사 53:1]; 롬 9:27–29[사 1:9]; 10:20–21[사 65:1]).[3] '이사야'(יְשַׁעְיָהוּ)라는 이름의 뜻은 '여호와는 구원이시다'이다. 이사야 6:1에 따르면 '웃시야가 죽던 해'

1 히브리어 성경에서 여호수아, 사사기, 사무엘서, 열왕기서를 전 선지서로 구분하고, 이사야, 예레미야, 열두 소 선지서를 후 선지서로 구분한다. 이렇게 구분한 것은 이 책의 내용이 선지자들의 메시지의 핵심인 언약과 연관되어 있기 때문이다.

2 이사야서 가운데 이사야 6–8장, 36–39장은 산문이다.

3 보수주의 학자들은 대부분 선지자 이사야 한 사람이 이사야 66장 전체를 썼다고 본다. 하지만 신학자들 가운데 어떤 학자들은 이사야서를 두 권(사 1–39장; 40–66장)으로 보고 저자를 제1 이사야, 제2 이사야로 구분하기도 하고, 어떤 학자들은 세 권(사 1–39장; 40–55장; 56–66장)으로 보고 제1 이사야, 제2 이사야, 제3 이사야로 구분하여 이사야의 통일성을 의심한다. 이 점은 이 책의 "문학적 구조"를 참조하라.

에 성전에서 이사야는 새로운 사명을 받았다. 그래서 이사야 6장을 그의 소명에 관한 내용으로 보고 그의 사역의 시작을 웃시야의 죽던 해인 주전 740년으로 보기도 한다(블록 2001, 176). 하지만 표제인 이사야 1:1에 이사야의 사역이 포함되어 있을 뿐만 아니라 역대하 26:22에는 웃시야의 시종행적을 이사야가 기록했다고 적고 있다. 이것은 이사야가 이 이전부터 사역했음을 보여준다(Hill & Walton 1991, 322–323; Smith 2007, 183–184). 그리고 앗수르의 산헤립이 패배한 일과 죽은 기사를 볼 때(사 37:37–38) 적어도 산헤립이 죽은 해인 주전 681년까지 사역한 것으로 볼 수 있다(Bright 1981, 311; Pritchard 1969, 289). 이렇게 본다면 이사야의 사역은 이사야 1:1의 히스기야 시대(주전 715–686년)보다 길었을 것이다. 외경인 『이사야 승천기』(*Ascension of Isaiah*)에 보면 므낫세가 이사야를 죽인 기록이 있다.[4] 이를 근거로 히브리서 저자가 기록한 톱으로 켜 죽임을 당한 자를 이사야로 보기도 한다(참조. 히 11:37). 그러나 이것은 믿을 수 있는 자료가 아니다. 성경에 기록된 대로 이사야는 유다 왕 웃시야(주전 792–740), 요담(주전 740[750]–735), 아하스(주전 735–715), 히스기야(주전 715–686), 므낫세(주전 686[697]–642) 통치 초기까지 활동했던 선지자로 보는 것이 좋다. 그는 결혼하여 적어도 두 아들 스알야숩(사 7:3)과 마할살랄하스바스(사 8:3)를 두었던 것으로 보인다.

이사야서는 그 표제에서 밝힌 대로 웃시야, 요담, 아하스, 히스기야가 통치한 시대를 그 배경으로 한다(사 1:1). 웃시야는 16세에 왕이 되어 주전 792년부터 740년까지 52년을 다스렸다(왕하 15:1–2). 그가 여호와를 찾을 동안에는 나라가 형통하여 블레셋 가운데 성읍을 건축하기도 하고, 아라비아, 마온(= 에돔), 암몬 등을 치고 조공을 받으며, 고원과 평지에 가축을 기르며, 농경을 잘 관리하여 강성하였다(대하 26:5–15). 하지만 웃시야는 나라가 강성하자 교만하여 여호와의 성전에 분향하려고 하였고 그로 말미암아 나병이 생겨 남은 기간을 그의 아들 요담이 다스렸다(대하 26:16–21).

요담은 주전 750년부터 735년까지 16년을 다스렸다(왕하 15:33). 하지만 그의 아버지 웃시야(= 아사랴)의 남은 통치 기간인 주전 750년부터 740년까지 이 기간을 함께 다스렸다(Vannoy 2002a, 553). 그가 여호와 앞에 바른 길을 걸었기 때문에 강성해져 암몬과 싸워 조공을 받았다(대하 27:5–6). 그러나 이때 앗수르의 디글랏빌레셀 3세(주전 745–727)의 세력이 강성해지고 있었다(이 왕을 열왕기하 15:19에서는 '불'이라 부름).

아하스는 주전 735년부터 715년까지 16년을 다스렸다(왕하 16:1–2). 그는 여호와 보시

4 벨리알(Beliar)이라는 마귀가 벨키라(Belkira)라는 거짓 선지자에게 들어가 이사야에게 나무에 숨으라고 말했다. 그리고 벨키라는 므낫세에게 이사야가 나무에 숨었다고 했다. 그러자 므낫세는 나무에 숨은 이사야를 톱으로 켜서 죽였다.

기에 정직하게 행하지 않고 아들을 불 가운데 지나게 하고 산당에서 제사를 드렸다(왕하 16:2–4; 대하 28:2–4). 그가 통치할 때 아람 왕 르신과 이스라엘 왕 베가가 쳐들어와서 유다 용사 12만 명을 죽였다(대하 28:6–7). 이때 앗수르 왕 디글랏빌레셀(주전 745–727)에게 사신을 보내 르신과 베가, 에돔과 블레셋 등이 침략할 때 그들에게서 구원해 줄 것을 요청했다(왕하 16:7; 대하 28:17–18). 디글랏빌레셀은 이 요청을 받아들이고 다메섹을 멸망시켰다(왕하 16:9; 주전 732). 그리고 유다를 돕지 아니하고 도리어 공격하였다(대하 28:20). 아하스 시대에 이스라엘 왕 호세아가 앗수르를 배반하고 조공을 거부하자 티글랏빌레셀을 이은 살만에셀(주전 727–722)이 사마리아를 정복했다(왕하 17:6; 주전 722). 이러한 당시 국제 정치 상황에서도 아하스는 회개하지 않고 하나님을 의지하지 않았다.

히스기야는 주전 715년부터 686년가지 29년을 다스렸다(왕하 18:1–2). 그는 여호와 보시기에 정직하게 행하였고 산당들을 제거했다(왕하 18:3–4). 그는 아하스와 달리 앗수르를 섬기지 아니하고 블레셋 사람을 치고 가사에 망대를 세워 국방을 튼튼하게 했다(왕하 18:7–8). 당시 앗수르 왕 사르곤 2세(주전 722–705)는 호전적이었고 다르단(תַּרְתָּן), 곧 군대장관을 보내어 아스돗을 점령하기도 했다(사 20:1; 주전 711년; Pritchard 1969, 286). 그는 유다에게 큰 위협이 되었다(Pritchard 1969, 286). 사르곤을 이은 산헤립(주전 705–681)은 2차에 걸쳐 유다를 침입했다. 히스기야 14년 곧 주전 701년에 산헤립은 유다를 침입했다. 이것이 1차 침입이다. 이때 히스기야는 패배하여 앗수르 왕이 요구한 대로 여호와의 성전 문의 금과 자기가 모든 기둥에 입힌 금을 벗겨 주었다(왕하 18:13–16). 이후 산헤립은 여기에 만족하지 못하고 다시 전 군을 동원해 침략했다. 이것이 2차 침입이다(왕하 18:17–19:35). 히스기야는 산헤립 1차 침공 이후에 죽을 병에 걸렸다. 왜냐하면 그가 이사야 선지자의 말을 듣지 않고 애굽에 도움을 구하였기 때문이다(왕하 18:21; 사 31:1). 이때 히스기야가 통곡하며 기도하자 여호와께서 15년을 더 살게 하셨다(왕하 20:5–11). 그리고 앗수르 왕의 손에서 구원하실 것이라고 하셨다(왕하 20:6). 하나님의 약속대로 히스기야는 15년을 더 살게 되었고, 여호와의 사자가 나와 산헤립의 군대 18만5천 명을 죽였다(왕하 19:35). 역대기 사가는 그가 여호와 앞에 정직하게 행한 일의 결과로 설명한다(대하 32:1–23).

므낫세는 주전 686[697]년부터 642년까지 55년을 다스렸다(왕하 21:1). 이 기간 가운데 므낫세는 그의 재위기간 중 10–11년을 히스기야와 함께 통치했다. 그것은 히스기야가 15년의 생명을 연장 받은 후 므낫세를 지도자로 훈련하기 위해 공동으로 통치를 하였기 때문으로 보인다(틸레 1990, 242–243). 그는 히스기야가 파괴한 우상과 바알과 아세라 목상을 세웠다(왕하 21:2–3). 또한 그는 이에 반대한 자들을 많이 죽였다(왕하 21:16).

이러한 이사야서의 기록 배경을 성경 자료를 중심으로 도식화하면 다음과 같다.

연대	유다 왕	주요 사건	앗수르 왕
주전 740	웃시야 (792–740)	웃시야의 죽음(사 6:1)	디글랏빌레셀 3세 (745–727)
	요담 (750–735)	주전 750–740년 웃시야와 공위	
주전 732	아하스 (735–715)	다메섹 멸망(왕하 16:9)	
주전 722		사마리아 멸망(왕하 17:1–6)	살만에셀 5세 (727–722)
주전 715		아하스의 죽음(사 14:28)	사르곤 2세 (722–705)
주전 701	히스기야 (715–686)	산헤립의 1차 침입 (왕하 18:13–16; 사 36:1) 히스기야의 발병(히 36:1) 산헤립의 2차 침입(사 36:2–37:36)	산헤립 (705–681)
주전 686		히스기야의 죽음 (왕하 20:21)	
주전 681	므낫세 (697–642)	산헤립의 죽음(사 37:38) 히스기야와 공위	

II. 문학적 구조와 특징

이사야서에서 가장 오래된 논쟁 가운데 하나는 이 책의 통일성 문제로 저자가 이사야 한 사람인지, 여러 사람인지에 대한 것이다. 저자를 다수로 보는 이유는 1–39장, 40–55장, 56–66장의 시대적 배경과 문체가 완전히 다르기 때문이다. 또한 선지자 이사야의 이름이 1–39장에는 16번(사 1:1; 2:1; 7:3; 13:1 등)이 나타나지만 이사야 40장 이후로는 한 번도 나타나지 않기 때문이다. 그래서 이 책을 제1, 2, 3 이사야 등으로 구분하기도 한다.[5] 예를 들어 이사야 40–55장은 바벨론 포로생활과 거기에서 돌아오는 내용이다. 앗수르의 산헤립이 1차 침입한 히스기야 왕 14년(사 36:1)인 주전 701년을 기준으로 고레스가 바벨론 포로에서 돌아가도록 칙령을 내린 해인 주전 539년을 비교해도 약 162년의 간격이 있다(사 44:28; 45:1). 이뿐만 아니라 이사야 1–39장은 문체가 간결하고 표현이 직

5 1775년에 되더라인(J. C. Döderlein)은 이사야 1–39장을 제1 이사야, 40–66장을 제2 이사야로 구분했다. 1892년에 둠(B. Duhm)은 제2 이사야를 다시 40–55장을 제2 이사야, 56–66장을 제3 이사야로 구분했다(Harrison 1999, 764–769).

설적이고 격렬하지만, 40–66장은 문체는 간결해도 그 표현이 암시적이고 온화하다. 이러한 점 때문에 이사야서를 이사야 한 사람이 썼다고 보지 않는 학자들도 있다. 그러나 선지자들이 자기 시대가 아닌 먼 미래의 일을 다루는 일은 에스겔서(37–48장), 다니엘서(7–12장), 스가랴서(8–13장)에서도 나타난다. 이사야가 주전 8세기에 살았다 할지라도 예언이 초자연적인 성격을 내포하고 있다는 사실을 인정한다면 100년이나 200년 뒤에 있을 바벨론 포로나 고레스의 등장으로 인한 바벨론 멸망과 그리스도의 오심에 대한 '이상'도 볼 수 있었을 것이다(한정건 2006, 29–30). 문체도 이사야가 1–39장을 기록한 후에 미래에 대한 다른 계시를 받았다면 그 조망에 따라 달라질 수 있다(오스왈트 2015, 46).

또한 어떤 학자는 이사야의 이상을 가진 어떤 편집자가 전승된 여러 자료를 한 권의 책으로 완성했을 것으로 보기도 한다(와츠 2002, 30–32). 또 어떤 학자는 이러한 견해를 그대로 받아들이면서도 하나의 통일체로 보아 현재 어떤 의미가 있는지에 관심을 기울여야 한다고 보기도 한다(차일즈 1987, 308–321). 이러한 주장은 원저자가 누구며, 어떤 의도로 썼느냐에 관심이 없다.

하지만 우리는 이사야가 이 책 전체를 썼다고 믿는다. 그 이유는 다음과 같다. 첫째, 신약성경은 이사야서에 기록된 말씀을 22회 인용하면서 이사야서의 전반부만이 아니라 후반부도 선지자 이사야가 쓴 글로 보기 때문이다(마 3:3[사 40:3]; 8:17[사 53:4]; 12:17–21[사 42:1–4]; 요 12:38[사 53:1]; 롬 10:20[사 65:1]). 둘째, 이사야 1:1의 표제에서 저자를 이사야로 밝히고 있기 때문이다. 저자가 누구며, 여호와께서 어느 시대에 주신 이상인지를 밝히는 형식은 예레미야, 에스겔과 호세아, 아모스, 요나, 미가, 나훔 등의 선지서에 공통으로 나타난다. 셋째, 이사야 39장은 이사야서의 1부와 2부를 연결하는 다리 역할을 하기 때문이다(Young 1992a, 457). 이사야 39장에서 바벨론 포로로 끌려가게 될 것을 예언하였고, 이사야 40장부터 포로에서 돌아오게 될 것과 그들을 통해 궁극적인 구원을 이루실 여호와의 종의 사역을 설명한다. 만약 이사야서를 한 권으로 보지 않고 이사야 39장과 40장을 구분한다면 이스라엘의 독특한 위치와 미래를 볼 수 없다. 넷째, 이사야 선지자가 독특하게 사용하는 단어들이 나타나기 때문이다. 예를 들면 '이스라엘의 거룩한 이'(커도쉬 이스라엘, קְדוֹשׁ יִשְׂרָאֵל)라는 하나님의 계시적 이름이 이사야 1–39장에 12번, 40–66장에 14번 나타난다. 이 이름은 구약의 다른 곳에서는 6번 나타난다(왕하 19:22; 시 71:22; 78:41; 89:18; 렘 50:29; 51:5).[6] 또한 '가시나무'(나아추츠, נַעֲצוּץ)라는 단어는 구약성경에서 이사

6 울프와 스텍(Wolf & Stek 2002, 1030)은 이 이름이 이사야의 통일성을 증명해 주는 가장 강력한 증거라고 했다.

야 7:19과 55:13에만 나타난다. 이러한 점들은 이사야서가 한 저자에 의해 통일성을 가지고 기록되었음을 보여준다.

그러면 이사야 선지자는 이 책을 어떤 주제로 통일성 있게 기록하였을까? 이사야서는 6-8장과 36-39장을 제외하고 문학 장르가 대부분 운문(poetry)이다. 운문(시)은 대개 함축적이고, 다양한 비유적 언어(직유와 은유 등)를 많이 사용하여 핵심 개념을 전달한다. 그런데 대부분 운문 형식의 글에 산문 형식의 이야기가 있다는 것은 산문 형식의 이야기가 이사야서 전체 구조에 중요한 의미가 있음을 시사해 준다(콘래드 2002, 66). 산문 중에도 이야기 형식으로 된 이사야 36-39장은 열왕기하 18:13-20:19과 동일하다.[7] 송제근(2017a, 321)은 이사야서의 전체 구조를 다음과 같이 도식화했다.

1-35장	36-39장	40-66장
책망과 심판(많음) 소망(적음)	역사기록 인용 (역사적 사건의 설명)	책망과 심판(적음) 소망(많음)

이 구조에서 산문 형식의 이야기로 된 이사야 36-39장은 이사야 1-35장과 40-66장을 잇는 다리 역할을 한다. 이 역사를 보면 히스기야는 병들어 죽게 되었을 때 회개하고 기도하자 15년을 더 살게 되고 그 증거로 해 그림자가 10도 물러가는 표징도 보았다. 그런데도 그는 바벨론 왕 므로닥발라단의 사신이 왔을 때 보물 창고와 무기고에 있는 것을 다 보여주었다(사 39:2-3). 이것은 하나님을 의지하지 않고 바벨론을 의지하는 행동이다. 이사야는 이러한 히스기야의 행동을 책망하며 날이 이르게 되면 모든 보물이 바벨론으로 옮긴 바 될 것이고 태어날 자손도 바벨론의 환관이 될 것이라는 여호와의 말씀을 전했다(사 39:6-7). 이사야가 여기서 산문으로 역사적 장면을 자세하게 기록한 것은 이사야 1-35장의 메시지에 대한 결론이면서 40장부터 보여줄 유다가 바벨론 포로에서 구원을 얻게 되는 배경 역할을 하기 때문이다. 이 역사적 장면은 이사야 7장에 기록된 아하스 시대와 더불어 이사야서의 주제를 잘 보여준다. 두 역사적 장면을 비교해 보면 구조적으로 유사함을 발견할 수 있다.

7 송제근(2017a, 321)은 열왕기하 18:13-20:19의 기록이 먼저 존재하고 있었고 이사야 선지자가 그것을 인용했다고 본다. 하지만 이사야서가 더 먼저 기록되었다고 보는 견해도 있다. 이 내용은 이사야 당시에 있었던 앗수르 침략이라는 역사적 사건을 설명하고 있기 때문이다.

	사 7:1-25(아하스)	사 36:1-39:8(히스기야)
외부의 위협	아람 왕 르신과 이스라엘 왕 베가(사 7:1)	앗수르 왕(사 36:2)
장소	윗못 수도 곁 세탁자의 밭 큰길(사 7:3)	윗못 수도 곁 세탁자의 밭 큰길(사 36:2)
왕과 반응	왕의 마음과 백성의 마음이 삼림이 바람에 흔들림 같이 흔들림(사 7:2)	왕이 옷을 찢고 굵은 베옷을 입고 여호와의 전으로 가고, 신하들도 굵은 베옷을 입음. 왕이 그들을 이사야에게 보냄(사 37:1-2)
이사야의 메시지	두려워하지 말라고 하고 침략자들의 목적을 이루지 못할 것이라고 말함(사 7:4-9)	두려워하지 말라고 하고 산헤립이 그의 고국으로 돌아갈 것이고 거기에서 죽을 것이라고 전함(사 37:6-7)
왕의 믿음	징조를 구하라 하였으나 구하지 아니하고 여호와를 시험하지 아니할 것이라고 말함(사 7:12) 대신에 앗수르에게 도움을 구함(왕하 16:7-9)	성전에 들어가서 기도함 (사 36:14-20)
전쟁종식의 징조	처녀가 잉태하여 아들을 낳을 것과 두 왕의 땅이 황폐하게 될 것임(사 7:14-16)	올해는 스스로 난 것을 먹고, 둘째 해에는 거기서 난 것을 먹고, 셋째 해에는 심고 거두어 먹을 것임(사 37:30-31)
불길한 여운	앗수르가 침략하여 고통하게 될 것임(사 7:17-25)	보물들이 바벨론으로 옮겨지고 왕의 자손들이 바벨론의 환관이 될 것임(사 39:6-7)

이사야는 이 역사적 장면을 산문으로 기록하여 서로 대조시킴으로 하나님은 온 세상의 역사를 통치하시는 분이며, 유다가 언약 백성으로서 삶의 특징을 버릴 때 그들을 심판하시지만 동시에 그들이 하나님을 신뢰하고 부르짖으면 은혜를 베푸시는 분임을 보여준다.

특히 이사야는 이 책에서 거의 비슷한 구조로 이야기를 기록한다. 그것은 유다의 죄를 책망하고 심판하시나 그 죄에서 구속하신다는 것이다. 이것이 이사야서 기록의 특징적인 부분이다. 특히 이 내용 가운데 1/3은 미래에 대한 예언이다. 그런데 이 구조가 항상 일정하지 않기 때문에 연결고리를 찾기가 쉽지 않다. 이 점에 대해 오틀런드(2014, 1313)는 다음과 같이 말했다.

> 이처럼 분량이 많고 이야기의 줄거리가 없는 책은 개별적으로 쓴 글들의 선집 내지 모음집으로 간주해야 한다. 한 단락에서 다음 단락으로 이어지는 부드러운 흐름을 찾는 일은 대체로 무익하다. 이 책은 심판과 예언 사이를 왔다 갔다 한다. 책의 전반적인 흐름은 악과 심판에 대한 강조에서 다가올 구속에 대한 황홀한 환상으로, 나쁜 소식에서 좋은 소식으로 이어진다.

그가 이사야서를 선집 내지 모음집으로 간주한 것은 옳지 않으나 심판과 예언, 심판과 구속 등이 반복적으로 이어진다고 본 것은 옳다.[8] 그리고 한 단락에서 다음 단락으로 이어지는 연결고리를 찾는 일이 대체로 무익하다는 것도 옳다. 그럼에도 이 책의 문단을 구분할 수 있는 몇 가지 표지가 있다. 첫째, 이사야 1:1; 2:1; 13:1의 표제다.[9] 표제는 "… 이사야가 … 유다와 예루살렘에 관하여 본 계시라(… 유다와 예루살렘에 관한 말씀이라, … 바벨론에 대하여 받은 경고라)"라는 형식으로 되어 있다. 표제는 항상 이야기의 시작에 위치한다. 둘째, 이사야 1–39장, 40–55장, 56–66장의 시대 배경과 내용과 문체가 다 다르다.

	1–39장	40–55장	56–66장
시대 배경	이사야 당시 주전 8세기	주전 6세기 바벨론 포로	종말까지 모든 시대
내용	책망, 심판, 회복	포로 귀환과 회복	유다의 미래와 역할
문체	직설적이고 격렬함	온화함	미래지향적임

셋째, 이사야서 대부분이 운문으로 기록된 반면에 이사야 6–8장과 36–39장은 이야기 형식으로 된 산문이다. 이러한 표지를 중심으로 이사야서를 다음의 구조로 구분할 수 있다.

1. 서론 : 유다의 죄와 심판 그리고 회복(사 1:1–31)
2. 유다의 심판과 회복에 대한 예언(사 2:1–6:13)
3. 신뢰의 위기와 임마누엘 예언(사 7:1–12:6)
4. 열방에 대한 여호와의 경고와 회복(사 13:1–23:18)
5. 온 세계의 심판과 시온의 회복(사 24:1–27:13)
6. 하나님인가, 열방인가(사 28:1–35:10)?
7. 신뢰의 위기 : 산헤립의 침입과 하나님의 구원(사 36:1–39:8)
8. 유다의 회복에 대한 예언 : 종의 노래(사 40:1–55:13)
9. 회복된 유다의 미래와 그 책임(사 56:1–66:24)

---

8 이사야서에서 심판과 구원(회복)이 번갈아 나온다는 것은 학자들의 보편적 견해다(한정건 2006, 15–17; 피 & 스튜어트 2007, 219–221; 맥콘빌 2009, 70 등).

9 스미스(Smith 2007, 69)는 이 표제를 정경 형성에 있어서 적어도 세 개의 문서가 있었다는 객관적인 증거라고 했다. 이 가능성이 없는 것은 아니지만 표제는 문단의 시작을 알려주는 표지로 보아야 한다.

III. 주제와 기록 목적

이사야는 이 책에서 유다가 범한 죄에 대한 책망과 심판을 설명하면서, 동시에 그들을 어떻게 회복하실 것인지에 대해 큰 그림으로 설명한다. 그 그림을 대략 정리하면 다음과 같다.

- 유다의 죄악에 대한 심판과 회복하시는 일(사 2:1–6:13)
- 열방에 대한 여호와의 경고와 회복하시는 일(사 13:1–23:18)
- 당시 앗수르의 침략으로 큰 위기 가운데 빠졌던 유다를 하나님이 건져내시는 일(사 36:1–37:38)
- 징계를 받아 바벨론 포로로 끌려갔던 유다를 하나님이 돌아오게 하시는 일(사 44:21–45:7)
- 여호와의 종으로 오실 그리스도 안에서 구속하시는 일(사 42:1–9; 49:1–7; 50:4–11; 52:13–53:12)
- 그리스도의 재림으로 이루어질 영광스러운 미래를 보여준 일(사 65:17–25; 66:15–24).

왜 하나님은 이사야 선지자를 통하여 이 큰 그림을 유다에게 보여주셨는가? 그것은 하나님과 이스라엘이 맺은 언약 때문이다. 하나님은 아브라함을 선택하시고 아브라함과 그의 후손을 통하여 천하 만민이 복을 얻을 것이라고 하셨다(창 12:1–3; 갈 3:8, 16, 26–29). 또한 다윗에게 자손을 주어 그의 나라와 왕위를 영원히 견고하게 세우리라 약속하셨다(삼하 7:12–16; 시 89:4). 특히 다윗과 언약을 맺으시며 만일 죄를 범하면 사람의 매와 인생의 채찍으로 징계하실 것이라고 하셨다(삼하 7:14; 시 89:30). 그런데도 이스라엘은 언약을 믿지 못하고 세상의 잘못된 가치를 따르고 언약 백성으로서의 거룩성을 상실했다.

이러한 삶의 전형을 이사야서 안에 있는 산문으로 된 두 개의 전쟁 이야기에서 보여준다(사 7:1–25; 36:1–39:8). 아하스는 앗수르에게 도움을 구했으나 도리어 앗수르의 침략을 받았다(왕하 16:7–9; 사 7:17–25). 히스기야는 처음에는 애굽을 의지하였다(사 30:2; 31:1; 36:9). 그러나 이 일로 그가 병에 걸려 죽게 되었다. 이때 히스기야가 회개하자 하나님은 그의 병을 치료해 주시고 생명을 15년 연장해 주셨다. 이 일 후에 그는 하나님을 의지하였다.[10] 그러자 앗수르 왕 산헤립의 군대 185,000명을 이겼다(사 37:36). 이 승리의 요인은 히스기야가 회개하고 여호와를 신뢰한 일도 중요하게 작용했지만 더 중요한 요인은 여호와께서 다윗과 언약을 맺고 "내가 나를 위하며 내 종 다윗을 위하여 이 성을 보호하며 구원하리라"(사 37:35)라고 말씀하셨기 때문이다. 그럼에도 이사야는 히스기야가 바벨론에서 사신들이 왔을 때 그들에게 보물 창고를 보여준 일로 말미암아 그에게 유다가 바벨론의 침입을 받고 포로로 끌려가게 될 슬픈 미래를 예고한다(사 39:6-7). 이것은 무엇을 의미하는가? 불신과 믿음은 반복될 수밖에 없는가? 아니다. 우리는 인간의 한계를 넘어 하나님이 근본적으로 해주셔야 할 일이 있음을 알아야 한다. 하나님은 언약을 성취하시기 위하여 그의 종을 보내어 시온의 의가 빛같이, 예루살렘의 구원이 횃불같이 나타나도록 일하실 것이기 때문이다(사 62:1). 이 예언의 말씀대로 그리스도께서 이 일을 하심으로 온전히 하나님을 섬기는 일이 가능하게 되었다(히 9:13-14).

왜 하나님께서 그들의 범죄함에도 불구하고 이사야 선지자를 통해 유다에게 큰 그림을 보여주셨는가? 그것은 여호와께서 아브라함과 다윗과 맺은 언약을 깨뜨리지 아니하고 메시아를 보내어 영원한 하나님 나라를 세우실 것이기 때문이다(시 89:33-37). 그러므로 이 책의 주제는 비록 이스라엘이 언약을 지키지 못하여 책망을 받고 징계를 당하지만 하나님의 은혜와 믿고 순종하는 택한 백성들을 통하여 하나님은 원래 작정하신 구원계획을 이루신다는 것이다. 이사야서의 중심에는 이스라엘이 있다. 이스라엘은 죄를 범하고 완악하게 행동했음에도 불구하고 하나님의 사랑을 받는다. 왜냐하면 하나님이 이스라엘과 언약을 맺으셨기 때문이다(피 & 스튜어트 2007, 223).

이렇듯 저자는 하나님은 어떤 분이시며, 그의 구원계획이 무엇이며, 어떤 사람을 통하여, 어떻게 이루시는지를 보여줄 목적으로 이 책을 기록했다. 그 목적을 몇 가지로 정리하면 다음과 같다.

첫째, 하나님이 온 세상을 통치하시고 완전한 나라를 이루실 때까지 그 하신 약속을 성취하시는 분임을 보여주어 믿고 순종하게 하려는 것이다. 하나님은 아하스와 히스기야 시대에 유다가 죄를 범하자 앗수르를 징계 도구로 세우셨다. 그런데 하나님은 앗수르가 당신이 정하신 범위보다 지나치게 많은 나라를 파괴하려 했다는 이유로 심판하셨다(사 10:5-15). 그리고 바벨론, 블레셋, 모압, 아람, 애굽, 에돔, 아라비아, 예루살렘, 두로와 시돈 등에 대해 예언하시고 그 말씀하신 대로 심판하셨다(사 13:1-27:13). 또한 페르시

10 여기에 대한 자세한 설명은 이 시리즈의 저자가 쓴 『Refo 500 성경 해설 2: 역사서』 열왕기하 20:1-11의 해설을 참조하라.

아의 고레스를 들어 이스라엘을 돌려보내고 성전의 기초를 놓도록 말씀하신 대로 역사 가운데 행하셨다(사 44:28; 45:1; 참조. 스 1:1-4). 이뿐만 아니라 새 하늘과 새 땅을 창조하시고 그곳에 그리스도 안에서 의롭게 된 자들이 영원히 살게 될 것을 말씀하셨다(사 65:17; 66:22). 하나님은 이러한 그의 뜻을 능히 이룰 수 있는 분이심을 보여주시기 위해 그의 이름을 '만군의 여호와'(야웨 처바오트, יְהוָה צְבָאוֹת)로 알려주셨다. 이 이름은 성경 전체 284번 사용되었으나 예레미야서에 82번, 이사야서에 62번 사용되었다. '만군'(처바오트, צְבָאוֹת)은 군대(army)의 복수형이다(삼상 17:45). 또 하늘과 땅에 속한 모든 것을 의미하기도 한다(창 2:1). 이 이름은 하늘과 땅의 모든 존재를 통치하시는 분이라는 뜻이다(한정건 2006, 78-79). 이 이름으로 여호와를 소개하는 것은 여호와께서 온 세상을 통치하시고 그가 하신 모든 약속을 이루시는 분임을 보여주어 그를 믿고 순종하게 하려는 것이다.

둘째, 하나님이 '이스라엘의 거룩한 이'이심을 보여주려는 것이다. '이스라엘의 거룩한 이'(커도쉬 이스라엘, קְדוֹשׁ יִשְׂרָאֵל)라는 이름은 이사야 1-39장에 12번, 40-66장에 14번 나타난다. 이 이름은 구약의 다른 곳에서 6번 나타난다(왕하 19:22; 시 71:22; 78:41; 89:18; 렘 50:29; 51:5). 이 이름은 한두 단어로 정의할 수 없다. 아브라함의 나이 99세에 하나님은 자기 이름을 '전능자'(엘 샤따이, אֵל שַׁדַּי)로 알려주시며 능히 약속을 이루실 수 있는 전능한 분으로 자신을 계시하신 것처럼(창 17:1) '이스라엘의 거룩하신 이'는 구별되고 비교 불가능한 탁월하신 분으로 계시하신 것으로 보기도 한다(송제근 2017a, 328-329). 이 이름이 나타난 곳을 살펴보면 세상의 신들과 비교할 수 없는 탁월하신 분으로(사 17:7; 31:1; 37:23), 구속자와 구원자로(사 41:14; 43:3, 14; 47:4; 48:17; 54:5) 나타난다. 이로 보아 저자는 하나님을 비교 불가능한 탁월하신 분으로 그의 백성을 구속하여 거룩하게 하시고 그와 영원토록 교제하게 하시는 분으로 보여준다.

셋째, 여호와의 종으로 부름을 받은 이스라엘은 거룩한 삶을 살아야 한다는 것을 보여주려는 것이다. 이사야는 이 책을 죄에 대한 책망과 희망과 회복의 구조로 기술한다. 예를 들어 이사야 1:2-17에서 죄를 책망하고, 1:18-20에서 희망을 설명하고, 1:21-23에서 다시 유다의 죄를 책망하고, 1:24-27에 심판과 회복을 동시에 설명한다. 이사야 2:1-5에서는 유다의 미래를 예언적으로 보여준다. 이사야서에서 1-39장은 책망과 심판이 많고, 40-66장은 미래의 소망을 더 많이 담고 있지만 이러한 구조가 반복된다. 이사야서에서 많은 부분을 차지하는 예언은 단지 미래의 일만 말하는 것은 아니다. 세상에 대한 하나님의 전체 구속계획 속에서 이스라엘이 차지하는 위치를 보여주기도 한다(오틀런드 2014, 1313). 그래서 이사야서는 처음부터 이스라엘이 특별한 위치에 있다는 점과 거기에 합당한 거룩한 삶을 살아야 한다는 것을 강조한다. 이스라엘은 구속받은 자이고 여호와의 종으로 부름을 받은 자이기 때문이다.

이사야서에 '나의 종'이라는 표현이 처음으로 이사야 41:8–9에 나타난다. 이 종은 이스라엘 국가를 가리킨다. 그 외에도 이스라엘을 가리켜 '여호와의 종'이라 부른다(사 44:1, 21; 44:21; 49:3). 또한 오실 그리스도를 가리켜 '나의 종'이라고 부른다(사 42:1; 49:3; 50:10; 52:13). 이 두 표현이 서로 충돌하는 것처럼 보인다. 하지만 이 관계는 서로 보완적이다. 이스라엘은 책임적인 면에서 '종'의 역할을 수행하고, 그리스도는 성취적인 면에서 수행하시기 때문이다. 역사 가운데 이스라엘은 끊임없이 여호와의 말씀을 지키지 못했다 할지라도, 하나님의 뜻을 성취할 욕구가 없다 할지라도 하나님의 구속계획을 성취해야 할 책임이 있다. 왜냐하면 이것이 하나님이 아브라함을 부르신 목적이기 때문이다(MacRae 1977, 61–62). 그러면 이스라엘은 어떻게 하나님의 구속계획을 성취할 수 있는가? 그것은 여호와께서 그의 종들인 이스라엘을 붙들어 주시고, 이들을 통해 그의 종인 그리스도를 보내심으로 성취될 것이다. 동시에 여호와께서 그의 구원계획을 이 약속을 믿고 여호와를 경외하며 거룩한 삶을 살며 사명을 감당하는 여호와의 종들을 통해 성취하실 것이다.

Ⅳ. 내용

내용 구조

1. 서론 : 유다의 죄와 심판 그리고 회복(사 1:1–31)
2. 유다의 심판과 회복에 대한 예언(사 2:1–6:13)
3. 신뢰의 위기와 임마누엘 예언(사 7:1–12:6)
4. 열방에 대한 여호와의 경고와 회복(사 13:1–23:18)
5. 온 세계의 심판과 시온의 회복(사 24:1–27:13)
6. 하나님인가, 열방인가(사 28:1–35:10)?
7. 신뢰의 위기 : 산헤립의 침입과 하나님의 구원(사 36:1–39:8)
8. 유다의 회복에 대한 예언 : 종의 노래(사 40:1–55:13)
9. 회복된 유다의 미래와 그 책임(사 56:1–66:24)

1. 서론 : 유다의 죄와 심판 그리고 회복(사 1:1-31)

이 문단에서 이사야는 자기가 살았던 당시 유다의 죄와 그 죄에 대하여 하나님이 책망하시는 내용 그리고 그들을 어떻게 회복하실 것인지에 대한 내용을 서론적으로 소개한다. 이사야서의 시작인 1장은 비록 책 전체 내용을 요약하지는 않아도 구조적으로 이사야서의 서론 역할을 하며 중요한 주제를 담고 있다. 특히 이사야 1장과 65–66장에 나타난 어휘와 주제를 비교해 보면 서로 긴밀하게 연결되어 있음을 보여준다. 사용된 어휘와 주제가 어떻게 연결되어 있는지 서로 비교해 보면 다음과 같다(Smith 2007, 95–96; Liebreich 1956–57, 126–127).

어휘와 주제	1장	65–66장
하늘, 땅	1:2	65:17; 66:1, 22
거역하다 / 패역하다	1:2, 28	66:24
주제의 구조적 순서	1:10–20	66:1–6
기뻐하지 아니한다	1:11	66:4
요구하다 / 구하다	1:12	65:1
제물, 분향, 수송아지, 어린양	1:11, 13	65:3, 7; 66:3
가증하다	1:13	65:4; 66:3
여호와의 말씀을 들을지어다	1:10	66:5
살인	1:21	66:3
패역	1:23	65:2
복과 저주	1:27–28	65:9–12
여호와를 버리다	1:4, 28	65:11
잘못된 제사	1:29–31	65:3; 66:3, 17
악한 자가 부끄러움을 당함	1:29	65:13; 66:5
동산	1:29	65:3; 66:17
택하다	1:29	66:4
악한 자가 불에 타다	1:31	66:15–16, 24
(불을) 끌 사람이 없다	1:31	66:24

내용 분해

(1) 이사야서의 표제와 역사적 배경(사 1:1)

(2) 유다의 죄에 대한 책망(사 1:2–17)

(3) 유다의 희망(사 1:18–20)

(4) 유다 고관들의 죄와 회복(사 1:21–31)

내용 해설

(1) 이사야서의 표제와 역사적 배경(사 1:1)

이 문단은 이사야서의 표제로 이사야가 어느 시대에 활동한 선지자인지 보여준다. 이사야서는 이사야가 유다 왕 웃시야(주전 792–740), 요담(주전 740[750]–735), 아하스(주전 735–715), 히스기야(주전 715–686) 시대에 유다와 예루살렘에 관하여 본 계시다. 이렇게 보면 이사야의 최대 활동시기는 주전 792년부터 686년까지다. 하지만 이 책에 앗수르의 산헤립이 죽은 기사를 싣고 있다(사 37:37–38). 이 기사는 므낫세(주전 686[697]–642) 통치 초기인 주전 681년에 있었던 일로 이사야가 표제에 기록된 것보다 더 오래 사역했음을 시사한다.[11]

(2) 유다의 죄에 대한 책망(사 1:2–17)

이 문단에서 이사야는 유다를 법정에 세워 그의 죄를 고소하는 방식으로 유다의 죄를 책망한다. 그는 "하늘이여 들으라 땅이여 귀를 기울이라"(사 1:2)라고 한다. 이것은 모세가 모압에서 이스라엘 백성들에게 그가 권한 말을 반드시 지켜야 함을 강조하기 위해 하늘과 땅을 증인으로 세운 말씀을 상기시킨다(참조. 신 32:1). 이사야는 하늘과 땅을 증인으로 세우고 하나님을 원고로 세워 비유적인 언어로 소는 그 임자를 알고 나귀는 그 주인의 구유를 알아도 이스라엘은 알지 못한다고 했다(사 1:2–4). 이스라엘이 출애굽 때부터 부모가 자녀를 양육하듯 돌보고 지켜준 하나님의 은혜를 잊고 언약을 배반했다고 고소

11 이 책의 서론인 "저자와 기록 배경"을 참조하라.

했다. 심지어 그들을 소와 나귀보다 못하다고 했다. 이 말을 들은 하늘과 땅은 무엇이라고 증언할까?

이사야는 이 고소를 듣고도 이스라엘이 깨닫지 못하자 이스라엘을 범죄한 나라라고 하며 매를 더 맞으려고 패역을 거듭하느냐고 책망했다. 이미 그들은 병들었고, 상처투성이라고 했다(사 1:5-6). 이때 매를 든 자는 하나님이시다. 하나님은 주변의 여러 나라를 들어 이스라엘을 치시기도 하고, 각종 질병과 재해를 보내심으로 이스라엘의 성읍을 황폐하게 하셨다. 이 때문에 이사야는 이스라엘이 포도원의 망대같이, 에워싸인 성읍같이 겨우 남았다고 했다. 만약에 하나님이 생존자를 조금 남겨두지 않았다면 소돔과 고모라같이 완전히 멸망했을 것이라고 했다(사 1:7-9).

이사야는 유다를 비유적인 언어로 소돔과 고모라라고 부르며 여호와께서 하신 말씀을 전한다(사 1:10). 여호와께서는 그들이 바친 제물과 안식일과 기타 여러 성회로 모이는 종교 행위를 견디지 못하겠다고 하시며 그들이 많이 기도할지라도 듣지 않으실 것이라고 하셨다(사 1:11-15). 그 이유를 그들의 손에 피가 가득하기 때문이라고 하셨다(사 1:15). 이는 그들이 사람의 생명을 귀하게 여기지 않았다는 것이다. 그래서 스스로 깨끗하게 하여 악한 행실을 버리고 정의를 구하며 사회적 약자들을 돌보라고 하셨다(사 1:16-17; 참조. 호 6:6).

(3) 유다의 희망(사 1:18-20)

이 문단에서 이사야는 유다의 희망이 어디에 있는지를 보여준다. 유다의 상황이 희망이 없어 보인다 할지라도 이사야는 유다가 하나님의 심판에서 벗어날 수 있는 가능성을 제시한다. 그는 여호와께서 "오라 우리가 서로 변론하자"(사 1:18)라고 하신 말씀을 전했다. '변론하다'(야카흐, יָכַח)라는 동사는 기본적으로 법적인 의미지만 여기서는 '오라'라는 명령형 동사와 함께 쓰여 하나님과 유다 사이의 관계를 회복하기 위해 무엇이 옳은지 이야기해 보자는 권고의 의미로 쓰였다(Smith 2007, 109). 이 권고를 받아들인다면 죄가 주홍 같을지라도 눈과 같이 희어질 것이고, 진홍같이 붉을지라도 양털처럼 희게 될 것이다(사 1:18). 유다는 하나님을 섬겨야 할 것인지 거절할 것인지 선택해야 한다. 그 선택의 결과는 땅의 소산을 먹거나(תֹּאכֵלוּ 〈 אכל의 능동태), 칼에 삼켜지거나(תְּאֻכְּלוּ 〈 אכל의 수동태) 둘 중에 하나다. 사람들이 무엇을 선택하든 그들의 선택은 영원한 운명을 결정한다(Smith 2007, 111).

(4) 유다 고관들의 죄와 회복(사 1:21-31)

이 문단에서 이사야는 유다 고관들의 죄를 책망하고 여호와께서 심판하실 것을 말한다. 신실함과 정의가 바탕을 이루어야 할 시온이 창기와 살인자들이 지배하는 도시가 되었다. 은은 찌꺼기가 되었고, 포도주에는 물이 섞였다(사 1:22). 이 비유적인 표현은 유다가 변질되었다는 것이다. 공의를 시행해야 할 고관들은 패역하여 도둑과 짝하고 뇌물을 사랑하고 고아와 과부와 같은 사회적 약자들의 송사를 수리하지 아니한다(사 1:23). 이러한 유다의 고관들에 대해 여호와께서는 '내 대적'이라 부르신다. 그런데도 하나님은 그들의 찌꺼기를 잿물로 씻듯이 녹여 청결하게 하시고 혼잡물을 제하여 유다를 의의 성읍으로 회복할 것이라고 하셨다(사 1:24-26). 그러나 회개하지 않는 자는 멸망할 것이다. 특히 그들이 기뻐하던 상수리나무와 택한 동산이 마른 상수리나무와 물 없는 동산 같이 될 것이다(사 1:29-31). 여기에 불티가 떨어지면 어떻게 되겠는가? 이것은 그들이 섬겼던 우상과 그 신전이 함께 다 멸망하게 될 것을 예언한 것이다(참조. 사 57:5; 65:3; 66:17).

2. 유다에 대한 여호와의 심판과 회복(사 2:1-4:6)

이 문단에서 저자는 유다에 대한 여호와의 심판과 그 나라를 어떻게 회복할 것인지에 대한 큰 그림을 그려준다.

내용 분해

(1) 유다에 대한 여호와의 심판과 회복(사 2:1-4:6)
(2) 포도원 노래(사 5:1-30)
(3) 이사야가 본 하늘 보좌의 환상과 그의 사역(사 6:1-13)

내용 해설

(1) 유다에 대한 여호와의 심판과 회복(사 2:1-4:6)

이 문단에서 이사야는 유다의 교만을 심판하고 동시에 유다의 회복과 미래에 세우실 하나님 나라의 모습을 보여준다. 이사야 2:1의 “아모스의 아들 이사야가 받은 바 유다와 예루살렘에 관한 말씀이라”라는 표제는 새로운 단락의 시작을 나타내는 신호다. 이 문단은 시작과 끝이 하나님 나라의 미래에 대한 짧은 묘사로 감싸여 있고 통일된 문학적 구조를 보여준다(Smith 2007, 70, 122; Sweeney 1996, 89–90). 이뿐만 아니라 유다가 받은 독특한 위치, 곧 구속사에서 하나님 나라를 이루어야 할 축복의 통로로 부름을 받았음을 보여준다.

A 유다의 회복과 하나님 나라의 이상(사 2:1–5)

X 유다의 죄에 대한 여호와의 심판(사 2:6–4:1)

A′ 유다의 회복과 하나님 나라의 이상(사 4:2–6)

① 유다의 회복과 하나님 나라의 이상(사 2:1–5)

이 문단에서 이사야는 유다의 회복과 미래에 이루어질 하나님 나라가 어떤 모습일지 보여준다. 이사야 2:2–4은 미가 4:1–3의 예언과 같다.[12] 이사야는 이 일이 ‘말일에’(בְּאַחֲרִית הַיָּמִים) 일어날 일이라고 했다. 이 표현은 메시아의 초림부터 재림까지를 의미하는 것으로 보인다. 이 단어를 70인역에서 ‘말세에’(ἐν ταῖς ἐσχάταις ἡμέραις)라고 번역하였으며 신약성경에서 이 단어를 초림과 재림을 포함하는 의미로 쓰기 때문이다(행 2:17). 이날에 여호와의 전의 산이 모든 산꼭대기에 서고 만방이 그리로 모여들 것이다(사 2:2). 여기서 ‘여호와의 전의 산’은 지형적인 의미가 아니라 하나님이 임재하시는 성전을 말한다. 만방이 이 전을 향해 온다는 것은 이사야의 문맥에서 구속함을 받은 자들이 오는 것을 말한다(사 35:8–10; 60:1–9; 참조. 요 12:32). 특히 시온에 임재해 계시는 하나님이 그들에게 그의 길을 가르치실 것이다. ‘그의 길’은 하나님이 요구하시는 길로 율법을 의미한다(Alexander 1992, 98). 그가 열방과 많은 백성을 판단하시므로 무리가 전쟁하는 칼을 쳐서 보습을 만들고, 창을 쳐서 낫을 만들 것이다(사 2:4). 이것이 회복된 유다의 미래고 하나님 나라의 이상이다.[13] 이사야는 이 복되고 영광스러운 미래를 보여주며 “여호와의 빛에 행하자”(사 2:5)라고 권했다. 이 빛은 여호와께서 가르쳐주신 진리의 길이다(Alexander 1992, 99). 하지만 이 이상이 재림 때 완전히 성취된다 할지라도 그리스도 안에서 구속받은 성도들은 이 땅에서 적극적으로 하나님의 말씀을 전파함으로 이 이상이 실현되는 세상을 만들어가야 할 책임이 있다.

12 이것은 한 사람이 다른 사람의 글을 차용했거나, 둘 다 같은 자료를 사용했을 수도 있다(오틀런드 2014, 1319).

13 이 이상을 주님의 재림 이후에 있을 천년왕국으로 보기도 한다(한정건 2006, 92).

② 유다의 죄에 대한 여호와의 심판(사 2:6–4:1)

이 문단에서 이사야는 유다의 회복을 소망하며 유다에 대하여 여호와께 기도형식으로 그들의 죄를 고발하며 심판해 주실 것을 구한다.

a. 유다의 죄와 심판에 대한 경고(사 2:6-21)

이사야는 여호와께서 유다를 버린 이유를 그들이 여호와의 빛에 거해야 하는데도 동방 풍속이 가득하고, 블레셋 사람처럼 점을 치며 이방인들과 언약을 맺었기 때문이라고 고발한다(사 2:6). 그는 그들이 여호와를 따르기보다는 은금과 병거와 우상이라는 세상의 길을 따르기에 용서하지 말 것을 구한다(사 2:7–9). 그리고 여호와의 날이 교만한 자들과 우상들에게 임하게 될 것이라고 경고한다(사 2:11, 12–18, 20). 그리고 이날에 여호와의 위엄과 그 광대하심의 영광을 피하라고 세 번이나 반복하여 권고한다(사 2:10; 19, 21).

b. 지도자들의 죄(사 2:22-3:15)

이사야는 인생을 의지하지 말라고 하며 그의 호흡은 셈할 가치가 없다고 했다(사 2:22). 그 이유는 여호와께서 유다가 의지하는 모든 것을 제하여 버리실 것이기 때문이다(사 3:1–4).[14] 백성이 서로 학대하게 될 것이고 사회 질서가 무너질 것이다(사 3:5–12). 그것은 백성의 지도자들이 공의로 다스리지 않고 백성들을 짓밟았고 가난한 자의 얼굴을 맷돌질하였기 때문이다(사 3:13–15). '가난한 자의 얼굴을 맷돌질한다'라는 것은 가난한 자들을 모욕하고 압제하여 그들의 인격과 삶을 마치 맷돌로 분쇄하듯이 짓밟는다는 것이다(Alexander 1992, 116).

c. 시온 여자들의 죄(사 3:16-4:1)

이사야는 시온의 딸들이 교만하여 목을 빼고, 눈으로 유혹하며, 발로는 쟁쟁한 소리를 내고(= 사치스러운 장식을 하고) 다니지만 그들의 머리털이 밀려 머리 가죽이 드러나는 수치를 당하게 될 것이라고 했다(사 3:16–17).[15] 심판 날에 여호와께서 그들이 치장했던 모든 장식을 제하실 것이다(사 3:18–23). 그때 썩은 냄새가 향기를 대신하고, 노끈이 띠를 대

14 히브리어 원문은 이유를 나타내는 접속사 '키'(כִּי)와 어떤 사실을 주목하게 하는 '보라'(힌네이, הִנֵּה)라는 감탄사로 시작한다.

15 개역개정판은 "여호와께서 그들의 하체가 드러나게 하시리라"라고 번역했으나 원문과 거리가 멀고 KJV가 '그들의 은밀한 부위'(their secret parts)라고 번역한 것을 따른 것 같다.

신하고, 대머리가 머리털을 대신할 것이다(사 3:24). 이는 전쟁으로 장정들은 죽을 것이고 시온이 황폐할 것이기 때문이다(사 3:25-4:1). 이 모든 일은 유다가 언약 백성으로서 여호와의 빛에 행하지 않고 세상의 길을 따랐기 때문이다.

③ 유다의 회복과 하나님 나라의 이상(사 4:2-6)

이 문단은 이사야 2:1-5과 짝을 이룬다. 차이점이 있다면 거기서는 메시아가 오신 후에 교회에 의해 회복될 미래의 외적인 영향력에 있다면 여기서는 메시아 통치 아래에서의 내적인 상태에 있다(Alexander 1992, 121). 이사야는 앞의 문단에서 예언한 유다의 심판에 이어 미래에 일어날 일을 '그 날에'라는 표현을 사용해 몇 가지로 소개한다. 첫째, 여호와의 싹이 아름답고 영화로울 것이요 그 땅의 소산은 이스라엘의 피난한 자를 위해 영화롭고 아름다울 것이다(사 4:21). 여기에 '싹'(체마흐, צֶמַח)은 '가지'로 번역되기도 한다. 이를 예레미야 23:5; 33:15과 스가랴 3:8과 6:12에 근거하여 메시아로 보기도 한다(Motyer 1993, 65; Young 1992. 173-174). 그러나 여기서는 이 말씀과 평행법을 이루고 있는 '그 땅의 소산'에 주의를 기울인다면 '싹'은 땅에서 나는 모든 농작물로 보아야 한다(Harman 2005, 66). 둘째, 생존한 자들 가운데 기록된 모든 사람은 거룩하게 될 것이다(사 4:3-4). 왜냐하면 주께서 심판하시는 영과 소멸하는 영으로 더러움을 정결하게 하실 것이기 때문이다. 셋째, 시온산에 구름과 불로 덮개를 두어 보호하실 것이다(사 4:5-6). 이사야는 출애굽 당시의 구름기둥과 불기둥 이미지를 사용하여 여호와께서 보호하실 것이라고 한다. 이사야 2:22-4:1 이후 갑작스런 전환은 심판하시는 목적이 멸망이 아니라 정결하게 하여 하나님의 보호 아래 거하게 하는 것임을 알게 한다(Oswalt 2003, 107).

(2) 포도원 노래(사 5:1-30)

이 문단에서 이사야는 포도원 비유(사 5:1-7)를 노래로 만들어 이스라엘과 유다가 어떤 잘못을 범했는지 보여주고, 이 비유의 의미를 설명하며 이들의 심판을 예언한다(사 5:8-30).

① 포도원 비유(사 5:1-7)

이 비유에서 이사야는 1인칭 시점으로 노래하지만, 실제로는 포도원 주인인 여호와께서 하신 말씀(사 5:3-6)을 인용한 것이다. 이사야는 '내가 사랑하는 자'의 포도원을 노래할 것이라고 했다. 이사야가 사랑하는 자는 포도원 주인인 여호와이시다. 포도원 주인은 땅을 파고 극상품 포도나무를 심고, 그중에 망대를 세우고, 포도주를 짜기 위해 술틀을 파고 좋은 열매 맺기를 원했으나 들포도를 맺었다(사 5:1–2). 구약성경에서 '들포도'(버우쉼, בְּאֻשִׁים)라는 단어는 이사야 5:2, 4에만 나타나는데 악취가 나거나 가치 없는 나쁜 열매를 말한다(Harris 1980, 195c).

이사야는 노래의 핵심을 말한 다음에 포도원 주인의 말을 인용한다. 포도원 주인은 예루살렘 주민과 유다 사람들에게 포도원에 극상품 포도나무를 심었으나 나쁜 열매를 맺었는데 이 포도원에 대해 어떻게 해야 할 것인지 판단해 보라고 말한다(사 5:3). 이 이야기를 들은 이스라엘은 포도원이 좋은 열매가 아닌 들포도를 맺은 것에 대해 포도원 주인처럼 분노했을 것이다(Oswalt 2003, 112–113). 분노한 포도원 주인은 울타리를 걷어 먹힘을 당하게 하고, 가지를 자름이나 북을 돋우지 못하여, 즉 관리하지 않아 찔레와 가시가 날 것이라고 했다(사 5:5–6).

이 비유에서 포도원 주인은 하나님이시고, 포도원은 이스라엘 족속이며, 나무는 유다 사람이다. 이들이 맺어야 할 열매는 정의와 공의였으나 실제로는 포학과 부르짖음이었다(사 5:7). 이는 언어유희(word play)다. '정의'(미쉬파트, מִשְׁפָּט)와 '포학'(미쉬파흐, מִשְׂפָּח)을 대조하고, '공의'(처다카, צְדָקָה)와 '부르짖음'(처아카, צְעָקָה)을 대조한다. 이것은 기대한 것과 실제로 받은 것 사이의 대조를 강조한다(Oswalt 2003, 113). 여기에 아이러니(irony)가 있다.

② 포도원 비유에 대한 설명(사 5:8–25)

이 문단에서 이사야는 포도원 비유를 통해 이스라엘이 맺은 들포도(사 5:2, 4), 곧 포학과 부르짖음이 구체적으로 무엇이며, 그것을 행한 자가 어떤 벌을 받을 것인지 '화 있을진저'(사 5:8, 11, 18, 20, 21, 22)라는 표현을 통해 설명한다.

a. 탐욕(사 5:8-10)

가옥에 가옥을 이으며, 전토에 전토를 더하여 빈틈이 없이 오직 자기만 거주하려 하는 자들에게 화가 있을 것이다! 하나님은 영구히 토지를 팔지 못하게 하셨다(레 25:23). 그것은 기본적인 경제활동이 가능하도록 하려는 것이었다. 그래서 가난하여 팔았을 경우 가까운 친족이 무르든지, 아니면 희년이 되면 돌려주게 하셨다(레 25:24–28). 하지만 이들은 탐욕으로 인해 더 많이 가지려 했다. 이사야는 이들에게 한 호멜(1 homer = 220리터)의 종자를 뿌려도 그 1/10에 해당하는 한 에바(1 ephah = 22리터)도 겨우 얻게 될 것이라고 하였다(사 5:10).

b. 방종(사 5:11-17)

부(富)를 가지고 자기 쾌락을 위해 사는 자들에게 화가 있을 것이다! 연회를 열고 모든 악기를 동원하고 아침부터 저녁까지 포도주와 독주를 마셨다는 것은 큰 부를 누렸다는 것이다(사 5:11, 14). 이들은 여호와께서 행하시는 일에 관심을 두지 않았다(사 5:12). 이 때문에 이스라엘은 사로잡혀 가게 될 것이며 유리하는 자들이 부자들의 버려진 밭에서 먹을 것이다(사 5:13, 17).

c. 냉소주의(사 5:18-19)

거짓으로 끈을 삼아 수레 줄을 끄는 것처럼 죄악을 끌며 사는 자들에게 화가 있을 것이다! 그런데도 그들은 감히 하나님께 서둘러 일하여 하나님의 계획을 이루어 보게 해 달라고 말한다. 이것은 이스라엘의 거룩한 자는 아무 일도 못 한다는 뜻으로 하나님의 존재와 능력을 무시하는 행동이다.

d. 사회 정의 왜곡(사 5:20-25)

사회 정의를 왜곡하며 사는 자들에게 화가 있을 것이다! 이사야는 이들에게 네 번째부터 여섯 번째까지의 화를 선포한다. 이들은 선과 악의 개념을 바꾸고, 뇌물로 악인을 의롭다 하고, 의인에게 공의를 빼앗았다. 이사야는 그들에게 불꽃이 그루터기를 삼킴 같이, 마른 풀이 불 속에 떨어짐 같이 될 것이라고 했다. 이는 율법을 버리고 이스라엘의 거룩하신 이의 말씀을 멸시하였기 때문이다(사 5:24). 그래서 여호와께서 진노하여 그들의 시체가 거리의 분토(수카, סוּחָה 쓰레기) 같이 버려질 것이라고 했다(사 5:25).

③ 먼 나라를 불러 심판하심(사 5:26-30)

이 문단에서 이사야는 여호와께서 먼 나라를 불러 정의와 공의를 버리고 여호와를 멸시한 유다를 심판하실 것을 말한다. 그는 여호와께서 기치를 세우시고 먼 나라를 부르실 것이라고 했다(사 5:26). 여기에서 '기치'(네이스, נֵס)는 사람들로 하여금 함께 공통의 행동을 하게 하거나 중요한 정보를 전달하는 신호다(Harris 1980, 1379a). 이것은 여호와께서 신호를 보내어 먼 나라 군대를 부른다는 의미다. 그리고 그 군대가 신속하게 오는 것을 화면에서 보여주듯이 '보라'(힌네이, הִנֵּה)라고 하며 신속하게 올 것을 비유적 언어로 표현한다

(사 5:26-28). 그들은 빨리 달려올 것이며, 그들의 부르짖음은 암사자 같을 것이요, 그들의 소리지름은 젊은 사자 같을 것이고, 부르짖으며 먹이를 움켜 가져가도 건질 자가 없을 것이다(사 5:29). 이사야 당대에 이 군대는 앗수르다.

(3) 이사야가 본 하늘 보좌의 환상과 그의 사역(사 6:1-13)

이 문단은 유다 역사의 전환점이면서 이사야의 사역에서 새로운시작을 보여준다. 이 때 이사야는 극적으로 하나님의 위엄을 경험했다. 그 경험이 그의 신학에 영향을 주었고, 그의 생애에서 그로 하여금 하나님의 목적을 새로운 방식으로 이해하게 되었다(Smith 2007, 183). 이 문단은 이사야의 1인칭 시점 기술과 사건의 연대를 기술함으로 새로운 장면이 시작됨을 보여준다. 이사야 6장은 이사야서의 도입부인 1-5장의 결론이며, 동시에 7-12장을 잇는 다리 역할을 한다(Hill & Walton 1991, 322-323; Smith 2007, 183-184).

이 문단의 가장 큰 어려운 문제는 이 사건이 이사야를 선지자로 부르신 소명인지, 아니면 역사적 상황 변화에 따라 선지자에게 새로운 과업을 위임한 것인지의 문제다. 소명으로 보는 이유는 이사야 1장에 이사야의 선지적 소명이 없기에 이 책을 연대기 순서로 쓴 것이 아니라 신학적 목적에 따라 배치했다고 보기 때문이다. 이사야의 선지적 소명을 여기에 배치한 것을 이사야 1-5장에서 보여준 죄악 가운데 빠진 이스라엘이 어떻게 깨끗하고 순종적인 이스라엘로 변화될 수 있는지를 보여주어 모든 민족도 그 교훈을 따르도록 하려는 것으로 보기도 한다(Oswalt 2003, 125). 그러나 이사야의 사역 시기와 관련하여 이사야 1:1은 웃시야 시대를 포함하고 있다. 만약 웃시야 왕이 죽던 해에 이사야가 선지자로 부름을 받았다면 웃시야 시대를 그의 사역에 포함시킬 수 없다. 또한 역대하 26:22에 "웃시야의 남은 시종 행적은 아모스의 아들 선지자 이사야가 기록하였더라"라고 했다. 이사야가 선지자로 부름을 받았던 때가 웃시야가 죽던 해라고 본다면 이사야가 어떻게 웃시야의 행적을 기록할 수 있겠는가? 그래서 이 사건은 앞으로 나라가 새로운 정치적 상황에 직면할 것이기 때문에 새로운 과업을 위해 특별히 위임을 새롭게 하는 것으로 보아야 한다(Smith 2007, 183-184).

① 하늘 보좌의 환상(사 6:1-4)

이 문단에서 이사야는 그가 본 하늘 보좌의 모습을 보여준다. 그는 '웃시야 왕이 죽던 해에' 하늘 보좌의 환상을 보았다(사 6:1). 웃시야는 16세에 왕이 되어 주전 792년부터 740

년까지 52년을 다스렸던 남쪽 유다의 왕이었다(왕하 15:1–2). 그의 통치 기간 중 24년은 그의 아버지 아마샤의 통치 기간과 겹친다. 그것은 북 왕국 이스라엘의 왕 요아스와 전쟁에서 아버지 아마샤가 잡혀 감옥에 있었기 때문이다(왕하 14:13). 그는 하나님의 기이한 도우심을 얻어 강성하게 되었지만 교만해 져서 여호와의 성전에 들어가 분향하려고 하였기 때문에 나병환자가 되었다(대하 26:15–16, 19). 이 때문에 그의 통치 기간 마지막 10년을 그의 아들 요담이 통치했다. 그가 죽었을 때는 주전 740년이다. 이때는 북 이스라엘이 주전 722년에 멸망되었기 때문에 불과 이스라엘의 멸망되기 18년 전이다. 이때는 메소포타미아 앗수르 제국의 왕인 티글랏 빌레셀 3세(주전 745–727)가 세력이 성장하여 남하정책을 쓰고 있었던 때였다. 당시 유다와 이스라엘은 소돔과 고모라와 다를 바 없었다(사 1:10; 1:2–5:25). 하나님은 심판의 도구로 앗수르를 선택하셨다(사 5:27–30; 10:5). 키드너(2015, 878)는 이들을 가리켜 '하나님의 청소대행자'라고 했다.

이때 이사야는 하늘 보좌의 환상을 보았다. 그가 환상을 본 장소는 성전이었다. 보좌에 앉으신 이의 옷자락이 '성전에 가득하였고'(사 6:1)라고 하였고, '성전에 연기가 충만한지라'(사 6:4)라고 하였기 때문이다. 이사야가 제사장이었다면 성소 안에 들어가 기도하였을 것이고, 그렇지 않다면 성전 뜰에서 당시 부도덕하여 그 결과로 하나님의 심판을 받게 될 그의 조국을 위해 기도했을 것이다. 주께서 하늘 보좌에 앉았고 스랍들은 그 곁에 서 있었다. 스랍들이 주를 모시고 섰는데 각기 여섯 날개가 있어 그 둘로는 자기의 얼굴을 가리었고 그 둘로는 자기의 발을 가리었고 그 둘로는 날고 있었다(사 6:2). 이는 보좌에 앉아 계신 하나님을 보고 자신을 겸손하게 낮출 뿐만 아니라 언제든지 그 명령을 수행할 수 있는 모습을 보여준다. '스랍'(שְׂרָפִים 〈 שָׂרָף)은 문자적으로 '불타는 자'인데 다니엘 7:10에 보좌 주위를 둘러 서 있는 불타는 천사와 같은 존재다(Smith 2007, 189). 이들이 서서 "거룩하다 거룩하다 거룩하다 만군의 여호와여 그의 영광이 온 땅에 충만하도다"(사 6:3)라고 했다. '만군의 여호와'(야웨 처바오트, יְהוָה צְבָאוֹת)는 여호와의 이름 가운데 하나다. '만군'(처바오트, צְבָאוֹת)은 군대(army)의 복수형이다(삼상 17:45). 또한 하늘과 땅에 속한 모든 것을 의미하기도 한다(창 2:1). 이 이름은 하늘과 땅의 모든 존재를 통치하시는 분이라는 뜻이다(한정건 2006, 78–79). 이 하나님을 "거룩하다 거룩하다 거룩하다"라고 세 번 반복한 것은 절대적으로 거룩하신 분이라는 뜻이다(Oswalt 2003, 126–127). 누가 이 거룩하신 하나님 앞에 설 수 있겠는가?

② 죄 사함과 사역으로 부름(사 6:5–8)

이 문단에서 이사야는 거룩하신 만군의 여호와를 보고 자기와 자기 백성이 죄인이라는 것을 깨닫고 탄식할 때 하나님이 그 죄를 깨끗하게 해 주시고 사역자를 찾으시는 내용을 소개한다. 그는 거룩하신 만군의 여호와를 보고 "화로다 나여 망하게 되었도다"(사 6:5)라고 했다. 그가 이렇게 고백한 것은 죄인은 거룩하신 하나님을 보면 죽는다고 믿었기 때문이다(참조. 삿 6:22; 13:21–22). 그런데 왜 입술이 부정하다고 말하는가? 실제로 입술은 마음에 무엇이 있는지를 보여주는 증거가 되기 때문이다(Oswalt 2003, 127).[16] 이것이 거룩하신 하나님을 본 이사야의 신앙적인 감정이다.

이때 스랍 중의 하나가 제단에서 집은 핀 숯을 그의 입술에 대며 그의 악이 제하여졌고 그의 죄가 사하여졌다고 했다(사 6:7). 모든 성도가 다 이러한 방식으로 죄 사함의 체험을 하는 것은 아니다. 당시 하나님이 이사야에게 체험을 주신 것은 웃시야 왕의 사망 이후 새롭게 전개되는 역사적 현실에서 그의 사역을 잘 감당할 수 있도록 하기 위한 것이다. 이후에 하나님이 "내가 누구를 보내며, 누가 우리를 위하여 갈꼬?"(사 6:8)라고 하시자 이사야는 "내가 여기 있나이다 나를 보내소서"(사 6:8)라고 응답했다. 이것은 웃시야가 죽은 이후 새롭게 전개될 역사적 상황에서 그의 선지자 사역을 새롭게 하기 위한 것임을 보여준다.

③ 사역의 어려움(사 6:9–10)

이 문단에서 이사야는 그가 받은 사역이 어렵다는 것을 보여준다. 여호와께서 "가서 이 백성에게 이르기를 너희가 듣기는 들어도 깨닫지 못할 것이요 보기는 보아도 알지 못하리라 하여 이 백성의 마음을 둔하게 하며 그들의 귀가 막히고 그들의 눈이 감기게 하라 염려하건대 그들이 눈으로 보고 귀로 듣고 마음으로 깨닫고 다시 돌아와 고침을 받을까 하노라"(사 6:9–10)라고 하셨다. 이 말씀은 속마음과 반대되는 표현을 쓰는 수사법인 반어법이다. 하나님이 이사야에게 이 말씀을 하신 본래 의도는 그들의 귀가 막히고 그들의 눈이 감기게 하려는 것이 아니라 듣고 깨닫게 하려는 것이다. 그런데도 이러한 반어법으로 말씀하신 것은 이사야가 말씀을 전파할 때 사람들이 받아들이지 않을 것을 강조하려는 것이다. 이것이 그의 사역의 어려움이다. 이런 면에서 이사야는 세상에서 말하는

16 여기에 전문적으로 사용된 문학적 장치는 환유법(metonymy)이다. 환유법은 대유법의 하나로 나타내고자 하는 개념이나 사물의 특성을 가지고 전체를 표현하는 비유법이다. 예를 들면 세익스피어의 『줄리어스 시저』에 안토니우스가 "나에게 귀를 빌려주십시오"라고 할 때 '귀'는 환유법이다.

성공이 아니라 신실함을 위해 부름을 받았다(Oswalt 2003, 128).

그렇다고 그의 사역이 아무런 결과가 없다고 말하는 것은 아니다. 이 말씀은 신약성경에 다섯 번이나 인용되었다(마 13:13–15, 막 4:12, 눅 8:10; 행 28:26–27). 이곳을 보면 예수님께서 비유로, 또는 바울이 성경을 가지고 쉽게 설명하였을 때 모든 사람이 받아들인 것은 아니다. 그러나 믿는 사람도 있었다. 특히 예수님은 비유로 말씀하신 이유를 말씀을 이해하기 쉽게 설명하여 누구든지 말씀을 듣고 구원을 얻게 하려는 것이라고 하셨다(마 13:13–15). 이로 보아 하나님이 이사야의 사명을 새롭게 하여 보내신 것은 이스라엘을 심판하시려는 것이 아니라 듣고 구원을 얻게 하시려는 것임을 알 수 있다. 이것을 다음 문단에서 설명한다.

④ 멸망 가운데 핀 소망(사 6:11–13)

이 문단에서 이사야는 그의 사역이 어렵고 결과가 없을 것이라는 말을 듣고 갈등하며 질문할 때 여호와께서 소망을 주신 내용을 소개한다. 이사야는 그의 사역으로 백성들의 마음이 둔하게 되고 오히려 심판을 받을 수밖에 없다는 말씀을 듣고 "주여 어느 때까지니이까"(사 6:11)라고 질문했다. 이때 하나님은 이사야에게 백성들이 말씀을 듣지 않음으로 나라가 멸망하고 토지들이 황폐하게 되어 주민들이 포로로 끌려갈 때까지 전파해야 한다고 하셨다. 그러나 하나님은 비유적 언어로 밤나무, 상수리나무가 베임을 당하여도 그루터기가 남아있는 것같이 거룩한 씨가 그 땅의 그루터기라고 하셨다(사 6:12–13). 이것은 거룩한 씨를 남겨 주신다는 것이다. '거룩한 씨'는 이새의 줄기에서 나올 메시아로 보기도 하나 이사야 4:3에서 예언한 하나님의 백성 가운데 남은 거룩한 자를 말한다(Smith 2007, 198; Oswalt 2003, 128). 이것은 이사야의 사역에 결과가 있다는 것이다.

하나님은 실제로 이야기(= 내러티브)로 기록된 이사야 36–39장에 기록된 역사를 통해 이 말씀이 사실임을 증명해 주셨다. 히스기야는 처음에 이사야가 전하는 하나님의 말씀을 듣지 않고 애굽을 의지했다(사 30:1–2; 31:1). 그러나 그가 그의 죄를 회개하고 말씀을 듣고 순종할 때 앗수르와 치른 전쟁에서 승리할 수 있었고(사 37:1, 36), 죽을 병에 걸린 그의 병도 치료되어 15년간 그의 생명이 연장되었다(사 38:1–8). 그럼에도 이사야가 받은 사역은 어렵다.

하나님이 이사야를 보내어 하나님의 말씀을 전파하게 하신 것은 언약 백성을 심판하기 위한 것이라기보다 백성들이 귀를 막고 눈을 감는다고 할지라도 택한 백성들이 듣고 구원을 얻어 축복의 통로로 복된 삶을 살도록 하려는 것이다. 바벨론 포로로 끌려갔던 이스라엘 백성들이 이사야가 기록한 이 역사를 읽으면서 이사야 선지자가 전파한 이 말씀을 듣는 일이 얼마나 중요한 일이었는지를 배우지 않았을까?

3. 신뢰의 위기와 임마누엘 예언(사 7:1-12:6)

이 문단에서 이사야는 아하스 통치 시대와 관련된 예언을 전한다. 그것은 유다가 수리아와 이스라엘로부터 구원을 받기는 하지만 앗수르와 다른 외국의 지배를 받는 예언, 그리고 앗수르가 멸망되는 예언, 메시아의 강림과 그 나라가 어떤 나라인지에 대한 예언 등이다. 특히 당시의 역사적 상황에서 아하스가 하나님을 신뢰하지 않아 겪게 될 위기(사 7:1-8:22)와 히스기야가 하나님을 신뢰할 때 얻게 될 구원과 신뢰하지 않을 때 겪게 될 위기(사 36:1-39:8)를 대조하고 있다. 이러한 상황에서 장차 오실 임마누엘을 예언함으로 여호와께서 이스라엘을 통해 이루실 구원 계획을 이루신다는 것을 보여준다.

내용 분해

(1) 하나님을 신뢰하지 않고 앗수르를 신뢰함(사 7:1-25)
(2) 군대의 힘을 믿지 말고 하나님을 신뢰하라(사 8:1-18)
(3) 한 의로운 왕의 통치 1(사 8:19-사 9:7)
(4) 교만한 이스라엘을 심판하심(사 9:8-10:4)
(5) 교만한 앗수르를 심판하심(사 10:5-34)
(6) 한 의로운 왕의 통치 2(사 11:1-16)
(7) 하나님의 은혜를 감사하며 찬송함(사 12:1-6)

내용 해설

(1) 하나님을 신뢰하지 않고 앗수르를 신뢰함(사 7:1-25)

이 문단에서 이사야는 아람의 르신과 북 이스라엘의 베가가 침입했을 때 여호와께서 그들을 두려워하지 말라는 말씀을 아하스에게 전했으나 아하스가 듣지 않자 여호와께서 앗수르를 불러 유다를 징계하실 것에 대해 예언했다.

① 두려워하지 말고 하나님을 믿으라(사 7:1–9)

이 문단에서 이사야는 아람의 르신과 북 이스라엘의 베가가 올라왔을 때 두려워하지 말고 하나님을 믿으라고 아하스에게 권했다. 이들의 침입은 두 번 있었던 것으로 보인다. 이들이 처음 침입했을 때에는 예루살렘을 능히 이기지 못했다(사 7:1). 역대기 사가에 의하면 아하스가 왕위에 올라 바알들의 우상을 부어 만들고 그의 자녀들을 불사르고 산당에서 제사하자 여호와께서 그를 아람과 이스라엘의 손에 넘기셨다. 아람 왕은 많은 사람을 다메섹으로 끌고 가고, 베가는 유다 용사 12만 명을 죽였다(대하 28:1–7). 이사야가 '능히 이기지 못했다'라고 한 것은 전쟁에 크게 패했으나 예루살렘을 정복하지 못했다는 뜻이다. 그러나 이들이 다시 연합군을 이루어 두 번째 침입했다는 소식을 듣고 아하스는 그의 마음이 숲이 바람에 흔들림 같이 흔들렸다(사 7:2). 이들이 유다를 침략한 이유는 다브엘의 아들을 왕으로 세워 그들의 정치세력을 형성하고자 한 것이다(사 7:6).

그때 여호와께서 이사야에게 그의 아들 스알야숩을 데리고 윗못 수도 끝 세탁자의 밭 큰 길에 가서 아하스를 만나라고 하셨다(사 7:3). '스알야숩'(שְׁאָר יָשׁוּב)은 '남은 자는 돌아오리라'는 뜻이다. 윗샘은 기드론 골짜기에 있는 기혼샘이다. 이 샘은 전쟁이 나면 물을 수로를 통해 성안으로 끌어들이고 밖의 샘은 감춘다. 아하스가 여기 있다는 것은 적의 침입을 대비하고 있다는 것이다(한정건 2006, 124; 와츠 2002, 201). 이사야는 아하스에게 이들 두 나라가 노한다 할지라도 두 부지깽이 그루터기에 불과하기에 두려워하지 말라고 하신 여호와의 말씀을 전했다(사 7:4). 또 여호와께서 그들의 침입은 결코 성공하지 못할 것이기에 이 말씀을 굳게 믿으라고 하신 말씀을 전했다(사 7:7, 9).

② 임마누엘의 징조(사 7:10–17)

이 문단에서 여호와께서는 그가 하신 말씀을 믿지 않는 아하스의 행동에 대해 임마누엘을 보낼 것이라고 약속하신다. 이사야는 여호와께서 아하스에게 하나님이 아람(= 수리아)과 에브라임(= 북 이스라엘)을 멸하실 것에 대해 징조를 구하되 깊은 데에서든지 높은 데에서든지 구하라고 하신다는 말씀을 전했다(사 7:11). 이는 구하는 것에 한계가 없다는 것이다. 이 제안은 그의 믿음을 강화시킬 수 있는 것이지만 그는 거부했다. 그것은 그가 앗수르가 아람을 공격하도록 성전의 금을 내주었기 때문이다(왕하 16:7–8). 이 행동은 구원에 대한 소망을 하나님이 아닌 인간의 능력에 두었다는 것이다(오틀런드 2014, 1326).

그러자 이사야는 '그러므로'(라케인, לָכֵן) 주께서 친히 '너희에게' 곧 다윗 왕조에 징조를 주실 것이라고 하시며 "보라 처녀가 잉태하여 아들을 낳을 것이요 그의 이름을 임마누엘이라 하리라"(사 7:14)라고 했다. '그러므로'는 아하스가 믿을 수 있는 징조를 구하라고 하신 하나님의 말씀을 거부한 일에 대한 결과임을 보여준다. 이사야는 하나님의 적극적인 약속(사 7:4, 9)에 대해 아하스가 부정적으로 응답한 일, 곧 하나님보다 앗수르를 더 신뢰한 일이 다윗 왕조에 어떻게 영향을 미칠 것인지 보여준다. 이때 주께서 친히 징조로 주신 아들의 이름은 '임마누엘'(עִמָּנוּ אֵל)이다. 이 이름은 '하나님이 우리와 함께 계신다'라는 뜻이다. 이 이름은 징조로 주신 이가 미래의 어느 시점에 아하스를 대신할 다윗 왕조의 통치자가 될 것을 보여주기는 해도 더 구체적인 메시지(사 8:8, 10; 9:1-7; 11:1-10)를 주시기까지 특별한 상황에 적용되지 않는다. 저자는 독자들에게 이 신비로운 아들이 정확하게 누구인지 이해할 수 있는 많은 정보를 주지 않는다(Smith 2007, 212-213).

이러한 이유로 이 아들이 누구인지에 대해 다양한 해석이 있다. 첫째, 이 예언이 당시에 이루어질 일로 본다면 아하스의 아들 히스기야이거나 이사야의 두 번째 아들이다. 둘째, 이 아들을 이중적 의미로 본다면 일차적으로는 당시 히스기야나 이사야의 아들이며, 궁극적으로는 미래에 오실 메시아이다. 셋째, 이 아들은 예수님의 처녀 탄생에 대한 예언으로 본다면 오실 메시아다(한정건 2006, 128-129). 이 해석들은 다 문제가 있다. 하지만 일반적으로 이 징조를 오직 메시아이신 예수님의 탄생을 가리킨다고 본다.

여기 '처녀'로 번역된 히브리어 '알마'(עַלְמָה)라는 단어는 성경에 이사야 7:14을 포함하여 모두 일곱 번 나오는데 일부는 처녀로 볼 수 있고(창 24:43; 출 2:8; 아 1:3) 일부는 애매하다(시 68:25; 잠 30:19; 아 6:8). 그러나 성경에 남자를 알지 아니한 처녀를 말할 때 '버투라'(בְּתוּלָה)라는 단어를 사용하기도 한다(창 24:16; 레 21:3 등). 하지만 이 단어는 성경에 모두 오십 번이 나오지만 다 처녀로 볼 수 없다. 단어로 처녀인지, 젊은 여자인지 구분하기 어렵다.[17] 그러나 70인역은 이 단어를 '처녀'를 의미하는 '파르테노스'(παρθένος)라고 번역했고, 마태 역시 이 단어를 사용했다. 무엇보다 마태가 이 징조를 그리스도께서 처녀 마리아에게서 태어나신 사건에 적용했다(마 1:20-23). 처녀가 아들을 낳는다는 것은 히스기야도, 이사야의 아들도 아닌 오직 그리스도에게만 적용된다.

그러나 처녀로 탄생할 아들이 메시아라면 이 일이 하나님을 신뢰하지 않고 인간의 능력(= 앗수르의 군사력)을 신뢰한 아하스에게 어떻게 심판의 메시지가 될 수 있는지는 여전히 의문으로 남는다. 그러면 먼 미래에 일어날 일이 어떻게 다윗의 집에 징조가 될 수 있는가? 이 징조는 분명 아하스에 대한 심판으로 의도된 것이다. 그러나 이 미래의 사건은

17 학자들은 성경이나 성경 외의 자료에서 결혼하지 않은 성숙한 처녀에게 사용되었다고 결론을 짓기도 한다(한정건 2006, 131-136; Oswalt 2003, 141).

현재적이며, 이사야는 마치 그 예언이 성취되고, 일어나고 있는 것처럼 말한다. 그리고 약속된 아기가 이사야 7:15–17에서 말하고 있는 것처럼 당대의 사건과 연관되어 있다는 것을 보여준다(Harman 2005, 97–99). 그래서 이 예언을 이중적으로 보고 일차적으로는 이사야의 아들이면서 동시에 오실 메시아를 의미하는 것으로 보는 것도 가능하다(Oswalt 2003, 140).

그러면 이사야 7:15–17에서 아이가 자라 악을 버리며 선을 택할 줄 알 때가 되면 엉긴 젖과 꿀을 먹을 것이고, 아이가 악을 버리며 선을 택할 줄 알기 전에 르신과 베가의 땅이 황폐하게 되고, 앗수르의 침략을 아하스의 불신에 대한 심판으로 이해할 수 있다. 그러면 이 말씀은 자연스럽게 이사야 8:1–4과 연결되어 이 아들은 '마헬살렐하스바스'일 수 있다(Oswalt 1998, 250). 그리고 '악을 버리며 선을 택할 줄 알 때'라는 것은 판단할 수 있는 나이를 말한다. 이때 아이의 나이를 약 12세 정도로 본다면 이사야가 아하스와 대면할 때가 주전 735년경에 일어났음을 시사해 준다. 그리고 12–13년 뒤인 주전 722년에 북 왕국이 멸망한 해와도 조화가 된다(Oswalt 2003, 141). 이때 그는 '엉긴 젖과 꿀'을 먹을 것이다. '엉긴 젖'(헴아, חֶמְאָה)을 버터로 번역하기도 하나 요구르트와 유사한 것으로 젖이 남아 저절로 엉긴 것을 말한다(참조. 사 7:21–22). 이것은 앗수르의 침입으로 이스라엘이 황폐하게 되어 농산물 대신에 엉긴 젖과 꿀을 먹게 된다는 뜻이다(Wolf & Stek 2002, 1044). 그래서 엉긴 젖과 꿀을 먹는다는 것은 부정적인 의미로 정상적인 경제활동을 할 수 없는 상황을 묘사한 것이다. 특별히 관심을 가지고 보아야 할 부분은 이사야가 아이가 악을 버리며 선을 택할 줄 알기 전에 아하스가 미워하는 두 왕인 아람 왕 르신과 이스라엘 왕 베가의 땅이 황폐하게 된다는 것이다(사 7:16). 이것은 아람과 북이스라엘이 멸망하여 하나님의 말씀대로 된다는 것이다(참조. 사 7:4–7). 이사야는 이것으로 그치지 않고 앗수르 왕이 이르러 '너와 네 백성과 네 아비 집' 곧 유다에게도 앗수르의 침입이 있을 것이라고 했다(사 7:17). 아하스가 하나님을 신뢰하지 않고 앗수르의 군사적 힘을 의지한 결과가 너무 처참하다(참조. 왕하 16:7–8; 대하 28:20–21). 하나님을 신뢰하는 일이 얼마나 중요한가!

③ 하나님의 심판(사 7:18–25)

이 문단에서 이사야는 하나님을 신뢰하지 않는 유다에 어떤 심판이 일어나게 될 것인지 설명한다. 이사야는 '그날에'라는 문구를 네 번(사 7:18, 20, 21, 23)이나 사용하여 앗수르를 비롯한 외국의 침략이 가져올 처참한 상황을 묘사한다. 첫째, 그날에 여호와께서 애굽과 앗수르를 마치 파리 떼와 벌 떼처럼 불러 적군의 무리들로 온 땅에 가득하게 하실 것이다(사 7:18–19). 둘째, 그날에 여호와께서 앗수르 왕으로 유다 백성에게 매우 모욕적인 행동인 그들의 머리털과 수염을 밀게 하실 것이다(사 7:20; 참조. 삼하 10:4–5). 여기에 아이러니(irony)가 있다. 아하스가 앗수르 군대를 부른 것처럼 보이나 실상은 여호와께서 징계의 도구로 앗수르를 부르셨기 때문이다. 셋째, 그날에 한 사람이 한 어린 암소와 두 양을 기르지만 그들이 내는 젖이 많아 엉긴 젖과 꿀을 먹을 것이다(사 7:21–22). 이것은 앗수르의 침입으로 황폐하게 되고 사람들이 없으므로 한 마리의 암소와 두 마리의 양이 내는 젖도 먹지 못해 젖이 엉기게 되어 그것을 먹게 된다는 뜻이다(한정건 2006, 145). 넷째, 그날에 천 그루에 은 천 개의 가치가 있는 포도나무가 있는 곳마다 찔레와 가시가 날 것이다(사 7:23–25). 왜 이러한 결과가 오게 되었는가? 그것은 아하스가 여호와를 신뢰하지 않았기 때문이다.

(2) 군대의 힘을 믿지 말고 하나님을 신뢰하라(사 8:1–18)

이 문단에서 이사야는 자신을 3인칭(여호와께서 이사야에게 이르시되, 사 7:3)에서 1인칭(여호와께서 내게 이르시되, 사 8:1)으로 전환하면서 이사야 7장의 사건을 되돌아본다(오틀런드 2014, 1328). 이사야는 아하스가 앗수르에게 아람과 북 이스라엘의 공격으로부터 구원해 달라고 요청한 것을 전제로 하나님을 신뢰하라고 교훈한다.

① 마헬살랄하스바스의 출생(사 8:1–4)

이 문단에서 하나님은 이사야의 아들을 통해 아람과 에브라임 연합군이 앗수르에 패할 것을 보여준다. 하나님은 이사야에게 큰 서판에 통용문자로 '마헬살랄하스바스'(מַהֵר שָׁלָל חָשׁ בַּז)라고 쓰라 하셨다. 이사야가 아들을 낳자 하나님은 그 이름을 '마헬살랄하스바스'라 하라고 하셨다(사 8:1, 3). 이 뜻은 '노략물이 빨리 가고 전리품이 급히 간다'라는 뜻이다. 더 구체적으로 아이가 아빠 엄마라고 부르기 전에 아람의 재물과 에브라임의 노략물이 앗수르 왕 앞에 옮겨질 것이라고 했다(사 8:4). 이것을 큰 서판에 통용문자로 쓰라고 한 것은 누구나 알 수 있는 글로 쓰라는 것이다. 이사야 8:1–4은 7:14–17과 매우 유사하다. 이는 아하스에게 주신 예언이 신속하게 이루어질 것을 더 구체적으로 보여준 것이라고 할 수 있다.

② 앗수르의 침입(사 8:5-10)

이 문단에서 이사야는 하나님을 신뢰하지 않는 유다에게 앗수르가 침략하여 온 땅에 가득하게 될 것을 말한다. 여호와께서는 '천천히 흐르는 실로아 물'과 '흉용하고 창일한 큰 하수'를 대조시키며 말씀하신다. '실로아 물'(70인역에 실로암 물)은 히스기야가 수로를 건설하기 전에 다윗성 동쪽 기슭에 있는 기혼샘에서 실로아로 흐르는 물을 말한다.[18] 큰 하수는 유프라테스강을 말한다. 이들은 비유적인 표현으로 실로아(= 실로암)로 흐르는 물은 하나님, 큰 하수는 앗수르를 상징한다. 그런데 여호와께서 앗수르를 보내는 이유를 말하며 "이 백성이 천천히 흐르는 실로아 물을 버리고 르신과 르말리야의 아들을 기뻐한다"(사 8:6)라고 하셨다. 이 백성은 누구를 말하는가? 유다라면 그들을 침입하여 고통스럽게 하는 르신과 르말리야를 기뻐할 이유가 무엇인가?[19] 문맥적으로 볼 때 유다 백성이 기뻐한 것은 하나님보다 앗수르를 의지하여 앗수르가 르신과 르말리야를 물리칠 것이기 때문에 기뻐한다고 보는 것이 자연스럽다(Smith 2007, 224). 그래서 여호와께서 주를 버리고 앗수르를 의지한 유다를 심판하실 것이라고 하셨다. 여호와께서 그들이 의지한 앗수르의 침략을 통해 모든 물이 골짜기와 언덕을 뒤덮듯이 유다를 뒤덮고 유다의 목까지 미치게 하실 것이다(사 8:7-8). 얼마나 놀라운 아이러니(irony)인가? 유다가 의지한 앗수르가 유다를 위태한 지경까지 몰고 간 것이다.

그러나 하나님은 하나님을 버린 유다를 심판하시지만 한편으로는 앗수르가 패망할 것이라는 말씀을 주심으로 여전히 유다에게 희망이 있다고 말씀하신다. 그것은 임마누엘(עִמָּנוּ אֵל)되신 하나님이 이스라엘과 함께 하시기 때문이다(사 8:8, 10). 죄에 대한 심판과 구속에 대한 내용을 동시에 기록한 것은 이사야서의 기록 특징이다. 이사야는 하나님은 앗수르와 기타 열국으로 유다를 징계하시나 그들은 끝내 그들의 목적을 이루지 못하고 패망하게 될 것을 반복하여 말한다. 그 이유는 임마누엘이 이스라엘과 함께 하시기 때문이다. 이를 수미쌍관법으로 설명한다.

A 임마누엘이여 … 날개가 그 땅에 가득하리라(사 8:8b)

B[1] 너희 민족들아 … 끝내 패망하리라(사 8:9a)

---

18 히스기야는 기혼샘에서 물을 성안으로 끌어들이기 위해 수로를 만들고 저수지를 팠다(왕하 20:20; 대하 32:30). 이사야의 기록을 보면 히스기야가 수로공사를 할 때 기혼샘의 물은 실로아(신약에서 실로암)로 흘렀던 것으로 보인다.

19 이 백성이 르신과 르마리야의 아들을 기뻐하는 것으로 본다면 이 백성을 유다가 아닌 아하스를 반대하는 사람이라고 볼 수 있다(Hayes and Irvine 1987, 146-149), 반대로 이 백성을 유다 백성으로 보고 '기뻐하다'라는 단어인 '머소스'(מְשׂוֹשׂ)라는 단어를 '마소스'(מָסוֹס)로 읽어 '두려움으로 녹다'라고 해석하기도 한다(Childs 2001, 69-70).

B² 너희 먼 나라 백성들아 … 끝내 패망하리라(사 8:9b)

B³ (너희 먼 나라 백성들아) … 끝내 패망하리라(사 8:9c)

B⁴ 너희는 함께 계획하라 … 끝내 이루지 못하리라(사 8:10a)

B⁵ (너희는) … 끝내 시행되지 못하리라(사 8:10b)

A′ (왜냐하면) 임마누엘이 계시기 때문이다(사 8:10c).[20]

이사야가 이렇게 말한 것은 비록 이스라엘이 당시 하나님을 버리고 앗수르를 의지하므로 망하는 것처럼 보여도 여전히 하나님은 이스라엘을 통하여 약속하신 하나님 나라를 임마누엘을 보내어 성취하심을 보여주기 위함이다.

③ 군대를 두려워하지 말고 하나님을 두려워하라(사 8:11–15)

당시 정치, 종교적으로 어려운 상황에서 이사야는 유다 백성들에게 누군가 반역자가 있다고 말해도 믿지 말고 그들이 두려워하는 것을 두려워하지 말고 만군의 여호와를 두려워하라고 권한다(사 8:11–13). 여기 '반역자'는 히브리어 원문에 '음모'(케쉘, קֶשֶׁר)로 백성들 사이에 퍼지는 군대의 소문을 말한다(Oswalt 2003, 154). 왜 군대의 소문을 두려워하지 말고 하나님을 두려워해야 하는가? 그것은 만군의 여호와가 성소가 되시기 때문이다(사 8:14). 그러나 이사야는 이 성소는 한편으로는 걸림돌과 거치는 반석이 되어 걸려 넘어질 것이라고 했다(사 8:14–15). 이것은 거룩하신 하나님이 양면성을 가지고 있다는 것으로 여호와를 '두려워하는'(= 경외하는) 자들에게는 성소가 되시지만, 거부하는 자들에게는 함정과 올무가 될 수도 있다는 뜻이다. 오스왈트(Oswalt 2003, 153)는 하나님은 우리 삶 가운데 어떤 방식으로든 힘(force)이 되시는데 부정적인 힘이 될 수도 있고 긍정적인 힘이 될 수 있다고 했다. 그러면서 그는 하나님은 안전한 성소가 될 수도 있고, 우리를 걸려 넘어지게 하는 걸림돌이 될 수도 있다고 적용했다.

④ 누가 율법을 듣고 순종할 수 있는가(사 8:16–18)?

이 문단은 누가 하나님을 경외하고 율법을 듣고 순종할 수 있는지를 설명한다. 그러나 이 문단은 쉽지 않다. 왜냐하면 화자(話者, speaker)가 누구인지 알기 어렵기 때문이다.

20 이 구절은 히브리어로 '키 임마누엘'(כִּי עִמָּנוּ אֵל)이다. 개역개정판은 임마누엘을 풀어서 "이는 하나님이 우리와 함께 계심이니라"라고 번역했지만 이사야 7:14, 8:8과 함께 하나님이 보내실 아들의 이름인 '임마누엘'이라고 번역해야 한다(한정건 2006, 150).

"너는 증거의 말씀을 싸매며 율법을 내 제자들 가운데서 봉함하라"(사 8:16)라는 말씀에서 '너'가 이사야라면 화자는 누구며 '내 제자들'은 누구인가? '나'는 하나님이 될 수 없다. 왜냐하면 "이제 야곱의 집에 대하여 얼굴을 가리시는 여호와를 나는 기다리며 그를 바라보리라"(사 8:17)라고 했기 때문이다. 이 문제를 이해하는 열쇠는 "보라 나와 및 여호와께서 내게 주신 자녀들이 이스라엘 중에 징조와 예표가 되었다"라는 말씀을 인용하고 있는 히브리서 2:13이다(한정건 2006, 164-165; Alexander 1992, 191-192). 히브리서 2:11은 거룩하게 하시는 이인 그리스도와 거룩함을 입은 자들이 다 한 근원에서 나왔기 때문에 그리스도께서 그의 구속으로 거룩함을 입은 자들을 형제라 부르시기를 부끄러워하지 않으셨다고 했다. 이 말씀을 입증하기 위하여 이사야 8:18을 인용하여 "볼지어다 나와 및 하나님께서 내게 주신 자녀라"라고 했다. 그러므로 '나'는 메시아, 곧 그리스도를 말하고, '내 제자들'은 그의 말씀을 믿고 순종하는 자들을 말한다.

그런데 메시아가 이사야에게 율법을 싸매며 봉함하라고 하셨다(사 8:16). 이것은 아무도 기록된 율법을 열지 못하게 하려는 것이다. 그러면 누가 율법을 듣고 여호와를 경외하며 살 수 있는가? 메시아가 주의를 집중시키며 "보라 나와 및 여호와께서 내게 주신 자녀들이 이스라엘 중에 징조와 예표가 되었나니 이는 시온산에 계신 만군의 여호와께로 말미암은 것이라"(사 8:18)라고 하셨다. 이것은 이사야의 사역이 백성들의 귀가 막히고 눈이 감기게 하지만 그 가운데서도 하나님께서 그리스도를 믿는 자들이 있게 하신다는 것이다(참조. 사 6:9-10, 13). 그러므로 이사야 8:16-18에서 말씀하신 메시아는 이 미래를 보고 있다. 여호와께서 그리스도에게 주신 자들이 믿어 하나님의 자녀가 되는 것이 이스라엘에게 징조와 예표가 될 것이다(한정건 2006, 167). 사실 이사야나 혹은 다른 누구를 막론하고 억지로 사람들을 믿게 할 수 없다. 하나님이 그리스도 안에서 주신 택한 자들이 믿을 수 있다.

(3) 한 의로운 왕의 통치 1(사 8:19-9:7)

이 문단은 이스라엘이 율법을 버리면 고통과 흑암 속에 살게 될 것이지만 그 가운데서도 한 의로운 왕을 보내 완전한 나라를 세우실 것을 보여준다.

① 죄의 책망과 징계(사 8:19-22)

언약 백성은 하나님께 묻고 그 법을 따라야 한다. 그런데도 주절거리며 속살거리는 신접한 자와 마술사에게 물었다(사 8:19). '마술사'(יִדְּעֹנִי 〈 יָדַע)는 일반 사람이 알 수 없는 비밀스러운 일을 안다고 생각하는 자다(Harris 1980, 848d). '주절거리며 속살거린다'라는 말은 알아들을 수도 없는 주문을 외우는 것을 말한다. 율법은 이 일을 엄히 금하고 있다(레 19:31; 20:6; 신 18:11). 이사야는 이 일에 대해 "자기 백성이 자기 하나님께 구할 것이 아니냐 산 자를 위하여 죽은 자에게 구하겠느냐"(사 8:19)라고 책망했다. 이 말은 우상숭배가 하나님이 금하신 일일 뿐만 아니라 죽어서 우상은 아무런 응답을 하지 못한다는 뜻이다. 언약 백성은 이를 버리고 율법과 증거의 말씀을 따라야 한다(사 8:20). 그런데도 당시 이스라엘 백성들은 율법을 지키지 않고 신접한 자와 마술사를 따랐다. 그 이유가 무엇일까? 그것은 그들이 구원과 안전을 준다고 생각하기 때문이다. 그러나 그들의 생각과 반대로 이스라엘이 아침 빛을 보지 못하고 곤고하고 굶주리며 심한 흑암 가운데로 쫓겨 들어가게 될 것이라고 했다. '흑암'은 희망을 의미하는 '아침 빛'과 대조적으로 고통과 환란을 상징하는 표현이다. 이 예언은 앞으로 앗수르의 침입으로 그 땅이 황폐하게 될 것을 말한다.

② 언약 백성들에게 주신 소망(사 9:1-5)

이 문단은 징계로 말미암아 심한 흑암 가운데 빠진 언약 백성들에게 소망을 준다. 이사야 9:1은 히브리어 성경에 '키'(כִּי)라는 접속사로 시작한다. 여러 번역이 가능하지만 KJV와 NIV는 '그럼에도 불구하고'라고 번역했고, NASB는 '그러나'로 번역했다. 이것은 죄에 대한 심판과는 대조적이며 반전을 보여준다. 죄로 인하여 깊은 흑암 속에 있는 자들에게 그 흑암이 걷히고 사망의 그늘진 땅에 거주하던 자들에게 빛이 비친다고 했다(사 9:1-2). 이 지역은 스불론 땅과 납달리 땅으로 갈릴리 지역이다. 이 지역을 '영화롭게 하셨다'라고 했다(사 9:1). 완료형 동사를 사용한 것은 선지적 과거로 장차 확실하게 이루어지게 될 것을 보여주기 위함이다.

깊은 흑암에 행하던 백성들에게 어떤 방식으로 빛이 비칠까? 주께서 이 나라를 창성하게 하시고, 그 즐거움을 더하게 하셨다. 그 즐거움을 비유적 언어로 "추수하는 즐거움과 탈취물을 나눌 때의 즐거움같이"(사 9:3)라고 했다. 농경사회에서 추수하는 즐거움이라면 오늘 산업정보화사회에서는 열심히 일한 것에 대한 소득이 풍부해진다는 것이다. 탈취물을 나눈다는 것은 전쟁에서 승리의 기쁨을 누린다는 것이다. 어떻게 이 즐거움을 누리게 될까? 그 이유는 주께서 그들이 무겁게 멘 멍에와 그들의 어깨의 채찍과 그 압제자의 막대기를 주께서 꺾으셨기 때문이다(사 9:4). 그런데 이 역시 비유법으로 설명하기를 '미디안의 날과 같이' 하셨다고 했다. 비유로 든 사건은 기드온 시대에 미디안과의 전쟁이다. 이 전쟁의 핵심은 사람의 전략이나 전술이나 군사력이 아니라 전적으로 하나님의 은혜로 구원해 주셨다는 것이다(참조. 삿 7:2).

③ 언약 백성에게 주신 소망의 근거: 한 아기가 우리에게 났고(사 9:6-7)

이 문단은 어떻게 이 소망이 가능한지 한 아기와 관련된 정보를 소개한다. 이사야는 '한 아기가 우리에게 났고'와 평행법으로 '한 아들을 우리에게 주신 바 되었다'라고 했다(사 9:6). 그 아들을 묘사하기를 그의 어깨에 '정사'를 메었다고 했다. '정사'(미스라, מִשְׂרָה)는 통치권을 말한다. 그 아들이 어떤 분이신지 각각 두 개의 단어로 짝을 이루며 나타난다. 히브리어 원문에 두 개의 단어 가운데 처음에 나오는 단어는 기묘자, 하나님, 아버지, 왕이다. 이것은 하나님의 이름이나 하나님을 의미하는 칭호다. '도우시는', '전능하신', '영존하신', '평화' 등은 다음에 나오는 단어로 이름을 수식하거나 하나님이 어떤 분이신지 보여준다. 개역개정판에는 '기묘자라, 모사라'라고 하여 두 개의 이름인 것처럼 보이나 두 단어가 한 이름이다. 두 개의 단어로 된 하나님의 이름이나 칭호는 다음과 같다.

- 도우시는 기묘자(페레 요에이츠, פֶּלֶא יוֹעֵץ)[21]
- 전능하신 하나님(엘 기보르, אֵל גִּבּוֹר)
- 영존하시는 아버지(아비아드, אֲבִיעַד)
- 평강의 왕(사르-샬롬, שַׂר־שָׁלוֹם)

태어날 아들의 이름을 이러한 이름으로 부른다는 것은 예언된 아들이 메시아라는 것을 알게 한다. 이 아들에 대해 '정사와 평강의 더함이 무궁하며'라고 했고, 다윗의 보좌에 앉아 그의 나라를 굳게 세우실 뿐만 아니라 영원히 정의와 공의로 다스릴 것이라고 예언했다(사 9:7a). 또한 하나님의 열심이 이 예언을 이루실 것이라고 했다(사 9:7b). 마태는 예수님이 나사렛을 떠나 스불론과 납달리 지경 해변에 있는 가버나움에 사신 것을 가리켜 이사야 9:1-2의 말씀이 성취된 것으로 설명했다.

---

21 기묘자는 하나님의 이름이다. 사사기 13:18에 "여호와의 사자가 그에게 이르되 어찌하여 내 이름을 묻느냐 내 이름은 기묘자라 하니라"라고 했다. 이 단어는 초자연적인 능력을 행할 때 나타난다(출 15:11; 시 77:14; 78:12; 88:11). 대개의 영어성경이 '놀라운 상담자'(Wonderful Counselor)라고 번역하고 있지만 원문과 반대로 번역되어 있다. 원래의 의미는 '도우시는 기묘자' 곧 초자연적인 능력으로 도와주시는 분이라는 뜻이다.

> 예수께서 요한이 잡혔음을 들으시고 갈릴리로 물러가셨다가 나사렛을 떠나 스불론과 납달리 지경 해변에 있는 가버나움에 가서 사시니 이는 선지자 이사야를 통하여 하신 말씀을 이루려 하심이라 일렀으되 '스불론 땅과 납달리 땅과 요단 강 저편 해변 길과 이방의 갈릴리여 흑암에 앉은 백성이 큰 빛을 보았고 사망의 땅과 그늘에 앉은 자들에게 빛이 비치었도다' 하였느니라(마 4:12-16)

그러면 여기서 우리는 중요한 두 가지 질문을 할 수 있다. 하나는 '이 세상에 오신 예수님께서 언약 백성의 고통의 원인이 되는 죄의 문제를 해결했는가?' 또 하나는 '나라를 창성하게 하고 즐거움을 주어서 마치 추수하는 즐거움과 같은 즐거움과 적과의 전쟁에서 승리하여 탈취물을 나누는 것과 같은 즐거움을 주셨는가?' 하는 것이다. "만군의 여호와의 열심이 이를 이루시리라"(사 9:7b)라고 하시지 않았는가? 이 세상에 오셔서 눈먼 자를 고치시고, 태어날 때부터 걷지 못하는 자들을 고치시기도 하고, 심지어 죽은 자를 살리시기도 하며, 마귀를 대적으로 귀신을 쫓아내시기도 하고, 바람과 파도를 잔잔하게도 하시는 초자연적인 능력을 행하셨다. 그런데도 예수님께서 유대의 장로들과 대제사장들과 서기관들에게 고난 당하고 십자가에 죽으셨다. 그것은 모든 인류의 고통과 아픔의 원인이 되는 죄를 대속하여 의롭고 거룩한 삶을 살아 하나님 나라의 백성으로 살 수 있도록 하려는 것이다. 이뿐만 아니라 그리스도 안에서 하나님 나라가 창성하고 그 나라에서 추수하는 즐거움과 같은 큰 기쁨을 주시려는 것이다. 이것이 확실함을 보증하고 은혜로 주신 것들을 알게 하시려고 성령을 보내셨다(고전 2:12; 고후 1:22; 5:5). 그러나 이 나라는 그리스도께서 오심으로 시작되었지만 완성된 것은 아니다. 그리스도께서 이 나라를 교회와 함께 정의와 공의가 실현되는 나라를 건설하시며 그의 재림 시에 완성하실 것이다.

(4) 교만한 이스라엘을 심판하심(사 9:8-10:4)

이 문단에서 이사야는 하나님이 교만한 이스라엘을 심판하실 것을 말한다. 이 문단의 구조는 이사야 9:12, 17, 21, 10:4에 반복되는 후렴구 "그럴지라도 여호와의 진노가 돌아서지 아니하며 그의 손이 여전히 펴져 있으리라"로 구분된다. 각 단락은 고소(A), 심판(B), 후렴(C)이 A-B-C 구조로 네 번 반복된다.

① 교만에 대한 심판(사 9:8-12)

이 문단에서 북 이스라엘인 에브라임과 사마리아의 교만하고 완악한 행동에 대해 심판하실 것을 예언한다(사 9:9). 이스라엘은 성벽이 무너졌으나 다듬은 돌로 쌓고, 뽕나무들이 찍혔어도 백향목으로 대신할 것이라고 말한다(사 9:10). 이것은 문제의 본질을 모르고 그들의 힘으로 할 수 있다는 교만이다. 하나님은 르신의 대적인 앗수르를 일으켜 이스라엘을 멸망시키실 것이다(사 9:11). 그럴지라도 여호와의 노가 쉬지 아니하고 그의 손이 여전히 펴져 심판을 거두지 아니하실 것이다(사 9:12). 하나님이 분을 삭이지 못해 식식거리는 모습을 보는듯하다(한정건 2006, 179).

② 지도자들의 방종에 대한 심판(사 9:13-17)

이 문단에서 이사야는 하나님의 심판에도 회개하지 않고 백성을 인도하는 자가 미혹하여 멸망을 받을 것을 예언한다(사 9:13, 16). 여호와께서 하루 사이에 장로와 존귀한 자와 거짓말을 가르치는 선지자를 끊으실 것이다. 그 이유는 이들이 백성을 미혹하여 경건하지 아니하고 악을 행하고 모든 입으로 망령되게 말하기 때문이다(사 9:17).

③ 악행에 대한 심판(사 9:18-21)

이 문단에서 이사야는 이스라엘의 악행과 그에 대한 심판을 예언한다. 이스라엘의 악행이 마치 찔레와 가시를 삼키며 빽빽한 수풀을 살라 연기가 위로 올라감 같다고 비유적 언어로 고소한다(사 9:18). 이에 대해 여호와의 진노로 땅이 불타고 백성은 불에 섶과 같이 될 것이라고 예언했다(사 9:19).

④ 불의에 대한 심판(사 10:1-4)

이 문단에서 이사야는 이스라엘의 불의한 행동을 고소하며 화를 선포한다. 그들은 불의한 법령을 만들며 불의한 말을 기록하며, 가난한 자를 불공평하게 판결하여 가난한 자를 토색하고 고아의 것을 약탈했다(사 10:1-2). 이에 대해 대적이 올 때 그 영화가 아무런 도움이 되지 못하고 포로로 끌려가는 무리 속에 있을 수 있고, 죽은 자 가운데 버려질 수도 있을 것이라고 예언한다(사 10:3-4a). 그럴지라도 여호와의 진노는 그치지 않을 것이다(사 10:4b).

(5) 교만한 앗수르를 심판하심(사 10:5–34)

이 문단에서 이사야는 북 이스라엘과 남 유다를 심판하시기 위해 여호와께서 진노의 막대기로 사용하셨던 앗수르를 멸하실 것이고 남은 자는 이스라엘의 거룩하신 이 여호와를 의지할 것을 예언한다. 특히 이 문단에서 이사야는 하나님이 온 세상의 역사를 누구를 중심으로 다루시는지를 보여준다. 그것은 언약 백성이다.

① 앗수르를 심판하실 것임(사 10:5–19)

이 문단에서 이사야는 앗수르를 향해 화를 선포하며 그들이 어떤 죄를 범했는지 설명한다. 하나님은 앗수르를 가리켜 "내 진노의 막대기요 그 손의 몽둥이는 내 분노라"라고 하셨고, 그를 보낸 것은 경건하지 아니한 자기 백성 이스라엘을 치기 위한 것이라고 하셨다(사 10:6). 하나님은 자기 백성을 징계하기 위한 도구로 앗수르를 사용하셨다. 앗수르 사람들은 이 메시지를 직접 못 들었을 것이고, 이러한 하나님의 계획을 알 수도 없다. 그래서 앗수르 왕은 교만하게 그가 정복한 성읍을 열거하며 갈로, 하맛, 아르밧, 사마리아, 다메섹을 다 같이 정복하고 그들의 우상을 이겼다고 했다(사 10:9–10). 그러면서 그가 정복한 나라들이 조각한 우상들이 예루살렘과 사마리아 신상들보다 뛰어났다고 하면서 이와 같이 예루살렘과 사마리아도 정복할 수 있다고 했다(사 10:11).

하나님은 이러한 앗수르 왕의 교만을 벌하실 것이라고 하셨다(사 10:12). 앗수르 왕의 교만은 자기 힘과 지혜로 나라들을 정복했다는 것이다(사 10:13–14). 그것이 교만하고 악한 행동인 것은 도끼가 찍는 자에게 스스로 자랑하며, 톱이 켜는 자에게 스스로 큰체할 수 없듯이 막대기가 자기를 드는 자를 움직이려 하며, 몽둥이가 나무가 아닌 사람을 들려 함과 같기 때문이다(사 10:15). 이 비유는 하나님이 그의 목적을 성취하시기 위하여 허락하시지 않으면 아무것도 할 수 없기에 앗수르는 자랑해서는 안 된다는 것이다(Smith 2007, 260). 그래서 하나님은 비유로 이스라엘의 빛은 불이 되고 그의 거룩하신 이는 불꽃이 되어 하루 사이에 가시와 찔레를 태워 그의 숲과 기름진 밭의 영광이 전부 소멸될 것이라고 하셨다(사 10:17–18).

② 남은 자를 구원하심(사 10:20–27)

이 문단에서 이사야는 이스라엘의 남은 자들이 이스라엘의 거룩하신 이에게 돌아와 구원을 받게 될 것이라고 예언한다. '그날에'(바욤 하후, בַּיּוֹם הַהוּא)는 이사야서 안에 45회 나오는 종말론적 전문용어로 가까운 미래와 먼 미래에 이루어질 일을 말한다. 그날에 남은 자가 자기를 친 자인 앗수르를 의지하지 않고 이스라엘의 거룩하신 이 여호와를 진실하게 의지할 것이다(사 10:20). 이 일이 주전 701년 히스기야가 병이 든 이후 앗수르의 산헤립이 두 번째 침입한 이후로 볼 수도 있고, 그 후로도 볼 수 있다. 그날에 이스라엘이 바다의 모래 같이 많을지라도 남은 자만 돌아올 것이다(사 10:22). 구원은 이스라엘 사람이라고 무조건 이루어지는 것은 아니다. 여기서 남은 자는 진실하게 하나님을 믿는 자들이다(한정건 2006, 185).

이제 유다는 앗수르를 두려워할 필요가 없다. 여호와께서 이스라엘에 대한 노를 그치고 앗수르를 멸하실 것이기 때문이다(사 10:24-25). 이것을 확증하기 위해 언약 백성이라면 쉽게 연상할 수 있는 오렙 바위에서 미디안을 쳐 죽이신 일(삿 7:19-25)과 바다를 향하여 애굽에서 하신 일(출 14:10-30)과 같이 여호와께서 쳐서 그의 멍에가 벗어지게 될 것이라고 했다(사 10:26-27).[22]

③ 앗수르의 공격이 실패할 것임(사 10:28-34)

이 문단은 앗수르의 군대가 유다를 침공한 기록으로 보인다. 그들이 공격한 지역은 예루살렘 북쪽인 아얏, 미그론, 믹마스, 게바, 라마, 기브아, 갈림, 라이사, 아나돗, 맛메나, 게놈 그리고 예루살렘에서 가장 가까운 놉이다(사 10:28-32). 그런데 이사야는 '보라'라고 하면서 주의를 집중시키며 만군의 여호와께서 그 가지를 꺾으시고 빽빽한 숲을 베실 것이라고 했다(사 10:33-34). 하나님은 전능하시고 그의 능력이 제한이 없으시기에 교만하여 그들을 높이는 모든 자를 쳐서 낮추실 것이다(Smith 2007, 266).

(6) 한 의로운 왕의 통치 2(사 11:1-16)

이 문단에서 이사야는 메시아(= 그리스도)가 오실 것이라는 예언과 그가 이루실 새로운 세상을 보여준다.

① 그리스도의 초림으로 시작되는 통치(사 11:1-5)

이 문단은 그리스도의 초림으로 시작되는 나라의 모습을 보여준다. 앗수르의 교만한

22 앗수르의 사라곤 2세(주전 721-705)는 갈그미스에 앗수르 거민을 정착하게 했고 그들의 목에 아슈르(Ashur)의 멍에를 지웠다고 했다(Pritchard 1969, 285). 이 기록은 이사야의 기록을 이해하는 일에 도움을 준다.

나무와 대조적으로 이새의 가지와 줄기는 하나님이 겸손한 사람을 일으켜 그의 영광을 논증하는 하나님의 방법론이다. 이사야는 병행구로 미약하게 보이지만 "이새의 줄기에서 한 싹이 나며 그 뿌리에서 한 가지가 나서 결실할 것이요"(사 11:1)라고 했다. 이새는 다윗의 아버지다. 이새의 계보에서 한 싹이 나고, 그 뿌리에서 가지가 나와 결실한다는 것은 무엇을 의미하는가? 그것은 다윗의 자손으로 오실 메시아가 오셔서 하나님 나라를 세우신다는 것이다. 어떻게 이 일이 가능한가? 그것은 여호와의 영, 곧 지혜와 총명의 영이요 모략과 재능의 영이요 지식과 여호와를 경외하는 영이 강림하여 공의와 정직과 성실로 통치하시며, 눈에 보이는 대로나 귀에 들리는 대로, 곧 외모를 보고 판단하지 않으실 것이기 때문이다(사 11:3-4). 그는 여호와의 영으로 옷(허리띠와 몸의 띠)을 입을 것이기에 하나님의 성품을 나타내 의롭게 통치할 것이다(Smith 2007, 273). 이 일은 예수님이 육신을 입고 세상에 오셨을 때 성취되기 시작했다.

이사야의 예언대로 메시아이신 예수님이 오셔서 인류의 모든 고통의 근원적인 문제인 죄와 불의를 담당하시고 십자가에 죽어주시고 부활하여 승천하시고 온 세상의 주가 되셨다(행 2:36). 그리고 약속대로 성령을 보내어 주셨다. 이것은 무엇을 의미하는가? 그것은 예수님이 세상에 오신 목적대로 세상을 구원하여 공의와 정직과 성실로 세상을 통치하는 직무를 구속받은 교회에 위임해 주셨다는 것이다. 이것이 가능하다는 것을 보여주시기 위해 오순절에 성령이 임하여 실제로 주님이 원하시는 세상이 이루어지는 것을 보여주셨다(행 2:43-47).

② 그리스도의 재림으로 완성되는 통치(사 11:6-9)

이 문단은 그리스도의 재림으로 완성되는 통치의 이상적인 모습을 보여준다. 이러한 통치의 결과로 평화, 곧 반목이 해소되고 분열된 것이 연합될 것이다. 이 논점을 전달하기 위해 이사야 11:6-9에 사용된 이미지는 세기를 지나면서 사상가들과 예술가들을 사로잡았다(Oswalt 2003, 188). 그때에 이리가 어린양과 함께 살며 표범이 어린 염소와 함께 누우며 송아지와 어린 사자가 함께 있고 어린아이에게 이끌리며, 사자가 소처럼 풀을 먹고, 젖 먹는 아이가 독사 굴에 손을 넣을 것이다. 거룩한 산 모든 곳에 해 됨이 없고 상함도 없을 것이다(사 11:6-9a). 그런데 이 예언을 문자적으로 받아들여야 하는가? 많은 사람은 그렇게 믿었으며, 이러한 일들이 요한계시록 20:1-6에 예언된 메시아의 천년왕국 통치의 특징으로 보았다(Oswalt 2003, 188).

어떻게 이 일이 가능한가? 그 이유는 물이 바다를 덮음 같이 여호와를 아는 지식이 충만할 것이기 때문이다(사 11:9b; 참조. 합 2:14). 물이 바다를 덮을 때 모든 형태의 지형을 다 덮고 물만 보인다. 이 이미지를 가지고 그리스도가 재림하게 되면 하나님을 알고 교제하는 일이 충만하게 될 것이라고 말한다. 이 일은 분명 그리스도의 재림으로 이루어질 나라의 모습이다. 그러나 그리스도인들이 그리스도가 갑자기 나타나 이 혼란한 세상을 구원해 줄 것을 마냥 기다리고 있는 것은 변명이 되지 못한다(Oswalt 2003, 192). 그리스도의 재림 시에 이루어질 이 미래를 보는 사람은 이 땅에 살면서 그리스도의 통치를 위임받은 자들로서 다툼과 고통이 없는 세상, 공의와 정직으로 다스리는 정의로운 세상을 적극적으로 만들어가야 할 책임이 있다. 그리스도인들은 그리스도의 죽으심으로 새 사람이 되었고 성령이 거하고 하나님을 알고 교제하며 새로운 세상을 만들어가야 할 하나님의 동역자가 되었기 때문이다.

③ 모든 열방이 돌아오리라(사 11:10-16)

이 문단에서 이사야는 그날에 이새의 뿌리에서 한 싹이 나서 열방이 돌아오게 될 그림을 그려준다. 그날에 이새의 뿌리에서 한 싹이 나서 만민의 기치로 설 것이다(사 11:10). '기치'로 번역된 히브리어 '네이스'(נֵס)는 구약성경에 일반적으로 어떤 공통적인 중요한 정보를 공유하기 위해 백성들이 함께 모이게 하는 신호나 계기가 되는 사건(rallying point)을 말한다(Harris 1980, 1379a). 이새의 뿌리에서 나온 한 싹인 그리스도가 모든 열방을 하나님께 돌아오게 하는 계기가 된다는 것이다. 그것은 그리스도의 구속사역이다. 바울은 로마서의 본론을 마치면서 이사야 11:10을 인용하여 "이사야의 뿌리 곧 열방을 다스리기 위하여 일어나시는 이가 있으리니 열방이 그에게 소망을 두리라"(롬 15:12)라고 했다. 그것은 이사야가 예언한 대로 오신 그리스도와 그의 복음이 온 세상의 소망이 된다는 것이다. 이 말씀대로 주께서 그의 손을 펴 남은 자들을 앗수르와 애굽 등지에서 모을 것이며, 에브라임과 유다가 다투지 아니하고 함께 세상을 정복해 나갈 것이다(사 11:10-15). 이사야는 이 정복을 새로운 제국주의를 예언하는 것이 아니라 신약의 저자들이 인식한 것처럼(행 15:12-21) 메시아의 평화로운 통치를 확산하기 위한 당당한 개념으로 사용하고 있다(오틀런드 2014, 1334).

(7) 하나님의 은혜를 감사하며 찬송함(사 12:1-6)

이 문단에서 이사야는 하나님의 은혜를 감사하고 찬송한다. 이 찬송은 구원 받은자들이 하나님께 감사하는 것으로 “그날에 네가 말하기를”(사 12:1)과 “그날에 너희가 또 말하기를”(사 12:4)을 중심으로 두 문단으로 구분할 수 있다. 이사야 12:1–3은 1인칭 단수로 자신이 경험한 구원의 하나님을 찬송하며 ‘너희’도 기쁨으로 구원의 우물에서 물을 길게 될 것을 말한다. 이사야 12:4–6은 2인칭 복수로 너희가 여호와께 감사하며 여호와께서 행하신 아름다운 일, 곧 구원의 은혜를 온 땅에 알게 하라고 말한다. 이 그림에서 예배와 전도는 동전의 양면처럼 하나로 결합되어 있다. 전도는 하나님의 영광에 대해 기쁨으로 외치는 것이고 그가 행하신 놀라운 일을 다시 말하는 것이다(Smith 2007, 284).

4. 열방에 대한 여호와의 경고와 회복(사 13:1-23:18)

이 문단에서 이사야는 유다를 둘러싸고 있는 나라들에 대한 경고와 회복의 내용을 기록한다. 하나님은 유다만 아니라 온 세상을 통치하시되 그의 통치권이 이름에 불과한 것이 아니라 현실적이라는 것을 보여주신다. 이 메시지는 다양한 역사적 시점(참조. 사 14:28; 20:1)에서 주어졌다. 이 말씀을 듣는 유다는 하나님이 온 세상을 통치하시는 분으로 믿고 그 말씀을 순종하는 것이 중요하다는 것을 배워야 한다.

내용 분해

(1) 바벨론(사 13:1–14:27)

(2) 블레셋(사 14:28–32)

(3) 모압(사 15:1–16:14)

(4) 다메섹과 북 이스라엘(사 17:1–11)

(5) 열방과 구스(사 17:12–18:7)

(6) 애굽(사 19:1–20:6)

(7) 바벨론(사 21:1–10)

(8) 두마(사 21:11–12)

(9) 아라비아(사 21:13–17)

(10) 예루살렘(사 22:1–25)

(11) 두로(사 23:1–18)

내용 해설

(1) 바벨론(사 13:1–14:27)

이 문단은 아모스의 아들 이사야가 바벨론에 대해 받은 경고다(사 13:1). 이사야 당시에 바벨론은 한 도시에 불과했다. 그런데도 1세기 혹은 2세기 후에 있을 바벨론의 역할을 예상하면서 예언한 것은 이사야 40–66장과 관련해 중요한 의미를 가지고 있다(키드너 2015, 885).

① 여호와의 날(사 13:1–18)

여호와께서 전쟁을 위해 군대를 소집하시자 많은 무리가 모여들었다(사 13:2–4). 그들은 '먼 나라'에서 왔고 '하늘 끝'에서 왔다. 이들을 가리켜 '여호와와 그의 진노의 병기'로 '온 땅'을 멸하기 위함이다(사 13:5). '온 땅'은 이 내용이 바벨론에 초점이 맞추어져 있기는 하지만 훨씬 더 큰 것을 상징한다(키드너 2015, 886; 한정건 2006, 210).

여호와의 날에 바벨론을 심판할 때 머리에 그림이 그려지도록 생생하게 묘사한다. 그날에 모든 손의 힘이 풀리고 각 사람의 마음이 녹을 것이다(사 13:7). 하나님은 세상의 악과 악인의 죄를 벌하여 사람을 순금보다 희소하게 하며 오빌의 금보다 희귀하게 하실 것이다(사 13:11–12). 이것은 땅의 사람을 거의 멸하시겠다는 뜻이다. 그들의 어린아이는 그들의 목전에 메어침을 당하겠고 그들의 집은 노략을 당하겠고, 그들의 아내는 욕을 당할 것이다(사 13:16–18). 이 묘사는 사람이 상상할 수 있는 것보다 더 잔혹하다. 사람의 생명을 존중하거나 불쌍히 여기는 마음이 전혀 없다. 그런데 이러한 심판에는 하늘의 별들과 별 무리가 빛을 내지 않거나 하늘이 진동하고 땅이 흔드는 일과 같은 초자연적인 현상이 동반된다(사 13:10, 13). 하나님은 진노의 병기로 전쟁만이 아니라 다양한 초자연 현상도 사용하신다.

② 교만한 바벨론의 멸망(사 13:19–22)

바벨론이 하나님께 멸망 당한 소돔과 고모라같이 될 것이고, 그곳에 거주할 자가 없게 될 것이다(사 13:19). 심지어 그 땅이 황폐하게 되어 들짐승들이 엎드리는 곳이 될 것이다(사 13:20–22).

③ 이스라엘의 회복(사 14:1-2)

이사야는 바벨론의 죄를 심판하는 내용을 말하다 끼어들 듯이 이스라엘 회복에 대해 예언한다. 하지만 바벨론 포로에서 돌아온 이스라엘이 전에 자기를 사로잡던 자들을 사로잡아 노비로 삼은 일은 일어난 적이 없다. 그래서 이 본문을 이해하는 일이 쉽지 않다. 이 본문을 스미스(Smith 2007, 307)는 이스라엘의 역할이 반전될 것으로, 한정건(2012, 297)은 이사야 60:11과 연결하여 천년왕국 시대에 일어날 것으로 보았다.

④ 스올에 떨어진 바벨론 왕(사 14:3-20)

이사야는 바벨론 왕의 파멸에 대해 예언한다. 여호와께서 이스라엘에게 안식을 주시는 날에 바벨론 왕을 악인으로 묘사하며 그의 몽둥이와 규를 꺾으셨다(사 14:3-5). 그의 모든 권세와 영화가 꺾여 죽은 자가 가는 곳인 스올에 떨어지게 되었다. 그것을 본 스올에 있는 자들이 "너도 우리 같이 되었느냐?"라고 말함으로 그가 죽어 스올에 떨어진 것을 생동감 있게 보여준다.

이사야는 바벨론 왕의 파멸을 묘사하며 풍부한 시적 이미지를 사용하여 풍자적인 반어법으로 바벨론 왕을 부른다(오틀런드 2014, 1337).

> 너 아침의 아들 계명성이여
> 어찌 그리 하늘에서 떨어졌으며
> 너 열국을 엎은 자여
> 어찌 그리 땅에 찍혔는고(사 14:12)

이것은 전에 높은 위치에 있었던 자가 낮아져 죽은 것을 슬퍼하는 애가(哀歌)다. 땅에 떨어졌다는 것은 권력, 지위, 자주적 결정권, 영향력을 상실했다는 것이다(Smith 2007, 315). 여기 비유적으로 사용된 '계명성'(헤이렐, הֵילֵל)은 '빛나다'라는 뜻인 '하랄'(הָלַל)에서 온 것으로 새벽별인 '금성'을 말하기도 하고, 고대 근동의 종교에서는 신을 나타내기도 한다. 이러한 유비는 바벨론 왕이 얼마나 높은 위치에 있었으며, 얼마나 낮은 위치로 떨어졌는지를 보여준다(Smith 2007, 315). 그런데 KJV는 이를 대문자로 '루시퍼'(Lucifer)라고 번역하므로 하늘에서 떨어진 천사인 사탄으로 오해하게 했다. 하지만 평행법으로 된 이 본문은 열국을 엎은 자인 바벨론 왕의 교만을 비유적으로 표현한 것이다. 바벨론 왕은 교만하여 그의 마음에 이르기를 "내가 하늘에 올라 하나님의 뭇 별 위에 내 자리를 높이리라"(사 14:13)라고 했다. 그러나 그는 죽어서도 장사되지 못하여 버려진 시체처럼 될 것이다(사 14:19). 이것이 교만한 자의 최후다.

⑤ 바벨론 멸망 요약(사 14:21-27)

이 문단은 바벨론의 멸망에 대해 요약하는데 두 부분으로 이루어져 있다. 전반부(사 14:21-23)는 일반적이지만 후반부(사 14:24-27)는 구체적인 예다(Oswalt 2003, 211).[23] 여호와는 '너희'인 이스라엘에게 그 땅을 차지하여 바벨론이 다시 일어나지 못하게 하라고 하셨다(사 14:21). 그러면서 '여호와의 말씀'이라는 표현을 세 번이나 반복하며 바벨론의 이름과 그 남은 자를 멸할 것이고, 그 땅은 고슴도치의 굴혈과 물웅덩이가 될 것이라고 하셨다(사 14:22-23). 이는 바벨론을 완전히 멸하시겠다는 것이다.

그런데 바벨론은 실제 역사에서 이 예언처럼 황폐화되지 않았다. 이는 단순히 국가적인 바벨론이 아니라는 암시를 준다. 여기서 하나님을 대적하는 교만한 반대 세력을 비유적으로 묘사한 것처럼 보인다(한정건 2006, 237). 그리고 이사야 40-66장에 기록된 바벨론과 연관이 있는 것처럼 보인다.

한편 바벨론의 멸망을 입증하는 구체적 예시로 앗수르를 멸하실 것을 말한다(사 14:24-25). 여호와께서 앗수르를 짓밟은 사건은 산헤립 군대 18만5천 명이 죽은 사건을 말한다(사 14:25; 참조. 사 37:36). 이 사건이 역사적으로 실현된 것이 확인된다면 나머지 다른 예언도 실현될 것을 보증해 준다(한정건 2006, 218). 이 예언의 결론으로 만군의 여호와께서 경영하신 것을 누가 능히 폐할 수 있느냐는 수사의문문으로 매듭짓는다(사 14:27). 이는 하나님이 하신 말씀을 역사 가운데 반드시 성취하신다는 뜻이다.

(2) 블레셋(사 14:28-32)

아하스가 죽던 해에 블레셋에 대한 경고가 임했다(사 14:28). 아하스 왕은 주전 715년에 죽었다(왕하 16:20; 18:1). 블레셋에게 너를 치던 막대기가 부러졌다고 기뻐하지 말라고 하면서, 뱀의 뿌리에서 독사가 나겠고, 그의 열매는 날아다니는 불뱀이 될 것이라고 했다(사 14:29). 아하스는 블레셋을 치지 않았고 오히려 블레셋이 유다를 쳤다(대하 28:18-19). 여기서 '블레셋을 치던 막대기'는 앗수르의 산헤립이고 독사와 날아다니는 불뱀은 앗수

23 각 나라에 대한 예언은 모두 '경고'로 시작하지만 앗수르의 멸망에 대한 예언은 '경고'가 없다. 이것은 앗수르에 대한 멸망을 바벨론 멸망의 예시로 사용했기 때문이다.

르의 아셀핫돈이다(한정건 2006, 219). 블레셋은 더 나쁜 상황으로 전개되고 심판을 받을 것이다(사 14:30-31).

여기서 이사야는 "여호와께서 시온을 세우셨으니 그의 백성의 곤고한 자들이 그 안에서 피난하리라."(사 14:32)라는 말씀으로 유다를 위로한다. 이것은 고통의 때가 임할 것이지만 하나님이 시온을 세우셨기에 자기 백성을 지키신다는 뜻이다.

(3) 모압(사 15:1-16:14)

이 문단에서 이사야는 모압에 관해 경고한다. 모압은 롯의 딸들의 후손으로 염해 동쪽에 있다(참조. 창 19:31-37; 신 2:9, 18). 이 경고는 예레미야 48장과 유사하며 좀 더 확장한 것이다. 여기에는 애통과 부르짖음과 울부짖음 등이 많이 나타난다. 특이한 것은 하나님도 모압을 위해 부르짖으신다는 것이다(사 15:5). 하나님이 부르짖으시는 것을 모압을 조롱하는 것으로 보기도 하고(Sweeney 1996, 246), 모압이 유다에게 피난처를 얻기를 원했으나(사 16:4-5) 유다가 그것을 거절했기에 부르짖는 것으로 보기도 한다(Smith 2007, 328-329).

① 모압의 폐허에 대한 애가(사 15:1-9)

모압의 중요한 지역인 '알'(Ar)과 '기르'(Kir)가 망하여 황폐할 것이다(사 15:1). '기르'는 모압 남부이고, 나머지 바잇, 디본, 느보, 메드바 등은 모압 북부 지역에 있다(민 32:34-38). 북부의 '알'(Ar)과 남부의 '기르'는 모압의 포괄적인 범위를 나타내고 이사야 15:1은 전체의 서론 역할을 한다(Oswalt 2007, 224). 모압이 멸망하여 모든 지역이 애통하며 울부짖는다. 특이한 점은 심판하시는 하나님이 모압을 위해 부르짖는다는 것이다(사 15:5). 그래도 하나님은 디몬에 재앙을 더 내리되 그 땅에 남은 자에게 사자(lion)를 보내실 것이다(사 15:9). 상징적인 의미로 사용된 사자를 보내어 남은 자를 멸하신다는 것은 철저하게 멸하신다는 뜻이다. 이 대적은 주전 715-713년에 있었던 앗수르의 사르곤(Sargon)의 침입으로 볼 수 있다(Wolf & Stek 2002, 1056).

② 유다는 모압이 피할 곳이 되어야 함(사 16:1-5)

이 문단에서 이사야는 유다는 모압이 피할 곳이 되라고 권하며 그것이 어떤 의미가 있는지를 말한다. 모압은 이 땅 통치자에게 어린 양들을 드리되 셀라에서부터 광야를 지나 시온산으로 보내야 한다(사 16:1). 여기서 '이 땅의 통치자'는 유다의 통치자를 말하고 '셀라'(סֶלַע)는 반석을 의미하는데 현대의 페트라다. 여기 '어린 양'은 제물로 바치는 '초온'(צֹאן)이 아니라(참조. 레 1:2, 10) '카르'(כַּר)로 '수양'을 말한다. 모압 왕 메사가 숫양 10만 마리를 이스라엘 왕에게 바칠 때 사용된 단어가 '카르'(כַּר)다. 수양을 보내는 것은 유다 왕의 은혜를 입기 위해 선물로 조공을 보내는 것이다(Smith 2007, 332). 모압이 이렇게 하는 것은 마치 아르논 나루를 떠나는 새 같고 보금자리에서 흩어진 새 새끼 같았기 때문이다(사 16:2).

이사야 16:3-4은 모압 피난민의 탄원일 수도 있고, 모압을 환대하라는 여호와의 명령일 수도 있다(키드너 2015, 888).[24] 그래서 시온은 모압의 쫓겨난 자들[25]이 피할 곳이 되어야 한다. 이것은 여호와께서 유다에게 모압이 멸망하게 된다는 점을 보여주기도 하지만 한편으로는 쫓겨난 자들의 피난처가 되어야 한다는 것을 보여준다. 왜냐하면 다윗의 장막에 인자함으로 왕위가 굳게 설 것이요 충실함으로 판결할 것이기 때문이다(사 16:5). 이것은 앞서 말한 이새의 줄기에서 오실 메시아의 환상을 말한다(키드너 2015, 888). 이 예언을 들었던 당시 유다의 백성들은 그들 국가가 가진 희망이 무엇인지 대번에 알아차리고 그들이 어떤 위치를 차지하는지 알게 되었을 것이다. 모압에게 주신 경고를 들은 사람에게 영향을 주었을 것이다. 누구든 압제자의 세계에 살아남으려면 선지자가 제안한 메시지에 주의를 기울여야 한다(Smith 2007, 334).

③ 모압의 교만(사 16:6-12)

이 문단에서 화자가 '우리'로 바뀌면서 유다가 모압의 교만을 듣는다. 모압의 교만은 유다에게 공물을 바치며 보호를 요청하라고 하였음에도 불구하고 거절한 것을 말한다. 그 결과 심판을 받아 헤스본의 밭과 십마의 포도나무가 말라 황폐하게 될 것이다(사 16:8, 10). 특이한 것은 그들이 유다의 보호를 원하지 않음으로 황폐하게 된 것을 생각하고 하나님이 야셀의 울음처럼 십마의 포도나무를 위해, 모압을 위해 우신다는 것이다(사 16:9, 11). 이것은 하나님이 모압에게 관심을 가지고 계시고 하나님을 알고 섬길 기회를 제공하

24 개역개정판은 원문을 흩어진 모압 사람들이 피할 곳을 요청하는지, 유다의 흩어진 자들이 피할 곳을 요청하는지 모호하게 번역했다. 이것은 NIV처럼 모압 사람들이 피할 곳으로 요청하는 것인지, 아니면 하나님이 유다에게 명령하는 것으로 읽어야 한다.

25 개역개정판은 '쫓겨난 자들'을 '나의 쫓겨난 자들'이라고 번역하여 '유대인'을 가리키는 것으로, '너 모압은'이라고 번역하므로 모압에게 주시는 말씀으로 해석했다. 하지만 원문은 NASB나 NIV처럼 '모압의 쫓겨난 자들'(니다하이 모압, נִדָּחַי מוֹאָב)이라고 번역해야 한다.

셨다는 뜻이다(한정건 2006, 246).

④ 모압의 종말(사 16:13–14)

하나님은 모압이 교만하여 품꾼의 정한 해와 같이 삼 년 내에 멸망할 것이라고 하셨다(사 16:13–14). 삼 년의 기간을 정하며 '품꾼의 정한 해와 같이'라고 한 것은 교만을 벗고 겸손해야 할 것을 말한 것으로 볼 수 있다(Smith 2007, 338).

(4) 다메섹과 북 이스라엘(사 17:1–11)

이 문단은 다메섹과 이스라엘에 일어날 일에 대해 '그 날에'(사 17:4, 7, 9)라고 시작함으로 네 개의 작은 단락을 포함하고 있다(Smith 2007, 342).

① 다메섹과 북 이스라엘이 멸망할 것임(사 17:1–3)

아람(= 수리아)의 핵심도시인 다메섹과 아로엘이 버려져 양 무리를 치는 곳이 될 것이다(사 17:1–2). 아람과 연합한 에브라임의 요새도 멸망할 것인데 이스라엘의 영광과 같이 될 것이다(사 17:3). 이스라엘의 영광과 같이 된다는 것은 이사야 17:4에 '야곱의 영광이 쇠하고'라고 한 것처럼 이스라엘과 아람이 멸망할 것을 의미한다.

② 이스라엘이 약간 남겨질 것임(사 17:4–6)

'그 날에' 야곱의 영광이 쇠하고 살진 몸이 파리하게 될 것이고 마치 추수하는 자가 이삭을 벤 것과 같을 것이다(사 17:4–5). 이것은 이스라엘이 멸망한다는 뜻이다. 그러나 그 안에서 적은 수이지만 주울 것이 남아있을 것이다(사 17:6). 하나님이 이스라엘에 은혜를 베풀어 남은 자를 두신다는 것이다.

③ 사람이 하나님을 섬기게 될 것임(사 17:7–8)

'그 날에' 사람이 자기 손으로 만든 우상이 아닌 자기를 창조하신 하나님을 바라보고 이스라엘의 거룩하신 이를 볼 것이다(사 17:7–8).

④ 북 이스라엘이 멸망한 이유(사 17:9–11)

'그 날에' 견고한 성읍들이 옛적에 이스라엘 자손들 앞에 버려진 바 된 가나안의 성읍처럼 황폐하게 될 것이다(사 17:9). 그것은 이스라엘이 구원의 하나님, 능력의 반석을 마음에 두지 않았기 때문이다. 그래서 이스라엘은 그들이 기뻐하는 나무를 심고 이방의 나무를 심었다(사 17:10). '이방의 나무 가지'는 수메르의 농경신의 하나인 담무스로 땅의 비옥함과 연관되어 있다(Taylor 1969, 99). 그러나 하나님을 버린 그들은 농작물을 심어 울타리를 두르고 잘 발육하도록 했어도 그들의 기대와 달리 슬픔의 날에 농작물이 없어질 것이다(사 17:11). 비유적으로 묘사된 이 말씀은 이스라엘이 멸망할 것을 보여준다.

(5) 열방과 구스(사 17:12-18:7)

이 문단에서 이사야는 '슬프다'(사 17:12, 18:1)라는 감탄사로 열방과 구스에 심판을 선언한다.

① 열방(사 17:12-14)

이스라엘 주변에 많은 민족이 일어나 큰물이 몰려오듯이 충돌하나 주께서 꾸짖으시므로 폭풍 앞에 떠도는 티끌같이 도망갈 것이다(사 17:12-13). 이사야는 이 일을 가리켜 '우리를 노략한 자들의 몫'과 '우리를 강탈한 자의 보응'이라고 했다(사 17:14). 이것은 하나님이 열방 가운데 자기 백성을 구원하신다는 뜻이다.

② 구스(사 18:1-7)

a. 구스에 대한 경고(사 18:1-6)

구스는 일반적으로 애굽의 남쪽에 살고 있는 사람으로 누비아, 수단, 에디오피아 등을 말하지만 에디오피아와 동일시한다. 이곳을 가리켜 '날개 치는 소리 나는 땅'이라고 했다. 이것은 메뚜기가 많은 것을 염두에 두고 한 표현이다. 이 나라를 가리켜 '강들이 흘러 나누인 나라'(사 18:2, 7)라고 한 것을 보아 나일강을 중심으로 나뉜 상부 애굽과 하부 애굽이다. 히스기야 시대에 에디오피아 왕인 샤바카(Shabaka)가 애굽의 왕위를 차지하여 통일을 이루고 있었을 때다. 이사야가 이 예언을 할 때 앗수르의 산헤립이 침입했고, 히스기야는 사자를 애굽으로 보내어 도움을 요청했다(사 18:2; 참조. 사 31:1-3). 이때 애굽의 디르하가(Tirhakah)가 유다를 돕기 위해 출정하려고 했다(사 37:9).

하나님은 이 구스에게 무엇이라고 경고하시는가? 먼저 하나님이 어떤 분이신지 비유적으로 설명한다. 하나님은 쬐이는 일광같고 가을 더위에 운무같이 감찰하신다(사 18:4). '운무같이'(커압 말, כְּעָב טַל)는 이슬을 머금은 구름을 말한다. 이 비유는 하나님이 멀리 계시거나 관여하시지 않는 것이 아니라 주권적으로 어디든지 임재하여 해의 열기와 이슬을 머금은 구름처럼 일어나는 모든 일을 보신다는 뜻이다(Smith 2007, 351). 동시에 이 비유에 사용한 열기와 이슬을 머금은 구름은 추수와 직결된다. 이 그림을 가지고 하나님은 모든 농작물을 결실하지 못하게 하여 짐승들에게 주실 것이라고 경고하신다(사 18:4-6). 당시 히스기야가 애굽을 의지하고 사자를 보낸 일을 고려한다면 구스에 대한 경고는 구스에게 히스기야를 돕기 위해 군대를 파병하여 다른 나라를 짓밟지 말고 돌아가라는 것이다.

b. 구스의 희망(사 18:7)

하나님은 구스가 강성하고 대적을 밟는 백성이었다 할지라도 이들이 예물을 가지고 만군의 여호와의 이름을 두신 곳 시온산에 이르게 될 것이라고 하셨다(사 18:7). 이것은 이스라엘을 대적하는 자들이라 할지라도 그를 믿는 자들은 개인이든, 국가든 구원 얻을 수 있는 길을 열어주셨다는 것이다.

(6) 애굽(사 19:1-20:6)

이 문단에서 히스기야가 앗수르의 침략에서 애굽이 구원해 주기를 원했지만 하나님이 애굽을 심판하실 수도 있고 구원하실 수도 있는 분이심을 보여준다.

① 하나님이 애굽과 그의 신들을 멸하실 것임(사 19:1-15)

a. 내전(사 19:1-4)

여호와께서 빠른 구름을 타고 애굽에 임하여 애굽인의 마음을 그 속에서 녹이실 것이다(사 19:1). 이 상징은 하나님이 구원하시거나 심판하심으로 그의 뜻을 수행하는 일에 신속하게 행하신다는 의미다(Smith 2007, 356). 여호와께서 애굽인을 격동하시므로 그들이 서로 치며 그 안에 내분이 일어나 쇠약해질 것이다(사 19:2). 그들의 신들과 마술사와 신접한 자들에게 물어도 도움이 되지 못하고 오히려 포악한 왕이 다스릴 것이다(사 19:3-4). 하나님이 애굽의 계획을 좌절시킨다는 이사야의 메시지는 애굽이 유다를 돕지 못한다는 것을 논증하는 것이다(Smith 2007, 357).

b. 경제적 재앙(사 19:5-10)

애굽의 경제적 부요함의 원천은 나일강이다. 그런데 그 강이 말라 악취가 나고 나일강 언덕의 초장과 가까운 곡식 밭이 다 말라 죽고, 어부들도 탄식한다(사 19:5–8). 이 기근은 산업에도 영향을 미쳐 세마포와 베 짜는 자들이 곤경을 당할 것이다(사 19:9–10). 이것은 애굽의 산업이 경제적 재앙으로 고통을 당한다는 뜻이다.

c. 어리석은 리더십(사 19:11-15)

애굽의 중요 도시인 소안의 방백은 어리석었고 바로의 모사의 책략은 우둔해져 애굽을 그릇된 길로 가게 했다(사 19:11–13). 이렇게 된 것은 여호와께서 어지러운 마음을 섞으셨기 때문이다(사 19:14). 유다는 애굽이 그들에게 어떤 도움도 줄 수 없다는 사실을 알고 여호와를 신뢰해야 한다.

② 하나님이 애굽을 구원하실 것임(사 19:16–25)

이 문단은 '그날에'(사 19:16, 18, 19, 23, 24)라는 용어를 시작으로 다섯 개의 작은 단락을 이루며 애굽에 어떤 일이 있게 될 것인지 소개한다.

a. 애굽이 두려움에 빠짐(사 19:16-17)

애굽이 부녀와 같을 것이다. 부녀는 강하고 두려움이 없는 남성과 대조적으로 보호가 필요하다는 이미지를 가지고 있음을 상징한다. 애굽이 하나님을 두려워하는 것은 그들의 미래를 통제할 수 있는 능력이 없다는 것을 인식하기 때문이다(Smith 2007, 360).

b. 여호와를 가리켜 맹세하는 다섯 성읍(사 19:18)

애굽 땅에서 다섯 성읍이 하나님을 섬기기로 맹세한다. 그 다섯 성읍이 어디인지 알 수 없으나 그 중 하나가 '멸망의 성읍'이다. 사해 사본이나 라틴어 번역본은 '멸망의 성읍'(이르 하헤레스, עִיר הַהֶרֶס)을 '태양의 성', 곧 태양신 '라'(Ra)를 숭배하는 헬리오폴리스(Heliopolis)로 보기도 한다. 본문의 핵심은 많은 애굽 사람들이 하나님을 섬기게 된다는 것이다.

c. 애굽 땅 중앙에 여호와를 위한 제단이 있을 것임(사 19:19-22)

애굽 땅 중앙에 제단과 기둥이 있다(사 19:19). 이를 가리켜 만군의 여호와를 위한 징조와 증거가 된다고 했다(사 19:20a). 이것은 이 백성들이 믿음을 가지고 있다는 증거고, 예루살렘에서 예배하는 자들과 하나가 된다는 의미다. 그래서 하나님은 이들이 압박하는 자들로 고통 가운데 있을 때 부르짖으면 구원자를 보내 구원하시고, 그들과 만나 교제하시며 은혜를 베푸실 것이다(사 19:20b–22). 이것은 하나님의 백성들에게 주신 특권을 애굽 사람들도 누린다는 것이다.

d. 애굽과 앗수르가 하나님을 경배함(사 19:23)

애굽과 앗수르 사이에 대로가 있다. 이것은 이들 국가가 서로 화평할 것이고 함께 하나님을 경배할 것을 의미한다.

e. 이스라엘, 애굽, 앗수르가 세계 중에서 복이 될 것임(사 19:24-25)

이스라엘을 괴롭게 하던 애굽과 앗수르가 함께 동일한 하나님을 섬기게 될 것이다. 사도 바울은 이방인들의 충만한 수가 들어올 것이라고 했다(롬 11:26). 오늘날 급진적인 무슬림이 현재 애굽과 이라크, 이란을 지배하고 있다는 것을 안다면 이 예언은 하나님의 임재와 은혜로 기적적인 변화를 일으키실 것이라는 약속이다(Smith 2007, 364). 이 약속은 우리가 그들에게 복음을 전하는 일에 큰 위로다.

③ 이사야의 상징적 행동(사 20:1–6)

애굽에 대한 경고는 이사야가 행한 상징적인 행동으로 마무리된다. 이 일은 앗수르의 사르곤 2세(주전 721–705)가 다르단(תַּרְתָּן 사람 이름이 아니라 군대장관이란 뜻임)을 아스돗으로 보내 그 도시를 쳐서 취하던 해에 일어났다(사 20:1). 이때는 주전 약 720년으로 사르곤이 서방으로 진출할 때일 가능성이 있다(한정건 2006, 267).[26] 이때 여호와께서 이사야에게 3년간 옷과 신발을 벗고 다니며 애굽과 구스의 징조와 예표가 되게 하셨다(사 20:2–3). 이사야의 상징적 행동은 애굽과 구스의 포로들이 앗수르에 끌려갈 때 벗은 몸과 발로 가게 된다는 것을 보여준다(사 20:4).[27] 이러한 상징적 행동은 애굽보다 유다를 위한 것이다. 당시 히스기야는 앗수르의 침입에서 애굽이 구원해 주리라 믿었다(참조. 왕하 18:21; 사 31:1; 37:9). 그런데 이사야의 상징적인 행동을 통해 애굽의 수치를 보여줌으로 애굽은 의지할 나라

26 스미스(Smith 2007, 365)는 특별한 근거를 밝히지 않고 주전 711년이라고 보았다.

27 이러한 이상한 행동은 에스겔의 경우에 더 많이 나타난다(겔 4:1–17; 51–4; 12:1–20). 이러한 행동이 이상하게 보이나 하나님의 뜻을 보여주는 계시적 행동이기에 중요하다.

가 되지 못한다는 것을 보여주려는 것이다(사 20:5–6). 특히 이 문단의 마지막인 이사야 20:5–6에 '바라고', '믿던' 등의 표현을 반복하므로 그릇된 믿음이 아니라 하나님을 신뢰해야 함을 보여준다.

(7) 바벨론(사 21:1–10)

이 문단에서 "해변 광야에 관한 경고"라고 말하고 있지만 실제로는 바벨론에 관한 경고다(사 21:9). 이 예언의 배경은 이사야 39:1–8에 히스기야가 므로닥 발라단과 동맹을 맺은 일과 연관되어 있다. 당시 바벨론은 유다의 동맹국이었다(Smith 2007, 369). 바벨론 왕 므로닥 발라단은 주전 721–710년간 통치하다 퇴위되었다가 사르곤 사망 이후 주전 703–702년에 다시 반란을 일으켜 통치하였다(Bright 1981, 280–287). 당시 히스기야는 그의 병이 나은 후 바벨론과 연합하려고 보물창고와 무기고를 다 보여준 후에 앞으로 후손들이 바벨론 포로로 끌려가리라는 책망을 받는다(사 39:6). 이때 므로닥 발라단은 퇴위되어 페르시아 걸프 해변에 있었기 때문에 "해변 광야에 관한 경고"(사 21:1)라고 했다. 그래서 이사야 13:1–14:27에 기록된 바벨론에 관한 경고와 다르다.

이사야는 1인칭으로 그가 본 혹독한 묵시를 보여주었다. 이사야는 적병이 광야에서 회오리바람 같이 몰려와 속이는 자가 속이고 약탈하는 자가 약탈하는 처참한 상황을 예언하고 자기도 그 두려움으로 놀랐다(사 21:1–4). 그런데 이사야 21:5은 장면이 다르고 화자가 다르다. 이 장면은 바벨론이 식탁을 베풀고 파수꾼을 세우고 먹고 마시는 장면이다. 이때 누군가가 "너희 고관들아 일어나 방패에 기름을 바를지어다"라고 했다. 이것은 전쟁을 치르기 위해 준비하는 것으로 보인다(참조. 삼하 1:21). 그리고 주께서 이사야에게 파수꾼을 세우고 그가 본 것을 보고하게 하셨다(사 21:6). 파수꾼은 이사야가 21:1–4에서 말한 것처럼 마병대가 와서 함락하고 그 신상들이 다 부서져 땅에 떨어지는 영상(影像)을 보여주었다(사 21:9).

이사야는 그가 바벨론에 관해 본 경고를 유다에 보여주었다(사 21:10). 이 경고를 유다에 보여준 목적은 바벨론은 곧 무너질 것이기에 그를 의지하지 말고 하나님을 신뢰해야 한다는 것이다.

(8) 두마(사 21:11-12)

'두마'(דּוּמָה)는 '침묵', '고요' 등의 뜻이다. 이 두마와 평행구로 쓴 단어가 '세일'이다(사 21:11; 참조. 창 32:3). 그래서 이 예언은 에돔에게 준 경고다. 두마는 에돔에 있는 한 산이다. 이곳은 메소포타미아와 에돔을 이어주는 무역로로 중요하다. 이곳에서 어떤 사람이 파수꾼을 부르고, 파수꾼은 거기에 대답하는 방식으로 경고의 메시지를 전한다. 파수꾼은 아침이 오지만 질문자인 어떤 사람에게 밤도 온다고 하면서 정보를 더 물으려면 돌아오라고 했다(사 21:22). 이 경고의 메시지는 에돔을 향한 것이지만 실제 이 메시지를 듣는 유다는 앗수르 침입에 대한 해결책으로 바벨론과 맺은 동맹을 기대해서는 안 된다는 것이다(Smith 2007, 377). 이 경고의 마지막에 있는 초청의 말씀처럼 유다는 세상적인 힘을 기대한 것을 회개하고 하나님을 신뢰해야 한다.

(9) 아라비아(사 21:13-17)

이 말씀은 아라비아 사막에 사는 사람에게 준 경고다. '드단 대상들'은 아라비아의 상인들이다(참조. 겔 27:15, 20). '데마'는 이스마엘의 아들로 추정된다(참조. 창 25:12-16). 이들에게 전쟁으로 인해 도피한 사람들에게 떡과 물을 주어 영접하라고 했다(사 21:13-15). 도피한 자들은 유다 사람들이다. 하지만 품꾼의 정한 기간 같이 일 년 내에 아라비아의 중심도시인 게달의 영광이 쇠하게 될 것이다(사 21:1-17). 이 경고를 들은 유다는 어디든 피하면 된다고 생각해서는 안 된다(Smith 2007, 379).

(10) 예루살렘(사 22:1-25)

이 문단에서 이사야는 유다의 적들이 이스라엘을 공격할 때인 '그 날에'(사 22:5, 8, 10, 12, 20, 25)를 반복하여 언급함으로 환상의 골짜기에 대해 경고한다. 환상의 골짜기는 '예루살렘의 가옥'(사 22:10), '옛 못'(사 22:11), 히스기야의 국고를 맡은 관리인 '셉나'(사 22:15) 등의 표현으로 보아 예루살렘이다. 이 경고는 예루살렘 성에 대한 부분(사 22:1-14)과 독특하게도 '셉나'라는 한 개인에게 대한 부분(사 22:15-25)으로 이루어져 있다.

① 예루살렘 성에 대한 경고(사 22:1-14)

이사야는 예루살렘을 향하여 "네가 지붕에 올라감은 어찜인고"(사 22:1)라고 물었다. 이 질문은 놀람일 수도 있고 부적절한 행동에 대한 반문일 수도 있다. 고대 근동의 지붕은 지금의 지붕과 달리 다양한 목적이 있다. 여기서는 "소란하여 떠들던 성, 즐거워하던 고을이요"라는 말씀을 볼 때 어려운 지경에 있는데도 지붕에서 잔치를 즐기는 일에 대해 의아해하는 것으로 볼 수 있다(Alexander 1992, 380). 특이한 것은 전쟁에 의해 죽은 것이 아니라 다른 이유 때문에 죽은 자가 많았다는 것이다(사 22:2-3). 이 일로 인해 선지자는 슬퍼 통곡하겠다고 한다(사 22:4).

그 날에 만군의 여호와로부터 소란과 밟힘과 혼란이 왔다. 이는 메소포타미아의 엘람과 기르(참조. 왕하 16:9)에서 온 병거와 마병이 골짜기에 가득한 점을 두고 한 표현이다(사 22:5-6). 이 골짜기는 기드론 골짜기와 힌놈 골짜기다. 예루살렘은 이 전쟁을 위해 다윗성의 무너진 곳도 보수하며, 아랫못의 물을 모으고, 또 가옥을 계수하고 그 가옥을 헐어 성벽을 견고하게 하고, 옛 못의 물을 위해 두 성벽 사이에 저수지를 만들었다(사 22:7-11). 아랫 못(= 옛 못, 사 22:11)은 기혼샘으로 다윗성의 동쪽 벽 밖에 있었기 때문에 그들은 이 물을 성안으로 끌어들이기 위해 수로를 파고 성 안쪽에 저수지를 만들었다(참조. 대하 32:3-4). 아랫못(기혼샘)의 물을 모으는 일은 아하스 시대부터 시작하여 히스기야 시대에 완성하였다(왕하 20:20; 대하 32:30).[28] 이러한 일은 앗수르의 군대가 포위할 경우를 대비한 정상적인 행동이라 할지라도 하나님을 신뢰하지 않는 행동이었고, 옛적부터 경영하신 하나님을 공경하지 않는 행동이었다(사 22:11). 대신에 성을 견고하게 하거나 애굽이나 바벨론과 동맹을 맺으려고 했다(참조. 사 30:1-5; 39:1-8).

그 날에 여호와께서 회개하라고 하셨지만 예루살렘은 오히려 기뻐하며 즐거워하고 잔치를 벌였다. 당시 위기 상황에서 누가 이런 잔치를 하겠는가? 가난한 사람이 하겠는가? 당시 지도자들이 하겠는가? 그러면서 그들은 "내일 죽으리니 먹고 마시자"라고 하였다(사 22:12-13). 바울은 이 말씀을 인용하여 죽은 자가 다시 살아나지 못하면 이런 현상

28 1880년 아랍 소년들이 실로암 못에서 목욕을 하다가 벽에 붙어 있는, 이상한 글씨(고대 히브리어 글씨체)가 새겨져 있는 빗돌(碑石)을 발견했다. 이 빗돌이 『실로암 비문』(*The Siloam Inscription*)이다. 빗돌의 크기와 모양은 가로가 72 센티미터 세로가 38 센티미터 되는 거의 직사각형 형태로 모퉁이가 파손되어 있으며 비문은 여섯 줄로 고대 히브리어 글씨로 쓰여 있다. "(굴)이 뚫리던 [… 날] 이것이 굴이 뚫리던 날의 상황이다. […]들이 각자가 서로에게 도끼를 여전히 […]하고 있었다. 아직도 3규빗을 뚫어야 하는데, 한 사람이 다른 사람을 부르는 소리가 [들렸다] 벽 오른쪽과 [왼쪽에] 틈이 있었다. 굴을 뚫을 때 채석공들이 각자 서로를 향해 (바위를) 깨고 있었고, 도끼와 도끼가 (부딪혔을 때), 물이 샘에서 1200규빗이나 되는 곳에 있는 저수지까지 흘렀고, 채석공들 머리 위에 있는 바위 높이는 100규빗이었다."(Pritchard 1969, 321)

이 나타난다고 했다(고전 15:32). 이 인용을 볼 때 당시 예루살렘 사람은 부활의 신앙이나 하나님이 모든 행위를 보심도 믿지 않았던 것으로 볼 수 있다.

② 셉나에 대한 경고(사 22:15-25)

이사야는 더 구체적으로 당시 국고를 맡고 왕궁 맡은 자인 셉나에게 경고한다. 그는 자기를 위해 성안에 묘실을 파되, 반석을 쪼아 만들었다(사 22:15-16). 이 행동은 무엇을 의미하는가? 이는 당시 상황에서 앗수르의 침입을 대비해야 하는데도 자신의 안락과 세상의 영화에만 관심이 있었다는 것이다. 이러한 셉나가 결박을 당하고 광막한 곳에 던져져 죽을 것이며 그가 타던 수레도 거기에 있을 것이라고 했다(사 22:17-18). 이는 그가 죽음으로 모든 부귀와 영화도 아무런 의미가 없다는 뜻이다.

반대로 그의 지위를 힐기야의 아들 엘리아김이 물려받아 그가 예루살렘 주민과 유다 집의 아버지가 될 것이라고 했다(사 22:21). 여호와께서 그에게 다윗의 집의 열쇠를 맡겨 못이 단단한 곳에 박힘 같이 견고하게 하실 것이다(사 22:22-23). 여기 '열쇠'는 환유(metonymy)로 다윗 왕조에서 중요한 역할을 할 것을 의미한다. 산헤립이 성을 포위해 있는 동안에 엘리아김이 섬겼다는 점을 고려하면 이 예언이 성취되었음을 보여준다(사 36:3, 11). 그가 정권을 쥐고 있는 동안에 다윗의 집이 산헤립의 침입에 패하지 않을 것을 의미하기 때문이다(Smith 2007, 392). 자기를 위해 반석에 무덤을 팠어도 거기에 묻히지 못한 셉나와 대조적으로 엘리아김은 못이 단단한 곳에 박힘 같이 견고하게 되어 심지어 종지로부터 항아리까지 보존될 것이다(사 22:24).

엘리아김에게 주신 말씀에 이어 이사야는 단단한 곳에 박혔던 못이 삭아 그 위에 걸린 물건이 부서지리라는 여호와의 말씀을 전함으로 예루살렘에 대한 경고를 마친다(사 22:25). 특히 '박혔던 못이 삭으리니'라는 표현은 시간이 지나면 장차 산헤립의 침입으로 보호를 받는다 할지라도 영원하지는 못할 것이라는 뜻이다. 이사야의 메시지는 오실 메시아에게 점점 초점을 옮기고 있다.

(11) 두로(사 23:1-18)

이 문단에서 이사야는 두로에 관해 경고하며, 특히 다시스에게 '슬피 부르짖으라'라고 한다(사 23:1, 6, 10, 14). 두로는 예루살렘 북서쪽 방향으로 약 160킬로미터 떨어진 지중해 동부 연안에 위치한 페니키아의 항구도시다. 이 나라의 중요한 산업은 무역이었다

(사 23:2, 8; 참조. 겔 26–28장). 하나님께서 유다 주변의 나라들인 애굽, 바벨론, 두로 등을 패하도록 계획하셨다면 유다는 어디에 도움을 청해야 할까? 그 대답은 오직 하나다(Smith 2007, 396).

① 두로의 몰락에 대한 애가(사 23:1–7)

이사야는 다시스의 배들에게 '슬피 부르짖을지어다'라고 하며, 그 이유를 두로가 황무하며 집이 없고 들어갈 곳도 없기 때문이라고 했다. 이 소식을 배들이 '깃딤'에 정박해 있을 때 들었다(사 23:1). 깃딤은 키프로스(Cyprus)다. '다시스'를 스페인의 타테수스(Tartessus)로 보지만 정확한 위치는 알 수 없다. 두로는 그 위쪽으로 약 40킬로미터 떨어진 곳에 위치한 시돈과 함께 페니키아의 중요한 항구도시로 무역을 통해 큰 부를 얻었다. 이들은 애굽의 곡물을 수입해서 시장을 열면 많은 나라에서 구입해 갔기 때문에 그곳은 '열국의 시장'이 되었다(사 23:3). 그러나 두로의 번영이 끝났기 때문에 시돈에게 부끄러워하라고 했다. 그 이유를 바다의 요새,[29] 곧 두로가 산고를 겪지 못했고, 출산하지 못했고, 청년들을 양육하지 못했고, 처녀들을 생육하지 못했기 때문이라고 했다(사 23:4). 이것은 메타포(metaphor)로 인구가 감소한다는 것이다(Alexander 1992, 395). 그래서 깃딤에 정박해 있는 배에게 다시 다시스로 돌아가라고 했다. 더 이상 두로는 고대에 건설된 기쁨의 도시가 아니기 때문이다(사 23:6–7).

② 두로를 심판하시려는 하나님의 계획(사 23:8–14)

이사야는 면류관을 씌우던 자요 그의 상인들은 고관이었던 두로가 패하여 황폐한 도시가 된 일을 누가 정했느냐고 물었다(사 23:8). 이것은 유다 청중들에게 그들의 상황에 대해서 생각해 보고, 역사로부터 교훈을 가르치려는 수사적 질문이다(Smith 2007, 400). 그것은 만군의 여호와께서 정하신 것이다(사 23:9). 여호와께서 바다 위에 그의 손을 펴 열방을 흔드셨다. 시돈 역시 두로와 같이 다시는 희락이 없고 깃딤으로 도망가도 평안을 얻지 못할 것이다(사 23:11–12).

이사야는 이 경고를 하면서 하나님의 계획을 성취하는 일에 의심하지 않도록 하나님

29 두로는 당시 천혜의 자연조건을 가지고 있었는데 육지에서 약 5–600미터 떨어져 있는 섬도 있었다(참조. 겔 28:2). 그래서 두로를 '바다의 요새'라고 부른다. 주전 332년에 알렉산더 대왕은 거의 7개월에 걸쳐 페니키아 해변에서 섬까지 폭 약 200피트(60.96미터)로 방파제를 쌓아 거주민 3만 명을 종으로 끌고 가고, 백성 중에 지도자 2만 명 정도를 죽였다(Kapelrud 1989, 721–723).

이 말씀하신 것은 실제로 이루신다는 것을 증명하는 한 사건을 언급했다. 그것은 갈대아 사람의 땅을 들짐승이 사는 곳이 되게 한 사건이다(사 23:13). 이 일은 므로닥 발라단(Merodach-Baladan)이 반란을 일으켰을 때 산헤립이 진압하여 요새를 허문 사건으로 이 경고를 주신 때로 보이는 주전 702년 전에 있었다. 하나님이 바벨론에게 이 일을 행하셨다면 두로와 다른 나라, 심지어 유다까지도 왜 동일하게 하실 수 없겠는가(Smith 2007, 402)?

③ 두로를 회복하시려는 하나님의 계획(사 23:15-18)

이사야는 두로의 멸망을 예언한 후에 놀랍게도 이사야는 70년이 지난 뒤 두로가 회복될 것에 관해 말한다. 70년이 어떤 시대를 말하는지 알 수 없지만 70년이 찬 후에 여호와께서 두로를 돌보시므로 두로는 다시 열방과 무역하고 그 이익을 여호와가 임재하시는 성전에 드리게 될 것이다(사 23:17-18).[30] 애굽과 같이 두로도 어느 날 여호와를 알고 예물을 드릴 것이다(참조. 사 19:21). 예언이 성취되었다는 정보는 없어도 이사야 2:1-4에 예언하고 있는 것처럼 모든 민족이 하나님을 예배하게 될 것이다(참조. 사 45:14-25; 60:1-14). 유다 백성들과 오늘날 그리스도인들도 왜 이러한 일들이 일어나는지 알아야 한다. 그것은 하나님이 모든 민족을 위해 계획을 가지고 계시기 때문이다(사 23:8-9). 그 계획의 핵심은 물이 바다를 덮음같이 여호와를 아는 지식이 세상에 충만하게 되는 것이다(참조. 사 11:9).

5. 온 세계의 심판과 시온의 회복(사 24:1-27:13)

이 문단에서 이사야는 이사야 13-23장에서 개별 나라들을 조망한 뒤에 이제 이사야 24-27장에서 온 세계를 조망한다. '이사야의 묵시록'으로 알려진 이 네 개의 장에서 세상의 적들만이 아니라 초자연적인 적들의 파멸(사 24:21-22; 27:1)과 사망의 파멸(사 25:8)을 보여준다. 이 광범위한 장면을 시온의 회복을 중심으로 짧은 거리에서부터 먼 거리까지 초점을 맞추어 조망하고 있다(키드너 2015, 893).

30 두로의 회복을 말하며 '기생'(사 23:15), '음녀'(23:16), '음란을 행할 것이며'(사 23:17)에 사용된 용어가 모두 '음란하다'라는 의미인 '자나'(hn"z")이다. 스미스(Smith 2007, 403)는 두로를 음녀에 비교한 것을 상징적으로 보아 다시 무역하게 된 것으로 해석하기도 하지만 자연스럽지는 않다.

내용 분해

(1) 악한 세상에 대한 심판(사 24:1-23)

(2) 하나님의 구원을 찬양함(사 25:1-12)

(3) 구원을 얻기 위해 여호와를 신뢰하라(사 26:1-27:1)

(4) 이스라엘의 구원(사 27:2-13)

내용 해설

(1) 악한 세상에 대한 심판(사 24:1-23)

이사야는 하나님이 죄를 범한 사람과 그 사람이 사는 온 땅을 심판하실 것을 예언한다. 하나님이 악한 자들을 심판하시는 것은 고통당하는 자들에게 위안이 되고, 이 일로 의인은 하나님의 이름을 높이게 될 것이다(사 24:14-16a). 그러나 하나님이 시온의 왕으로 통치하실 때까지 고통스러운 상황을 견뎌야 한다(사 24:16b-18a).

① 땅에 임한 하나님의 심판(사 24:1-13)

이사야는 '보라'(사 24:1)라고 하면서 여호와께서 땅과 그 땅에 사는 사람을 심판하시는 모습을 보여준다. 하나님은 백성과 제사장, 종과 주인, 이자를 받는 자와 이자를 내는 자 등 모든 신분의 사람과 그들이 사는 땅을 심판하여 공허하게 하시고 황폐하게 하실 것이다(사 24:1-4). 이는 백성들이 율법과 율례를 범하고 언약을 깨뜨렸기 때문이다(사 24:5). 이것은 온 세상을 심판하시는 가운데 먼저 자기 백성인 이스라엘을 심판하실 것을 보여준다. 심판 때에 땅의 모든 즐거움이 사라졌고 땅의 기쁨이 소멸될 것이다(사 24:11). 이스라엘 민족만이 아니라 세계 민족이 감람나무를 흔듦 같고 포도나무를 거둔 후에 그 남은 것을 주음 같을 것이다(사 24:13). 이것은 열매를 수확한 후에 조금 남아 있는 것 같이 심판하실 때 적은 수만 살아남는다는 뜻이다.

② 하나님의 심판에 따른 기쁨과 고통(사 24:14-20)

이 문단은 두 개의 작은 단락으로 이루어져 있는데 첫 번째 작은 단락은 하나님의 심판에 따른 기쁨의 때를 묘사하다가(사 24:14-16a), 두 번째 작은 단락은 분위기가 애가로 바뀌면서(사 24:16b–18a) 대조를 이루고 있다.[31] 첫 번째 단락에서 세상을 더럽히는 사람들이 하나님이 행하신 일을 보고 기뻐하고 하나님의 영광을 찬양한다(Smith 2007, 421). 찬양하는 사람들이 '바다에서'(서쪽), 동방에서, 모든 섬에서, 땅끝에서 와서 의로우신 하나님께 영광을 돌린다(사 24:14–16a).

그런데 두 번째 작은 단락은 '그러나 나는'(사 24:16b)으로 시작하며 하나님이 행하신 미래의 일에 대해 선지자 이사야가 끼어든다. 그는 궁극적인 해결책이 있기 전에 고통의 시대가 있음을 보고 "내게 화가 있도다"(사 24:16b)라고 한다. 그 화는 배신자들이 배신하고 땅에 사는 주민들에게 두려움과 함정과 올무가 이르러 걸리게 한다는 것이다(사 24:16b–17). 그 이유는 위에 있는 문이 열리고 땅의 기초가 진동하기 때문이다(사 24:18). 특히 땅이 진동하는 모습은 지진이 일어날 때의 모습이다(사 24:19–20).[32]

③ 하나님이 시온에서 왕이 될 것임(사 24:21–23)

이 문단은 '그 날에' 하나님이 하늘과 땅의 권세를 벌하신 후 하나님의 최종적인 통치가 성취될 것을 보여준다. 그 날에 하나님이 '하늘의 군대'[33]와 땅의 왕들을 벌하시므로 그들이 옥에 갇혔다가 형벌을 받을 것이다(사 24:21–22). 하늘의 군대는 별과 행성을 말하기도 하나(사 40:26; 45:12; 시 33:6), '높은 데에서 높은 군대'와 '땅에서 땅의 왕들'이 평행을 이루는 것을 보아 여기서는 천사와 같은 존재다(왕상 22:19; 욥 1:6; 단 8:10). 이를 가리켜 한정건(2006, 304–307)은 성도들의 대환란과 마지막 전쟁 뒤에 있을 하나님의 심판 때의 모습이며 천년왕국의 시작과 그 존재를 알려준다고 했다.[34] 그러나 분명한 것은 이 문맥에서 '그 날에' 여호와를 대적하는 모든 세력을 심판하고 만군의 여호와께서 시온산에서 왕이 되어 통치하신다는 것이다(사 24:23). 이 통치를 하늘의 달과 해가 부끄러워하는 것과 하나님을 대조함으로 하나님이 얼마나 영광스럽고 위엄이 있으시다는 것을 드러낸다(Smith 2007, 425). 하나님은 하늘과 땅을 그 능력으로 통치하실 것이다. 이에 대해 의심할 수 없다. 그러므로 성도들은 오늘이나 내일이나 변함없이 하나님을 신뢰할 수 있다(Smith 2007, 427).

---

31 오스왈트(Oswalt 2003, 283)는 이를 하나님의 심판에 대한 반응으로 보지 않고 세상의 악한 도시로부터 억압받았던 사람들이 외치는 소리로 이해했다.

32 한정건(2006, 302–303)은 이 말씀을 마태복음 24:10; 데살로니가후서 2:3과 연결하여 마지막 대환란 때 성도가 배도하는 일과 적그리스도가 나타나는 것이라고 했다.

33 개역개정판은 히브리어 원문을 그대로 직역하여 '높은 데에서 높은 군대'(처바 하마롬 바마롬, צְבָא הַמָּרוֹם בַּמָּרוֹם)라고 번역했으나 '하늘의 군대'를 의미한다.

34 천년왕국을 어떻게 이해하느냐는 신학적 관점에 따라 다르게 이해할 수 있다.

(2) 하나님의 구원을 찬양함(사 25:1–12)

이 문단에서 장면이 하나님의 심판과 완전한 구원을 묘사하는 일(사 24:1–23)에서 구원을 찬양하는 일(사 25:1–12)로 전환된다.

① 주의 이름을 찬송함(사 25:1–5)

이 찬송을 하는 자가 이사야인지, 아니면 예배자인지 분명하지 않지만 그는 여호와를 2인칭으로 부르며 "여호와여 주는(= 당신은) 나의 하나님이시라"(사 25:1a)라는 신앙고백으로 시작한다.[35] 여호와를 '나의 하나님'이라고 부르는 것은 하나님과의 인격적이고 친밀한 관계에 있음을 보여준다. 그가 여호와를 높이고 찬송하는 이유를 히브리어 원문에서 이유를 세 가지로 설명한다(사 25:1, 2, 4).[36] 첫째, 주께서 기사를 옛적에 정하신 뜻대로 성실함과 진실함으로 행하셨기 때문이다(사 25:1b). 이 일은 여호와께서 옛적에 작정하신 대로 자기 백성을 위하여 놀라운 일을 행하셨다는 것이다. 둘째, 주께서 견고한 성읍을 황폐하게 하셨고, 그 결과로 강하고 포학한 나라들의 성읍이 주를 영화롭게 하였기 때문이다(사 25:2–3). 이것은 하나님은 전에 불경건하고 압제적이며 교만한 나라들을 근본적으로 바꿀 수 있다는 것을 증명해 준다(Smith 2007, 430). 셋째, 주께서 포학자의 기세가 성벽을 치는 폭풍과 같을 때 빈궁하고 가난한 자들의 요새가 되어 주셨기 때문이다(사 25:4–5).

② 여호와께서 만민을 위해 연회를 베푸심(사 25:6–8)

여호와를 2인칭으로 부르며 찬송하는 일에서 여호와께서 3인칭으로 연회를 베푸시는 내용으로 장면이 바뀐다. 여호와께서 '이 산에서' 골수가 가득한 기름진 것과 오래된 포도주로 '만민'을 위해 연회를 베푸신다(사 25:6). '이 산'은 이사야 24:23에서 만군의 여호와께서 시온산과 예루살렘에서 왕이 되신 사건과 밀접하게 연결되어 있다. 여호와께서 시온산에서 통치하실 때 '만민'이 연회에 참여하기를 원하신다(사 25:6). 이사야 25:7–8에서 '모든'이라는 말을 네 번(모든 민족, 열방, 모든 얼굴, 온 천하)이나 사용하는 것은 우연이 아니다.[37] 이사야는 이 땅에 사는 모든 사람이 이 연회에 초청을 받았다는 것을 알기를 원한다(Oswalt 2003, 290).

---

35 개역개정판은 '주는'이라고 번역했으나 히브리어 원문은 '당신은'(아타, אַתָּה)이다.

36 원문에 이유를 나타내는 접속사 '키'(כִּי)가 있다.

37 개역개정판 번역과 달리 원문은 '모든'을 의미하는 단어인 '콜'(כֹּל)이 네 번 나온다.

또 이 산에서 모든 민족의 얼굴을 가린 가리개와 열방 위에 덮인 덮개를 제거하실 것이다(사 25:7). 전에는 모든 민족의 얼굴에 가린 덮개로 말미암아 하나님을 제대로 볼 수 없었으나 이것이 벗겨져 확실하게 하나님을 볼 것이다(한정건 2006, 312). 이뿐만 아니라 사망을 영원히 멸하시고 얼굴에서 눈물을 씻기실 것이다(사 25:8). 이 말씀은 사도 요한이 본 완전한 나라의 환상을 연상시킨다.

> 내가 들으니 보좌에서 큰 음성이 나서 이르되 보라 하나님의 장막이 사람들과 함께 있으매 하나님이 그들과 함께 계시리니 그들은 하나님의 백성이 되고 하나님은 친히 그들과 함께 계셔서 모든 눈물을 그 눈에서 닦아 주시니 다시는 사망이 없고 애통하는 것이나 곡하는 것이나 아픈 것이 다시 있지 아니하리니 처음 것들이 다 지나갔음이러라(계 21:3-4)

오스왈트(Oswalt 2003, 293)는 이사야 25:8을 구약에서 가장 분명한 부활의 가르침 가운데 하나이며, 현대 세계에서 가장 중요한 죽음의 문제를 다루는 것으로 보았다. 하지만 우리는 하나님이 그의 아들 예수 그리스도의 죽음과 부활을 통해 사망을 이기셨기 때문에 사망이 완전히 끝나는 날을 기다리고 있다. 그때까지 우리는 중요한 존재라는 것을 확신하며 살 수 있다.

③ 여호와의 구원을 즐거워함(사 25:9-12)

그 날에 이사야인지, 아니면 예배자인지 알 수 없으나 우리가 하나님을 기다렸고, 하나님이 우리를 구원하시므로 그 구원을 기뻐하며 즐거워할 것이라고 했다(사 25:9). 그 이유는(히브리어 원문은 이유 접속사 '키'가 있음) 여호와의 손이 시온산에 나타나 모압이 헤엄치는 자가 헤엄치려고 손을 폄 같이 그 손을 뻗어도 그를 누르실 것이기 때문이다(사 25:10-11). 여기서 모압은 일종의 이미지 언어로 실제 문자적으로 모압을 말하는 것이 아니라 이사야 34:5-9과 63:1의 에돔처럼 하나님에 대항하여 높아진 모든 나라와 그 문화를 상징한다(오틀런트 2014, 1349; Smith 2007, 435).

(3) 구원을 얻기 위해 여호와를 신뢰하라(사 26:1-27:1)

이 문단에서 이사야는 하나님의 견고한 성읍에 들어가는 의로운 자들에게 초점을 맞추어 현재 상황에서 구원을 얻기 위해 여호와를 신뢰하도록 내용을 전개한다.

① 유다 땅에서 부를 노래(사 26:1-6)

이사야는 그 날에 유다 땅에서 부를 노래를 소개하며 시작한다(사 26:1). '유다 땅에서'라는 것은 이 노래를 부를 자가 종말에 구원을 받는 모든 사람이 아니라 히브리인들에게 적용한 것이다(Smith 2007, 441). 그들은 우리에게 견고한 성읍이 있는데 여호와께서 구원을 성벽과 외벽으로 삼았다고 했다(사 26:1). 이 성은 공격을 두려워하여 성문을 굳게 닫는 성과는 달리 문을 열어 놓는다. 신의를 지키는 의로운 나라는 들어올 수 있다. 주께서 그를 신뢰하는 자들에게 영원한 반석이 되어 평강으로 지키시기 때문이다(사 26:2-4). 또 여호와께서는 높은 데 거주하는 자를 낮추시고 빈궁한 자들을 들어가게 할 수 있으시기 때문이다(사 26:5-6). 그러므로 이 성은 지리적 장소 이상을 의미하며 주를 신뢰하는 자들이 들어갈 수 있는 곳이다. 하나님은 이 일을 유다 땅에 살고 있는 이스라엘을 통해 이루실 것이다.

② 세계의 거민이 의를 배우기를 구함(사 26:7-18)

이 문단에서 이사야는 1인칭 단수(사 26:9 '내 영혼')로 전환하여 여호와께서 온 세계에 그의 의를 나타내 주시기를 기다린다는 주제를 보여준다(Harman 2005, 202). 의인의 삶의 특징 가운데 하나는 정직함이고, 하나님이 정직하시기에 그의 길을 평탄케 하신다(사 26:7). 의인들이 주께서 심판하시는 길에서 주를 기다리고 사모하는 것은 주께서 의인의 길을 평탄케 해 주시는 것을 세계의 거민이 보고 의를 배우게 하려는 것이다(사 26:8-9). 하지만 악인은 은총을 입을지라도 의를 배우지 아니하고 정직한 자의 땅에서 불의를 행한다(사 26:10). 그래서 의인들은 간구할 수밖에 없다.

의인들은 '여호와여'라고 부르며 악인은 주의 손이 높이 들려 그가 큰 일을 행하였음에도 불구하고 주의 능력을 보지 못하고 백성을 위하시는 주의 열성을 보면 부끄러워할 것이라고 했다(사 26:11a). 또 불이 주의 대적들을 사를 것과 주께서 의인들을 위해 모든 일을 성취하실 것을 믿었다(사 26:11b-12). 그리고 주께서 악인들을 벌하여 멸하실 것을 믿었다(사 26:14). 한정건(2006, 314-315)은 "주 외에 다른 주들이 우리를 관할하였사오나 우리는 주만 의지하고 주의 이름을 부르리이다"(사 26:13)라는 말씀을 근거로 '우리'를 이방인 성도라고 보았다. 그리고 "땅의 모든 경계를 확장하셨다"(사 26:15)라는 말씀을 신약시대에 복음이 확장되는 것으로 보았다. 이 일은 좁은 의미로 약속의 땅에 제한해서는 안

되고 세상 끝까지 확장되어야 한다(Harman 2005, 205).

그런데 이사야 26:16에서 "여호와여 그들이 환란 중에 주를 앙모하였으며"라고 했을 때 '그들'은 누구를 말하는가? '그들'을 '우리'로 수정하여 '의인들'을 말하기도 하나 '그들'은 하나님의 언약을 배반했으나 역경을 만날 때 하나님을 찾는 자들로 보는 것이 적절하다(Smith 2007, 449). 흥미로운 것은 의인이 마치 여인이 산기가 임박하여 부르짖음같이 주 앞에서 부르짖었다는 것이다(사 26:17). 그런데 의인이 잉태하고 산고를 겪었어도 의인은 땅에 구원을 베풀지 못했다(사 26:18). 하지만 그들은 환란 중에 주를 앙모하고 주의 징벌이 그들에게 임할 때 주께 간절히 기도했다. 이것은 인간의 능력으로 구원하지 못하지만, 하나님이 구원하신다는 것이다(Harman 2005, 205).

③ 하나님이 대적들을 멸하실 것임(사 26:19-27:1)

이 문단에서 이사야는 의인이 주의 의를 세상에 나타내 주시기를 간구하는 장면에서 미래의 장면으로 옮기며 하나님이 인류의 근원적인 문제인 마귀의 권세를 멸하실 것을 보여준다. 주의 죽은 자들이 살아나고 그들의 시체가 일어난다. 그리고 티끌에 누운 자들에게 깨어 노래하라고 한다(사 26:19). 이 구절은 구약에서 부활을 확실하게 말하는 중요한 구절이다(한정건 2006, 318; Harman 2005, 206-207). 이사야는 부활의 의미를 은유적으로 "주의 이슬은 빛난 이슬이니 땅이 죽은 자들을 내놓으리로다"라고 했다. 이것은 하늘에서 내리는 이슬이 죽은 땅에 생명을 주듯이 하나님이 새로운 생명을 주신다는 것이다.

이 부활의 소식과 함께 이사야는 이스라엘 백성에게 밀실에 들어가서 문을 닫고 분노가 지나기까지 잠깐 숨으라고 했다(사 26:20). 한정건(2006, 318-319)은 이를 대환란의 때로 보고 다니엘서 12:1, 7, 마태복음 24:15-21의 말씀과 연관시킨다. 하지만 하나님이 진노하실 때를 하나님이 앗수르 군대를 멸하실 때까지 약간 고통을 당하는 것으로 보기도 한다(Smith 2007, 455; Wolf & Stek 2002, 1069). 이러한 모호한 부분은 이사야서에 종종 나타나고 신학적 관점 가운데 종말론 관점에 따라 다르게 볼 수 있다. 이어서 '보라'라고 하며 여호와께서 땅의 거민의 죄악을 벌하고, 살해 당한 자를 다시 덮지 아니할 것이라고 했다(사 26:21). '살해 당한 자를 덮지 아니한다'는 것은 하나님이 성도들의 피에 관심을 가지시고 그것을 드러내시며 갚으신다는 것이다(Harman 2005, 207).

이 문단이 종말에 일어날 부분이라는 것은 이사야 27:1에 날랜 뱀, 곧 꼬불꼬불한 뱀 리워야단과 바다에 있는 용을 죽이신다는 말씀을 보아 알 수 있다. '리워야단'(לִוְיָתָן)은 성경에 모두 여섯 번 나타난다(욥 3:8, 40:25; 시 74:14; 104:26). 그리고 '용'은 '탄닌'(תַּנִּין)의 번역인데 라합과 함께 셈족 신화에 나타나는 존재로 땅에서 권세 잡은 악의 실체다(김정우 1994, 53–68, 126). 리워야단을 역사 속에 활동하는 사탄의 영향 아래에서 힘과 권세를 가진 악한 존재이거나 사탄과 같은 존재를 잘 표현하기 위한 이미지(imagery)로 사용했다고 할 수 있다(김정우 1994, 126–130). 그 날에 여호와께서 그들이 아무리 큰 권세와 능력으로 세상을 혼란하게 한다 할지라도 '그의 견고하고 크고 강한 칼'로 그들을 벌하시고 죽이실 것이다(사 27:1).

(4) 이스라엘의 구원(사 27:2–13)

이 문단에서 이사야는 그 날에 하나님이 악인을 멸하시며 이스라엘을 회복하실 것을 보여준다.

① 이스라엘의 희망(사 27:2–6)

'그 날에' 이스라엘은 아름다운 포도원을 두고 노래를 부를 것이다. 이 노래는 이사야 5장에 기록된 노래와 다르다. 이사야 5장에서는 좋은 상품의 포도를 심었지만 들포도를 맺은 것에 대하여 포도원 주인은 울타리를 걷어 먹힘을 당하게 하고 찔레와 가시가 나게 했다(사 5:6). 그런데 이와 대조적으로 이사야 27장에서는 주인이 포도원을 밤낮으로 간수하여 아무도 해치지 못하게 하고, 만약 찔레와 가시가 주인을 대적하여 싸운다면 그것을 모아 불사를 것이다(사 27:4). 이사야 5장에서 찔레와 가시는 유다의 악한 백성들이라면 여기서는 하나님을 대적하는 자이다.[38] 하나님과 대적하지 않으려면 하나님의 힘을 의지하고 화친해야 한다(사 27:5). 이 은유적 표현은 하나님과 대적하여 멸망하든지, 아니면 하나님의 힘을 의지하고 화친해야 한다는 것이다(Smith 2007, 460). 이 노래는 이사야 5:7과 유사하게 1차 독자들인 이스라엘에게 적용하고 마친다. 후일에 그의 백성은 뿌리가 박히며 움이 돋고 꽃이 피는 것과 같이 될 것이다(사 27:6). 이것은 장차 하나님의 백성의 열매가 전 세계에 적극적인 영향을 미치게 된다는 것이다. 이 약속은 1차 독자들이 하나님을 신뢰하도록 격려할 것이다. 하나님은 실제적으로 이 약속을 성취하실 것이고 그의 포도원은 세상의 모든 나라를 축복할 것이기 때문이다(Smith 2007, 461).

---

38 히브리어 본문에서 '찔레와 가시'는 남성 명사인데 이를 받는 대명사는 '바흐'(בָּהּ)로 여성대명사다. 개역개정판은 '그것'으로 번역했으나 NIV는 '그들'(them)로 번역했다.

② 하나님의 방법을 설명함(사 27:7–11)

이 문단에서 이사야는 하나님이 이스라엘을 대하시는 방법과 그의 미래를 설명한다. 특히 이방 나라의 견고한 성을 다루시는 방법과 대조하여 보여준다. 이사야는 주께서 이스라엘을 대하시는 방법이 어떠한지 수사의문문으로 질문한다. "주께서 그 백성을 치셨던들 그 백성을 친 자들을 치심과 같았겠으며 백성이 죽임을 당하였던들 백성을 죽인 자가 죽임을 당함과 같았겠느냐"(사 27:7) 이 질문에 대한 대답은 '아니오'다. 하나님은 이스라엘을 치실 때 그들의 대적을 치시는 동일한 방법으로 치지 않으셨다. 주께서 자기 백성을 '적당하게'[39] 견책하셨다(사 27:8). 이것은 죄를 징계하여 우상을 부수고 하나님을 섬기게 하기 위함이다(사 27:9). 그러나 견고한 성읍은 적막하고 황폐하게 될 것이다(사 27:10–11). 이 견고한 성읍은 하나님의 백성을 대적하는 자들을 상징한다(Smith 2007, 464; 키드너 2015, 896). 이스라엘과 그의 대적들을 다루시는 방법이 어떤 차이점이 있는가? 이 메시지를 듣는 이스라엘은 하나님이 일하시는 방법을 이해하고, 그들의 죄를 회개하고 우상을 제거해야 한다. 그러면 하나님이 그들의 죄를 용서하시고 은혜를 베푸시며 대적들을 멸하신다는 것을 발견하게 될 것이다(Smith 2007, 464).

③ 거룩한 산에서 세상의 모든 나라가 하나님을 예배함(사 27:12–13)

'그 날에' 여호와께서 곡식을 떠는 이미지를 가지고 창일하는 하수, 곧 북쪽의 유프라테스강에서부터 남쪽의 나일강까지 과실을 떠는 것 같이 하나님의 백성을 불러 모으실 것이다(사 27:12). 또한 '그 날에' 큰 나팔을 불면 앗수르 땅에서 멸망하는 자들과 애굽 땅에서 쫓겨난 자들이 예루살렘에서 여호와께 예배할 것이다(사 27:13). 이들은 포로로 끌려간 이스라엘 사람일 수도 있지만, 그 나라에서 멸망 당하거나 쫓겨난 이스라엘 사람과 이방인이 예루살렘에 예배하기 위해 오는 것으로 볼 수도 있다(Smith 2007, 465). 이 그림은 종말에 사면 무리가 시온으로 오는 것과 같다(참조. 사 2:2–3; 60:4, 19–20). 이 메시지를 듣는 이스라엘은 그들이 얼마나 큰 특권을 받았으며, 그들의 미래를 볼 때 언약 백성답게 하나님을 신뢰하며 살아야겠다고 도전을 받지 않았을까?

39 이 히브리어 단어는 '버사아서아'(בְּסַאסְּאָה)인데 Targum에서 '스아'(에바의 1/3인 양의 단위)의 반복으로 보았다. 이를 KJV에서 'in measure'로 번역하였고 개역개정판은 KJV를 따랐다. NIV는 '전쟁으로'(by warfare)라고 번역하여 헬라어 번역을 따랐다. 그리고 '사아서아'를 동물이나 사람을 쫓는 의성어인 shoo, shoo로도 볼 수 있다(키드너 2015, 896; Smith 2007, 463).

6. 하나님인가, 열방인가(사 28:1-35:10)?

이 문단에 기록된 예언은 앗수르가 예루살렘을 침략한 역사적 상황과 관련되어 있다. 앗수르의 침략은 대략 주전 705–701년에 있었다(Smith 2007, 468). 이것은 예루살렘의 포위(사 29:2–3), 열방의 무리가 예루살렘을 칠 것(사 29:7), 하나님이 앗수르의 군대를 다 흩으실 것이라는 약속(사 29:5; 30:31), 예루살렘을 보호하시리라는 약속(사 31:5) 등이 보여준다. 또 당시 예루살렘에 살던 사람들은 이 일에 무관심했고(사 32:9), 예루살렘의 지도자들은 애굽과 정치적 조약을 맺어 안전을 도모하려고 했다(사 30:1–5; 31:1–3)는 사실 등도 이를 뒷받침한다. 이때 이사야는 하나님을 신뢰해야 할 이유를 설명한다.

이 문단에서 이사야는 이 예언을 기술할 때 여섯 번의 화를 선포하는 형식으로 기록했다(사 28:1; 29:1, 15; 30:1; 31:1; 33:1). 이 문단은 내용과 구조 면에서 두 부분으로 나눌 수 있다. 첫 부분(사 28–29장)은 유다에 대해 하나님이 행동하시는 기초적인 원리를, 두 번째 부분(사 30–33장)은 이 원리를 유다와 관련된 정치적 갈등에서 어떻게 실제로 적용하는지를 보여준다(Smith 2007, 470–471). 이사야는 이 내용을 기술할 때 화 선포(A) 후에 구원에 대한 예언(B)을 기록하는 구조로 설명한다.

		화 선포(A)	구원에 대한 예언(B)
1	①	이사야 28:1–4(짧다)	이사야 28:5–6(짧다)
	②	이사야 29:1–4(짧다)	이사야 29:5–8(짧다)
	③	이사야 29:15–16(짧다)	이사야 29:17–24(길다)
2	①	이사야 30:1–17(길다)	이사야 30:18–26(길다)
	②	이사야 31:1–3(짧다)	이사야 31:4–9(짧다)
	③	이사야 33:1–6(기도, 짧다)	이사야 33:7–24(길다)

이사야는 화와 구원을 함께 배치함으로 죽음에 이르는 방법과 하나님이 제공하시는 구원에 이르는 방법을 대조적으로 보여준다(Smith 2007, 469–470). 이 대조를 통해 언약 백성이 특별한 위치에 있는 존재임을 보여준다. 그리고 이사야 28–33장이 유다에 대한 하나님의 당시 사역을 묘사한다면 34–35장은 심판과 구원에 대한 미래의 사역을 묘사한다(Smith 2007, 472–473).

내용 분해

(1) 교만한 지도자들에게 화를 선포함(사 28:1–29:24)

(2) 애굽을 신뢰하는 자들에게 화를 선포함(사 30:1–33:24)

(3) 하나님을 신뢰하라(사 34:1–35:10)

내용 해설

(1) 교만한 지도자들에게 화를 선포함(사 28:1–29:24)

이 문단에서 이사야는 당시 하나님의 말씀에 무감각한 정치 종교 지도자들이 국가를 바르게 인도하지 못했기 때문에 유다가 직면한 영적인 문제를 다룬다. 이 문단을 일반적으로 슬픔을 표현하는 '화 있을진저' 혹은 '슬프다'[40]라고 시작하는 세 개의 작은 단락으로 구분할 수 있다(사 28:1; 29:1, 15).

① 첫 번째 화 선포 : 교만한 지도자들(사 28:1–29)

a. 에브라임의 교만한 지도자들(사 28:1-4)

이사야는 북 왕국 에브라임의 지도자를 은유적으로 '술취한 자들의 교만한 면류관', '쇠잔해 가는 꽃'으로 묘사하며 '화 있을진저'라고 하면서 화를 선포한다(사 28:1). 이것은 그들이 방탕하고 교만할 뿐만 아니라 시들어가는 꽃과 같다는 뜻이다. 이들에게 '보라'라고 하며 주는 강하고 힘이 있는 분이시라고 하며(사 28:2) 그들의 교만을 꺾으실 것을 비유적으로 묘사한다. 주는 강하고 힘 있는 분으로 쏟아지는 우박같이, 파괴하는 광풍같이, 큰물이 넘침같이 그 면류관을 땅에 던져 그들의 교만을 꺾으실 것이다(사 28:2–4). 이것은 앗수르를 통해 에브라임을 치신다는 것이다.

b. 하나님의 구원(사 28:5-6)

이사야는 화를 선포한 후에 대조적으로 '그 날에' 하나님이 주실 구원을 예언한다. 그

40 원문은 감탄사 '호이'(הוֹי)로 시작한다.

것은 여호와께서 자기 백성의 남은 자에게 지도자들의 교만한 면류관과 대조적으로 영화로운 면류관과 아름다운 화관이 되시며, 성문에서 싸움을 물리치는 자들에게 힘이 되신다는 것이다(사 28:5–6). 이 대조를 통해 언약 백성의 위치가 특별하다는 것을 보여준다.

c. 유다의 제사장들과 선지자들의 교만과 그 결과(사 28:7-13)

개역개정판의 '그리하여도 이들은'은 히브리어로 '버감 에일레'(וְגַם־אֵלֶּה)인데 NIV는 'And these also'라고 번역했다. 이것을 앞에서 북 왕국에 대해 말하는 내용에 이어진 것으로 보기도 한다(Oswalt 2003, 318). 그러나 북 왕국 이스라엘과 비교한 유다로 보아야 한다. 왜냐하면 이 메시지는 유다 지도자들에게 말하기 때문이다(Smith 2007, 479). 그래서 이 구절을 '그리고 이들도'라고 해야 한다.[41] 이들도 곧 유다의 제사장과 선지자도 북 이스라엘 지도자들과 다를 바 없이 술에 취해 비틀거리고 환상을 잘못 풀고 재판을 바르게 하지 못한다(사 28:7). 이사야는 이에 대해 "(왜냐하면) 모든 상에는 토한 것, 더러운 것이 가득하고 깨끗한 곳이 없기 때문이다"(사 28:8)라고 했다. 이것은 유다 지도자들의 연회장의 모습이기도 하지만 비유적으로 당시 유다의 정치 지도자들과 제사장들과 선지자들의 부도덕하고 무질서한 모습이기도 하다.

이러한 당시 지도자들과 유다 사람들에게 이사야가 하나님의 말씀을 전한 것으로 보인다. 그런데 그들은 "누구에게 지식을 가르치며 누구에게 도를 깨닫게 하려는가 젖 떨어져 품을 떠난 자들에게 하려는가?"라고 비아냥거렸다(사 28:9). '젖 떨어져 품을 떠난 자'란 지금 이 메시지를 듣는 자들이 유다 지도자들을 포함한 유다 백성이기에 장성한 사람을 어린아이 대하듯 말한다는 뜻이다(마틴 2011, 143). 그들에게 이사야가 하나님의 말씀을 전할 때 그들은 "경계에 경계를 더하며 교훈에 교훈을 더하며 교훈에 교훈을 더하되 여기서도 조금 저기서도 조금 하는구나"(사 28:10)라고 말했다. 이 말을 히브리어로 "차우 라차우 차우 라차우 카우 라카우 카우 라카우 즈에이르 샴 즈에이르 샴"(צַו לָצָו צַו לָצָו קַו לָקָו קַו לָקָו זְעֵיר שָׁם זְעֵיר שָׁם)이다. 이것은 단음절로 된 뜻이 없는 말을 의미없이 반복한 것으로 선지자가 전한 말씀을 조롱하는 말로 볼 수 있다.[42]

이들의 반응에 대해 "더듬는 입술과 다른 방언으로 그가 이 백성에게 말씀하시리라"(사 28:11)라고 했다. 문맥으로 볼 때 '더듬는 입술과 다른 방언'은 하나님이 심판의 도

41 표준새번역은 이 부분을 해석하여 "유다 사람이 포도주에 취하여 비틀거리고 …"라고 번역했다.

42 NIV 성경에는 개역개정판처럼 번역해 놓고 난외주에 "의미없는 소리인데, 아마도 선지자의 말씀을 조롱하는 뜻일 것이다"라고 했다. 이 말을 경상도 방언으로 바꾸면 "머라카노, 머라꼬 시부리샀노"라고 할 수 있다.

구로 쓰신 앗수르의 방언이다. 사도 바울은 이 말씀은 인용하여 예언과 방언을 비교하면서 방언은 믿는 자들을 위한 것이 아니라 믿지 아니한 자들을 위한 표적이라고 했다(참조. 고전 14:21-22). 바울의 인용을 볼 때 여호와께서 다른 방언으로 이 백성에게 말씀하신다는 것은 다른 방언을 하는 앗수르를 통해 선지자의 말을 믿지 않는 이스라엘을 심판하시는 표적이 될 것이라는 뜻이다. 이는 전에 선지자를 통해 하나님의 말씀을 듣는 것이 안식이고 상쾌함이라 하였어도 듣지 않았기 때문이다(사 28:12). 앗수르를 들어 심판하실 때 여호와께서 이사야 28:10의 말씀과 동일하게 유다 사람들이 선지자를 조롱하던 말인 "차우 라차우 차우 라차우 카우 라카우 카우 라카우 즈에이르 샴 즈에이르 샴"이라 하심으로 유다가 가다가 뒤로 넘어져 부러지며 걸리며 붙잡히게 하실 것이다(사 28:13). 그들이 하나님의 말씀을 들었을 때 조롱했던 그 말을 언제 듣는다는 것인가? 그것은 앗수르가 유다를 침입하였을 때다(Smith 2007, 483). 언어가 다른 앗수르 사람들이 공격해 올 때 유다 백성들이 당시 이사야의 말을 듣지 않고 조롱했던 것과 같이 하나님이 그 소리를 듣지 않으심으로 가다가 넘어지기도 하고 붙잡히게 하신다는 것이다. 당시 이사야가 선포한 하나님의 말씀을 무시한 그들이 앗수르가 침략해 왔을 때 하나님께 부르짖어도 하나님은 그들이 부르짖는 소리를 듣지 않으시겠다는 뜻이다.

d. 유다의 지도자들이 하나님이 주신 기촛돌을 거부함(사 28:14-22)

이 문단에서 이사야는 유다의 지도자들이 여호와의 말씀을 거부하고 애굽과 조약을 맺자 그 일이 어떤 위험을 초래할 것인지를 설명한다. 이사야는 유다 지도자들이 애굽과 맺은 언약을 '사망'과 '스올'과 언약을 맺은 것이라고 조롱했다(사 28:15).[43] 이것은 풍자적인 표현으로 애굽과 맺은 언약은 사망이나 스올과 언약을 맺은 것과 같이 의미가 없다는 뜻이다. 그들은 애굽과 언약을 맺고 애굽이 그들의 피난처가 되어 주리라 기대했다(사 28:15). 그러나 하나님은 한 돌을 시온에 세웠다고 하시며 이 돌을 가리켜 시험한 돌이요 견고한 기촛돌이라 하시며 그것을 믿는 이는 다급하게 되지 아니할 것이라고 하셨다(사 28:16). 이러한 비유적 언어를 사용하여 하나님이 세우신 견고한 기촛돌을 의지하라는 것이다. 사도 바울과 사도 베드로는 이 기촛돌을 성도가 믿어야 할 그리스도라고 해석했

43 스미스(Smith 2007, 486)는 이사야 30:1-5과 31:1-5의 말씀을 근거로 애굽과 조약을 맺은 것으로 본다. 하지만 한정건(2006, 342)은 앗수르와 조약을 맺은 것으로 본다. 이사야 28:1-4에 북 왕국 에브라임의 지도자들이 책망받는 것을 볼 때 앗수르와 조약을 맺었다고 볼 수 있으나(참조. 왕하 16:7-8; 대하 28:20-21) 이때는 북 왕국 이스라엘이 멸망(주전 722)한 후이기 때문에 애굽과 맺은 조약으로 보아야 한다.

다(롬 9:32; 벧전 2:6). 이를 근거로 이사야가 먼 미래의 메시아를 바라보며 예언하고 있다고 보기도 한다(한정건 2006, 343).

그렇다면 이 말씀이 당시 유다 백성들에게 어떤 의미가 있겠는가? 이 돌을 가리켜 '기초', '시험하는 돌', '귀하고 견고한 기촛돌'이라고 한 것은 이사야 8:14과 30:29에 기록된 것처럼 하나님과 그의 약속을 믿는 자에게는 성소가 되지만 믿지 않는 자에게는 걸림돌로 기능할 것을 되새겨 보게 하려는 것이다(Smith 2007, 488). 당시에 하나님과 그의 약속을 믿는 자에게는 견고한 기촛돌이 되어 지켜주시겠다는 것이다. 한편 하나님은 정의를 측량줄로 삼고 공의를 저울추로 삼아 통치하실 것이기에 우박이 거짓의 피난처를 소탕하고 물이 그 숨은 곳에 넘칠 것이다(사 28:17). 하나님이 정의와 공의로 물이 숨은 곳에 넘치듯이 철저하게 심판하신다는 뜻이다. 이에 유다는 앗수르가 침략해 들어올 때 사망이나 스올과 언약을 맺은 것과 같은 애굽과의 언약이 무용지물이 되고 앗수르에게 밟힘을 당할 것이다(사 28:18; 참조. 사 28:15). 앗수르가 침략해 올 때 그 소식을 듣는 것이 두려움이 될 것이고 침상이 짧아서 몸을 펴지 못하는 상태가 되듯이 두려워 편히 자지 못하고 웅크리고 잘 것이다(사 28:19-20). 왜냐하면 여호와께서 브라심산에서 블레셋이나 기브온에서 가나안을 치심과 같이 이스라엘을 치실 것이기 때문이다(사 28:21; 참조. 삼하 5:20; 수 10:10-14). 이사야는 이 하나님의 사역이 기이할 것이라고 했다(사 28:21). 실제로 앗수르가 침략해 왔을 때 유다는 큰 위기에 빠졌고 예루살렘을 제외한 모든 지역은 점령을 당했다(사 36:1; 왕하 18:14-16). 정의와 공의의 하나님은 그를 신뢰하는 자들을 구원하시는 일에 한계가 없지만 정의와 공의를 위한 동일한 열정으로 그를 거부하는 자들을 멸하실 것이다(Smith 2007, 489-490). 그러므로 이사야가 권고한 대로 오만한 자가 되어서는 안 된다(사 28:22).

e. 하나님의 지혜를 배우라(사 28:23-29)

이사야는 첫 번째 화를 선포하는 문단의 마지막에 농부의 비유를 들어 하나님의 지혜를 설명하되, 파종할 때의 일(사 28:23-26)과 추수할 때의 일(사 28:27-29)을 가지고 설명한다. 농부는 파종할 때 땅을 개간하고 고른 뒤에 소회향, 대회향, 귀리 등을 심는다. 농부가 이렇게 하는 것은 하나님이 그에게 적당한 방법을 가르치셨기 때문이다(사 28:23-26). 또 농부는 추수할 때도 소회향은 작대기로, 대회향은 막대기로 하는 등 곡식 종류에 따라 다른 방법으로 추수한다.[44] 이 일도 하나님이 가르치셨다(사 28:27–29). 이 비유는 농부가 파종할 때나 추수할 때 하나님이 정하신 올바른 방법을 사용할 때 결실할 수 있는 것처럼 하나님의 지혜를 듣고 언약 백성에게 정해주신 올바른 방법대로 살아야 재앙을 면하고 생명을 얻을 수 있다는 것이다(Smith 2007, 493).

② 두 번째 화 선포 : 예루살렘의 압제자들(사 29:1–14)

a. 슬프다 아리엘이여(사 29:1-4)

하나님은 '아리엘이여'라고 부르며 '슬프다'(= 화 있을진저)라고 하셨다. '아리엘'(אֲרִיאֵל)은 문자적으로 '하나님'(אֵל)과 '사자'(אֲרִי)의 합성어로 '하나님의 사자'(Lion of God)라는 뜻이다. 또 이 단어는 '번제단'이라는 뜻도 있다(겔 43:15). NIV는 이사야 29:2에서 동일한 단어를 '번제단'이라고 번역했다. 하나님은 이 아리엘을 가리켜 '다윗이 진 친 성읍'이라고 했고, '해마다 절기를 지키는 곳'이라고 했다(사 29:1). 이 아리엘은 예루살렘이다. 하나님은 이 예루살렘을 '내게 아리엘과 같이 되리라'라고 했다. 이는 번제단에서 제물을 태우듯이 예루살렘이 불에 탈 것이라는 뜻이다. 하나님이 이렇게 말씀하신 이유는 적군이 예루살렘을 포위하고 대를 쌓아 칠 것이기 때문이다. 그래서 백성들은 서서 다니지 못하고 엎드려 목소리조차 크게 낼 수 없게 될 것이다(사 29:3–4). 이 얼마나 슬픈 현실인가?

b. 아리엘의 대적을 멸하심(사 29:5-8)

하나님은 아리엘에게 화를 선포하셨다 할지라도 아리엘을 대적하는 무리가 세미한 티끌 같고 강포한 자의 무리가 날려 가는 겨 같이 되는 일이 순식간에 일어나게 하실 것이다(사 29:5). 그리고 이사야는 하나님이 아리엘을 친 열방의 무리를 쳐서 꿈같이 밤의 환상같이 되게 하실 것이라고 말했다(사 29:6–8). 이를 통해 시온 백성이 세상의 다른 민족과 다르다는 것을 보여준다.

c. 하나님의 계시를 알지 못하는 백성들(사 29:9-14)

이사야는 "너희는 놀라고 놀라라 너희는 맹인이 되고 맹인이 되라"(사 29:9)라고 했다. 그가 왜 이 말을 했을까? 그것은 여호와께서 깊이 잠들게 하는 영을 그들에게 부어 주셨

44 소회향이나 대회향이라고 번역한 단어는 향신료를 의미한다.

고, 선지자와 선견자들의 눈도 덮으셨기 때문이다(사 29:10). 그 결과 모든 계시가 그들에게 봉한 책처럼 되어 읽을 수도 없게 되었기 때문이다(사 29:11–12). 이에 하나님은 이 백성이 입술로는 자기를 공경하지만 그들의 마음은 떠났고 사람이 정한 계명을 따른다고 책망하셨다(사 29:13). 예수님은 바리새인과 서기관들이 부모공경의 계명을 지키지 않고 그들이 정한 전통에 따라 드리는 행위를 보시고 이 말씀을 인용하셨다(마 15:7–9; 막 7:6–7). 예수님께서 왜 이 말씀을 인용하셨는가? 말씀을 듣지 못할 때 사람의 잘못된 전통을 따른다는 것을 보여주시기 위함이다. 그래서 하나님은 그 백성 가운데 기이한 일을 다시 행하여 그들 중에 지혜자의 지혜가 없어지고 명철자의 총명이 가려지게 하실 것이다(사 29:14). 하나님이 그 백성 가운데 행하실 기이한 일은 1차적으로 앗수르의 군대가 예루살렘을 포위한 일이다. 이 사건을 통해 애굽과 동맹을 맺는 것이 지혜가 아니라 여호와를 경외하는 것이 참된 지혜인 것을 알게 하실 것이다. 사도 바울은 이 말씀을 인용하여 이사야 복음을 사람을 구원하는 능력이 있는 지혜로 받아들이지 않고 세상의 지혜를 능력이라고 생각하는 자들이 잘못되었음을 설명했다(고전 1:18–19). 바울은 어떤 의미로 이 말씀을 인용하였는가? 세상의 힘을 신뢰하는 것이 지혜가 아니라 하나님의 말씀을 신뢰하는 것이 참된 지혜라는 것을 보여주기 위함이다. 여호와를 경외하는 것은 어리석게 보여도 참된 지혜요 능력이다.

③ 세 번째 화 선포 : 계획을 숨기려는 자들(사 29:15–24)

a. 계획을 숨기려는 자들(사 29:15-16)

이사야는 자기의 계획을 깊이 숨기려 하는 자들에게 화를 선포한다(사 29:15). 이들은 하나님을 신뢰하지 않고 어두운 곳에서 계획하는 자들로 당시 국가 지도자들을 말한다. 하나님은 이 일에 대해 "너희의 패역함이 심하도다"라고 했다(사 29:16). '너희의 패역함'(הָפְכְּכֶם 〈 הֵפֶךְ)이란 단어는 '거꾸로 되다'라는 뜻이다. NIV는 명사로 된 단어를 동사로 번역하여 "너희는 거꾸로 되었다"(You turn things upside down)라고 하였다. 몇 가지 수사의문문으로 그 일이 왜 거꾸로 되었는지 보여준다. 토기장이를 진흙과 같이 여길 수 있느냐? 지음을 받은 물건이 어찌 자기를 지은 이에게 "나를 짓지 않았다"라고 말할 수 있느냐? 당시 유다 지도자들은 열방을 신뢰하지 말라고 이사야 선지자를 통해 주신 하나님의 뜻을 잘 알고 있었다. 그런데도 그들은 하나님의 뜻을 무시하고 열방과 조약을 맺었다(Oswalt 2003, 335).

b. 하나님의 구원(사 29:17-24)

이사야는 패역한 지도자들에게 화를 선포한 후에 대조적으로 '그 날에' 하나님이 주실 구원을 예언한다. 오래지 않아 레바논이 기름진 밭으로 변할 것이고, 기름진 밭이 숲으로 여겨질 것이다(사 29:17). 다른 곳에서는 레바논의 장대한 큰 나무가 찍힐 것이라고 예언하고 있지만(사 10:33–34; 33:9) 하나님은 이 땅을 축복하여 기름진 밭이 되게 하실 것이다. 또 하나님은 그의 말씀을 듣지 않는 백성을 변화시켜 말씀을 듣고 순종하게 하실 것이다. 가난한 자가 이스라엘의 거룩한 이로 말미암아 즐거워할 것이다. 그 이유는 하나님이 폭력을 행하고 송사를 왜곡시키는 악한 자들을 다 멸하셨기 때문이다(사 29:18–21).

이사야는 하나님이 행하신 구원의 결과를 '그러므로'(라케인, לָכֵן)라는 말로 설명한다. 아브라함을 '구속하신'(파다, פָּדָה) 여호와께서 야곱은 부끄러워하지 않겠고 그의 자손은 하나님이 행하신 것을 보고 하나님의 이름을 거룩하다 하며, 하나님을 경외하게 될 것이고, 마음이 혼미하던 자들도 총명하게 될 것이라고 하셨다(사 29:22–24). 이것은 하나님이 유다를 변화시킨 논리적 결과로 새로운 이스라엘 백성을 창조하신다는 것이다(Smith 2007, 505).

(2) 애굽을 신뢰하는 자들에게 화를 선포함(사 30:1–33:24)

이 문단에서 이사야는 애굽을 신뢰하는 일이 왜 잘못되었는지 설명한다. 이 문단을 '화 있을진저'로 시작하는 세 개의 작은 문단으로 구분할 수 있다(사 30:1; 31:1; 33:1). 각각의 단락은 화를 선포함으로 시작하지만 하나님이 이 세상을 바꾸고 그의 계획을 수행하실 때 미래에 있게 될 희망도 동시에 보여준다.

① 첫 번째 화 선포 : 애굽을 신뢰하지 말라(사 30:1–33)

a. 패역한 이스라엘을 심판하심(사 30:1-17)

이사야는 언약의 자녀들이 하나님의 계획과 반대로 행하는 반역적인 태도에 화를 선포한다. 이들을 가리켜 '패역한 자식들'(사 30:1)라고 부른다. '패역하다'라는 단어는 '사랄'(סָרַר)의 분사형으로 '완고하다', '거역하다'는 뜻이다. 이들은 하나님의 뜻과 상관없이 애굽과 언약을 맺고 애굽의 그늘에 피하려고 했다(사 30:1–2). 이러한 행동을 가리켜 "나의 영으로 말미암지 않고 죄에 죄를 더하도다"(사 30:1)라고 했다. 이는 하나님의 언약 백성으로 하나님을 신뢰하지 않는 행동이기 때문이다. 그래서 이사야는 유다의 고관들이 애굽과 언약을 맺기 위해 애굽의 소안과 하네스에 이르렀으나 애굽이 도움이 되지 못하고 수치와 수욕이 될 것이라고 했다(사 30:3-5). 이 일이 무익하다는 것을 이스라엘의 남쪽이며 애굽과 경계 지역에 있는 네겝 짐승에게 경고를 보내는 메시지로 보여준다(사 30:6-7). 사신들이 짐승에 보물을 싣고 네겝을 지나 애굽에 갔지만 애굽의 도움은 헛되고 무익하다. 그러므로 하나님은 애굽을 '가만히 앉은 라합'(사 30:7)이라고 부르신다. 라합은 고대 근동 신화에 등장하는 상상 속의 괴물로 애굽을 상징하는 바다 괴물이다. 이 괴물은 무시무시한 힘을 가진 리워야단과 달리 가만히 앉아 있는 것이 전부다(Oswalt 2003, 344-345).

그런데도 유다는 애굽을 의지했다. 그래서 하나님은 후세의 교훈을 위해 그것을 책에 기록하라고 하셨다. 하나님은 하나님을 신뢰하지 않고 애굽으로 내려가는 자들을 가리켜 패역한 백성이요 거짓말하는 자식이요 여호와의 법을 듣기 싫어하는 백성이라고 하셨다(사 30:8-11). 하나님은 이들이 말씀을 업신여김으로 마치 토기장이가 그릇을 깨뜨림같이 이 나라를 부수고 심지어 물웅덩이에서 물을 뜰 것도 없게 하실 것이다(사 30:12-14). 또 심판의 날에 다 도망가고 산꼭대기에 있는 깃대같이 있게 하실 것이다(사 30:15-17). 실제로 주전 701년에 앗수르가 침입했을 때 유다는 예루살렘을 제외하고 유다의 요새가 다 정복당하고 이러한 상황이 되었다. 하나님의 말씀을 순종하는 것은 생명이지만 다른 선택은 실패와 사망을 가져올 것이다(Smith 2007, 517).

b. 하나님의 구원(사 30:18-26)

이사야는 이 큰 문단(사 28:1-35:10)에서 화 선포(A)에 이어 구원에 대한 예언(B)의 구조로 설명하듯이 이 작은 문단에서도 화 선포에 이어 구원의 은혜를 설명한다. 이 구원은 종말론적인 의미도 있으나 일차적으로 당시 하나님의 백성들에게 은혜를 주실 것을 강조한다. 이사야는 시적인 평행법으로 유다 백성에게 은혜를 베풀기 위해 기다리신다고 말한다. 여호와께서 기다리시는 이유는 정의의 하나님으로 먼저 공의를 시행해야 하기 때문이다. 그리고 그런 여호와를 기다리는 자마다 복이 있다(사 30:18).

그러면 하나님은 그를 기다리는 당시 이스라엘에게 어떤 구원의 은혜를 베푸시는가? 첫째, 하나님은 예루살렘에 거주하는 백성이 다시 통곡하지 않게 하고 그들의 부르짖는 소리에 응답하신다(사 30:19). 둘째, 하나님은 그들에게 환란의 떡과 고생의 물을 주시나 참된 스승을 통해 말씀을 들려주어 바른 길로 가게 하시고, 우상을 버리게 하신다(사

30:20-22). 셋째, 하나님은 그들에게 경제적인 복을 부어 주신다(사 30:23-25). 넷째, 하나님은 자기 백성의 상처를 싸매시며 고쳐주신다(사 30:26).

c. 앗수르를 멸하실 것임(사 30:27-33)

이사야는 하나님의 구원을 설명한 다음에 당시 유다의 문제인 앗수르를 멸하실 것이라고 예언한다. 그것을 '보라'(사 30:27)라고 하며 군사적인 이미지를 가지고 여호와께서 원방에서 오되 그의 진노가 불붙듯 하며 빽빽한 연기가 일어나듯 임재하실 것이라고 한다(사 30:27-28). 이로 말미암아 유다는 즐거워하지만 앗수르는 하나님이 초자연적인 방법으로 그들을 치심으로 멸망하게 될 것이다(사 30:29-33). 실제로 이 말씀대로 하나님은 앗수르 군대 185,000명을 죽이셨다(사 37:36).

② 두 번째 화 선포 : 애굽을 신뢰하지 말라(사 31:1-32:20)

a. 도움을 구하기 위해 애굽으로 내려가는 자들(사 31:1-3)

이사야는 도움을 구하기 위해 애굽으로 내려가는 자들에게 화를 선포한다. 그들이 애굽의 군사력을 의지하고 이스라엘의 거룩하신 이를 앙모하지 않고 그에게 구하지 않기 때문이다(사 31:1). 이 일에 대해 이사야는 애굽은 인간에 불과하기에 도움을 구하는 자나 돕는 자가 함께 멸망할 것이라고 했다(사 31:2-3). 이것은 인간의 지혜나 힘, 또는 정치적 동맹을 의지하지 말고 하나님을 신뢰해야 한다는 것이다.

b. 하나님의 구원(사 31:4-9)

이사야는 큰 사자가 자기의 먹이를 움키고 으르릉거릴 때 사자를 치려고 목자들이 소리 질러도 사자가 놀라지 않을 것이라고 했다(사 31:4). 이 비유에서 사자는 하나님이시고 먹이는 예루살렘이다. 이처럼 사자가 목자들의 위협에도 자기 먹이를 빼앗기지 않기 위해 그것을 움키고 있듯 만군의 여호와가 강림하여 시온산에서 싸울 것이고 새가 날개 치며 그 새끼를 보호함 같이 예루살렘을 보호하실 것이다(사 31:5). 그래서 이사야는 유다에게 회개하고 하나님께로 돌아오라고 권면한다. 그날에 유다는 우상을 던져버릴 것이고 앗수르는 칼에 엎드러질 것이다. 그런데 사람의 칼이 아니라 하나님이 초자연적인 방법으로 그렇게 될 것이다(사 31:8; 참조. 사 37:36).

c. 한 의로운 왕의 통치(사 32:1-8)

이사야는 '보라'라는 감탄사로 시작하며 장차 한 왕이 공의와 정의로 다스린다는 것이라고 말한다(사 32:1). 그 왕이 다스리는 통치방식은 세상의 왕들과 다르다. 그는 광풍과 폭우를 피하는 곳 같고, 마른 땅에 냇물 같을 것이다. 또 눈이 감기지 아니할 것이며 듣는 자가 귀를 기울일 것이다(사 32:2–4). 과거 유다의 지도자들은 하나님의 말씀과 약속을 듣지 않으므로 그들의 눈이 덮여 하나님의 말씀을 가르치지 못했다(참조. 사 29:10). 그러나 의로운 왕은 백성들의 눈을 열어 진리를 보게 하실 것이다. 그래서 어리석은 자를 다시 존귀하다 하지 않고 어리석은 자의 악한 말과 행동을 따르지 않으며, 존귀한 자의 편에 설 것이다(사 32:5–8).

d. 심판(사 32:9-14)

이사야는 다시 현재 상황으로 돌아와 당시 아무 염려 없이 살던 부녀들에게 예언한다. 일 년 남짓 지나면 포도 수확이 없고 열매 거두는 일이 없게 될 것이다(사 32:10–11). 그리고 그들의 좋은 밭이 폐허가 되어 들나귀와 양 떼들의 초장이 되므로 가슴을 칠 것이다.(사 32:12–14). 이 일은 앗수르의 산헤립이 1차로 침입했을 때 일어났다. 그때가 히스기야 14년, 곧 주전 701년이다(사 36:1; 왕상 18:13–16). 그리고 이 일은 '일 년 남짓 지나면' 일어나기 때문에 이사야가 이 예언을 하였을 때는 주전 703–702년경이다. 이 일이 일어난 이유는 유다가 하나님의 말씀을 불순종하였을 뿐만 아니라 하나님을 신뢰하지 않고 애굽의 군사력을 의지하였기 때문이다(사 31:1).

e. 회복(사 32:15-20)

이사야는 심판의 메시지로 그치지 않고 '하나님의 영이 부어질 때까지'(참조. 사 44:3; 59:21) 백성들은 시련을 경험하겠지만 이사야 32:9–14에 묘사된 상황을 반전시킴으로 새로운 세상을 열어주실 것을 예언한다. 그때 위에서부터 영을 부어 주셔서 광야가 아름다운 밭이 되고 정의가 그 밭에 거하여 백성이 화평한 집과 안전한 거처가 있게 될 것이다(사 32:15–20).

그러나 구원의 예언 가운데 갑자기 부정적인 어조로 된 이사야 32:19 "그 숲은 우박에 상하고 성읍은 파괴되리라"라는 말씀은 이해하기 어렵다. 한정건(2006, 382–383)은 숲과 성읍을 세상을 비유하는 것으로 보고 이사야 32:18 "공의의 열매는 화평이요 공의의 결과는 영원한 평화와 안전이니라"라는 말씀에 근거하여 이 일이 성취되는 곳은 세상과 교회가 될 수 없고 재림 이후에 있을 천년왕국이라고 보았다. 왜냐하면 세상과 교회는 끊임없이 분쟁과 갈등이 존재하기에 영원한 평화와 안전을 주지 못한다고 보았기 때문이다. 그는 이사야 32:18-19을 한편으론 영원한 하나님 나라에 들어가는 성도들의 모습으로, 또 한편으로는 하나님의 심판을 받은 세상의 모습으로 보았다. 그리고 이사야 32:20을 비유적으로 보고 '물가'를 '세상의 상태'로 보고 생명이 자랄 수 있는 준비가 된 것으로, '씨를 뿌리는 일'은 복음을 전파하는 일로 설명하였다. 이 설명도 가능하다.

사실 구원의 예언 가운데 부정적인 어조로 된 이사야 32:19로 인해 설명하기가 쉽지 않다. 하지만 이사야가 이 미래의 일을 보여준 것은 미래에 일어나게 될 재앙으로 고통받는 곳에 깨어나기를 원하는지, 아니면 하나님의 영을 신뢰함으로 그의 왕이 평화롭고 안전한 미래에 제공해 주실 소망 가운데 살기를 원하는지 선택하도록 하기 위함이다(Smith 2007, 548).

③ 세 번째 화 선포 : 하나님의 구원을 확신하라(사 33:1-24)

마지막 세 번째 화 선포는 앗수르가 예루살렘을 공격한 사건(주전 704-701)과 이 군사적 위기를 극복하려는 시도와 연관되어 있다(Smith 2007, 549).

a. 화 선포와 구원을 위한 기도(사 33:1-6)

이사야는 학대하며 속이는 자에게 화를 선포한다(사 33:1). 그러면서 이사야는 백성들을 대변하여 "우리에게 은혜를 베푸소서 … 우리의 구원이 되소서"(사 33:2)라고 기도한다. 이 기도와 더불어 주께서 일어나셔서 앗수르 군대를 흩으시므로 사람들이 마치 황충의 떼같이 그 노략물을 모을 것이라고 했다(사 33:3-4). 이사야는 이 구원으로 "네 시대에 평안함이 있으며 구원과 지혜와 지식이 풍성할 것이라"(사 33:6)라고 했다. '네 시대'는 종말론적 상황에서의 미래가 아니라 주전 701년 유다의 상황이다(Smith 2007, 554). 유다가 구원을 얻은 것은 여호와를 경외했기 때문이다. 이사야는 이 구원은 여호와를 경외함의 결과로 보고 "여호와를 경외함이 네 보배니라"(사 33:6)라고 했다. 실제로 이것은 이사야 36-38장에 기록된 앗수르와의 전쟁 이야기에서 확인할 수 있다.

b. 유다의 황폐한 상황과 하나님의 구원(사 33:7-16)

이사야 33:7-9에서 하나님이 어떤 상황에 있는 유다를 구원해 내셨는지 묘사한다. 이 본문은 구원의 절대적 필요성을 설명하는 것으로 앗수르의 산헤립이 첫 번째 침입 시에 라기스에 머물며 히스기야의 조공을 받고도 떠나지 않는 상황이다. 거리에서(개역개정판은 '밖에서'이나 원문은 '후차'(חוּצָה)로 '거리에서'가 적절함) 용사들은 부르짖고 평화를 위해 보낸 사신들도 울고 행인도 끊어졌다(사 33:7-8). 그들의 침입으로 땅도 쇠잔하고 백향목으로 널리 알려진 '레바논'과 지중해 연안의 평지로 숲이 무성한 아름다운 곳인 '샤론'은 사막과 같고, 목초지와 물이 풍부한 '바산'과 '갈멜'은 잎이 떨어졌다. 이것은 앗수르 군대가 휩쓸고 간 황폐한 상황을 보여준다(한정건 2006, 388).[45]

이 상황에서 하나님이 역사에 개입하신다. 이 일은 이사야 33:2에 은혜를 베풀어주실 것을 구한 기도에 대한 응답으로 볼 수 있고, 하나님이 장차 행하실 일을 보여주신 것일 수도 있다. 특히 하나님은 '이제'(아타, עַתָּה)라는 단어를 세 번이나 사용하시며 '일어나', '높이며', '지극히 높아지리니'라고 하셨다(사 33:10). 이것은 지금 이 역사에 하나님이 개입하여 자신이 어떤 분이신지 보여주시겠다는 뜻이다. 앗수르를 가리켜 '겨'를 잉태하고 '짚'을 해산하고 그들의 호흡이 '불'이 되어 불에 굽는 횟돌(= 석회) 같고, 잘라서 불에 사르는 가시나무 같이 될 것이라고 하셨다(사 33:11-12). 이 표현 자체는 비유적이지만 이 말씀대로 앗수르 군대 185,000명이 불에 타서 죽었는지, 아니면 다른 방법으로 죽었는지 알 수 없으나 하나님이 초자연적인 능력으로 구원하셨음을 보여준다.

이 놀라운 현상을 본 시온 백성들이 보고 두려워하며 누가 삼키는 불이시며 영영히 타는 것(= 하나님)과 함께 거하겠느냐고 했다(사 33:14). 누가 이 놀라운 하나님과 교제할 수 있겠는가? 그 답은 공의롭게 행하는 자, 정직히 말하는 자, 토색한 물건을 가증히 여기는 자, 손을 흔들어 뇌물을 받지 아니하는 자, 귀를 막아 피 흘리는 꾀를 듣지 아니하는 자, 눈을 감아 악을 보지 아니하는 자다(사 33:15; 참조. 시 15:1-5). 하나님을 믿는 자는 그 인격이 윤리적이고 선한 삶으로 나타난다. 이러한 자가 높은 곳에 거하게 되고, 견고한 바위이신 하나님이 그의 요새가 되고, 하나님이 양식과 물을 공급해 주실 것이다(사 33:16). 이것이 하나님이 행하신 구원의 은혜다.

c. 구원의 상태(사 33:17-24)

이 문단에서 예루살렘이 여호와 하나님으로 말미암아 구원을 얻은 상태를 묘사한다. 이사야 33:17의 왕이 누구인가에 대해 이사야 33:22에 근거해 여호와로 보기도 하고(Oswalt 2003, 380), 메시아적인 왕으로 보기도 하고(Childs 2001, 248), 히스기야로 보기도 한

45 오스왈트(Oswalt 2003, 374)는 전쟁의 참화로 보지 않고 가뭄으로 보았다.

다(Hayes & Irvine 1987, 369; 한정건 2006, 390). 이 차이는 이 단락을 종말에 관한 내용으로 보았는가, 아니면 앗수르의 침입과 연관된 위기상황에서의 구원에 관한 내용으로 보았는가 하는 점이다. 이사야 33장에서 선지자는 하나님이 앗수르에서 구원해 주실 것을 말했다면 종말에 일어날 일이기보다는 앗수르의 위기상황에서 구원해 주신 일로 보는 것이 다 좋다(Smith 2007, 561). 그래서 이사야가 "네 눈은 왕을 그의 아름다운 가운데에서 보며 광활한 땅을 눈으로 보겠고"(사 33:17)라고 했을 때 '너'는 예루살렘을 말하고 '왕'은 히스기야를 말한다. 산헤립이 1차 침입했을 때 히스기야는 성전의 입힌 금까지 뜯어서 앗수르 왕에게 주었다(참조. 왕하 18:13-16). 그때 예루살렘은 포위되어 있었기에 백성들은 왕을 볼 수 없었고 예루살렘은 바깥을 볼 수 없었다. 그러나 예루살렘은 왕을 다시 보게 되고 광활한 땅을 보게 될 것이다(사 33:17).

앗수르가 침략해 왔을 때 두려웠고 유다의 모든 것을 빼앗아 갔다. 그러나 계산하는 자와 공세를 계량하던 자와 망대를 계수하던 자가 없었다(사 33:18). 이것은 유다를 침략하여 재산을 갈취해 갔음을 의미한다. 다른 언어를 쓰는 강포한 자들은 없어졌고 예루살렘은 굳건하게 서 있음을 보게 될 것이다(사 33:19-20). 무엇보다 이곳에 여호와께서 예루살렘과 그 백성들과 함께 계시기 때문이다. 그리고 강과 큰 호수가 있다 할지라도 배가 통행하지 못할 것이다. 왜냐하면 여호와께서 그들의 재판장이시고 율법을 세우신 이시고 왕이시기에 그가 구원하실 것이기 때문이다(사 33:21-22). 이 그림의 핵심은 여호와께서 자기 백성을 보호해 주실 것이기에 적들이 어떤 방식으로 침입해 와도 위협이 되지 못한다는 것이다(Smith 2007, 563).

그런데 "네 돛대 줄이 풀렸으니 돛대의 밑을 튼튼히 하지 못하였고 돛을 달지 못했다"(사 33:23)라는 말씀은 이해하기가 어렵다. 2인칭 여성 단수 '너'가 누구인가 하는 문제와 예루살렘에 큰 강이 없기 때문이다.[46] 이 그림은 어려움 가운데 있는 배를 말하는 것이 아니라 예루살렘을 포위한 앗수르 군대가 죽었거나 도망간 상태를 묘사하는 것이다. 결과적으로 유다는 도망간 군대에 남겨진 많은 양의 재물을 탈취하여 나누게 될 것을 보여준다(Smith 2007, 564). 또 유다에 사는 백성은 병들지 아니하고 사죄함도 받게 될 것이다(사 33:24). 이것이 여호와께서 앗수르의 위협에서 이스라엘을 구원해 주신 상태다.

이사야는 이 말씀을 통해 성도가 고통 가운데 있고 세상에 속한 힘에 억눌려 있을 때 하나님께 도움을 구하면 들으시고 평안과 번영을 주실 뿐만 아니라 그의 능력으로 원수

46 이사야 33:23의 '네 돛대 줄'(하발라익, חֲבָלָיִךְ)은 '돛대 줄'을 의미하는 '헤벨'(חֶבֶל)과 2인칭 여성 단수 '크'(ךְ)와 결합되어 있다. 그래서 앗수르를 말할 수도 있고 예루살렘을 말할 수도 있다.

의 공격이든, 깨어진 법이든 혹은 세상의 무질서든 간에 그것으로부터 우리를 구원해 주신다는 것을 보여주었다(Oswalt 2003, 381). 그리고 병든 자가 없고 거기에 사는 백성이 죄가 용서함을 받는다는 것은 히스기야 시대에 일어난 이 사건을 통해 그리스도 안에서 이루실 일도 바라보고 있음을 알 수 있다.

(3) 하나님을 신뢰하라(사 34:1-35:10)

이 문단은 이사야 28-33장 만이 아니라 13-33장 전체의 결론이다(Oswalt 2003, 386). 이 문단에서 이사야는 하나님이 이스라엘을 보호하기 위해 보복하시는 날에 열방을 벌하실 것과 이스라엘이 하나님의 영광을 보게 되고 완전한 나라를 세우실 것을 보여준다. 이사야는 열국에 대한 하나님의 심판(사 34:1-4), 심판의 실례로서 에돔의 심판(사 34:5-17) 그리고 하나님의 영광이 나타나 세상을 바꾸시는 복된 미래를 보여준다(시 35:1-10). 그래서 이스라엘은 하나님을 신뢰하고 그 말씀에 순종해야 함을 보여준다.

① 열국에 대한 심판(사 34:1-4)

이 문단에서 이사야는 '열국'과 '민족들'과 '땅과 땅에 충만한 것'과 '세계와 세계에 나는 모든 것'을 부르며 들으라고 한다(사 34:1). 마치 하나님의 법정에 나와서 하나님이 심판에 대해 말씀하시는 것을 들어야 하는 것처럼 말한다. 그 이유는 여호와께서 열방을 향해 진노하시고 진멸하실 것이기 때문이다(사 34:2). 하나님이 내리시는 진노는 처참할 뿐만 아니라 우주적이다. 살육당한 자는 던져져 그 시체에서 악취가 나고 그 피에 산들이 녹을 것이다(사 34:3). 그리고 하늘의 만상이 두루마리처럼 말리고 포도나무 잎이 마름 같이 될 것이다(사 34:4). 하나님이 열방을 심판하시는 때는 언제인가? 특히 이 심판에 대해 마틴(2011, 163)은 대환란 때의 여섯 번째 봉인이 떼어져 심판하시는 때로 보기도 하고(계 6:12-13), 한정건(2006, 396)은 요한계시록 16:12-21에 기록된 아마겟돈 전쟁으로 보기도 한다. 하나님이 하늘과 땅의 모든 것을 다스리시며 심판하시는 것을 안다면 하나님의 무서운 진노와 멸망을 경험하지 않기 위해 겸손해야 한다(Smith 2007, 572).

② 심판의 실례로서의 에돔(사 34:5-17)

이 문단에서 이사야는 전 세계에 임할 심판의 한 실례로서 에돔을 설명한다. 학자들은 에돔을 열국에 임할 심판의 대표로 인식하고 이 메시지의 핵심이 이 작은 나라에 있는 것이 아니라고 보기도 하고(Smith 2007, 571), 이스라엘을 대적한 열국의 대표로 보기도 한다(Oswalt 2003, 386–387; Seitz 1991, 237). 역사적으로 보면 에돔은 이스라엘이 가나안에 들어갈 때부터 이스라엘을 대적했다(민 20:14–21). 여호와께서 '나의 칼'[47]이 하늘에서 족하게 마셨고, 평행법으로 어린양과 염소의 피에 만족하다고 하셨다. 이것은 희생제물의 이미지를 사용하여 죄에 대한 구속이 아니라 에돔의 죄를 심판하실 것을 설명한 것이다(사 34:5–6). 심지어 들소와 송아지와 수소까지 에돔에 살아있는 모든 것을 심판하실 것이다(Smith 2007, 573).[48]

이사야는 여호와께서 시온에 행한 에돔의 악한 행동에 대해 보복하시는 해에 있을 일을 예언한다(사 34:8).[49] 그 때에 에돔의 시내들이 변하여 역청이 되고 그 티끌은 유황이 될 것이다(사 34:9–10). 그리고 사람이 거주할 수 없는 황무한 땅이 되어 새들과 짐승들의 처소가 될 것이다(사 34:11–15).

그리고 이사야는 에돔에 대한 이 예언의 확실함을 강조하기 위해 여호와의 책에서 찾아 읽어보라고 권한다.[50] 그리고 이것들 가운데 빠진 것이 없고 제 짝이 없는 것이 없을 것인데 이는 여호와의 입이 명하셨기 때문이라고 했다(사 34:16). 전통적으로 이사야 34:16의 '이것들'을 여호와의 말씀으로 해석하여 성경은 모든 것이 짝을 이루고 있기에 성경을 성경으로 해석해야 한다는 원리를 도출하기도 하지만 한정건(2006, 400–401)은 성경의 영감을 증명하는 구절로 사용되어서는 안 된다고 했다. 여기서 '이것들 가운데서'(메이헤인나, מֵהֵנָּה 〈 מִן + הֵנָּה)의 '이것들'은 여성 복수 대명사로 이사야 34:15의 '부엉이'(키포즈, קִפּוֹז), '솔개들'(다요트, דַּיּוֹת ,דַּיָּה) 등이다. 이것들 가운데 빠진 것이 없고 다 짝이 있다. 그래서 이것들은 남성, 단수 명사인 '여호와의 책'(סֵפֶר יְהוָה)이 될 수 없다. 그리고 이사야 34:17에 여호와께서 '그것들'을 위해 제비를 뽑으시며 그 땅을 '그것들'에게 나누어주셨다고 했다. 여기 '그것들'은 앞에 언급한 동물들을 말한다. 그러므로 이 본문은 성경을 해석하는 원리가 될 수 없다. 여기서 여호와의 책을 읽어보라고 하면서 동물들 가운데 빠진 것이 없고 다 제 짝이 있다고 말한 것은 이사야 34:11–15에 에돔이 심판을 받아 그 땅에 동물들이 살게 되리라고 한 예언이 어느 날 성취되므로 선지자가 예언한 대로 하나

47 개역개정판 난외주에 '나'라고 한 것처럼 히브리어는 '나의 칼'(할비, חַרְבִּי)이다.

48 오스왈트(Oswalt 2003, 387)는 들소, 수소 등을 강인한 힘과 의지를 거칠게 나타내려는 사나운 태도를 말한다고 보기도 한다. 이렇게 보면 송아지의 의미를 설명할 수 없다.

49 한정건(2006, 395)은 이 심판이 만국의 군대가 예루살렘을 에워싸고 치는 상황에서 일어난 것으로 보았다. 이러한 이해는 종말에 있게 될 최후 심판으로 보았기 때문이다.

50 여기서 말하는 '여호와의 책'이 무엇을 말하는지 명확하지 않다. 오스왈트(Oswalt 2003, 388)는 이것을 모든 것이 기록되었다는 것을 말하기 위한 가상의 책에 대한 수사적 표현으로 보았다(참조. 말 3:16).

도 빠짐없이 세세한 부분까지 이루어진다는 하나님 말씀의 신빙성을 강조하는 것이다(Smith 2007, 576; 헨리 2008, 544–546). 이 본문은 하나님이 땅을 제비뽑아 이스라엘 자손에게 나누어주셨듯이(신 4:19; 32:8; 수 14:1–2) 아이러니하게도 여호와께서 심판하시는 날에 그 땅을 동물들에게 나누어주어 동물들이 살 수 있는 곳이 되게 하신다는 뜻이다(Smith 2007, 576).

③ 복된 미래(사 35:1–10)

이 문단에서 이사야는 이사야 34:1–17에 기록된 심판과 대조적으로 땅에 임할 복된 미래를 보여준다. 이사야가 여기에서 보여주는 미래는 이사야 2:1–5; 4:2–6; 29:16–24; 33:1–24에 묘사한 것과 유사하고, 하나님이 자기 백성을 위해 하실 '새 일'의 증거로 나타날 일과 유사하다(사 43:19–20). 이 구원은 그리스도가 오심으로 성취되기 시작하여 재림으로 완성될 것이다.[51]

이사야는 광야의 메마른 땅이 기뻐하며 '레바논'과 '갈멜'과 '사론'이 아름다움을 얻고 여호와의 영광을 보게 될 것이라고 했다(사 35:1–2). 이것은 죄로 말미암아 변질된 땅이 회복된다는 뜻이다. 이사야는 이 말을 한 다음 당시 사람들에게 약한 손을 강하게 하며 떨리는 무릎을 굳게 하라고 했다. 왜냐하면 하나님이 오셔서 악한 자들을 보복하시며 자기 백성을 구원해 주실 것이기 때문이다(사 35:3–4). 이것은 당시 믿음으로 사는 자들에게 장차 이루실 하나님의 구원과 완전한 나라의 미래를 보여주어 믿음을 격려하려는 것이다. 히브리서 저자는 믿음장인 히브리서 11장에서 믿음의 사람들을 언급한 후에 믿음으로 살아야 함을 설명하기 위해 이 말씀을 인용했다(히 12:12).

이때 맹인의 눈이 밝을 것이며 못 듣는 사람들이 들을 것이고 저는 자들이 사슴 같이 뛸 것이고 말 못하는 자가 노래 할 것이다(사 35:5–6a). 그 이유는 사막이 변하여 못이 되고 승냥이가 눕던 곳이 풀과 갈대와 부들이 날 것이고, 거기에 있는 대로, 곧 거룩한 길에 구속받은 자들이 있게 될 것이기 때문이다. 이 길에는 사나운 짐승도 없을 것이다(사 35:6b–9). 그리고 여호와의 속량을 받은 자들이 시온에 이르러 그들의 머리 위에 영영한 희락과 기쁨이 있게 될 것이다(사 35:10; 참조. 사 51:11). 이 새로운 세상은 그리스도가 오셨

51 한정건(2006, 402–407)과 마틴(2011, 164–166)은 이 본문을 천년왕국에 대한 묘사로 본다. 이들은 세상이 점점 좋아져서 메시아 재림이 뒤따른다는 후천년설(postmillennium)과 구약성경에 이스라엘에 약속된 것이 오늘날 교회 시대에 이루어졌기 때문에 천년왕국은 없을 것이라는 무천년설(amillennium) 또한 이사야의 생각과 거리가 멀다고 보았다.

을 때 맹인이 보기도 하고, 듣지 못하는 자들이 듣기도 하며, 저는 자들이 뛰기도 함으로 시작되었다(마 11:5; 눅 7:22; 요 5:8–9; 행 3:2, 8 등). 그리고 주님이 재림하시면 완전한 구원이 있게 될 것이다. 이사야는 이 구원을 설명함으로 하나님을 신뢰하고 그 말씀에 순종하며 살아야 함을 보여준다.

7. 신뢰의 위기 : 산헤립의 침입과 하나님의 구원(사 36:1-39:8)

이 문단에서 특이한 점은 두 가지다. 하나는 여기에 기록된 이야기가 열왕기하 18:13–20:19에 기록된 이야기와 같다는 점이다. 차이점이 있다면 이사야서에는 히스기야가 질병을 치료받은 후 쓴 노래인 이사야 38:9–20이 추가되어 있다. 이 두 기록에 대하여 영(Young 1992a, 556–565)은 이사야에 기록된 이야기가 원자료이고 열왕기서와 역대기는 여기에서 복사한 것으로 보았다. 송제근(2017a, 321)은 열왕기하 18:13–20:19의 기록이 먼저 존재하고 있었고 이사야 선지자가 그것을 인용했다고 보기도 한다. 하지만 분명한 것은 이 사건에 대한 기록이 존재하고 있었다는 것은 분명하다.

또 하나의 특이한 점은 이사야서 전체가 운문(poetry)으로 되어 있으나 이 문단에 기록된 이야기는 이사야 6–8장과 함께 산문(prose) 형식의 이야기(narrative)로 되어있다는 것이다. 이것은 이사야서 전체 구조에 중요한 의미가 있음을 사사해 준다(콘래드 2002, 66). 이 문단은 내용적인 면에서는 이사야서의 핵심적인 주제가 담겨 있고, 구성적인 면에서도 이사야서 1부(사 1:1–39:8)의 결론이면서 후반부(사 40:1–66:24)의 서론 역할을 한다(한정건 2006, 411). 이야기로 된 이 본문은 하나님이 온 세상의 역사를 통치하시는 분이며, 유다가 언약 백성으로서 삶의 특징을 버릴 때 그들을 심판하시지만 동시에 그를 신뢰하고 부르짖을 때 은혜를 베푸시는 분이심을 보여준다.

이 주제를 히스기야의 통치에서 일어난 세 가지 중요한 이야기를 통해 보여준다. 이 이야기는 모두 사건이 일어난 시점을 소개하는 형식적 문구로 시작한다. 첫째, 이사야 36:1 "히스기야 왕 십사년에 앗수르 왕 산헤립이 올라와서 유다의 모든 견고한 성을 쳐서 취하니라"라고 소개한다. 이 시점과 관련된 사건은 이사야 36–37장에 기록되어 있는데 주전 701년이다. 둘째, 이사야 38:1 "그 때에 히스기야가 병들어 죽게 되니"라고 소개한다. 이 시점과 관련된 사건은 이사야 38:1–22에 기록되어 있는데 역시 주전 701년이다. 셋째, 이사야 39:1 "그 때에 발라단의 아들 바벨론 왕 므로닥발라단이 히스기야가 병들었다가 나았다 함을 듣고"라고 소개한다. 이 시점과 관련된 사건은 이사야 39:1–8에 기록되어 있는데 이 역시 주전 701년이다.

내용 분해

(1) 앗수르 산헤립의 1차 침입(사 36:1)
(2) 앗수르 산헤립의 2차 침입(사 36:2-37:38)
(3) 히스기야 왕의 발병과 회복(사 38:1-22)
(4) 히스기야가 하나님보다 열방을 더 신뢰함(사 39:1-8)

내용 해설

(1) 앗수르 산헤립의 1차 침입(사 36:1)

이 짧은 문단에서 이사야는 히스기야 왕 14년에 앗수르 왕 산헤립(주전 704-681년)이 올라와서 유다의 모든 견고한 성을 쳐서 취한 사실을 기록한다. 히스기야는 주전 715년에 왕이 되어 주전 686년에 죽었다. 이사야 38:5에 의하면 그가 죽을 병에 걸렸으나 회개함으로 15년의 생명이 연장되었다. 따라서 그의 통치 14년은 주전 701년이다. 이 사건은 성경 외의 자료인 산헤립 명문(銘文)과 연대기에도 기록되어 있다. 여기에 46개의 성읍을 점령하고, 예루살렘을 포위하고 히스기야로부터 많은 공물을 받았으며 200,150명을 포로로 잡아갔다고 기록한다(Pritchard 1969, 287-288). 이 기록은 열왕기하 18:13-16에 기록된 내용과 거의 일치한다. 이때 산헤립은 공물로 은 300달란트, 금 30달란트를 요구했고 히스기야는 성전과 왕궁의 곳간에 있는 것과 성전 문과 기둥에 입힌 금까지 다 주었다(왕하 18:14-16). 이것은 히스기야가 항복했다는 것이다. 이것이 산헤립의 1차 침입이다.

왜 앗수르의 산헤립이 침입하여 온 나라가 고통 가운데 있게 되었는가? 그것은 유다가 언약의 말씀을 배반하였기 때문이다. 그래서 하나님은 앗수르를 들어 심판하신다고 예언하신 대로 성취하신 것이다(참조. 사 5:26-30; 7:18).

(2) 앗수르 산헤립의 2차 침입(사 36:2-37:38)

이 문단은 산헤립의 2차 침입에 대한 이야기다. 이 문단에서는 이사야 36:1과 36:2 사이는 시간 간격 없이 앗수르 산헤립의 침입 기사를 기록하고 있다. 이것은 이사야가 하나님을 신뢰하는 일이 중요하다는 것을 강조하기 위해 한 번의 침입 기사만 기록한 것처럼 보인다. 하지만 동일한 사건을 기록한 열왕기하 18:13–16과 비교한다면 몇 가지 차이가 있음을 알 수 있다. 첫째, 병행 본문인 열왕기하 18:13–16에는 히스기야는 산헤립에게 많은 공물을 바쳤다. 이것은 히스기야가 항복했다는 것이다. 그런데도 산헤립이 랍사게를 보내어 항복을 권유할 수 있는가(왕하 18:17–35)? 둘째, 히스기야가 병들어 죽게 되었을 때 하나님께 간구하자 하나님은 그의 수한을 15년 더할 것이라 하시며 앗수르 왕의 손에서 구원하겠다고 하셨다(사 38:5–6; 참조. 왕하 20:6). 그렇다면 산헤립이 공물만 받고 돌아가지 않았거나 두 번째 침입했다고 보아야 하지 않겠는가? 셋째, 앗수르의 산헤립 명문(銘文)과 연대기에는 그가 유다를 침입하여 크게 승리하고 많은 공물과 포로들을 잡아 돌아왔다고 기록하는데 이 기록을 어떻게 이해할 수 있는가?[52] 그러므로 이사야 36:2–37:38에 기록된 이야기는 앗수르 산헤립의 2차 침입으로 보아야 한다.[53] 이 문단에서 앗수르 산헤립이 침입한 전쟁에서 히스기야가 하나님을 신뢰할 때 큰 승리를 얻을 수 있다는 것을 보여준다. 하나님이 세상을 통치하시며 그를 신뢰하는 자들을 돌보신다.

① 산헤립의 첫 번째 협박(사 36:2–22)

앗수르 왕은 라기스에서 랍사게를 예루살렘으로 보내되 대군을 거느리고 히스기야 왕에게 가게 했다(사 36:1). '랍사게'(רַב־שָׁקֵה)는 사람 이름이 아니라 '랍'(רַב)은 최고 책임자라는 뜻이고, '사게'(שָׁקֵה)는 들판이라는 뜻이다. NIV는 field commander라고 번역했다.[54] 그는 윗못 수도 세탁자의 밭 큰 길에 섰고 왕궁 맡은 자인 엘리아김과 서기관 셉나와 사관 요아가 그에게 나아갔다(사 36:2–3). 그는 히스기야에게 전하라고 하면서 앗수르 왕의 말을 전하며 "네가 믿는 바 그 믿는 것이 무엇이냐"(사 36:4)라고 물으며 히스기야가 믿는 두 가지가 잘못되었다고 말했다. 하나는 그는 이스라엘이 상한 갈대에 불과한 애굽을 믿는 것이고, 또 하나님을 신뢰하는 것이라고 말했다(사 36:6–7). 이 두 가지를 언급한 뒤에

52 한정건(2006, 413–416)은 이 외에도 여러 의문을 제기하며 산헤립의 2차 침입으로 보았다.

53 히스기야의 기록은 어려운 난제들이 여럿이 있다. 그 중에 가장 중요한 문제 가운데 하나는 산헤립이 한 번 침입했느냐, 아니면 두 번 침입했느냐(왕하 18:13–16) 하는 것이다(Dillard 1987, 227).

54 열왕기하 18:17에 "앗수르 왕이 다르단과 랍사리스와 랍사게로 하여금 대군을 거느리고 라기스에서부터 예루살렘으로 가서 …"에 나오는 세 사람은 사람 이름이 아니라 직위명이다. '다르단'(תַּרְתָּן)은 군대장관, '랍사리스'(רַב־סָרִיס)는 '사리스'(סָרִיס)는 내시라는 뜻이고 '랍'(רַב)은 최고책임자라는 뜻이므로 궁중의 최고관리라고 할 수 있다. '랍사게'(רַב־שָׁקֵה)는 야전군 사령관이라는 뜻이다. 이것은 산헤립이 행정부와 군대 전체를 이끌고 침략해 왔다는 것을 알게 한다.

교만하게 앗수르 왕과 내기하기를 제안했다. 그것은 만약에 앗수르 왕이 말 2,000필을 주면 탈 자가 있겠느냐는 것이다. 그런데 어찌 앗수르 왕이 보낸 작은 총독 한 사람인 들 물리칠 수 있으며 말을 탈 자가 없는데 어찌 애굽을 믿고 기병을 얻으려 하느냐고 조롱했다(사 36:8-9). 또 교만하게도 여호와께서 올라가 예루살렘을 멸하라고 하셨다고 하며 조롱했다(사 36:10).

이 말을 들은 사절들은 랍사게(= 야전군 사령관)에게 유다 방언으로 말하지 말아 달라고 요청했으나 거절하며 일어나서 외치며 히스기야에게 미혹되지 말라고 하면서 "히스기야가 여호와께서 우리를 건지시리라"(사 36:15, 18)라고 해도 믿지 말라고 했다. 열국의 신들이 앗수르 왕을 이긴 일이 없다고 하면서 하맛과 아르밧과 스발와임과 사마리아의 신들까지 언급했다. 그가 한 이 말은 인간 역사의 모든 면을 주장하시는 하나님의 이름과 그의 능력을 모욕하는 것이다(Smith 2007, 606).

이사야는 앗수르의 랍사게가 협박하는 첫 번째 에피소드를 마무리하며 사절단의 반응을 간략하게 요약한다. 그것은 왕이 대답하지 말라고 했기에 아무런 대답을 하지 않았다는 것과 그들의 옷을 찢고 히스기야에게 가서 말을 전달했다는 것이다(사 36:21-22).

② 히스기야의 반응과 이사야의 응답(사 37:1-7)

히스기야는 랍사게의 말을 전해 듣고 옷을 찢고 굵은 베옷을 입고 여호와의 전에 들어갔고, 이사야에게 하나님을 비방한 내용을 전하고 기도를 부탁했다(왕하 37:1-4). 이 일은 이 사건을 반전시키는 중요한 전환점(turning point)이다. 하나님이 어떤 반응을 보이실지에 대한 기대를 갖게 한다. 이사야는 그에게 여호와를 모욕하는 말 때문에 두려워하지 말라고 하면서 '보라'라고 주의를 집중시키며 "내가 영을 그의 속에 두리니 그가 소문을 듣고 그의 고국으로 돌아갈 것이며 또 내가 그를 그의 고국에서 칼에 죽게 하리라"(사 37:7)고 했다. 후에 이사야가 말한 대로 다 이루어졌다(참조. 사 37:36-38).

③ 산헤립의 두 번째 협박과 히스기야의 반응(사 37:8-20)

이 상황에서 앗수르의 랍사게가 라기스에 주둔해 있던 앗수르 왕이 떠났다는 소식을 듣고 가다가 왕을 만났는데 그는 립나를 치고 있었다(사 37:8). 립나의 위치가 어딘지 분명하지 않지만 라기스 주변 도시인 것은 분명하다(참조. 수 10:29, 31). 이때 앗수르 왕 산헤립은 구스 왕[55] 디르하가가 유다를 돕기 위해 올라오고 있다는 소식을 들었다(사 37:9). 이 점은 히스기야가 당시 애굽과 동맹을 맺고 있었음을 보여준다. 하지만 이사야는 애굽은 유다를 구원하지 못한다는 것을 여러 차례 예언한 바가 있다(사 20:5-6; 30:2-3; 31:3).

앗수르 왕은 애굽의 군대를 견제하면서 동시에 히스기야에게 서신으로 두 번째 협박 메시지를 전한다. 그는 히스기야에게 그가 신뢰하는 하나님이 예루살렘이 앗수르 왕에 넘어가지 아니하리라고 한 말에 속지 말라고 했다. 그러면서 자신이 정복한 나라를 언급하며 그들의 신이 그들을 지키지 못했던 것처럼 여호와도 예루살렘을 지키지 못한다고 했다(사 37:10-13). 산헤립의 협박 메시지는 히스기야가 하나님의 약속에 희망을 두고 있다는 것을 알고 각 나라의 신들이 그 나라를 구원하지 못했던 것처럼 하나님이 구원하지 못한다는 것이다.

이 협박 메시지를 받은 히스기야는 여호와의 전에 들어가 그 글을 여호와 앞에 펴놓고 기도했다. 그는 그가 믿는 하나님에 대한 지식을 근거로 "그룹 사이에 계신 이스라엘 하나님 만군의 여호와여 주는 천하만국에 유일하신 하나님이시라 주께서 천지를 만드셨나이다"(사 37:16)라고 기도했다. 이것은 성소에 계실 뿐만 아니라 하늘 보좌에 앉아 계신 분이 능력이 많으시고 세상을 통치하는 분이라는 것이다. 그는 하나님을 모욕하는 앗수르 왕의 손에서 구원해 주실 뿐만 아니라 천하만국이 주만이 여호와이신 줄을 알게 해 달라고 했다(사 37:20). 하나님이 히스기야의 기도에 어떻게 응답하실까?

④ 이사야가 히스기야에 전한 메시지(사 37:21-35)

여호와 하나님께서 히스기야의 기도를 들으시고 이사야를 통해 응답해 주셨다(사 37:21). 하나님이 하신 말씀의 핵심을 요약하면 다음과 같다. 첫째, 산헤립이 모욕한 것은 이스라엘의 거룩하신 이다(사 37:23). 둘째, 산헤립이 그가 계획한 대로 이루었고, 또한 이룰 것이라 말하지만 그가 행한 모든 것은 이미 하나님이 계획하신 것이다(사 37:24-26). 셋째, 산헤립의 오만함을 들었으므로 오던 길로 돌아가게 할 것이다(사 37:27-29). 이 점을 더 구체적으로 설명하기를 예루살렘을 향하여 화살 하나도 쏘지 못하고, 흉벽을 쌓고 치지도 못할 것이라고 하셨다(사 37:33-34). 이와 함께 이사야는 한 징조를 줄 것인데 올해는 스스로 난 것으로 먹고, 둘째 해는 거기서 난 것을 먹고, 셋째 해는 심고 거두고 거기에서 난 것을 먹을 것이라고 했다(사 37:30). 이것은 전쟁으로 농사도 짓지 못하고 정상적인

55 '애굽 왕'이라 하지 않고 '구스 왕'이라고 한 것은 당시 구스(= 에디오피아)의 왕이 통치하고 있었기 때문이다(Pritchard 1969, 287-288).

경제활동을 할 수 없었으나 정상적인 경제활동을 하게 된다는 것이다(Smith 2007, 629). 또한 이 일을 하나님의 열심이 이루실 것이라고 했다(사 37:32). 그 이유를 하나님이 다윗과 맺은 약속을 성취하기 위해 구원하실 것이라고 했다(사 37:35). 이 약속은 하나님의 종 다윗과 그의 자손을 통해 보내실 그리스도에 대한 것으로 온 세상을 구원하시려는 하나님의 계획을 성취하기 위한 것이다.

⑤ 하나님의 구원(사 37:36–38)

하나님께서 말씀하신 대로 여호와의 사자가 나와서 하룻밤 사이에 앗수르 군대 185,000명을 죽였다(사 37:36). 이후에 장면(scene)이 유다에서 니느웨로 바뀐다. 전쟁에 패한 산헤립은 돌아가 니느웨에 거주하였다(사 37:37). 여기서 '거주하였다'(와예이쉡, וַיֵּשֶׁב)라는 동사는 일정 기간 지냈다는 것을 의미한다. 그는 패전 후 십여년 후인 주전 681년에 죽었고 그의 아들 에살핫돈이 대신 왕이 되었다(Bright 1981, 311; Pritchard 1969, 289). 이사야는 산헤립의 죽음을 그가 니스록 신전에서 경배할 때 그의 아들들인 아드람멜렉과 사라셀이 그를 칼로 쳐 죽였고 기록한다(사 37:38).

이 역사에서 하나님은 그를 신뢰하는 히스기야의 기도를 들으시고 구원하셨다. 그러나 그 배경에는 하나님이 다윗과 맺은 언약이 있다. 하나님은 그 언약을 이루시기 위해 역사를 주관하신다. 이것이 성도의 위로요 힘이다.

(3) 히스기야 왕의 발병과 회복(사 38:1–22)

이 문단에서 이사야는 히스기야가 병이 들어 죽게 되었으나 기도함으로 회복해 주신 특별한 사건을 기록한다. '그 때에' 히스기야가 병들어 죽게 되었다. 그때는 언제인가? 그는 29년을 통치하였고, 병이 나은 후 15년을 더 살았다면 그의 통치 14년, 곧 주전 701년에 병이 들었다(참조. 사 36:1; 왕하 20:6). 그렇다면 그의 병이 산헤립 1차 침입 이전인가? 아니면 이후인가? 아니면 기록순서에 따라 산헤립의 2차 침입 이후인가? 만약에 산헤립의 2차 침입 이후 그가 패하여 돌아간 후에 병이 생긴 것이라면 두 가지 의문이 생긴다. 하나는 히스기야가 전쟁 중에 하나님께 신실하였고, 그 결과 하나님이 예루살렘을 구원해 주셨는데 왜 하나님이 히스기야에게 병이 들게 하셨는가? 또 하나는 여호와께서 "너와 이 성을 앗수르 왕의 손에서 건져내겠고 내가 또 이 성을 보호하리라"(사 38:6)라고 약속하셨다면 예루살렘 성을 앗수르 왕의 손에서 구원하기 전이어야 되지 않는가? 그래서 히스기야의 병은 이사야 36-37장 사건 이후라기보다는 이전이기 때문에 이 사건 기록은 연대기 순서로 연결된 것은 아니다(빔슨 2015, 516). 그래서 앗수르가 1차 침입한 기간이나 직후에 일어났다고 보는 것이 낫다(홉스 2013, 555; House 2003, 373). 그가 병이 든 것은 산헤립의 1차 침입 이후부터 2차 침입 이전이다.

그러면 히스기야는 왜 병이 들었는가? 성경에는 하나님께서 징계하신 결과로 병이 든 경우가 많이 있다(대하 16:1-2; 24:18-25; 26:16-21). 모든 경우를 죄와 연계시킬 수는 없지만 히스기야의 경우는 죄와 연계되어 있다. 히스기야가 그의 병이 나은 때에 기록한 글에서 "내 모든 죄를 주의 등 뒤에 던지셨나이다"(사 38:17)라고 고백했다. 이것은 히스기야의 병은 하나님이 죄에 대하여 징계하신 것임을 보여준다. 그의 죄는 언약 백성의 왕으로서 하나님을 신뢰하기보다는 애굽을 신뢰한 데 있다(사 31:1). 이사야는 이러한 행동을 한 히스기야에게 죽고 살지 못할 것이라고 했다(사 38:1).

히스기야는 이 말씀을 듣고 얼굴을 벽으로 향하고 기도했다(사 38:2). 그때 히스기야는 그의 병이 나은 후에 기록한 글에 "나는 제비같이, 학같이 지저귀며, 비둘기같이 슬피 울며 내 눈이 쇠하도록 앙망하나이다"(사 38:14)라고 했다. 이는 그가 얼마나 간절하게 울며 기도했는지 가늠케 한다. 이러한 히스기야에게 여호와께서 "네 기도를 들었고 네 눈물을 보았다"라고 하시며 15년 더 살게 하실 것이고, 앗수르의 손에서 구원하실 것이라고 하셨다(사 38:5-6). 그 증거로 아하스의 해시계에 나아갔던 해 그림자를 뒤로 10도 물러가게 하셨다(사 38:8). 이 특별한 사건을 통해 우리가 때로 하나님을 신뢰하지 못하여 죄를 범하고 그 일로 징계를 받아도 그 상황에서 회개하고 기도하는 일이 중요하다는 것을 알게 한다. 히스기야가 회개하며 기도할 때 그의 눈물을 보신 하나님께서 그리스도 안에서 우리 성도가 간구하는 것도 들으실 것이기 때문이다.

(4) 히스기야가 하나님보다 열방을 더 신뢰함(사 39:1-8)

이 문단에서 이사야는 히스기야가 하나님보다 열방을 더 신뢰함으로 초래하게 될 아픈 미래를 보여준다. 산문으로 된 이야기의 마지막 부분은 역사적으로 이사야 38장에 기록된 히스기야의 발병과 그 병이 회복되는 사건과 연관되어 있다. 이사야 39:1에 '그 때에'라고 한 것은 히스기야 병들었다가 나았다는 소식을 듣고 바벨론 왕이 글과 예물을 보냈기 때문이다. 그래서 이사야 38-39장은 연대기 순서로 되어 있지만 이 사건들은 이사야 36-37장 이전에 일어났다(Smith 2007, 654). 므로닥 발라단(Merodach-Baladan)이 히스기야에게 예물을 보낸 것은 그가 앗수르에 의해 주전 701년 이전에 퇴위되었고 자신의 왕국을 되찾기 위한 모종의 도움을 얻기 위한 목적이 있었던 것으로 보인다(홉스 2013, 562; Bright 1981, 284; House 2003, 374). 히스기야는 사자들로 말미암아 기뻐하며 자기 보물고의 금은과 향품과 무기고와 창고의 모든 것을 보여주었다(사 39:2). 역대기 저자는 "히스기야가 마음이 교만하여 그 받은 은혜를 보답하지 아니하므로"(대하 32:25)라고 기록했다. 이 일에 대해 이사야 선지자는 히스기야에게 여호와께서 날이 이르면 쌓아두었던 모든 것이 바벨론으로 옮겨가게 될 것이고 왕의 몸에서 난 아들, 곧 그의 자손 몇이 사로잡혀 바벨론 왕궁의 환관이 될 것이라고 하신 말씀을 전했다(사 39:6-7).

이 말을 들은 히스기야는 "당신이 이른 바 여호와의 말씀이 좋소이다 하고 또 이르되 내 생전에는 평안과 견고함이 있으리로다"(사 39:8)라고 했다. 여기서 '좋소이다'라는 단어는 히브리어의 '토브'(טוֹב)로 '정당하다', '옳다'라는 뜻이다. 이것은 히스기야가 하나님의 심판을 공정하다고 시인한 것으로 볼 수 있다(Seitz 1991, 263-266). 그런데 이 말에 대해 앞으로 다가올 안타까운 미래를 무책임하게 바라보고 자신의 안일한 삶만을 만족하는 추한 지도자의 모습을 보여준다고 보기도 한다(송제근 2017a, 324). 그러나 역대기 저자는 히스기야가 그의 생전에는 평안과 견고함이 있으리라고 한 말을 부정적으로 보지 않고 그가 회개할 때 베푸신 하나님의 은혜로 보고 있다.

> 그 때에 히스기야가 병들어 죽게 되었으므로 여호와께 기도하매 여호와께서 그에게 대답하시고 또 이적을 보이셨으나 히스기야가 마음이 교만하여 그 받은 은혜를 보답하지 아니하므로 진노가 그와 유다와 예루살렘에 내리게 되었더니 히스기야가 마음의 교만함을 뉘우치고 예루살렘 주민들도 그와 같이 하였으므로 여호와의 진노가 히스기야의 생전에는 그들에게 내리지 아니하니라(대하 32:24-26)

이사야가 이사야 38-39장에 기록된 두 개의 사건을 이사야 36-37장 앞에 기록하지 않고 뒤에 기록한 것은 주제별로 배치하여 이사야 2부인 40-55장의 배경을 이루도록 하기 위함이다(Smith 2007, 64). 특히 이 두 개의 사건을 배치함으로 회개하고 하나님께 자비를 구하며 기도하는 일이 중요하다는 것을 보여준다. 또 이것은 하나님께 죄를 범하여 형벌을 받을 사람들이나, 특별히 자신의 가족들을 위해 기도해야 할 성도의 특권과 책임임을 보여준다.

8. 유다의 회복에 대한 예언 : 종의 노래(사 40:1-55:13)

이 문단은 이사야 1-39장에 기록된 웃시야, 요담, 아하스, 히스기야 왕의 시대적 상황과 관련하여 책망하기도 하고 위로하기도 하며 복된 미래를 예언했던 내용과 달리 시대적으로 바벨론 포로 이후의 상황을 염두에 두고 한 예언이다. 그런데 이사야서는 주전 586년에 예루살렘이 멸망한 사건은 다루지 않는다. 이사야서에서 모두 알고 있는 이야기나 된 듯이 이 사건에 대해서는 침묵하고 있지만 이 침묵은 이 책의 중심에 있다. 이 문단은 이 사건으로 인해 고통 가운데 있는 사람들에게 준 말씀이다(맥콘빌 2009, 87-88). 그래서 여기에 기록된 말씀은 불투명한 미래에 직면한 유다에게 큰 위로를 제공해 준다. 하나님은 능력이 무한하시며, 세상의 창조자이시고, 자기 백성의 구속자이시며, 이방의 어떤 나라나 신들보다 강한 분이시다(사 40:12-31). 이 하나님께서 고통의 때에 자기 백성을 잊어버리시는 것이 아니라 그의 약속을 성취하시고 자기 백성을 회복하실 것이다.

하나님이 이스라엘을 회복하신다면 어떻게 회복하시는가? 이사야 40장은 이 문단(사 40:1-55:13)의 도입부로 죄 많은 이스라엘이 하나님의 종이 되는 것이 어떻게 가능하며, 이스라엘 백성이 하나님과 멀어지게 된 죄에 대해 하나님이 어떤 조치를 하시는지 답을 준다(Oswalt 2003, 443). 이사야 41-48장은 하나님이 이스라엘이 어떻게 구속하여 바벨론 포로에서 돌아오게 하시고 여호와의 종으로서 사명을 다할 수 있는지를 설명한다. 이사야 49-55장은 이스라엘을 바벨론 포로로 끌려가게 만든 죄의 문제를 어떻게 해결하고 하나님의 종으로서 사명을 다할 수 있는지를 설명한다. 특히 이 문단에는 오실 메시아에 대해 예언하는 네 개의 '종의 노래'가 있다(사 42:1-7; 49:1-13; 50:4-11; 52:13-53:12). 이 노래는 여호와의 종이 어떻게 유다를 회복하여 하나님이 작정하신 구원계획을 이루실 것인지 보여준다.

내용 분해

(1) 위로의 말씀 : 구원자가 오신다(사 40:1-11)

(2) 구원자이신 하나님의 능력(사 40:12-31)

(3) 역사를 통치하시는 하나님(사 41:1-29)

(4) 첫 번째 종의 노래와 송영(사 42:1-13)

(5) 이스라엘을 구원하신 하나님(사 42:14-44:23)

(6) 하나님의 원대한 구원계획(사 44:24–45:25)

(7) 바벨론의 멸망과 새로운 일(사 46:1–48:22)

(8) 두 번째 종의 노래와 시온의 회복(사 49:1–50:3)

(9) 세 번째 종의 노래와 시온에 내리는 복(사 50:4–52:12)

(10) 네 번째 종의 노래 : 고난의 종(사 52:13–53:12)

(11) 기쁨의 노래 : 세상의 구원(사 54:1–55:13)

내용 해설

(1) 위로의 말씀 : 구원자가 오신다(사 40:1–11)

이사야는 산헤립의 침략과 히스기야의 질병과 연관된 기사는 역사적 내러티브(historical narrative)로 기록하다가 이 문단에서 다시 시(poetry)로 메시지를 기록한다. 여기서 이사야는 죄로 말미암아 고통당하는 백성을 구원하신다는 위로의 메시지를 전한다.

① 내 백성을 위로하라(사 40:1–2)

이 문단은 헨델의 메시아(Handel's Messiah) 1부를 시작하는 구절로 널리 알려졌고 성도들에게 사랑을 받는다. 이사야는 하나님의 말씀을 선포함으로 메시지를 시작한다. '위로하라'(נַחֲמוּ 〈נחם)라는 동일한 두 개의 명령법 동사로 "너희의 하나님이 이르시되 너희는 위로하라 내 백성을 위로하라"(사 40:1)라고 한다. 동일한 명령법 동사의 반복은 이 개념을 강조하는 표현으로 이사야서에 자주 나온다(참조. 사 51:9, 17; 52:1, 11; 57:14; 62:10). 이 위로는 큰 기쁨의 때, 곧 땅을 회복하고 자기 백성을 구속하는 일과 밀접하게 연관되어 있다(Smith 2009, 92). 여기서 '너희의 하나님'과 '내 백성'이라는 표현은 하나님과 자기 백성과의 관계를 나타내는 언약 용어다. 그러므로 이 용어를 사용한 것은 하나님이 그들과 맺은 언약을 잊지 않으시고 관계를 회복하신다는 신호 역할을 한다. 그리고 위로해야 할 자인 2인칭 복수 명령법으로 된 '너희'는 일반적으로 선지자들이다(Harman 2005, 304).

이사야는 그들에게 예루살렘의 마음에 닿도록 말하고 외치라고 했다. '마음에 닿도록'(알–레입, עַל־לֵב) 말하라는 것은 위로와 같은 표현으로 마음에 닿을 수 있도록 감동적으로 말하라는 것이다. 무엇을 전해야 하는가? 그것은 노역의 때가 끝났고 죄악이 사함을 받았다는 것과 죄로 말미암아 여호와의 손에서 벌을 다 받았다는 것이다(사 40:2). 개역개정판에 "죄로 말미암아 여호와의 손에서 벌을 배나 받았다"라고 할 때 '배'(키프라임, כִּפְלַיִם)는 더 많은 벌을 받았다는 뜻이 아니라 '완전하고 충분한' 죄의 대가를 받았다는 뜻이다(마틴 2011, 183). 이 메시지를 들은 예루살렘에 있는 하나님의 백성들은 위로를 받았을 것이다.

② 외치는 자의 소리(사 40:3-5)

외치는 자의 소리가 백성에게 말하기를 "너희는 광야에서 여호와의 길을 예비하라 사막에서 우리 하나님의 대로를 평탄케 하라 …"(사 40:3-4)라고 했다. 여기서 말하는 사람은 '외치는 자의 소리'이고, '너희'는 모든 사람을 말한다. 신약성경은 이사야 40:3의 말씀을 세례 요한이 자신에게 적용하는 말로 인용했다(마 3:1-4; 막 1:1-4; 눅 1:76-78; 요 1:23). 이 외침은 고대 근동에서 왕이 오는 길을 예비하기 위해 전령들을 보내는 그림을 염두에 두고 한 말이다. 그래서 '길', '대로', '평지', '골짜기', '산' '언덕' 등은 은유적인 표현으로 하나님께 나아가는 길과 그 길로 가는 길을 가로막고 있는 것에 대한 것이다. 특히 세례 요한이 이 말씀을 자신과 자신의 사역에 적용한 것을 볼 때 그리스도의 복음을 받아들일 수 있도록 그 마음을 준비시키는 일로서 죄를 회개하고 구원을 받아들일 준비를 하라는 것이다(헨리 2008, 597-598). 그러면 여호와의 영광이 나타나고 모든 육체가 그것을 함께 볼 것이다(사 40:5). 여호와의 영광이 나타난다는 것은 구속사에서 일차적으로는 바벨론으로부터 이스라엘을 구속할 것을 말하고(참조. 사 35:9-10; 44:23-24), 나아가 모든 열방이 그 구원을 보고(참조. 사 52:10; 눅 3:6), 궁극적으로 구속하시는 하나님의 영광을 예수 그리스도 안에서 볼 것이고(참조. 사 요 1:14; 11:4; 17:4; 히 1:3), 특별히 그리스도의 재림 시에 볼 것을 말한다(참조. 마 16:27; 24:30; 25:31; 계 1:7). 최종적으로 일어날 일은 우리가 이해할 수 없다 할지라도 '여호와의 입'이 말씀하셨기에 어느 날 이 땅에 여호와의 영광이 나타나리라는 약속이 완전히 성취될 것이다(Smith 2009, 97).

③ 말하는 자의 소리(사 40:6-8)

말하는 자의 소리는 하나님의 말씀을 전하는 이사야로 보인다. 그 소리는 모든 육체와 하나님의 차이를 비교하며 설명한다. 모든 육체는 풀이고 그의 모든 아름다움은 들의 꽃과 같다(사 40:6). 그러나 풀은 마르고 꽃은 시드나 우리 하나님의 말씀은 영원히 설 것이다(사 40:8). 육체는 한계가 있으나 하나님의 말씀은 영원하다. 베드로는 이 말씀을 인용하며 말씀의 영원성을 강조했다(벧전 1:24-25). 하나님이 말하는 자의 소리를 통해 이렇게 말씀하신 것은 이스라엘과 열방을 구원하실 것이라는 약속은 하나님이 하신 말씀이기에 그 약속을 확실히 이루신다는 것이다.

④ 아름다운 소식을 전하는 자의 소리(사 40:9-11)

이 문단에서 아름다운 소식을 시온에 전해야 할 화자가 누구인지 분명하지 않다. 여기 화자는 구원의 소식을 들은 정체를 알 수 없는 제3의 인물로 보인다(Oswalt 2003, 445). 그는 "너희의 하나님을 보라"(사 40:9)라고 하며 구체적으로 하나님의 구원을 강조한다. 그는 하나님을 그의 팔로 그의 계획을 능히 성취할 수 있는 강하신 분이시며 상급과 보응을 주시는 분으로 묘사하지만 동시에 그의 백성을 향해서는 목자같이 양 떼를 먹이시며 어린 양을 그 팔로 모아 안으시는 분으로 묘사한다(사 40:10-11).

(2) 구원자이신 하나님의 능력(사 40:12-31)

이 문단은 앞의 문단(사 40:1-11)에서 하나님이 자기 백성을 구원하시려는 계획을 선포하신 일에 대해 이 일이 믿기 어렵다고 생각하는 자들에게 주신 대답으로 하나님의 능력을 강조한다(MacRae 1995, 45; Oswalt 2003, 446). 이 문단에서 이사야는 하나님이 자기 백성을 구원할 능력이 있는 분임을 믿도록 백성들에게 다양한 질문으로 설득한다. 이 문단의 구조는 '누가', '누구'로 시작되는 수사적 질문(사 40:12, 13, 14)과 '알지 못하였느냐'로 끝나는 수사적 질문(사 40:21a, 21b, 21c, 28), 비관적 질문(사 40:27) 등과 이에 대한 대답으로 이루어져 있다.

① 비교할 수 없는 하나님의 능력(사 40:12-20)

이 문단에서 이사야는 몇 가지 수사적 질문을 던짐으로 하나님을 무엇이든지 하실 수 있는 지혜와 능력이 있는 분으로 소개한다(사 40:12-14). 그리고 이사야는 '보라'라는 말로 관심을 집중시키며 하나님의 지혜와 능력이 너무 크기 때문에 하나님에게 열방은 통의 한 방울 물이나 저울의 작은 티끌 같고, 섬들은 떠오르는 먼지 같다고 했다(사 40:15). 또한 숲이 우거진 레바논의 나무와 그 짐승들은 하나님께 드릴 번제에도 부족할 것이며, 하나님 앞에서는 모든 열방이 아무것도 아니라고 했다(사 40:16-17). 이어서 이사야는 하나님을 누구에게 비기겠느냐고 질문하며 우상과도 비교할 수 없는 위대한 분으로 설명했다(사 40:18). 우상은 장인이 부어 만들고 금이나 은으로 입힌 것과 나무로 흔들리지 않게 세운 것에 불과하기 때문이다(사 40:19–20). 저자는 수사적 질문과 이에 대한 대답을 통해 하나님을 세상의 어떤 것과도 비교할 수 없는 능력이 있는 분으로 설명한다.

② 세상을 통치하시는 하나님(사 40:21–26)

이 문단에서 이사야는 "너희는 알지 못하였느냐, 너희가 듣지 못하였느냐, 태초부터 너희에게 전하지 아니하였느냐, 땅의 기초가 창조될 때부터 너희가 깨닫지 못하였느냐"라는 네 개의 수사적인 질문으로 시작하며 하나님의 위대하심과 세상을 통치하시는 분이심을 보여준다(사 40:21). 하나님은 땅의 지평선 위에 앉으시니[56] 그에 비해 사람들은 메뚜기 같다. 하나님은 하늘을 햇볕을 가리기 위한 차일 같이 펴시고 거주할 천막까지 치셨다(사 40:22). 이는 하나님이 온 세상을 통치하시는 분이심을 비유적으로 보여주기 위한 것이다. 하나님은 역사를 통치하시며 귀인들과 사사들을 폐하시는 분이시다. 그들은 하나님의 입김 앞에 초개 같은 존재일 뿐이다(사 40:23–24). 하나님은 세상의 어떤 존재와도 비교할 수 없는 분이시고 세상을 창조하시고 만상(בְּמִסְפַּר צְבָאָם, 수많은 별들)을 이끌어 내시며 그 이름을 부르시는 분이시다(사 40:25–26). 이 하나님이시라면 그가 택하신 백성 한 사람 한 사람을 확실하게 지키실 것이다(Smith 2009, 119). 이사야 당시 앗수르의 위협과 바벨론 포로로 끌려가게 될 것이라는 말씀을 들었던 이스라엘 백성들은 위로가 되었을 것이다.

③ 이스라엘 백성을 돌보시는 하나님(사 40:27–31)

이 문단에서 이사야는 당시 상황에서 이스라엘이 했던 비관적인 질문과 그에 대해 권면한다. 야곱과 이스라엘은 12지파를 가리키는 말로 이사야 40–49장에서 두 단어를 16번이나 함께 사용했다.[57] 이것은 당시 북 이스라엘이 앗수르에 의해 멸망을 당했다 할지라도 그 가운데 남아 있는 언약 백성을 지키신다는 것이다. 그들은 "내 길을 여호와께 숨겨졌으며 내 송사는 하나님께 벗어난다"(사 40:27)라고 비관적으로 말했다. 이에 대해 이사야는 "너는 알지 못하였느냐 듣지 못하였느냐"(사 40:27)라는 수사적인 질문으로 대답하며 하나님이 어떤 분이신지 설명했다. 하나님은 창조주이시며 피곤하지 않으시고 명철이 한계가 없고 인간의 이해를 초월해 계신 분이시다(사 40:28). 이사야는 바벨론 포로로 끌려간 자들을 염두에 두고 이 말을 했다. 바벨론에서 이스라엘까지 길이 멀고 험해 장

56 개역개정판에 "그는 땅 위 궁창에 앉으시니"라는 말의 원문은 "땅의 지평선 위에 앉으신 분"(הַיֹּשֵׁב עַל־חוּג הָאָרֶץ)이라는 뜻이다. '궁창'이라고 번역된 '후그'(חוּג)는 땅과 하늘이 맞닿은 지평선을 의미한다(참조. 욥 26:10; 잠 8:27).

57 이사야 40:27, 41:8, 14, 42:24; 43:1, 22, 28; 44:1, 5, 21, 23; 45:4; 46:3; 48:1; 49:56.

정이라도 피곤하고 넘어진다 할지라도 이 여호와 하나님을 앙망하는 자는 새 힘을 얻을 것인데 독수리가 날개치며 올라감 같을 것이고, 달음박질하여도 곤비하지 아니하겠고, 걸어도 피곤하지 않을 것이다(사 40:31). 야곱과 이스라엘은 이 말씀을 듣고 아무리 괴롭고 힘들다 할지라도 계속해서 하나님을 앙망하면서 때가 되면 하나님이 그들을 구원하시리라는 것을 믿어야 한다(헨리 2008, 616). 이 예언은 역사 가운데 성취되어 이스라엘은 고국 땅에 돌아왔다. 이렇게 신실하시고 자기 백성을 돌보시는 하나님은 그리스도 안에서 자기 백성을 지키시고 돌보시며 새 힘을 주실 것이다.

(3) 역사를 통치하시는 하나님(사 41:1-29)

하나님은 자신만이 하나님의 백성을 위해 세상 모든 역사를 통치하심을 자기 백성에게 확인시키신다.

① 누가 역사를 통치하는가(사 41:1-7)?

하나님은 섬들과 민족들에게 하나님 앞에서 잠잠하라고 하시며 재판 자리, 곧 법정으로 소환하신다(사 41:1). '잠잠하라'라는 말은 배심원처럼 판단하라는 말이 아니라 관심을 가지고 하나님이 말씀하시는 것을 들으라는 뜻이다. 그리고 '힘을 새롭게 하다'라는 말은 이사야 40:31의 '새 힘을 얻으리니'라는 말씀과 연결하여 NIV와 NASB가 권유형(jussive)으로 번역하듯이 이스라엘 백성들에게 하나님의 능력을 믿도록 격려하는 의미로 볼 수 있다(Smith 2009, 127-128).[58]

하나님은 이를 입증하시기 위해 이사야 41:2-4에 수사의문으로 동방에서 사람을 일깨워서 열국을 그의 앞에 넘겨준 이가 누구냐고 묻는다(사 41:2-4). 그리고 여호와께서 친히 "나 여호와라"(사 41:4)라고 하셨다. 그러면 하나님이 동방에서 일으킨 한 사람은 누구인가? 그는 바벨론을 멸망시키고(주전 539년) 유다를 예루살렘으로 돌아가게 한 고레스다(사 44:28-45:7).

민족들은 고레스가 침공해 들어오는 것을 보고 두려워하여 함께 모였다(사 41:5). 이때 기껏해야 그들이 할 수 있는 일은 헛된 우상을 만드는 일이다(사 41:6-7). 이사야가 이 상황에서 말하고자 하는 핵심은 우상은 아무런 힘이 되지 않고 오직 여호와만이 역사를 통

58 이사야 40:31과 반대로 이해하여 하나님을 반대하는 자들이 힘을 새롭게 하여 그 힘이 과연 하나님을 앙망하는 자들이 얻는 새 힘과 같은지 살펴보라는 의미로 보기도 한다(헨리 2008, 618).

치하시는 분이라는 것이다.

② 하나님이 이스라엘 힘의 근원이 되신다(사 41:8–20)

이 문단에서 하나님은 이스라엘에게 위로의 메시지를 제공함으로 이방 나라들과는 완전히 다른 위치에 있음을 확신시킨다. 하나님은 이스라엘을 '나의 종', '나의 택한 나의 야곱', '나의 벗 아브라함의 자손'이라 불렀다(사 41:8). 이는 하나님이 이스라엘과 특별한 관계에 있음을 보여준다. 특히 '나의 종'이라는 표현은 하나님의 뜻을 수행하기 위해 부름을 받았음을 보여준다. 종은 주인이 누구냐에 따라 그 위치와 책임이 달라진다. 하나님이 이스라엘을 '나의 종'으로 선택하셨다는 것은 밀접한 관계에 있을 뿐만 아니라 하나님의 계획을 성취하기 위한 목적이 있음을 나타낸다(Smith 2009, 133). 그리고 하나님은 다시 "너는 나의 종이라"라고 부르며 너를 택하고 싫어버리지 않았다고 하셨다(사 41:9).[59] 이는 비록 이스라엘이 죄를 범함으로 포로로 끌려갔으나 하나님이 그들을 버린 것이 아니라 여전히 그들을 통해 하나님의 계획을 성취하신다는 뜻이다.

하나님은 이스라엘을 구원하실 것이기 때문에 "두려워하지 말라"라고 하시며 하나님이 그들과 함께 하시며 붙들어 주시고 그들의 대적들을 멸하실 것이라고 하셨다(사 41:10–13). 하나님은 적들이 멸망당할 것임을 다른 이미지로 설명하셨다. 그것은 버러지와 새 타작기다. 이스라엘을 '버러지'(토레이아, תּוֹלַעַת)로 묘사한 것은 그들은 당시 상황에서 힘없고 중요하지 않은 존재라는 것이다. 하지만 하나님은 이 약하고 작은 백성을 강하게 하셔서 적들을 능히 쳐부수되 이스라엘을 날카로운 새 타작기로 산들을 부스러기로 만들어 겨같이 회오리바람으로 대적들을 흩어버릴 것이라고 말씀하셨다(사 41:14–16). 이것은 하나님이 세계 역사를 위한 계획에 이스라엘을 사용하시되 힘없는 버러지가 아니라 능동적인 참여자가 되게 하신다는 것이다(Oswalt 2003, 461).

특히 이사야는 하나님을 '구속자'(고엘, גֹּאֵל)로 소개한다.[60] 그리고 이 명칭을 '이스라엘의 거룩하신 분'과 함께 사용함으로 하나님의 초월적인 능력으로 이스라엘을 구원해 내실 것을 보여준다. 그래서 이스라엘은 하나님으로 말미암아 즐거워하고 그 행한 일을 자랑하게 될 것이다(사 41:16).

하나님이 이스라엘을 구원하심으로 가련하고 가난한 자들이 물을 얻겠고, 헐벗은 산

59 '(너를) 싫어버리지 않았다'라는 말씀의 원문은 '버로 머아스티카'(וְלֹא מְאַסְתִּיךָ)로 표준새번역처럼 '너를 버리지 않았다'라고 번역하는 것이 좋다.

60 이사야는 이 명칭을 이사야서에 13번 사용했다(사 41:14, 43:14; 44:6, 24; 47:4; 48:17; 49:7, 26; 54:5, 8; 59:20; 60:16; 63:16). 그중 5번은 '이스라엘의 거룩하신 이'와 함께 사용했다(사 41:14; 43:14; 48:17; 49:7; 54:5).

에 강을 내고 광야가 못이 되게 하고 각종 수목이 울창하게 될 것이다(사 41:17–19).[61] 이 모든 복은 이스라엘과 이 세상 모든 나라가 하나님의 위대하신 능력과 선하심을 보고 알도록 주신 것이다(MacRae 1977, 57).

③ 하나님이 역사를 통치하신다(사 41:21–29)

하나님은 이방이 섬기는 우상들을 향해 도전하신다. 그 우상들이 살아있는 신이라면 장차 당할 일을 말해 보거나 복과 재난을 내려보면 우리가 신들인 줄을 알게 될 것이라고 하셨다(사 41:22–23). 그러나 그들은 미래를 말할 수 없고 복과 저주를 내릴 수 없다. 그래서 하나님은 우상은 아무 것도 아니고 우상을 택한 사람은 가증하다고 하셨다(사 41:24).

이와 대조적으로 하나님은 우상이 할 수 없는 일을 하시는 참 신이심을 설명하신다. 하나님은 한 사람을 일으켜 북방에서 오게 하며, 해 돋는 곳에서 오게 하여 고관들을 토기장이가 진흙을 밟음같이 밟을 것이라고 하셨다(사 41:25). 이 사람은 고레스다.[62] 그는 동쪽에서 왔을 뿐만 아니라 이스라엘의 북쪽으로부터 오기에 북방이다(마틴 2011, 192). 하나님은 고레스의 정복활동에 대해 미리 말씀하심으로 "누가 처음부터 이 일을 알게 하여 우리가 알았느냐"(사 41:26)라고 하셨다. 하나님이 미래 일도 아시고 그 말씀하신 대로 행하심으로 역사를 통치하시는 분이심으로 증명해 보이신다. 하나님은 이사야 41:24과 같은 어조로 "보라"라고 하시며 우상은 다 헛되고 바람이요 공허할 뿐이라고 하셨다(사 41:29). 어떤 점술가도 미래를 예언할 능력이 없고, 과학이 아무리 발달해도 미래를 예언할 수 없고 오직 하나님만이 하실 수 있기에 그는 참 신이시다.

(4) 첫 번째 종의 노래와 송영(사 42:1–13)

이 문단은 이사야서에 기록된 네 개의 '종의 노래' 가운데 첫 번째 부분이다(사 42:1–7; 49:1–13; 50:4–11; 52:13–53:12). '종'이라는 용어는 이사야 40–53장에 20번이 나타난다. 그

61 마틴(2011, 191)은 이스라엘 기후가 바뀌고 땅이 변하는 것은 천년왕국에서 일어날 일이라고 보았다.

62 혹자는 하나님이 일으킬 한 사람, 특히 그를 가리켜 '내 이름을 부르는 자'라고 하였기에 고레스가 될 수 없다고 본다. 왜냐하면 고레스 원통인장에 마르둑을 섬기는 자라고 하였기 때문이다(ANET, 315–326). 그리고 이사야 45:4–5에 "너는 나를 알지 못했다"라고 기록하고 있기 때문이다. 그리고 앞으로 일어날 일이라면 당시 이사야의 말을 들었던 청중들은 알지 못했을 것이다. 그래서 이사야 41:11–12에 비추어볼 때 산헤립을 말하는 것으로 보는 것이 좋다고 보기도 한다(Smith 2009, 148–149). 또한 비평가들은 이 예언이 고레스를 통해 일어난 일과 같기에 예언된 것이 아니라 경험한 사실을 기록했기에 고레스 이후에 쓴 것이라고 보기도 한다.

가운데 8번이 '종의 노래'라고 알려진 곳에 나타난다(사 42:1; 49:3, 5–7; 50:13; 53:11). 이사야서 안에 국가적인 종 이스라엘과 개인적인 종이 나타난다. 국가적인 종 이스라엘은 하나님을 신뢰해야 하고(사 40:27–31; 41:8–10, 14–16; 4218–19), 죄를 범하여 심판을 받아야 했고(사 40:1–2; 42:22–25; 43:22–28; 47:6; 50:1; 54:4–8), 심하게 불평했다(사 40:27; 49:14; 50:1–2). 그러나 개인적인 종은 하나님을 완전히 신뢰하는 자로 표현하고 있고(사 50:7–9), 죄가 없음에도 다른 사람의 죄를 위해 고난당한다(사 53:7). 이 양자가 서로 상충되는 것처럼 보이나 이를 책임과 성취라는 관점에서 본다면 양자가 다 옳다(MacRae 1977, 61). 이스라엘은 하나님의 뜻을 이행해야 할 책임이 있다. 그러나 전체 이스라엘 가운데 모두가 다 할 수 없다. 그들은 대부분 죄를 범했을 뿐만 아니라 하나님의 뜻을 이룰 수 있는 능력이 없다. 그런데 이 종이 누구인가에 대해서는 마태가 이사야 42:1–4을 인용하여 이스라엘의 병약한 자를 고치신 그리스도에게 적용하고 있다(마 12:17–21). 이로 보아 이 종은 그리스도다. 이 종은 하나님의 구원계획을 성취할 자로 부름을 받은 이스라엘이 그 책임을 이행하지 못하자 그들을 구속하여 하나님의 계획을 성취하기 위해 오셨다.

① 첫 번째 종의 노래(사 42:1–7)

이 문단에서 이사야는 여호와께서 그의 종을 소개하며 이 땅에 정의를 베풀며 언약을 성취하여 이스라엘만이 아니라 흑암에 있는 자들을 구원하실 것을 설명한다.

a. 종의 사역 : 정의를 베풀 것이다(사 42:1-4)

여호와께서는 그의 종을 소개하며 "내가 붙드는 나의 종, 내 마음에 기뻐하는 자 곧 내가 택한 사람을 보라"(사 42:1)라고 하셨다.[63] 이 종이 이방에 정의를 베풀 것이다(사 42:1). 여기서 말하는 '정의'(미쉬파트, מִשְׁפָּט)는 문자적으로 '정의'와 '심판' 등 다양한 번역이 가능하지만 '이방에', 곧 전 세계에 걸쳐 시행된다는 점을 보아 '통치'를 의미한다(칼빈 1981, 291). 이는 여호와께서 택하신 종은 온 세상을 정의로 통치하신다는 것이다. 여호와의 종이 이 일을 능히 수행할 수 있도록 '나의 영을 그에게 주었다'라고 하셨다. 성령은 종의 사역을 보증해 주기 위한 것이기 때문이다(Lindsey 1985, 42).

종은 어떻게 온 세상을 정의로 통치하는 세상을 만들 것인가? 이사야는 소극적인 방법과 적극적인 방법으로 설명한다. 소극적인 방법으로 종은 외치지 아니하며, 목소리를

63 히브리어 성경은 '보라'(헤인, הֵן)라는 말로 시작하는데 이는 다음에 나오는 말을 강조할 때 사용한다(Harris 1980, 220–221).

높이지 아니하며, 소리를 거리에 들리게 하지 아니하며, 상한 갈대를 꺾지 아니하며, 꺼져가는 등불을 끄지 아니할 것이다(사 42:2-3). 일반적으로 지상의 왕들과 세상의 권세자가 떠들썩하게 자신을 나타내 보이는 것과 대조적이다. 또 이 종은 상한 갈대를 꺾지 아니할 것이며, 꺼져가는 등불도 끄지 아니할 것이다(사 42:3a). 여기서 '상한 갈대'나 '꺼져가는 등불'은 약하고 학대받는 사람들을 위한 비유적인 표현으로서 이스라엘이나 이방인들 즉 종이 사역해야 할 사람들을 가리킨다(Lindsey 1985, 47). 이 말씀이 인용된 마태복음 12:18-21을 볼 때 종이 세우실 나라의 본질과 그의 나라가 세워지게 되는 방법을 설명해 주는 것으로 종이 온유하고 겸손하게 그의 사역을 수행하실 것으로 보아야 한다(Alexander 1992a, 133; Lindsey 1985, 46). 신약에서 예수님께서 그의 이적을 알리는 것을 자주 금하셨는데 이는 사람들이 그의 권세와 권위가 왕들이나 방백들이 가지고 있는 것과 크게 다른 것을 깨닫게 하려는 것이다(칼빈 1981, 292). 그리고 적극적으로 이 종은 '진리로'[64] 정의를 시행할 것이다. NIV와 NASB처럼 '신실하게'라고 번역한다면 종이 확실하게 이루신다고 볼 수 있으나 종이 정의를 시행하는 기준으로 '진리로'라고 보는 것이 더 좋다. 이로 보아 종이 이루는 사역은 세상의 왕들이나 권세자들의 통치방식과 다르다.

그러나 여호와의 종은 진리로 정의를 수행하면서 '쇠하지'(카하, כהה) 아니하고, '낙담하지'(라차츠, רצץ) 아니한다고 했다(사 42:4). 이 표현은 종의 사역 대상인 '상한'(라차츠, רצץ) 갈대와 '꺼져가는'(카하, כהה) 등불과 언어유희를 이루고 있다. 이러한 동사를 사용한 것은 종이 이와 유사한 고난을 받을 것을 암시한다. 하지만 종은 그에게 임한 성령을 통해 세상에 정의를 세우게 되므로 섬들(= 이방 국가들)이 그의 교훈(토라, תּוֹרָה)을 앙망하게 될 것이다(사 42:4).[65] 그래서 이 말씀은 전 세계에 복음이 전파되어 모든 민족이 그리스도를 믿게 될 것을 예언하고 있다.

b. 종을 부르신 목적(사 42:5-7)

앞의 문단인 이사야 42:1-4에서 여호와께서 1인칭으로 친히 말씀하신 것으로 기록하다가 이사야 42:5에서는 저자가 여호와가 어떤 분이신지 소개한다. 그는 여호와를 하늘을 창조하시며, 펴시며, 소산을 내시며, 땅에 사는 자들에게 호흡과 영을 주시는 분으로 소개한다(사 42:5). 이것은 하나님이 이 세상을 통치할 주권적인 능력이 있는 분이심을 논

---

64 NASB는 faithfully, NIV는 in faithfulness, 개역개정판에서 '진실로'라고 번역했다. 히브리어로 '레에메트'(לֶאֱמֶת 〈 לְ + אֱמֶת)는 이 번역도 가능하지만 '진리로'로도 가능하다. 어떻게 번역하느냐에 따라 의미 차이가 있다.

65 '섬들'은 섬이 없는 이스라엘을 말하는 것이 아니라 이방 국가들을 의미한다(Barnes 1840, 106).

증한다. 이 하나님이 그의 종을 '의로' 부르셨다(사 42:6). 개역개정판에 '의로'라고 번역한 것은 종을 부르신 목적을 말하는 것으로 '의로운 목적을 위하여'(for a righteous purpose)라고 번역해야 한다(Alexander 1992, 135). 하나님께서 고레스를 부르실 때 "내가 공의로 그를 일으켰다"(사 45:13)라고 한 표현과 같다.

여호와께서 어떤 목적을 위해 그의 종을 부르셨는가? 그것은 백성의 언약과 이방의 빛이 되게 하여 눈먼 자들의 눈을 밝히며 갇힌 자를 감옥에서 이끌어 내며 흑암에 앉은 자를 감방에서 나오게 하기 위함이다(사 42:6-7). 이것은 은유적인 표현으로 죄의 권세에 눌린 자들을 구원하여 자유를 얻게 하신다는 뜻이다(참조. 마 4:16; 골 1:13). '백성의 언약'이 된다는 것은 아브라함과 그 후손과 맺은 언약을 완성하신다는 것이다(참조. 사 49:8). 동시에 '빛'이라는 상징적인 이미지를 사용하여 종의 사역이 이스라엘 만이 아니라 이방 세계까지 확대하여 그 특권을 누리게 됨을 보여준다(Barnes 1840, 110-111). 오늘날 여호와의 종의 사역의 결과 그리스도 안에서 구속받은 우리는 눈먼 자들과 흑암에 앉은 자들에게 빛을 비추어야 할 책임이 있다.

> 주께서 이같이 우리에게 명하시되 내가 너를 이방의 빛으로 삼아 너로 땅끝까지 구원하게 하리라 하셨느니라 하니 이방인들이 듣고 기뻐하여 하나님의 말씀을 찬송하며 영생을 주시기로 작정된 자는 다 믿더라(행 13:47-48)

② 송영(사 42:8-13)

이 문단에서 선지자의 말을 듣는 자는 여호와의 종이 아니라 일반 백성이다. 여호와께서는 자신이 받아야 할 영광을 어떤 사람이나 우상이 받게 하지 않을 것이라고 하셨다(사 42:8). 왜 여호와만 영광을 받으셔야 하는가? 여호와께서는 이를 강조하기 위해 '보라'라고 하시며 자신만이 전에 예언한 일을 이루었기 때문이라고 하셨다(사 42:9). 전에 예언한 일이 무엇인지 이 본문에 암시가 없으나 이사야 문맥에서 많이 있다. 전에 예언한 일은 유다가 범죄할 때 여호와께서 앗수르를 들어 치실 것이라고 말씀(사 7:18-25), 그 말씀대로 앗수르가 공격하여 유다의 견고한 성을 취한 일(사 36:1), 앗수르의 공격으로 유다가 고통당할 때 여호와께서 히스기야의 기도를 들으시고 앗수르를 쳐서 오던 길로 돌아가게 하리라고 하신 대로 앗수르 군대를 멸하신 일 등이라 할 수 있다(사 37:33-36). 그런데 이제 하나님은 '전에 예언한 일'과 대조적으로 '새 일'을 알려주신다(사 42:9). 이러한 대조는 하나님이 전에 일들을 이루신 것처럼 새 일도 이루신다는 것이다. 이를 통해 이사야는 여호와가 참 신이시고 하나님은 그가 말씀하신 것을 이루실 능력이 있는 분이심을 보여준다.

이사야는 여호와만이 영광을 받아야 한다고 하면서 항해하는 자들, 바다 가운데 있는 만물, 섬들과 거기에 사는 사람들(사 42:10), 광야에 사는 사람들, 게달 사람이 사는 마을, 셀라의 주민들(사 42:11)에게 여호와께 영광을 돌리라고 하였다. 게달은 이스마엘의 둘째 아들 이름으로 아라비아 사막의 거주자들을 말하고(사 21:16-17), '셀라'(סֶלַע)는 '바위'라는 일반 명사로 사용되었을 수도 있으나 여기서는 에돔의 성읍이다. 선지자가 말하고자 핵심은 세상 사람들과 만물들은 '땅끝에서', '산꼭대기에서', '섬들 중에서' 여호와를 찬송해야 한다는 것이다. 무엇을 찬송해야 하는가? 여호와께서 용사같이 모든 대적을 치신다는 것이다(사 42:13). 이와 같이 오늘날도 하나님은 그리스도 안에서 구속받은 우리를 괴롭게 하는 대적들을 치신다. 이것이 하나님이 성도에게 주신 위로 가운데 하나다.

(5) 이스라엘을 구원하신 하나님(사 42:14-44:23)

이 문단에서 이사야는 하나님의 행동을 깨닫지 못하는 눈먼 종을 위한 하나님의 계획을 설명한다. 그 계획은 이스라엘을 구원하여 여호와의 종으로서 세상의 빛이 되게 하는 것이다.

① 이스라엘을 버리지 않으신다(사 42:14-17)

이사야는 하나님을 '내가'라는 1인칭 화자로 하나님이 하시려는 계획을 설명한다. 하나님은 오랫동안 잠잠하고 참았으나 해산하는 여인 같이 부르짖으며 산들과 언덕들을 황폐하게 하실 것이다(사 42:14-15). 이는 해산하는 여인이 임신한 후 아홉 달이 차면 갑자기 출산의 고통이 오는 것처럼 하나님은 때가 되면 자기 백성을 위해 일하실 것과 그 길에 산들과 언덕과 같은 장애물도 걸림돌이 되지 못하게 할 것을 비유적으로 말한 것이다(Oswalt 2003, 479). 하나님은 그의 능력을 나타내어 격렬하게 흔드신다. 역사 세계에서 고레스가 등장하여 최고의 지위에 있었던 바벨론을 폐하심으로 이 일을 행하셨다(MacRae 1977, 72-73). 하나님은 맹인이었던 이스라엘을 인도하여 그들을 버리지 않으실 것이다(사 42:16). 그러나 조각하여 만든 우상을 섬기는 바벨론은 수치를 당하게 하실 것이다(사 42:17).

② 왜 바벨론 포로로 잡혀갔는가(사 42:18–25)?

이사야는 이스라엘을 가리켜 '못 듣는 자들', '맹인들'이라고 부르며 그들에게 '들어라', '보라'라고 말한다(사 42:18). 또 수사의문문으로 "누가 '내 종 같이', '내 사자 같이', '내게 충성된 자 같이', '여호와의 종 같이' 맹인이겠느냐?"라고 질문한다(사 42:19). 이스라엘이 '여호와의 종', '여호와의 사자', '여호와와 교제하는 자'[66]로 부름을 받은 특권을 가졌음에도 그 책임을 알지 못하는 놀라움을 표현한 것이다. 여호와의 종인 이스라엘은 많이 보았음에도 유의하지 않고 귀가 있어도 듣지 않았다(사 42:20).

하나님은 그의 의를 위해 율법(토라, תּוֹרָה)을 위대하고 영광스럽게 하기 원하셨다(사 42:21). 이것은 이스라엘이 율법을 지켜 지혜롭게 되므로 이방 사람들이 그것을 보고 지혜가 있는 백성이라고 말함으로 하나님을 높이게 된다는 것이다(참조. 신 4:6–7). 그러나 이스라엘은 도둑맞으며 탈취를 당해 다 굴속에 갇혔다(사 42:22). 이 상태에서 이스라엘이 어떻게 종의 사역을 감당할 수 있겠는가?

이사야는 이스라엘을 약탈자에게 넘기신 이가 누구냐고 묻고는 이스라엘이 여호와께 범죄했기에 여호와께서 넘기셨기 때문이라고 설명했다(사 42:23–24). 하나님은 맹렬한 진노와 전쟁의 위력을 그들에게 쏟아부어 깨닫게 하셨음에도 그들은 깨닫지 못했다(사 42:25). 이로 보아 하나님이 이스라엘을 약탈자에게 넘기신 것은 하나님이 바벨론 신보다 힘이 없어서가 아니라 이스라엘이 죄를 깨달아 회개하고 여호와의 종으로 사명을 다하도록 하기 위함임을 알 수 있다.

③ 그러나 이제 두려워하지 말라(사 43:1–7)

이 문단은 개역개정판에는 빠져 있지만 '그러나 이제'(버아타, וְעַתָּה)로 시작한다(사 43:1). 이것은 앞의 단락과 연결되어 있음을 보여준다. 이것은 하나님이 그들이 범죄함으로 그들을 바벨론에 넘겼으나 이제 그들을 구속하시겠다는 것이다. 이사야는 '두려워하지 말라'라고 하며 그 이유를 몇 가지로 설명한다.

첫째, 하나님이 그를 구속하셨고, 지명하여 불러 하나님의 소유가 되었기 때문이다(사 43:1). '구속하다'(가알, גָּאַל)라는 단어는 값을 지불하거나 대속물을 주고 사람을 자유롭게 하거나(레 25:48), 동물로 무르거나(레 27:13), 땅을 무르는(레 25:25; 룻 4:4–6) 일에 사용되지

66 개역개정판의 '충성된 자'는 히브리어로 '머쉬람'(מְשֻׁלָּם)이다. 이 단어는 '화목하다'를 의미하는 '샬람'(שלם)의 푸알(Pual) 분사형으로 '화목한 관계를 맺은 자'로 하나님과 교제하는 자라는 뜻이다. 맥래(MacRae 1977, 75)는 '평화의 언약 가운데 있다'라고 해석했다.

만 여기서는 이스라엘을 자유롭게 하는 일이다. 그래서 하나님이 구속하시고 함께 하실 것이기에 물이나 불 가운데 지난다 할지라도 두려워할 필요가 없다(사 43:2).

둘째, 하나님이 이스라엘을 보배롭고 존귀하게 여기며 사랑하셨기 때문이다(사 43:4). 그래서 하나님은 이스라엘 대신에 애굽과 구스와 스바를 '속량물'(코페르, כֹּפֶר)로 주셨다(사 43:3–4). 이들은 고레스(주전 559–530) 이후 캄비세스(주전 530–522)가 점령한 지역으로 고레스가 이스라엘을 예루살렘으로 돌려보낸 일에 대해 하나님이 보상으로 주신 것을 의미한다(MacRae 1977, 80). 이 하나님의 사랑은 이스라엘이 어디에 있어도 찾아내어 그들의 땅으로 돌아오게 하실 것이다(사 43:5–6). 이 약속은 이스라엘이 단순히 정치적으로 돌아오는 것을 넘어 종말론적인 뉘앙스(nuance)를 담은 이사야 2:1–4; 60:1–10; 66:18–21의 느낌을 준다(Smith 2009, 196). 이들은 하나님의 영광을 위해 창조한 자들이다(사 43:7). 하나님이 그의 백성을 위해 가지신 과거에 행하신 일과 미래의 계획을 이해하면 어떤 삶의 시련이 와도 두려워할 필요가 없다. 과거에 자기 백성과 함께하신 하나님은 그리스도 안에 구속받은 백성들과 함께하시고 그의 약속을 성취하실 것이기 때문이다.

④ 하나님의 증인으로서 이스라엘의 위치(사 43:8–44:5)

이 문단에서 하나님은 이스라엘을 법정에 세워 하나님이 어떤 분이신지 설명하고 그들의 위치를 보여준다.

a. 하나님의 법정으로 소환된 이스라엘(사 43:8-13)

하나님은 이스라엘을 눈이 있어도 보지 못하고 귀가 있어도 듣지 못하는 백성이라고 부르며 법정으로 소환하셨다(사 43:8). 이 자리에 열방도 참석해 있다. 이 자리에서 하나님은 그들 중에 누가 '이 일'[67]을 미리 알려주며 예언한 대로 이루어진 일들을 들려주겠느냐고 하셨다. 이 일에 증인이 있으면 그것이 참인지 말하라고 하셨다(사 43:9). 이것은 열방의 신들은 그런 능력이 없다는 것이다. 그러나 이스라엘은 여호와의 증인이요 택함을 받은 종이다(사 43:10, 12). 이는 여호와께서 알려주었고, 구원해 주셨기 때문이다(사 43:12). 이스라엘이 증언한 여호와는 구원자이시며 하나님이시다(사 43:13).

67 이사야 43:9의 '이 일'은 고레스의 출현과 바벨론 멸망을 말할 수도 있으나 하나님의 구속사역 전부를 포함할 수도 있다(Oswalt 2003, 489).

b. 구원의 약속(사 43:14-21)

구속자요 이스라엘의 거룩하신 이인 여호와께서 바벨론을 멸하심으로 이스라엘을 구원하실 것이다. 이를 여호와께서 바벨론에 사람을 보내어 갈대아 사람에게 자기들이 연락하던 배를 타고 도망하여 내려가게 하실 것이라고 표현하셨다(사 43:14). 이는 그들의 즐거움을 위해 사용되던 배들이 도망가기 위한 수단으로 사용된다는 뜻이다. 그리고 여호와는 다시 자신을 이스라엘의 거룩한 이요 창조자요 왕이라 소개하면서 과거 이스라엘을 애굽에서 구원하실 때 홍해를 갈라 길을 내셨으나 광야에 길을 내실 것이라고 하셨다(사 43:15-19). 그리고 광야에 물을 내어 들짐승도 존경하게 될 것이고 하나님의 택한 백성에게 마시게 할 것이라고 하셨다(사 43:20). 이처럼 과거에 행하신 하나님의 사역도 위대하지만 미래의 사역은 더 크고 놀라울 것이다. 이러한 구원의 은혜를 약속하신 것은 하나님의 백성으로 하여금 하나님을 찬송하게 하려는 것이다(사 43:21).

c. 포로가 될 수밖에 없는 이스라엘의 죄(사 43:22-28)

여호와께서 지적하시는 이스라엘의 죄는 여호와의 이름을 부르지 아니하고 여호와를 경외하는 표인 제물을 드리지 않고 오히려 그의 죄로 여호와를 괴롭게 한 일이다(사 43:22-24). 이 죄에 대해 마틴(2011, 200)은 이를 이스라엘이 포로 중에 제단에 제물을 드리지 못했기 때문이라고 보았고, 오스왈트(Oswalt 2003, 491)는 포로생활 중에 지은 죄를 지적하기도 하고 이사야 당대의 이스라엘의 죄를 지적한다고 보았다. 하지만 이 죄는 과거 이스라엘이 포로가 될 수밖에 없었던 죄를 지적한 것이다. 그런데도 하나님은 그 자신의 목적을 위하여 이스라엘의 죄를 기억하지 아니할 것이라고 하셨다(사 43:25). 이 부분은 미래에 대한 예언으로 간주해야 한다. 그런데 이 말씀 전후에 이스라엘의 죄를 지적하는 내용과 어떻게 조화되겠는가? 거룩하신 하나님의 공의가 죄를 잊어버리시는 일이 가능하게 되려면 어떤 원인자가 개입되어야 한다. 그 원인자는 이사야 53장 고난받는 종의 모습에서 절정을 이룬다(MacRae 1997, 84). 하나님은 이 예언 후에 이스라엘과 함께 변론하며 의로움을 나타내 보이라고 요청한다(사 43:26). 이것은 이스라엘에게 의로움이 없다는 것이다. 그래서 하나님은 이스라엘의 시조가 범죄하였고 교사가 배반하였기에 방백들을 욕되게 하고 이스라엘이 진멸당하여 비방거리가 되게 하셨다(사 43:27-28). 이는 하나님이 이스라엘의 죄로 말미암아 포로가 되게 하셨다는 것이다. 하나님은 이스라엘의 죄에도 불구하고 하나님 자신을 위해 죄를 기억하지 아니하신다는 것은 그의 백성을 위한 하나님의 계획은 형벌이 끝이 아니라 그의 백성을 구원하여 그의 종으로서 변화시키려는 것임을 알게 한다(Smith 2009, 217).

d. 하나님의 새 일(사 44:1-5)

하나님은 이스라엘을 '나의 종 야곱', '내가 택한 이스라엘', '내가 택한 여수룬'이라 부르면서 두려워하지 말라고 하신다(사 44:1-2). '여수룬'(יְשֻׁרוּן)은 문자적으로 '올바른 사람', '의로운 사람'이라는 뜻으로 이스라엘을 비유적으로 일컫는 말이다(신 32:15; 33:5, 26). 그 이유는 하나님은 목마른 자에게 물을 주며 마른 땅에 시내가 흐르게 하며 그의 영을 부어주어 시냇가의 풀이나 버들처럼 무성하게 하실 것이기 때문이다(사 44:3-4). 그때 어떤 사람은 "나는 여호와께 속하셨다"라고 할 것이고 또 어떤 사람은 그의 손에 기록하기도 하고 이스라엘의 이름으로 불리는 것을 기뻐하는 사람도 있을 것이다(사 44:5). 이 사람은 원래의 이스라엘 백성을 말하는 것이 아니라 변화된 사람을 말한다(Smith 2009, 220). 이 일은 먼 미래에 하나님이 그의 성령의 사역을 통해 자연과 그의 백성을 완전히 새롭게 바꾸는 일을 말한다(Smith 2009, 221-222). 이 복된 미래는 이스라엘을 통해 오실 메시아를 통해 이루실 것이기에 그들의 특별한 위치를 보여준다.

⑤ 여호와의 유일성(사 44:6-23)

이 문단에서 이사야는 여호와가 유일하신 하나님이시며 우상에 비할 바가 아니시고 세상을 창조하신 분이시며 구속자이심을 설명한다.

a. 하나님의 유일성(사 44:6-8)

하나님은 자신을 이스라엘의 왕인 여호와, 이스라엘의 구원자인 만군의 여호와로 소개하시며, 자신은 처음과 마지막이며 자기 외에 다른 신이 없음을 말씀하신다(사 44:6). 그리고 하나님은 누가 자신처럼 될 일과 장래 일을 예언할 수 있느냐고 하시며 예로부터 듣게 하지 아니하였느냐고 질문하시며 이 일에 대해 이스라엘이 증인이라고 말씀하신다(사 44:7-8). 이 말씀을 듣는 하나님의 백성들은 그들의 하나님이 신뢰할 수 있는 유일한 분이심을 확신해야 한다.

b. 우상숭배의 어리석음(사 44:9-20)

우상을 만드는 자는 허망하고 그 우상은 유익하지 못하다. 이런 우상을 신이라고 증언하는 자들은 무지한 자들이기에 수치를 당할 것이다(사 44:9). 우상을 만든 대장장이는 사람일 뿐이다. 철공은 철로 우상을 만드나 배가 고프면 피곤하고 기운이 없다(사 44:12). 이는 우상을 만든 철공도 사람이라는 것이다. 그리고 목공은 백향목이나 상수리나무를 취하기도 하고 한 나무를 심어 자라게도 한다. 그런데 그 나무의 절반은 땔감으로 사용하고 그중 일부로 신상을 만들어 "나의 신이니 나를 구원하소서"라고 한다(사 44:13-17). 이처럼 목공은 나무 조각으로 우상을 만들기도 하고, 일부는 음식을 만드는 데 사용되기도 하고, 일부는 사람 몸을 덥게도 한다. 그런데도 이 나무 조각에 절하는 것이 얼마나 어리석은 일인가? 이사야는 그 이유를 마음에 생각도 없고 지식도 없고 총명도 없기 때문이라고 했다(사 44:18-19). 그래서 그는 허탄한 마음에 미혹되어 자기 영혼을 구원하지 못하느냐고 말도 하지 못한다(사 44:20).

c. 하나님을 기억하고 돌아오라는 권고(사 44:21-23)

하나님은 우상숭배의 어리석음을 설명한 다음에 이스라엘 백성을 향해 명령법 동사로 두 가지를 권고한다. 하나는 '기억하라'(저콜, זְכֹר)는 것이다(사 44:21a). 그것은 이스라엘은 여호와의 종이기에 하나님이 결코 잊지 아니한다는 것이다. 또 하나는 '돌아오라'(슈바, שׁוּבָה)라는 것이다(사 44:22b). 왜냐하면 하나님이 이스라엘의 죄와 허물을 빽빽한 구름이나 안개 같이 없이하여 구속하셨기 때문이다. 이것은 이사야 43:25과 같이 하나님이 그의 백성의 죄를 없이하시려는 계획의 성취를 가리키는 선지적 과거다. 이 구절은 반복하여 죄를 책망하는 내용과 모순되는 것처럼 보인다. 어떻게 거룩하고 의로우신 하나님의 계획을 성취하실 수 있는가? 이에 대한 해답은 이사야 53장의 여호와의 종, 곧 메시아다(MacRae 1977, 88). 이사야는 이 영광스러운 구속을 내다 보고 모든 만물에게 하나님을 찬양하라고 말한다(사 44:23).

(6) 하나님의 원대한 구원계획(사 44:24-45:25)

이 문단에서 이사야는 이사야 39:6-7에서 예언된 대로 하나님이 자기 백성을 바벨론으로 보내신 이후에 일어날 일에 관해 설명한다. 그 일은 하나님이 고레스를 세워 이스라엘을 회복하실 것과 더불어 모든 인류를 구원하실 것에 대한 일이다.

① 고레스를 통한 이스라엘의 회복(사 44:24-45:13)

이 문단에서 이사야는 하나님이 이스라엘의 구속자요 세상의 창조자로서 고레스를 세워 이스라엘을 회복하시려는 계획에 대해 보여준다.

a. 이스라엘의 구속자가 고레스를 세움(사 44:24-28)

하나님은 자신이 구속자가 되시며 모태에서 지으신 분이시며, 거짓 선지자를 폐하시고 그의 종을 통해 말씀하신 것을 다 이루시는 분으로 설명하신다(사 44:24–26a). 이 하나님께서 이스라엘을 회복하시되 고레스를 '내 목자'라 부르시며 예루살렘과 성전을 회복하실 것이라고 하신다(사 44:26b–28).

b. 고레스를 세우신 목적(사 45:1-8)

이사야는 고레스를 가리켜 '그의 기름부음을 받은 자'라고 한다(사 45:1). 이것은 하나님이 왕과 제사장과 선지자를 세우셨듯이 특별한 목적을 위해 부르셨음을 의미한다. 그래서 여호와께서 고레스에게 권세를 주어 열국을 정복하게 하시고 재물을 주실 것이다(사 45:2–3). 이 일은 고레스가 리디아와 바벨론을 정복함으로써 이루어졌다. 여호와께서 고레스를 부른 목적은 두 가지다.[68] 하나는 고레스라는 이름으로 부른 자가 이스라엘의 하나님 여호와인 줄을 알게 하려는 것이고(사 45:3b), 또 하나는 여호와의 종 야곱, 여호와께서 택하신 이스라엘을 위하여 고레스라는 이름을 불러 영광스러운 칭호를 주었다는 것을 알게 하려는 것이다(사 45:4a). 그리고 여기에 덧붙여진 이사야 45:4b, 5b에 "너는 나를 알지 못하였을지라도"라는 말씀은 고레스가 그에게 큰 승리를 주신 분인 이스라엘 하나님의 이름을 들어본 적이 없다 할지라도 결국은 이것을 알게 된다는 것이다(Oswalt 2003, 512). 고레스는 후일에 하나님이 자기 백성을 구원하시기 위해 자신을 불렀다는 것을 알았다(참조. 스 1:1–4). 이를 통해 해 뜨는 곳에서든지 지는 곳에서든지 모든 사람에게 여호와 외에 다른 신이 없는 줄을 알게 하려는 것이다(사 45:6). 여호와 하나님은 빛과 어둠, 평안과 환난을 창조하시고, 이 모든 일을 행하시는 분이시다(사 45:7).

고레스는 하나님이 자기 백성의 과거와 미래의 운명을 주권적으로 이끌어가실 때 하나님의 손에 있는 많은 도구 가운데 한 사람이다(참조. 사 10:5; 렘 50:1–3). 각 사람은 그가 살던 시대에 하나님의 목적과 계획을 성취하기 위한 도구로 기능한다. 고레스라는 이름을 언급한 일의 중요성은 후에 이 예언이 성취되어 하나님이 역사를 통치하시며 그의 계획을 성취할 사람으로 기능한다는 것이다. 이를통해 독자들은 그분이 하나님이시며 그

68 여호와께서 고레스를 부른 목적을 두 개의 목적절을 인도하는 접속사 '러마안'(לְמַעַן)으로 표현한다(사 45:3b, 4a).

를 신뢰해야 한다는 것을 보여준다(Smith 2009, 244).

이사야는 이 단락의 마지막에 은유적인 표현으로 하나님의 뜻을 설명한다. 하나님은 하늘은 위로부터 공의를 비처럼 뿌리며 구름은 의를 부르고, 땅은 열려 구원을 싹트게 하고 공의도 함께 움이 돋게 하라고 하시며 "나 여호와가 이 일을 창조하였느니라"라고 하셨다(사 45:8). 이는 하나님이 하늘과 땅을 창조하시듯이 능히 의로운 세상을 창조하신다는 뜻이다. 하나님의 뜻에 대한 이 은유적 표현은 이사야의 말씀을 듣는 자들이 하나님을 신뢰하도록 하려는 것이다(Smith 2009, 258–259).

c. 고레스를 세우신 하나님(사 45:9-13)

이사야는 고레스를 통해 이스라엘을 회복하시려는 하나님이 어떤 분이신지 소개한다. 그는 피조물인 사람이 창조주인 하나님의 역사 통치에 관해 묻거나 명령할 수 없음을 수사적 질문으로 논증한다. 흙이 토기장이에게 무엇을 만드느냐고 질문할 수 없고 아버지에게 무엇을 낳았는지 질문할 수 없듯이 사람은 하나님께 장래 일에 관해 물을 수 있겠느냐(사 45:9–11)? 왜냐하면 하나님은 땅과 사람을 창조하였고 하늘의 모든 군대를 창조하신 분이시기 때문이다(사 45:12).

이 하나님께서 의로운 목적을 위하여 고레스를 일으키신다. 하나님이 고레스의 길을 곧게 하여 하나님의 성읍을 건축하고 사로잡힌 백성을 값이나 갚음이 없이 돌아가게 하실 것이다(사 45:13). 이 말씀처럼 후일에 고레스는 바벨론을 정복하고 그의 칙령을 통해 이스라엘 백성을 돌아가게 하였고 성전을 건축하게 하였다(스 1:1–4). 이것은 하나님께서 장래 일을 말씀하시고 그 말씀하신 대로 역사 가운데 성취하신다는 것을 보여줌으로 그의 백성은 하나님을 신뢰해야 함을 교훈한다.

② 열방이 구원받을 것을 권고하시는 하나님(사 45:14–25).

이 문단은 열방이 이스라엘이 섬기는 하나님을 믿어 구원을 받아 하나님께 복종할 것과 열방이 구원을 받도록 하나님이 권고하시는 내용을 담고 있다.

a. 열방이 하나님께 돌아옴(사 45:14-19)

애굽의 소득과 구스가 무역한 것과 스바의 장대한 남자들이 이스라엘에게 속하게 될 것이다(사 45:14). 이 일은 고레스의 정복과 관계가 없다. 이들은 이스라엘을 공경하고 특별히 이스라엘의 하나님을 공경하려는 것이고, 은유적으로 사슬에 매인다고 한 표현은 오래 전에 구원의 진리에 대해 알게 된 이스라엘에게 감사하고 존경하는 모습을 보여준다(Smith 2009, 270). 이들이 이스라엘의 하나님을 부르며 "진실로 주는 스스로 숨어계시는 하나님이시니이다"(사 45:15)라고 한 것은 하나님이 자기 백성의 고통에 대해 돕지 아니하신다고 불평하는 것이 아니다(참조. 시 10:1, 11; 13:1 27:9; 30:7; 55:1; 69:17; 88:14; 89:46; 102:2; 143:7). 이는 하나님이 예측할 수 없고 인간의 이해를 초월해 있다는 뜻이다(Smith 2009, 271). 열국은 우상을 섬기는 사람들은 부끄러움을 당할 것이나 이스라엘은 영원히 부끄러움을 당하지 않을 것이라고 했다(사 45:16-17).

왜냐하면 여호와께서는 하늘과 땅을 창조하시되 혼돈하게 창조하지 않으시고 사람을 거기에 거주하게 하셨기 때문이다(사 45:18). 이렇게 말씀하심은 하나님과 같은 신이 없고 세상을 창조하신 목적이 있으시다는 것을 증명한다(Smith 2009, 275). 그리고 하나님은 이방 종교처럼 비밀스런 의식에서 말하는 것처럼 감추어진 곳에서 말씀하지 않기 때문에 '혼돈 중에' 찾으라고 하지 않으시며 자신을 의를 말하고 정직한 것을 알리시는 분이라고 하셨다(사 45:19). 여기 '혼돈 중에'라는 히브리어 단어는 '토후'(תהו)로 하나님이 하늘과 땅을 창조하시기 전의 상태를 말한다. 이는 공허한 것을 붙잡고 구하라는 말이 아니라 약속을 믿고 구하라는 것이다. 이는 하나님의 뜻과 계획이 인식할 수 없거나 이해할 수 없는 것이 아니라 모세와 선지자들을 통해 분명하게 말씀하심으로 백성들을 하나님의 성품에 따라 의롭게 정직하게 인도하신다는 것이다(Smith 2009, 276).

b. 열국에 대한 하나님의 권고(사 45:20-25)

하나님은 나무 우상을 가지고 다니며 구원하지 못하는 신에게 기도하는 자들은 무지하다고 하시면서 공의를 베풀며 구원을 베푸는 분은 하나님 외에 없다고 강조하신다(사 45:20-21). 그리고 "내게로 돌이켜 구원을 받으라"라고 권고하신다(사 45:22). 하나님은 그 하신 말씀이 나갔으면 돌아오지 않을 것이라고 하셨다(사 45:23a). 이는 하나님이 그의 계획을 반드시 성취하신다는 것이다. 그 계획은 모든 무릎이 하나님 앞에 꿇겠고, 모든 혀가 하나님께 충성을 맹세하게 되는 것으로 이스라엘을 포함하여 세상 모든 사람이 하나님께 복종하게 된다는 것이다(사 45:23b). 그러므로 공의와 힘은 하나님께만 있기에 그에게 나아가야 하나 그에게 노하는 자는 부끄러움을 당할 것이다(사 45:24). 그러나 이스라엘은 여호와로 말미암아 의롭다 함을 얻을 것이다(사 45:25).

(7) 바벨론의 멸망과 새로운 일(사 46:1-48:22)

이 문단에서 하나님은 유다를 심판하시기 위한 도구로 사용하신 바벨론을 멸하시고 바벨론의 신들이 헛됨을 보이시고 하나님이 참되고 유일하신 분이심을 입증하신다. 그리고 이스라엘의 완고함에도 불구하고 그들을 구속하려는 목적을 설명하신다.

① 바벨론의 신보다 우월하신 하나님(사 46:1-13)

a. 사람이 만든 신과 하나님과의 대조(사 46:1-7)

벨은 엎드러졌고 느보(= 나부)는 구부러졌다(사 46:1). 벨은 바벨론의 주신으로 마르둑의 다른 이름이다. 느보는 마르둑의 아들로 학문, 저술, 천문학의 신이다. 사람들은 이 신들의 상을 바벨론의 축제에 메고 다녔는데 그것들은 짐승의 무거운 짐이었다. 바벨론 사람들은 일제히 엎드러짐으로 그 짐을 구해내지 못하고 그들의 우상과 함께 잡혀갈 것이다(사 46:2). 이것은 바벨론의 우상은 신이 아니기에 구원할 수 없다는 것이다.

이와 대조적으로 하나님은 이스라엘을 태어나서부터 노인에 이르기까지 품고 업으며 구원해 내실 것이다(사 46:3-5). 그러나 사람들이 금과 은으로 만든 신은 비록 사람들이 그것에게 엎드려 경배할지라도 능히 움직이지 못하고 부르짖어도 응답하지 못하고 구원해 내지도 못한다(사 46:6-7). 이러한 대조를 통해 하나님은 우상과 비교할 수 없는 분이심을 보여준다.

b. 이스라엘에게 주는 권면(사 46:8-13)

이 본문은 바벨론에게 주는 권면으로 보이지만 이스라엘에게 주는 권면이다(Oswalt 2003, 522). 하나님은 이스라엘에게 옛적 일을 기억하라고 하셨다(사 46:9). 스미스(Smith 2009, 291)는 옛적 일을 하나님이 세상을 창조하신 일(사 40:20-21)이나 자기 백성을 선택하시고 구속하시어 구원하신 행위(사 41:9; 43:1, 3, 16-19)를 나타내기도 하지만 하나님이 일어나기 전에 예언하셨던 모든 일을 말한다고 보았다(사 41:2-4, 25-26; 42:9; 43:9; 44:7-8; 45:21). 하나님은 시초부터 종말을 알리고 아직 이루지 아니한 일을 옛적부터 보이고 그것을 이루실 것이라 하셨다(사 46:10). 이 기초 위에서 하나님은 동쪽에서 사나운 날짐승, 곧 당신의 뜻을 이룰 자인 고레스를 불러계획한 것을 시행하실 것이다(사 46:11). 비록 이스라엘이 마음이 완악하여 공의에서 멀리 떠났다 할지라도 하나님은 "하나님의 영광인 이스라엘"을 위하여 지체하지 않고 구원을 시온에 베푸실 것이다(사 46:12–13).

② 바벨론 멸망에 대한 하나님의 보증(사 47:1–15)

이 문단에서 이사야는 하나님이 바벨론의 우상보다 우월하실 뿐만 아니라 일어난 일을 선포하시고 계획하신 일을 성취하실 능력이 있는 분이심을 입증한 후에 바벨론이 정복당할 것을 설명한다.

a. 바벨론에 대한 하나님의 심판(사 47:1-4)

하나님은 바벨론을 아름다운 여성으로 의인화하여 '처녀 딸', '딸 갈대아'라 부르지만 내려와 티끌에 앉아 다시는 곱고 아리땁다 일컬음을 받지 못할 것이라고 하셨다(사 47:1, 5). 이것은 바벨론이 티끌에 앉을 정도로 낮아지게 된다는 것이다. 이뿐만 아니라 바벨론은 정복자의 종으로 맷돌을 갈고 심지어 너울을 벗고 치마를 걷어 다리를 드러내고 강을 건널 것이다(사 47:2). 심지어 그의 속살이 드러나고 부끄러운 것이 보일 것이다. 이것은 하나님의 보복이다(사 47:3). 속살과 부끄러운 것을 보인다는 것은 강간을 당하는 것을 의미하는 것으로 더 이상 여주인이 아니라 여종이나 창녀 신세로 전락하게 된다는 것이다(Wolf & Stek 2002, 1102).

이사야 47:1–3의 화자는 하나님이시지만 47:4은 화자가 누구인지 알 수 없다. 그들은 바벨론을 심판하시고 수치를 당하게 하신 분을 "우리의 구원자"라고 부르며 "그의 이름이 만군의 여호와 이스라엘 거룩한 이시니라"라고 고백한다(사 47:4). 이들이 고백한 구원자이신 만군의 여호와는 그리스도 안에서 모든 그리스도인의 하나님이시다!

b. 하나님이 바벨론에 대해 보복하시는 이유(사 47:5-7)

하나님은 앞에서 '딸 갈대아'라고 부른 것처럼 부르며 잠잠히 앉으라고 하면서 더 이상 여주인이 되지 못할 것이라고 하셨다(사 47:5). 그 이유는 하나님이 이스라엘을 심판하시기 위해 바벨론을 사용하셨으나 바벨론은 이스라엘을 긍휼히 여기지 아니하고 멍에를 무겁게 메게 하였고, 영원히 여주인이 되려고 했다는 것이다(사 47:6–7). 하나님이 바벨론에게 보복하시는 이유는 과거 북 왕국 이스라엘을 징계하기 위해 사용하신 앗수르에게 보복한 이유와 동일하다(참조. 사 10:5–19; 합 1:6–11). 이것은 하나님이 자기 백성을 사랑하셨음을 보여주는 것일 뿐만 아니라 이스라엘을 중심으로 역사를 움직이신다는 것을 보여준다.

c. 바벨론의 멸망(사 47:8-15)

바벨론은 "나 외에는 다른 이가 없도다 나는 과부로 지내지 아니하며 자녀를 잃어버리는 일도 모르리라"(사 47:8)라고 말했지만 한 날에 자녀를 잃고 과부가 될 것이다(사 47:9). 이것은 그들의 생각과 반대로 멸망한다는 것이다. 곧 그들이 주술과 주문을 빌릴지라도 재앙이 임할 것이고, 악을 의지했기 때문에 재앙이 임할 것이다(사 47:9-11a). 그리고 그 재앙의 근원을 알지도 못할 것이다(사 47:11b). 주문과 주술 그리고 점성술사도 바벨론을 하나님이 내리는 재앙으로부터 구원하지 못하고 자신들도 구원하지 못할 것이다(사 47:12-15).

③ 새 일을 행하실 하나님(사 48:1-22)

이 문단에서 하나님은 '듣다'(샤마, שָׁמַע)라는 동사를 반복적으로 사용하여 하나님의 말씀을 듣는 일이 중요함을 강조하신다(사 48:1, 3, 5, 6, 7, 8, 12, 14, 16, 20). 이 핵심 단어를 통하여 하나님은 이스라엘이 과거에 듣지 않아서 발생한 일들을 지적하시면서 미래에 행할 일에 주의를 기울이게 하신다.

a. 이스라엘을 위해 새 일을 하시는 하나님(사 48:1-11)

하나님은 이스라엘을 "야곱의 집이여"라고 부르며 이스라엘이 이름으로 일컬음을 받고 유다의 근원에서[69] 나왔으며 여호와의 이름으로 맹세하기도 하나 진실이 없고 공의가 없다고 지적하신다(사 48:1). 그런데도 그들은 거룩한 성 출신이고 하나님을 의지한다고 말한다(사 48:2). 이러한 이스라엘에게 하나님이 어떤 분이신지 설명하신다. 하나님은 예로부터 처음 일들을 알게 하셨고 듣게 하셨고 홀연히 이루셨다(사 48:3). 이 일은 이스라엘이 죄로 멸망하여 바벨론 포로로 될 것을 말한다. 이 일들을 들었음에도 이스라엘은 완고하고 그의 목은 쇠의 힘줄이고 그의 이마는 놋이었다(사 48:4). 그래서 하나님은 이 일을 예로부터 이스라엘에게 알게 하셨고 듣게 하여 새긴 우상보다 우월하심을 보여주셨다(사 48:5). 이스라엘은 지금까지 하나님이 말씀하신 것을 다 이루신 것을 보고 하나님이 어떤 분이신지 선포해야 한다(사 48:6a).

하나님은 이 말씀을 하신 후에 새 일, 곧 지금까지 알지 못하고 듣지 못한 일이며 지

69 개역개정판의 '유다의 허리에서'라고 번역한 말씀의 문자적 의미는 '유다의 물에서'(밈메이 여후다, מִמֵּי יְהוּדָה)인데 '유다의 근원에서'라고 번역해야 한다.

금 창조된 것을 하실 것이라고 하셨다(사 48:6b-7).[70] 이 말씀은 하나님이 이전에 생각하지 않으셨다는 뜻이 아니라 지금 시행하신다는 뜻이다. 하나님이 모세를 통해 말씀하신 대로 포로생활에서 돌아오게 하실 것이라고 하셨다(신 30:1-5). 그러나 이사야가 예언하기 전까지는 하나님이 어떻게 그들을 구원하실지 몰랐다(마틴 2011, 213). 하지만 하나님은 고레스를 통해 이스라엘을 바벨론에서 구원하실 것이다. 이 얼마나 놀라운 일인가! 그들은 하나님의 언약을 배반하여 영적으로 무지했기에 듣지도 못했고 알지도 못했다(사 48:8).

그런데도 하나님은 자신의 이름과 영광을 위해 노하기를 더디하시고 참고 멸절하지 아니하신다. 그러면 어떻게 행하시는가? 하나님은 은처럼 연단하지 않으시고 고난의 풀무 불에서 연단했다고 하셨다(사 48:10).[71] 은처럼 연단하지 않으신다는 것은 이 연단이 은에 비교할 수 없음을 의미하거나 이스라엘은 연단할수록 순수해지는 은과 같지 않다는 뜻일 수도 있다. 이 뜻이 무엇이든 포로생활은 그들을 시험하는 풀무라는 것이다(마틴 2011, 214). 하나님은 자신을 위해 하셨다. 그러면서 수사적 질문으로 "어찌하여 내 이름을 욕되게 하겠느냐?"라고 하시며 그의 영광을 다른 자에게 주지 않겠다고 하셨다(사 48:15). 이것은 하나님이 택한 백성을 구원하시겠다는 것일 뿐만 아니라 그들을 통해 하나님의 계획을 이루신다는 것이다.

b. 백성을 인도하시는 하나님(사 48:12-22)

하나님은 '들어라'라는 명령을 세 번이나 하신다(사 48:12, 14, 16). 무엇을 들어야 한다고 하시는가? 첫째, 하나님은 창조주이시고 그의 명령으로 세상을 통치하시는 분이다(사 48:12-13). 둘째, 하나님은 그의 사랑하는 자, 곧 고레스를 세워서 바벨론을 치시기 위해 그를 형통케 하시는 분이다(사 48:14-15). 수사의문문으로 "그들 중에 누가 이 일들을 알게 하였느냐"라고 하시며 하나님이 역사의 주이시고 참 신이심을 알게 한다. 셋째, 하나님은 처음부터 비밀히 말하지 아니하였고 그 일을 행하실 때도 거기에 계신 분이다(사 48:16a). 지금까지 화자는 하나님이시다. 그런데 이사야 48:16 후반부인 "이제는 주 여호와께서 나와 그의 영을 보내셨느니라"라고 한 말씀의 화자는 이사야인지, 여호와의 종인 메시아인지 학자에 따라 차이를 보이나 이사야로 보는 것이 좋다(Oswalt 2003, 537).[72]

---

70 이사야 48:7은 48:6b의 부연설명이다.

71 이사야 48:10에서 '택하다'라는 단어의 '커티브'는 '선택하다'라는 의미의 '바하르'(בחר)이지만, '커레이'는 '연단하다'라는 의미의 '바한'(בחן)이다. NIV와 NASB는 맛소라 학자들이 '커레이'로 표기한 대로 '연단하다'라고 번역했다. 이것이 대조평행법으로 된 이 절과 조화가 된다.

72 B. S. Childs(2001, 378); A. MacRae(1977, 99-101); Whybray(1983, 132) 등은 이사야 49:1-7과 61:1 등과 연관시

이사야는 여호와를 "너희의 구속자시오 이스라엘의 거룩하신 이"라고 하며 이 여호와께서 하신 말씀을 전한다(사 48:17). 여호와께서 이스라엘에게 유익하도록 마땅히 행할 길을 가르쳤다. 만약 이스라엘이 그 말씀을 들었다면 포로생활 대신에 그들에게 약속하신 평강과 공의와 자녀가 번성하는 복이 실현되었을 것이다(사 48:18-19; 참조. 창 13:15; 22:17).

그런데도 이사야는 바벨론에서 나오라고 하셨다고 말했다(사 48:20). 이는 하나님은 여전히 이스라엘을 통하여 그의 계획을 실현하시겠다는 것이다. 그리고 그 구원을 경험한 이스라엘은 즐거운 소리로 "여호와께서 그의 종 야곱을 구속하셨다"라고 전해야 한다고 말했다. 그리고는 과거 출애굽 당시 사막을 통과할 때 바위를 갈라 물을 내셨던 하나님의 능력을 상기시키며 새로운 일을 하실 것을 전하며 여호와께서 악인에게는 평강이 없다고 하신 말씀을 전한다(사 48:21-22). 이를 덧붙인 것은 과거에 이스라엘이 하나님의 말씀을 순종하지 아니하여 평강을 누리지 못했음을 상기시키고 어떤 선택을 하느냐에 따라 미래가 결정된다는 것을 보여주기 위함이다(참조. 사 48:17-19).

(8) 두 번째 종의 노래와 시온의 회복(사 49:1-50:3)

이사야 41-48장은 하나님이 이스라엘을 어떻게 구속하셨으며 이스라엘이 이 바벨론 포로에서 돌아와 어떻게 여호와의 종으로서 사명을 다할 수 있는지를 설명했다면 이사야 49-55장은 하나님이 이스라엘을 바벨론 포로로 끌려가게 만든 죄의 문제를 어떻게 해결하고 하나님의 종으로서 사명을 다할 수 있는지를 설명한다.

① 두 번째 종의 노래(사 49:1-13)

이 문단에서 화자는 여호와의 종이다(사 49:3, 5-6). 그는 자신의 과업을 소개하고 어떻게 사역할 것이며, 그 사역의 결과로 세상 모든 민족이 구원의 은혜를 입게 될 것을 설명한다.

a. 종의 준비와 과업(사 49:1-6)

여호와의 종은 모든 백성에게 들으라고 한다. 이는 종의 사역이 단순히 이스라엘에 제한되어 있지 않음을 보여준다. 그는 여호와께서 자신을 태에서부터 부르셨다고 한다

키며 여호와의 종이라고 보았다.

(사 49:1). 이는 여호와께 특별한 소명을 받았음을 의미한다. 그는 여호와께서 자기 입을 날카로운 칼같이 만드사 손 그늘에 숨기시고, 자기를 갈고 닦은 화살로 만들어 여호와의 화살통에 감추셨다고 한다(사 49:2). 이는 종의 주인이 어떤 상황에서도 가장 잘 사용할 수 있도록 준비되었음을 의미한다. 이 종은 하나님이 직접 자기에게 "너는 나의 종이요 내 영광을 네 속에 나타낼 이스라엘이라"라고 하신 말씀을 소개하며 자기를 부르신 이가 하나님이심을 강조한다(사 49:3). 그런데 여기서 '이스라엘'을 왜 여호와의 종이라고 했는가? 그는 하나님을 영화롭게 하는 이상적인 이스라엘로 국가적 이스라엘이 실패한 일을 성취하실 것이기 때문에 여호와께서 그를 이스라엘로 부르는 것이다(Wolf & Stek 2002, 1105; Oswalt 2003, 547; 마틴 2011, 217). 그러나 종은 그의 수고가 헛되고 무익하다고 생각했다. 하지만 그가 행한 일에 대한 모든 판단과 보응은 여호와께 있다고 믿었다(사 49:4). 이것은 종이 사역할 때 고난을 받아 마치 실패한 것처럼 보였으나 하나님이 종의 사역을 판단하시고 합당한 보응을 주신다고 믿었다는 것이다. 그 보응은 종이 사역한 결과로 후손을 주실 것을 의미하는 것처럼 보인다(참조. 사 53:10-12).

여호와의 종은 여호와의 말씀을 인용하면서 여호와께서 그의 종을 통해 야곱의 지파, 곧 이스라엘 중에 보전된 자를 돌아오게 하며, 이방의 빛으로 삼아 그의 구원을 땅끝까지 이르게 하실 것이라고 했다(사 49:5-6). 이처럼 종의 과업은 두 가지다. 하나는 이스라엘을 회복시키는 것이고, 또 하나는 모든 민족에게 하나님의 구원을 베푸는 일이다.

b. 멸시받는 종의 사역과 결과(사 49:7-13)

이 문단에서 이사야는 여호와의 종으로 말미암아 성취될 위대한 사역과 온 세계에 미칠 그의 사역의 결과를 보여준다. 이스라엘의 구속자 이스라엘의 거룩하신 이인 여호와께서 그의 종이 백성에게 미움을 당하며 관원들에게 종이 되지만 왕과 고관들은 종을 경배할 것이라고 하셨다. 이는 여호와께서 종을 선택하셨기 때문이다(사 49:7). 여호와께서 이방의 왕들을 구원하시기 위한 이방의 빛으로 종을 선택하셨기에 실패하지 않을 것이다. 이것이 이 종과 모든 하나님의 종이 의지할 궁극적인 요인이다(Smith 2009, 352). 또한 은혜의 때에 종에게 응답하였고, 구원의 날에 도왔던 여호와께서 그의 종을 보호하여 백성의 언약으로 삼으며 땅을 회복하여 그들에게 기업으로 주겠다고 하셨다(사 49:8). 백성의 언약으로 삼는다는 것은 여호와의 종을 백성의 중보자로 삼는다는 뜻이다. 땅을 회복한다는 것은 여호수아의 인도로 땅을 분배받았던 땅에 대한 회복을 의미한다. 여호와께서 '잡혀 있는 자'와 '흑암에 있는 자'를 샘물 근원으로 인도하시므로 그들이 가는 길에서 먹겠고 더위와 볕이 해치지 못할 것이다(사 49:9–10a). 마틴(2011, 218)은 이 일이 천년왕국 시대에 일어날 일로 보았고, 한정건(2012, 162)은 요한계시록에 나타나는 미래의 완성된 하나님 나라의 모습과 일치된 것으로 보았다(계 7:15–17).

그러나 바울이 "은혜의 때에 내가 네게 응답하였고 구원의 날에 내가 너를 도왔다"(사 49:8)라는 말씀을 인용하여 그리스도가 오신 후 복음이 전파된 때를 가리키는 것으로 적용했다(고후 6:1–3). 이로 보아 출애굽의 이미지를 가지고 바벨론 포로에서 돌아오는 것을 말하기도 하지만 여호와의 종이 목자가 양들을 인도하듯이 인도하여 구원의 은혜를 누리게 된다는 이중적인 의미가 있다고 보아야 한다. 이것을 더 확실하게 해 주는 것은 하나님이 모든 산을 길로 삼아 대로를 만들어 어떤 사람은 북쪽과 서쪽에서 어떤 사람은 시님 땅에서 올 것이라고 하셨다(사 49:11–12). 이것은 바벨론 포로 이상의 의미를 말한다. 이 말씀은 여호와의 종이 봉사함으로 어떤 사람은 먼 곳에서, 어떤 사람은 북쪽과 서쪽에서, 어떤 사람은 시님 땅에서 여호와께 돌아오게 될 것을 말하기 때문이다. 여기 '시님'(סִינִים)이 어디를 말하는지 오랫동안 다양한 해석이 제기되었다. 이를 애굽의 남쪽에 위치한 아스완(Aswan)을 가리킨다고 보기도 한다(Oswalt 1998, 360). 그리고 중국(China)을 가리킨다고 보기도 한다(MacRae 1997, 110; Delitzsch 1973, 266–267). 이사야 49:6에 여호와의 종을 이방의 빛으로 삼아 구원을 땅끝까지 전파한다고 한 점을 고려한다면 애굽의 남쪽 아스완이라기보다는 중국이 더 적합해 보인다. 오늘날 강력한 무신론의 세력이 중국을 장악하여 복음 전파를 막고 있지만 여호와의 종을 통한 구원의 복음이 땅끝까지 전파되리라 예언한 일이 얼마나 놀라운가(MacRae 1995, 237)! 이 위대한 종의 사역을 설명한 후 이사야는 고난 당한 자기 백성을 위로하신 여호와를 찬양하도록 요청함으로 두 번째 종의 노래를 마친다(사 49:13).

② 시온을 잊지 않으시는 하나님(사 49:14–21)

이 문단은 시온이 여호와의 종의 구속사역을 선포한 일에 대해 부정적인 반응을 보이며 회의적인 질문을 한 일에 대해 하나님이 답변하시는 내용으로 이루어져 있다. 시온은 여호와께서 그들을 잊으셨다고 말했다(사 49:14). 이는 포로로 잡혀간 이스라엘의 절망적인 상황을 반영해 준다. 이에 대해 여인이 젖 먹는 자식을 잊지 않듯이 잊지 않으며 혹시 그들이 잊을지라도 하나님은 결코 이스라엘을 잊지 않으실 것이라고 하셨다(사 49:15). 시온의 이름을 자신의 손바닥에 새기고 시온의 성벽을 자기 앞에 두고 기억하실 것이다

(사 49:16). 그 증거로 시온의 자녀들은[73] 빨리 올 것이며 자녀들은 빨리 걸으며 시온을 황폐하게 하던 자들은 떠나갈 것이다(사 49:17). 그리고 사방에서 시온의 자녀들이 몰려와서 주민이 너무 많이 비좁게 될 것이고 시온을 삼켰던 자들은 멀리 떠나게 될 것이다(사 49:18–19). 그리고 자식을 잃었을 때 낳은 자녀가 후일에 이곳이 좁으니 넓혀서 거주하게 하라는 말을 할 때, 시온은 자녀를 잃고 유리하였음에도 불구하고 이들을 누가 양육하였는지, 이들이 어디서 생겼는지 놀라게 될 것이다(사 49:20–21). 여기서 이들은 바벨론 포로로 잡혀 온 이스라엘 백성이다.[74]

③ 자기 백성을 모으시는 하나님(사 49:22–26)

이 문단은 이사야 2:1–5; 11:11–12; 14:1–2; 19:18–25; 42:6, 10–11; 43:6–7; 45:14–25과 함께 미래에 거주하게 될 시온 백성은 히브리인과 땅에 사는 모든 민족 중에 있는 백성이 될 것을 보여준다(Smith 2009, 369). 여호와께서 민족들을 향해 손을 들고 기치(= 깃발)를 세우신다(사 49:22). 이는 뭇 나라에 구원과 소망을 주시려는 신호다(사 11:12; 62:10). 뭇 나라 백성들은 이스라엘의 자녀들을 데리고 돌아와 왕들은 그들의 양부, 양모가 되어 돌볼 것이고 그들은 이스라엘에게 절하게 될 것이다(사 49:23a). 이것은 뭇 나라들이 하나님의 백성을 대적하는 자리에서 섬기는 자로 변화하게 될 것을 말한다. 이를 통해 이스라엘은 여호와가 그들을 구원하시는 분이심을 알게 될 것이다(사 49:23b). 그리고 여호와를 바라는 자, 곧 하나님의 약속을 인내하며 기다리는 자는 그의 약속이 성취될 때 수치를 당하지 않을 것이다(사 49:23c).

하나님은 자기 백성을 확실하게 구원하신다는 것을 확증하기 위해 수사의문문으로 용사가 빼앗은 것을 도로 빼앗을 수 없지만 하나님은 용사의 포로도 빼앗을 수 있는 분이라고 하셨다(사 49:24–25). 그리고 하나님은 자기 백성을 억압하는 자들에게 자기 살을 먹게 할 것이고 자기 피에 취할 것이라고 하셨다(사 49:26a). 이것은 은유적인 표현으로 스스로 파괴하고 서로 죽이게 될 것을 의미한다(Smith 2009, 373). 하나님이 이 압제자에게 행하시는 것을 보고 모든 육체가 하나님이 참된 구원자요 구속자이시며 야곱의 전능자이심을 알게 될 것이다(사 49:26b). 하나님이 궁극적으로 역사의 과정을 섭리하시며 악의 세

73 개역개정판과 NIV, KJV 등은 '네 자녀들'(바니크, בָּנָיִךְ)이라고 번역했지만 NASB, NRSV, 표준새번역 등은 '네 건축자들'(보네이크, בֹּנַיִךְ)로 번역했다. 이 양자의 번역은 의미에 큰 차이를 주지 않는다.

74 맥래(MacRae 1977, 115)는 이사야 49:14–16은 이스라엘이 포로생활에서 돌아오는 것으로 보았고 49:17–21은 포로시대 그 이상의 일, 곧 로마서 11:24의 새로 접붙임을 받은 감람나무 비유처럼 이방인이 돌아오는 것으로 보았다.

력을 진멸하시고 구속받은 백성을 세우시는 것을 안다면 하나님을 신뢰해야 하지 않겠는가!

④ 자기 백성을 버리지 아니하시는 하나님(사 50:1-3)

이사야는 하나님이 자기 백성을 버리시지 않는다는 것을 입증하기 위해 두 가지 은유적 표현을 통해 설명한다. 하나는 하나님이 너희의 어미인 시온을 내보낸 이혼증서가 있느냐는 것이고, 또 하나는 하나님이 어느 채주에게 너희를 팔았느냐는 것이다(사 50:1a). 율법에 이혼하려는 남편은 아내에게 이혼증서를 써 주어야 했다(참조. 신 24:1-4; 마 19:3).[75] 그런데 하나님이 이혼증서가 있느냐고 묻는 것은 이혼하지 않고 하나님과 이스라엘이 맺은 관계는 변함이 없다는 뜻이다.

그러면 왜 이스라엘은 바벨론 포로로 끌려갔는가? 그것은 이스라엘의 죄악 때문이다(사 50:1b). 이스라엘은 하나님이 와서 불러도 대답이 없었다(사 50:2a). 이는 하나님이 그의 종 선지자들을 보내도 대답하지 않았다는 것이다(참조. 렘 7:25). 하나님은 손이 짧거나 건질 능력이 없는 분이 아니시다. 하나님은 바다를 마르게 하시고 흑암으로 하늘을 덮기도 하시는 무한한 능력이 있는 분이시기 때문이다. 이는 출애굽 당시에 하나님이 행하셨던 기적을 상기시킨다(참조. 출 7:18; 10:21; 14:21).

(9) 세 번째 종의 노래와 시온에 내리는 복 (사 50:4-52:12)

이 문단에서 세 번째 종의 노래(사 50:4-9)와 더불어 이 노래에 대한 설명이 뒤따른다(사 50:10-52:12). 이 설명에서 종의 사역으로 여호와께서 시온으로 돌아와 대적들을 물리치시고 시온을 회복시키시며 그들에게 복을 주실 것을 보여준다.

① 세 번째 종의 노래(사 50:4-9)

이 문단에서 여호와의 종이 1인칭 화자가 되어 말한다. 특히 종은 고난을 받으나 여호와께서 도우시므로 고난을 이겨내게 하여 구원을 이루신다는 것을 보여준다. 이 종은 여호와께 순종하여 고난을 받는다. 이 종은 이스라엘 민족을 말하는 것이 아니다. 왜냐하면 그들은 여호와께 순종해서 고난을 받는 것이 아니라 여호와를 배반했기에 고난을 받

75 예레미야 3:8에는 하나님이 북 왕국 이스라엘에게는 이혼증서를 써주었다고 하셨다.

기 때문이다(Oswalt 2003, 562).

a. 종이 듣고 배움(사 50:4-5)

종은 하나님을 네 번이나 '주 여호와'라고 부르며 말한다(사 50:4, 5, 7, 9). 종은 여호와께서 '학자들'의 혀를 주셔서 곤고한 자를 말로 어떻게 도와줄 줄도 알게 하시고, 자신을 깨우쳐 학자들같이 알아듣게 하신다고 했다(사 50:4). '학자들'(리무딤, לִמּוּדִים)은 '제자들'이나 '교육받은 자들'을 의미하는 것으로 배움을 마친 자를 의미한다. 비록 이스라엘 백성들은 말씀을 듣고도 배신했으나 종은 여호와께서 그의 귀를 여셨음으로 말씀을 듣고 거역하지 않고 뒤로 물러서지 아니할 것이다(사 50:5; 참조. 사 48:8).

b. 종이 고난을 당함(사 50:6)

종은 하나님의 말씀에 순종하여 자기를 때리는 자들에게 등을 맡기며 자기 수염을 뽑는 자들에게 뺨을 맡기고 모욕과 침 뱉음을 당해도 자기의 얼굴을 가리지 않는다(사 50:6). 이것은 종의 낮아지심을 말한다. 이 말씀처럼 예수님께서 십자가에 달리시기 전에 매 맞고, 조롱당하고, 침 뱉음을 당하셨다(막 14:65; 15:16–20). 심지어 생명을 주셨다. 이 일에 대해 예수님은 생명을 자기에게서 누가 빼앗는 것이 아니라 스스로 버린다고 하셨다(요 10:18).

c. 종이 고난을 견딤(사 50:7-9)

종은 여호와께서 자기를 도와주시기에 부끄러워하지 않고, 자기 얼굴을 부싯돌같이 굳게 하셨기 때문에 수치를 당하지 아니할 줄 안다고 했다(사 50:7). 종이 이렇게 말한 것은 주 여호와께서 도와주시기 때문에 고난과 수치를 견디어 낸다는 것이다. 그리고 종은 자기를 의롭다 하실 이가 가까이하실 것이기에 자기와 다툴 자가 없고, 그를 대적하는 자들은 다 옷과 같이 해어지고 좀이 먹을 것이라고 했다(사 50:8–9). 이것은 종이 한때 낮아졌어도 그 고난을 능히 이기고 다시 높아지게 된다는 것이다.

② 하나님을 의지하라는 권고(사 50:10–11)

이 짧은 문단에서 화자가 이사야로 바뀐다. 여기서 '너희'가 누군지 불분명하나 이스라엘을 포함하여 모든 사람을 말한다고 본다. 이사야는 수사의문문으로 여호와를 경외하며 그의 종의 목소리를 청종하는 자가 누구냐고 묻고는 흑암 중에 행하여 빛이 없는 자라도 하나님을 의지하라고 했다(사 50:10). 흑암 중에 행하여 빛이 없는 자는 고난 중에 아무런 소망이 없는 자다. 이사야는 강조적인 표현인 '보라'(헤인, הֵן)라고 하면서 이사야 50:10a의 질문에 대해 대답하고 있다. 자기 불을 피우고 횃불을 둘러 띤 자는 고통 있는 곳에 누울 것이라고 했다(사 50:11). 이는 은유적 표현으로 하나님을 의지하지 않고 자기 자신에게 소망을 두는 자는 그들의 생각과는 달리 자기 스스로 멸망한다는 것이다(Smith 2009, 386–387).

③ 하나님을 의지하는 자에게 주신 위로(사 51:1–8)

이 문단은 하나님께 귀를 기울이도록 격려하는 세 개의 명령법 동사를 중심으로 구성되어 있다(사 51:1, 4, 7). 먼저 여호와께서는 의를 따르며 자기를 찾아 구하는 자들에게 들으라고 하면서 아브라함과 사라를 불러 복을 주고 창성하게 하였던 것처럼 시온의 황폐한 곳을 여호와의 동산 같게 하실 것이라고 하셨다(사 51:1–3).

다음으로 하나님은 자기 백성에게 귀를 기울이라고 하면서 율법, 곧 하나님의 공의를 만민의 빛으로 세워 만민을 심판하고, 이에 하나님을 의지할 것이라고 하셨다(사 51:4–5). 그러면서 하나님은 하늘이 연기같이 사라지고 땅이 옷 같이 해어지며 거기 사는 자들이 죽지만 하나님의 구원과 공의는 폐하여지지 않는다고 하셨다(사 51:6). 이 말씀은 믿는 자들에게 견고한 믿음의 기초를 제공해 준다. 이 믿음은 그들의 삶에서 어렵고 소망이 없는 것처럼 보이는 날이 있다고 해도 소망 가운데 살 수 있게 한다(Smith 2009, 397). 끝으로 하나님은 의를 아는 자들, 곧 율법이 있는 백성들에게 두려워하지 말라고 하면서 좀이 옷 같이 그들을 먹을 것이나 하나님의 공의와 구원은 영원할 것이라고 하셨다(사 51:7–8).

④ 백성의 탄원에 대한 하나님의 응답(사 51:9–52:6)

이스라엘 백성들은 "여호와의 팔이여 깨소서 깨소서 …"라고 하면서 하나님께서 과거에 애굽에서 신화 속에 나오는 바다 괴물 '라합'(רַהַב)과 '용'(탄닌, תַּנִּין)을 찌르시고 인도해 주셨던 것처럼 구원해 시온으로 돌아가게 해 주시기를 탄원한다(사 51:9–11). 이 탄원에 대해 하나님은 "여호와의 팔이여 깨소서 깨소서"와 대조적으로 "예루살렘여 깰지어다 깰지어다"(사 51:17, 52:1)라고 하시며 세 가지로 응답해 주셨다.

a. 하나님이 위로하신다(사 51:12-16)

하나님은 이스라엘을 위로하는 자가 자기인데 왜 이스라엘은 풀 같은 사람을 두려워하며, 어찌하여 창조주 하나님을 잊어버렸느냐고 하셨다(사 51:12-13). 그러면서 포로가 속히 놓일 것이고 구덩이에 내려가지도 않고 양식이 부족하지도 않을 것이라고 하셨다(사 51:14). 왜냐하면 이스라엘의 하나님은 바다를 휘저어 물결을 뒤흔들게 하시는 분이시고 땅의 기초를 놓으신 분이시고 이스라엘은 그의 백성이기 때문이다(사 51:15-16).

b. 하나님이 억울함을 풀어주신다(사 51:17-23)

이사야는 "그의 분노의 잔을 마신 예루살렘이여 깰지어다 깰지어다 …"(사 51:17)라고 했다. 하나님의 진노로 말미암아 예루살렘이 독한 술에 취한 것처럼 비틀거리고 그를 위로할 자가 없을 정도로 황폐되고 그물에 걸린 영양같이 되었다(사 51:17-20). 그러나 자기 백성의 억울함을 풀어주시는 하나님이 분노의 잔을 다시는 마시지 않게 하시고 그 대신에 그 잔을 예루살렘을 괴롭게 하는 자들에게 두실 것이다(사 51:21-23).

c. 하나님은 그의 이름을 나타내신다(사 52:1-6)

이사야는 "시온이여 깰지어다 깰지어다 …"(사 52:1)라고 하며 부정한 자가 다시는 시온으로 들어옴이 없을 것이라고 했다(사 52:1). 이것은 단순히 이스라엘의 회복만이 아니라 메시아가 오심으로 회복될 나라를 땅 위에 세울 것을 바라본 것이다(마틴 2011, 224). 그리고 하나님은 과거 애굽에서의 노예생활과 앗수르가 압박한 역사를 언급하시며 이제 바벨론이 하나님의 이름을 더럽힌다고 하셨다(사 52:4-5). 이에 하나님은 "내 백성은 내 이름을 알리라"(사 52:6)라고 하셨다. 이 말씀은 하나님이 미래에 어떤 일을 하시며 상황을 바꾸실 것을 의미한다(Smith 2009, 422).

⑤ 하나님은 시온으로 돌아오신다(사 52:7-12)

파수꾼들이 복된 소식을 전하며 노래한다. 그 이유는 여호와께서 시온에 돌아와 자기 백성과 교제하시기 때문이다(사 52:7-8). 이사야는 이 소식을 듣고 예루살렘의 황폐한 곳도 함께 노래하라고 했다. 그 이유를 여호와께서 자기 백성을 위로하시고 구속하실 뿐만 아니라 열방의 목전에도 그의 거룩한 팔을 나타내셨으므로 땅끝에서도 하나님의 구원을 보았기 때문이라고 했다(사 52:9-10). 이것은 여호와의 구원이 이스라엘만이 아니라 전 세계적임을 보여준다. 또 이사야는 구체적으로 이스라엘을 향해 떠나라, 기구를 메는 자들에게 스스로 정결하게 하라고 하며 여호와께서 앞서 행하시고 호위하실 것이기 때문에 출애굽 때와는 달리 황급히 나오지 않을 것이라고 했다(사 52:11-12). 특히 기구를 메는 자들에게 정결하라고 한 것은 느부갓네살이 빼앗아 갔던 성전 기구들을 가지고 나올 것을 보여준다(참조. 스 1:7–11). 여기서 보듯이 하나님께서 구원하시고 바벨론에서 귀환하게 될 것에 대한 예언이 매우 구체적이다. 하나님은 이사야를 통해 말씀하신 대로 역사 가운데 성취하셨다(스 1:1–11). 이 얼마나 위대한 하나님이신가!

(10) 네 번째 종의 노래 : 고난의 종(사 52:13–53:12)

이 문단은 이사야서에 기록된 네 번째 종의 노래로 종의 사역을 가장 잘 설명하고 신약성경에서 가장 많이 인용되고 있다. 알란 맥래(MacRae 1977, 130)는 "전 성경에서 시편 22편을 제외하고 이곳에서만큼 생생하고 의미 있게 모든 구속받은 자를 위하여 약속된 구원을 주시려고 제시된 곳은 없다"라고 했다. 에드워드 영(Young 1992b, 334)은 "말로 다 할 수 없는 힘과 이름다운 언어로 선지자는 교회의 위대한 구원을 묘사하고 있다"라고 했다. 그런데 아쉽게도 이 종의 노래는 종교개혁 시대 이후에 나타나게 된 장과 절의 잘못된 구분이 사상을 단절시킴으로 독자들이 중요한 요소를 오해하게 만들었다(MacRae 1997, 130). 이 문단은 오실 메시아를 고난받는 종의 모습으로 묘사한다.

① 종의 사역에 대한 개요(사 52:13–15)

이 문단의 화자(speaker)는 하나님이시다. 이 문단에서 하나님은 그의 종의 사역에 대한 개요를 그의 높아지심과 낮아지심으로 설명하신다. 이 문단에서 여호와께서 어떤 사건과 대상의 중요함을 강조하는 표현인 '보라'(힌네이, הִנֵּה)라는 말로 시작하시며 "내 종이 형통하리니"(사 52:13)라고 하셨다. 여기 '형통하다'(יַשְׂכִּיל 〈 שָׂכַל)라는 단어는 NIV와 같이 '지혜롭게 행동하다'(act wisely)와 NASB와 개역개정판과 같이 '형통하다'(prosper)로 번역한 것처럼 두 가지 의미를 다 가지고 있다. 이것은 여호와의 종이 그에게 위임된 구원사역을 성공적으로 마쳤다는 것이다. 그리고 종의 구원사역으로 말미암아 "받들어 높이 들려서 지극히 존귀하게 되리라"라고 하셨다. 그리고 이 말씀대로 신약에서 그리스도 안에서 성취되었다(행 2:36; 7:55; 엡 1:20–23; 계 5:12).

그런데 여호와께서 그의 종이 어떻게 구원사역을 성취할 것인지 보여주셨다. 이를 이해하기 위해 이사야 52:14–15의 문장구조를 히브리어 어법에 따라 바르게 번역할 필요가 있다.

히브리어 본문(MT)

52:14a כַּאֲשֶׁר שָׁמְמוּ עָלֶיךָ רַבִּים
52:14b כֵּן־מִשְׁחַת מֵאִישׁ מַרְאֵהוּ
52:14c וְתֹאֲרוֹ מִבְּנֵי אָדָם׃
52:15a כֵּן יַזֶּה גּוֹיִם רַבִּים עָלָיו יִקְפְּצוּ מְלָכִים פִּיהֶם
52:15b כִּי אֲשֶׁר לֹא־סֻפַּר לָהֶם רָאוּ
52:15c וַאֲשֶׁר לֹא־שָׁמְעוּ הִתְבּוֹנָנוּ׃

NASB 번역

52:14a Just as many were astonished at you, My people,
52:14b So His appearance was marred more than any man,
52:14c And His form more than the sons of men.
52:15a Thus He will sprinkle many nations, Kings will shut their mouths on account of Him;
52:15b For what had not been told them they will see,
52:15c And what they had not heard they will understand.

바른 번역

52:14a 많은 사람이 너(= 내 백성)를 보고 놀란 것과 같이
52:14b 그렇게 그의 모양이 어떤 사람보다 많이 상하였고,
52:14c 그의 모습이 사람의 아들들보다 많이 상하였다.
52:15a 그래서 그가 열방을 뿌릴 것이고, 왕들은 그로 말미암아 그들의 입을 봉할 것이다.
52:15b 이는 그들이 전파되지 않은 것을 볼 것이고,
52:15c 듣지 못한 것을 깨달을 것이기 때문이다.

히브리어 문장구조는 비교와 결과를 나타내는 접속사를 통해 의미를 잘 드러내 준다. 문장구조를 보면 '…와 같이'(just as)의 의미로 번역되는 '카아쉘'(כַּאֲשֶׁר)로 시작하여 비교나 결과를 나타내는 '그렇게', '그래서'라고 번역되는 '케인'(כֵּן)이 이사야 52:14, 15 맨 처음에 나타난다. 이러한 문맥의 구조를 알란 맥래(MacRae 1997, 131)는 "Just as…, so(similarly)…, so(as a result)… "로 설명했다. 그리고 이사야 52:14에 "많은 사람이 그에 대하여 놀랐거니와"라는 히브리어 성경에는 첫 문장에 있다. 그리고 '그에 대하여'는 개역개정판 난외주에 있는 것처럼 '네게 대하여'(עָלֶיךָ)라고 번역해야 한다. NASB는 '너'가 누구인지 밝히기 위해 '내 백성'(My people)이라는 단어를 첨가했다. 이 '너'는 유다가 멸망할 때 바벨론 포로로 끌려가는 백성을 말한다. 그리고 이사야 52:15 처음에 나오는 두 번째 '케인'(כֵּן)은 결과적으로 해석해야 한다. 또한 개역개정판에 "그가 나라들을 놀라게 할 것이며"라고

번역한 것은 난외주처럼 “그가 열방에 뿌릴 것이며”(יַזֶּה גּוֹיִם רַבִּים)라고 번역해야 한다. 여기에 ‘뿌리다’(יַזֶּה 〈נזה)라는 용어는 구약의 제사법에서 물이나 기름이나 피를 뿌리는 것을 말할 때 사용되는 특수한 용어이다(레 4:6; 17; 14:7 등). 그래서 본문에서 여호와의 종이 열방을 뿌릴 것이라는 말은 여호와의 종이 제사장으로서 물과 피를 뿌려서 열방을 정결케 하실 것을 의미한다. 이는 그리스도의 구속 사건 중에 우리의 죄를 위하여 십자가에서 물과 피를 흘리신 것을 예언한 것이다.

여호와께서는 이 구속의 사건을 보고 왕들은 입을 봉할 것이라고 했다(사 52:15). 이 말은 놀란다는 뜻이 아니라 종의 구속사역을 보고 경외심을 가지고 복종한다는 것이다. 왜냐하면 그들이 전파되지 않은 것을 보고, 듣지 못한 것을 깨달을 것이기 때문이다(사 52:15). 그리고 사람이 놀라면 입을 닫는 것이 아니라 벌린다. 이 말씀의 구체적인 의미는 사도 바울의 인용에서 볼 수 있다.

> 기록된 바 주의 소식을 받지 못한 자들이 볼 것이요 듣지 못한 자들이 깨달으리라 함과 같으니라(롬 15:21)

사도 바울은 어떤 상황에서 이 말씀을 인용했을까? 그것은 로마교회에 편지하면서 그리스도의 이름을 부르는 곳에 복음을 전하지 않고 아직 복음을 듣지 못한 지역에 가서 복음을 전하겠다는 그의 결심을 말할 때다. 이것은 십자가의 복음이 전파되지 않은 곳에 이 복음을 보일 것이며, 이 복음을 듣지 못한 자들이 듣고 깨닫게 된다는 뜻이다.

② 골고다(사 53:1-9)

이 단락의 화자는 이사야다. 이사야는 여호와께서 하신 말씀을 이어받는 것으로 이 단락을 시작한다(영 1989, 31). 에드워드 J. 영(1989, 31-96)은 이 단락의 제목을 예수님이 오셔서 골고다로 올라가고 거기에서 십자가에 못 박히신 사건이 연상되기 때문에 ‘골고다’라고 했다.

a. 멸시를 당하는 종(사 53:1-3)

이사야는 수사의문문으로 “우리가 전한 것을 누가 믿었느냐 여호와의 팔이 누구에게 나타났느냐”(사 53:1)라고 했다. 이 수사의문문은 사람들이 속죄사역을 믿지 않았다는 것이 아니라 “누가 믿고 구원을 얻을 수 있겠느냐?”라는 것에 그 강조점이 있다. 평행법으로 된 이 질문은 요점을 강조하기 위한 것으로 구원하는 하나님의 주권적인 능력을 강조한 것이다(Lindsey 1985, 114). 그래서 이 두 질문은 같은 의미이다. 앞의 것은 믿어야 할 인간의 책임을 강조한 것이고, 뒤의 말씀은 하나님의 주권적인 능력을 강조한 것이다.

이것은 신약성경을 통해서도 알 수 있다. 예수님은 많은 표적을 행하시면서 자신이 구약에서 예언된 메시아가 되심을 보여주셨으나 사람들은 그를 메시아로 믿지 않았다. 그때 요한은 이 말씀을 인용하여 당시 사람들에게 적용하였다(요 12:38). 그럼에도 "그러나 관리 중에도 그를 믿는 자가 많되"(요 12:42)라고 하여 믿는 자가 있다고 했다. 그리고 바울도 복음을 순종하지 않는 사람들을 보고 이 말씀을 인용하였다(롬 10:16). 그러나 바울은 이 말씀 뒤에 "그러므로 믿음은 들음에서 나며 들음은 그리스도의 말씀으로 말미암았느니라"(롬 10:17)라고 했다. 이것은 메시아의 구원사역을 전해도 사람들이 믿지 않으나 그 가운데 믿는 사람도 있다는 것이다. 믿는 일이 어떻게 가능한가? 그것은 하나님의 주권적인 능력이 나타났기 때문이다. 동시에 하나님의 주권적인 능력이 나타난 사람은 메시아의 사역을 듣고 믿는다. 그래서 이 말씀은 하나님의 주권적인 사역과 인간의 책임 간의 관계를 잘 보여준다. 이 두 면이 동일하게 강조되어야 한다.

계속해서 선지자는 여호와의 종이 연약한 모습으로 올 것을 소개하고 있다. 그는 주 앞에서 자라나기를 연한 순 같고 마른 땅에서 나온 줄기 같아서 고운 모양도 없고 풍채도 없은즉 우리의 보기에 흠모할만한 아름다운 것이 없다고 했다고 했다(사 53:2). 메시아에 대해 사람들은 뛰어난 용모와 풍채와 위엄있는 자로 기대하나 그러한 외적인 모습이 아니라는 것이다(헨리 2008, 844–845). 이뿐만 아니라 그는 멸시를 받아서 사람들에게 버림받고 간고를 많이 겪었으며 질고를 아는 자였고, 우리도 그를 귀히 여기지 아니했다(사 53:3). '질고를 알다'라는 말은 예수님이 병을 앓아서 알고 있다는 의미가 아니다. 이 말의 원문은 '병을 알다'(וִידוּעַ חֹלִי)라는 뜻으로 '안다'(וִידוּעַ 〈 יָדַע)라는 동사는 분사, 수동태다. 다른 사람들의 병을 이해한다는 뜻이다(Smith 2009, 447). 예수님은 육신의 몸을 입으시고 세상에 오셔서 죄로 말미암은 인간의 고통을 당하셨고, 질병의 고통을 아셨다.

b. 우리 허물을 대신하여 고난당하신 종(사 53:4-6)

그런데도 그는 '우리의 질고'를 지고 '우리의 슬픔'을 당했지만 우리는 '그가' 징벌을 받아 하나님께 맞으며 고난당한다고 생각했다. 그러나 '그가' 찔림은 '우리'의 허물 때문이고 '그가' 상함은 '우리'의 죄악 때문이며 '그가' 징계를 받으므로 '우리'는 평화를 누리고 '그가' 채찍에 맞으므로 '우리'는 나음을 받았다(사 53:5). 왜냐하면 이 일은 비록 '우리'

가 양 같아서 그릇 행하여 각기 제 길로 갔음에도 여호와께서 '우리' 모두의 죄악을 '그에게' 담당시키셨기 때문이다(사 53:4-6). 여기에 이사야는 '그'라는 대명사와 '우리'라는 대명사를 서로 대조시킨다. 여호와의 종인 '그'가 행한 일과 '우리'가 생각하고 있는 것 사이의 대조다. 이사야는 이 노래에서 우리의 생각을 바로잡고 여호와의 종으로 오신 분이 왜 고난을 받으시고 멸시를 받으셔야 했으며, 열방을 위해 피를 뿌려야 하셨는지를 설명한다. 그것은 '우리의 허물과 죄악 때문'이다. 우리 인류의 모든 문제, 질병과 다툼과 사고의 위험과 천재지변의 위험과 전쟁의 위험은 모두 우리가 지은 죄 때문에 비롯된 것이다. 그러나 이 죄로 인하여 우리가 받아야 할 모든 형벌을 여호와께서 그의 종으로 오신 그리스도에게 담당시키셨다. 이것이 성경에서 가장 중요한 속죄교리다.

여호와께서 우리의 죄를 그에게 담당하게 하신 목적은 우리가 평화를 얻고 나음을 얻게 하려는 것이다(사 53:5). 여기에 '평화'는 단순히 마음의 평화를 말하는 것이 아니라 우리가 이전에 지은 죄로 인하여 하나님과 우리 사이에 놓여있었던 장벽이 제거되고 하나님과 교제할 수 있는 바른 관계가 되었다는 뜻이다. 이 의미를 가장 잘 설명하고 있는 구절이 로마서 4:25-5:1이다.

> 예수는 우리가 범죄한 것 때문에 내줌이 되고 또한 우리를 의롭다 하시기 위하여 살아나셨느니라 그러므로 우리가 믿음으로 의롭다 하심을 받았으니 우리 주 예수 그리스도로 말미암아 하나님과 화평을 누리자

우리가 만약 그리스도의 속죄사역을 믿는다면 하나님과 평화로운 관계가 되어 자유롭게 하나님을 만나 교제하고 그 은혜에 참여하게 된다. 이 교리는 성경의 모든 교리 가운데 가장 중심되는 교리이고, 모든 윤리적인 행위의 기초이다. 이 교리를 붙잡은 사람들은 십자가라는 말만 들어도 가슴이 떨리고, 감사함으로 그의 계명을 지키며 거룩한 삶을 살려고 애쓰게 된다.

c. 자기 백성을 위해 죽으신 죄 없으신 종(사 53:7-9)

이사야는 종의 사역을 여기서 끝맺지 않고 심문을 받고 곤욕을 당해 괴로울 때에도 그의 입을 열지 아니했다고 했다(사 53:7). 실제로 예수님은 대제사장들에게 부당하게 심문을 받으실 때와 빌라도에게 넘겨졌을 때 아무 말씀도 하지 않으셨다(마 26:59-63). 베드로는 이 말씀을 인용하며 다음과 같이 그 이유를 설명한다.

그는 죄를 범하지 아니하시고 그 입에 거짓도 없으시며 욕을 당하시되 맞대어 욕하지 아니하시고 고난을 당하시되 위협하지 아니하시고 오직 공의로 심판하시는 이에게 부탁하시며 친히 나무에 달려 그 몸으로 우리 죄를 담당하셨으니 이는 우리로 죄에 대하여 죽고 의에 대하여 살게 하려 하심이라 그가 채찍에 맞음으로 너희는 나음을 얻었나니 너희가 전에는 양과 같이 길을 잃었더니 이제는 너희 영혼의 목자와 감독 되신 이에게 돌아왔느니라(벧전 2:22-25)

그런데 여호와의 종은 강포를 행하지 않고 그의 입에 거짓이 없었음에도 불구하고 그의 무덤이 악인들과 함께 있었다. 예수님이 두 강도와 함께 십자가형을 받으셨기에 그들과 함께 장사되어야 한다. 로마의 관습으로 죄수를 매장하지 않은 채 버려두거나 더러운 장소에 한꺼번에 매장하여 수치스럽게 했다(MacRae 1995, 142). 그러나 그가 죽은 후에 부자의 무덤에 장사되었다(사 53:9b). 예수님의 시체가 함께 십자가에 못박혀 죽은 강도들과 함께 장사되리라 기대할 수 있지만 부자였던 아리마대 사람 요셉의 빌라도에게 요청함으로 부자의 묘실에 장사되었다(마 27:57-60). 예수님은 강도와 같이 장사될 수 있었으나 이사야가 예언한 대로 빈 무덤에 장사되신 것은 하나님이 예수님의 부활을 믿게해 주는 방법이기도 한다. 만일의 예수님의 육체가 죄인의 무덤에 버려졌다면 상황은 매우 달랐을 것이다. 빈 무덤은 예수님의 부활을 증명하는 가장 중요한 일 가운데 하나다(MacRae 1995, 142-143).

③ 성취되는 하나님의 뜻(사 53:10-12)

이 문단에서 이사야 53:10은 이사야의 해설이고, 이사야 53:11-12의 하나님이 화자다. 이사야는 “여호와께서 그에게 상함을 받게 하시기를 원하사”(사 53:10)라고 말함으로 종의 고난은 하나님이 작정하신 일이라고 설명한다. 여호와의 종이 그의 영혼을 속건제물로 드리면 그가 씨를 보게 될 것이다(사 53:10). 여기서 속건제물은 속죄제물과 그 규례가 유사하고 상호교체적으로 사용되기도한다(레 7:7). 이 속건제물은 흠없는 수양을 드리기 때문에 예수님의 속죄사역을 대표하여 쓴 것으로 보인다(참조. 레 5:14-6:7). 종이 자신을 속건제물로 드림으로 세 가지 결과가 있을 것이다. 첫째, 그가 씨를 보게 될 것이다. 이 ‘씨’는 아브라함에게 약속한 후손들로서 구원을 받고 주를 따르는 자를 말한다. 그리고 이 말은 이사야 53:8의 “그는 곤욕과 심문을 당하고 끌려갔으나 그 세대 중에 누가 생각하기를 그가 살아있는 자들의 땅에서 끊어짐은 마땅히 형벌 받을 내 백성의 허물 때문이라 하였으리요"라는 이 수사적인 질문에 대한 대답이다. 둘째, 그의 날이 길 것이다. 이것은 종의 사역이 죽음으로 끝나지 않고 부활, 승천하여 그의 백성을 돌볼 것을 보여준다. 셋째, 하나님의 뜻을 성취할 것이다. 이 뜻은 언약을 범한 죄인을 구원하여 하나님 나라의 백성이며 제사장 나라가 되게 하는 것이다.

이사야 53:11부터 다시 하나님이 화자가 되어 말씀하신다. 하나님은 그의 종이 자기 영혼이 수고한 것을 보고 만족하게 여길 것이라고 하시며 그의 종의 사역이 어떤 의미가 있는지 설명해 주셨다. 종의 사역의 가장 중요한 의미는 여호와의 의로운 종이 '자기 지식으로' 많은 사람을 의롭게 하며, 그들의 죄악을 친히 담당한다는 것이다. '자기 지식으로'(בְּדַעְתּוֹ ‹ בְּ + דַּעַת + וֹ)라는 말은 부정사 연계형으로 대명사 접미사 '오'(A)가 주격도 가능하고 목적격도 가능하다. '그가 아는 것'(His knowing)과 '그를 아는 것'(Knowing Him)이 모두 가능하다. 주격으로 보면 종의 지혜와 능력으로 의롭게 되는 것을 말하고, 목적격으로 보면 여호와의 종을 믿는 믿음으로 의롭게 되는 것을 말한다. 여기서는 문맥과 관련하여 주격으로 보고 종이 행하신 구원사역을 말한다고 보는 것이 자연스럽다. 그리고 '많은 사람을 의롭게 하며'라는 말은 모든 인간이 구원을 받는 것이 아님을 의미한다.

하나님은 이러한 종의 사역으로 말미암아 얻게 될 보상을 '그러므로'(라케인, לָכֵן)라는 결과 접속사로 연결하여 설명하신다. 하나님이 그에게 주신 보상은 무엇인가?

> 그러므로
> 내가 그에게 존귀한 자와 함께 몫을 받게 하며
> (내가) 강한 자와 함께 탈취한 것을 나누게 하리니

첫 번째 행과 두 번째 행은 서로 평행을 이루고 같은 의미를 다르게 표현한 것이다. 이 절에서 '존귀한 자'와 '강한 자'는 누구를 의미하는가? 구속사역을 완성하신 예수님이 누구와 함께 몫을 받게 된다는 뜻인가? 맥래(MacRae 1995, 259)와 한정건(2012, 214-215)은 이들을 사탄으로 보고 사탄이 탈취한 것을 여호와의 종이 빼앗아 가지는 것으로 보았다. 하지만 이러한 해석은 문법적으로나 문맥의 흐름으로 적절하지 못하다. 원문에 '존귀한 자와 함께'는 '많은 자 가운데'(בָּרַבִּים ‹ בְּ + רַבָּה)이고, '강한 자와 함께'(אֶת־עֲצוּמִים)는 '강한 자들을'이라고 번역하는 것이 좋다. 그래서 이 뜻은 그리스도의 구속사역으로 말미암아 많은 사람 가운데 몫을 주시고, 또한 강한 자들인 왕들을 탈취물로 주셨다는 뜻이다. 이것은 이사야 52:13의 종의 높아지심과 짝을 이룬다(Smith 2009, 463). 그리스도가 이렇게 높아지

시고 그의 자녀들을 얻게 된 것은 자기 영혼을 버려 범죄자 중에 하나로 헤아림이 되었으나 많은 사람의 죄를 담당하셨기 때문이다. 그리고 그들을 위해 중보기도 하신다. 이 위대한 구절은 예수 그리스도의 죽음이 이스라엘(요 11:49-51)과 온 세상(요일서 2:2)을 위해 성취하신 바가 무엇인지 완전하게 보여준다. 그의 죽음은 죄에 대한 심판이라는 하나님의 공의로운 요구를 충족시켰다. 그리하여 죄에서 구원받을 수 있다는 믿음으로 하나님께 나아올 수 있는 길을 열어주셨다(마틴 2011, 233).

(11) 기쁨의 노래 : 세상의 구원(사 54:1-55:13)

다른 세 개의 종의 노래처럼 네 번째 노래도 이 노래에 대한 설명이 따라 나온다. 이 문단은 이사야 49-52장에서 한 회복에 대한 약속이 확실하게 성취됨을 보여주고 약속에 대한 기대가 초청과 찬양으로 바뀐다. 이 문단은 두 부분으로 이루어져 있다. 이사야 54장은 하나님이 시온을 향해 부르는 구속의 은혜를 노래하며, 이사야 55장은 그 은혜에 들어오도록 초청하는 노래와 그들이 들어갈 복된 나라를 보여주는 내용을 담고 있다.

① 구속의 은혜(사 54:1-17)

하나님은 그의 종이 자신을 속건제물로 드리게 되면 씨를 보게 될 것이라고 약속하셨는데(사 53:10) 이 문단은 이 약속에 대한 설명이다(헨리 2008, 868). 이 약속은 잉태하지 못했던 시온이 자녀들을 많이 가지게 된다는 것이다. 이는 그의 남편되는 하나님이 변함없는 사랑으로 돌보시기 때문이다(Smith 2009, 476).

a. 하나님이 긍휼을 베푸실 것이다(사 54:1-10)

하나님은 이스라엘을 잉태하지 못하며 출산하지 못하고(사 54:1-3), 과부이며(사 54:4-5), 버림을 받은(사 54:6-8) 여인의 이미지로 말씀하신다(Oswalt 2003, 595). 고대 근동세계에서 여인이 잉태하지 못하는 것은 수치스러운 일로 간주되었다(참조. 사 54:4). 이스라엘을 이렇게 묘사한 것은 나라가 멸망하고 바벨론 포로가 된 것은 미래에 대한 희망이 없는 것처럼 되었기 때문이다. 그러나 이스라엘에게 노래하라고 명한다. 그 이유는 이스라엘은 남편 있는 자로 보이는 열방보다 많아지게 될 것이기 때문이다(사 54:1). 이 약속은 바벨론 포로에서 돌아오는 이스라엘의 미래만이 아니라 이방인들이 하나님의 백성으로 받아들여지게 될 신약의 교회에 대한 것이기도 하다. 사도 바울은 이사야 54:1을 갈라디아서 4:27에서 인용하여 약속의 자녀에게 적용했다. 그래서 이 약속은 종의 사역으로 말미암아 씨(자손)들이 많아질 것이라는 말씀에 대한 설명이다(참조. 사 53:10). 그리고 이사야는 이 씨가 많아지기에 장막 터를 넓히라고 권한다. 이는 이스라엘 자손이 열방을 얻으며, 황폐한 성읍이 사람 살 곳이 될 것이기 때문이다(사 54:2-3).

이어서 이사야는 이스라엘에게 수치와 부끄러움을 당하지 않을 것이고, 젊었을 때와 수치와 과부 때의 치욕을 잊을 것이기에 두려워하거나 놀라지 말라고 말한다. 이는 이스라엘을 지으신 이가 이스라엘의 남편이며, 만군의 여호와이시고 구속자이시며, 이스라엘의 거룩한 이시오, 온 땅의 하나님이시기 때문이다(사 54:4-5). 과거 하나님이 이스라엘을 잠시 버렸으나 큰 긍휼로 모으실 것이다(사 54:6-8). 이는 이스라엘을 바벨론 포로로 끌려가게 하신 사건을 말한다. 이를 확증하기 위해 하나님은 노아 홍수로 땅 위에 범람하지 않겠다고 맹세한 것같이 노하지 아니하실 것이라고 하셨다(사 54:9; 참조. 창 9:11). 노아 홍수 시에 맹세한 사건을 예로 든 것은 과거 죄로 말미암아 온 땅에 홍수로 멸하셨으나 노아 언약을 통해 다시 홍수로 멸하지 않겠다고 하신 것처럼 바벨론 포로로 끌려가지 않게 하시겠다는 것이다. 그리고 하나님이 이스라엘과 맺은 화평의 언약은 흔들리지 않으실 것이다(사 54:10). 이 '화평의 언약'은 레위인과 맺으신 언약이지만(민 25:11-13) 여기서는 아브라함 언약, 시내산 언약, 다윗 언약을 굳건하게 하신다는 것이다(Wolf & Stek 2002, 1114).

b. 영광스러운 예루살렘의 위치(사 54:11-17)

이사야는 지금의 예루살렘을 "너 곤고하며 광풍에 요동하여 안위를 받지 못한 자"(사 54:11)라고 부르며 장차 예루살렘의 지경을 다 보석으로 꾸밀 것이라고 했다(사 54:12). 이 이미지는 학대와 공포 가운데 있던 예루살렘이 변화된다는 것이다. 변화된 성은 요한계시록 21:18-21에 묘사된 새 예루살렘을 생각나게 한다. 무엇보다 새 예루살렘의 모든 자녀는 여호와의 교훈을 받고 큰 평안을 얻게 될 것이다(사 54:13). 예수님은 이 말씀을 인용하여 요한복음 6:45에서 하나님의 은혜를 입어 택하심을 받은 자는 그의 말씀을 듣고 순종하는 자라고 하셨다. 이것은 변화된 예루살렘은 과거와는 달리 하나님의 말씀을 듣고 기쁨으로 순종한다는 것이다.

새 예루살렘은 학대와 공포가 없이 공의로 설 것이다. 그리고 그를 치기 위해 제조된 모든 전쟁하는 연장이 쓸모가 없게 될 것이다(사 54:14-17a). 그 이유는 새 예루살렘이 여호와의 종들의 기업이요 여호와로 말미암아 의롭게 되었기 때문이다(사 54:17b). 이 모두는 하나님이 그의 종이 사역한 결과로 주신 은혜다. 이 일은 언제 일어날 일인가? 예수님이 이사야 54:13을 인용하여 적용하시는 것으로 보아 예수님이 이 세상에 오신 때부터 일어나 재림 때에 완성될 것이다.

② 은혜와 회개로의 초청(사 55:1-13)

이사야 54장이 종의 사역으로 말미암은 은혜를 설명했다면 이사야 55장은 그 은혜로 초청하며 그 은혜를 경험하라는 내용을 담고 있다.

a. 은혜로의 초청(사 55:1-5)

하나님은 "오호라 너희 모든 목마른 자들아"라고 부르며 '나아오라', '오라', '먹으라', '사다' 등의 명령법 동사를 사용하여 돈 없이, 값 없이 와서 포도주와 젖을 사라고 초청하신다(사 55:1). '오호라'(호이, הוֹי)는 하나님이 심판을 선언하거나 백성들이 슬픔을 표현하는 문맥에 나타나지만 여기서는 백성들의 주의를 끌게 하는 감탄사다(Smith 2009, 495). 은유적인 표현인 '목마른 자들'은 일차적으로 바벨론에 포로로 잡혀간 자들이다(사 41:17; 44:3). 그리고 네 개의 종의 노래에서 보여준 바와 같이 종의 사역이 이들에게만 미치는 것이 아니라 하나님의 은혜를 갈망하는 모든 사람을 포함한다. 여기 '목마름'이라는 용어는 예수님이 요한복음 7:37-38에서 "누구든지 목마르거든 내게로 와서 마시라 나를 믿는 자는 성경에 이름과 같이 그 배에서 생수의 강이 흘러나오리라"라고 하신 말씀과 유사하다. 목마름은 하나님과 교제하는 생명에 대한 갈급함이다(참조. 요 4:13-14). 포도주와 젖은 풍부함과 즐거움의 상징이다(Wolf & Stek 2002, 1114).

하나님은 이들이 초청을 받아들이도록 왜 양식 아닌 것과 배부르게 하지 못할 것에 은을 달아주고 수고하는지 질문하신다(사 55:2). 이것은 헛된 신들에게 구하는 일과 세상의 잘못된 가치를 따르는 것이 의미가 없다는 뜻이다. 그리고 귀를 기울이고 나아와 들으면 영혼이 살게 될 것이고 영원한 언약을 맺을 것인데, 곧 다윗에게 허락한 은혜라고 하셨다(사 55:3). 이 언약은 다윗의 자손으로 오실 그리스도 안에서 성취되었다(참조. 행 13:34). 그러므로 하나님이 목 마른 자들에게 자기에게 나아와 돈 없이, 값 없이 사라고 초청한 것은 여호와를 믿고 의지하며 구원을 바라고 그의 율법에 순종해야 한다는 뜻이다(마틴 2011, 236).

이와 더불어 하나님은 어떤 중요한 일을 주목하도록 지시하는 '보라'(헤인, הֵן)라는 두 개의 감탄사를 사용하여 '그'를 만민에게 증인으로 세웠고, '너'를 알지 못하는 나라가 네게 올 것이라고 하셨다(사 55:4-5). 여기서 '그'는 이스라엘이 아니라 여호와의 종인 메시아를 가리키고, '너'는 이스라엘을 말한다(마틴 2011, 237).[76] 여호와께서 그의 종인 메시아를 만민의 증인과 인도자와 명령자로 삼으셨다(사 55:4). 그래서 이스라엘은 그를 알지 못하는 나라들을 부를 것이고, 이스라엘을 알지 못하는 나라들이 여호와를 경배하기 위해 이스라엘에게 달려올 것이다. 이는 이스라엘의 거룩하신 이가 이스라엘을 영화롭게 하였기 때문이다(사 55:5). 이것은 이사야 2:3을 생각나게 하는 말씀으로 많은 나라 백성들이 시온에 와서 여호와의 말씀을 듣는 새 시대를 예언하는 것이다.

② 은혜로 초청받은 자들의 삶의 태도(사 55:6-11)

이 문단은 이사야 40-55장의 결론으로 회개하고 하나님과의 관계를 회복하라는 요청을 담고 있다(Smith 2009, 506-507). 이 문단에서 이사야는 이사야 55:1-5에서 하나님이 누구든지 와서 먹고 마시며 돈 없이, 값 없이 사라는 초청에서 언급하지 않은 두 가지 개념을 소개한다. 이 두 가지 개념은 돈 없이, 값 없이 사라는 말의 부연설명이다. 첫 번째로 하나님을 만날 만한 때에 찾고 가까이 계실 때 부르라는 것이다(사 55:6). 이 말씀은 하나님은 항상 만날 수 있는 것이 아니라는 점을 암시한다. 복음을 받아들여야 할 때가 있다는 것이다. 두 번째로는 악인은 그의 길을, 불의한 자는 그의 생각을 버리고 돌아오면 너그럽게 용서하신다는 요청이다(사 55:7). 회개는 하나님의 은혜로운 초청에 응답하는 행위다. 하나님은 왜 이 은혜를 베푸시는가? 그것은 하나님의 생각과 길이 인간의 생각과 다르기 때문이다(사 55:8). 이것은 죄를 용서하시는 하나님의 은혜일 수도 있고 도저히 회복될 수 없다고 생각한 순간에도 언약을 지키시어 마침내 회복시키시는 하나님의 일을 말하는 것일 수도 있다(Oswalt 1998, 535). 분명한 것은 하나님이 언약하신 것은 반드시 이루신다는 것이다. 마치 비와 눈이 하늘에서 내려 땅을 적시고 싹을 내어 양식을 줌과 같이 하나님은 그가 계획하신 것을 반드시 이루신다(사 55:9-11).

③ 여호와를 찾는 자들의 복된 미래(사 55:12-13)

여호와를 찾는 자들은 기쁨으로 나아가며 평안히 인도함을 받을 것이다(사 55:12). 그리고 산들과 언덕들이 노래하고 가시나무와 찔레를 대신하여 잣나무와 화석류가 대신 나게 될 것이다(사 55:13). 이것이 여호와를 기념하는 것이 되어 영원한 표징이 되어 끊어

76 여기서 '그'를 '다윗'으로 보기도 한다(Oswalt 2003, 602; Westermann 1969, 283; MacRae 1977, 165).

지지 아니할 것이다(사 55:13). 이것은 일차적으로 바벨론 포로에서 돌아오는 것을 보여주는 것이지만 종의 사역으로 말미암아 얻게 될 구원의 절정을 노래하는 것이기도 하다. 그런데 이 구원이 언제 이루어질 것인가 하는 문제는 이 본문을 다르게 해석하게 한다. 맥래(MacRae 1977, 167–168)는 이사야 55:12–13을 그리스도를 알게 된 사람들의 삶에서 일어날 변화를 아름답게 설명하고 그리스도가 십자가에서 행한 일로 받게 될 영생이 끊어지지 아니할 영원한 표징이 된다고 했다. 하지만 그는 이 비유적인 해석이 의미를 다 드러낸 것은 아니라고 하면서 아담이 죄를 범했을 때 세상에 내렸던 저주를 옮겨서 에덴동산과 같은 상황으로 회복시켜 주실 것도 말한다고 보았다.

9. 회복된 유다의 미래와 그 책임(사 56:1-66:24)

이 문단은 앞의 큰 두 문단(이사야 1–39장, 40–55장)과 내용적으로 많이 다른 것처럼 보인다.[77] 첫 번째로 시대 배경이 다르다. 이사야 1–39장은 이사야 당대인 주전 8세기 앗수르가 북 왕국 이스라엘을 점령하고 유다를 공격하는 시대를 배경으로 하고, 이사야 40–55장은 주전 6세기 유다가 멸망하여 바벨론 포로로 끌려간 시대를 배경으로 한다. 그러나 이사야 56–66장은 특정한 시대를 배경으로 하지 않고 종말까지의 모든 시대를 포괄한다. 두 번째로 '의'를 다르게 서술했다. 이사야 1–39장은 의를 하나님의 법을 믿고 지켜야 할 행동 규범으로 강조할 때 사용한다. 그리고 이사야 40–55장은 백성들이 지은 죄에도 불구하고 구원하시는 하나님의 신실하심과 은혜를 강조할 때 사용한다. 만약에 이 책이 이사야 55장으로만 끝난다면 독자들은 사람들이 의를 행하는 것은 근본적으로 불가능하기 때문에 하나님의 은혜로 구원받은 자는 이사야 1–39장에서 강조하는 의로운 삶을 살아야 할 의무가 없다고 생각할 수 있다. 그러나 이사야 56–66장은 하나님의 종들에게 의로운 삶을 요구한 이사야 1–39장과 그 의로운 삶이 하나님의 은혜로 가능하다는 것을 말하는 이사야 40–55장을 통합하고 있다. 따라서 이사야 55–66장은 원래 이사야서에 붙은 부록이 아니라 필수적인 결론으로 이 책의 절정이다. 왜냐하면 여기서 주의 종들의 삶의 특징들을 보여주기 때문이다(Oswalt 2003, 606–607).

이 문단의 구조에 관해서는 관점에 따라 차이는 있으나 오스왈트(Oswalt 2003, 607)는

77 1775년에 되더라인(J. C. Döderlein)은 이사야 1–39장을 제1 이사야, 40–66장을 제2 이사야로 구분했다. 1892년 둠(Bernard Duhm)은 다시 이사야 56–66장을 제3 이사야로 구분했다. 이는 이 문단이 앞의 두 큰 문단과 뚜렷하게 구분되기 때문이다(Harrison 1999, 764–769). 한정건(2012, 242–248)은 이사야 56:1–8을 2부의 결론으로 보았다.

이사야 60–62장을 중심으로 교차대칭구조나 동심원 구조를 이루고 있다고 보았다.[78]

A 순종하는 이방인들(사 56:1–8)
　B 윤리적 의의 필요성(사 56:9–59:15a)
　　C 전사이신 하나님(사 59:15b–21)
　　　X 예루살렘, 세상의 빛(사 60:1–62:12)
　　C′ 전사이신 하나님(사 63:1–6)
　B′ 윤리적 의의 필요성(사 63:7–66:17)
A′ 순종하는 이방인들(사 66:18–24)

이 구조는 문단의 핵심이 어디에 있는지 보여준다. 이 구조의 특징은 가운데 부분을 돋보이게 한다. 이 문단의 핵심은 이사야 60–62장에 기록된 말씀으로 회복된 예루살렘의 역할이다.

내용 분해

(1) 모든 사람에게 열린 구원의 문(사 56:1–8)
(2) 악한 자들에 대한 심판과 하나님의 은혜(사 56:9–57:21)
(3) 하나님이 기뻐하시는 일에 대한 교훈(사 58:1–14)
(4) 하나님이 미워하시는 일과 하나님의 은혜(사 59:1–21)
(5) 예루살렘, 세상의 빛(사 60:1–62:12)
(6) 전사이신 하나님(사 63:1–6)
(7) 자비를 구하는 기도(사 63:7–64:12)
(8) 하나님의 응답(사 65:1–66:24)

78 관점에 따라 차이를 보이지만 모티어(Motyer 1993, 461)도 이사야 56–66장을 교차대칭구조로 구분했다. 스미스(Smith 2009, 520–521)는 이 구조로 본 다른 학자들도 소개하면서 교차대칭구조의 전반부와 후반부가 약간의 유사성이 있어도 이사야 60–62장 전후에 어떻게 연관이 되는지 밝히는 일이 어렵다고 보았다.

내용 해설

(1) 모든 사람에게 열린 구원의 문(사 56:1-8)

이 문단은 하나님이 자신과 언약 관계를 유지하기를 원하는 자들에게 주신 일련의 권고와 약속을 담고 있다. 언약 관계의 핵심은 정의를 지키고 안식일을 지키는 일로 설명하고 있다. 고자와 이방인들도 이 언약에 참여할 수 있다고 하심으로 구원의 문이 모든 사람에게 차별 없이 열렸음을 보여준다.

① 구원의 때에 합당한 행동(사 56:1-2)

하나님은 자신의 구원이 가까이 왔고 의가 나타날 것이기 때문에 이스라엘 백성에게 정의를 지키고 의를 행하라고 하셨다(사 56:1). 이 '정의'(미쉬파트, מִשְׁפָּט)와 '의'(처다카, צְדָקָה)는 하나님의 속성일 뿐만 아니라 언약 백성에게 당연히 나타나야 할 덕목이었다(사 5:16; 참조. 사 5:7). '하나님의 의가 나타난다'라는 것은 로마서 3:21의 "(그러나) 이제는 율법 외에 하나님의 한 의가 나타났으니…"라는 말씀을 볼 때 메시아가 오심으로 의를 행하는 것이 가능하다는 것이다. 이사야는 정의를 지키고 의를 행하는 것을 미래의 구원과 연결시켰다. 이것은 하나님의 의가 이스라엘에 적용되었기 때문에 이스라엘이 의를 행할 수 있다는 것이다(Oswalt 2003, 607-608). 특히 이사야는 안식일을 더럽히지 아니하며 악을 행하지 않는 사람을 가리켜 언약을 굳게 잡는 사람이라고 하였다(사 56:2). 이것은 언약을 굳게 잡는 사람은 의로운 삶을 산다는 것을 보여준다.

② 언약을 붙잡는 자는 누구나 구원 얻을 수 있다(사 56:3-8)

이사야는 언약을 붙잡아 여호와께 연합한 이방인에게 "여호와께서 나를 그의 백성 중에서 반드시 갈라내시리라"하지 말고, 고자에게 "나는 마른 나무라" 하지 말라고 했다. 이는 매우 파격적인 말이다. 왜냐하면 당시 이방인과 고자는 여호와의 총회에 들어올 수 없었고 성전에서 제사를 드릴 수도 없었기 때문이다(출 12:43; 신 23:1). 그런데 여호와 하나님은 고자나 이방인이라 할지라도 안식일을 지키고 하나님이 기뻐하시는 일을 행하며 하나님의 언약을 굳게 잡는다면 하나님의 언약 백성이 되어 기도하는 하나님의 집에서 하나님과 교제하게 될 것이라고 말씀하셨다(사 56:4-7a). 왜냐하면 하나님의 집이 만민이 기도하는 집이라 일컬음이 될 것이기 때문이다(사 5:7b). 이 말씀은 솔로몬이 성전에서 기도한 내용의 성취이기도 하다(참조. 왕상 8:41-43). 예수님은 이 말씀을 인용하여 성전에서 장사하며 예배하는 것을 방해하던 자들을 책망하셨다(참조. 마 21:13; 막 11:17; 눅 19:46). 이뿐만 아니라 하나님은 이스라엘의 쫓겨난 자를 모으시고 이미 모은 백성 외에 더 모아 이스라엘에게 속하게 하실 것이다(사 56:8). 이것은 하나님이 이스라엘만이 아니라 언약을 믿고 안식일을 지키며 악을 버리는 모든 사람에게 구원의 문을 열어주셨다는 것이다.[79]

(2) 악한 자들에 대한 심판과 하나님의 은혜(사 56:9-57:21)

하나님이 모든 사람에게 구원의 문을 열어주셨다는 이사야 56:1-8의 희망적인 분위기와는 달리 이 문단에서는 죄에 대해 책망하시는 분위기로 전환된다. 이 상황을 포로기 이후로 보기도 하고(한정건 2012, 253), 특정한 역사적 배경을 찾는 일은 어렵다고 하면서 이 예언은 과거에 있었던 일반적 패턴이 하나님이 그의 나라를 이루시기 전에 먼 미래에 일어날 일을 나타내는 것으로 보기도 한다(Smith 2009, 539).

① 지도자들에 대한 심판(사 56:9-57:2)

이사야는 들의 모든 짐승과 숲의 모든 짐승을 부르며 와서 먹으라고 했다(사 56:9). 이 은유적 표현들이 무엇을 의미하는지 알 수 없으나 이스라엘 역사를 볼 때 앗수르, 바벨론과 같은 외국의 침략자들이나 기타 고통을 주는 요인들일 수 있다. 짐승들에게 무엇을 먹으라고 했는가? 그것은 이스라엘의 지도자들이다. 이사야는 이스라엘 지도자들을 맹인이요 무지하며 짓지 못하는 개로 묘사한다. 또 이들은 게을러 잠자기를 좋아한다(사 56:10). 그리고 이 개들은 탐욕적이고 자신의 이익만 추구하고 쾌락을 즐긴다(사 56:11-12). 이 지도자들은 의인들이 악한 자들에게 죽거나 고통을 당해도 관심이 없다(사 57:1-2). 지도자들이 제 역할을 다하지 못함으로 의와 진실이 사회에서 자취를 감춘다. 이러한 상황에서 어떻게 하나님이 사나운 짐승을 불러 이들을 삼키라고 하시지 않겠는가?

② 우상 숭배자들에 대한 심판(사 57:3-13)

이사야는 우상 숭배자들을 '무당의 자식', '간음자와 음녀의 자식'(사 57:3), '패역의 자

79 한정건(2012, 242-249)은 이사야 56:1-8을 제2 이사야인 이사야 40:1-56:8의 결론으로 새로운 시대를 알리는 팡파르로 보았다. 그리고 그는 이사야서의 많은 곳에서 장들이 잘못 나누어졌는데 이곳이 가장 나쁜 경우라고 보았다.

식', '거짓의 후손'(사 57:4) 등으로 묘사한다. 그들은 상수리 나무 사이, 푸른 나무 사이에서 음욕을 피웠다(사 57:5a). 이것은 우상을 숭배했다는 것이다(참조. 왕상 14:23; 15:3; 대하 28:4). 그리고 그들은 자녀를 도살하였다(사 57:5). 이것은 자녀를 몰렉의 제물로 바치는 행위인데 이스라엘 역사에서 종종 볼 수 있다(참조. 왕하 16:3; 대하 28:3; 33:6). 또 그들의 행동을 "그들의 침상을 넓히고 그들과 언약하며 또 네가 그들의 침상을 사랑하고 그 벌거벗은 것을 보았으며"(사 57:8)라고 했는데 이는 우상을 숭배했음을 말하는 은유적 표현이다. 이것은 제사의식의 하나로 매춘이 있었음을 의미하기도 한다(Oswalt 1998, 576).

또한 이사야는 그들이 하나님을 의지하지 않고 열강을 의지하는 것을 책망한다. 개역개정판은 "네가 기름을 가지고 몰렉에게 나아가되"(사 57:9)라고 했으나 이 '몰렉'은 NASB 처럼 '왕'(멜렉, מֶלֶךְ)으로 해석해야 한다. 이것은 정치적 안정을 얻기 위해 기름과 향품을 공물로 주고 외국 군대의 힘을 의지하려는 행위다(Smith 2009, 556). 이러한 선례는 이사야서 안에 여러 번 나타난다(사 28:15; 30:1-3; 31:1). 하나님은 이러한 일에 대해 하나님을 마음에 두지 않는 행위일 뿐만 아니라 우상을 숭배하는 행위로 보고 책망하셨다(사 57:11-13a). 하나님은 종교적이든 정치적이든 어떤 형태의 우상들도 다 바람에 날려 가겠지만 하나님을 의뢰하는 자는 땅을 차지하고 거룩한 산을 기업으로 얻을 것이라고 하셨다(사 57:13b). 거룩한 산은 하나님이 임재하시는 성소를 의미하기도 하고 완전한 하나님 나라를 의미하기도 한다(참조. 사 2:2-4; 11:9). 우상을 숭배하는 자는 다 바람에 날려 가겠으나 하나님을 의뢰하는 자는 거룩한 산에서 영원히 서게 될 것이다.

③ 겸손한 자를 회복시키시는 하나님(사 57:14-21)

이 문단은 앞의 두 문단인 이사야 56:9-57:13과 대조된다. 앞 단락은 죄에 대한 책망과 심판이라면 이 문단에서는 '소생시키고'(사 57:15), '고쳐주시는'(사 57:18-19) 하나님의 은혜에 초점이 맞추어져 있다. 또한 이사야 57:3-13은 2인칭 '너'와 '너희'가 25회 이상 반복적으로 나오지만 이사야 57:14-21에는 하나님을 1인칭 화자로 하여 '나'가 20회 이상 나온다. 그래서 이 단락은 하나님이 주권적으로 겸손한 자와 통회하는 자의 영을 소생시키고 평강의 길로 인도하실 것을 보여준다.

하나님은 돋우고 돋우어 자기 백성의 길에서 거치는 것을 제하여 버리라고 하셨다(사 57:14). 이 권고는 주의 길을 예비하는 자에게 하신 말씀을 생각나게 한다(참조. 사 40:3-5). 세례 요한이 이 역할을 했으나 여기서는 죄와 교만한 마음을 제거한다는 뜻으로 보인다. 이는 지극히 존귀하며 거룩하신 하나님은 높고 거룩한 곳과 통회하고 겸손한 자와 함께 계시는데 이는 겸손한 자의 영과 통회하는 자의 마음을 소생시키기 위함이다(사 57:15). 그래서 하나님은 영원히 다투지 아니하시고, 끊임없이 노하지 않으신다. 왜냐하면, 하나님은 인간의 영과 혼이 피곤해지기를 원치 않으시고 잠시 노해도 여전히 패역한 길로 가는 인간 존재의 한계를 아시기 때문이다(사 57:16–17). 그래서 하나님은 자기 백성을 치유하시는 평강을 주실 것이다(사 57:18–19). 이 평강은 먼 데 있는 자나 가까운 데 있는 자 곧 세상 모든 사람에게 주실 것이다. 그러나 악인은 평강이 없을 것이다(사 57:20–21). 이로 보아 이 말씀은 인류를 두 부류, 곧 의인과 악인으로 구분한다. 어떤 사람은 하나님이 고쳐주심으로 평강을 얻고 어떤 사람은 평강을 얻지 못한다. 이것은 전적인 하나님의 선택의 결과다(한정건 2012, 259). 제한된 이성을 가진 우리는 하나님의 선택을 다 이해할 수 없으나 택함을 받은 자는 의인의 삶을 선택함으로 그가 선택받은 자임을 입증한다.

(3) 하나님이 기뻐하시는 일에 대한 교훈(사 58:1–14)

이 문단에서 선지자는 단순히 외적인 종교 행위를 통해 하나님의 복을 기대하는 자들을 책망하며 하나님이 기뻐하시는 예배가 무엇인지 설명한다.

① 금식에 관한 교훈(사 58:1–9a)

a. 하나님이 기뻐하시지 않는 금식(사 58:1-5)

하나님은 야곱의 집에 크게 외쳐서 그들의 죄와 허물을 알게 하라고 명령하신다(사 58:1). 그들은 겉으로는 하나님의 길을 알기를 즐거워하는 것처럼 보이고 하나님께 가까이하기를 즐거워하는 것처럼 보인다(사 58:2). 그러면서 왜 금식하는 데도 하나님이 돌보시지 않는지를 질문한다(사 58:3a). 이에 대해 이사야는 '보라'(사 58:3b, 4)라고 하며 금식을 하면서도 오락을 즐기고, 일꾼을 압제하고,[80] 논쟁하고 다투고 악한 주먹으로 친다고 지적한다(사 58:3b, 4). 그러면서 수사의문문으로 이러한 일을 행하면서도 굵은 베와 재를 펴는 것이 여호와께 열납될 수 있겠느냐고 질문한다(사 58:5). 이것은 금식을 위시한 종교 행위를 한다고 하나님과 교제할 수 있는 것이 아니라는 뜻이다.

80 개역개정판은 "온갖 일을 시키는도다"라고 번역했으나 원문은 "너희는 너희 일꾼을 압제하는도다"(וְכָל־עַצְּבֵיכֶם תִּנְגֹּשׂוּ)이다.

b. 하나님이 기뻐하시는 금식(사 58:6-9a)

하나님은 자신이 기뻐하시는 금식이 무엇인지 구체적으로 설명해 주셨다. 하나님이 기뻐하시는 금식은 흉악의 결박을 풀어주며 멍에의 줄을 끌러 주고 압제당하는 자를 자유하게 하며 모든 멍에를 꺾는 것이다(사 58:6). 또 주린 자에게 양식을 나누어주며 유리하는 빈민을 집에 들이며 헐벗은 자를 보면 입히며, 골육을 피하여 스스로 숨지 아니하는 것이다(사 58:7). 구약성경에서 하나님은 속죄일에 금식하도록 명하셨다(레 16:29, 31). 그러나 그 외의 경우 규치적인 금식을 명하지 않으셨다. 예루살렘이 멸망된 후에 금식하는 규칙이 생겼으나 이 역시 성경에서 명한 것은 아니다(슥 7:3, 5; 8:19). 그러나 구약성경의 수많은 곳에서 하나님은 다른 사람들, 특히 그들보다 연약한 사람들을 존경하고 공평하고 친절하게 대하라고 명령하셨다. 금식은 하나님을 섬기는 의식적인 행동이기는 하지만 하나님과의 관계에서 더 중요한 것은 언약의 말씀에 순종하는 것이다. 그래서 하나님이 기뻐하시는 금식은 금식하는 의식적 행동보다 이 금식이 의미하는 속죄에 대한 감사로 이웃 사랑의 계명을 지키는 것이다.

하나님이 기뻐하시고 다른 사람을 돕는 금식을 하면 어떤 결과가 나타나는가? 이를 이사야는 결과절을 유도하는 두 개의 부사 '그리하면'(아즈, אָז)으로 설명한다. 하나는 "네 빛이 새벽 같이 비칠 것이고 치유가 급속할 것이며 네 공의가 네 앞에 행하고 여호와의 영광이 네 뒤에 호위하리니"(사 58:8)라는 말씀이다. 혹자는 '네 빛'을 여호와께서 주시는 기쁨과 번영과 구원으로 보기도 한다(Wolf & Stek 2002, 1118). 또 하나는 "네가 부를 때에 나 여호와가 응답하겠고 네가 부르짖을 때에는 내가 여기 있다 하리라"(사 58:9)라는 말씀이다.[81] 하나님의 백성에게 가장 중요한 것이 하나님과 만나 교제하는 일이라면 하나님이 기뻐하시는 금식은 이웃 사랑의 계명을 실천하는 것이다. 이 점에 대해 예수님께서도 외식하는 서기관들과 바리새인들을 "너희가 박하와 회향과 근채의 십일조는 드리되 율법의 더 중한 바 정의와 긍휼과 믿음은 버렸도다 그러나 이것도 행하고 저것도 버리지 말아야 할지니라"(마 23:23)라고 책망하셨다.

② 이웃 사랑에 관한 교훈(사 58:9b-12)

이사야는 멍에와 손가락질과 허망한 말을 버리고 주린 자를 동정하며 괴로워하는 자를 만족하게 하면 어떤 결과가 있을 것인지 설명한다(사 58:9b-10). 이것은 이웃 사랑의 계

81 개역개정판에는 없으나 히브리어 원문에는 '그리하면'(아즈, אָז)이라는 부사로 시작한다.

명을 실천하라는 것이다. 그러면 여호와께서 그를 인도하여 그의 뼈를 견고하게 하시고(건강하게 하시고), 물 댄 동산 같고, 물이 끊어지지 아니하는 샘 같게 하실 것이고, 그에게서 난 자들이 황폐한 곳을 다시 세우는 자가 되게 하실 것이다(사 58:10–12). 이러한 하나님의 보상은 이웃 사랑의 계명을 실천하도록 도전한다.

③ 안식일에 관한 교훈(사 58:13–14)

이사야는 안식일에 관한 율법을 바르게 지키는 자들에게 어떤 결과가 있을 것인지 설명한다(사 58:13). 안식일은 하나님과 이스라엘 자손 사이에 맺은 언약의 영원한 표징이다(출 31:17). 안식일을 지키는 일은 언약 백성임을 증명하는 행위이고 하나님의 은혜와 구속의 결과로 산다는 것을 의미한다(출 20:10–11; 신 5:15). 이 날을 바르게 지키는 자들은 여호와와 교제하며 즐거움을 얻을 것이다. 그리고 하나님이 그를 땅의 높은 곳에 올리고 야곱의 기업으로 기르실 것이다(사 58:14). 이것은 그들이 하나님이 그들의 조상 야곱에게 약속하신 땅을 소유하는 일과 기름진 땅에서 얻을 풍성한 소출을 의미한다(Smith 2009, 584–585). 안식일을 바르게 지키는 자들에게 주신 약속은 영적으로 하나님과 교제하며 물리적으로 땅에 사는 자들에게 필요한 양식으로 공급하신다는 것이다.

(4) 하나님이 미워하시는 일과 하나님의 은혜(사 59:1–21)

이 문단에서 이사야는 이사야 58:1–14에서 다룬 주제들 가운데 왜 하나님이 듣지 않는지에 대한 문제를 다룬다(사 59:1; 참조. 사 58:3). 이사야 58:1–14과 다른 점은 이사야가 백성의 죄를 자백한다는 것(사 59:9–15a)과 하나님이 구원의 방법을 제시하신다는 것이다(사 59:15b–21).

① 하나님이 기도를 듣지 않으시는 이유(사 59:1–8)

이사야는 여호와의 손이 짧거나 귀가 둔하여 듣지 못함이 아니라 죄가 이스라엘과 하나님 사이를 갈라놓았다고 했다(사 59:1–2). 그리고 여호와가 듣지 않으시는 이유로 그들의 죄를 지적했다. 그들의 손은 피에, 손가락은 죄악에 더러워졌다. 그들의 입술은 거짓을, 혀는 악독을 말한다(사 59:3). 그리고 발은 행악하기에 빠르고, 생각은 악하다(사 59:7). 공의대로 소송하지도 않고 진실하게 판결하지도 않으며, 허망한 것을 의뢰하고 거짓을 말한다(사 59:4a). 악행을 잉태하여 죄악을 낳고 독사의 알을 품고 거미줄을 짠다. 그 알을 먹는 자는 죽을 것이고 그 알을 밟으면 독사가 터져 나온다(사 59:4b-6). 이 그림은 악이 사회 전체에 확산되고 있음을 보여준다. 그래서 사람들은 평강의 길을 알지 못하고 그들이 사는 사회는 정의가 없다(사 59:8). 하나님이 귀를 닫으시고 구원하시지 않는 이유는 이와 같은 죄 때문이다. 죄는 하나님과의 교제를 단절시킨다.

② 이사야가 백성들의 죄를 회개함(사 59:9-15a)

이사야는 '그러므로'라는 접속사로 연결하여 앞의 이사야 59:1-8의 죄와 이 단락이 밀접한 연관이 있음을 보여준다. 여기서 이사야는 1인칭 복수형인 '우리'를 사용하여 죄의 결과에 대해 말하고 죄를 고백한다. 이사야가 '우리'를 사용한 것은 자신을 포함한 이스라엘의 죄를 위해 중보기도 한 것으로 볼 수 있다. 그는 '우리'에게 '정의', '공의', '성실', '정직'이 없고(사 59:9, 11, 14, 15), '우리'가 빛을 바라나 어둠뿐이고 비둘기같이 슬피 울며 정의를 바라나 없고 구원을 바라도 '우리'에게서 멀다고 고백했다(사 59:9, 11). 그러면서 이 모든 원인은 '우리'의 죄와 허물 곧 여호와를 배반하고 포학과 패역과 거짓말을 하였기 때문임을 고백한다(사 59:12-13). 이사야는 이들에게 정의를 실천할 능력이 없기에 하나님이 개입해 주셔야 함을 소망하고 있다.

③ 하나님이 역사에 개입하여 구원을 이루심(사 59:15b-21)

이사야의 소망대로 여호와께서 이를 살피시고 정의가 없는 것을 기뻐하지 않으시고 친히 자기의 공의를 의지하여 마치 전사처럼 공의를 갑옷으로, 구원을 투구로, 보복을 속옷으로, 열심을 겉옷으로 삼아 그들의 행위대로 갚으신다(사 59:15b-18). 하나님이 전사로 싸우실 대상은 외부의 압제자가 아니라 이스라엘 안에 있는 죄인들이다. 이렇게 하시는 것은 그들이 죄과를 떠나도록 하기 위함이다(사 59:20). 하나님은 이스라엘 안에는 의인이 없고 정의를 실천할 능력이 없음을 알고 계시기 때문이다. 그래서 하나님이 전사로서 원수에게 보복하시려는 것은 하나님의 백성을 지배하고 있는 죄다. 그들의 삶 가운데 있는 악의 힘을 물리치기 위함이다(Smith 2009, 636). 하나님이 사방에서 급히 흐르는 강물처럼 시온에 임하여 야곱 가운데 죄를 떠나게 하실 것이다(사 59:19-20).

이사야 59:20은 개역개정판이나 여러 영어 성경처럼 번역한다면 구속자가 죄를 떠나는 자에게 임하는 것이 된다. 그러면 구속자의 사역이 모호해진다. 그런데 바울이 로마서 11:26에서 이스라엘의 남은 자들이 구원을 받는다는 것을 입증하기 위해 이 말씀을 인용하였다.

> 그리하여 온 이스라엘이 구원을 받으리라 기록된 바 구원자가 시온에서 오사 야곱에게서 경건하지 않은 것을 돌이키시겠고

바울이 인용한 것은 70인역이다.[82] 히브리어 원문을 개역개정판처럼 번역하는 것도 가능하기는 하나 '죄를 돌이키기 위하여'(וּלְשָׁבֵי פֶשַׁע)라고 번역하는 것도 가능하다. 이 단어는 전치사 '러'(לְ)와 분사 '샤브'(שָׁב)가 결합되어 있다. 이 결합은 '…을 위하여'라는 번역이 가능하다(한정건 2012, 276). 바울이 이 말씀을 인용할 때 이를 몰랐을 리 없다. 그럼에도 70인역을 인용한 것은 '죄과를 떠나는 자'와 '경건치 않은 것을 들이키는 것'을 같은 개념으로 보았기 때문이다. 그래서 구속자가 임하는 것은 죄를 없이하려는 것이다. 이것이 하나님께서 이스라엘과 세운 언약이다. 이 언약은 하나님의 영이 그들에게 임하여 하나님의 말씀을 영원히 그들에게서 떠나지 않으시겠다는 것이다(사 59:21). 이것은 새 언약을 주실 것을 의미한다(참조. 렘 31:31; 겔 36:26-27). 이 하나님의 은혜가 하나님의 백성들이 죄에서 떠나 정의를 실천하며 사는 것을 가능케 한다.

(5) 예루살렘, 세상의 빛(사 60:1-62:12)

이 문단에서 이사야는 복음전파와 하나님이 그의 의로운 백성과 거룩한 성과 기름부음 받은 자인 메시아를 통해 그의 영광을 어떻게 펼치실지 그 계획을 설명한다(Smith 2009, 610).

① 하나님의 영광이 시온에 임하실 것이다(사 60:1-22)

이 문단에서 중심주제를 표현하는 단어인 '오다'와 '임하다'가 11번(사 60:1, 4a, 4b, 5, 6, 9, 11, 13, 17a, 17b, 20)이 나온다.[83] 이 경우 여호와와 백성들과 부(富)가 시온으로 온다는 의미로 사용되었다. 그리고 '영화롭게 하다'라는 단어인 '파알'(פאר)이 4번(사 60:7, 9, 13, 21), '빛'이라는 단어인 '오르'(אור)가 7번(사 60:1a, 1b, 3, 19a, 19b, 19c, 20)이 나온다. 이 문단의 주제는 '하나님이 오시는 목적은 하나님과 시온을 영화롭게 하기 위함이다'이다(Smith 2009, 611).

---

82 70인역은 "구속자가 시온에서 오셔서 야곱의 경건치 않은 것들을 돌이키실 것이다"(καὶ ἥξει ἕνεκεν Σιων ὁ ῥυόμενος καὶ ἀποστρέψει ἀσεβείας ἀπὸ Ιακωβ)라고 번역하였다.

83 개역개정판의 '오다'와 '임하다'는 히브리어로 모두 '보'(בוא)이다.

a. 시온에 임할 하나님의 영광(사 60:1-3)

앞의 단락 끝에서 이미 예견한 대로 하나님은 의와 구원으로 임재하시고(사 59:17), 악한 자들을 심판하시고(사 59:18), 구속자로서 시온에 임하시며(사 59:20) 하나님의 성령을 통하여 하나님과 언약 관계를 세우실 것이다(사 59:21). 이사야는 이사야 60장에 기록된 메시지를 앞의 이사야 2-59장에서 다양한 형태로 언급했다. 그것은 시온에 임하여 세상을 변화시킬 하나님의 계획으로 이사야 2:1-4과 4:2-6에서 처음 보여주었다. 이사야는 "일어나라 빛을 발하라"(사 60:1a)라는 말씀으로 시작한다.[84] 빛을 발해야 할 이유는 여호와의 영광이 임하였기 때문이다(사 60:1). 빛을 발해야 할 '너'는 누구인가? 여기서 '너'는 메시아가 될 수 없다. 메시아는 남성 단수로 나타나는데 여기서는 여성 단수로 나타나기 때문이다. 그래서 '너'는 시온을 가리킨다(사 60:14). 이 시온에 여호와의 영광이 임했다(사 60:1b). 하나님의 영광은 인간이 볼 수 있는 방식으로 나타나는데 거기에는 거룩하신 하나님의 위엄이 있으며 물리적으로 임재하시는 것을 말한다(Smith 2009, 613).[85]

그런데 이 시온이 예루살렘을 말하는지, 교회를 말하는지, 아니면 미래에 회복된 새 예루살렘이나 천년왕국을 말하는지에 대해서는 해석이 다르다. 박윤선(1976, 575)과 영(Young 1992b, 486-488)은 시온을 교회로 보았다. 하지만 교회로 본다면 세상 나라와 왕들이 특상품을 가지고 교회로 온다든지(사 60:5-12), 하나님이 "노하여 너를 쳤으나 이제는 나의 은혜로 너를 불쌍히 여겼은즉 …"(사 60:10)이라는 말씀과 "전에는 네가 버림을 당하며 …"(사 60:15)라는 말씀을 이해할 수 없다. 마틴(2011, 249)은 천년왕국에 일어날 일로 보았고, 한정건(2012, 286-287)과 맥래(MacRae 1995, 282-283)도 구속받은 예루살렘, 곧 천년왕국에 일어날 일로 보았다. 만약 그렇다면 "재림 후의 새 시대라면 구속받은 성도들이 일어나 빛을 비추어야 할 필요가 있는가?"라는 의문이 든다. 그리고 어둠이 땅을 덮고 캄캄함이 만민을 가리고 있고 나라들은 시온에 임한 빛을 보고 나아오는 것을 이해하기 어렵다(사 60:2-3).

리델보스(Ridderbos 1985, 536)는 시온을 교회에서 시작하여 미래의 영광스러운 것까지 내다본다고 했다. 오스왈트(Oswalt 2003, 642, 645)는 하나님의 빛이 시온에 떠오를 때 열방은 그 빛이 무엇을 위해 존재하며 왜 거기에 오는지 알게 된다고 했다. 시온의 빛은 시온

84 개역개정판의 "일어나라 빛을 발하라"라는 말씀은 히브리어로 '쿠미 오리'(קוּמִי אוֹרִי)인데 '일어나라'는 단어인 '쿠미'(קוּמִי)는 2인칭, 여성 단수, 명령법이고, '빛을 발하라'라는 단어인 '오리'(אוֹרִי)도 2인칭, 여성 단수, 명령법이다.

85 하나님의 영광은 모세에게 떨기나무의 불로 나타났고(출 3:2-6), 시내산에서는 구름과 불로 나타났다(출 24:15-17; 신 5:4-5, 23-27).

을 위한 것이 아니라 다른 이들을 위한 것이다. 그는 이사야 60-62장의 역사적 배경을 알기 어렵다고 하면서 바벨론에서 귀환하는 것은 아니고 또한 이 예언들이 이루어졌다고 말할 수도 없지만 이 중에 몇몇은 이루어졌다고 보았다. 여기에 예언된 사건이 언제, 어떻게 일어나는지의 문제는 부차적인 것으로 핵심은 하나님의 은혜가 그의 종들의 삶에 나타날 때 세상의 열방이 그것을 보고 하나님을 보기 위해 온다고 했다. 그리고 그는 그리스도인은 오직 하나님의 은혜로 하나님과 관계를 맺는 것처럼 하나님의 은혜로 세상에 하나님의 영광을 나타낸다고 했다. 그는 시온을 교회로 보면서도 영광스러운 미래를 내다보고 있는 것으로 이해했다.

b. 시온에 오게 될 부(사 60:4-9)

이사야는 빛을 발하는 시온에게 사방에서 사람들이 재물을 가지고 몰려오는 것을 보라고 했다(사 60:4-5). 이들이 가져올 재물은 낙타, 금, 유향, 숫양 등이다(사 60:6-7). 이러한 재물을 가져올 나라는 염해 남쪽인 미디안, 미디안의 한 부족인 에바(참조. 창 25:4; 대상 1:33), 스바, 북아라비아의 게달, 느바욧(이스마엘의 장자. 참조. 창 25:13), 다시스(스페인 남서쪽? 참조. 사 23:1) 등이다. 이들은 이스라엘의 거룩한 이에게 재물을 드리려는 자들이다. 이들이 시온에게 재물을 드리는 것은 하나님이 시온을 영화롭게 하셨기 때문이다(사 60:9). 한정건(2012, 294)은 이 말씀을 요한계시록 21:24-26과 연결시켜 재림 이후에 있을 천년왕국에 대한 묘사라고 보았다.

> 만국이 그 빛 가운데로 다니고 땅의 왕들이 자기 영광을 가지고 그리로 들어가리라 낮에 성문들을 도무지 닫지 아니하리니 거기에는 밤이 없음이라 사람들이 만국의 영광과 존귀를 가지고 그리로 들어가겠고(계 21:24-26)

하지만 스미스(Smith 2009, 618)가 이해한 것처럼 이 예언을 이사야가 예언하던 시대부터 교회 시대를 거치면서 하나님이 그의 나라를 세우실 때 하나님이 그의 이름을 예배하고 영화롭게 하도록 모든 인류를 이끄실 것으로 보는 것이 좋다.

c. 시온이 여호와가 구속자이심을 알게 됨(사 60:10-16)

하나님이 노하여 시온을 쳤으나 이제는 그의 은혜로 시온을 불쌍히 여기신다. 그래서 예전에는 이방인들이 성벽을 헐었으나 반대로 성벽을 쌓을 것이고 시온을 섬길 것이다

(사 60:10). 성문이 주야로 닫히지 않고 이방 나라들이 재물을 가져올 것이다(사 60:11). 그리고 시온을 섬기지 아니하는 백성과 나라는 파멸될 것이다(사 60:12). 레바논의 영광인 잣나무와 소나무와 황양목으로 시온을 영화롭게 할 것이다(사 60:13). 과거에 시온을 괴롭히던 자의 자손은 발 아래 엎드리며 시온을 일컬어 여호와의 성읍이며 이스라엘의 거룩한 이의 시온이라 할 것이다(사 60:14). 이뿐만 아니라 '전에는' 시온이 버림을 당했으나 '이제는' 영원한 아름다움이 되게 하실 것이다(사 60:15). 시온은 이방의 젖을 빨 것이다(사 60:16a). 이것은 시온이 이방인이 가져온 재물로 살게 될 것을 비유적으로 말한 것으로 시온의 위치가 달라질 것임을 의미한다. 이를 통해 시온은 여호와가 그들의 구원자요 구속자요 야곱의 전능자인 줄을 알게 될 것이다(사 60:16b). 이것은 이 예언이 실제 성취됨으로 여호와께서 시온의 구원자요 구속자가 되심을 알게 된다는 것이다.

그런데 이 일은 언제 일어날 것인가? 영(Young 1992b, 450–451)은 항상 열린 문을 하늘 도성의 문으로 이해하고 그리스도께서 하늘로 인도하시고 영원한 생명을 주시는 일로 이해하며 이 일이 계속되는 것으로 보았다. 그러나 한정건(2012, 296–297)은 이사야 60:11을 이사야 14:1–2과 요한계시록 21:24–26과 연결하여 천년왕국에서 일어날 일로 보았다.

d. 여호와가 세우시는 완전한 나라(사 60:17-22)

이사야는 이 단락에서 시온의 구속자인 여호와께서 세우시는 나라가 어떤 나라인지 대조를 통해 보여준다. 첫째, 금, 은, 놋, 철의 네 가지 대조인데 더 값비싸거나 더 강한 재질이 더 값싸거나 더 약한 재질을 대신하여 사용될 것이다(사 60:17a). 물리적으로 좋은 세상이 된다는 것이다. 둘째, 좋은 지도자들을 세워 강포와 황폐 대신에 화평과 공의를 세워 성벽이 구원과 찬송이 될 것이다(사 60:17b–18). 셋째, 여호와의 임재의 빛이 해와 달의 빛보다 훨씬 능가할 뿐만 아니라 여호와께서 영원한 빛이 되실 것이다(사 60:19–20). 넷째, 그 나라의 백성이 다 의롭게 되어 영원히 땅을 차지하여 하나님을 영화롭게 할 것이다(사 60:21). 그래서 강한 나라가 될 것이다(사 60:22). 이러한 대조를 통해 여호와가 세우시는 나라가 얼마나 위대하고 좋은지 설명한다. 이 일은 주님이 재림하신 후에 이루어질 일이기도 하지만 시온과 교회가 하나님의 영광을 아는 빛을 비추어야 할 책임이 있음도 보여준다.

② 기름부음 받은 종의 사역(사 61:1–11)

이 문단의 특징 가운데 하나는 인칭 변화다. 이사야 61:1–4에서 1인칭 '나'가 '그들'에 대해 이야기하다가 이사야 61:5–7에서는 '그들'은 '너희' 임을 밝힌다. 이사야 61:8–9은 1인칭 '나 여호와는'으로 시작하고, 이사야 61:10–11은 다른 1인칭 '나'가 여호와를 찬양한다. 이러한 변화는 주제를 전달하는 수사적 장치다. 여기서 기름부음 받은 자의 사역과 그 결과를 보여준다.

a. 기름부음 받은 자의 사명(사 61:1-4)

이 문단에서 1인칭으로 말하는 화자인 기름부음 받은 자가 누구인지 결정하는 일은 어렵다. 일반적으로 기름부음 받은 자가 이사야 40–55장에 예언된 메시아인지, 이사야인지, 아니면 에스라 같은 사람인지에 대한 논의가 있다. 정중호(2011, 318)와 와츠(2002a, 482–483) 등은 기름부음이 특별한 임무를 위한 것으로 보고 하나님의 뜻을 전하는 선지자의 위치와 역할을 강조하는 것으로 보았다. 한정건(2012, 306)과 하만(Harman 2005, 455) 등은 누가복음 4:16–21에서 예수님이 이 말씀을 인용하여 자신에게 적용하셨기에 메시아로 보았다. 영(Young 1992b, 458–459)과 오스왈트(Oswalt 2003, 650) 등은 이 문단에서 묘사된 사역이 오직 메시아만 하실 수 있는 사역이기 때문에 메시아라고 보았다. 그러나 영(Young 1992b, 458–459)은 칼빈의 말을 인용하여 여호와의 기름부음을 받았다는 면에서 그리고 여호와의 권위 아래에서 말한다는 의미에서 선지자들에게 적용할 수 있다고 했다. 특히 영(Young 1992b, 460)은 "이 글이 오늘 너희 귀에 응하였느니라"(눅 4:21)라는 말씀은 이사야의 예언이 특별한 날에 다 이루어졌다는 뜻이 아니라 이사야가 말했던 그 때가 왔다는 것이고 그 예언이 세상에서 교회의 사역을 통해 성취될 수 있는 것으로 보았다. 이것은 기름부음 받은 자를 메시아와 그의 사역을 전파하는 선지자들로 보았다는 것이다.

여호와께서 기름부으신 목적은 그로 하여금 아름다운 소식을 전하게 하기 위함이다. 그것은 마음이 상한 자를 고치고, 포로 된 자에게 자유를 선포하고, 갇힌 자에게 놓임을 선포하고, 여호와의 은혜의 해를 선포하고, 여호와의 보복의 날을 선포하고, 모든 슬픈 자를 위로하고, 시온에서 슬퍼하는 자에게 재 대신에 화관을 주고 슬픔 대신에 기쁨의 기름을 주고, 근심 대신에 찬송의 옷을 주기 위함이다(사 61:1–3a). 여기서 '자유'(데로르, דְּרוֹר)는 '희년'에 종들을 해방하는 상징으로 사용된다(참조. 레 25:10; 렘 34:8, 15, 17). 그리고 '은혜의 해 … 선포하다'라는 말 역시 희년의 언급과 유사하다. 이와 함께 기록한 '보복의 날'은 하나님이 악한 자들을 처벌하시고 모든 슬픈 자를 위로하는 날이기도 하다.[86]

86 한정건(2012, 307)은 누가복음 4:18–19에서 은혜의 해까지만 인용하고 보복의 날을 인용하지 않으신 것을 근거로 보복의 날을 재림적 사역으로 보았다.

이 기름부음 받은 자의 사역으로 변화된 자들을 하나님의 영광을 나타내기 위해 심은 의의 나무들(에일레이 하체덱, אֵילֵי הַצֶּדֶק)이라고 했다(사 61:3). 이들이 오래 황폐하였던 곳을 다시 쌓을 것이며 옛부터 무너진 곳을 다시 일으킬 것이다(사 61:4). 히브리 시의 특징인 평행법으로 된 이 말씀은 이사야 65:17과 66:22의 새 하늘과 새 땅과 연관되어 있고, 이사야 42:9의 종의 오심과 연관되어 있다(Smith 2009, 637; Harman 2005, 457). 영(Young 1992b, 461–462)은 '오래'나 '옛부터'는 긴 시대를 포함하기 때문에 바벨론 포로 이후 성을 재건하는 일에 적용할 수 없고 죄 때문에 여러 시대를 통해 황폐하게 된 것으로부터 교회를 세우는 일과 연관되어 있다고 했다.

b. 이스라엘의 위치와 시온의 회복(사 61:5-7)

이사야 61:5부터 인칭이 변화된다. '그들'이 '너희'로 나타난다. 이러한 인칭 변화는 기름부음 받은 자의 사역으로 변화된 이들이 하나님과 언약 관계에 있음을 보여준다. 여기 '너희'는 일차적으로 이스라엘이고 더 넓게는 구속받은 자들이다. 이스라엘이 회복될 때 이방인들은 그들의 양치기와 농부가 될 것이다(사 61:5). 이는 이방인들도 구원을 받는 것을 의미하는 것으로 그들이 강압적으로 봉사하는 것이 아니라 구원의 은혜로 인한 감사에서 나온 행동으로 보아야 한다(Smith 2009, 637). 그들이 이스라엘을 가리켜 여호와의 제사장이요 하나님의 봉사자라고 부를 것이다(사 61:6). 이는 이스라엘이 제사장 나라가 될 것이라는 출애굽 당시의 약속이 성취됨을 보여준다(참조. 출 19:6). 이방인들이 이렇게 부르는 것은 일차적으로 이스라엘이 제사장 나라로서의 사명을 감당했다는 것과 넓게는 구속받은 자들이 하나님의 봉사자로서 사명을 다했음을 보여준다. 특히 수치나 능욕 대신 보상을 배나 얻는다. 배로 받는다는 것은 장자의 축복이 회복된다는 것이다(신 21:17).

c. 여호와와 맺은 영원한 언약(사 61:8-9)

이 문단에서 다시 화자가 여호와로 바뀌어 왜 이스라엘이 수치와 능욕 대신 보상을 배로 받아 기쁨을 얻게 되는지를 설명한다. 그것은 두 가지 이유 때문이다. 하나는 여호와께서 정의를 사랑하고 불의와 강탈을 미워하시는 분이시기 때문이다. 이러한 여호와의 성품으로 말미암아 여호와께서 악한 자를 벌하시고 자기 백성을 구원하실 것이다. 또 하나는 그들과 영원한 언약을 맺을 것이기 때문이다(사 61:8). 이 언약은 이미 이사야 54:10; 55:3; 59:21에서 말씀하신 것과 같은 언약이며 이사야 55:3에서 말씀하신 영원한 다윗 언약을 보증하신 것이다(Smith 2009, 640–641). 이러한 구원사역의 결과 그들의 후손은 여호와의 복을 풍성하게 받은 자로 열방 가운데 알려지게 될 것이다(사 61:9).

d. 여호와의 복을 받은 자의 찬송(사 61:10-11)

이 문단에서 다시 화자가 바뀌어 "내가 여호와로 말미암아 크게 기뻐한다"(사 61:10)라고 했다(사 61:10). 여기서 화자는 여호와로 말미암아 구원을 받은 자들 가운데 한 사람이거나 구원얻은 자의 대표자인 이사야로 볼 수 있다.[87] 그 이유는 여호와가 구원의 옷을 그에게 입히시고 공의의 겉옷을 입히시되 마치 신랑 신부가 단장한 것같이 입혀주셨기 때문이다(사 61:10). 구원의 옷과 공의의 겉옷은 같은 의미를 다르게 표현한 것이다. 구원받은 자는 의롭게 된 자다. 이것은 단순히 믿음으로 의롭게 된 것만을 말하는 것이 아니라 의를 실천하는 것이 가능하게 되었다는 것이다. 그리고 마치 땅이 싹을 내며 동산이 거기에 뿌린 것을 움 돋게 함 같이 주 여호와께서 공의와 찬송을 모든 나라 앞에 솟아나게 하실 것이라고 말했다(사 61:11). 이는 하나님이 땅을 창조하시고 땅으로 싹을 내게 하시고 거기에 뿌린 것을 움이 돋게 하시는 것처럼 끊임없이 구속받은 자기 백성과 교제하시기 때문이다(Goldingay 2014, 327–328). 이뿐만 아니라 복음 안에 하나님의 의가 나타나 믿는 자들이 하나님이 성취하신 구속을 마음에서 우러나와 찬양하게 될 것이기 때문이다(Young 1992b, 466). 그러므로 구속받은 모든 성도는 제사장 나라와 하나님의 봉사자와 의롭다 함을 입은 자로서 의를 실천하며 하나님의 의를 찬송하는 자가 되어야 한다.

③ 예루살렘의 새 이름(사 62:1–12)

이 문단에서 이사야는 예루살렘을 의인화하여 아름답고 영광스러운 모습으로 변화될 것을 묘사한다. 여기서 다양한 이미지로 예루살렘을 묘사하지만 이름이 바뀌는 것뿐만 아니라 하나님이 기뻐하시는 존재요 거룩한 백성으로 있게 될 것을 묘사한다.

a. 시온의 새 이름 헵시바와 라(사 62:1-5)

이사야 62:1의 화자는 하나님이시다. 하나님은 시온의 의가 빛같이 예루살렘의 구원이 횃불같이 나타나도록 시온을 위해 잠잠하지 아니하고 예루살렘을 위해 쉬지 아니하리라고 하셨다(사 62:1). '의'와 '구원'은 두 가지 면에서 중요하다. 이스라엘의 의는 자기 스스로 생산해 내는 것이 아니라 하나님의 구원하시는 행동으로만 가능하다는 것이고,

87 한정건(2012, 309–310)은 구원받은 시온 성이라고 보았다.

동시에 하나님의 구원하시는 행동의 목적은 의로운 삶을 살게 하려는 것이다.

이사야 62:1의 화자가 하나님이시라면 이사야 62:2–5의 화자는 선지자다. 하나님과 선지자를 구분하지 않는 것은 성경적 예언의 특징이다(Oswalt 2003, 655). 그는 하나님의 하실 일에 대해 부연하여 설명한다. 선지자는 이방 나라들이 시온의 의와 영광을 볼 것이고 시온은 여호와의 손에 있는 아름다운 관과 왕관이 될 것이라고 했다(사 62:2–3a).[88] 아름다운 관과 왕관은 통치권을 의미하고 이것이 여호와의 손에 있다는 것은 시온이 하나님께 속해 있다는 것이며 모든 악한 것으로부터 하나님이 보호하신다는 것을 의미한다(Smith 2009, 647). 그리고 그에게 새 이름을 줄 것인데 다시는 버림받는 자나 황무지로 부르지 않고 헵시바와 쁄라라 부를 것이라고 했다(사 62:2b, 4a). '헵시바'(חֶפְצִי־בָהּ)는 '나의 기쁨이 그에게 있다'라는 뜻이고, '쁄라'(버울라, בְּעוּלָה)는 '결혼한 여자'라는 뜻이다. 이 단어는 둘 다 여성형으로 예루살렘 성을 말한다. 예루살렘 성이 이 이름으로 불리는 이유는 여호와께서 그를 기뻐하시고, 그의 땅이 결혼한 것처럼 될 것이기 때문이다(사 62:4b). 이것은 시온이 회복될 것을 말한다. 이로 말미암아 마치 결혼하지 않은 청년이 결혼하지 않은 처녀와 '결혼함'(יִבְעַל 〈 בָּעַל) 같이 네 아들들이 '너를 취하겠고'(יִבְעָלוּךְ 〈 בעל), 신랑이 신부를 기뻐함같이 하나님이 그를 기뻐하실 것이다(사 62:5). 여기에 '네 아들들'은 하나님의 백성들을 말한다. 이것은 언약 관계에서 하나님과 백성들과 시온 사이에 영속적인 사랑의 관계가 있음을 의미한다(Smith 2009, 649).

b. 파수꾼을 세워 시온을 지키신다(사 62:6-9)

이 문단 역시 앞 문단처럼 이사야 62:6a의 화자는 하나님이시고, 62:6b–9의 화자는 이사야다. 하나님은 예루살렘을 회복시켜 주실 뿐만 아니라 파수꾼들로 하여그 주야로 계속 잠잠하지 않게 하였다고 말씀하셨다(사 62:6a). 하나님의 말씀에 이어서 선지자는 파수꾼을 '여호와로 기억하시게 하는 자들'(함마즈키림 엩아도나이, הַמַּזְכִּרִים אֶת־יְהוָה)이라고 했다.[89] 이들은 여호와께서 예루살렘을 세워 세상에서 찬송을 받게 하시기까지 여호와로 쉬지 못하시게 하는 자들이다(사 62:6–7). 일반적으로 이스라엘에서 파수꾼은 선지자이다(사 52:8; 56:10; 겔 3:17–21; 렘 6:17). 그러나 E. J. 영(Young 1992b, 470)은 이사야 62:5에 예언된 일이 성취되지 않았기 때문에 6절의 파수꾼을 구약시대의 선지자가 아니라 믿음을 지키기 위해 세워진 하나님의 신실한 사역자들이라고 보았다. 이들은 하나님이 예루살렘을

88 이사야 62:2의 '네 의'(צִדְקֵךְ)와 '네 영광'(כְּבוֹדֵךְ) 그리고 62:3의 '너'는 2인칭 여성으로 모두 시온을 가리킨다.

89 표준새번역은 "주께서 하신 약속을 늘 주께 상기시켜 드려야 할 너희"라고 번역하였다.

세워 예루살렘이 세상에서 찬송을 받게 하시기까지 하나님의 관심을 불러일으키게 하고 하나님으로 쉬지 않게 하는 기도에 종사해야 한다. 한편 하나님이 교회에 주신 가장 좋은 선물들 가운데 하나는 신실한 사역자다. 그는 교회가 잘못된 길로 가는 것을 경고하고 교회를 위해 끊임없이 기도한다(Young 1992b, 471). 그리고 이사야는 여호와께서 이 파수꾼을 세워 시온이 수고한 것을 원수들이 먹지 못하게 하시고, 외직 추수한 자가 성소 뜻에서 먹고 여호와를 찬양할 것이라고 그의 능력의 팔로 맹세하셨다고 했다(사 62:8–9). 이러한 상징을 사용한 것은 시온이 하나님의 임재를 풍성하게 누리고 그의 규례를 따라 하나님을 섬기고 예배하게 될 것을 의미한다(Young 1992b, 472).

c. 구원자가 오시는 길을 예비하라(사 62:10-12)

선지자는 누군가에게 성문으로 '나아가고'(이브루 이브루, עִבְרוּ עִבְרוּ) 백성이 올 길을 '닦고'(판누, פַּנּוּ) 큰 길을 '수축하고'(솔루 솔루, סֹלּוּ סֹלּוּ) 만민을 위해 기치를 '들라'(하리무, הָרִימוּ)라고 했다(사 62:10). 여기서 선지자는 명령법 동사와 강조를 표현하는 수사적 반복을 통해 시온의 높아짐과 구원을 준비하라고 했다. 이 말씀은 이사야 40:3과 57:14과 유사하다. 그런데 누구에게 명령하여 성문으로 나아가고, 백성이 올 길을 닦고, 큰 길을 수축하라고 하는가? 이 동사들은 모두 2인칭, 복수, 명령법이다. 그래서 여기 '너희'는 예루살렘에 사는 의로운 자들이나 파수꾼, 곧 여호와로 기억하시게 하는 자들로 볼 수 있다(Smith 2009, 653).[90] 본문의 핵심은 열방이 시온에 들어갈 수 있도록 문을 열고 길을 수축하고 누구나 들어올 수 있도록 해야 한다는 것이다(Motyer 1993, 508). 그 일은 여호와로 기억하시게 하는 파수꾼이 가장 적절하다.

그리고 이사야 62:11에서 선지자는 시온에 들어가는 일이 왜 중요한 일인지를 어떤 사실을 주목하게 하는 세 개의 감탄사 '보라'(힌네이, הִנֵּה)를 사용하여 점층법으로 표현한다.[91] 첫 번째로 "보라 여호와께서 땅 끝까지 선포하시되 너희는 딸 시온에게 이르라"라고 했다(사 62:11a). 영(Young 1992b, 473)은 이 말씀을 주석하는 일에 어려움이 있는데 '선포하다'의 목적어가 없기 때문이라고 했다. 그러면서 다음에 나오는 두 번째 '보라' 이하에 있는 말씀이 선포해야 할 내용으로 잘 어울린다고 했다. 그것은 "보라 네 구원이 이르렀느니라"라는 말씀이다(사 62:11b). 이 구원은 메시아다. 그러면서 세 번째로 "보라 상급이 그에게 있고 보응이 그 앞에 있느니라"(사 62:11c)라고 했다. 히브리어 원문은 "보라 '그의

90 E. J. 영(Young, 1992b, 472)은 성문으로 나아가는 자와 길을 닦는 자들을 모두 시온으로 들어가는 자들로 보았다.

91 이사야 62:11을 시작할 때 개역개정판이나 NIV에 첫 번째 '보라'가 빠져있다.

상급'(שְׂכָרוֹ)은 그와 함께 있고 '그의 보응'(פְּעֻלָּתוֹ)은 그의 앞에 있느니라"이다. 이는 하나님이 주시는 상급과 보응이 메시아 앞에 있다는 뜻이다(Motyer 1993, 508; Smith 2009, 654). 그래서 사람들이 이스라엘을 가리켜 거룩한 백성이고 여호와께서 구속하신 자라 부르며, 시온을 일컬어 찾은 바 되고 버림받지 아니한 성읍이라 하게 될 것이다(사 62:12). 이로 보아 여기서 시온은 단순히 지역적인 예루살렘을 말하는 것이 아니라 열방이 구원을 받아 들어올 나라를 말한다. 그래서 모든 파수꾼은 그 나라로 들어올 수 있도록 문을 열고 길을 수축하고 기치를 들어야 한다.

(6) 전사이신 하나님(사 63:1–6)

이 문단에서 선지자는 시온의 높아짐과 이방인들이 시온에 들어와 거룩한 백성이 되는 일을 언급한 뒤에 시온의 대적들 가운데 대표적으로 에돔을 심판하는 내용을 기록한다. 이 단락은 첫 번째 질문(A) → 대답(B), 두 번째 질문(A') → 대답(B')의 구조로 되어 있다.

첫 번째 질문은 에돔에서 오는 이가 누구며 붉은 옷을 입고 보스라에서 오는 이, 화려한 의복을 입고 큰 능력으로 걷는 이가 누구냐고 했다(사 63:1a). 심판을 묘사하는 이미지는 붉은 색이며 이 색상을 '붉다'라는 뜻인 에돔이라는 단어로 기록한다. 또한 붉은색은 피의 색이며 동시에 포도주 틀에서 나오는 색상이기도 하다. '보스라'는 에돔의 중요 도시다. 이 단어도 붉은색 이미지를 가지고 있다. 즉 '보스라'(בָּצְרָה)는 '포도를 수확하다'라는 단어인 '바차르'(בצר)에서 파생되었는데 포도주의 색깔이 붉은색이고 포도를 수확하여 즙을 짜는 포도주를 만드는 일을 하는 사람의 옷은 붉게 물들게 된다(정중호 2011, 337). 이 역시 언어 유희를 통해 붉은색과 심판의 의미를 강조한다. 에돔은 앗수르가 유다를 침략했을 때 침묵했고(사 21:11–12; 옵 1:13), 바벨론이 침략했을 때 바벨론과 합류하여 이스라엘 땅을 차지했다(참조. 겔 35:5; 36:2, 5).

이 질문에 대한 대답으로 하나님은 "그가 나이니 공의를 말하는 이요 구원하는 능력을 가진 이"라고 대답하셨다(사 63:1b). 하나님이 공의를 말한다는 것은 사람들이 의로워야 한다는 것이다. 하지만 이 세상에 하나님의 공의를 만족시킬 수 있는 사람이 누가 있는가? 그래서 하나님이 공의를 말하는 이요 구원하는 능력이 있는 이라는 것은 한편으로는 심판이고 한편으로는 구속의 의미가 있음을 알 수 있다.

두 번째 질문은 어찌하여 의복이 붉으며 옷이 포도즙 틀을 밟는 자 같으냐는 것이다(사 63:2). 이 질문에 대해 하나님은 크게 진노함(노함 + 분함)으로 말미암아 무리를 짓밟았기 때문에 그들의 선혈이 옷에 튀었기 때문이라고 설명해 주셨다(사 63:3). 왜 하나님이 이러한 행동을 하셨는가? 그것은 원수 갚는 날이 마음에 있고 또 구속할 날이 왔기 때문이다(사 63:4). 하나님이 공의를 따라 심판하시고 구원하실 때가 되었다는 것이다. 그러나 하나님은 아무도 자기 백성을 도와주거나 붙들어 주는 이가 없음을 보고 구원하시기 위해 일어나셨다(사 63:5). 이 말씀은 이사야 59:15b-21과 짝을 이룬다. 그래서 하나님은 전사처럼 포도즙 틀을 밟듯이 만민을 밟아 선혈이 땅에 쏟아지게 하셨다(사 63:6).

그러므로 하나님의 의복에 묻은 피(사 63:1, 3)는 하나님을 받아들이지 않는 백성들을 포함한 모든 열방의 죄인들을 위한 피다. 에돔은 하나님을 받아들이지 않는 사람의 특징을 상징한다. 왜 만민 중에 이 일을 할 자가 없었을까(사 63:3, 5)? 하나님만이 유일하게 죄가 없는 재판관이시기 때문이다(Oswalt 2003, 661). 이 일은 언제 일어날 것인가? 한정건(2012, 314-315)은 종말적인 전쟁으로 보고 요한계시록 14:19-20; 19:13의 말씀과 연관시켰다. 그러나 죄에 대한 심판과 구원은 그리스도가 오심으로 시작되었고 그리스도가 재림하시는 날에 완성될 것으로 보아야 한다.

(7) 자비를 구하는 기도(사 63:7-64:12)

이 문단에서 선지자는 백성의 대표자로서 백성들에게 자비를 베풀어주실 것을 하나님께 기도하는 동시에 감사와 고백을 표현하고 있다. 그리고 이사야 65:1-66:24은 이 기도에 대한 응답이다. 배교하는 이스라엘은 거절당할 것이며 오직 헌신된 남은 자들만 보존될 것을 보여준다(Young 1992b, 480).

① 여호와가 이스라엘에게 베푸신 은혜(사 63:7-14)

선지자는 여호와께서 이스라엘 집에 베푸신 은총을 회상형식으로 말한다(사 63:7-9). 하나님은 이스라엘을 자기 백성이라 하시고 그들의 구원자가 되시며 자기 앞에 사자(angel)를 보내어 그의 사랑과 자비로 그들을 구원하시고 마치 아기를 다루듯이 드시고 안으셨다(사 63:8-9). 이것은 여호와가 이스라엘을 어떤 존재로 이해하셨고 어떻게 보호하시고 인도하셨는지 알게 한다.

그런데도 이스라엘은 반역하고 성령을 근심하게 하였기에 여호와께서 돌이켜 그들의 대적이 되어 치셨다(사 63:10). 그러자 백성들은 과거와 현재의 상태를 비교하며 질문한다.[92] 그들은 모세 시대에 백성과 양 떼의 목자를 올라오게 하신 이, 그들 가운데 성령을 두신 이, 모세의 오른손을 이끌어 물을 갈라지게 하여 애굽의 군대를 깊음 가운데 인도하시되 광야에 있는 말과 같이 넘어지지 않게 하신 이가 어디 계시느냐고 말했다(사 63:11-13). 이것은 옛적에 구원하셨던 하나님의 능력을 기억하면서 지금은 그 하나님의 능력이 보이지 않는다고 말하는 백성들의 불평이다.

이사야 63:11-13은 화자가 백성이지만 이사야 63:14은 화자가 다르다. 이사야 63:14a에서는 화자를 달리하여 이사야는 백성들의 이러한 불평이 있음에도 여호와의 영이 그들을 골짜기로 내려가는 양같이 편히 쉬게 하셨다고 했다. 그리고 그 결과를 이사야는 여호와를 2인칭으로 부르며 주의 백성(당신의 백성, עַמְּךָ 〈 עַם + ךָ)을 인도하여 주를 위해(당신을 위해, לְךָ 〈 לְ + ךָ) 영화롭게 하셨다고 했다(사 63:14). 이것은 하나님이 자기 백성과 친밀하게 교제하심을 의미한다. 이것이 하나님이 이스라엘에게 베푸신 은혜다.

② 여호와의 자비와 사랑을 구하는 기도(사 63:15-64:12)

이 문단에서 이사야는 언약 백성을 대표하여 1인칭 복수 대명사(우리, 우리의, 우리에게)로 전환하며 탄식하는 기도로 시작한다. 이것은 새로운 단락이 시작된다는 신호다. 그는 악의 세력이 영향을 미치는 것을 고려하여 하나님이 그의 백성에게 자비를 베풀어달라고 간구한다.

a. 하나님의 임재를 위한 탄식의 기도(사 63:15-64:4)

선지자는 이스라엘에게 베푸신 은혜에 근거하여 여호와를 2인칭으로 부르며 "하늘에서 굽어살피시며", "주의 거룩하고 영화로운 처소에서 보옵소서"라고 기도한다. 그리고 그는 주의 열성과 능하신 행동이 이제 어디 있느냐고 반문하고 주의 자비와 사랑이 그쳤다고 불평한다(사 63:15). 그는 왜 하나님께 불평하며 기도하는가? 왜냐하면, 그는 여호와를 우리 아버지로 믿었기 때문이다. 왜 그렇게 믿었는가? 하나님이 옛날부터 우리의 구속자라고 말씀하셨기 때문이다(사 63:16). 구속자(고엘, גֹּאֵל)는 가족이나 친족이 빚을 갚을 능력이 없을 때 대신 빚을 갚아주거나 잃은 기업을 회복시켜 주는 자를 말한다(참조. 룻

92 이사야 63:11의 첫 번째 동사인 '와이즈콜'(וַיִּזְכֹּר)의 주어가 하나님인지, 백성인지 애매하다. 와츠(2002a, 520-521)와 정중호(2011, 349)는 주어를 하나님으로 보고 '옛적'을 기억하신 것으로 보았다. 주어를 하나님으로 보면 하나님이 옛적에 보여주신 은혜를 기억하게 하신 것으로 지금 그 일을 행하신다는 의미가 된다. 그러나 NIV, NASB 등의 번역은 백성으로 본다. E. J. 영(Young 1992b, 483) 역시 대표 단수인 백성이 되어야 한다고 보았다.

2:20; 4:14). 여호와를 이렇게 부르는 것은 하나님이 우리의 아버지 되시고 우리의 구속자가 되신다고 친히 말씀하셨기 때문에 당연히 구해 주셔야 한다는 것이다. 이것은 구약시대나 신약시대나 그리스도 안에서 모든 성도가 받은 은혜다.

그런데 선지자는 불평을 좀 더 심화하여 우리 아버지가 되시고 우리의 구속자가 되신 하나님이 어찌하여 우리를 주의 길에서 떠나게 하며 우리의 마음을 완고하게 하여 주를 경외하지 못하게 하셨는지 반문한다(사 63:17a). 이 반문은 마치 이스라엘의 죄가 하나님의 책임이라는 인상을 준다. 그러나 이것이 하나님이 죄를 범하게 하셨다고 보기보다는 그대로 두셨기에 나타난 결과로 보아야 한다. 스미스(Smith 2009, 682)는 하나님이 세상을 통치하시는 방식과 연관하여 불평하는 것이라고 보았다. 이 기도는 그들이 지은 죄에 대한 책임을 온전히 받아들이지 못하겠다는 불평과 하나님이 능히 나쁜 상황을 막아주실 수 있음에도 불구하고 주의 길에서 떠나게 하시고 마음을 완고하게 하신 일에 대해 불평하는 것일 수도 있다고 보았다. 이러한 불평에도 불구하고 이사야는 이스라엘을 '주의 종들'이라고 부르며 그들을 위해 돌아와 달라고 기도했다(사 63:17b). 왜냐하면, 주의 거룩한 백성이 땅을 차지한 지 오래지 않아 원수들이 주의 성소를 유린하여 마치 주의 다스림을 받지 못하는 자처럼 되었기 때문이다(사 63:18–19). 이것은 마치 하나님의 백성이 버림받은 것처럼 보인다는 것이다.

선지자가 이렇게 불평을 토로하는 것은 이사야 63:15–19이 '탄식의 기도'라는 점에서 이해할 수 있다. 십자가 위에서 예수님이 "나의 하나님 나의 하나님 어찌하여 나를 버리시나이까"(마 27:46; 시 22:1)라고 하며 하나님을 원망하듯이 부르짖는 기도가 탄식의 기도다. 이 형식의 기도는 하나님을 의심하고 원망하기보다 고통스럽고 힘들어 하나님의 손길을 구하는 것이다(정중호 2011, 352).

그래서 선지자는 열정적으로 하나님이 옛적에 하셨던 것처럼 하나님이 하늘을 가르시고 주 앞에서 산들이 진동하기를 구한다(사 64:1).[93] 이것은 하나님이 강림하시는 이미지를 보여준다. 그래서 이 기도는 마치 버림받은 것처럼 보이는 하나님의 백성의 삶의 현장에 하나님이 개입해 달라는 것이다. 불이 섶을 사르며 불이 물을 끓임같이 원수들이 주의 이름을 알게 해 달라고 기도한다(사 64:2). 이 기도는 하나님의 강림을 통해 원수들이 하나님이 어떤 분이신지 알게 해 달라는 것이다.

이 같은 일은 과거 출애굽 때 있었다. 출애굽 당시 하나님이 강림하여 어느 누구도 생

93 개역개정판이나 NIV, KJV 등 영어성경의 이사야 64:1은 히브리어 성경에서 이사야 63:19b이다. 그래서 히브리어 성경에서 64:1–11은 개역개정판이나 영어성경에서 64:1–12이기에 여기에 따라 해설했다.

각하지 못한 두려운 일을 행하셨고, 그때 주 앞에서 산들이 진동했다. 그러면서 선지자는 하나님 외에 자기를 앙망하는 자를 위해 이 같은 일을 행한 신은 없다고 했다(사 64:4).

사도 바울은 이사야 64:4을 인용하여 하나님이 그리스도 안에서 행하신 구원의 사건에 적용했다(고전 2:9). 그리고 이 사건이 지혜롭고 슬기있는 사람에게는 숨겨졌으나 하나님의 성령으로 우리에게 보이셨다고 했다(고전 2:10). 바울의 인용은 이사야 64:4과 직접적인 연관이 없는 것처럼 보이지만 구원의 사건을 듣거나 본적이 없는 것처럼 창세 이래로 들은 적이 없었던 일을 세상 끝날 이전에 듣게 된다는 점에서 가능한 것처럼 보인다(헨리 2008, 1057–1058).

b. 회개의 기도(사 64:5-7)

선지자는 주께서 기쁘게 공의를 행하는 자와 주의 길에서 주를 기억하는 자를 선대하신다고 고백한다(사 64:5a). 하나님의 백성이 이러한 하나님의 성품과 반대되는 길을 걸으면 하나님의 은혜를 기대할 수 없다. 그래서 선지자는 하나님이 왜 진노하셨는지 이사야 64:5b에서 주의를 집중시키는 '보라'(헤인, הֵן)라는 감탄사로 시작한다.[94] 그들이 죄를 지어 하나님이 진노했고 이 현상이 오래 되었음을 고백한다(사 64:5b). 그들은 다 부정한 자가 되었고 그들의 의는 다 더러운 옷 같아서 주께서 얼굴을 숨길 수밖에 없었음을 고백한다(사 64:6–7). 그러나 죄를 회개하는 이 기도는 아픈 과거를 청산하고 복된 미래를 열어가는 출발점이다.

c. 구원을 위한 기도(사 64:8-12)

선지자는 백성들의 죄를 회개한 후에 주를 '우리 아버지'와 우리는 '주의 손으로 지으신 것'이라고 고백하며 구원해 주시기를 기도한다(사 64:8). 그러면서 선지자는 분노하지 마시고 죄악을 영원히 기억하지 말아 달라고 하면서 '보시옵소서'(헤인, הֵן)라는 감탄사로 주의를 집중시키며 이스라엘 백성이 주의 백성임을 상기시킨다(사 64:9). 이것은 기도하는 자들이 하나님의 백성, 곧 언약 관계에 있는 자들이라는 사실을 생각하라는 뜻이다(Young 1992b, 498). 선지자는 이 관계에 기초하여 거룩하고 아름다운 성전이 불에 탔고 다 황폐했기 때문에 주께서 가만히 계시지 말고 자비를 베풀어주실 것을 기도한다(사 64:10–12). 탄식하며 기도하는 것도 기도 가운데 중요한 부분으로 마음에서 우러나오는 진실한

94 아쉽게도 개역개정판에는 이 단어가 빠져 있다. NASB는 'Behold'라고 번역했다.

모습이 있다면 귀 기울여 들으시는 하나님의 응답을 체험할 수 있다(정중호 2011, 356).

(8) 하나님의 응답(사 65:1-66:24)

성경학자들은 이 문단을 이사야서의 결론으로 본다. 그 이유 중 하나는 이 문단이 이사야 1장의 주제와 어휘가 밀접하게 연결되어 있기 때문이다(Smith 2009, 696).[95] 그리고 이 문단은 이사야 63:7-64:12의 기도에 대한 응답이라고 볼 수 있다(Smith 2009, 697). 또한 이 문단이 공통적인 어휘를 반복하여 사용함으로 통일성을 이루고 있지만, 또 한편으로 이 문단 전체의 주제를 하나님이 패역한 자들과 겸손하게 하나님을 섬기는 신실한 종들을 다루시는 방법을 서로 대조함으로 보여준다(Smith 2009, 699).

① 이방인을 부르시는 하나님(사 65:1)

이방인들은 유대인들과 대조적으로 주의 은혜를 구하지 않았어도 주의 은혜를 받았다. 하나님은 자기를 구하지 아니하던 자에게 '묻기를 허락하셨고',[96] 찾지 아니한 자에게 '찾아냄이 되셨고', 그의 이름을 부르지 아니한 자에게 "내가 여기 있노라"를 반복하여 말씀함으로 자신을 나타내었음을 강조하셨다. 선지자는 하나님의 은혜를 받을 자격이 없는 죄인들에게 주권적으로 거저 주시는 은혜가 있음을 강조한다(Young 1992b, 501-502). 바울은 이 말씀을 로마서 10:20에서 이방인의 구원에 적용했다.

> 이사야는 매우 담대하여 내가 나를 찾지 아니한 자들에게 찾은 바 되고 내게 묻지 아니한 자들에게 나타났노라 말하였고

② 이스라엘을 부르시는 하나님(사 65:2-7)

하나님은 종일 손을 펴서 옳지 않은 길로 가는 패역한 백성, 곧 자기 백성 이스라엘도 부르셨다(사 65:2). 바울은 이 절을 로마서 10:21에서 인용함으로 이스라엘을 부르시는 것으로 적용했다.

---

95 이 점에 대해 이사야 1장의 해설 "서론"을 참조하라.

96 개역개정판의 '물음을 받았으며'라고 번역된 히브리어 단어는 '니드라셔티'(נִדְרַשְׁתִּי)인데 니팔(재귀형) 완료형으로 문자적으로 '하나님이 스스로를 문의를 받도록 허락하셨다'라는 뜻이다. NIV, NASB 등이 재귀형으로 번역했다.

> 이스라엘에 대하여 이르되 순종하지 아니하고 거슬러 말하는 백성에게 내가 종일 내 손을 벌렸노라 하였느니라

하나님이 자기 백성에게 손을 벌렸다는 것은 그들을 구원하시기 위함이다(참조. 롬 11:1-12). 그러나 이스라엘은 부르심을 거절하고 이방인의 의식을 행하며 가증한 일을 행하였다(사 65:3-5). 이것은 레위기에 기록된 방법대로 여호와께 제사하지 않고 우상을 숭배했다는 것이다. 그래서 하나님은 백성들이 행한 죄악된 행위가 기록되었다고 하시고 그들의 행위를 다 헤아려 심판할 것이라고 하셨다(사 65:7-8). 하나님이 이스라엘이 행한 죄를 지적하시고 심판을 경고하신 것은 회개하고 하나님께 돌아오라는 부르심이다.

③ 여호와의 종들과 악한 자들의 차이(사 65:8-16)

하나님은 악한 나라를 용서하지 않을 것이나 남은 자를 구원하실 것이다. 이를 포도송이와 거기에서 나오는 즙을 비유로 하여 설명하신다(사 65:8). 이와 같이 하나님이 '그의 종'(사 65:8, 9, 10, 13, 14, 15), 곧 '택한 자'(사 65:9, 15)를 위해 다 멸하지 않고 남기시겠다는 것이다. 그리하여 하나님은 유다에서 하나님의 산들을 기업으로 이을 자를 내어 거하게 하신다. 그리고 지중해 연안에 있는 샤론은 양 떼의 우리가 되겠고 아골 골짜기는 소 떼가 눕는 곳이 되게 하실 것이다(사 65:10). 그러나 여호와를 버리고 성산을 잊고 '갓'(גַּד)에게 상을 베풀고 '므니'(מְנִי)에게 섞은 술을 붓는 자들은 죽임을 당할 것이다(사 65:11-12a). '갓'은 '행운'(fortune)을 의미하고, '므니'는 '운명'(destiny)을 뜻한다. 그런데 '(내가) …에 붙이다'라는 단어가 '마니티'(מָנִיתִי)이다. 앞의 '운명'이라는 단어인 '므니'와 어근이 같다. 이것은 언어유희로 '므니'를 숭배하면 칼에 의해 죽을 '운명에 처한다'라는 것이다. NIV는 "I will destine …"이라고 번역했다. 이들이 왜 죽임을 당하는가? 하나님이 불러도 대답하지 아니하고 하나님이 즐겨하지 아니하는 일을 택하였기 때문이다(사 65:12b).

선지자는 이사야 65:13dml '이러므로'(라케인, לָכֵן) 이하에서 주의를 집중시키는 '보라'(사 65:13, 14)라는 세 개의 감탄사를 통해 여호와의 종들과 악한 자들의 처지를 대조하며 설명한다. 첫째, 여호와의 종들은 마실 것이나 악한 자들은 갈할 것이다(사 65:13b). 둘째, 여호와의 종들은 기뻐할 것이나 악한 자들은 수치를 당할 것이다(사 65:13c). 셋째, 여호와의 종들은 마음이 즐거울 것이나 악한 자들은 마음이 슬퍼 통곡할 것이다(사 65:14). 이러한 대조를 통해 악한 자의 이름은 택한 자의 저줏거리가 되나(참조. 렘 29:20-23) 여호와의 종들은 다른 이름으로 불릴 것이다(사 65:15). 여기서 '다른 이름'은 아브람에서 아브

라함, 사래에서 사라처럼 새로운 이름을 통해 하나님의 미래 계획을 보여주듯이 미래에 하나님이 창조하실 새로운 실재를 나타내는 것과 연관된 것으로 보인다(Smith 2009, 714). 그러므로 땅에서 자기를 위해 복을 구하는 자는 진리의 하나님을 향해 복을 구해야 한다. 왜냐하면, 그때는 하나님만이 영광을 받으시고 모든 것을 바꾸시며 과거의 환난이 다 잊혀지는 새로운 시대가 될 것이기 때문이다(사 65:16). 선지자는 이러한 대조를 통해 여호와의 종들과 악한 자들의 차이가 분명하게 드러나는 시대가 될 것을 보여준다.

④ 새 하늘과 새 땅의 창조(사 65:17-25)

히브리어 성경은 이사야 65:17을 이유를 나타내는 접속사 '키'(כִּי)와 주의를 집중시키는 표현인 '힌네이'(הִנְנִי)로 시작한다. 이것은 왜 과거의 환난이 다 잊혀지게 되는 지에 대한 이유를 보여 준다. 왜냐하면 하나님이 새 하늘과 새 땅을 창조하여 이전 것은 기억되거나 마음에 생각나지 아니할 것이기 때문이다(사 65:17). 선지자는 하나님이 창조하신 새 하늘과 새 땅의 특징을 자세히 설명한다. 새 하늘과 새 땅이 이전의 땅과 어떤 차이가 있는지 서로 비교해 보면 잘 알 수 있다.[97]

	이전 것	새 하늘과 새 땅
65:19	우는 소리, 부르짖는 소리가 있다	즐거움이 있다
65:20	빨리 죽는다	오래 산다
65:21	집을 지으면 다른 사람이 산다	스스로 집을 짓고 그곳에 산다
65:22	재배한 것을 타인이 먹는다	포도나무를 심고 그 열매를 먹는다
65:22	일한 것을 누리지 못한다	일한 것을 길이 누린다
65:23	수고한 것이 헛되다	수고한 것이 헛되지 않다
65:23	생산한 것이 재난을 당한다	생산한 것이 재난을 당하지 않는다
65:24	불러도 응답하지 않으신다	부르기 전에 응답하신다
65:25	이리는 어린양을 잡아먹는다	이리와 어린양이 함께 먹는다
65:25	사자는 동물을 잡아먹는다	사자는 소처럼 풀을 먹는다
65:25	주의 성산에 상함과 해함이 있다	주의 성산에 상함과 해함이 없다

그러면 하나님이 창조하실 새 하늘과 새 땅은 언제 일어날 일인가? 이러한 일이 그리스도의 재림 이후에 일어날 일인가? 그렇다면 G. V. 스미스(Smith 2009, 721)가 지적한 대로 이사야 65:20에 기록된 대로 죽음과 저주받은 자가 있다는 것은 문제가 있다. 왜냐하

97 이 비교는 와츠(2002a, 555)의 책에서 힌트를 얻었다.

면, 하나님이 세우는 완전한 나라는 모든 사람이 거룩하게 될 것이고(사 62:12), 그 나라에는 다시는 사망이 없고, 애통하는 것이나 곡하는 것이나 아픈 것이 다시 있지 않을 것이기 때문이다(계 21:4). 그렇다고 이사야가 묘사한 새 하늘과 새 땅에서 일어날 일이 교회시대에 일어나는 것으로 보기도 어렵다. 왜냐하면 부분적으로 이루어지기는 하나 다 이루어지는 것은 아니기 때문이다. E. J. 영(Young 1992b, 515)은 사람이 100세 이상 산다는 것에 주목하고 이를 창세기 6:3에서 사람의 수명을 120세로 한다는 개념에서 온 것으로 보았다. 그리고 여기에 묘사된 상태를 낙원(Paradise)으로 보고 이 낙원은 회복될 것이지만 새로운 시대는 이 낙원을 초월할 것이라고 했다. 그는 이사야가 묘사한 새 하늘과 새 땅이 주의 재림으로 이루어질 완전한 나라로 보지 않았다.

여하튼 이 부분은 어려운 부분이고 종말론에 관해 여전히 논쟁이 있는 부분이다. 특히 천년왕국과 관련하여 요한계시록 20:2-3의 마귀를 '천 년 동안' 결박한다는 말씀과 '천 년이 차도록' 만국을 미혹하지 못하게 할 것이라는 말씀과 요한계시록 20:4의 살아서 그리스도와 함께 '천 년 동안' 왕 노릇할 것이라는 말씀을 해석하는 것에 따라 전천년설, 후천년설, 무천년설로 구분한다. 전천년설은 천년왕국 전에 그리스도가 재림하신다는 것이고, 후천년설은 천년왕국 후에 그리스도가 재림하신다는 것이다. 무천년설은 천 년을 예수님의 초림에서 재림까지 전 기간을 상징적으로 말하는 것으로 보고 주님이 재림하심으로 완전한 나라가 이루어진다고 본다. 한정건(2012, 335)은 이사야 65장은 낙원의 모습이면서 아직 죽음이 있는 것으로 보아 천년왕국으로 해석할 수밖에 없다고 보았다. 참고적으로 한정건(2012, 334-335)은 천년왕국에 대해 다음과 같이 정의했다.

> 예수님이 재림하여 아마겟돈 전쟁을 일으켰던 짐승(적그리스도)과 거짓 선지자를 사로잡아 유황불에 던지고(계 19:20) 용(사탄)도 사로잡아 무저갱에 던져 넣어 천 년 동안 감금한다(계 20:2-3). 이 기간 동안 부활한 성도들이 그리스도와 함께 통치한다. 그리고 천 년 이후에 용이 풀려나와서 땅의 사방 백성들을 미혹하여 예루살렘 성을 향하여 전쟁을 일으킨다(곡과 마곡의 전쟁). 보좌에 앉으신 이가 그들에게 최후의 심판을 내린다. 사망과 음부도 죽은 사람들을 내어주고(불신자들의 부활) 땅 위에서 반역한 자들과 함께 그들이 불 못에 던져진다. 이 천년왕국에 참여한 사람들은 어떤 부류의 사람들인가? 먼저 부활체를 입은 성도들이 참여한다(계 20:4). 그런데 그 나라에는 부활체를 입은 성도들만 참여하는가? 그렇지 않다. 땅 사방에 백성이 있다(계 20:8). 이들이 반드시 존재해야 하는 이유는 성도들이 왕으로 통치해야 하

> 니 통치를 받는 사람이 필요하며, 또 후에 용(사탄)의 유혹을 받아 그리스도의 왕국을 향하여 싸워야 하니 필수적으로 있어야 한다. 요한계시록 21:24–26에도 새 예루살렘에 만국이 자기의 영광을 가지고 바치는 모습이 나타난다. … 이 사방 백성 혹은 만국의 사람들은 부활체를 입은 사람이라고 할 수 없다.

종말론에 관한 입장은 어느 것이 맞다 단정하기에 어려운 점이 많아서 조심스럽게 접근해야 한다. 그러나 새 하늘과 새 땅이 왔고(already), 또한 올 것이기 때문에(not yet) 우리는 우리가 하는 일을 중요하지 않게 생각하면 안 된다. 오히려 새 하늘과 새 땅이 올 것이기 때문에 신실하게 살기로 선택하며 우리가 청빈하게 산다면 공의가 도래할 것이라고 확신해야 한다. 우리가 바르게 선택하는 한 장래에 좋은 결과가 있을 것이기에 근심하지 말아야 한다. 마찬가지로 악한 행위들이 지금 드러나지 않았다 하여 장래에도 잊혀지리라 생각해서는 안 된다(Oswalt 2003, 688–689).

⑤ 하나님 말씀을 듣고 떠는 자를 돌보시는 하나님(사 66:1–4)

이 문단은 이사야 63:7–64:12의 기도에 대한 응답인 이사야 65:1–66:24의 문맥 안에서 악한 자들과 의인들의 차이를 보여준다. 이 문단에서 여호와께서 말씀하시는 것으로 시작한다. 하나님은 "하늘은 나의 보좌요 땅은 나의 발판인데 나를 위해 무슨 집을 지으며 나의 안식할 처소가 어디랴"라고 하셨다(사 66:1). 이 말씀은 솔로몬이 성전을 지을 때 한 말을 생각나게 한다(왕상 8:27). 그러나 여기서 하나님이 하신 말씀은 다소 경멸적인 것으로 지상의 성전에 대한 경멸이라기보다 하나님을 거기에 한정시키려는 일에 대한 경멸이다(Young 1992b, 518). 왜냐하면, 성전에서는 제사를 드리나 성전 밖에서는 악을 행하기 때문이다. 그래서 하나님은 마음이 가난하고 심령에 통회하며 하나님 말씀을 듣고 떠는 자들을 돌보신다고 하셨다(사 66:2).

하나님은 악한 자들이 성전에서 행한 일이 얼마나 위선적인 행동인지 하나씩 나열하신다. 소를 잡아 드리는 것은 살인함과 같고, 어린양으로 제사드리는 것은 개의 목을 꺾는 것과 같고, 예물은 돼지의 피와 같으며, 분향하는 것은 우상을 찬송함과 같다고 하셨다. 그들이 이러한 행동을 한 것은 스스로 택한 길이고 그들의 마음은 가증한 것을 기뻐하였기 때문이다(사 66:3). 이러한 행동에 대해 하나님은 언어유희를 사용하여 하나님 자신도 유혹을 택하여 그들에게 주며, 그들이 무서워하는 것을 임하게 할 것이라고 하셨다. 이는 그들이 하나님의 말씀을 듣지 않고 하나님이 기뻐하시지 아니하는 것을 택했기 때문이다(사 66:4). 하나님은 삶이 따르지 아니하는 예배를 드리는 자가 아니라 하나님 말씀대로 행하며 예배하는 자들을 돌보신다.

⑥ 하나님 말씀을 듣고 떠는 자에 대한 위로(사 66:5–14)

이 문단에서는 앞의 문단과 달리 선지자 자신이 화자가 되어 하나님 말씀으로 말미암아 떠는 자들에게 하나님의 말씀으로 위로한다.

a. 악한 자들이 수치를 당할 것임(사 66:5-6)

악한 자들이 하나님의 말씀을 듣고 떠는 자들을 추방하며 "여호와께서는 영광을 나타내사 너희 기쁨을 우리에게 보이시기를 원하노라"라고 말하나 오히려 수치를 당할 것이다(사 66:5). 선지자는 악한 자들이 수치를 당할 것을 말한 다음 세밀하게 심판을 묘사한다. 그는 '소리'라는 단어를 세 번 사용하여 그 소리의 정체를 설명한다. 첫 번째 소리는 '떠드는'(샤온, שָׁאוֹן) 소리인데 전쟁과 싸움을 시사하는 소리다. 하나님의 심판이 악한 자들에게 임하고 있음을 시사하기에 적절하다(Young 1992b, 523). 두 번째 소리는 성읍과 성전에서 들리고, 세 번째 소리는 하나님이 그의 원수에게 보응하시는 소리다(사 66:6).

b. 시온이 번성할 것임(사 66:7-9)

선지자는 하나님을 산파 이미지로 묘사하며 시온이 진통을 하기 전에 아들을 낳듯이 아이를 낳게 하겠고 그 태를 닫지 않겠다고 했다(사 66:7–9). 이것은 하나님이 시온을 통해 작정하신 계획을 신속하게 이루실 것을 보여준다. E. J. 영(Young 1992b, 523)은 이 말씀은 하나님의 교회에 큰 번성이 있을 것을 보여주기 위한 것이라고 했다.

c. 예루살렘을 사랑하는 자들을 위한 위로(사 66:10-14)

선지자는 예루살렘을 사랑하는 자들을 부르며 예루살렘과 함께 기뻐하라고 명령한다(사 66:10). 그 이유는 젖을 빠는 것같이 예루살렘이 영광의 풍성함으로 즐거워할 것이기 때문이다(사 66:11).[98] 선지자는 '보라'라는 감탄사로 주의를 집중시키며 하나님이 평강을 강같이, 뭇 나라의 영광을 시내같이 주실 것이며 그 성읍의 젖을 빨 것이라고 했다(사 66:12). 어머니가 자식을 위로함 같이 하나님이 위로하시고, 여호와의 손이 그의 종들에

98 이사야 66:11은 결과절이나 목적절을 유도하는 '러마안'(לְמַעַן)으로 시작하지만 NIV 번역처럼 이유로 보아도 된다.

나타날 것이나 여호와의 진노는 원수에게 더할 것이다(사 66:13–14). 선지자는 구약성경과 이사야서에 계속 반복하여 나오는 패턴에 따라 구원과 심판을 동시에 선포하고 있다. 그리고 여기서도 의인과 악인을 대조하며 예루살렘을 사랑하는 자를 위로하고 있다.

⑦ 회복될 하나님 나라(사 66:15–24)

이 문단에서 선지자는 하나님이 예루살렘을 사랑하는 자들을 구원하시고 원수를 심판하시는 이유와 악한 자들과 하나님이 택하신 자들의 운명을 보여주어 어떤 삶을 선택해야 할 것인지 도전함으로 이사야서 전체를 마감한다.

a. 하나님이 심판하시기 위해 불로 강림하심(사 66:15-17)

선지자는 하나님이 불에 둘러싸여 강림하실 것인데 그의 수레가 회오리바람 같을 것이라고 했다. 하나님이 강림하시는 목적은 그 혁혁한 위세로 노여움을 나타내시기 위함이다(사 66:15). 하나님이 불과 칼로 심판하실 자들은 스스로 거룩하게 하는 것처럼 보이나 동산에 들어가 돼지고기와 가증한 물건(쉐케츠, #q,v,)과 쥐를 먹는 자다(사 66:16–17). 여기에 사용된 어휘들과 표현은 이미 이사야 65:3–5에서 언급한 적이 있다. 이들이 행하는 의식은 하나님을 예배하는 의식이라기보다는 부정한 의식이다(Young 1992b, 531).

b. 열방이 보게 될 하나님의 영광(사 66:18-21)

이 문단에서 선지자는 하나님이 1인칭 화자가 되어 말씀하시는 것으로 예언한다. 그는 하나님이 그들의 행위와 사상을 아신다는 말씀으로 시작한다(사 66:18a).[99] 이 말씀을 앞의 말씀과 연결하여 악한 자들의 계획을 알고 있으므로 하나님이 열방에서 자기 백성을 모을 때가 이르렀다는 것으로 본다(Young 1992b, 531). 하나님은 때가 이르게 되면 뭇 나라 민족들을 모을 것이고 그들이 와서 하나님의 영광을 볼 것이라고 하셨다(사 66:18b). 그리고 그들 가운데 징조를 세워 그들 가운데 도피한 자들을 여러 나라에 보내어 하나님의 영광을 보지도 듣지도 못한 나라에 전파할 것이라고 하셨다(사 66:19). 여기서 '징조'(오트, אוֹת)가 무엇을 말하는지 설명하지 않으신다. 이 용어는 하나님의 구원사역을 알 수 있

99 이 절의 전반부의 문자적 번역은 "그리고 나는 그들의 행위와 그들의 계획을 (안다)"으로 원문은 동사가 없다. 그리고 개역개정판이 "때가 이르면"이라고 번역하며 '때가'라는 단어를 작은 글씨로 첨가했으나 이 또한 원문에는 없다. 그러나 '이르다'(בָּאָה 〈 בוא)라는 동사가 분사, 여성형이기 때문에 '때'라는 의미가 있는 것으로 보았다. 한정건(2012, 338)은 이 절의 전반부가 절 매김이 잘못되었다고 보고 이사야 66:17에 붙어야 한다고 보았다.

는 신호로 보인다.[100] 그리고 '그들 가운데 도피한 자들'(메이헴 퍼레이팀, מֵהֶם פְּלֵיטִים)은 NIV와 NASB 등이 번역한 대로 하나님의 심판 가운데 남은 자들을 말한다.[101] 하나님은 이들을 보내어 다시스(오늘날의 스페인 남부)와, 불(리비아)과[102], 룻(오늘날 터키로 고대 루디아)과, 두발(오늘날 터키)과, 야완(오늘날 그리스) 등에 여호와의 영광을 전파할 것이다(사 66:19). 그리고 이들은 이스라엘이 예물을 깨끗한 그릇에 담아 여호와께 드림같이 예루살렘으로 와서 여호와께 예물을 드리게 될 것이다(사 66:20). 놀라운 것은 하나님이 이방인인 이들을 제사장과 레위인으로 삼으실 것이라는 사실이다(사 66:21). 이것은 이방인이라도 차별하지 않고 누구나 하나님과 교제하는 자가 된다는 것이다. 하나님 나라의 회복은 이스라엘과 다양한 이방인들이 참여함으로 이루어진다.

c. 선택(사 66:22-24)

하나님은 그가 지을 새 하늘과 새 땅이 하나님 앞에 항상 있는 것같이 '너희 자손'과 '너희 이름'이 항상 있을 것이라고 하셨다(사 66:22). 여기서 '너희 자손'은 하나님의 백성을 말하고 '너희 이름'은 명성을 가리키는 것으로 교회가 하나님이 택하신 백성으로 영원히 인정을 받을 것을 말한다(Young 1992b, 535). 그리고 매월 초하루와 매 안식일에 모든 혈육이 하나님 앞에 나아와 예배할 것이다(사 66:23). 선지자는 구약시대의 절기라는 상징을 사용하여 새 하늘과 새 땅에서도 하나님께 합법적인 예배가 있을 것임을 가르친다(Young 1992b, 536). 그러나 마지막 날에 패역한 자들은 하나님의 진노와 심판을 받아 꺼지지 않는 불에 던져질 것이다(사 66:24; 참조. 계 20:14-15). 선지자 이사야는 이 책을 마치면서 하나님이 택하신 백성과 패역한 백성의 운명을 대조적으로 보여주고 올바른 선택을 하도록 도전한다. 참으로 하나님의 선택을 받은 자는 하나님이 기뻐하시는 예배와 겸손한 삶을 통해 선택받은 사실을 입증해야 하기 때문이다. 당신은 어떤 운명을 선택하고 싶은가?

---

100 이사야서에서 하나님의 구원사역을 나타내는 '징조'는 임마누엘의 약속(사 7:14), 구원사역의 결과로 나타날 변화(사 55:13) 등에서 나타나고 더 넓은 의미로 '만민의 기치'(사 11:10, 12)로 설 메시아를 의미하는 것으로도 볼 수 있다.

101 종종 이 용어가 히브리인들 중에 멸망 가운데 살아남은 자들을 말하기도 하나(사 4:2; 10:20) 여기서는 이스라엘 백성이 아닌 사람들을 말한다(Smith 2009, 749). E. J. 영(Young 1992b, 532)은 유대국가에 임할 심판에서 피한 자들이 메시아를 영접하는 데로 돌아선 자들로, 오틀런드(2014, 1404)는 이스라엘의 믿는 자들 중에 하나님의 심판에서 생존한 자들로 보았다.

102 개역개정판의 '뿔'이라고 번역한 단어는 히브리어로 '풀'(פול)인데 70인역의 예레미야 46:9에는 '붓'(풋, פוט)으로 나와 있다. NASB는 수정하여 Put으로, NIV는 의역하여 the Libyans로 번역했다.

V. 구속사적 의미

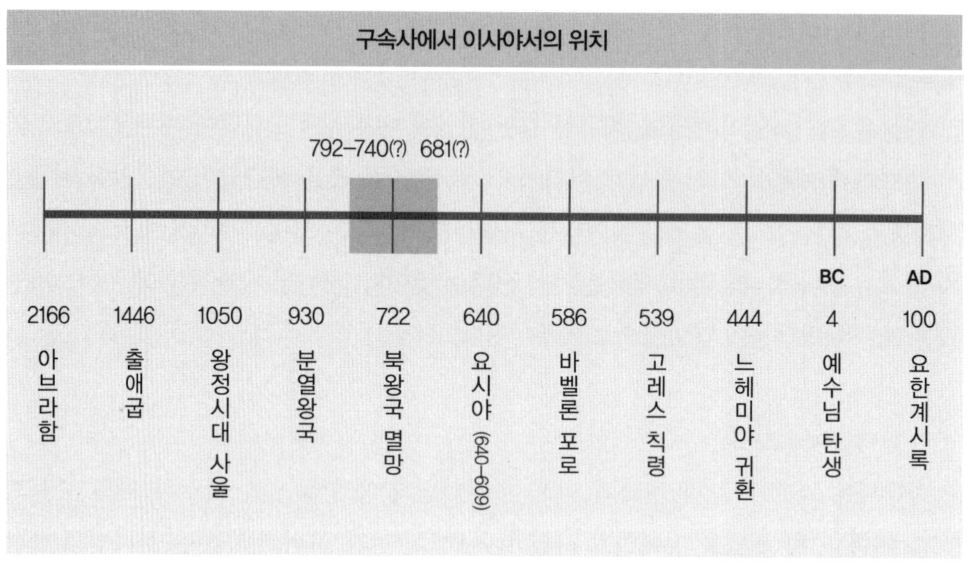

이사야서는 유다 왕 웃시야(주전 792–740), 요담(주전 740[750]–735), 아하스(주전 735–715), 히스기야(주전 715–686), 므낫세(주전 686[697]–642) 통치 초기까지의 구속사와 그 역사에서 주셨던 계시 내용을 담고 있다. 그 계시 내용은 이사야 선지자가 살았던 당대에 하나님의 말씀을 적용할 뿐만 아니라 그의 사후에 있게 될 바벨론 포로와 귀환의 사건 그리고 여호와의 종이 오심으로 성취하게 될 하나님 나라의 모습을 포함하고 있다. 그 내용은 하나님의 은혜로 앗수르의 침략으로 큰 위기 가운데 빠졌던 유다를 건져내시는 일(사 36:1–37:38), 다음으로는 징계를 받아 바벨론 포로로 끌려갔던 유다를 하나님의 은혜로 돌아오게 하시는 일(사 44:21–45:7), 그 다음으로는 여호와의 종으로 오실 그리스도 안에서 구속하시는 일(사 42:1–9; 49:1–7; 50:4–11; 52:13–53:12), 마지막으로 그리스도의 재림으로 이루어질 영광스러운 미래를 보여준 일(사 65:17–25; 66:15–24) 등이다. 이사야서에서 구속사는 이사야 선지자가 활동하던 시대부터 구속사의 궁극적인 목표인 완전한 하나님 나라까지 보여준다.

또한 하나님께서 당시 이사야 선지자를 통해 말씀하신 대로 역사 가운데 앗수르와의 전쟁과 바벨론 포로와 고레스를 통한 회복과 여호와의 종인 그리스도가 오심으로 구속을 이루신 일 등은 성취되었다. 이것은 하나님이 이사야를 통해 그려주셨던 미래에 있게 될 완전한 나라에 대한 말씀까지 다 성취하실 것을 확신하게 한다.

이사야서에 기록된 구속사에서 이스라엘의 위치를 특별히 많이 강조한다. 그것은 이스라엘을 하나님이 작정하신 구속사를 이루시는 통로로 사용하시기 때문이다. 그리고 이사야는 이 책을 죄에 대한 책망과 희망 그리고 회복의 구조로 기술한다. 예를 들어 이사야 1:2–17에서 죄를 책망하고, 1:18–20에서 희망을 설명하고, 1:21–23에서 다시 유다의 죄를 책망하고, 1:24–27에 심판과 회복을 동시에 설명한다. 이것은 세상에 대한 하나님의 전체 구속계획 속에서 이스라엘이 차지하는 위치를 보여주려는 것이다(오틀런드 2014, 1313). 그래서 이사야서는 처음부터 이스라엘이 특별한 위치에 있다는 점과 거기에 합당한 거룩한 삶을 살아야 한다는 것을 강조한다. 그것은 특별히 구속받은 자임을 강조할 뿐만 아니라 여호와의 종으로 부름을 받았기 때문이다. 이사야서에 '나의 종'이라는 표현이 처음으로 이사야 41:8–9에 나타나는데 이 종은 이스라엘 국가를 가리킨다. 그 외에도 이스라엘을 가리켜 '여호와의 종'이라 부른다(사 44:1, 21; 44:21; 49:3). 또한 오실 그리스도를 가리켜 '나의 종'이라고 부른다(사 42:1; 49:3; 50:10; 52:13). 이 두 표현이 서로 충돌하는 것처럼 보인다. 이스라엘은 끊임없이 여호와의 말씀을 지키지 못했고, 하나님의 뜻을 성취할 욕구가 없다 할지라도 하나님의 구속계획을 성취해야 할 책임이 있다. 왜냐하면, 이것이 하나님이 아브라함을 부르신 목적이기 때문이다(MacRae 1977, 61–62). 이처럼 이사야서의 구속사에서 보여주는 중요한 그림 가운데 하나는 하나님께서 이스라엘을 통해 오실 여호와의 종인 그리스도를 보내신다는 것이다. 동시에 이 약속을 믿고 여호와를 경외하며 거룩한 삶을 사는 자들을 통해 여호와의 종으로 사명을 감당하게 하신다는 것이다.

예레미야

Jeremiah

S U M M A R Y

Ⅰ. 저자와 역사적 배경

Ⅱ. 문학적 구조와 특징

Ⅲ. 주제와 기록 목적

Ⅳ. 내용

1. 서론 : 표제와 예레미야의 소명(렘 1:1-19)
2. 유다의 심판(렘 2:1-25:38)
3. 예레미야의 사역과 유다의 반응 1(렘 26:1-29:32)
4. 위로의 책 : 유다의 소망(렘 30:1-33:26)
5. 예레미야의 사역과 유다의 반응 2(렘 34:1-45:5)
6. 이방 나라의 심판(렘 46:1-51:64)
7. 결론 : 예루살렘의 패망(렘 52:1-34)

Ⅴ. 구속사적 의미

예레미야

미켈란젤로(Michelangero)가 바티칸에 있는 시스티나 예배당(Sistina Chapel) 천장에 프레스코(fresco) 방식으로 그린 천장화(1,508–1512, 13.7m×39m) 한 모퉁이에 "선지자 예레미야"의 그림(390cm × 380cm)이 있다. 이 그림에서 묘사하고 있듯이 일반적으로 예레미야를 고뇌하고 고통받으며 슬퍼하는 선지자이거나 전통적으로 '눈물의 선지자'로도 알려져 있다(Murphy 2009, 306; Fretheim 2002, 15–16). 이러한 이미지는 역대하 35:25에 요시야의 죽음을 슬퍼하며 애가를 지었다는 것도 연관이 있는 것으로 보인다. 예레미야서는 고뇌, 고통, 슬픔 등으로 특징지어지는 예레미야의 사역과 더불어 그가 선포한 설교와 예언이 중심을 이루고 있다. 구약성경 가운데 예레미야서는 선지서들 가운데 가장 긴 책이며 열두 권의 소 선지서를 다 합한 것보다 더 길다. 개역개정판 성경을 기준으로 보면 이사야서는 66장 1,292절이고 예레미야서는 52장 1,364절이다. 호세아부터 말라기까지 소 선지서는 모두 67장 1,050절이다.[1] 이뿐만 아니라 예레미야서는 구조, 논리의 흐름, 선지자의 인격과 역할, 개별 본문의 역사적 배경을 알려주는 연대기[2] 등 여러 면에서 복잡한 책이다. 그렇지만 예레미야서는 매우 흥미로운 메시지를 담고 있다. 그것은 하나님의 전체 구원 계획 가운데 심판과 구원이 하나임을 보여주고, 그리스도 안에서 어떻게 구원하시며 구원받은 자의 삶이 어떤 것인지를 새 언약(렘 31:31–34)을 통해 보여주기 때문이다. 당시 역사적 상황에서 예레미야는 주로 유다 백성들에게 곧 임하게 될 심판에 대해 경고하며 바벨론 포로로 끌려가는 메시지를 전했으나 회복에 대한 소망도 아울러 전했다. 예레미야가 경고한 내용이 그대로 성취되고 백성들이 경험하게 될 때 백성들은 회복이 임하게 될 것도 믿을 수 있게 될 것이다. 그래서 이 책은 여호와의 심판과 소망, 멸망과 회복,

1 히브리 성경을 Logos Bible Software로 검색해 보면 예레미야서의 낱말 수는 33,002개, 창세기가 32,046개, 시편이 30,147개다. 이것은 예레미야서가 가장 긴 책임을 알 수 있다.

2 예레미야서에는 그가 전한 신탁을 언제 받았고 그가 전한 이야기가 언제 일어났는지 밝히는 곳도 있고 연대기가 없는 곳도 있다. 그리고 독자들을 혼란스럽게 만드는 것은 이 책의 연대기가 연대순으로 기록되지 않았다는 것이다.

저주와 축복을 함께 보여준다(Murphy 2009, 316-317).

I. 저자와 역사적 배경

1. 저자

예레미야서의 저자가 누구인지 결정하는 문제는 어렵다. 롱맨(2017, 22)은 예레미야서의 저자가 예레미야가 아니라 오랜 구전과 문서 전승의 산물임을 보여주는 증거를 놓쳐서는 안 된다고 했다. 그가 이렇게 이해한 것은 예레미야 36:2에 여호와께서 예레미야에게 일러준 모든 말을 기록하라고 한 말씀에 근거하여 그때까지 기록하지 않았다고 보았고 바룩이 대신 기록했다고 보았기 때문이다(렘 36:2, 32, 45:1-5). 그리고 그는 마소라 본문과 70인역의 차이,[3] 다양한 문학 장르 등을 예로 들었다(롱맨 2017, 23-24). 박동현(2010, 56)은 예레미야서는 예레미야를 통해 선포된 예언과 예레미야에서 비롯된 전통이 기록된 책이라고 보았다. 맥콘빌(2009, 132)은 예레미야서에 기록된 예레미야의 말은 누군가가 예레미야의 사역을 회고하고 그 사역의 결과를 보고 그 사건 이후의 사람들에게 그것이 무슨 의미가 있는지 숙고할 수 있도록 수집하여 현재의 상태가 되게 했다고 보았다. 이러한 견해를 주장한 데는 예레미야서에 다양한 종류의 자료들이 섞여 있고, 연대기 순서가 일정하지 않으며, 마소라 사본과 헬라어 사본인 70인역의 차이가 있기도 하고, 예레미야의 서기관 바룩이 기록한 내용도 있기 때문이다.

이러한 견해를 무시하지 않지만 우리는 전통적으로 이해한 대로 예레미야서의 저자를 이 책의 표제어인 "베냐민 땅 아나돗의 제사장들 중 힐기야의 아들 예레미야의 말이라"(렘 1:1)라는 말씀에 근거하여 예레미야로 본다. 예레미야서에 기록된 연대기(렘 1:1-3; 25:1-3; 36:1-2)에 따르면 예레미야의 선지자 사역은 40년 이상 계속된 것으로 보인다. 요시야 13년인 주전 627년에 부름을 받고 예루살렘이 함락된 주전 586년 이후의 사역(렘 40:1-44:30)이 기록되어 있기 때문이다(Fretheim 2002, 12). 특이한 것은 이 책에 기록된 일부 내용(렘 40:7-41:18; 52:31-34)을 제외하면 예레미야가 보고 듣고 경험한 내용이라는 것이

3 70인역에는 마소라 본문에 있는 단어 약 2,700개가 없다. 게다가 두 본문의 순서도 같지 않다. 마소라 본문에서는 이방 나라의 심판을 예언하는 예레미야 46-51장의 신탁이 25:13 뒤에 나오고 이방 나라를 다루는 순서도 다르다. 사해 사본은 발견된 세 개의 단편 본문 중에 두 개는 마소라 본문을 따랐고 하나는 70인역을 따랐다(롱맨 2017, 29-30).

다. 예레미야 1-25장의 기록은 대부분 예레미야를 1인칭 화자로 26-39장은 예레미야를 3인칭으로 언급되어도 한 저자가 필요에 따라 다양한 문학 장르와 논리로 설명할 수 있다는 것을 받아들인다면 예레미야를 이 책의 저자로 보아도 무리가 없다.

내레이터는 예레미야를 '아나돗의 제사장 중 힐기야의 아들 예레미야'라고 소개한다. 예레미야의 아버지 힐기야는 요시야 당시 대제사장이며 율법을 발견한 힐기야와 다른 사람이다(참조. 왕하 22:4, 8). 아나돗은 예루살렘에서 동북쪽으로 약 4.8km 떨어진 곳으로 여호수아가 제사장 아론의 자손에게 준 땅 가운데 베냐민 지파에 속한 땅이다(수 21:17-18). '예레미야'(יִרְמְיָהוּ)라는 이름의 뜻은 '여호와께서 높이신다', '여호와께서 세우신다' 또는 '여호와께서 던지신다' 등의 의미가 가능하다. 당시 상황에서 선지자를 그를 미워하는 사람에게 던지셨다는 뜻이나 나라들을 그들의 죄 때문에 던지셨다는 의미로도 가능하다. 영브러드(Youngblood 2002, 1132)는 후자를 제안했다. 예레미야서에는 예레미야 개인적인 삶과 갈등을 구약시대 어떤 선지자들보다 더 자세하게 기록되어 있다.

2. 역사적 배경

예레미야는 유다 왕 요시야(주전 640-609) 13년인 주전 627년부터 선지자로 사역하기 시작하여 여호아하스(주전 609), 여호야김(주전 609-598), 여호야긴(주전 598-597)을 거쳐 시드기야(주전 597-586) 11년인 주전 586년까지, 곧 예루살렘이 사로잡혀갈 때까지 계속되었다(렘 1:2-3). 이 기간 유다 마지막 왕들의 연대기와 특기 사항을 도식화하면 다음과 같다. 이 역사를 배제하고 예레미야서를 제대로 이해할 수 없다. 예레미야서의 메시지는 이 역사와 실타래처럼 얽혀있기 때문이다.

유다 왕	유다 특기 사항	주변국 특기 사항
요시야 (640-609)	12년, 628년 요시야 우상들 제거 13년, 627년 예레미야 부름 받음 18년, 622년 율법 책 발견 31년, 609년 므깃도에서 전사	612년 니느웨 함락 609년 갈그미스 집결
여호아하스 (609)	요시야의 넷째 아들(대상 3:15) 609년 애굽으로 끌려감	609년 애굽 바로 느고
여호야김 (609-598)	요시야의 둘째 아들(대상 3:15) 4년, 605년 1차 바벨론 포로 601년 바벨론을 섬기다 배반	609년 애굽 바로 느고 605년 느부갓네살 원년 : 갈그미스 전투

유다 왕	유다 특기 사항	주변국 특기 사항
여호야긴 (598/597)	여호야김의 아들(= 여고냐) 598년 2차 바벨론 포로	598년 느부갓네살 8년
시드기야 (597–586)	요시야의 셋째 아들(대상 3:15) 바벨론 배반하고 애굽과 동맹 9년 588년 예루살렘이 포위당함 11년, 586년 예루살렘이 함락	느부갓네살이 왕으로 세움 애굽의 호프라와 동맹
그다랴 (586–?)	느부갓네살이 총독으로 세움 이스마엘에게 살해당함 요하난이 예레미야 데리고 애굽으로 감	애굽의 호프라(589–570)

예레미야서 안에 언급된 연대기와 그 안에 있었던 중요한 사건을 도식화하면 다음의 '도표'와 같다.[4] 특이한 사항은 이 책이 연대기 순서에 따라 메시지와 사건을 기록하지 않았다는 것이다.

예레미야서 안에 언급된 연대기

왕	연대	현대력 (BC)	관련 본문 (예레미야)	중요 사건
요시야 (640–609)	13년	627	1:1–19	예레미야 부름받음
여호아하스 (609)	1년	609	22:10–12	여호아하스 사로잡힘
여호야김 (609–598)	1년(?)	608(?)	26:1–24	예레미야의 설교
	1–3년(?)	608 – 605(?)	22:13–19	권력 남용
	4년	605/4	25:1–30	분노의 잔
	4년	605/4	46:1–49:33	애굽 및 열방에 대한 신탁
	4–5년	605 – 603	36:1–32	두루마리 태움
	4년	605/4	45:1–5	하나님이 예레미야의 서기 바룩을 남기심
	(?)년	(?)	35:1–19	레갑인들에 대한 축복
여호야긴 (598)	1년	598	22:24–30	심판과 사로잡힘

4 이 연대기 도표는 딜러드와 롱맨(Dillard & Longman 1994, 302)을 기본으로 했다.

왕	연대	현대력 (BC)	관련 본문 (예레미야)	중요 사건
시드기야 (597–586)	1년	597	24:1–10	좋은 무화과 나쁜 무화과
	1년(?)	597(?)	49:34–39	엘람에 대한 신탁
	1년	597	29:1–19	포로들에게 보낸 편지
	4년	594	51:59–64	유브라데강에 던져진 두루마리
	9년(?)	589	34:1–22	예루살렘 멸망 예언
	10년(?)	588	37:1–38:28	시드기야에게 항복 권함
	10년(?)	588	37:1–38:28	웅덩이 속 예레미야, 성의 포위
	10년	588	32:1–44	예레미야가 밭을 매입
	10년	588	33:1–26	회복에 대한 말씀
	11년	586	39:1–40:7	예루살렘 멸망, 예레미야 풀려남
	11년	586	52:1–30	예루살렘 멸망, 포로들 계수
총독 그다랴		586	40:8–41:16	임명되고 암살됨
남은 자들의 지도자 요하난		586	42:1–22	본토에 남으라는 충고
		585	43:1–13	애굽으로 도망
		585	44:1–30	애굽의 포로들을 향한 연설
		561	52:31–34	여호야긴이 옥에서 풀려남

II. 문학적 구조와 특징

예레미야서는 성경에서 가장 길 뿐만 아니라(1,364절) 분류하기도 가장 어려운 책이다. 독자들이 당황하게 되는 여러 가지 이유가 있다. 어떤 부분은 3인칭 화자(speaker)가 예레미야에 관해 이야기하다가 어떤 부분은 예레미야가 1인칭 화자가 되어 말한다. 책의 기록이 연대순으로 배열되어 있지 않고 구성 원리가 연대순도 아니고 주제별도 아니다. 산문과 운문이 섞여 있다(Martens 1986, 19–20). 그래서 예레미야서의 구조를 이해하기 위해 이 책을 어렵게 만드는 것이 무엇인지 그리고 전체 구조를 이해할 방법이 무엇인지 알아야 한다. 구조는 핵심을 찾는 경로이기 때문이다.

1. 예레미야서의 구조를 찾는 일을 어렵게 만드는 문제들

예레미야서를 어렵게 만드는 문제들 가운데 하나는 이 책의 자료들이 알기 쉬운 배열 순서나 구조나 적어도 전체를 아우르는 통일성 있는 구조를 보여주지 않는다는 것이다 (Dillard & Longman 1994, 294).

(1) 주제를 하나로 통일시키는 논리의 흐름이 없다

예레미야서의 전체 구조를 찾는 일의 가장 큰 문제는 큰 단위에서 주제를 하나로 통일시키는 논리의 흐름이 없다는 것이다. 작은 단위에서는 주제별로 모아 둔 것은 많다. 프레타임(Fretheim 2002, 8)은 작은 단위에 특별한 주제를 담은 것에 대해 예들을 들었다. 그들은 죄와 회개(렘 2:1–4:4), 성전 설교(렘 7:1–8:3), 가뭄과 전쟁(렘 14:1–15:9), 토기장이와 옹기(렘 18:1–19:15), 왕궁과 도시(렘 21:11–23:8), 선지자들(렘 23:9–40), 선지자들과 바벨론(렘 27:1–29:32), 예레미야와 시드기야(렘 37:1–38:18), 예레미야가 없는 예루살렘(렘 40:7–41:18) 등이다. 예레미야서에서 각각의 주제별로 된 자료들이 서로 어떻게 연결되는지 발견하기 어렵다.

(2) 일관성 있는 연대기 순서로 기록된 것이 아니다

예레미야서의 전체 구조를 찾는 일의 두 번째 문제는 연대기가 일관성이 없다는 것이다. 예를 들면 예레미야 21:1에서 여호와께서 예레미야에게 말씀하실 때는 시드기야(주전 597–586년)가 예루살렘의 왕으로 있을 때로, 바벨론의 예루살렘 공격은 주전 588–586년 어간에 일어난 일이다. 그러나 석 장 뒤인 예레미야 24:1은 여호야긴(주전 598/597년)이 포로로 끌려갈 때인데 예레미야 21:1의 사건보다 10년 전인 주전 598년이다(왕하 24:12–16). 그리고 예레미야 25:1의 기록은 여호야김 4년이자 느부갓네살 원년인 주전 605년이다(왕하 24:1; 단 1:1). 그리고 이방 나라 신탁 가운데 예레미야 46:1–49:33은 여호야김 4년인 주전 605년에 받은 신탁이다. 이로 볼 때 예레미야서에 기록된 내용은 연대기적으로 배열된 것이 아니다. 분명한 것은 연대기가 이 책의 구성 원리를 이루고 있는 것이 아니라는 것이다(Murphy 2009, 309).

(3) 문학 장르가 뒤섞여 있다

예레미야서의 전체 구조를 찾는데 있어 세 번째 문제는 문학 장르가 뒤섞여 있다는 것이다. 예레미야서를 문학 장르별로 구분하면 (i) 운문(= 시, poetry) 형식의 글, (ii) 산문(prose)의 형식의 내러티브로 전기적이며 역사적인 글, (iii) 산문 형식의 담화(speeches)나 강화(discourses)로 되어있다(Craigie 1991, xxxii).[5] 이러한 문학 장르는 예레미야서를 이해하는 방향지시등 역할을 한다. 예레미야서의 문학 장르는 산문이 많이 있어도 주로 운문 형식으로 되어있다. 이것을 명확하게 구분하는 일이 약간의 차이는 있다 할지라도 산문은 예레미야 7:1–8:3; 11:1–23; 16:1–18; 17:19–18:12; 19:1–20:6; 21:1–10; 23:23–30:3; 32:1–45:5; 52:1–34이다. 이 가운데 예레미야 7:1–8:3은 성전 설교이고, 예레미야 26–29장과 34–45장은 예레미야의 생애 중에 일어난 사건을 전하는 전기적 글이다.

예레미야 30–33장 구원에 대한 신탁으로 30–31장은 운문, 32–33장은 내러티브로 된 산문이다. 예레미야 46–51장에 기록된 이방 나라에 대한 신탁은 모두 운문(= 시)이고, 예레미야 1–25장은 몇몇 산문을 제외하고 대부분 운문이다. 운문은 '무엇을 말했는지'(what is said)도 중요하지만 '어떻게 말했는지'(how something is said)도 중요하다(Longman 1987, 120–121). 그래서 운문의 중요한 특징인 평행법, 이미지, 반복에 관심을 기울여야 한다.

특히 예레미야서의 전체 구조를 찾는 일을 어렵게 만드는 일은 이러한 여러 종류의 글이 두서없이 배열된 것처럼 보인다는 것이다. 이러한 예레미야서의 문학적 특성을 고려하지 않고는 저자가 전하고자 하는 메시지를 바르게 이해할 수 없다. 하나님은 언어라는 수단을 통해 계시하셨기 때문에 어떤 종류의 글(문학 장르)에 메시지를 담았으며, 어떤 수사법을 사용하였고, 어떤 논리 구조로 의미를 전달하였는지를 아는 일은 하나님의 말씀을 바르게 이해할 수 있는 중요한 방법이다. 신학적 주제와 문학적 구조는 밀접하게 연관되어 있기 때문이다(Hill & Walton 1991, 342).

5 이러한 구분은 역사비평학이 발달하고 문서설이 큰 관심을 끌 때 운문 형식이 A 자료, 산문 내러티브 형식이 B 자료, 산문 담화나 강화 형식이 C자료로 알려졌다. 이를 처음 사용한 사람은 둠(Duhm)이고, 구체적으로 알린 사람은 모빙클(S. Mowinckel)이다(Craigie 1991, xxxii). 모빙클은 세 개의 문서가 존재한다고 보기보다는 세 개의 전승들이 있었다고 보았다.

2. 예레미야서의 구조를 찾고 이해하는 방법

예레미야서의 구조를 이해하는 일에 가장 중요한 전제는 예레미야서를 최종 형태로 받아들이고 예레미야의 설교와 그의 생애에 있었던 사건들을 주의 깊게 편집한 모음집으로 이해하는 것이다. 그리고 각각의 모음집 형태로 된 작은 단위들은 예레미야가 다른 상황에서 백성들에게 또는 왕들과 제사장들에게 전한 내용이나 그가 사역했던 내용을 기록했다고 보는 것이다(Murphy 2009, 314–315). 대개 이 작은 단위의 모음집들은 표제를 가지고 있다. 그 표제들은 "가뭄에 대하여"(렘 14:1–15:9), "유다 왕의 집에 대한"(렘 21:11–22:30), "선지자들에 대한"(렘 23:9–40), "이방 나라에 대하여"(렘 46:1–51:64), "바벨론과 갈대아 사람의 땅에 대하여"(렘 50:1–51:64) 등으로 나타난다. 톰슨(Thompson 1980, xxxi–xxxii)은 예레미야서를 본질적으로 '모음집'이나 더 정확하게 표현하면 '모음집들의 모음'(anthology of anthologies)라고 볼 수 있고 이 모음집은 선지자와 관련된 많은 말과 기록들을 모아 한 권의 책으로 묶었다고 보았다.[6] 예레미야서를 모음집으로 보는 것은 구조를 이해하는 일에 어려움이 되는 부분을 극복하는 일에 도움을 준다. 작은 단위의 모음은 한 주제를 설명하고 그 모음을 전체적으로 엮으면 어떤 그림이 될 것인지 보여주기 때문이다. 프레타임(Fretheim 2002, 19, 22)은 이 책을 별로 관계가 없는 것처럼 보이는 장면이나 이미지로 연결된 콜라주(collage)로 본다면 다양한 종류의 자료들을 한 화면에 담은 문학 작품으로 여러 문학 장르와 이미지와 은유, 삶의 배경, 여러 다양한 사람들의 묘사를 통해 의도하고 있는 효과를 얻고 있다고 했다.

그러나 예레미야서는 방대하고 복잡하게 느껴지기는 하나 구조를 구분하는 기준이 될 수 있는 몇 가지 요소들을 중심으로 분석하면 저자의 의도에 도달할 수 있다.

첫째, 한 문단이나 단락의 시작을 알려주는 도입부다. 그 도입부는 "여호와의 말씀이 내게 임하니라"(렘 1:4, 11, 13; 2:1 등), "여호와께로부터 예레미야에게 말씀이 임하니라"(렘 7:1; 35:1, 6:1 등) 등이다.

둘째, 연대기 표시나 연대를 추정할 수 있는 사건을 알려주는 부분이다. 그것은 "바벨론 왕 느부갓네살 왕이 유다 왕 여호야김의 아들 여고냐와 유다 고관들과 목공들과 철공들을 예루살렘에서 바벨론으로 옮긴 후에"(렘 24:1), "유다 왕 요시야의 아들 여호야김 넷째 해 곧 바벨론 왕 느부갓네살 원년에"(렘 25:10), "유다 왕 시드기야 왕 열째 해 곧 느부갓

6 딜러드와 롱맨(Dillard & Longman 1994, 294)은 예레미야서를 작은 단위의 모음집들을 모아 놓은 "책들의 책"이라고 할 수 있다고 했다.

네살 열여덟째 해에"(렘 32:1) 등이다.

셋째, 작은 단위의 모음집을 시작하는 표제들이다. 그 표제들은 "가뭄에 대하여 예레미야에게 임한 여호와의 말씀이라"(렘 14:1–15:9), "유다 왕의 집에 대한 여호와의 말을 들으라"(렘 21:11–22:30), "선지자들에 대한 말씀이라"(렘 23:9–40), "이방 나라에 대하여 선지자 예레미야에게 임한 여호와의 말씀이라"(렘 46:1–51:64) 등이다.

넷째, 운문으로 기록되었는지 아니면 산문으로 기록되었는지의 구분이다. 산문은 예레미야 7:1–8:3; 11:1–23; 16:1–18; 17:19–18:12; 19:1–20:6; 21:1–10; 23:23–30:3; 32:1–45:5; 52:1–34이다. 이 가운데 예레미야 7:1–8:3은 성전 설교이고, 예레미야 26–29장과 34–45장은 예레미야의 생애 중에 일어난 사건을 전하는 전기적 글로 이야기 형식의 산문으로 기록한다. 예레미야 30–33장 구원에 대한 신탁으로 30–31장은 운문, 32–33장은 내러티브로 된 산문이다. 이 자료는 예루살렘의 미래와 회복에 대한 메시지를 담고 있다. 예레미야 46–51장은 이방 나라에 대한 신탁으로 운문이다.[7]

다섯째, 시작과 끝을 알려주는 수미쌍관법이다. 유다와 예루살렘에 대한 심판을 선포한 예레미야 1:1–25:13은 한 문학 단위다.[8] 그것은 예레미야 25:1–3에서 선지자는 1장에 기록된 자신의 사역을 다시 언급하고 있고, 예레미야 25:3–9과 1:15–19 사이에 유사한 표현들이 많이 들어있기 때문이다. 이것은 예레미야 1장과 25:1–14이 시작과 끝을 알리는 수미쌍관법의 구조를 이루고 있음을 보여준다(Dillard & Longman 1994, 294).

그리고 예레미야 1장과 52장은 시작과 마침을 알려준다. 이것은 마치 책이 쓰러지지 않도록 양쪽을 받치는 북엔드(bookend) 처럼 예레미야서 전체를 하나의 책으로 엮어주고 이 책을 해석하는 렌즈 역할을 한다(Murphy 2009, 316). 예레미야 1:1–3에서 예레미야가 어떤 사람이며 어떤 역사적 배경에서 부름을 받았는지 소개한다. 그리고 예레미야 1:4–19에서 하나님이 예레미야를 유다의 선지자만이 아니라 여러 나라와 왕국 위에 세워 "네가 그것들을 뽑고 파괴하며 파멸하고 넘어뜨리고 건설하고 심게"(렘 1:10) 하셨다. 이것은 예레미야의 사역이 심판과 회복임을 보여준다. 그리고 마지막 장인 예레미야 52장은 1장과 수미쌍관법을 이루어 여러 내러티브를 통해 심판과 회복에 대한 동일한 메시지를 선포한다. 예레미야가 예루살렘이 멸망하고 시드기야와 백성들이 포로로 끌려갈 것이라고 예언한 대로 예언이 성취되었다(렘 52:1–16; 참조. 렘 34:1–5). 그리고 예레미야가 예언한 대로 바벨론에 의해 성전의 보물이 옮겨지고(렘 52:17–23; 참조. 렘 27:19–22), 유다의 지

7 70인역에서 이 신탁은 예레미야 25:13 뒤에 나오고 25:14은 없다.

8 롱맨(Dillard & Longman 1994, 294)은 예레미야 1:1–25:13은 본래 한 문학 단위였을 것이라고 조심스럽게 표현했다.

도자들이 포로로 끌려가 죽임을 당했다(렘 52:24-30). 이를 통해 예레미야는 하나님이 세우신 참된 선지자임이 증명되었다. 그러나 저자는 예루살렘이 파멸되는 메시지로 책을 끝맺지 않고 회복과 소망으로 끝을 맺는다. 여호야긴이 감옥에서 풀려났기 때문이다(렘 52:31-34). 이 사건은 죄로 말미암아 포로된 유다 백성들이 회복되리라는 미래의 소망을 예견케 한다. 여호야긴에게 있었던 것처럼 회복은 유다 백성들에게도 임하게 될 것이다(Murphy 2009, 316).

이러한 기준을 근거로 일반적으로 예레미야서의 문학 단위를 예레미야 1:1-25:14; 26:1-29:32; 30:1-33:26; 34:1-45:5; 46:1-51:64, 52:1-34의 단위로 구분할 수 있다.[9] 이를 근거로 예레미야서를 다음과 같이 큰 문단으로 구분할 수 있다.

문단 구분	문학 장르
서론 : 표제와 예레미야의 소명(렘 1:1-19)	운문
유다의 심판(렘 2:1-25:38)	운문 + 산문
예레미야의 사역과 유다의 반응 1(렘 26:1-29:32)	산문
위로의 책 : 유다의 소망(렘 30:1-33:26)	운문 + 산문
예레미야의 사역과 유다의 반응 2(렘 34:1-45:5)	산문
이방 나라의 심판(렘 46:1-51:64)	운문
결론 : 예루살렘의 패망(렘 52:1-34)	산문

모음집 형태로 된 이 책에서 예레미야의 설교와 전기적 이야기를 통해서 예레미야는 반복해서 유다 백성에게 심판이 임할 것을 경고한다. 이 메시지는 그의 사역 전체에 나타난다. 그러면서도 예레미야는 하나님이 나라를 회복하실 것이라는 약속으로 포로로 끌려간 백성들을 격려한다. 예레미야가 경고한 심판이 성취되어 그들이 경험하고 있는 것처럼 회복 또한 성취되리라는 것을 확신하게 한다. 모음집 형태의 예레미야서는 심판과 소망에 대한 메시지를 반복하여 말한다(Murphy 2009, 315).

한편 예레미야는 메시지를 강조하거나 분명하게 드러내기 위해 여러 수사적 장치를 사용했다. 첫 번째 수사적 장치는 집중성 또는 교차대칭구조다. 예레미야서는 다음과 같은 구조로 되어있다.[10]

9 박동현(2010, 36-37), 디어(1994, 16-21), 롱맨 3세(2019, 38-40), 톰슨(Thompson 1980, 125-130), 머피(Murphy 2009, 313-317), 클레멘츠(Clements 1988, 7), 프레타임(Fretheim 2002, 19) 등은 관점에 따라 약간의 차이가 있으나 이 문학 단위로 문단을 구분했다.

10 박동현(2011, 37)은 동일한 구조는 아니라 할지라도 예레미야서가 대칭구조를 이루고 있다고 보았다.

A 서론 : 표제와 예레미야의 소명(렘 1:1-19)

B 유다의 심판(렘 2:1-25:38)

C 예레미야의 사역과 유다의 반응 1(렘 26:1-29:32)

C′ 예레미야의 사역과 유다의 반응 2(렘 34:1-45:5)

B′ 이방 나라의 심판(렘 46:1-51:64)

A′ 결론 : 예루살렘의 패망(렘 52:1-34)

집중성 또는 교차대칭구조의 주된 가치는 성경의 이 부분에서는 독자들에게 문학적 단락의 범위를 결정하도록 돕는 데 있고 이와 마찬가지로 단락들의 내적인 논리도 같다는 것을 보여주는 데 있다(Throntveit 1992, 6). 이뿐만 아니라 중심축(X)은 저자가 말하고자 하는 핵심을 드러내는 수사적 장치다(Throntveit 1992, 5). 클레멘츠(Clements 1988, 8)는 이 부분을 '작은 위로의 책(The Little Book of Consolation'이라고 부른다고 하면서 예레미야 30-33장에 가장 결정적으로 전개되는 소망의 메시지는 책 전체의 중심축(the pivotal center)이라고 했다. 이 구조에서 보듯이 예레미야서의 핵심은 심판 가운데서도 언약에 따라 유다를 구원하여 하나님의 작정을 이루신다는 것이다.

두 번째 수사적 장치는 반복이다. 예를 들면 하나님이 심판하시는 도구로 쓴 '칼과 기근과 전염병' 또는 '칼과 기근'이라는 표현이 반복적으로 나온다(렘 5:12; 11:22; 14:12, 16:4; 21:7, 9; 24:10; 27:8, 13; 29:17-18; 32:24, 36; 34:17; 38:2; 42:17, 22; 44:13 등). 또 하나님이 심판하시는 것이 목적이 아니라 궁극적으로 회복(= 구원)이 목적임을 반복적으로 설명한다. 이 책에서 뽑고 파괴하며 파멸하고 넘어뜨리지만 동시에 건설하고 심게 한다는 표현이 반복적으로 나온다(렘 1:10; 8:7-9; 24:6; 31:28; 42:10; 45:4 등). 예레미야의 선지적 임무는 심판과 회복을 선포하는 일이다(렘 1:10). 심판과 회복이라는 이중적 역할이 산문으로 된 모음집에 반복적으로 나타난다(렘 18:5-12; 24:6; 31:28; 42:10; 45:4-5). 반복은 중심주제를 전달하는 수사적 장치다. 이 책에서 선지자는 이스라엘에 대한 하나님의 심판이 혹독해도 하나님의 섭리 안에 있는 궁극적 목적은 구속이라는 믿음을 증거하고 있다(차일즈 1987, 333).

세 번째 수사적 장치는 여러 가지 상징적 행동이다. 예레미야는 허리에 띤 띠를 유브라데 물가에 감추게 하고 다시 가져오게 할 때 썩어서 쓸 수 없었다. 이를 통해 이스라엘의 교만을 썩게 하실 것을 교훈하셨다(렘 13:1-11). 그리고 예레미야에게 아나돗에 있는 밭을 사게 하심으로 사람이 비록 바벨론 포로로 끌려갈 것이지만 다시 이 땅에서 집과 밭과 포도원을 사게 될 것을 보여주셨다(렘 32:6-15). 이 외에도 깨진 토기장이의 옹기(렘 19:1-15), 멍에를 예레미야의 목에 걸게 함(렘 27:1-15), 도망간 자들이 애굽에 이르자 돌을 취하여 다바네스에 있는 바로의 궁전 대문에 두고 흙으로 감춘 일(렘 43:8-13) 등이 있다.

III. 주제와 기록 목적

예레미야서의 구조를 찾는 일이 어렵다 해도 머피(Murphy 2009, 317)가 지적한 것처럼 이 책이 이해하기 어렵거나 혼란스럽고 복잡한 것으로 볼 필요는 없다. 이 책이 단일한 주제로 엮어져 있거나 연대기적으로나 논리적인 연관성이 없는 것처럼 보여도 예레미야의 삶 전체를 통해 표현한 대로 심판과 회복을 반복적으로 보여주기 때문이다(렘 18:5-12; 24:6; 31:28; 42:10; 45:4-5). 예레미야는 유다에 바벨론 침입으로 나라가 멸망할 것이라 했고 이 예언으로 말미암아 대적들의 조롱과 공격을 받았지만(참조. 렘 7:4-11; 28:1-4) 그가 예언한 대로 성취되었다. 예레미야가 예언한 대로 성취된 것은 유다의 미래에 관한 희망의 메시지와 분리될 수 없다(Clements 1988, 9). 이 역사를 숙고해 보는 독자들은 하나님이 유다를 심판하신 것이 사실이듯이 유다를 회복하시는 일 역시 실현될 것이기 때문이다(Murphy 2009, 314). 그러므로 이 책의 주제는 예레미야가 반복적으로 전하는 심판과 회복의 메시지와 사역을 통해 여러 나라를 뽑고 파괴하며 파멸하고 넘어뜨리지만 동시에 건설하고 심게 하려는 것이다(렘 1:10; 8:7-9; 24:6; 31:28; 42:10; 45:4 등).[11] 이것은 선지자 예레미야가 전파하는 말씀의 능력을 보여줄 뿐만 아니라 그가 전파하는 메시지와 사역이 하나님의 통치를 수행하고 그의 뜻을 성취하는 일임을 보여준다.

예레미야서는 언약 백성인 이스라엘에게 왜 바벨론 포로라는 치명적인 사건이 일어나게 되었는지 설명하려고 했던 구약의 책들 가운데 한 권이다. 예레미야가 심판의 메시지를 반복해서 말하는 배경에는 여호와와 이스라엘 사이에 맺은 언약이 놓여있다. 언약의 핵심은 언약에 담긴 말씀을 믿고 순종하면 축복을 받고 불순종하면 저주를 받는다는 것이다(레 26:1-46; 신 28:1-68). 예레미야는 하나님이 유다를 심판하시는 일은 유다가 언약을 버렸기 때문이라고 설명한다(렘 17:24-25; 21:12; 22:1-5, 20). 예레미야서에 하나님이 자기 백성에게 내리시는 심판은 중요한 주제다. 이 심판은 언약에 따른 저주다. 그러나 하나님은 이 심판을 이방인에게도 내리신다(렘 46:1-51:64). 이는 하나님이 온 세상을 통

11 신득일(2012, 450)은 예레미야 1:10을 예레미야서의 주제로 본다.

치하시는 분이기 때문이다.

그러나 예레미야서는 하나님의 심판만이 아니라 회복과 소망에 대해서도 말한다. 여호와께서 자기 백성을 포로생활에서 구원하시고 그들을 다시 세우실 것을 약속하셨다. 특히 이스라엘 집과 유다 집에 새 언약을 맺어 그 법을 지켜 행하는 신실한 백성이 되게 하실 것이라고 약속하셨다(렘 30:1–33:26). 그러므로 예레미야서는 여호와의 심판과 소망, 멸망과 회복, 저주와 축복을 함께 보여준다(Murphy 2009, 316–317). 이를 보여준 일차적인 목적은 그들이 당하는 심판의 원인이 언약을 버린 일에 있음을 보여주려는 것이다. 예레미야가 경고한 심판이 성취되어 그들이 경험하고 있는 것과 같이 회복도 성취되리라는 확신을 주려는 것이다(Murphy 2009, 315). 이 책을 통해 포로 시대에 하나님은 과연 자신들을 영원히 버리셨는가 아니면 자신들이 미래에 약속의 땅으로 돌아갈 희망이 남아 있을까 생각한 사람들에게 복된 미래를 꿈꾸게 하였을 것이다(맥콘빌 2009, 124). 그리고 심판 가운데 있는 소망의 메시지는 어렵고 힘든 시대라 할지라도 하나님의 백성에게 하나님을 신뢰하고 살도록 계속해서 격려할 것이다(Murphy 2009, 318). 나아가 새 언약에 약속된 메시아가 오심으로 구원받은 하나님의 백성들에게도 이 역사는 하나님이 예레미야를 통해 경고하신 것도 이루시고 회복에 대한 약속을 이루신 하나님의 신실하심을 알게 하여 계속하여 하나님을 신뢰하며 살도록 도전할 것이다. 이 책은 이러한 전체 주제와 목적을 중심으로 몇 가지 중요한 신학적 메시지를 보여준다.

1. 심판과 회복

예레미야서 전체에서 거듭 강조하는 주제는 심판과 회복이다. 이를 설명하기 위해 예레미야는 하나님이 어떤 분이신지 여러 곳에서 설명한다. 하나님은 참 신이시며 온 세상을 창조하시고 통치하시는 분이시다(렘 10:12–13=51:15–16; 27:5; 32:17). 그리고 세상의 질서를 정하신 분이시다(렘 31:35–36; 33:20, 25). 하나님은 토기장이 비유를 통해 보여주듯이 유다를 포함하여 어느 민족이나 국가든지 세우기도 하시고 폐하기도 하시는 분이시다(렘 18:1–11). 이방 나라에 심판을 선포하는 내용을 통해서도 보여주듯이 하나님은 유다만이 아니라 온 세상을 통치하시는 분이시다(렘 46:1–51:64). 예레미야가 하나님을 소개하는 본문을 보면 그 설명은 대개 심판과 회복과 관련되어 있다.

하나님은 예레미야를 '여러 나라의 선지자'(렘 1:5)로 세우셨다고 하시며 "보라 내가 오늘 너를 여러 나라와 여러 왕국 위에 세워 네가 그것들을 뽑고 파괴하며 파멸하고 넘어뜨리며 건설하고 심게 하였느니라 하시니라"(렘 1:10)라고 하셨다. 네 개의 부정적인 동사들은 예레미야가 선포해야 할 죄에 대한 심판을 은유적으로 표현한 것이고 두 개의 긍정적인 동사들은 구원(= 회복)과 소망의 선포를 은유적으로 표현한 것이다. 부정적인 동사가 네 개가 있고 긍정적인 단어가 두 개가 있다는 것은 예레미야의 사역을 반영한다. 그의 사역에는 소망과 회복의 선포보다 심판의 선포가 많다(랄레만 2017, 63). 그의 선지적 임무는 심판과 회복을 선포하는 일이다. 심판과 회복이라는 이중적 역할이 반복적으로 나타난다. 예레미야 1:10에는 예레미야가 뽑고 파괴하며 파멸하고 넘어뜨리며 건설하고 심게 하는 일로 나타나 있으나 다른 부분에는 하나님이 뽑고 파괴하며 파멸하고 넘어뜨리며 건설하고 심으시는 분으로 나타난다(렘 24:6; 31:28; 42:10; 45:4-5). 이것은 선지자의 사역이 곧 하나님의 사역임을 보여준다. 예레미야가 왜 하나님을 창조주와 온 세상을 통치하시는 분으로 그리고 뽑고 파괴하며 파멸하고 넘어뜨리며 건설하고 심으시는 분으로 반복하여 설명하는가? 그것은 이 하나님이 이스라엘과 언약을 맺으신 분이심을 보여주어 헛된 우상을 섬기지 말고 하나님을 온전히 섬기게 하려는 것이다.

2. 조건적 언약과 무조건적 언약

'언약'은 두 당사자 사이의 관계를 묘사하는 법률 용어다. 이 단어는 인간적인 차원에서 약속하고 의무를 부과하는 두 당사자 사이의 합의를 설명하는데 사용된다(롱맨 2017, 31). 하나님은 처음에 모든 인류의 대표인 아담과 언약을 맺으셨다(창 2:15-17). 그 이후 하나님이 특별히 새로운 인류의 대표로 선택하신 아브라함과 언약을 맺으시고, 또한 시내산에서 온 이스라엘 백성들과 언약을 맺으셨다. 이 언약은 모압 언약과 세겜 언약과 길갈 언약 그리고 다윗 언약으로 갱신되고 발전되었다. 하나님은 이스라엘 백성들과 맺은 약속에 따라서 언약을 믿고 그 말씀에 따라 행하면 하나님의 소유와 제사장 나라와 거룩한 백성이 될 것이지만 여호와를 버리고 이방 신들을 섬기면 복을 내리신 후에라도 돌이켜 화를 내리실 것이라고 하셨다(출 19:5-6; 수 24:20).

역사적으로 볼 때 이스라엘은 이 언약에 신실하지 못했다. 그래서 하나님은 선지자들을 보내 이스라엘이 언약에 신실하도록 다양한 방법으로 돌아오도록 말씀하셨다. 예레미야서에서 이스라엘을 '첫 열매'(렘 2:3), '참 종자 곧 귀한 포도나무'(렘 2:21), '아내'(렘 3:14, 20; 31:32), '여호와의 양 떼'(렘 13:17), '내 포도원'(렘 12:10) 등으로 묘사했다. 이러한 묘사는 하나님과 이스라엘의 관계를 보여주는 은유다. 그러나 예레미야 시대 유다는 하나님 앞에 신실하지 못했다. 하나님은 언약을 기억하고 하나님의 말씀을 순종하라고 하셨으나 이스라엘은 순종하지 않았다(렘 11:1–8). 하나님은 그들이 하나님을 버리고 우상을 숭배한 일에 대해 들 암나귀들이 그들의 성욕이 일어나 헐떡거림 같았다고 하셨다(렘 2:24). 하나님은 언약에 따라 이들을 심판하실 수밖에 없었다(렘 11:8). 하나님은 예레미야에게 이스라엘 백성들에게 이 말씀을 전하게 하셨다. 이것은 언약에 담긴 복을 누리기 위해서는 계명을 지켜야 하는 조건이 있기 때문이다(렘 17:24–25; 21:12; 22:1–5). 조건적인 성격의 언약은 신명기 28:1–68에도 담겨있을 뿐만 아니라 세겜 언약, 길갈 언약 그리고 다윗 언약에도 담겨있다(수 24:10; 삼상 12:15; 삼하 7:14).

그런데도 하나님은 때가 되면 다윗에게 한 의로운 가지를 일으켜 그가 왕이 되어 지혜롭게 다스리며 정의와 공의를 행할 것이라고 약속하셨다(렘 23:5; 33:15). 이것은 이스라엘의 순종과 관계없이 하나님은 이스라엘을 구원하시고 의로운 가지를 일으켜 정의와 공의를 행하는 나라를 이루실 것을 보여준다. 이것은 무조건적 성격의 언약 때문이다. 하나님은 다윗에게 "네 집과 네 나라가 영원히 보전되고 네 왕위가 영원히 견고하리라"(삼하 7:16)라고 말씀하신 대로 오실 그리스도 안에서 이루실 것이기 때문이다. 조건적 성격의 언약과 무조건적 성격의 언약이 서로 모순적인 것처럼 보이나 그렇지 않다. 하나님의 약속은 무조건적 하나님의 은혜에 근거해 있고 조건적 언약은 부차적이다. 그리스도인은 무조건적 성격의 언약으로 위로를 받고 조건적 성격의 언약으로 도전을 받는다(Nelson 1987, 35).

3. 새 언약

예레미야서의 구조에서 살펴본 바와 같이 이 책의 핵심은 '위로의 책'이라고 부르는 부분이다(렘 30:1–33:26). 여기에 '새 언약'(렘 31:31–33)이 있다. 하나님이 이스라엘 집과 유다 집에 새 언약을 맺으리라 하시고 이 언약이 시내산에서 맺은 언약과 어떻게 다른지 설명해 주셨다. 시내산 언약은 하나님께서 이스라엘 백성들을 애굽에서 초자연적인 방법으로 구원해 내신 후에 친히 시내산에 강림하시어 이스라엘과 피로 맺은 언약이다(출 19:1–24:11). 피로 언약을 맺었다는 것은 언약 당사자가 언약을 지키지 않을 때 목숨을 내어놓겠다는 뜻이다. 그런데도 이스라엘은 언약을 지키지 못했다. 그래서 언약에 따라 심판을 받을 수밖에 없다. 그렇다면 여기에 해결책은 없는가? 하나님이 그 해결책을 제시해 주셨다. 하나님은 '그날 후에' 맺을 언약을 약속해 주셨다. 그 언약의 특징은 하나님의 법을 그들의 속에 두고 그들의 마음에 기록하여 하나님은 그들의 하나님이 될 것이고 그들은 하나님의 백성이 된다는 것이다. 이것은 그들이 하나님의 법을 마음에서 우러나와 지키는 일이 가능하게 되어 하나님과 교제할 수 있게 된다는 뜻이다. 이것이 새 언약의 특징이다.

이 일이 언제, 어떻게 가능한가? 이 일은 하나님이 예레미야를 통해 약속하신 '그날'에 그리스도가 오셨고 그가 우리 죄를 대신 담당하여 죽으시고 부활하신 후에 성령을 보내셨기에 가능하다. 이 점에 대해 히브리서 저자가 예레미야 31:31-34에 기록된 새 언약의 말씀을 더 좋은 언약의 중보자로 오신 그리스도에게 적용한 것에서 알 수 있다(히 8:7-12). 히브리서 저자는 그리스도께서 더 좋은 언약의 중보자로 오신 이유를 "저 첫 언약이 무흠하였더라면 둘째 것을 요구할 일이 없었으려니와 그들의 잘못을 지적하여 말씀하시되"(히 8:7-8)라고 하였다. 이것은 시내산 언약이 흠이 있다는 뜻이 아니라 하나님의 백성들이 언약을 지키지 못한 잘못 때문이라는 것이다. 그러나 그리스도가 오셔서 과거 하나님의 백성들이 지키지 못했던 법을 지키시고 그들이 지키지 못해 받아야 했던 형벌을 대신 담당하여 죽으시고 그를 믿는 자들이 그 법을 능히 지킬 수 있도록 그들에게 성령을 보내주셨다(참조. 겔 36:26-27). 그래서 그리스도 안에서 구속받은 자는 능히 하나님을 알고 그의 계명을 지킴으로 하나님과 교제할 수 있다.

IV. 내용

내용 구조

1. 서론 : 표제와 예레미야의 소명(렘 1:1-19)
2. 유다의 심판(렘 2:1-25:38)
3. 예레미야의 사역과 유다의 반응 1(렘 26:1-29:32)
4. 위로의 책 : 유다의 소망(렘 30:1-33:26)
5. 예레미야의 사역과 유다의 반응 2(렘 34:1-45:5)
6. 이방 나라의 심판(렘 46:1-51:64)
7. 결론 : 예루살렘의 패망(렘 52:1-34)

1. 서론 : 표제와 예레미야의 소명(렘 1:1-19)

이 문단에서 책의 표제와 예레미야의 소명을 간략하게 설명한다. 표제에 3인칭 화자는 예레미야가 누구며, 언제 부르심을 받았고, 그가 언제까지 사역했는지를 설명한다(렘 1:1–3). 그리고 예레미야가 1인칭 화자가 되어 어떻게 부름을 받았으며, 임무가 무엇인지(렘 1:4–10), 받은 환상이 무엇인지(렘 1:11–19) 설명한다.

내용 분해

(1) 표제(렘 1:1–3)
(2) 예레미야의 부르심과 임무(렘 1:4–10)
(3) 예레미야에게 주신 두 개의 환상(렘 1:11–16)
(4) 예레미야의 임무 수행에 대한 하나님의 위로(렘 1:17–19)

내용 해설

(1) 표제(렘 1:1–3)

이 문단에서 3인칭 화자는 예레미야가 어떤 사람이며 어떤 역사적 상황에서 사역했는지를 설명한다.

① 저자 : 예레미야(렘 1:1)

예레미야는 베냐민 땅 아나돗의 제사장들 중 힐기야의 아들이다(렘 1:1). 예레미야를 힐기야의 아들로 소개하는 것은 그가 제사장 가문이라는 것이다.[12] 아나돗은 예루살렘에서 동북쪽으로 약 4.8km 떨어진 곳으로 여호수아가 제사장 아론의 자손에게 준 땅 가운데 베냐민 지파에 속한 땅이다(수 21:17–18). 예레미야를 '아나돗의 제사장들 중 힐기야의 아들'이라고 소개한 것으로 보아 아비아달의 가문으로 볼 수 있으나 확실하지는 않다(참조. 왕상 2:26–27). 이것은 예레미야가 교육을 잘 받았다는 것과 이스라엘과 그 하나님

12 힐기야는 요시야 당시 대제사장이며 율법을 발견한 사람과는 다른 사람이다(참조. 왕하 22:4, 8).

의 이야기에 깊이 뿌리내리고 있음을 의미한다(Fretheim 2002, 46). '예레미야'(יִרְמְיָהוּ)라는 이름의 뜻은 '여호와께서 높이신다', '여호와께서 세우신다' 또는 '여호와께서 던지신다' 등의 의미가 가능하다. 당시 상황에서 선지자를 그를 미워하는 사람에게 던지셨다는 뜻이나 나라들을 그들의 죄 때문에 던지셨다는 의미로도 가능하다. 영브러드(Youngblood 2002, 1132)는 후자를 제안했다.

② 역사적 상황(렘 1:2–3)

선지자의 역사적 상황과 그의 인격적 배경은 중요하다. 왜냐하면, 하나님의 말씀은 특별한 사람과 특별한 역사적 상황에서 말씀하셨기 때문이다. 예레미야는 유다 왕 요시야(주전 640–609)가 다스린 지 13년인 주전 627년부터 여호아하스(주전 609), 여호야김(주전 609–598), 여호야긴(주전 598–597), 유다 백성이 바벨론 포로로 끌려가는 시드기야(주전 597–586) 11년인 주전 586년까지 사역했다. 특이한 것은 이 책에 기록된 일부 내용(렘 40:7–41:18; 52:31–34)을 제외하곤 예레미야가 보고 듣고 경험한 내용이라는 것이다.

(2) 예레미야의 부르심과 임무(렘 1:4–10)

여호와의 말씀이 예레미야에게 임하여 그를 선지자로 부르신 일에 대해 하나님은 예레미야를 모태에서 짓기 전에 알았고 배에서 나오기 전에 성별했고 여러 나라의 선지자로 세웠다고 하셨다(렘 1:4–5).[13] 여기 '성별하다'(카다쉬, קדשׁ)라는 동사는 어떤 사물이나 사람을 특별하게 사용하기 위해 따로 구별하여 세우는 것을 의미한다. 이 동사가 사용된 경우는 안식일(출 16:23; 20:8), 성막과 그의 기구들(출 29:44; 40:9), 제사장들(출 29:1; 30:30)이다. 이것은 하나님은 예레미야가 수태된 때부터 특별한 사역을 위해 구별해 두셨다는 것이다(디어 1994, 27). 특별히 하나님은 예레미야를 다른 선지자들과는 달리 '여러 나라의 선지자'로 세웠다고 하셨다. 이것은 예레미야의 사역이 당시 유다를 포함하고 있어도 하나님의 목적 안에서 이방 민족도 포함하기 때문이다(Craigie 1991, 10–11).

예레미야는 이 부르심에 대해 '슬프도소이다'(아하흐, אֲהָהּ)라고 말하며 부르심에 대해 "주 여호와여 보소서"라고 하며 "나는 아이라 말할 줄을 알지 못하나이다"라고 했다(렘 1:6). 여기서 '아이'(나아르, נַעַר)라는 용어는 꿈을 해석한 요셉(창 41:12)과 골리앗과 싸운 다

13 하나님이 예레미야를 부르실 때 사용한 문구는 이사야(사 49:5)와 바울(갈 1:15)에게도 사용되었고 유사한 표현이 애굽의 바로 피안치(Pianchi 25왕조, 주전 751–730) 석비에도 있다(Martens 1986, 33).

윗(삼상 17:33)에게도 썼다. 이때 제사장이 직무를 수행할 나이로 본다면 30세다(참조. 민 4:3). 여기서 '아이'라는 표현이 실제로 어리다는 개념일 수도 있고 겸손을 나타내는 상투적인 표현일 수도 있다(참조. 왕상 3:7). 여기서는 겸손의 의미로 보는 것이 좋다.

이에 대해 하나님은 예레미야에게 아이라 말하지 말고 무엇을 명하든지 말하라고 하시며 그들 때문에 두려워하지 말라고 하시며 그와 함께 하여 그를 구원하실 것이라고 하셨다(렘 1:7–8). 그리고 여호와께서 손을 내밀어 "보라 내가 내 말을 내 입에 두었다"(렘 1:9)라고 하셨다. 하나님은 예레미야를 여러 나라와 여러 왕국 위에 세워 그것들을 뽑고 파괴하며 파멸하고 넘어뜨리며 건설하고 심게 하실 것이라고 하셨다(렘 1:10). 여호와께서 그에게 주신 말씀이 어떤 능력이 있는지 뽑고(A), 파괴하며(B), 파멸하고(C), 넘어뜨리며(C), 건설하고(B), 심는다(A)는 A–B–C–C′–B′–A′라는 교차대칭구조로 보여준다(Fretheim, 2002, 51).

네 개의 부정적인 동사들은 예레미야가 선포해야 할 죄에 대한 심판을 은유적으로 표현한 것이고 두 개의 긍정적인 동사들은 구원(= 회복)과 소망의 선포를 은유적으로 표현한 것이다. 부정적인 동사가 네 개가 있고 긍정적인 단어가 두 개가 있다는 것은 예레미야의 사역을 반영한다. 그의 사역에는 소망과 회복의 선포보다 심판의 선포가 많다(랄레만 2017, 63). 예레미야의 입에 주신 말씀의 능력은 심판하고 회복하는 일이다. 심판과 회복은 그의 메시지의 핵심이다.

(3) 예레미야에게 주신 두 개의 환상(렘 1:11–16)

두 개의 환상은 예레미야의 부르심 기사(렘 1:4–10)를 더 상세하게 설명한다. 이 두 개의 환상은 그 구조와 내용에 공통적인 요소들이 있다. 여호와의 말씀이 임하여 무엇을 보는지 물으시고(A), 예레미야가 답한 후에(B) 하나님이 그 의미를 설명하시는(C) 형식의 A–B–C 구조로 되어있다.

① 살구나무 환상(렘 1:11–12)

하나님은 예레미야에게 첫 번째 환상인 살구나무를 보게 하셨다. 이 의미에 대해 하나님은 "내가 내 말을 지켜 그대로 이루려 함이라"(렘 1:11)라고 해석해 주셨다. '살구나무'는 히브리어 '샤케이드'(שָׁקֵד)인데 '지켜보다', '깨우다'라는 뜻으로 겨울잠에서 가장 일찍 꽃이 피는 나무다(בדב). 여기 '지키다'라는 히브리어 동사가 '쇼케이드'(שֹׁקֵד 〈 שקד)다. 첫 번째 환상은 '살구나무'(샤케이드, שָׁקֵד)와 '지키다'(쇼케이드, שֹׁקֵד)라는 언어유희(word-play)를 통해 살구나무가 꽃이 피는 것처럼 하나님은 예레미야가 전하는 말씀을 곧바로 효과있게 하실 것을 의미한다(Fretheim 2002, 52).

② 끓는 가마 환상(렘 1:13-16)

하나님은 예레미야에게 끓는 가마가 북에서부터 기울어져 있는 모습의 두 번째 환상을 보게 하셨다(렘 1:13). 이 의미에 대해 하나님은 "재앙이 북방에서 일어나 이 땅의 모든 주민에게 부어지리라"(렘 1:14)라고 해석해 주셨다. 이 일은 좀 더 구체적으로 북방 왕국의 족속들이 와서 유다 모든 성읍을 칠 것을 말하는 것으로 바벨론과 그의 동맹국들을 의미한다(렘 1:15; 참조. 렘 20:4-6; 21:4-7; 25:8-9). 하나님이 북방 민족들을 일으키신 것은 하나님을 버리고 우상을 숭배한 유다의 모든 죄악을 징계하기 위함이시다(렘 1:16). 예레미야는 그가 지적한 모든 다른 죄를 하나님과의 관계를 깨는 우상숭배의 증상으로 보고 우상숭배를 하나님과의 관계를 깨는 가장 기본적인 은유로 사용한 것이다(Fretheim 2002, 53).

(4) 예레미야의 임무 수행에 대한 하나님의 위로(렘 1:17-19)

하나님은 예레미야에게 두 개의 환상을 보여주신 후에 허리를 동이고 일어나 그가 명령한 바를 다 말하라고 하시며 그들 때문에 두려워하지 말라고 위로하셨다(렘 1:17). '허리를 동이다'라는 말은 준비하라는 뜻이다. 예레미야의 임무는 하나님이 명령하신 것을 말하는 것이다. 하나님은 예레미야가 능히 이 일을 감당할 수 있도록 온 땅과 유다 왕들과 그 지도자들과 제사장들과 그 땅 백성 앞에서 견고한 성읍, 쇠기둥, 놋 성벽이 되게 하셨기에 그들이 치나 예레미야를 이기지 못할 것이라고 하셨다. 그 이유는 하나님이 예레미야와 함께하셔서 그를 구원하실 것이기 때문이다(렘 1:18-19). 그리고 견고한 성읍이나 쇠기둥 등의 표현은 예레미야를 담대하게 하고 지키신다는 은유다(참조. 겔 3:7-8). 이것은 예레미야가 그의 임무를 수행하는 일에 어려움을 당하지 않게 하신다는 뜻이 아니라 어려움이 있다는 것을 말한다. 하지만 하나님이 그 어려움 가운데서도 함께하실 것이다. 이것은 앞으로 예레미야의 사역이 쉽지 않다는 것이다.

2. 유다의 심판(렘 2:1-25:38)

예레미야는 요시야 13년인 주전 627년부터 여호야김 4년인 주전 605년까지 23년 동안 여호와께 받은 말씀을 전했다(참조. 렘 25:1–3). 그 말씀은 유다의 범죄와 그 죄에서 회개하라는 것이었으나 유다가 그 말씀을 순종하지 않아 바벨론 포로가 될 수밖에 없음을 보여준다.

내용 분해

(1) 유다의 배신(렘 2:1–3:5)
(2) 회개의 촉구(렘 3:6–4:4)
(3) 하나님의 심판 선언(렘 4:5–6:30)
(4) 성전 설교 : 잘못된 예배(렘 7:1–8:3)
(5) 유다의 심판과 탄식(렘 8:4–10:25)
(6) 깨어진 언약(렘 11:1–13:27)
(7) 하나님의 심판 : 기근, 칼, 전염병(렘 14:1–15:21)
(8) 하나님의 심판과 그 안에 나타난 은혜(렘 16:1–17:27)
(9) 토기장이와 옹기(렘 18:1–20:18)
(10) 유다의 지도자들에게 대한 고소(렘 21:1–24:10)
(11) 유다의 심판 요약과 이방 나라의 심판 예언(렘 25:1–38)

내용 해설

(1) 유다의 배신(렘 2:1–3:5)

운문(= 시)으로 된 이 문단에서 저자는 언약 백성들의 악하고 타락한 모습을 다양한 비유적 언어로 묘사한다. 특히 이들을 하나님과 맺은 언약 관계를 배신한 것으로 묘사한다.

① 하나님과 이스라엘의 처음 관계(렘 2:1-3)

하나님은 예레미야에게 예루살렘의 귀에 하나님과 이스라엘의 처음 관계가 어떠했는지 말하라고 하시며 부부관계의 은유로 시작하시고(렘 2:1-2) 간략하게 농사와 하나님을 섬기는 일과 연관된 은유로 옮겨가셨다(렘 2:3). 하나님은 신혼 때의 사랑을 기억한다고 하시며 그때 씨를 뿌릴 수 없는 광야에서 하나님을 따랐다고 하셨다(렘 2:2). 하나님이 이전 역사를 기억하시는 것은 지금 그 관계가 달라졌기에 고통하고 있음을 의미한다(Fretheim 2002, 61-62). 한편 이스라엘은 여호와를 위해 구별해 두신 성물, 곧 그의 소산 중 첫 열매이기 때문에 하나님은 그를 삼키는 자는 벌을 받을 것이라고 하셨다(렘 2:3).[14] 이스라엘은 민족들 가운데 거룩하게 구별된 자들이고 추수한 소산물 가운데 하나님께 드릴 제물로 구별된 첫 열매다(참조. 민 18:12-13; 신 26:1-2). 하나님이 이를 기억하신 것은 이스라엘을 특별한 존재로 간주하셨다는 것이다.

② 유다의 배신에 대한 책망(렘 2:4-13)

하나님은 야곱의 집과 이스라엘의 집 모든 족속이 하나님을 멀리하고 '헛된 것'(헤벨, הֶבֶל)을 따라 '헛되이 행하였느냐'(하발, הבל)라고 하셨다(렘 2:5). '헛된 것'은 우상을 가리킨다(렘 8:19; 10:8 등). '헤벨'이라는 단어는 전도서에서 많이 사용되는 용어로 '무의미', '무익함', '허망함', '공허', '부조리', '불합리' 등의 뜻을 가진 단어다. 언어유희로 이러한 단어를 사용한 것은 허망하고 불합리한 것을 따라간 것을 강조하려는 것이다. 하나님은 이스라엘의 조상들이 그들을 광야 곧 사막과 구덩이 땅, 건조하고 사망의 그늘진 땅을 통과하게 하신 여호와께서 어디 계시냐 하고 말하지 아니했다고 하셨다(렘 2:6). 여기서 "여호와께서 어디 계시냐"라는 말은 정보를 묻는 것이 아니라 방향을 찾는 것이다. 그러한 방향은 제사장들이 찾아주어야 하나 그들은 스스로 찾지 아니했다. 그래서 백성들은 여호와께서 구원하시고 인도하시고 각양 은사를 주시는 분이심을 잊었다(Martens 1986, 43). 그래서 하나님은 이스라엘을 애굽에서 인도해 내어 가나안에 들어가 아름다운 것을 먹게 하였음에도 여호와를 찾지 아니하였다고 하셨다(렘 2:7-8). 특히 하나님은 여호와를 찾지 아니한 사람으로 제사장들, 율법을 다루는 자들, 관리들, 선지자들을 언급하셨다. 이들

14 예레미야 2:3b에 "그를 삼키는 자면 모두 벌을 받아 재앙이 그들에게 닥치리라"라는 말씀에서 '닥치리라'(타보, תָּבֹא 〈 בוא)라는 동사는 개역개정판이나 KJV처럼 미완료형으로 번역하는 것이 좋다. NIV, NASB 등은 과거로 번역했다. 이 차이는 미완료형으로 하나님의 백성을 괴롭히는 자는 과거나 지금이나 앞으로도 하나님이 재앙을 내리신다는 뜻이고 과거로 번역하면 과거에 이스라엘을 삼키는 자에게 재앙을 내리셨다는 뜻이다.

은 자신들이 먼저 하나님을 찾고 하나님과 교제하며 백성들을 올바른 길로 인도해야 할 자들이다. 그런데도 그들이 먼저 헛된 우상을 숭배하고 따랐다. 백성들의 지도자들이 하나님을 찾지 않는데 백성들이 어떻게 하나님을 찾을 수 있겠는가?

그러므로 하나님은 "내가 다시 싸우고 너희 자손들과도 싸우리라"라고 하셨다(렘 2:9). 여기에 '싸우다'(리브, רִיב)라는 용어는 옳고 그름을 따지기 위한 선지적 소송과 연관된 용어로 증인을 세우고, 고소인을 부르는 것을 의미한다. 여기서 검사는 하나님이시지만 후에 재판관으로 나타나신다(Martens 1986, 43). 하나님은 유다에게 깃딤 섬들에게 가보며 게달에게 사람을 보내 그들의 신들을 바꾼 적이 있는지 질문하셨다(렘 2:10). 깃딤은 유다 동쪽에 있는 구브로(Cyprus)를 말하고, 게델은 유다 서쪽이 있는 아라비아에 있는 지역을 말한다. 이들은 신들을 바꾼 일이 없다. 그런데도 언약 백성은 하나님의 영광을 무익한 우상과 바꾸었다(렘 2:11).

예레미야는 하늘에게 여호와의 말씀을 전하며 "이 일로 말미암아 놀랄지어다 심히 떨지어다 두려워할지어다"라고 했다(렘 2:11). 여기서 하늘을 부르는 이유는 모세가 언약을 맺는 과정에서 하늘을 증인으로 세웠기 때문이다(참조. 신 4:26; 32:1). 이어서 하나님은 하늘을 증인으로 세운 이유를 설명하시기를 두 가지 악을 행했기 때문이라고 하셨다.[15] 그 두 가지 악은 생수의 근원이신 하나님을 버린 것과 스스로 웅덩이를 판 것인데 그 웅덩이는 물을 가두지 못할 터진 웅덩이다(렘 2:13). 여기서 터진 웅덩이는 이 문맥에서 볼 때 생수의 근원이신 하나님의 말씀을 버리고 스스로 선택하거나 만들어 낸 헛되고 공허한 우상을 의미하는 은유다.

③ 다른 나라들을 신뢰하는 유다(렘 2:14-19)

예레미야가 수사의문문으로 "이스라엘이 종이냐 씨종이냐"(렘 2:14)라고 한 질문에 대한 기대는 '아니오'이다. 이는 이스라엘이 원래 종이 아니었음을 강조하려는 것이다. 그런데 어린 사자들이 그를 향해 부르짖고 그의 땅을 황폐하게 했다(렘 2:15). 어린 사자는 예레미야서에서 에돔(렘 49:19), 바벨론(렘 50:44) 등과 같은 적들을 의미한다. 그 적들 가운데 하나인 애굽의 주요 도시인 놉(= 멤피스)과 다바네스가 이스라엘의 정수리를 상하게 하였다(렘 2:16). 그 이유는 여호와를 떠났기 때문이다(렘 2:17).

그런데 아이러니(irony)하게도 유다는 이들에게 고통을 당했음에도 시홀(= 나일강)[16]의

15 히브리어 본문에서 예레미야 2:13은 이유를 나타내는 접속사 '키'(כִּי)로 시작한다.

16 시홀은 나일강 줄기에 있는 것으로 보이나 나일강과 같은 의미다(참조. 수 13:3; 대상 13:5; 사 23:3).

물을 마시려고 애굽으로 가고 유프라테스강의 강물을 마시려고 앗수르로 갔다(렘 2:17-18). 시홀과 유프라테스강의 강물을 마시려는 것은 이들의 군사적이고 정치적인 힘을 의지한다는 비유적 표현이다. 그래서 하나님은 '네 악'과 '네 반역'이 유다를 징계하고 책망할 것이라고 하셨다. 이 악과 반역은 여호와를 버리는 일과 여호와를 경외하지 않는 것이다(렘 2:19).

④ 바알을 숭배하는 유다(렘 2:20-28)

하나님은 유다를 향해 "네가 옛적부터 네 멍에를 끊고 네 결박을 끊으며"라고 지적하셨다(렘 2:20). 이 말씀은 여호와와 그의 기름 부음 받은 자를 대적하며 "우리가 그들의 맨 것을 끊고 그의 결박을 벗어 버리자 하는도다"(시 2:3)라는 말씀과 같은 의미다. 이는 하나님과 맺은 언약 관계에 따라 순종하지 않겠다는 것이다. 그래서 유다는 "나는 순종하지 아니하리라"라고 하며 높은 산 위와 모든 푸른 나무 아래서 행음했다(렘 2:20). 높은 산과 푸른 숲에 간다는 것은 바알 숭배를 나타내는 이미지 언어다(Martens 1986, 53). 그래서 하나님은 귀한 포도나무를 심었는데 어찌하여 이방 포도나무의 악한 가지가 되었는지 탄식하셨다(렘 2:22). 하나님은 이 일의 심각성에 대해 잿물과 비누로도 씻을 수 없다고 하셨다(렘 2:22). 이 일의 원인은 바알을 숭배하였기 때문이다(렘 2:22-23a). 하나님은 유다의 바알 숭배가 발이 빠른 암낙타가 그의 길을 어지러이 달리는 것 같고, 들암나귀들이 그들의 성욕이 일어나 헐떡거림 같다고 하셨다(렘 2:23b-24). 그래서 하나님은 발을 제어하고 벗은 발로 다니지 말고 목을 갈하게 하지 말라고 권고하셨다(렘 2:25a). 이 말씀이 예레미야 2:24의 암낙타와 암나귀 비유와 이어진 것으로 본다면 자신을 절제하라는 권고다. 그러나 유다는 그 권고를 무시하고 이방 신들을 사랑하기에 그들을 따라가겠다고 했다(렘 2:25b).

이에 대해 하나님은 계속해서 비유로 도둑이 붙들리면 수치를 당함같이 그들의 왕들과 지도자들과 제사장들과 선지자들이 수치를 당했다고 하셨다(렘 2:26). 이는 그들이 만든 신들은 아무런 도움이 되지 못하기 때문이다. 그래서 하나님은 그들은 나무나 돌로 만든 우상이 자기들을 낳았다 하고 하나님을 향하지 않다가 환란을 당하면 하나님께 "일어나 우리를 구원하소서"라고 말할 것이라고 하셨다. 이런 그들을 향해 하나님은 "너를 위하여 네가 만든 네 신들이 어디 있느냐?"라고 물으실 것이다(렘 2:27-28).

⑤ 유다를 기소하고 심판을 선언하는 하나님(렘 2:29-37)

하나님은 유다가 우상을 숭배함으로 고통을 받을 때 하나님을 대항하자 하나님은 유다가 잘못했다고 지적하셨다(렘 2:29). 하나님은 유다 백성을 바른길로 가도록 쳤어도 그 일이 무익한 것은 징계로 받아들이지 않고 오히려 사나운 사자같이 선지자들을 삼켰기 때문이라고 하셨다(렘 2:30). 이에 대해 예레미야는 여호와의 말씀을 들어보라고 하며 여호와가 유다에게 광야나 캄캄한 땅이 되게 하셨는지 질문하며 무슨 이유로 주께로 가지 않겠다고 하는지 물었다(렘 2:31).

계속하여 하나님은 유다의 배신에 대해 다시 비유로 처녀가 결혼할 때 입은 예복이나 패물을 잊을 수 없는데 어찌 자기 백성은 하나님을 잊을 수 있는지 물으셨다(렘 2:32). 하나님을 잊은 유다는 행위를 꾸미지만 그의 옷단에는 죄 없는 자를 죽인 피가 묻었다(레 2:33-34). 그런데도 죄를 짓지 않았다고 변명함으로 하나님은 앗수르로 말미암아 수치를 당한 것처럼 애굽으로 말미암아 수치를 당할 것이라고 하셨다(렘 2:35-36). 과거에 유다가 앗수르를 의지했을 때 오히려 앗수르가 유다를 정복하려고 했다(참조. 왕하 16:7-9; 사 7:13-25). 이 말씀대로 유다가 바벨론의 지배를 벗어나려고 애굽을 의지하였으나 애굽은 유다를 구원하지 못했고 오히려 유다는 바벨론에 멸망 당했다(참조. 렘 37:7-8). 이 일로 말미암아 유다는 두 손으로 머리를 싸고 나갈 것인데 이는 하나님이 유다가 의지하는 애굽을 버리셨기 때문이다(렘 2:37). '두 손으로 머리를 싸다'라는 말은 사무엘하 13:19에서도 나오는 표현으로 슬픔을 나타내는 표시다(Thompson 1980, 186). 이는 유다가 하나님을 버림으로 하나님이 유다를 심판하신다는 것이다.

⑥ 행음하고 돌아오려는 유다(렘 3:1-5)

하나님은 유다가 행음하고 돌아오려고 해도 돌아올 수 없음을 말하기 위해 율법을 근거로 말씀해 주셨다. 율법에 부정한 행위가 있어 이혼한 부인이 다른 남자와 재혼했다면 그는 전의 남편과 다시 결혼할 수 없다. 이렇게 하면 땅이 더러워지기 때문이다(렘 3:1; 참조. 신 24:1-4). 특히 하나님은 유다가 많은 무리와 음행하고도 하나님께 돌아올 수 있겠는지 질문하셨다. 이는 돌아올 수 없다는 것이다. 그리고 눈을 들어 헐벗은 산을 보라고 하시며 이미지 언어로 길가에 앉아 사람들을 기다린 것이 광야 아라바 사람 같아서 음란과 행악으로 땅을 더럽혔다고 하셨다(렘 3:2). 길가에 앉아 사람들을 기다리는 일은 창녀가 행하는 일을 의미하고(창 38:14; 잠 7:10, 12), 광야 아라바 사람 같다는 것은 지나가는 대상들을 약탈하기 위해 기다리는 것처럼 행동함을 의미한다. 그러므로 단비가 그쳤고 씨 뿌린 이후 내려야 할 늦은 비(아빕월, 현대 3–4월)가 없어졌다고 해석해 주셨다(렘 3:3a). 유다가 헐벗은 산이 되고 경제적인 어려움을 당하는 근본적인 이유는 여호와를 배신했기 때문이다. 유다는 하나님이 이렇게 징계하셔도 창녀의 낯을 가져서 수치를 알지 못한다(렘 3:3b). 그리고 하나님은 유다가 하나님을 아버지라고 부르며 청년 시절의 보호자시니 품어달라고 말해도 악을 행하여 자기 욕심을 이룬다고 하시며 그들의 이중성을 드러내셨다(렘 3:4–5).

(2) 회개의 촉구(렘 3:6–4:4)

이 문단에서 '돌아오다'(슈브, שׁוּב)라는 동사가 9번 나온다(렘 3:7$^{\times 2}$, 10, 12, 14, 19, 22; 4:1$^{\times 2}$).[17] 이 동사는 회개하고 하나님께 돌아온다는 의미도 있고, 하나님을 떠난다는 의미도 있고, 부정어와 함께 써서 돌아오지 않는다는 의미도 있다. 예레미야 3:19을 제외하고 모두 회개하고 돌아오라는 의미로 사용된다. 이 용어의 반복은 이 문단의 핵심이 어디에 있는지 알려주는 역할을 한다. 이 문단에서 자기 백성 유다가 회개하고 돌아오기를 원하시는 전능자의 은혜로우심이 예레미야 30–31장처럼 환하게 빛난다(Martens 1986, 52). 예레미야는 이 계시를 그가 부름을 받은 요시야 13년인 주전 627년에서 성전에서 율법책을 발견한 요시야 18년인 주전 622년 사이에 받은 것으로 보인다(디어 1994, 39–40).

① 두 자매 이스라엘과 유다(렘 3:6–11)

요시야 왕 때에 여호와께서 예레미야에게 "너는 배역한 이스라엘이 행한 바를 보았느냐"라고 질문하시며 그들이 배역한 행동이 무엇인지 말씀해 주셨다. 그것은 모든 높은 산과 모든 푸른 나무 아래서 행음한 것이다(렘 3:6). 높은 산과 푸른 숲에 간다는 것은 바알 숭배를 나타내는 이미지 언어다. 가나안의 신전이나 제단은 편리하고 눈에 잘 띄는 높은 곳에 있었다(Martens 1986, 53). 하나님은 이스라엘이 바알 숭배를 그치고 돌아오리라 생각하셨으나 그들은 돌아오지 않았고, 유다는 그것을 보았다(렘 3:7). 하나님은 배역한 이스라엘을 내쫓고 이혼증서까지 주었음에도 유다가 두려워하지 않고 행음하고 하나님께 돌아오지 않음을 책망하셨다(렘 3:8–10). 이혼증서까지 주었다는 것은 이미지 언어로

17 이 단어의 명사형인 '머슈바'(מְשׁוּבָה 〈 שׁוּב)가 이 문단에 네 번 나온다(렘 3:8, 11, 12, 22). 개역개정판은 모두 '배역'으로 번역했다. '돌아오다'라는 단어와 어근이 같은데 '돌아서서 나감'이라는 뜻으로 언어유희를 통해 회개하고 돌아서는 행동과 돌아서서 나가는 행동을 대조하고 있다.

이스라엘의 음란한 행동 때문에 하나님이 그들을 버리고 앗수르에 넘겼다는 뜻이다(참조. 신 24:1-4). 하나님이 왜 역사를 언급하시는가? 이는 유다가 이 역사를 보았음에도 '진심으로'(버콜- 립바흐, בְּכָל־לִבָּהּ) 회개하고 하나님께 돌아오지 않고 '거짓으로'(버쉐케르, בְּשֶׁקֶר) 돌아섰음을 지적하기 위한 것이다(렘 3:10). 예레미야가 마음속에 율법을 발견하고 개혁을 시작한 후라면 요시야 18년 이후인 주전 622년 이후에 이 말씀을 한 것으로 볼 수 있다(Thompson 1980, 196). 그래서 예레미야는 배역한 이스라엘이 오히려 유다보다 더 의롭다고 했다(렘 3:11).

② 이스라엘이 돌아오기를 호소하시는 하나님(렘 3:12-4:2)

이 단락에서 하나님이 예레미야를 통해 누구에게 말씀하시는지 결정하는 일이 쉽지 않다. 하나님은 예레미야에게 "너는 가서 북을 향하여 이 말을 선포하여 이르라"라고 하시고 "배역한 이스라엘아 돌아오라"라고 하셨다(렘 3:12). 하지만 하나님이 요시야 시대에 이 말을 하셨다면 이미 주전 722년에 북 왕국 이스라엘은 멸망했기에 시기적으로 맞지 않다. 그러면 여기서 '북'은 어디를 말하며, '이스라엘'은 어디를 말하는가? 이에 대해 앗수르에 멸망한 후 북쪽에 흩어져 있는 자들이라고 보기도 한다(박동현 2010, 175; 하우스 2014b, 1418 등). 물론 북쪽에 남아 있는 사람이 있을 수도 있으나 현재 이 본문에서 '북'은 바벨론을 말하고(참조. 렘 3:18) 유다와 이스라엘에서 잡혀 온 포로를 말한다. 그렇다면 이 단락에서 이스라엘은 좀 더 넓은 문맥에서 모든 하나님의 백성을 말한다(Fretheim 2002, 81; Thompson 1980, 200). 그래서 이 단락을 괄호 안에 넣는다면 이 단락은 이스라엘이 회개하고 돌아오는 일의 중요성을 강조하는 것으로 볼 수 있다.

a. 돌아오라고 첫 번째 호소하시는 하나님(렘 3:12-13)

여호와께서 "배역한 이스라엘아 돌아오라"[18]라고 호소하셨다. 만약 배역한 이스라엘이 돌아오면 여호와께서는 긍휼이 있는 분이시기에 노를 품지 않으실 것이다(렘 3:12). 이것은 여호와께서 용서하신다는 것이다. 그리고 유사한 표현으로 죄를 자복하라고 하셨다. 이는 이들이 하나님의 말씀을 듣지 않고 이방인을 따라 푸른 나무 아래에서 바알을 섬겼기 때문이다(렘 3:13). 회개는 하나님의 긍휼을 입는 출발점이다.

18 이 말씀의 히브리어는 '슈바 머슈바 이스라엘'(שׁוּבָה מְשֻׁבָה יִשְׂרָאֵל)로 언어유희를 이루어 '돌아선 자 이스라엘아 돌아오라'라고 번역할 수 있다.

b. 돌아오라고 두 번째 호소하시는 하나님(렘 3:14-22a)

이 단락은 수미쌍관법을 이루어 주제가 배역한 자식들에게 돌아오도록 호소하는 내용임을 보여준다. 하나님은 돌아오라고 하시며 그 이유를 "나는 너희 남편임이라"(렘 3:14)[19]라고 하셨다. 이 말씀은 결혼 이미지를 통해 하나님이 다시 그 관계를 회복시키신다는 뜻이다. 하나님은 '성읍에서 하나와 족속 중에서 둘을 택하여' 시온으로 데려올 것이라고 하셨다. 이것은 모든 곳과 모든 족속에서 소수를 선택해서 시온으로 데려오시겠다는 뜻이다(하우스 2014b, 1419, 박동현 2010, 184). 그리고 하나님의 마음에 합한 목자들을 세워 그들을 지식과 명철로 양육하여 땅에서 번성하게 하실 것이다(렘 3:15–16a). 이 목자들은 왕들을 포함한 지도자들을 말한다(참조. 렘 23:1–4). 그리고 이 목자들은 '목자들의 목자'로 궁극적으로 다윗의 계보로 오실 그리스도와 연결되어 있다(Fretheim 2002, 82).

이어서 하나님은 너희가 많아질 때 사람들이 언약궤를 다시는 말하지 아니할 것이고 예루살렘은 여호와의 보좌가 될 것이고 다시는 그 땅에서 악한 마음의 완악한 대로 행하지 않을 것이라고 하셨다(렘 3:16–17). 왜 언약궤가 필요하지 않는가? 프레타임(Fretheim 2002, 83–84)은 두 가지 이유를 제시했다. 하나는 하나님의 법이 마음에 새겨져서 사람들이 마음에서 우러나와 법을 지킬 것이기 때문이다(렘 31:31–34). 또 하나는 예루살렘에 하나님의 보좌가 있어서 완전히 신실한 공동체가 될 것이기 때문이다(렘 3:17; 참조. 겔 48:35; 출 25:10–22). 이 큰 그림을 통해 보여준 약속은 북에서부터 이스라엘과 유다가 함께 돌아오는 일을 통해 실현된 것임을 분명히 알게 될 것이다(렘 3:18). 그래서 포로로 잡혀간 사람들은 이 약속이 그들의 미래와 연관된 것을 이해하게 될 것이다(Fretheim 2002, 84).

하나님은 예레미야에게 이 약속을 보여주시고 다시금 배역한 자식들이 돌아오기를 호소하신다. 이스라엘을 자녀들 가운데 두며 아름다운 기업을 주고 하나님을 아버지라고 하고 떠나지 말라고 하셨으나 이스라엘은 아내가 그의 남편을 속임같이 하나님을 속였다고 하셨다(렘 3:19–20). 하나님은 헐벗은 산 위에서 소리가 들리는데 그 소리가 이스라엘이 하나님을 잊어버렸기에 애곡하며 간구하는 소리라고 하셨다(렘 3:21). 톰슨(Thompson 1980, 208)은 이 소리가 여호와를 향한 것으로 보이나 바알 숭배자들의 길을 따랐기 때문에 나타나는 울부짖음으로 보았다. 그래서 하나님은 배역한 자식들에게 돌아오라고 하시며 돌아오면 그 배역함을 고치실 것이라고 하셨다(렘 3:22).

---

19 이 말씀의 히브리어는 "아노키 바알티 바켐"(אָנֹכִי בָּעַלְתִּי בָכֶם)으로 "나는 너희에게 주인이 될 것이다"라는 뜻이다. 이 말씀은 '주' 또는 '주인'의 뜻을 지닌 '바알'(בעל)이라는 단어를 사용한 언어유희로 '바알'이 주요 남편이 아니라 하나님이 주요 남편이 되어 보호하신다는 것을 강조한다.

c. 참된 회개와 하나님의 응답(렘 3:22b-4:2)

이 문단에서 이스라엘은 참된 회개의 내용을 담은 기도를 드리고 이 기도에 대해 하나님이 응답하시는 내용을 담고 있다. 이 기도에서 이스라엘은 주가 여호와 하나님이심을 고백하고, 작은 산들과 큰 산 위에서 떠드는 행위, 곧 바알을 숭배하는 것은 헛된 일이고 이스라엘의 구원은 하나님께 있음을 고백한다(렘 3:22b-23). 특히 이스라엘은 부끄러운 일이 그들 조상의 산업인 양 떼와 소 떼와 아들들과 딸들을 삼켰고 이 일은 여호와의 목소리에 순종하지 않았기 때문이라고 말했다(렘 3:24-25). 이 고백으로 보아 여호와를 바르게 섬기는 일과 산업이 긴밀하게 연결되어 있음을 알 수 있다.

이 기도에 대해 하나님은 이스라엘이 돌아오려거든 하나님의 목전에서 가증한 것을 버리고 진실과 정의와 공의로 여호와의 삶을 두고(= 여호와의 살아계심을 두고) 맹세해야 한다고 하셨다(렘 4:1-2a). 이는 참된 회개는 진실하게 해야 한다는 뜻이다. 이스라엘이 진실하게 회개하면 나라들이 여호와로 말미암아 스스로 복을 빌게 될 것이라고 하셨다(렘 4:2b). 이는 나라들이 이스라엘이 진실하게 회개할 때 하나님이 그들에게 복을 주시는 것을 보고 이방 나라들도 하나님을 찾게 된다는 뜻으로 이는 아브라함과 맺은 언약과 연관되어 있다(창 12:3; 22:18; 26:4; 시 72:17). 이스라엘의 회개는 이방 나라들이 변화되는 것을 의미한다(Carroll 1986, 156).

③ 유다에게 돌아오라고 호소하시는 하나님(렘 4:3-4)

이 단락은 예레미야 3:11과 연결되어 회개에 대한 주제를 요약한다(Fretheim 2002, 87). 여기서 하나님은 유다가 돌아오기를 두 가지 은유를 통해 호소하신다. 하나는 농사에 대한 것이고 또 하나는 할례에 대한 것이다(렘 4:4-5a). 농부는 묵은 땅을 갈아서 가시와 찔레를 제거해야 한다(참조. 사 5:6). 그런 다음에 밭에 씨를 뿌릴 수 있다. 이것은 외적인 행위에 강조점이 있다. 할례는 하나님과 맺은 언약을 믿는다는 믿음의 외적인 표징이지만 마음에 할례를 받는다는 것은 외적인 고백이 내적인 마음과 일치해야 한다는 뜻이다(참조. 신 10:16; 30:6; 렘 9:25-26; 롬 2:28-29). 만약 이러한 회개가 아니라면 그들의 악행으로 말미암아 하나님의 분노가 불같이 일어나 그들을 사를 것이다(렘 4:5b; 참조. 렘 21:12).

참된 회개는 복된 미래를 여는 방법이다. 그러나 어떻게 가능한가? 예레미야서의 넓은 문맥에서 회개는 시온에 돌아와 그 은혜에 참여하는 조건은 아니다. 예레미야에서 하나님 자신이 '조건'이 되어 주실 것이다! 하나님은 그들에게 새 마음과 새 영을 주실 것이고(렘 24:6-7; 32:36-41) 그들은 하나님을 알고 섬기게 될 것이다(렘 31:34). 새 언약은 악한 행동을 할 수 없는 성품이 되게 할 것이다(참조. 렘 3:17; Fretheim 2002, 90).

(3) 하나님의 심판 선언(렘 4:5–6:30)

이 문단에서 하나님은 예레미야를 통해 심판을 선언하신다. 그리고 그 심판의 원인이 무엇인지 설명하신다. 프레타임(Fretheim 2002, 93)은 이 문단의 핵심이 예레미야 5:19 "우리 하나님 여호와께서 어찌하여 이 모든 일을 행하셨느냐?"라는 질문에 요약되어 있다고 보았다. 이것은 성전이 파괴되고 포로로 끌려가게 된 모든 사건을 어떻게 해석해야 하는지에 대한 질문이다. 그 대답은 우상숭배로 언약을 배반한 일이다. 이 문단에서 '돌아오다' 또는 '돌이키다'라는 뜻인 '슈브'(שׁוּב)라는 동사를 부정어와 함께 세 번 나오는데 두 번은 하나님이 노를 '돌이키지 아니하다'(렘 4:8, 28), 한 번은 백성이 '돌아오기 싫어하다'(렘 5:3)라는 의미로 나온다. 이 단어의 반복 역시 이 문단의 주제를 표현하는 방법으로 '회개하다'라는 의미와 대조적으로 사용한다. 예레미야는 여기서 생생한 상징과 이미지를 사용하여 메시지를 표현했다(Thompson 1980, 218).

① 다가올 심판에 대한 경고(렘 4:5–31)

이 문단에서 예레미야는 유다에게 다가올 심판의 도구인 북방의 적이 공격해 오는 일과 그 결과 유다가 어떤 고통을 겪는지를 다양한 이미지로 표현한다.

a. 북방에서 임할 재난(렘 4:5-9)

하나님은 유다와 예루살렘에 공포하여 이 땅에서 나팔을 불라고 하시며 시온을 향해 깃발을 세우고 도피하라고 하셨다(렘 4:5–6). '나팔을 불다'라는 것은 위급한 상황을 알리는 신호다. 백성들이 도피해야 할 이유는 하나님이 북방에서 재난과 큰 멸망을 가져오실 것이기 때문이다(렘 4:6). 북방에서 오는 침입자는 수풀에서 올라온 사자(lion)로 묘사하며 그 긴급성을 더하고 있다(렘 4:7). 이로 말미암아 성읍이 황폐하게 될 것인데 그 이유는 여호와께서 그 노를 돌이키지 않으셨기 때문이다(렘 4:8). 그날에 하나님의 진노로 말미암아 왕과 지도자들과 선지자들이 놀라게 될 것이다(렘 4:9)

b. 예레미야의 불평(렘 4:10)

이 절은 하나님의 심판에 대한 예레미야의 응답으로 예레미야서에서 가장 어려운 부분이다(디어 1994, 44). 예레미야는 유다가 황폐하게 될 것이라는 말씀을 듣고 "슬프도소이다"라고 외치며 여호와께서 유다와 예루살렘에 평강이 있으리라고 하셨음에도 멸망시키신다고 하여 유다와 예루살렘을 속였다고 불평했다. 하나님이 예레미야의 말대로 유다와 예루살렘을 속이셨는가? 하나님의 본질적 속성상 속이시지 않는다. 그러면 예레미야가 불평한 것을 어떻게 이해해야 하는가? 여기에는 두 가지 해석이 있다. 하나는 하나님이 거짓 선지자들이 거짓 메시지를 선포하도록 허락하여 그들이 백성들의 길을 잃게 하였기 때문이라고 본다(랄레만 2017, 142; 디어 1994, 44; 맥콘빌 2015, 936). 성경에는 하나님이 거짓 선지자에게 속이는 영을 보내시기도 한다(참조. 왕상 22:22). 사실 하나님이 보낸 선지자는 평강이 아니라 심판을 예언했고(참조. 렘 1:14-16; 미 3:9-12; 합 1:5-11; 습 1:4-13) 거짓 선지자들은 평강을 예언했기 때문이다(렘 6:14; 14:13-14; 23:16-17). 또 하나는 백성들이 불평하는 것을 대신하여 불평한 것으로 본다. 당시 백성들은 하나님이 그 선지자들에게 말씀하셨고 그들은 진실을 말한다고 믿었기 때문이다(Fretheim 2002, 103). 두 가지 해석이 비슷하나 첫 번째 해석은 예레미야의 관점에서 하나님이 거짓 선지자들이 거짓을 말하도록 허용하신 일에 강조점이 있고, 두 번째 해석은 백성들의 관점에서 말한 일에 강조점이 있다. 결과적으로 칼이 유다의 생명에 이르게 되었다(렘 4:10).

c. **예레미야의 불평에 대한 대답(렘 4:11-18)**

이 문단에서 화자가 누군지 분명하지 못한 부분이 있다. 예를 들면 '내 딸 백성'(렘 4:11), '내가 그들에게'(렘 4:12), '우리에게', '우리는'(렘 4:13) 등이다. 하나님이 북방에서 군대를 보내어 심판하시는 일에 대한 은유로 '불'(렘 4:4), '사자'(렘 4:7) 등으로 표현했으나 여기서는 '뜨거운 바람', '강한 바람'이라고 했다(렘 4:11-12). 지중해에서 불어오는 바람은 농부들이 곡식을 까부르는 일과 땅에 이슬을 주어 땅을 기름지게 만들지만 사막에서 불어오는 뜨거운 바람은 곡식을 까부를 수 없었고 사람들에게 해를 끼쳤다(디어 1994, 44-45). 그래서 비유로 이 바람은 키질하기 위함이 아니고 정결하게 하려는 것도 아니라 황폐하게 하려는 것이라고 했다. 또 그 군대를 '구름 같이', '회오리바람 같고', '독수리보다 빠르다'라고 묘사한다(렘 4:11-13). 이 상황에서 하나님은 마음을 씻어 회개하면 구원을 얻을 수 있다고 하셨다(렘 4:14). 그리고 예레미야는 하나님이 심판의 도구로 선택하신 군대가 북쪽인 단과 에브라임 산에서부터 나와 마치 밭을 지키는 자같이 예루살렘을 포위할 것이라고 했다(렘 4:15-17a). 왜 유다가 이런 지경에 이르게 되었는가? 그것은 유다가 하나님을 거역하였고 그 행위가 악했기 때문이다(렘 4:17-18). 이 역사를 읽는 사람들은 무엇이 가장 중요하다고 느낄까?

d. 예레미야의 탄식(렘 4:19-22)

예레미야는 하나님이 심판의 도구로 선택한 북방의 군대가 온다는 경보를 듣고 마음속이 아프고 답답하여 잠잠할 수 없었다. 여기 '슬프다'(메이아이, מֵעַי ‹ מֵעֶה)라는 말의 히브리어는 '내 창자여,' '내 내장이여'이라는 뜻으로 히브리인이 고통을 표현하는 방식이다. '마음속이 아프다'라는 말을 직역하면 '내 마음의 벽' 또는 '내 마음의 고뇌'라고 번역할 수 있다. 이것은 예레미야가 온 몸으로 고통을 느낀다는 것이다(맥콘빌 2015, 936). 그는 온 땅이 탈취를 당하고 '나의 장막과 휘장'이 파멸되는 것과 전쟁을 알리는 깃발을 보고 나팔소리를 언제까지 들어야 하는지 탄식했다(렘 4:20-21). 특히 화자인 그는 '나의 장막과 휘장'이라고 말함으로 자기와 백성을 동일시하며 슬퍼한다(롱맨 2017, 83). 이때 여호와께서 화자가 되어 그 참담한 결과가 자기 백성이 어리석고 미련하여 지각이 없으나 악을 행하기에는 지각이 있고 선을 행하는 일에는 무지하기 때문이라고 해석해 주셨다(렘 4:22).

e. 혼돈의 환상(렘 4:23-31)

예레미야는 하나님의 심판이 어떻게 임할 것인지 자세히 묘사한다. 특히 '내가 본즉'(렘 4:23, 24, 25, 26)을 네 번 사용하여 창조 때의 이미지로 심판을 묘사한다. 첫 번째 그가 본 것은 땅이 혼돈하고 공허한 것과 하늘에 빛이 없는 것이다(렘 4:23). 이것은 땅을 창조하실 때 '혼돈하고 공허한'(토후 와보후, תֹהוּ וָבֹהוּ) 상태와 같고 빛을 창조하시기 전에 어둠의 상태를 연상시킨다(참조. 창 1:2-5). 두 번째 그가 본 것은 산들이 진동하며 작은 산들이 요동하는 것이다(렘 4:24). 세 번째 그가 본 것은 사람이 없고 공중의 새가 날아간 것이다(렘 4:25). 네 번째 그가 본 것은 좋은 땅이 황무지가 되고 모든 성읍이 여호와의 진노 앞에 무너진 것이다(렘 4:26). 하나님은 예레미야에게 이 환상을 보여주시고 온 땅이 황폐할 것이고 이 심판을 돌이키지 아니할 것이라고 하셨다. 그런데도 유다를 진멸하지는 않겠다고 하셨다(렘 4:27). 심판이 비극적 결말을 맞이하는 것처럼 보여도 유다는 살아남는다! 그들이 살아남는다는 것은 하나님이 그리스도 안에서 세상을 구원하시려는 약속을 지키신다는 것을 의미한다(렘 31:31-34; 33:1-26).

예레미야는 다시 이미지를 바꾸어 여호와의 딸 시온을 자기를 죽이려고 다가오는 적에게 몸을 바치려고 차려입은 창녀로 묘사한다(Thompson 1980, 232). 기병과 활 쏘는 자의 함성으로 표현한 적들로 말미암아 성읍 사람들이 수풀과 바위로 도망가고 성읍에는 사람이 없다(렘 4:29). 그런데도 유다가 치장한다는 것은 공격해 오는 적들과 타협하려는 행동으로 보인다. 하지만 예레미야는 그 일은 헛된 일이고 그들이 연인이라 생각했던 자들은 유다를 멸시하며 생명을 찾는다고 했다(렘 4:30).

예레미야는 다시 이미지를 바꾸어 시온을 아기를 해산하려고 고통하는 여인의 소리와 초산하는 자의 고통하는 소리 같다고 했다. 그리고 시온을 죽이는 자로 말미암아 그의 심령이 피곤한 상태로 묘사한다(렘 4:31). 이는 오랫동안 창녀 짓을 하던 음탕한 유다의 악행이 절정에 이르렀고 그 대가를 치르게 될 것을 보여준다(Thompson 1980, 233).

② 심판의 원인(렘 5:1–31)

이 단락은 일련의 기소와 기소에 따른 심판의 형태로 구성되어 있다(Fretheim 2002, 107).

A 첫 번째 기소 : 정의와 진리를 찾지 않는 유다(렘 5:1–5)
B 첫 번째 기소에 대한 심판(렘 5:6–9)
A′ 두 번째 기소 : 선지자들의 말을 무시한 유다(렘 5:10–13)
B′ 두 번째 기소에 대한 심판(렘 5:14–17)
※ 에피소드 : 고통스러운 역사에 대한 질문(렘 5:18–19)
A″ 세 번째 기소 : 귀가 있어도 듣지 못하는 유다(렘 5:20–28)
B″ 세 번째 기소에 대한 심판(렘 5:29–31)

이 문단에서 중간에 산문 형식으로 삽입된 에피소드(렘 5:18–19)는 왜 유다에 이러한 일이 일어나게 되었는지에 대한 질문과 그에 대한 대답이 있다(Fretheim 2002, 107).

a. 첫 번째 기소와 그에 대한 심판(렘 5:1-9)

하나님은 예레미야를 포함한 전령들을 보내어 정의와 진리를 행하는 자를 한 사람이라도 찾으면 용서하실 것이라고 하셨다. 하지만 이들은 주께서 돌아오도록 치셨어도 그들이 '얼굴을 바위보다 굳게 하여'(= 완악하여) 돌아오기를 싫어했다(렘 5:1–3). 이러한 결과를 듣고 예레미야는 이 사람들은 비천하고 어리석은 사람들이어서 하나님의 법을 알지 못하기 때문이라고 생각했으나 하나님의 법을 아는 지도자들 역시 멍에를 꺾고 결박을 끊었음을 알게 되었다(렘 5:4–5). 멍에를 꺾고 결박을 끊는다는 것은 비유적 언어로 하나님과 맺은 언약 관계를 버리고 율법이 명하는 모든 명령을 버렸다는 뜻이다(참조. 시 2:3).

예레미야는 이 일에 대해 '그러므로'라고 하면서 비유적인 언어로 수풀에서 나오는 사자가 죽일 것이며 사막의 이리가 그들을 멸하며 표범이 그들을 찢을 것이라고 했다(렘 5:6). 하나님은 "내가 어찌 너를 용서하겠느냐?"라는 수사적 질문을 하시며 하나님을 버리고 신이 아닌 우상을 섬긴 일을 지적하셨다. 그리고 비유적 언어로 살진 수말 같이 이웃의 아내를 따르는데 어찌 벌하지 않을 수 있는지 질문하셨다(렘 5:7-9).

b. 두 번째 기소와 그에 대한 심판(렘 5:10-17)

하나님은 예레미야를 통해 예루살렘을 치는 적들에게 명령하는 방식으로 말씀하시기를 "너희는 그 성벽에 올라가 무너뜨리되 다 무너뜨리지 말고 그 가지만 꺾어버리라"라고 하시며 이는 이들은 여호와의 것이 아니기 때문이라고 하셨다(렘 5:10). 이 은유를 통해 열매를 맺지 못하는 불필요한 가지들을 잘라내는 것이지 완전히 멸망시키는 것이 아님을 말하고 있다. 이것은 유다와 이스라엘의 죄악을 잘라내는 일이지만 근본적인 목적은 신실한 관계를 회복하는 일에 있음을 암시한다(Craigie 1991, 92). 유다의 죄는 선지자들을 통해 재앙이 임하고 칼과 기근이 임한다고 해도 그들은 선지자들의 말을 하나님의 말씀을 받아들인 것이 아니라 지나가는 바람으로 이해한 것이다(렘 5:11-13).

예레미야는 이 일에 대해 '그러므로'라고 하면서 비유적인 언어로 백성에게 전해준 선지자의 말은 불이 되고 백성을 나무가 되게 하여 사를 것이라고 했다(렘 5:14). 이 불이 무엇을 의미하는지 더 구체적으로 설명하기를 강하고 오래된 이방 민족이라고 했다(렘 5:15). 그들의 화살통은 열린 무덤이고 그 사람들은 다 용사다(렘 5:16). 이것은 많은 사람을 죽일 수 있다는 것이다. 이뿐만 아니라 그들은 경제적으로 모든 것을 빼앗고 유다가 믿었던 성들을 칼로 파멸할 것이다(렘 5:17).

c. 에피소드 : 고통스러운 역사에 대한 질문(렘 5:18-19)

산문 형식으로 된 이 짧은 단락은 유다에 왜 이러한 일이 일어나게 되었는지에 대한 질문과 그에 대한 대답이 있다(Fretheim 2002, 107). 예레미야는 "여호와의 말씀이니라"라고 하면서 적들이 공격하여 황폐하게 될 것이지만 하나님은 유다를 완전히 진멸하지는 않으실 것을 다시 강조하고 있다(렘 5:18; 참조. 렘 5:10). 그리고 "우리 하나님 여호와께서 어찌하여 이 모든 일을 행하셨는가?"라고 질문하면 여호와를 버리고 이방 신들을 섬겼기 때문이라고 말하라고 하셨다(렘 5:19). 이 질문을 한 사람들은 바벨론에서 포로생활을 하는 남은 자들이다. 우리는 이 예언을 통해 바벨론 포로로 끌려가기 전이라 할지라도 선지자들의 예견은 즉각적인 심판의 지평을 넘어 여전히 희망에 대한 전망이 남아 있음을 알게 된다(Craigie 1991, 93).

d. 세 번째 기소와 그에 대한 심판(렘 5:20-31)

하나님은 예레미야를 통해 야곱 집에 선포하라고 하시며 귀가 있어도 듣지 못하는 백성이라고 부르며 "너희가 나를 두려워하지 아니하느냐 내 앞에서 떨지 아니하겠느냐"라고 하시며 비유적 언어로 설명하셨다. 해변에 모래를 두어 바다의 한계를 삼고 파도가 거세게 쳐도 한계를 넘지 못하는데 유다 백성은 언약의 한계에 머물기를 거절했다(렘 5:20-23). 또 이른 비와 늦은 비를 주시는 여호와를 경외하자 말하지도 아니했다. 이는 그들의 죄가 그 일을 막았기 때문이다(렘 5:24-25). 하나님은 구체적으로 백성들 가운데 있는 죄를 몇 가지 언급하셨다. 그것은 백성 중에 악인이 있는데 그들은 새 사냥꾼이 매복함 같이 덫을 놓아 사람을 잡고 새장에 새들이 가득함 같이 속임이 가득하다는 것이다. 이 같은 악행으로 부자가 되었고, 율법에 따라 사회적 약자들을 돌보아야 했으나(참조. 출 22:22-27; 신 10:18; 15:11 등) 더 많은 이익을 위해 사회적 약자인 고아와 가난한 자들의 재판을 공정하게 다루지 않았다(렘 5:26-28).

하나님은 이 일에 대해 수사의문문으로 이 일을 행하는 나라에 보복하지 않겠느냐고 하시며 심판을 선언하셨다(렘 5:29). 이뿐만 아니라 하나님은 유다 땅에 행해지는 무섭고 놀라운 일을 언급하셨다. 그것은 선지자들은 거짓을 예언하고 제사장들은 자기 권력으로 다스리는데도 백성들은 그것을 좋게 여긴다는 것이다(렘 5:30-31). 그들은 악한 자들의 죄를 지적하며 진리를 말하기보다는 오히려 백성들이 좋게 여기는 일을 전함으로 불의를 조장한다. 여기에 익숙한 백성들은 선지자가 바르게 예언하는지, 제사장들이 바르게 가르치는지에 관심이 없다. 오히려 그들은 그런 거짓 가르침을 갈망한다(참조. 미 2:6, 11; 딤후 4:3-4; 벧후 2:1-3). 그래서 선지자들과 제사장들은 그들의 본문을 버리고 백성의 입맛에 맞도록 처신하게 된다(박동현 2010, 284-285). 이 현상을 보시고 하나님은 "마지막에는 너희가 어찌하려느냐"라고 말씀하셨다. 이들의 마지막은 어찌 되겠는가?

③ 임박한 심판(렘 6:1-30)

이 문단에서도 예레미야는 예레미야 4:5부터 시작된 심판에 대한 주제를 계속 이어간다. 차이점은 그 심판이 더 임박했다는 긴장감이 심해지고 있기에 피해야 한다는 것이다.

a. 포위되는 예루살렘(렘 6:1-8)

하나님은 베냐민 자손에게 예루살렘에서 피하라고 하셨다. 그리고 드고아에서 나팔을 불고 벧학게렘에서 깃발을 들라고 하셨다(렘 6:1). 나팔을 불거나 깃발을 드는 것은 위험을 알리는 신호다. 그런데 예루살렘 남쪽에 있는 드고아와 벧학게렘에서 신호를 보낸다는 것은 북방의 적들에 의해 예루살렘이 침략당하고, 그 적들이 남쪽으로 진격할 위험이 있다는 것이다. 그래서 하나님은 북방의 적으로 말미암아 아름다운 시온의 딸 예루살렘은 파괴되어 목자들이 천막을 치고 양들을 먹이는 곳이 될 것이라고 하셨다(렘 6:2-3).

이어서 하나님은 북방의 적들과 대화하는 방식으로 예루살렘을 향한 공격이 임박해 있음을 말씀하신다. 하나님은 적들에게 예루살렘을 칠 준비를 하라고 하셨다. 이에 적들은 그 말에 응답하여 정오에 올라가자고 했으나 날이 기울어 갈 수 없었고, 대신 밤에 올라가서 그 요새들을 헐자고 했다(렘 6:4-5). 다시 하나님은 그들에게 나무를 베어서 목책을 만들라고 하셨다(렘 6:6a). 여기서 '목책'(솔러하, סֹלְלָה)는 말뚝을 박아 만든 울타리가 아니라 성을 공격하기 위한 것으로 공성퇴가 올라가도록 돕는 언덕을 말한다. 이는 예루살렘을 치기 위한 공격 무기를 준비하라는 것이다. 그 이유는 예루살렘이 벌 받을 성이고 샘이 그 물을 솟구쳐냄 같이 악을 행하기 때문이다(렘 6:6b-7). 그럼에도 불구하고 하나님은 예루살렘에게 훈계를 받으라고 경고하시면서 그렇게 하지 않으면 예루살렘을 황폐하게 하겠다고 하셨다(렘 6:8). 이것은 하나님이 예루살렘을 적들에게 치라고 하면서도 회개의 기회를 주고 있다는 것이다.

b. 악한 유다(렘 6:9-15)

하나님은 포도를 따는 농부 이미지로 농부가 포도를 따듯이 이스라엘의 남은 자를 말갛게 주우리라고 하셨다(렘 6:9). 이는 바벨론 군대가 남은 자 없이 다 포로로 잡아간다는 뜻이다(하우스 2014b, 1424). 이를 알고 있는 예레미야는 답답한 심정으로 유다의 귀가 할례를 받지 아니하여 여호와의 말씀을 듣지 않고 욕으로 여긴다고 탄식했다(렘 6:10). "그 귀가 할례를 받지 않는다"[20]라는 말은 그들의 귀가 닫혀있어 듣지 못한다는 뜻이다(Thompson 1980, 257). 그러므로 예레미야는 여호와의 분노가 가득하여 그 분노를 거리의 아이들부터 늙은이에 이르기까지 부을 것이며 집과 밭과 아내가 타인의 소유로 이전될 것이라 했다(렘 6:11-12). 그 이유는 작은 자부터 큰 자까지 탐욕을 부리며 선지자로부터

---

20 히브리어 "그들의 귀가 할례를 받지 못했다"(아레이라 오즈남, עֲרֵלָה אָזְנָם)라는 말은 "그들의 귀가 닫혀 있다"라고 번역할 수 있다. NASB, NIV 등은 "Their esrs are closed"라고 번역했다.

제사장까지 다 거짓을 말했기 때문이다. 그들은 백성이 받는 상처, 곧 백성이 직면해 있는 위험과 고통을 가볍게 여기고 "평강하다 평강하다"라고 했으나 실제로는 평강이 없었고, 그런 가증한 일을 하면서도 부끄러워하지 않았다(렘 6:13-15a). 이것은 지도자들이 탐욕에 눈이 감겨 양심이 마비되고 선악을 분간하는 능력조차 상실했다는 것이다. 그러므로 하나님은 그들이 엎드러지는 자와 함께 엎드러질 것이라고 하셨다(렘 6:15b).

c. 듣지 않는 유다(렘 6:16-21)

예레미야는 길에 서서 유다 백성에게 옛적 길 곧 선한 길이 어디인지 알아보고 그 길로 행하면 평강을 얻을 것이라는 하나님의 말씀을 전하기도 했고, 파수꾼을 세워 나팔을 불었으나 그들을 듣지 않았다(렘 6:16-17). 하나님은 나라들과 땅을 증인으로 소환하여 유다가 하나님의 말씀을 듣지 않아 재앙을 내리실 것이라 하셨다(렘 6:18-19). 하나님은 유다가 하나님의 율법을 거절했기 때문에 그들이 드리는 유향과 향품을 받지 않을 것이고, 번제와 희생제물도 받지 않으실 것이다. 그 대신 하나님은 그들 앞에 장애물을 두어 거기에 걸려 넘어지게 하실 것이다(렘 6:20-21). 왜냐하면 하나님은 순종이 없는 제사는 받지 않으시기 때문이다(참조. 사 1:10-19; 암 5:21-24; 미 6:6-8).

d. 심판을 피할 수 없는 유다(렘 6:22-30)

하나님은 '보라'라고 하시며 한 민족이 북방에서 온다고 하셨다(렘 6:22). 그 민족은 활과 창을 잡았고 잔인하고 사랑이 없으며 그 목소리는 바다처럼 포효하며 유다를 치려 한다(렘 6:23). 이는 바벨론 군대가 예루살렘을 공격해 오는 것을 묘사한다. 이 소문을 들은 유다는 손이 약해졌고 고통이 그들을 잡았고 그 아픔이 마치 해산하는 여인 같다(렘 6:24). 그래서 예레미야는 원수의 칼이 갑자기 올 것이기에 밭에도, 길에도 나가지 말고, 슬퍼하며 통곡하라고 했다(렘 6:25-26).

하나님은 예레미야를 백성 중에 세워 망대와 요새로 삼아 살피게 하셨으나 오히려 백성들은 다 반역하여 마치 놋과 철이며 다 사악한 자라고 하셨다(렘 6:27-28). 예레미야는 풀무에서 야금하는 기술을 가지고 유다를 비유적으로 설명했다. 광석을 제련하여 은을 얻기 위해 풀무 불에 넣고 높은 열을 가하면 납을 위시한 불순물은 제거되고 은이 생산된다. 하지만 이러한 제련과정에도 불순물이 제거되지 않아 단련하는 자의 일이 헛되게 한다. 이와 같이 유다도 악한 자가 제거되지 않는다(렘 6:29-30). 여기에 예레미야는 자신을 은을 제련하는 자로 비유했다(디어 1994, 52; Thompson 1980, 267). 이러한 은유는 성경 여러 곳에서 사용된다(참조. 사 1:25; 겔 22:18–22; 슥 13:9; 말 3:3). 하나님은 당시 이스라엘을 은으로 제련하기 위해 예레미야를 위시한 선지자들을 보내셨으나 그들은 듣고 그들에게 붙은 불순물을 제거하지 않았기에 버려질 수밖에 없었다. 오늘날에도 하나님은 그의 사역자를 세워 하나님의 말씀을 전하여 제련되기를 원하신다. 우리는 어떻게 응답해야 하겠는가?

(4) 성전 설교 : 잘못된 예배(렘 7:1–8:3)

예레미야의 성전 설교로 알려진 이 문단은 담화 형식의 산문으로 되어있다. 이 설교는 성전에 대한 잘못된 이해와 예배에 초점이 맞춰져 있다.

① 잘못된 예배(렘 7:1–15)

하나님은 예레미야에게 여호와의 집 문에 서서 이 문으로 들어가는 유다 사람들에게 여호와의 말씀을 전하게 하셨다(렘 7:1–2). 그 말씀은 그 길과 행위를 바르게 하면 약속의 땅에 살 수 있다는 것이다(렘 7:3). 그런데도 유다는 “이는 여호와의 성전이다”라는 말을 세 번이나 반복하며 여호와의 성전이 있기 때문에 안전하다고 믿었던 것처럼 보인다. 그러나 예레미야는 백성들에게 이 거짓말을 믿지 말라고 했다(렘 7:4). 예레미야의 이 말을 볼 때 당시 선지자들과 제사장들은 하나님이 시온을 지상의 거주지로 삼으셨고(시 132:13–14) 다윗과 그의 후손들에게 영원한 나라를 약속한 것(삼하 7:12–13)으로 가르쳤을 수 있다. 그러나 이 약속은 한편으로는 무조건적이나 한편으로는 조건적임을 간과했다. 솔로몬이 성전을 완공한 후 여호와께서 만일 이스라엘이 주의 계명과 법도를 따르지 않으면 하나님이 거룩하게 구별한 성전이라도 던져 버리실 것이라고 하셨다(참조. 왕상 9:6–7). 예레미야가 거짓말이라고 말한 것은 당시 지도자들이 한 부분은 가르치고 한 부분은 가르치지 않았기 때문이다. 그래서 하나님은 만일 길과 행위를 바르게 하고 이방인과 고아와 과부를 압제하지 아니하고 다른 신을 섬기지 않으면 조상들에게 약속하신 이 땅에서 살게 할 것이라고 하셨다(렘 7:5–7).

그런데도 이스라엘은 예루살렘 성전의 존재 여부가 그 도시와 그 주민의 안전을 지켜준다는 거짓말을 의존했다(렘 7:8). 그래서 하나님은 도둑질, 살인, 간음, 거짓말, 우상숭배 등을 행하면서 구원을 얻었다고 생각하는 일이 잘못되었음을 지적하시고, 그 일은 주의 이름으로 일컫는 성전을 도둑의 소굴로 만드는 일이라고 하셨다(렘 7:9–11). 계속해서 하나님은 이 일에 대해 과거 역사에서 처음으로 당신의 이름을 두신 실로에 가서 백성들이 악을 행할 때 당신이 어떻게 행하셨는지 보라고 하셨다(렘 7:12). 그때 이스라엘 백성들은 하나님이 새벽부터 부지런히 말씀하셨어도 듣지 않았다. 실로는 예루살렘 북쪽으로 약 31km 떨어진 곳에 있는 성소로 당시 하나님은 사무엘을 통해 말씀하셨음에도 불구하고 제사장과 백성들은 듣지 않았다(삼상 3:21–4:1). 이후 블레셋과의 전쟁에서 법궤는 빼앗기고 제사장이었던 홉니와 비느하스는 죽었으며, 이후 실로도 폐허가 된 것으로 보인다(삼상4:2–11; 참조. 시78:60–64). 그때와 마찬가지로 만약 유다가 하나님의 말씀을 듣지 않는다면 하나님은 당신의 이름을 두신 성전에 행하실 것이고, 주전 722년에 북 왕국 에브라임 자손을 쫓아내신 것처럼 유다를 쫓아내실 것이다(렘 7:13–15). 이와 같이 하나님은 지금 선지자들의 말을 듣지 않는 자들을 향해 성전이 실로처럼 될 것이라고 말씀하셨다.

② 하늘의 여왕 제사(렘 7:16–20)

하나님은 예레미야에게 기도를 듣지 않을 것이기 때문에 유다를 위해 기도하지 말라고 하셨다(렘 7:16). 왜냐하면 그들이 유다 성읍과 예루살렘 거리에서 하늘의 여왕과 다른 신들을 위해 제사를 드렸기 때문이다(렘 7:17–18). 하늘의 여왕은 앗수르와 바벨론의 여신 이쉬타르(Ishtar)로 팔레스틴의 이름으로는 아스다롯(Astarte)인데 전쟁과 생산력과 연관된 신이다(Fretheim 2002, 138). 그래서 하나님은 그의 분노를 이 땅과 사람과 짐승과 땅의 소산에 부어 불같이 사르실 것이다(렘 7:19–20).

③ 제사보다 순종(렘 7:21–29)

하나님은 유다 백성들에게 희생제물과 번제물의 고기를 먹으라고 하셨다(렘 7:21). 이것은 아이러니(irony) 한 명령이다. 일반적으로 번제는 다 모두 불로 태워 하나님께 드리는 것이다. 그런데도 하나님이 번제물의 고기를 먹으라고 말씀하신 것은 그들이 드리는 번제물을 하나님이 받지 않으신다는 것이다(Thompson 1980, 287). 왜 받지 않으시는가? 그것은 하나님이 이스라엘에게 하나님의 목소리를 들으면 "나는 너희 하나님이 되겠고 너희는 내 백성이 되리라"라고 말씀하셨음에도 그들이 귀를 기울이지 않았기 때문이다(렘 7:22–24). 하나님은 이스라엘을 애굽 땅에서 인도하여 낸 날부터 그들의 불순종의 긴 역사를 간략하게 묘사하시며 오늘까지 하나님의 종 선지자들을 보내어도 목을 굳게 하여 조상들보다 더 악을 행했다고 하셨다(렘 7:22, 25–26).

하나님은 예레미야에게 이에 하나를 더 덧붙이기를 지금 예레미야가 이 모든 말을 할지라도 그들이 예레미야의 말을 순종하지 않는다고 하셨다(렘 7:27). 그리고 하나님은 예레미야에게 이스라엘은 여호와의 교훈을 받지 않는 민족이고 진실이 없는 민족임을 전하라고 하셨다(렘 7:28). 이러한 유다에게 남은 것은 무엇이겠는가? 그래서 예레미야는 여호와께서 노하셔서 이 세대를 끊어버리셨기 때문에 머리털을 베어 버리고 벗은 산 위에서 통곡하라고 했다(렘 7:29). 일반적으로 머리털을 자른다는 것은 슬픔을 상징하는 것이다(렘 16:6; 미 1:16). 그러나 여기서 원문은 일반적으로 머리털을 자른다는 의미가 아니다. '머리털'(네이제르, נֵזֶר)은 '나실인'을 의미하기도 하고, '면류관'과 '헌신'을 의미하기도 한다. 나실인의 머리털로 볼 때 나실인의 긴 머리를 자른다는 것은 여호와께 바친 헌신을 버린다는 뜻이다(Thompson 1980, 293). 그래서 이 말은 예레미야 7:21과 같이 반어법적인 명령으로 의미 없는 그 일을 계속하고 우상을 섬기는 곳인 헐벗은 산 위에서 계속 통곡하라는 것이다(Fretheim 2002, 141). 그래서 이 말씀은 말씀을 버린 유다에 대한 조롱이다.

④ 무서운 심판(렘 7:30–8:3)

예레미야는 유다 자손이 하나님의 이름을 두신 집인 성전에 가증한 것을 두어 더럽힌 일과 힌놈 골짜기에 도벳 사당을 만들어 자녀들을 불에 사른 일을 지적했다(렘 7:30–31). 성전에 가증한 것을 두었다는 것은 에스겔 8:1–18에 자세히 묘사되어 있기도 하지만 이는 성전 예배가 정상적으로 이루어지지 않았음을 의미한다. 또 그들은 힌놈 골짜기에 도벳 산당을 지었다. '도벳'(תֹּפֶת)은 '불피우는 곳'(firepit)이라는 아람어에서 온 단어다(Carroll 1986, 221–224; Thompson 1980, 294).[21] 여기서 그들은 율법이 금지한 아들을 불로 태우는 인신제사를 드렸다(참조. 레 18:21; 신 18:10; 왕하 16:3; 21:6).

예레미야는 날이 이르면 하나님이 하실 무서운 일을 전했다. 날이 이르면 힌놈 골짜기나 도벳이 죽임의 골짜기가 될 것이고 백성의 시체가 공중의 새와 짐승의 먹이가 될 것이다(렘 7:33). 유다 성읍과 거리에 일상적인 삶인 거리에서 기뻐하는 소리, 즐거워하는 소리, 신랑의 소리, 신부의 소리가 끊어지고 땅은 황폐하게 될 것이다(렘 7:34). 또 날이 이르면 하나님은 왕들과 지도자들과 제사장들과 선지자들과 주민들의 뼈를 무덤에서 끌어내어 그들이 사랑하여 섬기는 우상 앞에 펼치실 것이다(렘 8:1–2). 그리고 이 처참한 상황에서 살아남아 각처에 살아남은 자들은 사는 것보다 죽는 것을 원할 정도로 고통을 받을 것이다(렘 8:3).

21 단순히 아람어 단어만 가져온 것이 아니라 '수치'를 의미하는 '보쉐트'(bošet)이라는 단어의 모음을 붙였다고 본다(Carroll 1986, 221–224).

(5) 유다의 심판과 탄식(렘 8:4–10:25)

운문 형식으로 된 이 문단에서 예레미야는 죄를 범한 이스라엘에 대해 하나님이 심판하신다는 메시지를 계속하여 말한다. 특히 고집스럽고 치유 불가능한 배역이란 주제와 그들에게 임할 불가피한 심판이 거듭거듭 나타나기는 해도 여러 잡다한 내용을 모은 것처럼 보인다(Thompson 1980, 297).

① 멸망으로 치닫는 유다(렘 8:4–12)

하나님은 사람이 엎드러지면 어찌 일어나지 않겠으며, 사람이 떠나가면 어찌 돌아오지 않겠느냐는 질문을 던지신다(렘 8:4). 이 수사적 질문의 핵심은 사람이 넘어지면 일어서고 떠나가면 돌아오는 것이 자연스러운 것처럼 예루살렘이 하나님께로 돌아오는 것이 당연한 일인데도 그들은 거짓을 고집하고 돌아오기를 거절한다는 것이다(렘 8:5). 즉 그들은 정직을 말하지도 않고 악을 뉘우치지도 않으며 마치 전쟁터로 향하는 말 같이 제 길을 간다(렘 8:6). 공중의 새들조차 돌아올 시기를 알고 돌아올 때를 지키는데 하나님의 백성은 그 규례조차 지키지 않는다(렘 8:7).

예레미야는 백성들이 규례를 지키지 못해 멸망으로 치닫는 원인은 지혜인 여호와의 율법을 전하고 가르치는 서기관들에게 있음을 지적한다. 예레미야는 서기관들이 "우리는 지혜가 있고 우리에게는 여호와의 율법이 있다"고 말하지만, 그들의 거짓의 붓이 백성을 거짓되게 했다고 했다(렘 8:8). 서기관들이 하나님의 말씀을 거짓되게 기록하고 가르치기에 백성들이 율법을 알지 못하게 된 것이다(참조. 렘 8:7). 하나님을 버린 그들에게는 지혜가 없기에 하나님은 그들을 부끄럽게 하실 것이다(렘 8:9).

계속해서 하나님은 거짓된 서기관들을 어떻게 심판하실 것인지 말씀하셨다. 이 심판의 말씀은 율법을 버린 백성들에게 내린 말씀과 같다(참조. 렘 6:12–15). 하나님은 그들의 아내와 밭을 다른 사람에게 주실 것이다. 이는 작은 자부터 큰 자까지 탐욕을 부리며 선지자로부터 제사장까지 다 거짓을 말했기 때문이다. 즉 그들은 백성이 받는 상처, 곧 백성이 직면해 있는 위험과 고통을 가볍게 여기고 평강이 없음에도 "평강하다 평강하다"라고 했고, 가증한 일을 하면서도 조금도 부끄러워하지 않았다. 그래서 하나님은 그들을 벌하실 때 그들이 거꾸러질 것이다(렘 8:10–12).[22] 이것은 지도자들이 탐욕에 눈이 감겨 양

22 이 구절이 예레미야 6:12–15과 같은 것은 예레미야가 자주 써왔던 것일 수도 있고 예레미야와 같은 자들에게 잘 알려진 자료들이 있었음을 암시하기도 한다(Thompson 1980, 300).

심이 마비되었기에 율법을 바르게 가르칠 수 없었다는 것이다.

② 유다에게 임할 심판(렘 8:13–17)

하나님이 유다를 진멸하시므로 포도와 무화과 등 하나님이 그들에게 주신 것이 없어질 것이라 하셨다(렘 8:13). 이 말씀은 유다의 죄로 말미암아 하나님이 허락하셨던 추수의 복을 없이할 것이라는 의미다. 땅의 열매는 창조주 하나님이 주신 선물이지만 그들이 죄를 범함으로 하나님이 그것을 황폐하게 하셨다는 것이다(Fretheim 2002, 151).

이 심판에 대해 백성들은 견고한 성읍에 들어가 멸망하자고 하면서 우리가 여호와께 범죄하였으므로 여호와께서 우리를 멸하시고, 독한 물을 마시게 하신다고 했다(렘 8:14). 백성들은 왜 이렇게 생각하였는가? 선지자들로부터 평화로운 상태가 되리라는 말을 들었으나 좋은 것은 없고 놀라움밖에 없기 때문이다(렘 8:15). 화자가 누구인지 분명하지 않지만 적의 말들이 이미 이스라엘 북쪽인 단에서부터 들리고 온 땅에 진동하며 이 땅과 그 소유와 성읍을 삼켰다고 말했다(렘 8:16). 이에 대해 하나님은 비유적으로 술법으로 제어할 수 없는 뱀과 독사를 보내 이스라엘을 물게 할 것이라고 하셨다(렘 8:17). 뱀과 독사는 바벨론 군대를 의미한다.

③ 예레미야의 애가(렘 8:18–9:1)

유다에 임한 심판 소식을 들은 예레미야는 근심하며 "어떻게 위로를 받을 수 있을까 내 마음이 병들었도다"라고 했다(렘 8:18). 외부적 위협이 내적인 상처와 병으로 나타난 것이다(Fretheim 2002, 152). 그는 포로로 잡혀간 땅에서 부르짖는 백성들이 하는 말을 인용하여 여호와께서 시온에 계신지 물었다(렘 8:19a). 이 물음에 하나님은 "그들이 어찌하여 그 조각한 신상과 이방의 헛된 것들로 나를 격노케 하였는고"(렘 8:19b)라고 말씀하셨다. 이 말씀을 삽입한 것은 여호와께서 시온에 계셔도 응답하지 않는 이유를 설명하기 위한 것이다. 그러자 백성들은 추수 때가 지나고 여름이 지나도 구원받을 길이 없다고 했다(렘 8:20). 이스라엘의 경우 보리를 3–4월, 무화과를 5–6월, 올리브를 7–8월에 추수한다. 그래서 추수 때가 지나고 여름이 다하였으나 구원받을 길이 없다는 것은 구원의 소망이 없음을 말한다. 그래서 예레미야는 자기 백성 유다가 상하였기에 자기도 상하여 슬퍼했고, 길르앗에 유향이 있고 의사가 있어도 치료받지 못함은 어찌 된 일인지 질문했다(렘 8:21–22). 예레미야는 이 고통이 너무 커서 이를 표현할 적절한 수단이 없어서 비유적으로 자기 머리는 물이 담긴 그릇이 되고 자기 눈은 눈물샘(머콜 딤아, מְקוֹר דִּמְעָה)이 되어 주야로 울 것이라고 했다(렘 9:1).[23] 자기 백성을 사랑하고 그들의 멸망을 긍휼히 여기는 예레미야의 마음을 잘 읽을 수 있다.

④ 더 심화되는 심판(렘 9:2-16)

예레미야는 광야에서 나그네가 머무를 곳을 얻는다면 자기 백성을 떠나 있고 싶다고 했다. 그 이유는 백성들이 간음하고 반역한 자의 무리가 되었기 때문이다(렘 9:2). 하나님은 그들은 활을 당김 같이 혀를 놀려 거짓을 말하고 악을 행하며, 예레미야는 그 안에 있으며 그들은 하나님 알기를 싫어한다고 하셨다(렘 9:3-6). 활을 당긴다는 것은 사람을 죽이고 해하는 무기다. '활을 당김 같이'라는 표현을 쓴 것은 마치 활로 사람을 죽이듯이 혀로 사람을 죽인다는 것이다.

하나님은 이렇게 거짓을 말하고, 이웃에게 마음으로 해를 꾸미는 당신의 백성들에게 보복하겠다고 말씀하신다(렘 9:7-9). 예레미야는 이를 알고 산들을 위해 울부짖으며 광야 목장을 위해 슬퍼한다. 그 이유는 그것이 다 불에 타 사람도, 가축도, 짐승도 다 없어졌기 때문이다(렘 9:10). 이처럼 하나님은 예루살렘을 승냥이 굴이 되게 하고, 유다 성읍을 황폐하게 하실 것이다(렘 9:11).[24]

예레미야는 왜 이 땅이 멸망을 받아 황폐하게 되었는지 지혜가 있어서 깨달은 자가 누구인지, 여호와의 말씀을 받아 선포할 수 있는 자가 누구인지 질문했다(렘 9:12). 그러자 하나님은 그들이 하나님의 율법을 버리고 마음의 완악함을 따라 바알을 따랐기 때문이라고 하셨다(렘 9:13-14). 그래서 하나님은 그들에게 쑥을 먹이고 독한 물을 마시게 하고 여러 나라 가운데 흩으실 것이라고 하셨다(렘 9:15-16). 쑥(라아나, לַעֲנָה)은 쓴맛과 해로운 요소를 가진 식물로 멸망과 고통스러운 경험을 나타내는 은유로 쓰인다(애 3:15, 19). 이 단어를 독한 물과 함께 쓴 것은 죽음을 나타낸다(Fretheim 2002, 161). 하나님은 이러한 은유를 통해 언약을 배반한 이스라엘을 멸하실 것을 보여주셨다.

23 히브리어 성경은 예레미야 9:1이 예레미야 8:23이다. 하우스(2014b, 1429-1430)는 이 구절을 근거로 '눈물의 선지자'로 불리지만 예레미야가 선포하는 회개와 심판의 메시지를 정당하게 다루지 못한다고 했다. 그는 우는 일보다 다른 일을 더 많이 했다는 것이다. 그렇다고 예레미야를 '눈물의 선지자'로 불리는 것이 정당하지 못하다고 할 수는 없다. 이 역시 그의 사역의 한 특징이기 때문이다(참조. 렘 13:17; 14:17).

24 이 메시지를 자세히 보면 예레미야 9:7-9은 하나님이 화자(speaker), 9:10은 예레미야가 화자, 9:11은 다시 하나님이 화자다. 대화 형식처럼 보이나 운문이다. 내러티브는 이렇게 표현할 수 없으나 운문이기에 시적으로 표현한 것이다.

⑤ 곡하는 부녀들과 지혜로운 부녀들을 부르심(렘 9:17-22)

하나님은 백성들에게 곡하는 부녀와 지혜로운 부녀를 데려오라고 하셨다(렘 9:17). 이는 비유적인 표현으로 이스라엘의 심판을 받을 고통을 애곡하고 그 고통을 가르치게 하려는 것이다. 이 부녀들에게 왜 시온을 위해 울라고 했는가? 그것은 시온이 함락되고 주민은 포로로 잡혀갔기 때문이다(렘 9:18-19). 그리고 하나님은 부녀들에게 말씀하시기를 이웃에게 슬픈 노래를 가르치라고 하셨다(렘 9:20). 그것은 사망이 창문을 통해 들어오며 밖에서는 자녀들을 거리에서는 청년들을 멸절하려 한다는 것이다. 그래서 사람의 시체가 분토(= 똥, דֹּמֶן)같이 들에 떨어질 것이고, 그 시체가 추수하는 자의 뒤에 버려져 거두지 못한 곡식단같이 될 것이다(렘 9:21-22).

⑥ 사람이 자랑해야 할 것(렘 9:23-26)

저자는 유다의 죄와 심판에 대해 말하다가 갑자기 참된 지혜가 무엇인지 말함으로 논리 흐름을 끊는다.[25] 이것은 예레미야가 비난의 말을 할 수밖에 없었던 당시에 사람들의 유일한 희망이란 여호와의 성실하심과 정의와 완전함에 있음을 알게 하려는 것이다(Thompson 1980, 318). 지혜자는 그의 지혜를, 용사는 그의 용맹을, 부자는 그의 부함을 자랑하지 말고 자랑하는 자는 여호와를 아는 것과 여호와가 사랑과 정의와 공의를 이 땅에 행하시는 분인 줄을 깨닫는 것을 자랑해야 한다(렘 9:23-24). 우리가 구원받는 것은 오직 그리스도 예수 안에서 우리에게 지혜와 의로움과 거룩함과 구원이 되셨기 때문이다. 이를 입증하기 위해 바울은 이 말씀을 인용하여 "기록된 바 자랑하는 자는 주 안에서 자랑하라 함과 같게 하려 함이라"라고 했다(고전 1:31; 참조. 고후 10:17). 이로 보아 저자가 이 말씀을 여기에 둔 것은 하나님을 신뢰하고 하나님께 희망을 두어야 함을 강조하기 위함이다.

하나님을 신뢰한다는 것이 단순히 종교의식을 행하는 데 있는 것이 아님을 말하기 위해 하나님은 이스라엘이 마음에 할례를 받지 않았기 때문이라고 말씀하셨다(렘 9:26). 마음에 할례를 받는다는 것은 외적인 고백이 내적인 마음과 일치해야 한다는 뜻이다(참조. 신 10:16; 30:6; 렘 4:4; 롬 2:28-29). 저자는 할례받은 자나 할례받지 않는 자가 다 심판받음을 강조하기 위해 애굽과 유다와 에돔과 암몬과 모압 등에 살면서 살쩍을 깎은 자들이라고 했다(렘 9:25-26a). 여기에 '살쩍을 깎은 자들'(커추체이 페이아, קְצוּצֵי פֵאָה)이라는 말은 문자적

25 주제가 단절되고 다른 흐름으로 바뀌는 것에 대해 전승된 자료이거나 예레미야의 어록을 편집한 어떤 사람에 의해 이곳에 삽입된 것으로 보기도 한다(Craigie 1991, 152; Thompson 1980, 318).

으로 '끝을 자른 자들'이라는 말이다.[26] 그러므로 이 말은 그들 모두 육체적 할례(문자적으로는 음경 표피에 대한 할례)를 받았다 할지라도 핵심은 이스라엘을 포함하여 육체적 할례는 누구도 보호할 수 없다는 것이다(Fretheim 2002, 164). 예레미야가 말하고자 하는 요지는 이스라엘이 할례를 받았음에도 심판받은 것은 할례받은 자에게 합당한 삶, 곧 계명을 지키는 삶이 없었다는 것이다.

⑦ 우상과 하나님의 대조(렘 10:1-16)

이 단락에서 예레미야는 하나님을 이방 나라의 우상들과 대조하며 하나님이 얼마나 위대하신 분이신지 보여준다. 동시에 이스라엘이 하나님의 기업인데 왜 멸망하여 포로로 잡혀갈 수밖에 없었는지 보여준다. 그것은 하나님을 버리고 헛된 우상을 숭배했기 때문이다.

A 우상 1 : 두려워하지 말라(렘 10:2-5)
B 하나님 1 : 주와 같은 이가 없다(렘 10:6-7)
A 우상 2 : 사람이 만든 것이다(렘 10:8-9)
B 하나님 2 : 살아계시고 영원한 왕이시다(렘 10:10)
A 우상 3 : 하늘 아래에서 망한다(렘 10:11)
B 하나님 3 : 세상을 창조하셨다(렘 10:12-13)
A 우상 4 : 멸망한다(렘 10:14-15)
B 하나님 4 : 만물의 조성자다(렘 10:16)

⑧ 유다의 심판에 대한 애가와 탄원(렘 10:17-25)

예레미야는 여호와께서 예루살렘을 내던지실 것이기 때문에 에워싸인 가운데에 앉은 자들에게 짐 꾸러미를 꾸리라고 했다(렘 10:17-18). 예레미야는 유다가 당할 고통을 보면서 "내 상처여 … 내 장막이 무너지고 … 내 자녀가 나를 떠나가고"(렘 10:19-20)라고 했다. 이것은 예레미야가 자기 백성들과 동일시하여 자신의 슬픔을 백성들의 슬픔과 같은 것으로 이해했다는 것이다. 유다가 이런 고통을 당하는 것은 유다의 지도자들이 어리석어 하나님을 찾지 않았기 때문이었다(렘 10:21). 그래서 예레미야는 생생한 이미지로 북방에

26 표준새번역은 이 단어를 '관자놀이의 머리카락을 짧게 깎은' 자들이라고 번역했다. 그러나 원문은 끝을 잘랐다는 것으로 머리카락인지 음경 표피인지 말하지 않으나 비슷한 종류인 것처럼 보인다.

서 군대가 온다고 하면서 유다 성읍들을 황폐하게 할 것이라고 했다(렘 10:22).

예레미야는 백성들에게 한편으로는 하나님의 심판을 선언해야 했으나 다른 한편으로는 그들을 위해 탄원하지 않을 수 없었다. 그가 "사람의 길이 자신에게 있지 아니하니 걸음을 지도함이 걷는 자에게 있지 아니하니이다"(렘 10:23)라고 한 말은 하나님과 인간의 관계를 설명하는 말로 인간 존재는 제한되어 있기에 자신의 미래를 만들고 운명을 제어할 능력이 없고 오직 하나님께 그 능력이 있다는 뜻이다(Fretheim 2002, 174). 예레미야는 이를 전제로 여호와께서 이 백성들을 징계하시되 너그러이 대해달라고 탄원했다(렘 10:24). 그러나 야곱의 거처를 황폐케 한 주를 알지 못하는 이방 사람들에게는 주의 분노를 부어달라고 간구했다(렘 10:25).[27] 여기에 예레미야의 딜레마가 잘 나타난다. 그의 마음은 하나님의 자비를 간청하고 있으나 논리적으로는 유다의 심판이 불가피함을 지적하기 때문이다(Thompson 1980, 338).

(6) 깨어진 언약(렘 11:1–13:27)

이 문단을 한 문학 단위로 구분하는 것은 예레미야 11:1과 14:1의 표제 때문이다(Craigie 1991, 165). 이 표제는 신탁을 나타내는 형식적 문구다. 이 문단은 두 종류의 글로 되어있다. 우선 산문으로 된 이스라엘이 여호와와 맺은 언약을 깨트린 역사(렘 11:1–17), 아나돗 사람들이 예레미야를 죽이려는 음모(렘 11:18–23), 모든 악한 이웃에 대한 경고(렘 12:14–17), 허리띠와 연관된 상징적 행위(렘 13:1–11), 포도주 가죽부대와 연관된 상징적 행위(렘 13:12–14) 등이 기록되어 있다. 나머지는 운문으로 기록되었는데 여러 모음으로 구성되어 있다. 그 모음은 하나님의 공의에 따른 유다의 심판(렘 12:1–13), 심판에 대한 애가(렘 13:15–27) 등이다.

① 이스라엘이 언약을 깨트린 역사(렘 11:1–17)

이 단락에서 하나님은 예레미야에게 언약을 깨뜨린 유다를 기소하고 그에 따른 심판을 선언하라고 하신다. 예레미야가 전해야 할 내용은 새롭고 특별한 언약이 아니라 출애굽 이후 시내산에서 맺은 언약과 신명기 언약으로 특히 신명기 28장의 말씀과 같다. 그

27 여기서 '주를 알지 못하는 이방 나라'는 이스라엘을 징계하기 위한 하나님의 심판의 도구인 바벨론을 의미한다. 왜 하나님이 바벨론을 이스라엘을 심판하기 위한 도구로 선택했는지의 문제는 하박국서에서 하박국이 질문하고 대답한 내용에 잘 나타나 있다(참조. 합 1:1–2:20).

것은 그의 명령을 지켜 행하는 자는 복을 받고 순종하지 않으면 저주를 받는다는 것이다(렘 11:2-5).[28] 하나님은 이스라엘의 조상들을 애굽 땅에서 인도하여 낸 날부터 오늘까지 끊임없이 듣고 순종하라고 강조했음에도 불구하고 듣지 않아 언약의 규정대로 벌을 내린다고 하셨다(렘 11:6-8). 이는 이스라엘이 역사적으로 계속 언약을 깨트렸다는 것이다.

유다와 예루살렘은 그들 조상의 죄악을 따라 언약을 깨트리고 다른 신들을 섬겼기 때문에 하나님은 언약에 따라 재앙을 내리실 것이고 그들이 부르짖어도 듣지 않으실 것이다(렘 11:9-11). 그래서 하나님이 재앙을 내리실 때 그들은 피할 수 없을 것이고 유다와 성읍들과 예루살렘이 그들의 성읍 숫자보다 많은 신(참조. 렘 2:28)에게 가서 부르짖을지라도 구원을 얻지 못할 것이다(렘 11:12-13). 그들은 그들 앞에 보이는 작은 이익을 위해 하나님을 버리고 다른 신들을 섬겼지만 정말 중요한 문제를 만났을 때 그들이 선택한 다른 신들은 아무런 도움을 주지 못한다.

이 때문에 하나님은 예레미야에게 그들을 위해 부르짖지 말라고 하셨고 그들이 부르짖어도 듣지 않을 것이라고 하셨다(렘 11:14; 참조. 렘 7:15). 구체적으로 그 이유를 하나님은 그들이 악한 음모를 꾸미면서도 성전에서 제사를 드리기 때문이라고 하셨다(렘 11:15). 이는 여호와에 대한 신실함과 순종이 없는 제사의식이 아무 소용이 없음을 강조한다(Thompson 1980, 346). 하나님이 이스라엘을 좋은 열매 맺는 푸른 감람나무라 하였으나 그 위에 불이 붙었고 그 가지는 꺾였다(렘 11:16). 이는 유다의 파국을 감람나무에 불이 붙고 그 가지가 꺾인 이미지로 보여준다. 그 이유는 바알에게 분향하였기 때문이다(렘 11:17).

② 예레미야를 죽이려는 음모(렘 11:18-23)

하나님은 예레미야에게 그를 죽이려는 음모가 선지자의 고향인 아나돗 사람들에 의해 꾸며지고 있다는 사실을 알려주셨다(렘 11:18-19, 23). 그들은 예레미야를 죽여 여호와의 이름으로 예언하지 못하게 하려고 했다(렘 11:21). 그들의 목적은 여호와의 이름으로 예언하지 못하게 하려는 것이다. 그래서 예레미야는 공의로 판단하시는 하나님께 그의 원통함을 아뢰고 보복해 달라고 간구했다(렘 11:20). 이에 대해 하나님은 그들을 벌하여 청년들은 전쟁터에서 칼에 죽고 아이들은 기근으로 죽을 것이라고 하셨다(렘 11:22-23).

---

28 예레미야 11:2의 히브리어 본문은 '너희는 들으라'(쉬머무, שִׁמְעוּ)라는 2인칭 복수 명령법으로 시작한다. 이것은 예레미야 개인에게 주신 신탁으로 이 문맥에서 어울리지 않는다. 그래서 NASB, NIV, 표준새번역 등은 2인칭 복수를 나타내는 대명사를 빼고 예레미야에게 주는 말씀으로 번역하고 공동번역은 '너는'이라고 번역했다.

③ 하나님의 공의에 따른 유다의 심판(렘 12:1-13)

이 문단은 운문으로 되어있고 예레미야가 주께 고소하는 내용(렘 12:1-4)과 그에 대해 하나님이 응답하시는 내용(렘 12:5-13)으로 구성되어 있다. 예레미야는 하나님이 의로우신데 악한 자의 길이 형통하고 반역한 자가 평안한 이유가 무엇인지 질문했다(렘 12:1). 주께서 그들을 심고 뿌리가 박히고 장성하여 열매를 맺은 것처럼 보이지만 그들의 입으로만 주와 가까이 있는 듯 보일 뿐이지 그들의 마음은 주와 멀리 떨어져 있었다(렘 12:2). 이에 대해 예레미야의 질문한 것은 정말 하나님이 의로우신 분이시고 악을 벌하시는 분이라면 악한 자들이 번성하는 것이 가능하냐는 것이다(참조. 욥 21:7; 시 73:3-5, 12; 94:3). 프레타임(Fretheim 2002, 192)은 이를 현대 표현으로 바꾸면 신정론(theodicy)에 대한 질문이라고 했다. 이 이론은 하나님이 전능하면서도 선하다고 한다면 어째서 세상에 고통이 존재하고 악한 사람이 번성할 수 있느냐는 것이다. 그래서 예레미야는 자기를 죽이려는 아나돗 사람을 양을 잡으려고 끌어냄과 같이 끌어내어 달라고 하나님께 요청했다(렘 12:3). 그러면서 그는 언제까지 이 땅이 슬퍼하며 온 지방의 채소가 말라야 하는지 질문했다(렘 12:4a). 이는 그들의 악행으로 하나님이 땅에 가뭄을 보내 심판하셨기 때문으로 보인다. 그래서 짐승들도 살지 못할 땅으로 변했다. 그런데도 백성들은 하나님이 그들의 미래를 보지 못한다고 했다(렘 12:4b). 이것은 이 상황과 그들의 죄가 연관되어 있음을 부인하는 것이다. 그러나 이 상황은 이스라엘이 신실하지 못해서 하나님이 버리셨고 외국 군대의 침입으로 폐허가 된 것이다(Fretheim 2002, 194).

하나님은 예레미야가 한 질문을 들으시고 현재 상황이 힘들어 갈등한다면 더 어려운 일을 만나면 어떻게 할 것인지 두 가지 두 가지 은유로 말씀하셨다. 하나는 보행자가 함께 달려도 피곤하다면 말과 경주하겠느냐는 것이고 다른 하나는 평안한 땅에서는 무사하나 요단강이 넘치면 어떻게 하려느냐는 것이다(렘 12:5). 그러면서 하나님은 예레미야에게 가족과 친척조차 너를 속이고 비방하기 때문에 앞으로 그들이 좋은 말을 해도 믿지 말라고 경고하셨다(렘 12:6).

하나님은 이스라엘을 '내 집', '내 소유(기업)', '내 마음으로 사랑하는 자'라는 표현을 쓸 정도로 귀중한 존재로 여기셨으나 원수들에게 넘기셨다(렘 12:7). 이는 하나님의 기업으로 부르심을 받은 자들이 숲속의 사자 같이 하나님을 향해 으르렁거렸기 때문이다(렘 12:8). 그리고 이스라엘은 하나님의 소유로 무늬 있는 매와 같아서 주변의 다른 매들과 달리 아름다운 존재였으나 부러움과 경이의 대상이 아니라 오히려 다른 매들의 공격대상이 되었다(렘 12:9). 이뿐만 아니라 많은 목자가 포도원을 헐며 하나님이 기뻐하시는 땅을 황폐하게 하였다(렘 12:10-11). 또 여호와께서 칼로 심판하심으로 평안하지 못하고 수고해도 소득이 없게 되었다. 이 모두는 여호와께서 언약을 배반한 이스라엘을 향한 분노 때문이다(렘 12:12-13). 바벨론의 공격으로 평안하지 못하고 경제적으로 큰 곤경에 처하게 된다는 것이다.

④ 악한 이웃에 대한 경고(렘 12:14-17)

이 단락은 예레미야서 안에 있는 작은 모음들 가운데 하나로 모든 악한 이웃에 대한 경고다. 이 이웃은 하나님의 백성 이스라엘에게 기업으로 준 소유(= 땅)에 손을 대는 자들이다(렘 12:14). 이들은 바벨론과 그들의 동맹국들과 자기 백성을 학대한 자들이다(참조. 렘 25:11-14; 50:29; 51:24).[29] 하나님은 유다 땅을 친 악한 이웃들을 '그 땅에서'(메이알 아드마탐, מֵעַל אַדְמָתָם) 뽑으실 것이지만 유다 백성은 멸망하는 '그들 가운데서'(미토캄, מִתּוֹכָם) 뽑아내실 것이다(렘 12:14). 이것은 유다를 통해 메시아를 보내신다는 약속을 성취하시려는 것이다.

그런데 악한 이웃들을 뽑아내신 후에 하나님은 돌이켜 그들을 긍휼히 여기며 그들의 기업으로 다시 인도하실 것이다(렘 12:15). 그리고 그들이 하나님 백성의 도를 부지런히 배우고 여호와를 섬기면 하나님의 백성 가운데 세움을 받을 것이다(렘 12:16). 그러나 그들이 순종하지 않으면 하나님이 그 나라를 뽑아 멸하실 것이다(렘 12:17). 땅에 대한 하나님의 관심은 보편적인 영역에 이른다(참조. 렘 46:26; 48:47; 49:6, 39). 예레미야는 참으로 여러 나라의 선지자다(렘 1:5, 10). 악한 이웃에게 주신 이 조건적인 미래는 하나님 자신의 백성과 땅의 미래에 대한 것이다(Fretheim 002, 198). 이 말씀은 그리스도가 오시고 그를 믿음으로 하나님의 백성이 될 사람을 가리킨다. 그러나 전천년설자들은 그리스도께서 재림하여 지상에서 천년왕국을 세울 때 일어날 일로 본다(디어 1994, 70).

⑤ 허리띠와 연관된 상징적 행위(렘 13:1-11)

하나님은 예레미야에게 베 띠를 사서 허리에 띠되 물에 적시지 말라고 하셨다(렘 13:1). 하나님은 다시 예레미야에게 유브라데로 가서 거기서 허리띠를 바위 틈에 감추라고 하셨고 예레미야는 그대로 했다. 여러 날 후에 하나님은 예레미야에게 감춘 허리띠를 가져오게 하심으로 그가 그 띠를 가져오니 썩어서 쓸 수 없게 되었다(렘 13:2-7). 여기서 유브라데로 번역된 히브리어는 '퍼라트'(פְּרָת)로 메소포타미아에 있는 강이다(창 2:14; 15:18; 신

29 톰슨(Thompson 1980, 360)은 악한 이웃을 애굽인, 앗수르인, 에돔인, 모압인, 아모리인, 아람인, 바벨론인 등을 포함시켰다.

1:7 등). 예레미야가 이 명령을 들었을 때 예루살렘에 있었다면 유브라데까지 어떤 지점인가에 따라 약간 다를 수 있지만 약 563km고 왕복 1,126km다. 당시 교통상황에서 석 달 이상 걸리는 거리다(참조. 스 7:9). 며칠 만에 왕복할 수 있는 거리가 아니다. 그래서 실제가 아닌 환상 중에 본 상징으로 보기도 하고, 아나돗 동북쪽으로 약 5km 떨어진 '아인 파라'로 보기도 한다(Thompson 1980, 364–365; 디어 1994, 71).

하나님은 이 상징적 행동을 유다와 예루살렘의 교만을 허리띠가 썩음같이 썩게 하고, 허리띠가 썩어서 쓸 수 없음같이 하실 것이라고 해석해 주셨다(렘 13:9–10). 띠가 사람의 허리에 속함같이 하나님은 이스라엘 온 집이 하나님께 속하여 하나님의 백성이 되어 하나님의 이름과 명예와 영광이 되게 하려 했으나 그들이 불순종함으로 그들을 쓸 수 없다는 것이다(렘 13:11). 오히려 이스라엘은 파멸을 맞을 수밖에 없다.

⑥ 포도주 가죽부대와 연관된 상징적 행위(렘 13:12–14)

하나님은 예레미야가 이스라엘에게 모든 가죽부대가 포도주로 차리라고 말하면 백성들은 가죽부대에 포도주가 찰 줄을 어찌 알지 못하겠느냐고 말할 것이라 하셨다(렘 13:12). 여기 '가죽부대'(네벨, נֵבֶל)는 동물의 가죽으로 만든 부대일 수도 있고 흙으로 만든 토기일 수도 있다(참조. 삼상 10:3; 렘 48:12). 일반적으로 포도주로 채워진 가죽부대는 하나님이 주시는 충만한 복을 상징하기도 한다(Fretheim 2002, 206). 하지만 여기서는 술취함을 의미한다(롱맨 2017, 167). 하나님은 왕들과 제사장들과 선지자들과 백성들을 포도주로 취하게 하여 서로 충돌하고 상하게 하시고 그들을 아끼지 아니하며 멸할 것이라고 하셨다(렘 13:13–14). 이 경우 이스라엘이 술취함으로 채워지게 되리라는 것은 하나님의 진노로 채워진다는 것이다(Fretheim 2002, 206).

⑦ 심판에 대한 애가(렘 13:15–27)

이 문단은 심판에 대한 애가로 운문으로 되어있다. 예레미야는 "너희는 들을지어다"라는 말로 시작하며 다양한 비유적 언어로 심판이 임하기 전에 여호와께 영광을 돌리라고 말했다(렘 13:15–16). 만약 이를 듣지 않으면 교만으로 말미암아 망할 것이기에 예레미야는 눈물을 흘리며 통곡할 것이라고 말했다(렘 13:17). 하나님이 유다를 심판하시기 전에 다시 회개할 기회를 주신 것이다(Fretheim 2002, 208–209).

예레미야는 유다의 왕과 왕후에게 스스로 낮추어 앉으라 하신 하나님의 말씀을 전했다. 이는 유다가 다 잡혀가기 때문이다(렘 13:18–19). 왕과 왕후는 유다 지도자들의 대표를 의미한다. 하나님은 그들에게 눈을 들어 북방에서 오는 자들을 보라고 하시며 그들에게 맡긴 양 떼들이 어디에 있는지 물으셨다(렘 13:20).[30] 그리고 유다가 친구로 삼았던 이웃 나라가 도움이 되지 못하고 우두머리가 되어 고통스럽게 한 일을 상기시키셨다(렘 13:21). 유다는 어떻게 이러한 일이 일어나게 되었는지 물었으나 하나님은 죄악 때문이라고 말씀하셨다. 특히 "네 치마가 들리고 네 발뒤꿈치가 상함이라"라고 말씀하셨다(렘 13:22). '치마가 들리다'라는 표현은 구약성경에 성폭행 당하는 것을 의미하는 완곡어법이다(렘 18:6-19; 20:17; 신 22:30; 27:20; 사 47:3; 나 3:5 등). '발 뒤꿈치가 상함이라'라는 표현도 이와 유사한 표현으로 성폭행 당하는 것을 가리킨다(Thompson 1980, 373-374). 하나님은 유다가 구스인이 그의 피부를, 표범이 그의 반점을 변하게 할 수 없듯이 선을 행할 수 없기 때문에 사막 바람에 검불 같이 흩으실 것이라고 하셨다(렘 13:23-24). 이 모든 심판은 유다가 하나님을 버리고 거짓을 신뢰하고 우상의 신당에서 간음과 사악한 소리와 음란과 음행과 가증한 행위를 행하였기 때문이다(렘 13:25-27). 이러한 성적 이미지는 이방 신들의 제사 관행과 거기에 결부된 부도덕한 의식을 가리킨다(Thompson 1980, 375).

(7) 하나님의 심판 : 기근, 칼, 전염병(렘 14:1-15:21)

이 문단은 가뭄에 대해 여호와께서 예레미야에게 하신 말씀이다(렘 14:1). 이 말씀은 다음과 같은 구조로 되어있다.

A 하나님의 심판(렘 14:2-6)
B 예레미야와 백성들의 기도(렘 14:7-10)
C 하나님의 응답(렘 14:10-16)
A′ 하나님의 심판(렘 14:17-18)
B′ 예레미야와 백성들의 기도(렘 14:19-22)
C′ 하나님의 응답(렘 15:1-9)
A 예레미야의 기도(렘 15:10)

30 예레미야 13:20의 '너는 … 보라'는 여성 단수(서이, שְׂאִי)로 되어있다. 그러나 마소라 학자들은 읽을 때 남성 복수(서우, שְׂאוּ로 읽도록 제안했다. 그리고 '네게 맡겼던 양 떼'라고 할 때 '네게'는 2인칭 여성 단수로 예루살렘이나 유다를 의미한다. 예레미야 13:21의 '너의' 역시 2인칭 여성 단수이다. 그래서 이 구절의 번역은 문제가 많고 어렵다(Bright 1965, 95).

B 하나님의 응답(렘 15:11-14)

A′ 예레미야의 기도(렘 15:15-18)

B′ 하나님의 응답(렘 15:19-21)

① 하나님의 심판 1 : 가뭄(렘 14:2-16)

유다가 슬퍼한다. 그 이유는 그들이 물을 얻지 못했고 땅에 비가 없어 지면이 갈라지고 심지어 들의 암사슴이 새끼를 낳아도 풀이 없어 내버리고 들나귀들도 풀이 없어 눈이 흐려지기 때문이다(렘 14:2-6). 가뭄의 상태를 평행법과 여러 이미지로 표현한 것으로 보아 상황이 매우 심각하다. 이는 언약을 지키지 못한 결과다(신 28:23-24).

예레미야는 자기 백성과 자신을 동일시하며 기도했다. 그는 하나님께 이 백성들이 죄를 범했어도 주의 이름으로 일컬음을 받는 자이기에 버리지 말아 달라고 했다(렘 14:7-9). 하나님은 이 기도를 들으시고 이 백성이 어그러진 길을 사랑하여 그 발을 멈추지 아니하므로 그들이 금식하거나 번제나 소제를 드려도 그것을 받지 않고 칼과 기근과 전염병으로 멸할 것이라 하셨다(렘 14:10-12). 그러자 예레미야는 하나님에게 백성들이 칼과 기근을 보지 않고 하나님이 평강을 주실 것이라는 선지자들의 말을 전했다(렘 14:13). 그러나 하나님은 자신이 그들을 보내지 않았고 그들은 거짓 계시와 그들 마음에 지어낸 거짓으로 예언한다고 하셨다(렘 14:14). 그러므로 거짓 예언을 한 선지자들은 칼과 기근으로 멸망할 것이고 그들의 예언을 받은 백성들도 칼과 기근으로 멸망할 것이라 하셨다(렘 14:15-16).[31] 이 경우 거짓 선지자들의 예언을 들은 백성들은 왜 멸망하는가? 그것은 백성들에게도 책임이 있기 때문이다. 백성들은 자기 귀를 즐겁게 해주는 것만 들어서는 안 되고(참조. 렘 5:30-31), 신명기 13장과 18장에 규정된 기준에 따라 그들이 거짓 선지자임을 깨달아야만 했다(롱맨 2017, 179).

② 하나님의 심판 2 : 칼, 개, 새, 짐승(렘 14:17-15:9)

이 문단 역시 앞의 문단과 같이 하나님의 심판, 예레미야와 백성들의 기도, 하나님의 응답으로 이루어져 있다. 이 가운데 예레미야 14:17-18은 이스라엘 백성들을 향한 하나님의 슬픔을 소개한다(Fretheim 2002, 224). 하나님이 예레미야에게 이 말을 전하라고 하시

31 이 책에서 '칼과 기근과 전염병' 또는 '칼과 기근'이라는 표현이 반복적으로 나온다(렘 5:12; 11:22; 14:12, 16:4; 21:7, 9; 24:10; 27:8, 13; 29:17-18; 32:24, 36; 34:17; 38:2; 42:17, 22; 44:13 등). 이 표현은 이 책의 중심주제를 나타내는 방식 가운데 하나다.

며 "내 눈이 밤낮으로 그치지 아니하고"라고 하시고 이스라엘을 가리켜 '처녀 딸 내 백성'이라고 하셨다(렘 14:17). 이스라엘을 이렇게 부르는 것은 친밀함을 나타내는 표현이다. 이 말씀은 백성들이 당하는 고난에 대한 하나님의 슬픔을 보여주는 인상적인 진술이다(롱맨 2017, 180).[32] 하나님은 자기 백성이 칼과 기근과 병으로 죽을 것이고 선지자나 제사장이 알지 못하는 땅으로 끌려갈 것이라고 하셨다(렘 14:18).

예레미야는 유다 백성과 자신을 동일시하며 주께서 유다를 온전히 버리시는지 질문하며 자기와 백성들이 치료받기를 원하나 두려움에 사로잡혀 있다고 했다(렘 14:19). 그는 자기와 백성들과 조상들의 죄악을 인정하지만, 주와 맺으신 언약을 기억하고 폐하지 말아 달라고 기도했다(렘 14:20-21). 그는 이 간구를 드리면서 세 가지 수사적 질문을 한다. 우상 가운데 비를 내리게 할 자가 있는가? 하늘이 소나기를 내릴 수 있는가? 비를 내리게 하시는 분은 주가 아니신가? 예레미야와 백성이 주를 앙망하는 것은 주께서 이 모든 것을 만드셨기 때문이라고 했다(렘 14:22). 이 기도는 이스라엘이 여호와만 그들의 하나님으로 고백한 것이다. 그러나 너무 늦었다(Fretheim 2002, 225-226)!

하나님은 이 기도를 들으시고 모세와 사무엘이 하나님 앞에 서 있다고 해도 유다를 멸하겠다는 당신의 마음을 바꾸게 할 수 없다고 하셨다(렘 15:1). 모세와 사무엘이 하나님 앞에 서 있다는 것은 중보자로 서 있다는 것이다. 모세는 끊임없이 불순종하는 백성들을 위해 중보기도하여 하나님의 진노를 그치게 하였고(출 32:9-14; 민 14:11-20; 신 9:18-20, 25-29 등), 사무엘도 하나님의 진노를 그치도록 중보기도했다(삼상 7:5-11; 12:19-25). 그러나 예레미야 당시에 하나님은 유다를 칼과 찢는 개와 공중의 새와 땅의 짐승으로 벌하리라 하셨다(렘 15:2-3). 그 원인은 므낫세가 예루살렘에 행한 일과 유다가 하나님을 떠난 것 때문이다(렘 15:4-6; 참조. 왕하 21:2, 11-17; 23:26; 24:3-4).

③ 예레미야의 기도와 하나님의 응답 1(렘 15:10-14)

예레미야는 "내게 재앙이로다"라고 하면서 자신이 세계와 다투는 자로 태어난 것도 아니고 누구에게 꾸어주거나 꾸이지도 않아 긴장과 갈등을 일으킬 일도 없는데 저주를 받고 있다고 탄식했다(렘 15:10). 다른 말로 하면 특별한 관계가 없는데도 사람들이 그를 저주한다는 것이다.

하나님은 이 기도를 들으시고 이 상황에서도 예레미야를 강하게 하실 것이고 그의 원

32 크레이기(Craigie 1991, 203)와 디어(1994, 77)는 화자를 하나님이 아니라 예레미야로 본다.

수들이 재앙을 받게 될 때 그에게 간구하게 될 것이라 하셨다(렘 15:11). 그러나 하나님은 유다의 죄로 말미암아 북방의 철과 놋을 꺾을 수 없고 국경 안의 모든 재산이 탈취당하고 포로로 끌려갈 것이라 하셨다(렘 15:12-14). 이 예언은 시드기야가 예레미야에게 간구할 때 성취되었고, 또 포로로 끌려갈 때 성취되었다(참조. 렘 21:1-7; 37:1-10, 17-20; 38:14-18; 52:4-30).

④ 예레미야의 기도와 하나님의 응답 2(렘 15:15-21)

예레미야는 하나님이 자신이 주를 위해 박해받고 부끄러움을 당하는 상황에 놓여있음을 알아달라고 기도하며, 그를 박해하는 자에게 보복해 달라고 기도했다(렘 15:15). 그는 주의 말씀이 그에게 기쁨이긴 하나 그가 기뻐하는 자들과 교제하지 못하고 외로우며 그의 고통이 계속되고 상처가 낫지 아니한 것이 마치 물이 말라 속이는 시내 같다고 했다(렘 15:16-18). '속이는 시내'는 여름철에는 물이 흐르지 않고 우기 때만 물이 흐르는 와디(wadi)를 말한다. 예레미야가 이러한 표현을 쓴 것은 여행자들이 와디에서 물을 찾았을 때 물이 없어 실망하듯이 그가 하나님을 찾을 때 아무런 응답이 없어 고통스럽다는 뜻이다.

하나님은 이 기도를 들으시고 그를 다시 이끌어 하나님 앞에 세우실 것이라고 하셨다(렘 15:19). 하나님 앞에 세운다는 것은 주의 종과 중보자로 세운다는 것이다. 그리고 처음 그를 부르실 때 약속하신 것처럼 그를 백성 앞에 견고한 놋 성벽이 되게 하실 것이고 그를 칠지라도 결코 그를 이기지 못하도록 그와 함께하시고 그들의 손에서 건지실 것이라 약속하셨다(렘 15:20-21; 참조. 렘 1:18-19).

(8) 하나님의 심판과 그 안에 나타난 은혜(렘 16:1-17:27)

이 문단에서 하나님은 예레미야에게 의미를 담은 몇 가지 금기사항을 주심으로 유다의 심판에 대한 말씀을 주셨다. 이 말씀의 주제는 죄에 대한 심판으로 유다가 바벨론 포로로 끌려갈 것을 예언한다(렘 16:13). 그럼에도 불구하고 하나님은 그들에게 회복의 약속을 주신다. 그 약속은 포로로 잡혀간 나라에서 그들을 약속의 땅으로 인도해 들이시고 영원히 하나님과 교제하게 하신다는 것이다(렘 16:14-15; 17:24-26).

① 예레미야에게 주신 세 가지 금기(렘 16:1-13)

산문으로 된 이 문단은 하나님이 예레미야에게 주신 세 가지 금지 명령과 그 명령을 주신 이유를 설명한다. 첫째, 아내를 맞이하지 말고 자녀를 두지 말라(렘 16:2). 하나님이 이 명령을 주신 의도는 다가오는 심판으로 말미암아 가족들이 독한 병으로 죽어도 슬퍼하지 못하고 칼과 기근에 망하고 시체는 새와 짐승의 먹이가 될 것이기 때문이다(렘 16:3-4). 둘째, 초상집에 들어가지 말라(렘 16:5). 그 이유는 하나님이 이 백성에게서 평강과 인자와 사랑을 제거하시므로 그들이 예루살렘에서 죽어 정상적으로 매장되지 못할 것이고, 그들을 위해 슬퍼하거나 위로할 사람도 없을 것이기 때문이다(렘 16:6-7). 셋째, 잔칫집에 들어가 그들과 함께 먹고 마시지 말라(렘 16:8). 이는 하나님이 모든 기뻐하고 즐거워하는 소리와 신랑과 신부의 소리를 끊어지게 할 것이기 때문이다(렘 16:9). 이 일들은 바벨론이 예루살렘을 포위할 때 일어날 일이다(참조. 겔 5:12).

하나님은 예레미야에게 세 가지 금지명령을 주시며 유다의 심판을 말씀하셨다. 그리고 백성들이 우리가 여호와께 범한 죄가 무엇이냐고 물을 때 다음과 같이 대답해 주라고 하셨다. 그것은 조상들도 하나님을 버리고 다른 신들을 섬겼지만 지금 유다는 그 조상들보다 더 악을 행하였기 때문이다(렘 16:10-12). 그래서 하나님은 이들을 다른 나라로 끌려가게 하실 것이고 그들에게 은혜를 베풀지 아니하실 것이다(렘 16:13).

② 회복에 대한 약속(렘 16:14-15)

예레미야는 문맥의 흐름을 끊어 심판에 대한 예언을 멈추고 회복에 대한 약속을 기술한다. 여호와께서 날이 이르면 이스라엘을 애굽에서 인도하여 내신 여호와께서 살아계심을 두고 맹세하지 아니하고 이스라엘을 북방 땅과 그 쫓겨났던 모든 나라에서 인도하여 내신 여호와께서 살아계심을 두고 맹세하리라 약속하셨다(렘 16:14-15a). '여호와의 살아계심을 두고'(하이 아도나이, חַי־יְהוָה)라는 어구는 맹세할 때 쓴다. 누가 맹세하는가? 히브리어 본문은 3인칭 남성 단수로 되어있으나 70인역은 3인칭 남성 복수로 번역했고 NIV는 불특정한 3인칭 복수 '사람들은'(men)이라고 번역했다. 이것은 맹세 문구의 변화를 보여주는 것으로 이스라엘을 애굽에서 초자연적인 방법으로 구원해 내신 여호와의 살아계심 못지않게 바벨론에서 구원해 내신 여호와의 살아계심 역시 맹세의 근거로 중요함을 보여준다. 왜냐하면 이 역시 여호와께서 살아계심을 입증하는 중요한 사건이 될 것이기 때문이다. 하나님은 구원을 경험한 사람들이 여호와의 살아계심을 두고 맹세할 수 있도록 이스라엘을 그들의 조상에게 준 그들의 땅으로 인도하실 것이다(렘 16:15). 이 약속은 회복에 대해 다른 곳에서 하신 말씀의 결론인 예레미야 23:7-8의 말씀과 같다. 이 반복은 이 약속이 분명히 이루어짐을 강조하려는 것이다.

③ 심판에 대한 계속된 예언(렘 16:16–18)

예레미야는 다시 임박한 심판에 대해 어부를 불러 고기를 낚게 하며 포수를 불러 동물을 사냥하는 이미지로 설명한다(렘 16:16). 이러한 이미지로 설명한 것은 여호와의 눈이 그들 위에 임하고 있기에 숨거나 달아날 수 없고 어떤 행위도 숨겨질 수 없기 때문이다(렘 16:17). 하나님은 그들의 악한 죄를[33] 두 배나 갚으실 것이다. 그 이유는 이스라엘이 '그 미운 물건의 시체'로 하나님의 땅과 기업을 더럽혔기 때문이다(렘 16:18). 여기에 '내 땅', '내 기업'이라는 표현을 쓴 것은 여호와께서 거룩한 목적을 위해 구별하여 이스라엘에게 주셨기 때문이다(출 15:17). 이러한 이유에서 이스라엘은 이 땅을 거룩하게 사용해야 한다. 그리고 '그 미운 물건의 시체'(니브라트 쉬쿠체이헴, נִבְלַת שִׁקּוּצֵיהֶם)는 NIV가 번역한 것처럼 그들이 섬겼던 생명 없는 우상을 가리킨다.

④ 열방의 회심(렘 16:19–21)

예레미야는 "여호와 나의 힘, 나의 요새, 환난날의 피난처시여"라고 했다. 그러면서 민족들이 땅끝에서 주께 와서 그들의 조상들이 거짓되고 무익한 우상을 섬긴 것을 고백할 것이라고 했다(렘 16:20). 어떻게 이 일이 가능할까? 이방이 어떻게 우상의 헛됨을 알고 하나님을 섬기게 될까? 그것은 여호와께서 그들에게 자신의 능력을 알려 그들로 자신의 이름이 여호와인 줄을 알게 하시기 때문이다(렘 16:21). 하나님이 이스라엘을 심판하시는 목적은 심판이 아니라 온 세상에 여호와를 아는 지식을 알게 하려는 것이다(Fretheim 2002, 253).

⑤ 지울 수 없는 유다의 죄(렘 17:1–4)

예레미야는 유다의 죄가 금강석 끝 철필로 기록되되 그들의 마음 판과 그들의 제단 뿔에 새겨졌다고 했다(렘 17:1). '철필로'(버에이트 발젤, בְּעֵט בַּרְזֶל) 기록했다는 것은 지워질 수 없도록 돌에 새겼다는 것이다. 이러한 은유를 사용하여 마음 판과 제단 뿔에 새겼다는 것은 그들의 죄를 지울 수 없다는 것이다. 심지어 그들의 자녀들이 언덕 위 푸른 나무 곁에 있는 제단과 아세라를 생각한다(렘 17:2). 이것은 부모의 죄가 세대를 거쳐 자녀들이 기억할 정도로 전수되었음을 보여준다. 이는 하나님의 노를 일으키게 하는 죄로, 하나님은 그들의 재산을 노략 당하게 하시고 그들의 알지 못하는 땅에서 원수들을 섬기게 하실 것

33 예레미야 16:18의 '악과 죄'(아오남 버하타탐, עֲוֹנָם וְחַטָּאתָם)를 두 개의 단어로 하나의 의미를 나타내는 중언법(hendidys)으로 본다면 '악한 죄'로 볼 수 있다(Thompson 1980, 411).

이다(렘 17:3–4).

⑥ 사람을 믿는 자와 여호와를 믿는 자의 대조(렘 17:5–11)

이 문단에서 사람을 믿는 자와 여호와를 믿는 자의 삶을 대조적인 이미지를 통해 보여준다. 사람을 믿고 그의 힘으로 육신을 의뢰하고 여호와를 떠난 자는 사막의 떨기나무 같아서 좋은 일이 오는 것을 보지 못하고 광야 사람이 살지 않는 땅에 살 것이다(렘 17:5–6). 그러나 여호와를 믿고 의지하는 자는 복을 받을 것이고 물가에 심어진 나무가 그 뿌리를 강변에 뻗쳐 그 잎이 청청하고 가무는 해에도 결실이 그치지 아니함과 같을 것이다(렘 17:7–8).

이렇게 복과 저주의 결과가 분명하다면 왜 사람은 여호와를 의뢰하지 않고 사람을 의뢰하는가? 그것은 사람의 마음이 만물보다 거짓되고 심히 부패하기 때문이다(렘 17:9). 그런데 아무도 사람의 마음을 알 수 없지만 하나님은 아신다. 왜냐하면 하나님은 심장과 폐부[34]를 살피시기 때문이다. 그래서 하나님은 사람의 숨은 내면을 보시고 그의 행실대로 보응하신다(렘 17:10). 이 때문에 불의로 부를 얻으려고 하는 자는 마치 자고새가 자기가 낳지 않은 알을 품으나 알이 부화하여 자라면 떠나는 것 같이 그 부가 다 사라지고 어리석은 자가 될 것이다(렘 17:11). 이는 하나님을 의지하지 않고 사람을 의지한 결과다.

⑦ 예레미야의 간구(렘 17:12–18)

예레미야는 하나님을 "영화로우신 보좌여 시작부터 높이 계시며 우리의 성소이시며 이스라엘의 소망이신 여호와여"(렘 17:12–13a)라고 부른다. 하나님을 '영화로우신 보좌'로 부른 것은 온 세상을 통치하시는 분이라는 뜻이고 '우리의 성소'라고 한 것은 하나님이 우리와 만나시고 교제하시는 분이라는 뜻이다. 이 하나님을 버리는 자는 수치를 당하고 그의 이름이 흙에 기록될 것이라고 했다(렘 17:13b). 그의 이름이 흙(먼지)에 기록된다는 것은 예레미야 17:1에 유다의 죄를 철필로 새기는 것과 대조적으로 쉽게 기억에서 지워진다는 뜻이다. 이는 생수의 근원이신 여호와를 버렸기 때문이다. 그러나 예레미야는 하나님께 자기를 구원해 달라고 간구했다(렘 17:14). 그 이유는 조롱하는 자들이 "여호와의 말씀이 어디에 있느냐 이제 임하게 하라"라고 자기를 조롱했기 때문이다(렘 17:15). 그런데도 예레미야는 목자의 직분에서 물러가지 않고 전했기 때문에 재앙의 날에 피난처 되시

34 '심장'(레입, ble)과 '폐부'(킬야, כִּלְיָה)는 같은 의미를 다르게 표현한 것으로 인간의 성격과 인격 안에 감추어진 요소들을 말한다.

는 하나님께서 자신을 건져주시고 조롱하는 자들을 멸해 달라고 기도했다(렘 17:16-18).

⑧ 안식일을 거룩하게 지키라(렘 17:19-27)

이 문단은 산문 형식으로 안식일을 거룩하게 지키는 문제를 다룬다. 하나님은 예레미야에게 안식일에 어떤 일이든지 하지 말고 안식일을 거룩히 지키게 하라고 하셨다(렘 17:19-22). 예레미야가 이 말씀을 전해야 할 장소인 "유다 왕들이 출입하는 평민의 문과 예루살렘 모든 문"(렘 17:19)이 어디를 말하는지 분명하지 않으나 청중들이 모여들었던 곳을 의미하는 것은 분명하다(Thompson 1980, 428). 하지만 당시 이스라엘은 목을 곧게 하여 듣지 아니했다(렘 17:23; 참조. 렘 7:26). '목을 곧게 하다'라는 말은 교만하고 완고함을 나타내는 표현이다. 안식일을 지키는 일은 하나님과 이스라엘 사이에 맺은 언약의 표징이고 여호와께서 이스라엘을 거룩하게 하시는 일을 경험하는 일이다(출 31:12, 17). 그리고 십계명 가운데 네 번째 계명이다(출 20:8-11; 신 5:12-15). 이스라엘이 안식일을 거룩하게 지키지 않는 것은 하나님과 맺은 언약을 버렸다는 뜻이고 하나님이 거룩하게 하시는 것을 중요하게 생각하지 않는다는 뜻이다.

하나님은 백성들이 안식일에 짐을 지고 성문으로 들어오지 않고 안식일을 거룩하게 지킨다면 다윗의 왕위에 앉은 왕들과 고관들이 백성들과 함께 예루살렘 성문에 들어오고 성은 영원히 있게 될 것이며 사람들이 각지에서 번제와 희생 등의 제물을 성전에 가져오게 될 것이라 하셨다(렘 17:24-26). 이것은 예레미야 3:17에 약속하신 것과 같이 모든 백성이 예루살렘에 모이는 회복의 때를 말한다(Fretheim 2002, 264). 그러나 안식일에 짐을 지고 예루살렘에 들어오면 하나님이 성문에 불을 놓아 예루살렘 궁전을 삼키게 하실 것이다(렘 17:27).

(9) 토기장이와 옹기(렘 18:1-20:18)

예레미야 18:1-20:18은 토기장이와 그가 만든 옹기를 통해 통해 교훈하는 내용으로 하나님이 주권적으로 통치하는 분이심을 보여준다. 하나님은 예레미야 18:1-23에서 토기장이의 뜻에 따라 그릇을 만드는 일을 통해 교훈하시고, 예레미야 19:1-20:18은 토기장이가 만든 옹기를 통해 교훈하신다. 두 문단은 하나님의 지시와 그에 따른 행동(A), 그 행동에 대한 해설(B), 그 해설에 대한 예레미야와 백성들의 반응(C), 하나님의 응답(D) 등으로 구성되어 있다.

① 토기장이를 통한 교훈(렘 18:1-23)

이 문단에서 예레미야 18:1-12은 산문이고 예레미야 18:13-23은 운문이다. 하나님은 예레미야에게 토기장이 집으로 가라고 지시하셨다(렘 18:1-2). 거기에서 예레미야는 토기장이가 녹로(potter's wheel)로 일을 하는데 진흙으로 만든 그릇이 터지자 자기 의견에 좋은 대로 다른 그릇을 만드는 것을 보았다(렘 18:3-4). 하나님은 진흙이 토기장이의 손에 있음같이 이스라엘이 하나님의 손에 있음을 강조하셨다(렘 18:5-6). 즉, 하나님은 어느 민족이나 국가를 멸하려 하실 때 만일 그 민족이 악에서 돌이키면 그에게 내리려던 재앙을 돌이키신다. 반대로 하나님은 어느 민족이나 국가를 건설하려 하실 때, 그들이 악을 행하여 하나님의 목소리를 청종하지 아니하면 내리려던 복을 돌이키신다(렘 18:7-10). 이를 통해 하나님은 유다 사람들에게 악한 길에서 돌이키고 길과 행위를 아름답게 하라고 하셨다(렘 18:11). 하나님이 예레미야에게 이 말씀을 전하게 하신 것은 회개하고 악에서 돌이키면 재앙을 피할 수 있다는 것이다(롱맨 2017, 207). 그러나 당시 백성들은 악한 길에서 돌이키고, 길과 행위를 바르게 하는 일이 헛되다 하면서 그들 계획대로 살겠다고 했다(렘 18:12).

이에 대해 하나님은 당신의 백성이 레바논의 눈이 들의 바위를 떠나지 않고 흘러내리는 찬물이 마르지 않으나 자기 백성은 자기를 버리고 허무한 것에 분향한다고 하셨다(렘 18:13-14). 레바논의 눈이 바위에 붙어있거나 먼 곳에서 흘러내리는 물이 마르지 않는 것은 변치 않는 자연법칙이다. 하나님이 이를 비유로 든 것은 자연 현상은 변치 않으나 하나님의 백성은 변했다는 것이다. 그래서 하나님은 이들은 심판하여 땅이 웃음거리가 되고 원수 앞에 흩어버리기를 동풍으로 함같이 할 것이라고 하셨다(렘 18:15-17).

이 하나님의 말씀을 들은 백성들은 그들의 혀로 예레미야를 쳐서 그가 전하는 말에 어떤 말에도 주의를 기울이지 말자고 했다. 그 이유는 제사장에게서 율법이, 지혜로운 자에게서 책략이, 선지자에게서 말씀이 끊어지지 아니하리라 생각했기 때문이다(렘 18:18). 이것은 당시 백성들이 하나님의 말씀을 바르게 전하는 예레미야의 말을 듣지 않고 듣고 싶은 것만 들으려는 경향이 있음을 보여준다. 그래서 예레미야는 하나님께 자기를 대적하는 자들의 목소리를 들어보시라고 하며 자기는 그들에게 선을 행했지만 그들은 자기의 생명을 해하려고 구덩이를 팠다고 호소했다. 그런 이유로 예레미야는 하나님께 그들을 기근과 칼에 넘기시고 그 죄를 사하시지 말 것을 간구했다(렘 18:19-23).

② 옹기를 통한 교훈(렘 19:1–20:18)

이 문단에서 예레미야 19:1–20:6은 산문이고 예레미야 20:7–18은 운문이다. 하나님은 예레미야에게 토기장이의 옹기를 사서 백성의 어른들과 제사장의 어른 몇 사람과 함께 힌놈 골짜기로 가서 여호와의 말씀을 선포하라고 하셨다(렘 19:1–2). 여기 '옹기'(박북, בַּקְבֻּק)는 액체가 밖으로 흘러나오며 내는 소리를 나타내는 의성어로 일종의 병이었다(Vangemeren 1997, vol 2, 655). 예레미야는 힌놈 골짜기를 배경으로 옹기를 들고 하나님이 심판하시는 이유를 설명했다. 힌놈 골짜기에는 바알 산당이 있었고 도벳 산당도 있었다(참조. 렘 7:31). 여기서 그들은 율법이 금지한 아들을 불로 태우는 인신제사를 드렸다(참조. 레 18:21; 신 18:10; 왕하 16:3; 21:6). 하나님은 유다가 이곳에서 우상을 숭배하고, 무죄한 자의 피를 흘렸기 때문에 이곳에 재앙을 내릴 것이라고 하셨다(렘 19:3–4). 하나님은 이곳이 죽임의 골짜기라 부르는 날이 이를 것이고 그날에 유다가 대적들에 의해 죽임을 당하며, 그 시체는 공중의 새와 짐승의 먹이가 될 것이라고 말씀하셨다(렘 19:5–7; 참조. 렘 7:31–33). 또 하나님은 유다가 조롱거리가 되며, 그들이 원수에 의해 포위되었을 때 그들이 그들의 아들과 딸을 먹게 될 것이라고 말씀하셨다(렘 19:8–9). 이것은 언약을 버릴 때 임하는 저주로 이 언약이 성취된다는 것이다(참조. 렘 26:29; 신 28:53).

이때 하나님은 예레미야에게 가지고 갔던 옹기를 깨뜨리고 토기장이의 그릇을 한 번 깨뜨리면 다시 완전하게 할 수 없음 같이 하나님이 이 백성과 성읍을 무너뜨려 도벳[35] 같이 하실 것이라 말하라고 하셨다(렘 19:10–13). 그리고 예레미야는 도벳에서 돌아와 여호와의 집 뜰에 서서 백성들에게 그들이 하나님의 말씀을 듣지 않으므로 하나님이 선언하신 모든 재앙을 이 성읍에 내리실 것이라고 말했다(렘 19:15).

예레미야가 예언을 들은 당시 성전의 총감독인 임멜의 아들 바스훌은 예레미야를 때리고 성전에 있는 차꼬에 채워두었다(렘 20:1–2). 바스훌은 성전의 총감독으로 예레미야를 40번까지 때릴 수 있었다(참조. 신 25:2–3). 다음 날 바스훌이 예레미야를 차꼬에서 풀어주자 예레미야는 하나님이 그의 이름을 바스훌이라 하지 않으시고 '마골밋사빕'(מָגוֹר מִסָּבִיב)이라 하신 것을 전해주었다(렘 20:3). '마골'(מָגוֹר)은 '두려움'이라는 뜻이고 '밋사빕'(מִסָּבִיב ⟨ מִן + סָבִיב)은 '사방으로부터'라는 뜻으로 사방으로부터 두려움이 있게 될 것이라는 뜻이다. 이는 그와 그의 집의 모든 사람과 그의 거짓 예언을 들은 친구들이 원수들의 칼에 엎드러지고 바벨론 포로로 끌려가 죽을 것이라는 뜻이다(렘 20:4–6). 여기서 중요한 점은 이전까지 하

35 원래 '도벳'(תֹּפֶת)은 '불피우는 곳'(firepit)이라는 아람어에서 온 단어다(Carroll 1986, 221–224; Thompson 1980, 294).

나님의 심판의 도구를 '북방 나라들'로만 언급했다면(렘 1:14, 15, 4:6; 6:22; 13:20 등), 이 구절에서 처음으로 그 도구가 '바벨론'이라는 이름으로 나타나는데 중요한 의미가 있다. 이는 심판의 때가 임박해 있다는 긴박감을 느끼게 한다.

예레미야는 바스훌에게 맞고 차꼬에 채워졌던 것을 생각하며 비꼬듯이 주께서 권유함으로 파멸과 멸망을 선포했고 그 결과 자신은 조롱거리가 되었다고 했다(렘 20:7-8). 그래서 다시는 여호와를 말하지 아니하리라 하면 마음이 불붙는 것 같아서 골수에 사무쳐 답답하여 견딜 수 없다고 했다(렘 20:9). 이는 하나님의 말씀을 전해도 고통을 당하고 전하지 않아도 고통을 당하는 예레미야의 딜레마(dilemma)를 보여준다. 이것이 말씀을 맡은 자의 딜레마다. 이뿐만 아니라 바스훌에게 하나님이 붙여주었던 이름인 '사방이 두려워함'(마골 밋사빕, מָגוֹר מִסָּבִיב)이란 말로 조롱당했다(렘 20:10). 예레미야는 백성들이 그렇게 조롱해도 하나님이 그와 함께하시고 그의 기도를 들으시고 그들에게 보복해 주시고 그를 구원해 주실 것이라 믿었다(렘 20:11-13).

그럼에도 불구하고 예레미야는 그가 당하는 고통으로 절망했다. 심지어 그는 욥이 고난받을 때 한 말과 같이 태어나지 않았다면 좋을 뻔했다고 말했다(렘 20:14-17. 참조. 욥 3:1-19). 깊고 참된 믿음을 가진 사람은 이러한 비난조의 언어를 사용할 수 있다.[36] 이것은 하나님과 교제하는 가운데 나타나는 정직한 유형이다(Fretheim 2002, 299). 그런데도 하나님은 곤경 속에 부르짖고, 가슴에 사무치며 하는 예레미야의 질문에 대해 아무런 답을 주시지 않았다. 여호와께서 그에게 답을 주셨다면 어떤 답을 주셨겠는가(Thompson 1980, 464)?

(10) 유다의 지도자들에게 대한 고소(렘 21:1-24:10)

이 문단에서 바벨론의 느부갓네살 왕이 시드기야(주전 597-586)를 치는 주전 588년의 기사가 처음 나오지만, 연대기 순서로 기록되진 않았다. 즉 예레미야 22:18은 여호야김(주전 609-598)에 대한 예언이고, 예레미야 22:24은 여호야긴(주전 598/597)에 대한 예언이기 때문이다. 이 문단에서 예레미야의 예언은 특별히 지도자들인 왕들과 선지자들에 대한 것으로 방향을 바꾸고 있다.

36 이러한 어투의 기도는 성경에서 많이 볼 수 있다(참조. 창 18:25; 시 44:22-23 등).

① 시드기야 앞에 둔 생명과 사망의 길(렘 21:1-10)

여기서 예레미야에게 하나님의 말씀이 임한 때는 바벨론 느부갓네살이 예루살렘을 친 때다(렘 21:2). 느부갓네살이 예루살렘을 친 것은 시드기야가 바벨론을 배반했기 때문인데 이때는 시드기야 9년 열째 달, 곧 주전 588년이다(참조. 왕하 24:18-25:2). 이때 시드기야는 말기야의 아들 바스훌과 마아세야의 아들 스바냐를 예레미야에게 보냈다(렘 21:2). 바스훌은 왕의 측근으로 예레미야를 죽이라고 한 사람이다(렘 38:1-4). 스바냐는 대제사장 스라야 다음 서열인 두 번째 제사장이고 예루살렘이 파멸된 후에 바벨론으로 끌려갔고 거기서 처형되었다(렘 52:24-27). 그들은 예레미야에게 그들을 위해 기적을 베풀어주도록 여호와께 간구하라고 청했다(렘 21:2). 시드기야는 앗수르가 예루살렘을 포위했을 때 히스기야가 이사야에게 구했을 때 기적이 일어나 앗수르가 물러간 사건을 기억했을 수도 있다(참조. 사 37:2-7).

그러나 예레미야는 하나님이 이 성을 치심으로 칼과 기근과 전염병으로 죽을 것이고 남은 자들을 느부갓네살의 손에 넘기실 것이며 그들을 불쌍히 여기지 아니하실 것이라고 말했다(렘 21:3-7). 그리고 그는 하나님이 그들 앞에 생명의 길과 사망의 길을 두셨는데 이 성읍에 사는 자는 죽을 것이지만 갈대아인에게 항복하면 살 것이라고 말했다(렘 21:8-9). 그것은 하나님이 예루살렘에 화를 내리기로 작정하셨기 때문이다(렘 21:10). 하나님은 이 멸망 가운데서도 그들이 생명을 건지기를 원하셨다. 예루살렘의 멸망은 이스라엘을 통해 행하실 하나님의 목적의 끝이 아니기 때문이다(Fretheim 2002, 309). 예레미야가 이 말을 전하고 싶었겠는가? 그도 대중의 환호와 찬사를 받고 싶지 않았겠는가? 하지만 그는 이 일로 말미암아 사람들에게 더 소외되고 미움을 받을 수밖에 없었다. 이 역시 하나님의 말씀을 전하는 자의 딜레마(dilemma)다.

② 유다 왕의 집에 대한 예언(렘 21:11-22:30)

이 문단은 하나님이 유다 왕의 집에 주신 말씀이다(렘 21:11). 여기서 왕의 직무를 바르게 수행해야 하나 악을 행한 유다 왕들인 살룸(여호아하스), 여호야김, 고니야(여호야긴)에 대한 예언을 차례로 선포한다.

a. 유다 왕의 집에 대한 예언의 서론(렘 21:11-14)

다윗의 집은 아침마다 정의롭게 판결하여 탈취당한 자를 압박자의 손에서 건져야 한다(렘 21:12). '다윗의 집'은 다윗 왕조를 의미한다. 그리고 '아침마다'라는 말은 재판할 때 신속하게 하거나 규칙대로 해야 함을 의미하는 것으로 볼 수 있다(Fretheim 2002, 310). 왕은 그에게 준 힘과 지위로 정의를 세우고 경제적으로나 사회적으로 약자들이 억울한 일을 당하지 않게 해야 할 책임이 있다. 특히 유다의 왕은 율법책을 옆에 두고 여호와 경외하기를 배우며 통치해야 한다(참조. 신 17:18–20). 이는 하나님의 마음으로 백성들을 돌보아야 함을 뜻한다. 사도 바울도 모든 권세는 하나님이 주신 것이기에 하나님의 사역자가 되어 선을 베푸는 자이고 악을 행하는 자에게는 보응하는 자라고 했다(롬 13:1–4). 그런데 유다의 왕들이 그들이 가진 권세로 정의를 세우지 않으면 하나님이 그들의 대적이 되어 그들을 벌하실 것이다. 또 수풀에 불을 놓아 그 모든 주위를 사르실 것이다(렘 21:12–14). 여기 수풀은 왕궁을 의미한다. 그것은 왕궁을 레바논의 백향목으로 지었다고 해서 '레바논의 숲의 궁'(왕상 7:2; 10:17, 21; 사 22:8)이라고 하였기 때문이다. 그래서 이 마지막 은유는 유다 궁전에 불을 붙여 그 주변 도시를 태우는 것으로 볼 수 있다(Fretheim 2002, 311).

b. 유다 왕의 임무(렘 22:1-9)

하나님은 예레미야에게 유다 왕의 임무에 대해 앞의 서론에서 말한 것을 좀 더 자세히 설명해 주셨다. 왕은 정의와 공의를 행하고 사회적 약자들인 이방인과 고아와 과부를 압제하거나 학대하지 말고 무죄한 자의 피를 흘려서는 안 된다(렘 22:2–3). 왕은 이 말의 순종 여부에 따라 병거와 말을 타고 집 문으로 들어오게 되든지 아니면 집이 황폐하게 될 것이다(렘 22:4–5). 여기서 집은 왕조를 말하는 것으로 왕의 직무 수행 여부가 하나님 말씀의 순종 여부에 달려있다는 뜻이다.

만일 유다가 하나님의 말씀을 순종하지 않는다면 유다가 하나님께 길르앗 같고 레바논의 머리라고 할지라도 하나님이 유다를 광야와 주민 없는 성읍을 만드실 것이다(렘 22:6). 길르앗이나 레바논의 머리라고 한 것은 왕궁이 이들 지역에서 나온 목재로 지어졌기 때문이다(Thompson 1980, 474). 그리고 하나님은 파멸할 자를 준비하여 아름다운 백향목을 찍어 불에 던지실 것이다(렘 22:7). 그 이유는 유다가 여호와의 언약을 버리고 다른 신들을 섬긴 까닭이다(렘 22:9). 이처럼 예레미야가 심판을 유다 왕의 집에 대해 예언한 것은 그들이 그 임무를 바르게 수행하지 못해서 이다.

c. 살룸(여호아하스)에 대한 예언(렘 22:10-12)

예레미야는 유다를 향해 죽은 자를 위해 울지 말고 잡혀간 자를 위해 울라고 했다. 그는 다시 고국으로 돌아오지 못할 것이기 때문이다(렘 22:10). 여기 '죽은 자'(מֵת 〈 מוּת의 분사,

남성, 단수)는 주전 609년에 므깃도 전쟁에서 전사한 요시야다(참조. 왕하 23:29-30). '잡혀간 자'는 요시야의 넷째 아들 살룸으로 요시야가 죽은 뒤 왕이 되어 석 달을 다스리다가 애굽의 바로 느고에 의해 폐위되고 애굽으로 잡혀갔다(렘 22:11-12; 참조. 왕하 23:31-35). 그가 왜 이렇게 되었는가? 그것은 앞에 설명한 바와 같이 왕의 임무를 바르게 행하지 못하고 여호와 앞에 악을 행했기 때문이다(참조. 왕하 23:32).

d. 여호야김에 대한 예언(렘 22:13-23)

예레미야는 불의로 그 집을 세우며 자기 이웃을 고용하여 그의 품삯을 주지 아니하는 자에게 화를 선포한다(렘 22:13). 예레미야가 이 화를 누구에게 선포했는가? 그는 여호야김이다. 예레미야는 그에게 그의 아버지 요시야가 먹거나 마시지 아니하고, 즉 자신을 위해 호의호식(好衣好食)하지 않고 정의와 공의를 행하여 가난한 자와 궁핍한 자를 변호할 때 형통한 사실을 지적하고 탐욕과 무죄한 피를 흘린 여호야김의 죄를 지적했다(렘 22:14-17). 그리고 예레미야는 여호야김이 죽어도 백성들이 슬퍼하지 아니하며 예루살렘 문밖에 던져지고 나귀같이 매장함을 당하리라고 했다(렘 22:18-19). 그가 왜 이런 비참한 최후를 마쳤는가? 그것은 왕으로서 정의를 시행하지 않고 탐욕과 폭력으로 백성을 고통스럽게 했기 때문이다.

예레미야는 여호야김이 왕의 임무를 바르게 수행하지 못함으로 하나님의 심판으로 멸망하게 될 것에 대해 탄식했다. 그리고 유다를 향해 네가 사랑하는 자가 다 멸망했기 때문에 레바논과 바산과 아바림에서 외치라고 했다(렘 22:20). 레바논은 이스라엘 북쪽이고 바산은 동쪽이며 아바림은 남쪽이다. 아바림은 모세가 올라갔던 느브산과 같은 위치에 있다(민 27:12; 33:47; 신 32:49). 여기서 '너(유다)를 사랑하는 (모든) 자'(콜-머하바익, כָּל־מְאַהֲבָיִךְ)는 유다의 동맹국들인 애굽, 앗수르(렘 2:36), 에돔, 모압, 암몬, 두로와 시돈(렘 27:3)으로 바벨론에 의해 멸망될 나라들이다(Youngblood 2002, 1176). 유다는 한때 이 나라들과 조약을 맺었다(렘 2:36; 27:3). 유다가 왜 망하고 수치를 당하는가? 그것은 유다가 예레미야가 전하는 하나님의 말씀을 듣지 않고 악을 행했기 때문이다(렘 22:21-22). 예레미야는 은유적으로 "레바논에 살면서 백향목에 깃들이는 자"에게 심한 고통이 임할 것이라고 했다(렘 22:23). 이 은유는 백성을 강제로 동원하여 백향목으로 지은 왕궁에 사는 유다의 왕을 의미한다(참조. 렘 22:14).

e. 고니야(여호야긴)에 대한 예언(렘 22:24-30)

하나님은 여호야김의 아들 고니야[37]가 당신의 인장 반지라 할지라도 그를 느부갓네살의 손에 넘겨줄 것이고 그의 어머니 느후스다도 포로로 끌려가 그곳에서 죽을 것이라고 하셨다(렘 22:24–27; 참조. 왕하 24:8–17). ‘인장 반지’는 어떤 문서에 자신의 소유임을 나타내는 서명용으로 사용되었다. 그래서 유다 왕들이 여호와의 인장 반지라는 것은 그들이 여호와의 공식적인 대표자로서 소중한 존재라는 것이다(Thompson 1980, 484).

예레미야는 고니야가 바벨론 포로로 끌려간 일에 대해 “이 사람 고니야는 천하고 깨진 그릇이냐”라는 수사적 질문을 던지며 탄식했다(렘 22:28). 그리고 하나님은 그가 자식이 없겠고, 평생 동안 형통하지 못할 자라 기록하라고 하셨다(렘 22:30). 여기서 고니야가 자식이 없다는 것은 후손이 없다는 뜻이 아니라 그의 후손 중에 더 이상 왕이 될 자가 없다는 것으로 보아야 한다(Thompson 1980, 485). 왜냐하면 그에게는 7명의 아들이 있었고, 1차 포로귀환을 이끈 스룹바벨도 그의 손자였기 때문이다(대상 3:17–19). 스룹바벨은 총독으로 돌아왔어도 왕이 되지 못했으며 그 후에도 유다에 왕은 없었다.

③ 새 왕 메시아에 대한 예언(렘 23:1–8)

하나님은 악한 왕들을 당신의 양 떼를 흩어지게 하는 목자로 비유하시고 양 떼를 ‘돌보지’ 아니한 그들의 악행 때문에 ‘보응할’ 것이라고 하셨다(렘 23:1–2). 여기에 ‘돌보다’와 ‘보응하다’라는 동사는 히브리어로 같은 동사 ‘파카드’(פְּקַדְתֶּם 〈 פָּקַד)로 ‘방문하다’(פֹּקֵד 〈 פָּקַד)라는 뜻이다. 이것은 언어유희로 “너희가 나의 양 떼들을 방문하지 / 돌보지 않았기 때문에 내가 심판하기 위해 너희를 방문할 것이다”라는 뜻이다(랄레만 2017, 302). 그리고 하나님이 남은 양떼를 돌아오게 하실 것이고 그들을 기르는 목자들을 세우실 것이기에 그들이 다시 두려워하지 않을 것이라고 했다(렘 23:3–4). 하나님이 그들을 어떻게 돌아오게 하시는가? 이 말씀이 바벨론 포로에서 돌아오는 것을 의미한다면 하나님은 페르시아의 고레스를 통해 돌아오게 하실 것이다(참조. 사 44:28; 45:1). 그러면 돌아온 자들을 돌보아 두려움 없게 할 목자들은 누구를 말하는가? 역사적으로 볼 때 이스라엘이 바벨론 포로에서 돌아온 이후 이스라엘의 지도자가 된 자들은 스룹바벨, 여호수아(예수아), 에스라, 느헤미야 등이다.

---

37 ‘고니야’(כָּנְיָהוּ)라는 이름은 역대상 3:16에는 ‘여고냐’(יְכָנְיָהוּ)로 나오는데 ‘고니야’의 짧은 꼴로 ‘여호야긴’(יְהוֹיָכִין)과 동일 인물이다(왕하 24:6, 8; 렘 24:1). 이 이름은 ‘여호와’(야웨, יְהוָה)라는 신명과 ‘세우다’(쿤, כּוּן)라는 동사가 결합되어 ‘여호와께서 세우신다’라는 뜻이다.

하지만 하나님은 더 큰 그림을 보여주셨다. 하나님은 다윗에게 한 의로운 가지를 일으켜 그가 왕이 되어 세상에서 공의를 행하실 것이고, 그의 날에 유다가 구원을 받으며, 그의 이름은 '여호와 우리의 공의'(아도나이 칟케이누, יְהוָה צִדְקֵנוּ)라고 일컬음을 받을 것이라고 하셨다(렘 23:5-6). 이 이름은 '여호와는 나의 의'라는 뜻인 유다의 마지막 왕 '시드기야'(צִדְקִיָּהוּ)의 이름에 빗댄 언어유희다. 중심사상은 시드기야가 의로운 왕이 아니라 미래에 또 다른 왕이 오신다는 것이다(롱맨 2017, 237). 이는 다윗의 자손으로 오실 그리스도를 말한다.

예레미야는 바벨론 포로에서 돌아온다는 약속과 그리스도가 오신다는 약속이 성취됨을 보여주기 위해 이스라엘이 그들을 애굽에서 초자연적인 방법으로 구원해 내신 여호와의 살아계심이 아니라 바벨론에서 구원해 내신 여호와의 살아계심으로 맹세할 것이라고 했다(렘 23:7-8). 이것은 바벨론에서 구원을 경험한 사람들이 여호와의 살아계심으로 맹세할 수 있도록 여호와께서 이스라엘을 그들의 조상에게 준 땅으로 인도하신다는 것이다. 이 약속은 예레미야 16:14-15과 같다. 이 반복은 이 약속이 분명히 이루어짐을 강조하려는 것이다.

④ 선지자들에 대한 예언(렘 23:9-40)

이 문단은 "선지자들에 대한 말씀이라"(렘 23:9)라는 표제로 시작한다. 이것은 예레미야서의 문학적 특성 가운데 하나로 선지자들이라는 주제로 묶은 새로운 하나의 모음집(anthology)이다. 여기에 기록된 예언은 이스라엘의 또 다른 지도자들인 선지자들에게 주신 말씀으로 다섯 가지 작은 주제로 연결되어 있다.

a. 선지자들에 대한 일반적 기소(렘 23:9-12)

예레미야는 여호와와 그 거룩한 말씀 때문에 마음이 상하고 모든 뼈가 떨리고 취한 사람 같고 포도주에 잡힌 사람 같이 되었다고 했다(렘 23:9). 이러한 표현은 하나님의 말씀을 들은 예레미야의 육체적, 정신적 상태를 잘 보여준다. 그러면 여호와께서는 어떤 말씀을 하셨는가? 하나님은 유다 땅에 간음하는 자가 가득하여 그에 대한 저주로 땅이 슬퍼하고[38] 광야의 초장들이 마른다고 하셨다(렘 23:10). 이 간음은 음란한 행위를 포함하지만 우상숭배를 의미하고, 악한 행위와 정직하지 못함을 의미한다. 가나안의 다산과

38 이 단어는 히브리어로 '아발'(אָבַל)인데 KJV, NASB 등은 개역개정판처럼 'mourn(슬프하다)'로 번역했으나 NIV는 의미를 따라 'parch'(바싹 마르게 하다)로 번역했다.

풍요의 신 바알을 숭배하여 다산과 풍요는커녕 땅은 바싹 말라버렸고 불모지가 되었다(Thompson 1980, 493). 이것은 언약에 따른 저주로 가뭄과 기근의 고통이 임했다는 것이다(참조. 신 28:23-24).

그러면 왜 백성들은 우상숭배로 말미암아 악하고 정직하지 못하게 되었는가? 그 이유는 이들을 인도하는 선지자와 제사장이 사악하였고 심지어 하나님의 집에서도 악을 행했기 때문이다(렘 23:11).[39] 그리고 이에 대해 하나님은 그들을 벌하는 해에 그들에게 재앙을 내리실 것이다(렘 23:12). 이 점은 현대 교회 지도자들의 모습과 크게 다르지 않다. 말씀을 바르게 전하지 않기도 하고 탐욕과 권력에 탐닉해 있다. 하나님은 이런 자들에게 벌을 내리실 것이다.

b. 선지자들의 문제(렘 23:13-15)

예레미야는 선지자들의 문제를 좀 더 구체적으로 지적했다. 그는 사마리아 선지자들 가운데 있는 우매함을 보았다. '우매함'(티프라, תִּפְלָה)은 단순히 어리석다는 뜻보다 NIV처럼 '혐오감을 불러일으키는 일'(repulsive thing)이라고 번역하는 것이 좋다. 그 일은 그들이 바알을 섬겨 백성들을 그릇되게 한 것이다. 이들은 바알 선지자들을 말하는 것은 아니라(참조. 왕상 18:25-29) 힘과 권력을 얻기 위해 모인 시그나아나의 아들 시드기야와 같은 이스라엘의 거짓 선지자들을 말한다(참조. 왕상 22:11-12).

그리고 예레미야는 예루살렘 선지자들 가운데서도 '가증한 일'(샤아룰, שַׁעֲרוּר)을 보았다. 이 단어는 앞의 '우매함'과 유사하나 이보다 더 강한 표현으로 NIV처럼 '소름 끼치는 것'(something horrible)이라고 번역할 수 있다. 그들은 간음을 행하며 거짓을 말하며 악을 행하는 자의 손을 강하게 해주었다(렘 23:14). 이것은 선지자들이 악을 행하는 자들의 편에 서서 그들을 책망하기보다는 그들의 행동을 지지하고 계속 악을 행하도록 도왔다는 것이다(Fretheim 2002, 334). 선지자의 직무는 악한 일에서 돌이키게 하는 일인데 오히려 조장하고 도왔다. 그 결과 하나님이 보시기에 소돔과 고모라와 다름이 없었다(렘 23:14). 그래서 하나님은 그들에게 쑥을 먹이고 독한 물을 마시게 하실 것이다. 그 이유는 예루살렘 선지자들로부터 사악함이 온 땅에 퍼지게 되었기 때문이다(렘 23:15). '쑥'(라아나, לַעֲנָה)과 독한 물을 마시게 한다는 표현은 예레미야 8:14; 9:15에도 나타나는 표현으로 죽음을 나타내는 은유적 표현이다(Fretheim 2002, 161). 이 말씀은 하나님 말씀을 바르게 전해야 할 선

39 에스겔은 당시 제사장들과 선지자들이 행한 악한 행동을 에스겔 8:1-18에 자세하게 묘사한다. 이에 관해 이 책의 "에스겔서 해설"을 참조하라.

지자가 바르게 가르치지 못할 때 국가적으로 나쁜 영향을 미치며 사회적 재앙을 부를 수도 있음을 잘 보여준다.

c. 거짓 선지자들이 전한 메시지의 기원(렘 23:16-22)

이 문단에서 예레미야는 당시 거짓 선지자들이 "너희가 평안하리라"라고 전한 메시지의 기원이 어디인지 보여준다. 그들이 전파하는 말이나 묵시를 듣지 말아야 할 이유는 그 말이 여호와의 입이 아니라 그들의 마음으로 말한 것이기 때문이다(렘 23:16). 그들은 그들의 이익과 악한 생각에 따라 하나님을 멸시하는 자들과 자기 마음에 완악한 대로 행하는 자에게 "너희가 평안하리라", "재앙이 너희에게 임하지 아니하리라"라고 말했다(렘 23:17; 참조. 렘 23:26). 이들은 여호와의 회의에 참여한 자들이 아니다(렘 23:18). 일반적으로 여호와의 회의는 하나님이 땅의 일을 논의하기 위해 하나님 주위에 신적인 존재들이 모인 것을 말한다(참조. 창 1:26; 왕상 22:19–23; 욥기 1:1–2:6; 15:28; 시 82; 사 6:1–8). 선지자는 이 회의의 참여자로 이해되었다(Fretheim 2002, 336). 그러므로 하나님은 폭풍과 회오리바람처럼 악인의 머리를 치실 것이다(렘 23:19). 하나님은 만약 그들이 하나님의 회의에 참여했더라면 하나님의 백성에게 하나님의 말씀을 들려주어 악한 길에서 돌이키게 하였을 것이라고 하셨다(렘 23:22). 이렇게 말씀하신 것은 거짓 선지자들의 메시지 기원이 하나님이 아니라는 것이다. 오늘날은 당시처럼 하나님이 직접 들려주시는 시대가 아니라 할지라도 만약 목사가 성경에 기록된 하나님의 뜻을 바르게 읽고 가르치지 않고 자기 마음대로 주관적으로 가르친다면 과거 사마리아와 예루살렘의 선지자들과 다를 바 없을 것이다.

d. 거짓 선지자들의 꿈과 말씀의 실체(렘 23:23-32)[40]

이 문단(렘 23:23–32)에서는 거짓 선지자들의 정체를 드러내고, 여호와의 말씀임을 강조하기 위해 "여호와의 말씀이니라"(너움 야웨, נְאֻם־יְהוָה)라는 표현이 9번이나 나온다(렘 23:23, 24^×2^, 28, 29, 30, 31, 32^×2^). 이를 위해 먼저 하나님은 당신이 어떤 분이신지 보이기 위해 세 가지 수사적 질문을 하신다(렘 23:23–24). 첫 번째 질문은 "나는 가까운 데에 있는 하나님이요 먼 데에 있는 하나님은 아니냐?" 이다. 두 번째 질문은 "사람이 내게 보이지 아니하려고 누가 자신을 은밀한 곳에 숨길 수 있겠느냐?" 이다 세 번째 질문은 "나는 천지에 충만하지 아니하냐"이다. 하나님은 왜 이 세 가지 질문을 하시는가? 그것은 하나님이

---

40 예레미야 23:23–30:3에 기록된 계시는 산문이다.

거짓 선지자의 말과 행동을 아신다는 것을 말해주기 위해서다. 하나님은 그들이 꿈을 꾸었다고 말하나 실제로는 그 마음의 간교한 것을 예언하는 것을 아신다(렘 23:25–26). 하나님은 거짓 선지자들이 거짓 꿈을 예언하거나 거짓과 헛된 자만으로 백성을 미혹하는 것을 알고 그들을 심판하실 것이다. 하나님이 그들을 보내시지 않았기 때문에 그들은 백성에게 아무런 유익이 없다(렘 23:27–32).

e. 여호와의 엄중한 말씀(렘 23:33-40)

이 문단은 백성이나 선지자나 제사장이 "여호와의 엄중한 말씀이 무엇이냐"(렘 23:33)라고 묻는 것에 대한 해석이다. 여기 '엄중한 말씀'은 히브리어로 '마사'(מַשָּׂא)인데 '경고', '신탁', '짐' 등으로 번역할 수 있다. 예레미야는 이 단락에만 이 단어를 8번 사용한다(렘 23:33$^{\times 2}$, 34, 36$^{\times 2}$, 38$^{\times 3}$). 이 문단의 주요 핵심은 선지자의 직무는 매우 중요하게 다루어져야 하고, 오직 여호와께서 세우신 자들만 선포할 자격이 있으며, 사기꾼이나 표절자들은 무서운 심판을 받게 된다는 것이다(Thompson 1980, 503–504). 이 엄중한 말씀은 하나님이 심판하신다는 것이다(렘 23:33–34). 특히 하나님은 거짓 선지자들에게 여호와의 엄중한 말씀이라 말하지 말라고 하시는데, 이는 그들이 만군의 여호와 우리 하나님의 이름을 망령되이 사용하므로 각 사람의 말이 자기에게 중벌이 될 것이기 때문이다(렘 23:35–36). 그리고 하나님은 여호와의 엄중한 말씀이라고 말하지 말라 했는데도 여호와의 엄중한 말씀이라고 말하는 거짓 선지자들이 엄중하게 영원한 치욕과 수치를 당할 것이라 하셨다(렘 23:38–40). 예레미야는 선지자에게 말한 이 단락에서 하나님의 말씀과 관계없이 자신의 이익에 따라 간교하게 전하는 선지자들의 잘못을 고발한다. 그러면 이러한 거짓 선지자의 말을 듣고 따르는 자들은 책임이 없는가? 그들 역시 책임이 있다. 그래서 하나님은 선지자들만 심판하시는 것이 아니라 백성들도 심판하신다.

⑤ 무화과 두 광주리 환상(렘 24:1–10)

이 단락은 하나님이 예레미야에게 언제 무엇을 보여주었는지 말하고(렘 24:1–2), 그가 본 것이 무엇인지 물으시고 거기에 대해 그가 답한 내용(렘 24:3), 그가 본 것에 대해 하나님이 해석해 주시는 내용(렘 24:4–10)으로 구성되어 있다. 하나님이 이 환상을 주신 때는 느부갓네살 왕이 유다 왕 여고냐(여호야긴)와 유다 고관들과 목공들과 철공들을 예루살렘에서 바벨론으로 옮긴 후다(렘 24:1). 여호야긴과 고관들과 목공, 철공들이 바벨론으로 잡혀간 때는 주전 598년이다(참조. 왕하 24:12–16; 겔 1:1). 이 사건 이후라면 이 환상은 시드기야가 왕이 된 주전 598년부터 예루살렘이 멸망한 주전 586년 사이가 될 것이다(Fretheim 2002, 345). 이때 하나님은 예레미야 1:11과 1:13에서처럼 예레미야에게 무엇을 보느냐고 물으셨고 예레미야는 그가 본 것을 말했다. 그는 한 광주리에는 처음 익은 듯한 극히 좋은 무화과가 있고 한 광주리에는 나빠서 먹을 수 없는 무화과를 보았다(렘 24:1b-3).

여기서 하나님은 예레미야에게 바벨론 포로로 잡혀간 자들을 좋은 무화과같이 잘 돌보아 다시 이 땅으로 인도하여 그들을 세우고 헐지 아니하고 심고 뽑지 아니할 것이라고 하셨다(렘 24:4-6). 이 말씀은 예레미야서에 반복적으로 나타나는 표현이며 예레미야의 선지자 직무와도 연관되어 있다(참조. 렘 1:10). 그런데 여기에는 뽑고 파괴하고 파멸하고 넘어뜨리는 심판의 메시지는 없고 회복하신다는 말씀만 있다. 그리고 그들에게 여호와를 알 수 있는 새 마음을 주셔서 그들이 전심으로 돌아와 그들은 하나님의 백성이 되고 하나님은 그들의 하나님이 되는 완전한 교제가 이루어지게 하실 것이다(렘 24:7). 이것은 새 언약에 약속된 내용이다(참조. 렘 31:31-34; 겔 36:24-32). 이 약속은 일차적으로는 바벨론 포로에서 돌아올 것을 의미하지만 나아가 메시아가 오셔서 죄에서 구속해 주시고 그들에게 성령을 주시는 새로운 시대를 의미한다.[41]

그리고 하나님은 예레미야에게 시드기야와 고관들과 예루살렘에 남아 있는 자와 애굽 땅에 사는 자들을 나빠서 먹을 수 없는 무화과 같이 버리실 것고, 그들을 세상 모든 나라에 흩어 부끄러움을 당하게 하며 칼과 기근과 전염병을 보내어 심판할 것이라고 하셨다(렘 24:8-10). 이 두 가지 환상은그 직무를 바르게 수행하지 못한 지도자들과 언약을 버린 백성들이 받을 심판을 보여준다. 그럼에도 하나님은 그들에게 회복을 약속하신다. 이는 하나님은 여전히 이 백성들을 사랑하시고 이 백성들을 통해 작정하신 구속을 이루시기 때문이다.

(11) 유다의 심판 요약과 이방 나라의 심판 예언(렘 25:1-38)

이 문단은 예레미야 1-24장의 총괄적 요약 진술이다(롱맨 2017, 251). 그것은 예레미야 25:1-3에서 선지자는 1장에 기록된 자신의 사역을 다시 언급하고, 예레미야 25:3-9과 1:15-19 사이에 유사한 표현들이 많이 들어있기 때문이다. 이것은 예레미야 1장과 25:1-14이 시작과 끝을 알리는 수미쌍관법의 구조를 이루고 있음을 보여준다. 그래서

41 역사적 전천년설자인 디어(1994, 108)는 이 일이 하나님이 이 지상에서 이스라엘을 다시 모아 그리스도께서 천년 통치를 시작할 바로 그때 완성되는 것으로 본다.

유다와 예루살렘에 대한 심판을 선포한 예레미야 1:1–25:13은 한 문학 단위다(Dillard & Longman 1994, 294). 그리고 예레미야 25:13 "이 책에 기록한 나의 모든 말"이라고 했을 때 '이 책'은 예레미야 1–25장에 담긴 두루마리로 볼 수 있다(Thompson 1994, 510).[42] 예레미야 25:1–14은 2–24장의 메시지를 요약하고 그 뒤의 25:15–29은 모든 나라에 대한 심판, 25:30–38은 우주적인 심판을 선언한다. 그러므로 이 문단은 예레미야 1–24장과 26–51장의 연결고리 역할을 한다.

① 예레미야의 사역 요약(렘 25:1–14)

이 말씀은 여호야김(주전 609–598) 4년이며 느브갓네살 원년에 유다 모든 백성에 관해 예레미야에게 임했다(렘 25:1–2). 이때 갈그미스 전투에서 느부갓네살이 애굽의 바로 느고를 이기고 예루살렘에서 다니엘과 그의 세 친구 등을 포로로 잡아간 해이기에 주전 605년이다(렘 46:2; 단 1:1).[43] 이때 예레미야에게 하나님 말씀이 임한 것은 의미가 있다. 이때부터 유다가 바벨론으로 포로로 잡혀갔고 나라가 급격하게 멸망의 길로 갔기 때문이다.[44] 여호와의 말씀이 요시야(주전 640–609) 13년부터 23년 동안 예레미야에게 임했다(렘 25:3). 요시야 13년은 주전 627년이기에 이때부터 23년이기에 주전 604년이 된다.[45] 예레미야가 23년 동안 하나님 말씀을 전했으나 유다 백성은 순종하지 않았다(렘 25:3).

이 기간에 하나님은 예레미야만 보내신 것이 아니라 하나님의 모든 종 선지자들을 보내셨다(렘 25:4; 참조. 렘 7:25–26; 11:7–8; 26:20–23; 왕하 17:13–25 등). 그들은 유다가 그 악한 길과 악행을 버리고 돌아오면 하나님이 유다를 해하지 않을 것이라고 했으나 유다는 손으로 만든 우상을 섬김으로 하나님의 진노를 일으켜 스스로 해하였다(렘 25:4–8). 그래서 하나님은 북쪽 종족과 바벨론 왕 느부갓네살을 불러 유다를 비웃음거리가 되게 하고 그들 중에서 기뻐하는 소리와 신랑, 신부의 소리와 맷돌 소리와 등불이 끊어지게 할 것이라고 하셨다(렘 25:9–10). 이것은 일상의 기쁨이나 결혼과 경제활동이 없게 된다는 뜻이다. 그리고 이 땅은 폐허가 되고, 유다 백성은 70년 동안 바벨론을 섬기게 될 것이다(렘

42 70인역은 예레미야 25:13을 이 단락의 결론으로 매듭짓고 있다(Thompson 1980, 514). 마소라 본문에서는 이방 나라를 심판을 예언하는 예레미야 46–51장의 신탁이 25:13 뒤에 나오고 이방 나라를 다루는 순서도 다르다.

43 느부갓네살 원년은 주전 605년으로 설형문자로 된 바벨론 연대기에 느부갓네살이 그의 선왕 나보폴라살이 죽고 왕이 된 해다(롱맨 2017, 252).

44 주전 605년에 1차로 다니엘과 그의 세 친구 등이 잡혀갔고, 주전 598년에 2차로 여호야긴과 에스겔과 고관들이 잡혀갔고, 주전 586년에 예루살렘이 멸망하고 남은 자들이 잡혀갔다.

45 예레미야에게 말씀이 임했던 주전 605년과 주전 604년이 차이가 나는 유대월력이 일곱 번째 달인 티쉬리월부터 다음 해 여섯 번째 달(엘룰월)까지이기 때문에 같다고 보아야 한다.

25:11). 그러나 하나님은 70년이 끝나면 바벨론과 그의 나라를 그의 죄악으로 말미암아 심판하실 것이다(렘 25:12). 여기에 희망의 빛이 있다. 70년이라는 한정된 기간을 사용함으로 바벨론 통치가 끝이 있기에 포로 생활에도 끝이 있음을 보여주기 때문이다.

한편 바벨론 포로 70년(렘 25:11; 29:10)의 해석과 관련하여 브루그만(Brueggemann 1998, 258)은 70년이 문자적이 아니라 긴 기간을 의미하는 관습적 표현으로 보았고, 롱맨(2017, 255)은 70은 7×10이기에 완성을 나타내는 상징적인 숫자로 보았다. 70년을 한 사람의 일생을 말하는 것으로 볼 수도 있다(시 90:10). 이렇게 70년에 대한 다양한 해석이 나오는 것은 포로 기간이 포로로 잡혀간 해와 돌아온 해를 계산해도 70년이 안 되기 때문이다. 즉 제1차 바벨론 포로인 주전 605년을 기준으로 고레스 칙령이 내려진 주전 539년까지는 66년밖에 되지 않는다. 그리고 완전히 멸망한 주전 586년을 기준으로 삼는다면 47년밖에 되지 않는다. 여기에 대한 가장 적절한 설명은 예레미야 29:10–14의 "… 너희가 내게 부르짖으며 내게 와서 기도하면 … 너희를 만날 것이며 너희를 포로 된 중에서 … 돌아오게 하리라"라는 말씀이다. 이 말씀을 보면 70년 포로 생활과 기도가 맞물려 있다. 이 70년이 문자적이든 은유적이든 단축된 것은 하나님이 그의 백성의 기도를 들으신 일과 연관되어 있음을 보여준다. 마음을 다하여 하나님을 찾고 구하면 하나님이 들으시고 하나님의 뜻을 돌이키기도 하시기 때문이다(참조. 신 4:29; 왕상 21:29). 기간이 단축된 것은 기도의 결과다.

하나님은 바벨론의 왕 느부갓네살을 '내 종'이라고 하셨다(렘 25:9). 하나님은 역사의 주관자이시기에 선한 도구도 사용하시지만 악한 도구도 사용하신다. 때로 하박국이 갈등한 것처럼 하나님은 심판의 도구로 이스라엘보다 더 선한 도구를 사용하셔야 하는 것처럼 보이나 악한 도구도 사용하신다(참조. 합 1:12–17). 그래서 우리는 하나님의 선한 도구로 사용될 것인지 아니면 악한 도구로 사용될 것인지 고민해야 한다.

② 모든 나라에 내리는 하나님의 진노(렘 25:15–29)

이 문단은 이방 나라에 대한 신탁을 기록하고 있는 예레미야 46–51장과 밀접하게 연결되어 있다. 예레미야는 단순히 이스라엘의 선지자만이 아니라 여러 나라와 왕국 위에 세움을 받은 자임을 알 수 있다(참조. 렘 1:5, 10). 하나님은 예레미야에게 환상 형식으로 하나님이 주시는 진노의 술잔을 받아 모든 나라로 마시게 하라고 하셨다. 그러면 그 잔을 마신 나라는 비틀거리고 미친 듯이 행동할 것인데, 그 이유는 하나님이 칼을 보내셨기 때문이다(렘 25:15–16). 이 환상에서 하나님이 비유적으로 말씀하신 진노의 잔과 하나님이 보내신 칼은 같은 것으로 하나님이 이스라엘을 포함한 모든 나라를 통치하시며 심판하신다는 뜻이다.

그런데 저자는 진노의 잔을 예루살렘과 유다 성읍이 먼저 마심으로 멸망과 놀램과 비웃음과 저주당함이 '오늘과 같으니라'(렘 25:18)라고 했다. 프레타임(Fretheim 2002, 358)은 이 어구를 저자의 관점에서 이미 예루살렘과 유다가 멸망했고 다른 나라들도 이스라엘이 당한 일을 경험하게 될 일로 보았다. 그러나 이 어구는 적어도 이 심판의 몇 가지 양상들을 기록하던 때에 이미 일어나고 있었음도 암시한다(Thompson 1980, 516).[46] 왜냐하면 예레미야가 이 말씀을 받았을 때가 여호야김 4년이기 때문이다(참조. 렘 25:1). 이때 하나님은 애굽, 우스, 블레셋, 에돔, 암몬, 두로와 시돈과 바다 건너쪽 왕들, 아라비아 땅에 있는 드단, 데마, 부스 등 지면에 있는 모든 나라로 진노의 잔을 마시게 하시고 세삭 왕은 그 후에 마실 것이라 하셨다(렘 25:19–27). 여기 '세삭'은 바벨론을 가리키는 암호다.[47] 이 예언의 핵심은 하나님이 세상 모든 나라를 심판하신다는 것이다. 예레미야 25:27–29에서 하나님은 예레미야에게 이 신탁을 선포하라고 하셨다. 문맥적으로 볼 때 이 말씀은 예레미야 26:16 다음에 넣어도 어색하지 않다.

③ 우주적 심판(렘 25:30–38)

이 문단에서 예레미야는 심판의 주제를 계속 이어간다. 하지만 그 심판이 특정 나라에 제한된 것이 아니라 전 우주적으로 확대하여 설명한다. 여호와께서 사자처럼 높은 곳에서 포효하시고 초장을 향해 크게 부르시고 모든 민족을 심판하시되 악인을 칼에 내어주셨다(렘 25:30–31). 그 심판으로 죽임당한 자가 땅의 이 끝에서 땅 저 끝에 미칠 것이나 매장하는 자가 없어 땅에서 분토 같이 될 것이다(렘 25:32–35).

예레미야는 여호와의 심판에 대한 메시지를 듣고 목자들의 애가 형식으로 설명한다. 목자들이 부르짖는 이유는 여호와께서 그들의 초장을 황폐하게 하셨기 때문이다(렘 25:36–37). 그리고 평화로운 목장이 황폐되고 젊은 사자같이 굴에서 나와 극렬한 진노로 땅을 황폐하게 하실 것이다(렘 25:38). 여기에 기록된 심판을 보면 사자와 초장이라는 은

46 박동현(2010, 736)은 주전 586년 유다가 멸망한 후거나 주전 598년 여호야긴이 바벨론에 사로잡혀간 이후로 보았다.

47 '세삭'은 '아트바쉬 암호'(atbash cipher)라고 본다(참조. 렘 51:1, 41). 이것은 22개의 히브리어 철자의 순서를 바꾼 치환 기법의 암호이다. 즉 히브리어 '바벨론'(בָּבֶל)은 철자 순서대로 2, 2, 12번째다. 이것을 끝에서 2, 2, 12번째로 바꾸면, 곧 아트바쉬 암호로 쓰면 '세삭'(שֵׁשַׁךְ)이 된다(디어 1994, 113; 랄레만 2017, 321; 박동현 2010, 738 등). 그러나 이를 왜 아트바쉬 암호로 써야 했는지 설명할 수 없지만 이것이 바벨론을 의미한다는 중요한 힌트가 예레미야 51:41에 있다. 여기서 세삭과 바벨론을 평행법으로 쓰고 있다. 이는 세삭이 바벨론을 의미한다는 것이다.

유를 사용하여 시작하고 목장과 사자라는 은유로 마치고 있음을 알 수 있다. 그래서 이 문단은 수미쌍관법을 이루고 있음을 알 수 있다(랄레만 2017, 324). 이 심판의 내용과 범위를 볼 때 우주적이고 종말론적임을 알 수 있다.

3. 예레미야의 사역과 유다의 반응 1(렘 26:1-29:32)

이 문단은 내러티브 형식의 산문으로 예레미야가 핍박을 받고 갈등하는 내용으로 구성되어 있다(Fretheim 2002, 365).[48] 앞의 큰 문단(렘 2:1–25:38)에서 주로 백성들의 죄와 그에 대한 심판을 다양한 방식으로 기록했고 그 사이에 예레미야의 메시지를 반대하고 그를 미워하는 일에 대해서도 기록했다(참조. 렘 11:18–23; 15:10; 20:1–6). 그 문단의 요점은 예레미야의 메시지에 백성들이 회개하기를 거부한다면 하나님이 그들을 심판하게 된다는 것이다. 그러나 예레미야 26–29장은 예레미야 개인의 삶과 관련된 내용을 담고 있다. 예레미야의 메시지와 그에 대한 백성들과 지도자들의 반응(참조. 렘 26:7, 16; 20–24; 28:1 등)과 그에 대한 예레미야의 갈등에 초점을 맞추고 있다. 여기에 기록된 사건을 도식화하면 다음과 같다.

장	때	형식	시점	주요 내용
26	여호야김 원년 주전 609년	설교와 논쟁	3인칭	회개하라 예레미야의 재판과 갈등
27	시드기야 4년 주전 594년	상징적 행동과 논쟁	1인칭	바벨론에게 복종하라
28	시드기야 4년 주전 594	상징적 행동과 논쟁	3인칭	예레미야와 하나냐 논쟁
29	시드기야 4년 주전 594년	편지	3인칭	포로들을 위한 관심 그들의 행위와 미래

내용 분해

(1) 예레미야와 제사장들과 선지자들과의 논쟁(렘 26:1–24)

(2) 시드기야 왕과 거짓 선지자들과의 논쟁(렘 27:1–28:17)

(3) 포로에게 보낸 예레미야의 편지(렘 29:1–32)

48 예레미야 26:18에서 미가 3:12을 인용한 부분은 운문(= 시)이다.

내용 해설

(1) 예레미야와 제사장들과 선지자들과의 논쟁(렘 26:1–24)

이 문단에서 묘사되는 사건을 "유다의 왕 요시야의 아들 여호야김이 다스리기 시작한 때"(렘 26:1)라고 기록함으로 이때는 여호야김의 형제 여호아하스가 애굽으로 끌려감과 동시에 여호야김이 왕이 된 해로 주전 609년이다. 이 문단은 예레미야가 성전에서 설교하고 그 설교에 대해 제사장들과 선지자들과 논쟁하는 내용을 담고 있다.

① 발단 : 성전에서 행한 예레미야의 설교(렘 26:1–6)

여호야김(주전 609–598)이 왕이 된 직후인 주전 609년에 하나님의 말씀이 예레미야에게 임했다(렘 26:1). 여호와께서 예레미야에게 성전 뜰에 서서 성전에서 예배하는 자들에게 한 마디도 감하지 말고 전하게 하셨고 제사장들과 선지자들과 백성들이 들었다(렘 26:2, 6). 이 설교의 목적은 예레미야가 전하는 말씀을 듣고 악한 길에서 돌아서서 하나님이 내리시려던 재앙을 돌이키게 하려는 것이다(렘 26:3). 예레미야가 전한 여호와의 말씀은 하나님 유다가 하나님과 그의 율법과 그의 종 선지자들의 말을 순종하지 않았기 때문에 하나님이 성전을 실로 같이 되게 하시고 이 성을 세계 모든 민족의 저줏거리가 되게 하신다는 것이다(렘 26:4–6). 실로는 예루살렘 북쪽으로 약 31km 떨어진 곳에 있는 성소로 사무엘상 4:2–11에 기록된 블레셋과의 전쟁 이후 황폐화된 것으로 보인다(참조. 시 78:60–64). 하지만 유다가 예레미야의 설교를 듣고 악한 길에서 돌아선다면 하나님은 그가 내리시려던 재앙을 돌이키실 것이다(렘 26:3). 왜냐하면 하나님의 목적은 심판이 아니라 구원에 있기 때문이다.

② 분규 : 예레미야의 재판(렘 26:7–15)

예레미야가 설교할 때 제사장들과 선지자들과 백성들이 들었다(렘 26:7). 그들은 예레미야가 설교를 마치자 그를 붙잡고 "네가 반드시 죽어야 하리라"라고 고소했다. 그것은 예레미야가 여호와의 이름을 의지하여 성전이 실로 같이 될 것이고 성이 황폐하여 주민이 없을 것이라고 말했기 때문이다(렘 26:9). 이들이 예레미야를 고소했기 때문에 고관들이 이 말을 듣고 왕궁에서 성전으로 올라와 재판석으로 보이는 성전의 새 대문에 앉았다(렘 26:10). 이때 제사장들과 선지자들이 고관들과 백성들에게 예레미야가 죽는 것이 합당하다고 앞에서 말한 같은 논리로 고소했다(렘 26:11).

이 고소를 듣고 예레미야는 자신을 변호하기를 여호와께서 자기를 보내어 이 말을 하게 하셨다고 했다(렘 26:12). 그러므로 백성들이 길과 행위를 고치고 여호와를 청종한다면 여호와께서 선언하신 재앙에 대해 뜻을 돌이키신다는 것을 다시 선포했다(렘 26:13). 그리고 예레미야는 이미 잡힌 상태이기에 좋을 대로 판단해도 되지만 만약에 자기를 죽인다면 무죄한 자의 피를 너희 몸과 이 성과 성 주민에게 돌리는 것이라고 경고했다(렘 26:14-15). 이 말은 무죄한 자의 피를 흘리는 것은 그를 죽인 자가 그 피의 값을 받게 된다는 율법에 근거한 것이다(민 35:33; 신 19:10-13). 이 법은 하나님이 사람의 생명을 보호하기 위해 주신 법이다. 예레미야의 이 말은 그의 말을 듣지 않고 그를 죽인다면 그 책임은 공동체 전체가 져야 한다는 것이다.

③ 절정 : 예레미야의 재판 결과(렘 26:16-19)

예레미야의 재판 결과는 어떻게 되었는가? 이 재판을 주관한 고관들과 백성들은 예레미야가 여호와의 이름으로 말했기에 죽일 이유가 없다고 말했다(렘 26:16). 이 자리에 지방 장로 중에 몇 사람이 일어나 히스기야 시대에 미가가 예언하고 그에 합당하게 응답한 히스기야와 백성들의 사례를 들면서 예레미야를 죽이면 스스로 심히 해롭게 하는 것이라고 말했다(렘 26:17-19). 이들은 미가 선지자가 시온은 경작지가 될 것이며 예루살렘은 돌무더기가 될 것이라고 한 미가 3:12의 말씀을 인용하며 당시 히스기야와 유다가 여호와를 두려워하여 여호와께 간구할 때 그들에게 선언한 재앙을 돌이킨 사실을 언급했다(렘 26:18-19). 이 이야기를 들은 제사장들과 선지자들과 백성들은 선지자의 말을 듣고 회개했을까?

④ 대단원 : 선지자 우리야의 죽음(렘 26:20-24)

예레미야는 생명을 건졌다 할지라도 같은 선지자이고 같은 메시지를 선포한 우리야는 죽임을 당했다. 그는 기럇여아림 사람이고 스마야의 아들이라는 정보 외에는 알려진 바가 없다. 그가 선포한 메시지는 예레미야와 같이 예루살렘 성과 백성에게 경고한 것이다(렘 26:20). 그런데 이 말을 들은 여호야김 왕과 그의 용사와 고관이 듣고 우리야를 죽이려 하자 그는 애굽으로 도망갔으나 왕은 거기까지 사람을 보내 그를 연행하고 칼로 죽였다(렘 26:21-23a). 그리고 그의 시체를 기드론 시내에 있는 평민의 묘지에 던졌다(렘 26:23b; 참조. 왕하 23:6). 참으로 참담한 사건이다. 그러나 우리야를 죽인 여호야김도 동일한 방식으로 예레미야가 예언한 대로 그의 시체가 버림을 당할 것이다(렘 22:18-19; 36:30).

우리야가 죽임을 당하는 사건을 왜 여기에 기록했는가? 저자가 이 이야기를 여기에 둔 것은 예레미야가 계속 이러한 방식으로 말씀을 전할 때 그는 매우 위험한 처지에 있었음을 강조하기 위한 것이다(Thompson 1980, 528). 그러면 예레미야는 어떻게 살았는가?

히브리어 본문은 우리야가 죽임을 당하는 사건과 대조시키는 접속사 '아크'(אַךְ)로 시작한다. 예레미야가 죽임을 당하지 않았던 것은 사반의 아들 아히감이 도와주었기 때문이다(렘 26:27). 그가 어떻게 도왔는지 설명하지 않으나 우리는 여기에 하나님의 섭리가 작용했으리라 믿는다. 사반의 계보는 예레미야서에서 중요한 역할을 한다. 사반의 계보는 다음과 같다.[49]

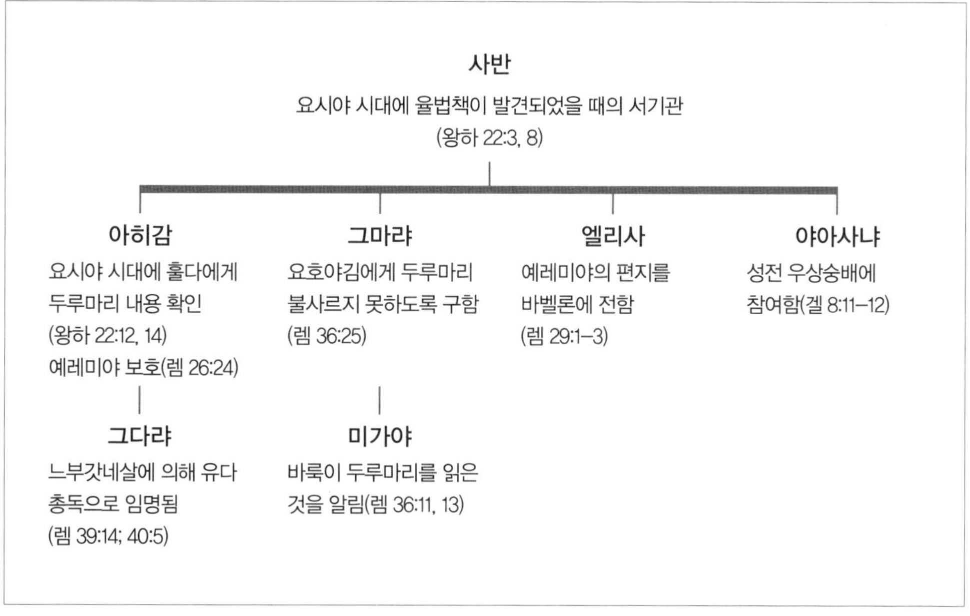

(2) 시드기야 왕과 거짓 선지자들과의 논쟁(렘 27:1-28:17)

예레미야 27-28장은 예레미야 28:1의 '그해'라는 언급으로 보아 시기적으로도 예레미야가 전파하는 메시지와도 서로 연결되어 있다. 상징적인 행동인 멍에를 메고 꺾는 일

49 이 도표의 기본은 디어(1994, 117)가 그린 것을 참조했다.

은 이 장의 이야기 틀이다. 이 행동을 통해 바벨론에게 복종해야 한다는 것과 유다 선지자들의 말을 들어서는 안 된다는 것을 보여준다.

① 바벨론 왕의 멍에를 메라(렘 27:1–22)

이 장(chapter)은 세 종류의 사람에게 주신 신탁이 기록되어 있다. 그 사람은 이방의 왕들(렘 27:1–11)과 시드기야(렘 27:12–15)와 유다의 선지자들(렘 27:16–22)이다. 이들에게 준 메시지는 모두 바벨론에게 복종해야 한다는 것이다.

이 장에 기록된 신탁은 예레미야가 시드기야 통치 초기에 받았다. 같은 문맥 속에 있는 예레미야 28:1에서 '그해'라고 한 것을 보아 그는 시드기야 4년 다섯째 달인 주전 594/593년에 받았다.[50] 예레미야는 하나님이 말씀하신 대로 줄과 멍에를 만들어 목에 걸고 시드기야를 방문한 에돔, 모압, 암몬, 두로, 시돈 왕의 사신들에게 그것을 주어 그들의 왕에게 전하게 했다(렘 27:2–4). 이 나라들은 당시 바벨론의 봉신(vassal)으로 시드기야의 초청으로 바벨론에 대항하기 위한 전략을 구상하기 위해 모였을 것이다(Martens 1986, 172). 그런데 예레미야는 그들에게 줄과 멍에를 그들에게 주었다. 멍에는 구부러진 빗장이나 평행을 이루는 한 쌍의 나무로 된 쐐기로 끝에 줄을 묶어 짐승의 목에 건다. 멍에의 목적은 짐승이 쟁기를 끌게 하기 위한 것이다(Keown 1995, 48). 성경에 멍에는 복종과 노예상태를 의미하는 은유로 나타난다(왕상 12:1–11).

예레미야는 이들에게 하나님을 세상에 있는 사람들과 짐승들을 만드신 분으로 소개하여 하나님이 그의 종 느부갓네살에게 땅의 권세를 주셨기 때문에 그 땅의 기한이 이르기까지 그와 그 아들과 손자들을 섬겨야 한다고 했다(렘 27:5–7). '그와 그 아들과 손자들'을 언급한 것은 느부갓네살을 이어 그 제국이 얼마 동안 계속됨을 의미한다. 그러나 '그 땅의 기한이 이르기까지'라고 함으로 그 권세가 한계가 있음을 말한다. 예레미야가 하나님을 세상의 창조주와 주권자로 소개하며 바벨론의 권세가 한계가 있음을 말한 것은 하나님은 이스라엘의 하나님만 아니라 온 세상의 주가 되심을 밝히기 위함이다. 또 하나님은 느부갓네살을 가리켜 '내 종'이라고 하셨다(렘 27:6). 이것은 하나님이 세상을 통치하기 위한 도구로 느부갓네살을 세우셨다는 것이다. 그러므로 시드기야와 동맹을 맺기 위해

50 저자는 유대 달력으로 역사를 기록하고 있기에 일곱째 달부터 다음 해 일곱째 달까지라고 본다면 '시드기야 4년 다섯째 달'은 주전 593년 열두째 달이다. 그리고 개역개정판에 "여호야김이 다스리기 시작할 때에"라고 번역하고 난외주에 ""시드기야' 본 장 3, 12, 20; 28:1 비교"라고 했다. NIV는 '시드기야'라고 번역하고 난외주에 소수의 히브리어 사본과 시리아(페쉬타)를 따랐음을 밝힌다. 내용으로 볼 때 시드기야다(주전 597–586). 그리고 70인역은 예레미야 27:1 전체가 없다.

모인 나라들은 그 목에 바벨론 왕의 멍에를 메어야 한다. 그렇지 않으면 하나님이 칼과 기근과 전염병으로 벌하실 것이다(렘 27:8). 그리고 예레미야는 왕들 주변에 있는 선지자나 복술가나 꿈꾸는 자나 술사나 요술자가 바벨론을 섬기지 아니한다고 해도 듣지 말라고 하며 그들은 거짓을 예언하며 멸망하게 하는 자라고 경고했다(렘 27:9–10). 그러나 그들이 예레미야의 말을 듣고 바벨론에 복종한다면 그 땅에 머물며 밭을 갈며 살게 될 것이라고 했다(렘 27:11).

예레미야는 동일한 메시지를 시드기야에게 전하며 바벨론 왕의 멍에를 메면 살 수 있기에 바벨론 왕을 섬기지 아니할 것이라고 전하는 선지자들의 말을 듣지 말라고 권고했다(렘 27:12–15). 또 예레미야는 제사장들과 백성들에게 성전 기구들이 바벨론에서 속히 돌려오리라고 말하는 선지자들의 말을 믿지 말고 바벨론을 섬기라고 했다(렘 27:16–17). 이 성전 기구들은 여호야김 때와 여호야긴이 사로잡혀 갈 때 가져간 것이다(참조. 대하 36:7, 10; 렘 27:20). 만약 그들이 선지자라면 그때 가져가지 않고 남아있는 기구를 바벨론으로 옮겨가지 못하도록 기도해야 할 것이라고 했다(렘 27:18).

그러나 예레미야는 남아있는 기구들까지 바벨론으로 옮겨지고 하나님이 '돌아보시는 날까지' 거기에 있을 것이라고 했다(렘 27:21–22). 개역개정판에는 '돌보는 날까지'라고 번역했으나 원문은 '돌아보는 날까지'(아드 욤 포크디, עַד יוֹם פָּקְדִי)라고 번역하는 것이 낫다. 여기 사용된 '파카드'(פָּקַד)란 동사는 '돌보다'라는 개념도 있으나 '찾는다', '방문하다'라는 개념도 있다(참조. 렘 29:10). 여기서는 하나님이 역사에 개입하여 이스라엘을 찾으시는 때를 말한다. 그러므로 이 말씀을 통해 예레미야는 여호와께서 회복하신다는 미래에 대한 희망을 전했다(Thompson 1980, 536).

② 하나냐와 예레미야(렘 28:1–17)

내러티브로 된 이 장은 서로 하나님의 말씀을 전한다고 주장하는 두 선지자 간의 갈등을 그린다. 신명기 13:1–5과 18:15–22에 거짓 선지자가 등장하게 될 때 구분하는 기준을 제시한다. 전자는 선지자가 말한 예언이 실현되지만 그 후에 여호와가 아닌 다른 신을 섬기라고 하면 그는 거짓 선지자다. 후자는 선지자가 여호와의 이름으로 말한 일이 일어나지도 않거나 성취됨이 없다면 그는 거짓 선지자다. 이 후자의 경우가 이 장에 기록되어 있다.

시드기야가 다스리기 시작한 지 4년 다섯째 달에 하나냐가 여호와의 성전에서 제사장들과 백성들이 보는 앞에서 하나님이 바벨론의 멍에를 꺾으셨고 느부갓네살이 가져간 성전 기구들이 2년 안에 돌아올 것이라고 예언했다(렘 28:2-4). 이를 들은 예레미야는 같은 장소에서 같은 대상에게 하나냐가 예언한 내용이 이루어지기를 원하나 평화를 예언한 선지자는 그 말이 응해야 그가 여호와께서 보낸 선지자로 인정을 받을 것이라고 했다(렘 28:5-9). 이 말을 들은 하나냐는 예레미야의 목에 있는 멍에를 빼앗아 꺾고 2년 안에 느부갓네살의 멍에를 이와 같이 꺾을 것이라고 했다(렘 28:10-11). 누가 참된 선지자로 인정을 받겠는가?

하나냐가 예레미야의 목에서 멍에를 꺾은 후에 예레미야는 하나냐에게 가서 네가 나무 멍에를 꺾었으나 대신 쇠 멍에를 만들었다고 하며 하나님이 바벨론을 섬겨야 한다고 하신 말씀을 전했다(렘 28:12-14). 그리고 예레미야는 하나냐에게 여호와께서 너를 보내시지 않았는데 백성에게 거짓을 믿게 한다고 책망하며 올해 안에 죽을 것이라고 했다. 이 예언 후 그해 일곱째 달에 죽었다(렘 28:15-17). 예레미야가 이 예언을 했을 때가 시드기야 4년 다섯째 달이었다(렘 28:1). 그가 일곱째 달에 죽었다는 것은 두 달 뒤에 죽었다는 것이다. 이를 통해 하나님은 예레미야가 여호와께서 보낸 선지자임을 증명해 주셨다(참조. 신 18:22). 그러면 이 사건을 보고 들은 당시의 시드기야는 예레미야의 말을 들었을까? 들었다면 시드기야가 눈이 뽑히고 바벨론에 끌려가 죽는 날까지 감옥에 있었겠는가(렘 52:11)?

예레미야의 경우 예레미야가 말한 것이 두 달 뒤에 성취되고 하나님이 하나냐를 죽이심으로 예레미야가 여호와께서 보낸 선지자임을 증명해 주셨다. 그러나 이러한 일은 어느 때나 일어나는 일이 아니다. 예를 들어 그리스도께서 이 땅에 다시 오실 것이라는 말씀을 듣는 사람들 가운데 어떤 사람은 2000년 이상이나 아무 일이 없이 지나갔기에 이 교리를 무시하는 자들도 있고, 지금 사는 세계와 어울리지 않는 미래적 개념으로 생각하는 사람도 있다. 둘 다 예언이 즉각적으로 이루어지지 않기 때문에 나타난 현상이다(Taylor 1969, 119). 오늘날은 과거 선지자들처럼 미래를 예언하는 것은 아니나 목회자나 전도자가 하나님 말씀대로 성취되기에 말씀을 믿고 그대로 사는 일의 중요성을 강조해도 말씀이 금방 성취되지 않기에 말씀을 무시하는 현상이 나타나기도 한다.

(3) 포로에게 보낸 예레미야의 편지(렘 29:1-32)

이 장은 예레미야가 바벨론 포로 중에 있는 자들과 주고받은 산문체로 된 편지글이다. 특히 예레미야와 바벨론에 있던 선지자 스마야와의 편지다. 이 장에 예레미야가 전하는 말에 대해 '여호와(만군의 여호와 하나님)께서 이같이 말씀하시니라'라는 전형적인 표현을 10번 사용한다(렘 29:4, 8, 10, 16, 17, 21, 23, 25, 31, 32). 이것은 거짓 선지자의 말과 다름을 나타내면서 동시에 예레미야가 전하는 말씀이 하나님에게서 나왔음을 보여주려는 것이다. 이 편지들의 핵심은 거짓 선지자의 말을 믿지 말고 바벨론의 통치를 받아들이고 거기에서 삶을 영위하라는 것이다. 그리고 회개하고 하나님을 찾으면 하나님이 약속대로 이스라엘을 회복시키신다는 것이다.

① 예레미야의 첫 번째 편지(렘 29:1–23)

a. 편지 서론(렘 29:1—3)

여호야긴 왕이 바벨론으로 잡혀간 주전 598년 이후 예레미야가 남아있는 포로민들에게 바벨론에 사신으로 가는 엘라사와 그마랴의 편으로 편지를 보냈다(렘 29:1–3).

b. 바벨론 포로 생활에 대한 예언(렘 29:4-14)

예레미야는 포로민들에게 거기에서 집을 짓고 텃밭을 만들고 결혼하여 가정을 이루고 바벨론을 위해 기도하라는 하나님의 말씀을 전했다(렘 29:4–7). 이것은 바벨론의 통치를 받아들이라는 것이다. 그리고 하나님은 그들 중에 있는 선지자들은 거짓 선지자요, 하나님이 보내신 자들이 아니기 때문에 그들의 말을 믿지 말라고 하셨다(렘 29:8–9).

계속해서 하나님은 70년이 차면[51] 그들을 '돌보고' 당신이 하신 선한 말을 성취하여 그들을 돌아오게 하실 것이라 하셨다(렘 29:10). 여기 '돌보다'라는 동사는 히브리어로 '카파드'(פָּקַד)인데 '찾다', '방문하다'라는 뜻도 있다. 이 단어를 사용한 것은 하나님이 역사에 개입하심을 보여주기 위함이다(참조. 출 2:25; 렘 27:22).[52] 이 말씀대로 하나님은 역사에 개입하셔서 고레스를 통해 이 말씀을 성취하셨다(스 1:1). 이스라엘의 회복은 전적인 하나님의 은혜로운 계획에 달려있다. 이스라엘을 향한 하나님의 생각은 평안이요 재앙이 아니라 미래와 희망을 주는 것이기 때문이다(렘 29:11). 하나님의 계획은 이스라엘을 통해 메시아를 보내어 온 세상을 회복하는 것이다.

그런데 여기 70년이라는 숫자가 문자적으로 사용되었는지, 은유적으로 사용되었는

51 '70년'에 대한 설명은 예레미야 25장의 해설을 참조하라.

52 때론 이 단어가 하나님이 역사에 개입하여 벌하신다는 개념으로도 사용된다(렘 21:14). 하지만 여기서는 하나님이 약속을 성취하기 위해 역사에 찾아오시는 것을 말한다.

지 아니면 문학적 관습인지 이해하는 일은 어렵다(Fretheim 2002, 356).[53] 70년은 문자적이 아니라 긴 기간을 의미하는 관습적 표현으로 볼 수도 있고(Brueggemann 1998, 258), 70은 7×10이기에 완성을 나타내는 상징적인 숫자로도 볼 수도 있다(롱맨 2017, 255). 또 70년을 한 사람의 일생을 말하는 것으로 볼 수도 있다(시 90:10).

이 70년이 무엇을 의미하는지 어렵게 만든 것은 바벨론 포로로 잡혀간 해와 돌아온 해가 일치하지 않기 때문이다. 제1차 바벨론 포로인 주전 605년을 기준으로 삼아도 고레스 칙령이 내려진 주전 539년과 비교해도 66년이다. 완전히 멸망한 주전 586년을 기준으로 삼는다면 47년밖에 되지 않는다. 이에 대한 가장 적절한 설명은 70년 포로 생활과 함께 거기서 부르짖으며 기도하면 돌아오게 하시리라는 약속도 함께 말하고 있다는 것이다. 이 두 설명 사이에 긴장이 있다(Brueggemann 1998, 259). 예레미야가 "너희가 온 마음으로 나를 구하면 나를 찾을 것이요 나를 만나리라"(렘 29:13)라고 한 말씀은 신명기 4:29의 말씀을 생각나게 한다. 예레미야가 하나님을 찾고 부르짖으면 하나님이 만나주시고 쫓아 보냈던 나라들과 모든 곳에서 돌아오게 하실 것이라고 했다(렘 29:14). 여기에 70년 포로 생활과 기도가 맞물려 있다. 이 70년이 문자적이든 은유적이든 아니면 긴 기간을 의미하는 관습적 표현이든 이 기간이 문자적으로 적용되지 않고 단축된 것은 하나님의 그의 백성의 기도를 들으신 일과 연관되어 있음을 보여준다. 하나님의 무한하신 자비를 바라보고 죄로 말미암아 어렵고 고통스러운 일을 만날 때 마음을 다하여 하나님을 찾고 구하는 일은 복된 미래를 여는 실제적인 방법이다.

c. 거짓 선지자에 대한 경고(렘 29:15-23)

예레미야는 포로 중에 있는 사람들이 하나님이 우리를 위해 바벨론에서 선지자들을 일으켰다고 말한 것에 관해 그 선지자들은 하나님이 보내신 자들이 아니라고 설명한다. 예레미야 29:15의 자연스러운 논리적 전개는 29:20로 넘어간다. 예레미야 29:16–19은 괄호 안에 넣어도 문맥의 흐름상 어색하지 않다. 괄호 안에 있는 내용은 포로로 잡혀가지 않고 남아있는 자들도 여호와께서 칼과 기근과 전염병을 보내어 저주와 경악과 조소와 수모의 대상이 되게 하신다는 것이다(렘 29:16–18). 그 이유는 여호와께서 당신의 종 선지자들을 보내어도 그들이 그 말을 듣지 않았기 때문이다(렘 29:19). 예레미야가 괄호 안에 넣어서 말한 것은 포로 되어 가지 아니한 사람들도 하나님의 말씀을 순종하지 않으므

53 브라킹톤(Brockington, 1969)은 성전이 함락된 해인 주전 586년부터 성전을 재건한 주전 516년을 말하는 것으로 보았다.

로 칼과 기근과 전염병으로 죽고 그 나머지는 포로로 갈 것이기 때문에 거짓 선지자들이 하는 말을 믿지 말라는 것이다.

앞서 예레미야가 지적한 바와 같이 포로민들이 "여호와께서 우리를 위하여 바벨론에서 선지자를 일으키셨다"(렘 29:15)라고 말한 그 선지자들은 골라야의 아들 아합과 마아세야의 아들 시드기야다. 그들은 여호와의 이름으로 포로민들에게 거짓을 예언하였다(렘 29:21). 이뿐만 아니라 그들은 이스라엘 중에 어리석게 행하고 이웃의 아내와 간음하였다(렘 29:23a). 그래서 하나님은 그들을 느부갓네살의 손에 넘기셨고, 그는 포로민들이 보는 앞에서 그들을 불태워 죽였다(렘 29:21b-22a). 이에 대해 하나님은 "나는 (그 일을) 알고 있는 자로서 증인이니라"라고 하셨다(렘 29:23b). 이들은 아무도 자신의 죄를 알지 못한다고 생각했을는지 모르나 하나님은 그들의 모든 죄를 알고 계신 증인이셨다(랄레만 2017, 346). 오늘날 이런 형태의 거짓 선지자들이 한국교회에 적지 않다는 사실을 어떻게 이해해야 하겠는가?

② 예레미야의 두 개 이상의 편지(렘 29:24-32)

바벨론에 포로로 있는 느헬람 사람 스마야가 예루살렘에 있는 모든 백성과 제사장 마아세야의 아들 스바냐에게 편지를 보냈다(렘 29:25). 그 편지에서 그는 당시 성전 감독자로서 선지자 노릇하는 자에게 고랑을 채울 수 있는 스바냐에게 왜 예레미야를 책망하지 않느냐고 했다(렘 29:26-27). 왜냐하면 예레미야가 바벨론에 있는 자들에게 집을 짓고 밭을 일구고 살아야 한다고 편지했기 때문이다(렘 29:28). 예레미야는 당시 거짓 선지자들이 말한 것처럼 2년 안에 돌아올 수 있는 것이 아니기에 바벨론에서 그 왕을 섬겨야 한다고 했다(참조. 렘 28:4-7). 스마야는 당시 시드기야 왕을 대신하여 예레미야에게 두 번이나 조언을 구한 제사장이었다(렘 21:1; 37:3). 예레미야에게 호의적이었던 스바냐가 스마야의 편지를 그에게 읽어주었다(렘 29:29). 이때 하나님의 말씀이 예레미야에게 임하였다. 하나님은 스마야가 포로민들로 거짓을 믿게 하고 여호와께 패역한 말을 했기에 살아남을 그의 자손이 하나도 없을 것이고 당신의 백성에게 행하시려는 복된 일을 보지 못할 것이라고 하셨다(렘 29:31-32). 이처럼 하나님은 당신의 백성에게 행하시는 복된 일을 스마야의 심판과 대조적으로 보여주셨다. 여기서 복된 일은 예레미야 29:11-14을 생각나게 하는데 그들이 반드시 돌아온다는 것이다. 그러나 그 일은 여호와 자신의 때이다. 그때가 빨리 일어날 것도 아니고 쉽지도 않을 것이나 그 일은 확실히 일어날 것이다(Brueggemann 1998, 263).

4. 위로의 책 : 유다의 소망(렘 30:1-33:26)

하나님은 예레미야를 통해 유다의 불순종에 대해 심판하실 것이라고 말씀하셨다. 그런데도 유다는 회개하기를 거부함으로 무대가 세워지고 커튼의 막이 열려 유다 역사의 마지막 장면이 연출되려는 순간이었다. 그런데 이 장면이 펼쳐지기 전에 '위로의 책'이라 부르는 내용이 삽입되어 있다(디어 1994, 127; Martens 1986, 184). 이 문단은 문학적 구조로 볼 때 책 전체의 중심축이다(Clements 1988, 8). 예레미야서 전반부에도 미래의 희망이 반복적으로 나타난다(참조. 렘 23:1-8; 24:1-7). 그러나 이곳에서 이 주제가 상세하게 전개된다. 예레미야의 설교에서 희망은 필수적인 요소다(Thompson 1980, 551). 여기에 기록된 예언은 새로운 시대를 가리키는데 그때 포로로 끌려간 유다와 이스라엘이 그들의 땅으로 돌아와 한 국가를 이룬다는 것이다. 예레미야는 여기서 '건설하고 심는 일'(렘 1:10)을 어떻게 할 것인지 설명한다. 그는 이 점을 강조하기 위해 이 문단에 '포로를 돌아오게 할 것이다'라는 표현을 6번이나 사용한다(렘 30:3, 18; 31:23; 32:44; 33:7, 11). 하지만 이 소망은 단순히 국가적 이스라엘의 회복만이 아니라 그리스도 안에서 이루실 하나님 나라를 말한다. 바벨론 포로에서 돌아오는 것은 이 미래에 대해 보증하는 역할을 한다. 이 문단에서 저자는 이 내용을 예레미야 30-31장은 주로 운문(= 시)으로 32-33장은 산문으로 기록했다.

내용 분해

(1) 이스라엘과 유다의 회복에 대한 약속(렘 30:1-31:1)

(2) 회복과 새 언약(렘 31:2-40)

(3) 이스라엘과 유다의 회복에 대한 설명(렘 32:1-44)

(4) 이스라엘과 유다의 회복에 대한 약속의 재확인(렘 33:1-26)

내용 해설

(1) 이스라엘과 유다의 회복에 대한 약속(렘 30:1-31:1)

대부분 시로 기록된 이 장은 서정적이고 밝으며 대부분 밝고 희망으로 가득 차 있다. 과거는 잊히지 않았다 할지라도 그 너머로 새로운 삶이 전개된다(Martens 1986, 185).

① 서론(렘 30:1-3)

산문(prose)으로 된 이 서론은 예레미야 30-33장의 갱신과 회복에 대한 메시지를 요약한 것이다(Thompson 1980, 553). 하나님은예레미야에게 자신의 모든 말씀을 책에 기록하라고 하셨다(렘 30:1-2). 그 내용의 핵심은 이스라엘과 유다 포로들을 그들의 조상들에게 준 땅으로 돌아오게 하신다는 것이다(렘 30:3). 이 약속은 땅을 빼앗기고 포로로 잡혀간 자들에게 소망을 불어넣는다. 땅의 회복은 예레미야 30장의 가장 중요한 주제다(Martens 1986, 187).

② "내가 너를 구원하리라"(렘 30:5-11)

이 단락에서 하나님은 화자와 동일시하여 말씀하신다. 프레타임(Fretheim 2002, 416)이 지적한 것처럼 예레미야 30:5에 '우리'는 하나님의 회의(the divine council)를 말하는 것으로 보인다(렘 23:18, 22; 참조. 사 6:8). 하나님은 예루살렘이 멸망함으로 포로 된 하나님의 백성들이 두려움 속에 평안이 없는 것을 보시고 어찌하여 모든 남자가 해산하는 여자 같이 겁에 질려 있는지 물으셨다(렘 30:5-6). 하나님은 그 답을 아신다. 그 답은 그 날이 야곱의 환난의 때가 되기 때문이다(렘 30:7). 그 날은 '여호와의 날'(암 5:18; 사 2:12, 21)로 하나님이 악을 심판하시는 날이다. 이 심판 때문에 유다가 두려워하며 겁에 질려 있는 것이다. 그러나 다른 한편으로 하나님은 유다가 그 환난에서 구원을 받을 것이라고 하셨다(렘 30:7).

'만군의 여호와'께서 그날에 유다의 목에 메인 멍에를 끊으실 것이고, 이스라엘은 다시는 이방인을 섬기지 않고 여호와를 섬기며, 하나님이 그들을 위해 세우실 그들의 왕 다윗을 섬길 것이다(렘 30:8-9). 특별히 여기서 다른 곳과 달리 '만군의 여호와'란 표현을 사용한 것은 여호와께서 이 약속을 반드시 이루실 수 있는 분이심을 보여주기 위함이다.[54] 그리고 하나님이 세우실 다윗 왕은 하나님이 약속하신 대로 다윗의 가지에서 날 자로 이 땅에서 정의와 공의를 실행할 메시아를 말한다(참조. 렘 23:5; 33:15).[55]

이어서 하나님은 이스라엘의 구원과 이방 나라의 심판 그리고 하나님의 통치를 말씀하신다. 이 말씀은 이방 나라를 심판하는 문맥 속에 있는 예레미야 46:27-28과 실질적으로 같다. 하나님은 유다를 '나의 종 야곱아'라고 부르신 후 그들에게 두려워하지 말고

54 '만군의 여호와'(야웨 처바오트, יְהוָה צְבָאוֹת)라는 이름은 성경 전체 284번 사용되었으나 예레미야서에 82번, 이사야서에 62번 사용되었다. '만군'(처바오트, צְבָאוֹת)은 군대(army)의 복수형이다(삼상 17:45). 또 하늘과 땅에 속한 모든 것을 의미하기도 한다(창 2:1). 이 이름은 하늘과 땅의 모든 존재를 통치하시는 분임을 보여준다(한정건 2006, 78-79).

55 역사적 전천년설을 주장하는 디어(1994, 129-130)는 문자 그대로 이해하지 말아야 할 이유가 없다고 하면서 미래에 통일 왕국을 회복하는 자로 보았다(참조. 겔 34:23-24; 37:24-25; 호 3:5).

놀라지 말라고 하셨다. 왜냐하면 하나님이 포로로 잡혀간 땅에서 그들을 구원하실 것이고, 그들은 돌아와 태평과 안락을 누릴 것이기 때문이다(렘 30:10). 하나님은 반복적으로 하나님은 "내가 너와 함께 있어 너를 구원할 것이라"(렘 30:31a)라고 하셨다. 이뿐만 아니라 유다를 흩었던 모든 이방을 멸망시키실 것이다. 그럴지라도 유다만은 멸망시키지 아니하실 것이다(렘 30:31b). 이 약속은 여러 번 반복하여 말씀하신 것이다(렘 4:27; 5:10, 18). 이는 이 백성과 언약을 맺으시고 메시아를 보내실 것이기 때문이다. 그러나 하나님은 "내가 법에 따라 너를 징계할 것이요 결코 무죄한 자로만 여기지는 아니하리라"(렘 30:31c)라고 하셨다. 여기서 하나님이 '법에 따라'(לַמִּשְׁפָּט 〈 ל + מִשְׁפָּט) 징계하신다는 것은 하나님은 은혜로운 분이시나 동시에 공의로운 분이시기 때문에 죄의 문제는 법에 따라 처리되어야 한다는 것이다. 그래서 이 말씀은 1차적으로 유다가 지은 죄에 대해 바벨론 포로라는 벌을 받아 연단되어야 함을 의미한다.

③ "내가 너를 고쳐주리라"(렘 30:12-17)

이 문단에서 저자는 고통과 상처에 대한 치료의 이미지를 가지고 하나님을 내적으로나 외적으로 상처받은 유다를 치료하시는 분으로 설명한다(Fretheim 2002, 419). 유다의 상처는 고칠 수 없고 그의 부상은 중한 상태가 되었고 그의 송사를 처리할 재판관은 없고 그의 상처를 치료할 약과 처방도 없었다(렘 30:13). 한때 유다를 사랑하던 자가 유다를 잊고 찾지 아니했다(렘 30:14a). 유다를 사랑하던 자는 그와 동맹을 맺은 나라들이다. 이에 대해 하나님이 유다의 원수가 받아야 할 고난을 유다가 받게 한 것은 유다의 죄 때문이라고 설명해 주셨다(렘 30:14b-15).

그러나 하나님은 유다가 받은 모든 상처를 치료해 주실 것이다. 여기에 반전이 있다. 유다를 먹은 자는 먹힐 것이고 탈취해 간 자는 탈취를 당할 것이며 노략질한 자는 노략물이 될 것이다(렘 30:16). 유다가 버림을 당했다 하여 사람들이 시온을 찾는 자가 없었어도 하나님은 "내가 너의 상처로부터 새 살이 돋아나게 하여 너를 고쳐주리라"라고 약속하셨다(렘 30:17). 여기 '(시온을) 찾는 자가 없다'(도레이쉬 에인 라흐, דֹּרֵשׁ אֵין לָהּ)라는 말씀은 예전에 "사랑하는 자가 '찾지 아니하니'"(렘 30:14)라는 말씀에서 '찾지 아니하니'와 같은 의미다. 이 말씀을 NIV와 NASB는 '아무도 돌보지 아니하다'(no one cares for her)라고 번역했다. 그러나 하나님은 이스라엘을 돌보실 것이다. 오늘날도 어렵고 고통스러운 상황에 직면하면 사랑하고 함께 삶을 나누었던 사람들이 떠나는 아픔을 경험한다. 그러나 하나님은 성도의 삶을 회복시키시고 돌보신다.

④ "내가 그들을 존귀하게 하리라"(렘 30:18-22)

이 단단에서 앞의 단락의 논리적 귀결로 다양한 이미지를 사용하여 하나님을 유다를 회복시키는 분으로 설명한다. 하나님은 포로들을 장막으로 돌아오게 하시고 그 거처들에 사랑을 베푸실 것이다. 성읍은 폐허가 된 언덕 위에 건축되어 사람이 살게 될 것이다(렘 30:18). 감사하는 소리와 즐거워하는 자의 소리가 날 것이다. 하나님은 그들을 번성하게 하여 그 수가 줄어들지 아니하고 그들을 존귀하게 하시고 비천해지지 않게 하실 것이다(렘 30:19). 그리고 그들을 압박하는 모든 자를 심판하실 것이다(렘 30:20). 이것이 하나님이 자기 백성들을 돌보신 결과다. 경제적인 문제만이 아니라 기쁨을 회복시켜 주신 것이다.

하나님의 돌보심은 여기에 머물지 않는다. 즉 한 영도자가 그들 중에서 나오고, 하나님이 그를 가까이 오게 하므로 그가 하나님에게 가까이 올 것이다(렘 30:21). 이 약속은 유다가 더 이상 이방 왕의 통치를 받지 않게 하시겠다는 약속이다. 심지어 이 왕은 백성을 하나님과 친밀한 관계로 인도할 것이다(Fretheim 2002, 424). 이 점에서 보면 이 영도자는 단순히 이스라엘이라는 한 국가를 통치하는 왕은 아니다. 이 왕의 통치로 말미암아 있게 될 결과를 예레미야 30:22에서 설명한다. 지금까지 이스라엘을 3인칭으로 묘사했으나 여기서는 친밀한 관계인 2인칭으로 "너희는 내 백성이 되겠고 나는 너희들의 하나님이 되리라"라고 하셨다. 이것은 하나님 나라의 핵심을 표현하는 말이다. 그래서 영도자가 나온다는 이 약속은 1차적으로 국가적인 이스라엘의 회복을 의미하나 더 멀리는 하나님 나라를 세우시는 그리스도를 의미한다.

⑤ 진노가 악인의 머리 위에 임할 것이다(렘 30:23-31:1)

이 짧은 문단은 예레미야 23:19-20을 약간 변형한 반복이다. 차이점이라면 예레미야 23:19-20에서는 '악인'이 평안하다고 말하는 거짓 선지자인 반면에 이곳에서는 하나님과 그의 백성을 대적하는 모든 자라는 점이다. 하나님의 노여움이 폭풍과 회오리바람처럼 악의 머리 위에서 회오리칠 것이다(렘 30:23). 하나님은 이 진노를 돌이키지 아니하실 것이고 "너희가 끝날에 그것을 깨달으리라"라고 하셨다(렘 30:24). 언약 백성들은 하나님이 악인을 치시는 것을 보고 이 말씀의 의미를 이해하게 될 것이기에 여기 '끝날'은 먼 미래를 말하는 것이 아니다. 즉 종말의 개념이 아니다(Thompson 1980, 563). 그때 하나님은 이스라엘 모든 종족의 하나님이 되고 그들은 하나님의 백성이 될 것이다(렘 31:1). 이 언약 문구(covenant formula)는 하나님이 포로 된 자기 백성을 구원하실 것이라는 근본적인 약속으로 이해될 수 있다(Brueggemann 1998, 281). 그리고 이 문구는 심판의 결과로 주어지기에 심판과 구원이라는 이중적인 기능을 수행한다. 그래서 예레미야 31:1은 예레미야 30:1-24의 결론이며 예레미야 31장의 제목으로 기능한다(Thompson 1980, 564; 디어 1994, 132).

(2) 회복과 새 언약(렘 31:2-40)

이 문단에서 예레미야는 하나님이 이스라엘을 회복하신다는 약속과 새 언약에 관해 설명한다. 특히 이 문단 전체에 사용된 이미지는 정치적이며 군사적이기보다 가정적이다. 특히 예레미야는 하나님을 양육하고 돌보는 아버지와 어머니라는 이미지로 슬퍼하며 상처받은 공동체를 돌보시는 분으로 묘사한다(Fretheim 2002, 427). 이 문단에서 예레미야는 성경에서 가장 중요한 새 언약과 그 언약의 특성을 설명한다.

① 이스라엘의 회복(렘 31:2-6)

예레미야는 하나님을 1인칭 화자로 하나님이 어떤 분이신지 설명한다. 하나님은 칼에서 벗어난 백성이 광야에서 은혜를 입었다고 하시며 그때는 하나님이 친히 이스라엘로 안식을 얻게 하러 갈 때라고 하셨다(렘 31:2). 이 말씀은 이스라엘이 출애굽 할 때 바로의 군대에서 구원받은 사건(출 14:5-23)과 광야에서 하나님이 은혜로운 섭리로 돌보아주신 사건을 의미한다. 이때 하나님은 이스라엘을 3인칭으로 지칭하며 하나님이 '그에게'[56] 나타나 하신 말씀을 전하시다가 인칭을 전환하여 친밀한 관계적 표현인 2인칭으로 이스라엘을 부르며 "내가 '영원한 사랑'(אַהֲבַת עוֹלָם)으로 너를 사랑하기에 인자함으로 너를 이끌었다"라고 하셨다(렘 31:3). 여기 '영원한 사랑'은 하나님과 맺은 영원한 언약 관계를 의미한다. 이 표현을 쓴 것은 하나님은 이스라엘에게 영원히 신실하신 분이심을 증언해 준다. 하나님은 이스라엘을 하나님의 신부로 특별한 관계를 의미하는 표현인 '처녀 이스라엘'이라고 부르며 다시 세울 것이라 하셨다(렘 31:4). 그리고 하나님은 사마리아와 에브라임이 즐거워하고 포도나무를 심어 열매를 따기 시작할 것이고 시온에 올라가 "우리 하나님 여호와께 나아가자"라고 할 것이라 하셨다(렘 31:4-6). 이것은 성전과 땅이 회복되고 오랫동안 갈라져 다투던 북 왕국 이스라엘과 남 왕국 유다가 회복되어 시온에서 하나님

56 개역개정판은 MT와 KJV에 따라 '나에게'라고 번역했고 NASB는 '그에게'(to him), NIV는 '우리에게'(to us)라고 번역했다. 원래 MT에는 '나에게'라는 의미의 '리'(לִי)이나 70인역에서 이를 '로'(לוֹ)로 보고 '그에게'(아우토이, וְתִשָּׂא)라고 번역했고 NASB도 이 번역을 따랐다. 문맥적으로 보아 하나님이 이스라엘에게 말씀하시는 내용이기에 '그에게'라고 보는 것이 좋다.

께 예배하는 새 시대가 온다는 뜻이다.

② 이스라엘의 귀환(렘 31:7–14)

여호와께서 너희는 야곱을 위해 '기뻐하라'(란누, רָנּוּ), '외치라'(차하루, צַהֲלוּ), '전파하라'(하쉬미우, הַשְׁמִיעוּ), '찬양하라'(할루, הַלְלוּ)라고 명령하시며, 하나님께 '말하여'(이머루, אִמְרוּ) 주의 백성 이스라엘의 남은 자를 '구원하라'(호샤, הוֹשַׁע)라고 하셨다(렘 31:7). 여기 사용된 동사가 모두 명령법으로 앞에 네 개의 명령은 좋은 일을 행하실 것을 전제로 하신 것이고 뒤의 두 개의 명령은 그 일을 실행해 달라는 간구다. 이 말씀을 듣는 '너희'가 누구인지 알 수 없으나 여호와께서 행하실 일을 중요한 일을 보여주는 신호로 쓰는 '보라'(힌니, הִנְנִי)라는 말로 시작하며 그 일을 기대하게 한다. 그 일은 하나님이 이스라엘을 북쪽 땅에서 인도해 내시는 것으로 그들 중에는 맹인과 다리 저는 사람과 잉태한 여인과 해산하는 여인이 함께 있고, 큰 무리를 지어 돌아오는 것이다(렘 31:8). 이때 하나님은 그들을 인도하여 넘어지지 않게 하시고, 물 있는 계곡의 곧은 길로 가게 하신다(렘 31:9). 이것은 하나님이 이스라엘을 바벨론에서 귀환시키신다는 것이다.

이제 예레미야가 화자가 되어 이방들에게 이스라엘을 흩으신 하나님이 그를 모아 목자 같이 지킬 것이고 그 결과 곡식과 새 포도주와 기름과 양과 소 떼를 주심으로 그들은 크게 기뻐할 것이며 그 심령은 물 댄 동산 같을 것이라고 섬에게 전파하라고 했다(렘 31:10–12). 다시 하나님이 화자가 되어 말씀하시기를 그때 처녀와 청년과 노인이 함께 즐거워하며 제사장들과 백성에게 복을 주어 만족하게 하실 것이라고 하셨다(렘 31:13–14).

③ 라헬의 애곡과 여호와의 위로(렘 31:15–22)

예레미야는 라마에서 슬퍼하며 애곡하는 소리를 라헬이 그 자식이 없어졌기 때문 애곡하는 소리라고 했다(렘 31:15). 라마는 예루살렘 북쪽 약 8km 떨어진 곳이다. 학자들은 예레미야 40:1–3에 근거하여 이곳을 예레미야 당시 포로들을 바벨론으로 보내는 곳으로 보았다(Fretheim 2002, 44; 롱맨 2017, 305). 이 본문에서 라헬은 온 이스라엘을 의미하고, 라헬의 애곡을 이스라엘이 포로로 잡혀간 것을 슬퍼하는 것으로 묘사했다(Fretheim 2002, 433; Thompson 1980, 573).

신약의 마태는 예수님이 탄생하신 이후 헤롯이 베들레헴의 사내아이를 두 살부터 그 아래로 죽인 사건을 두고 이 말씀이 '이루어졌느니라'(הקוֹרהלפשׁ)라고 했다(마 2:18). 그렇다면 라헬이 애곡한 일은 메시아 오심과 관련하여 일어날 일에 대한 예언인가? 예언이라면 예레미야서 문맥과 어울리지 않는다. 마태는 이 말씀을 헤롯으로 말미암아 베들레헴에서 아들을 잃은 어머니의 슬픔을 설명하기 위해 인용했다(디어 1994, 135).

라헬이 아들을 잃은 것 같이 애곡할 때 하나님은 울음소리를 멈추라고 하시며 라헬의 자녀가 대적의 땅에서 돌아올 것이라 하셨다(렘 31:16–17). 이는 주권적인 하나님의 은혜다. 하지만 하나님은 라헬의 자손으로 비유된 에브라임이 탄식하며 회개하는 것을 들으셨다(렘 31:18–19). 이러한 회개를 들으신 하나님은 에브라임이 그의 사랑하는 자식이기에 책망하여 말할 때마다 '깊이 생각했다'라고 하시며 '내 창자가 들끓는다'라고 하셨다(렘 31:20). 여기 '깊이 생각하다'라는 말은 히브리어 본문에 '여전히 그를 분명하게 기억했다'(זָכֹר אֶזְכְּרֶנּוּ עוֹד)[57]라는 뜻이고, '내 창자가 들끓는다'(הָמוּ מֵעַי)는 뱃속에서부터 가엾은 마음이 든다는 뜻이다. 이러한 표현은 여호와를 자식을 사랑하는 어머니처럼 묘사하며 라헬이 자식 때문에 애곡하듯이 하나님이 이스라엘 때문에 가슴 아파하시는 마음을 보여준다(Trible 1978, 45).

하나님은 '처녀 이스라엘아'라고 부르며 너의 이정표와 푯말을 세우며 원래 살던 성읍으로 돌아오라고 하셨다(렘 31:21). 그리고 "여호와가 새 일을 창조하였나니 곧 여자가 남자를 둘러싸리라"(נְקֵבָה תְּסוֹבֵב גָּבֶר)라고 하셨다(렘 31:22). 여호와께서 창조하신 새 일인 여자가 남자를 둘러싼다는 말은 해석하기 쉽지 않다. 여기서 '남자'(가벨, גֶּבֶר)는 젊고 힘 있는 용사를 말한다. 그래서 이 말을 예수님을 품은 마리아로 이해하기도 한다. 다른 한편 여자는 이스라엘을, 남자는 여호와를 의미하는 것으로 보고, 이제 이스라엘이 여호와께 돌아와 그에게 속하는 것으로 보기도 한다(참조. Thompson 1980, 576). 또 예레미야 31:15에서 라헬이 자녀를 잃어 애곡한 것을 전제로 하나님이 창조하신 새 일은 남자와 여자가 하나가 되어 자녀를 얻는 것으로 보기도 한다. 어떤 의미로 보든 이것은 이스라엘의 복된 미래를 확신하게 한다(Fretheim 2002, 438).

④ 유다의 회복(렘 31:23–26)

하나님이 사로잡힌 자들을 돌아오게 하실 때 그들은 의로운 처소이며 거룩한 산인 예루살렘에 대해 복을 기원할 것이다(렘 31:23). 이는 예루살렘과 성전이 회복되어 여호와께서 복을 주시는 처소가 됨을 의미한다(시 128:5; 134:3). 하나님이 피곤한 심령을 상쾌하게

57 히브리어 본문에 '여전히 그를 분명하게 기억했다'(זָכֹר אֶזְכְּרֶנּוּ עוֹד)라는 말은 동일어근의 정동사(אֶזְכְּרֶנּוּ < זכר) 앞이나 뒤의 부정사 독립형(זָכֹר)은 동작의 계속과 반복을 표현한다. 이러한 용법을 부정사 독립형의 유음중첩법적 용법이라 한다(신득일, 2007, 98–99). 이 절에서는 '여전히'(still)를 의미하는 '오드'(עוֹד)까지 있어서 이중으로 강조하고 있다.

하심으로 농부와 목자가 거기에(그 땅에서) 함께 살게 될 것이다(렘 31:24-25). 하나님이 심령을 상쾌하게 하거나 새롭게 한다는 것은 영적인 의미만 아니라 하나님과의 관계가 회복됨으로 그 안에서 주어지는 모든 은혜를 누리는 상태가 되었음을 의미한다.

⑤ 회복에 대한 두 가지 확신을 주는 위로(렘 31:27-30)

이 문단에서 하나님은 이스라엘과 유다가 회복됨을 두 가지 말로 위로하신다. 하나는 여호와께서 은유로 이스라엘과 유다에 사람의 씨와 동물의 씨를 뿌릴 날이 이르게 될 것인데 그때는 과거 그들을 뿌리 뽑고 무너뜨리고 멸망시키던 때와 달리 그들을 세우고 심을 것이라 하셨다(렘 31:27-28). 예레미야 31:28은 이 책의 주제로 여기서는 세우고 심는 회복을 강조한다(참조. 렘 1:10; 8:7-9; 24:6; 42:10; 45:4 등). 이것은 바벨론 침략으로 소 떼와 양 떼가 크게 줄어들고 인구가 줄어든 것과 달리 하나님이 인구를 회복시키고 경제를 회복시키신다는 것이다.

또 하나는 아버지가 신 포도를 먹었기에 아들들의 이가 시다고 하지 않을 것이고 누구나 자기의 죄악으로 죽을 것이라 하셨다(렘 31:29-30). 이것은 신명기 24:16에 기록된 말씀으로 새로운 것이 아니다. 과거의 죄가 미래 세대에 계속 적용되지 않기에 이스라엘은 과거에 매여 살 필요가 없다는 뜻이다.

⑥ 새 언약(렘 31:31-34)

이 문단은 고전적인 본문으로 신약의 여러 본문(참조. 눅 22:20; 고전 11:25; 고후 3:5-14; 히 8:8-12; 10:16-17)에 인용되어 있을 뿐만 아니라 긴 세기 동안 신학적으로 연구되고 반영되었다(Fretheim 2002, 441). 하나님은 중요한 주제를 강조하는 감탄사인 '보라'라고 하시며 날이 이르게 되면 새 언약을 맺을 것이라 하셨다(렘 31:31).

a. 새 언약을 주신 배경(렘 31:31-32)

하나님은 새 언약이 "애굽 땅에서 인도하여 내던 날에 맺은 것과 같지 아니하다"(렘 31:32)라고 하시며 시내산에서 맺은 언약과 어떻게 다른지 설명해 주셨다. 시내산 언약은 하나님께서 이스라엘 백성들을 애굽에서 초자연적인 방법으로 구원해 내신 후에 친히 시내산에 강림하시어 이스라엘과 피로 맺은 언약이다(출 19:1-24:11). 피로 언약을 맺었다는 것은 언약 당사자가 언약을 지키지 않을 때 목숨을 내어놓겠다는 뜻이다. 그런데도 이스라엘은 하나님이 그들의 남편이 되었어도 언약을 지키지 못했다(렘 31:32). 그래서 언약에 따라 심판을 받을 수밖에 없었다. 그러나 하나님은 그들이 언약을 지킬 수 있도록 새 언약을 주셨다. 이는 하나님이 자기 백성을 선택하셨고 여전히 이들을 제사장 나라로 세울 계획을 포기하지 않으셨기 때문이다.

b. 시내산 언약과 새 언약의 차이점과 특징(렘 31:33-34)

그러면 날이 이르면 맺게 될 새 언약에 대한 약속은 시내산 언약과 어떻게 다른가? 하나님은 '그날 후에' 이스라엘 집과 맺을 언약이 시내산 언약과 어떻게 다르며 그 특징이 무엇인지 말씀해 주셨다. 그것은 새 언약은 하나님의 법을 그들의 속에 두고 마음에 기록하여 하나님은 그들의 하나님이 되고 그들은 하나님의 백성이 된다는 것이다(렘 31:33). 이처럼 옛 언약과 새 언약 사이의 대조는 언약을 받아들이는 방식에 있다(Brueggemann 1998, 293). 율법을 그들 속에 두고 마음에 기록한다는 것은 여호와의 율법을 따를 마음을 주신다는 것으로 과거 시내산 언약에 비해 새로운 조치다(박동현 2011, 181). 그렇다고 하나님이 주신 율법의 내용이 달라진 것이 아니다. 새 언약은 옛 언약과 같은 법임에도 불구하고 법을 지키는 일이 가능하게 되어 계속하여 하나님의 백성으로 하나님과 교제할 수 있다는 것이다. 이것은 하나님이 일방적으로 제공하는 무조건적 은혜다.

이뿐만 아니라 그들은 다시 이웃에게 여호와를 알라고 말할 필요가 없다(렘 31:34a). "여호와를 알라"라는 것은 하나님의 계명을 지키며 하나님과 교제하라는 권고다. 예레미야 22:15-17에서 여호와를 안다는 것을 정의와 공의를 행하며 가난한 자와 궁핍한 자를 변호하는 등 하나님의 계명을 지키는 것이라고 했다. 이스라엘은 언약 백성이라 할지라도 여호와께 불순종하는 위험이 있었기에 서로 권고할 필요가 있었다(박동현 2011, 181). 그러나 새 언약 아래서는 이런 권고를 할 필요가 없다. 그것은 두 가지 이유 때문이다. 하나는 작은 자로부터 큰 자에 이르기까지 여호와를 알 것이기 때문이다. '작은 자부터 큰 자까지'라는 말은 누구나 다 계층과 신분과 나이와 관계없이 하나님을 알고 교제한다는 것이다. 또 하나는 여호와께서 그와 교제하는 길을 막았던 악행을 다 사하시고 죄를 기억하지 아니하실 것이기 때문이다(렘 31:34b). 이것이 새 언약의 특징이다.

c. 새 언약의 성취(렘 31:31, 33; 히 8:7-12)

이 약속은 언제 성취되고 어떻게 가능한가? 이 약속에 '날이 이르리니'(렘 31:31)와 '그날 후에'(렘 31:33)라고 말한 날은 언제를 말하는가? 그날은 그리스도가 오셔서 우리 죄를 대신 담당하여 죽으시고 부활하신 후에 성령을 보내신 때다. 이 점에 대해 히브리서 저자가 예레미야 31:31–34에 기록된 새 언약의 말씀을 더 좋은 언약의 중보자로 오신 그리스도에게 적용한 것에서 알 수 있다(히 8:7–12). 히브리서 저자는 그리스도께서 더 좋은 언약의 중보자로 오신 이유를 "저 첫 언약이 무흠하였더라면 둘째 것을 요구할 일이 없었으려니와 그들의 잘못을 지적하여 말씀하시되"(히 8:7–8)라고 했다. 이것은 시내산 언약이 흠이 있다는 뜻이 아니라 하나님의 백성들이 언약을 지키지 못한 잘못 때문이라는 것이다. 그러나 그리스도가 오셔서 과거 하나님의 백성들이 지키지 못했던 법을 지키시고, 그들이 지키지 못하여 받아야 했던 형벌을 대신 담당하여 죽으시고, 그들이 그 법을 능히 지킬 수 있도록 그들에게 성령을 보내주셨다(참조. 겔 36:26–27). 그래서 그리스도 안에서 구속받은 자는 능히 하나님을 알고 그의 계명을 지킴으로 하나님과 교제할 수 있다.

⑦ 신실하신 하나님(렘 31:35–37)

이 짧은 문단은 하나님에 대한 교리 진술 + 폐하여진다면 + 결과라는 구조를 두 번 반복하여 '결코 … 않는다'라는 것을 강조하는 방식으로 구성되어 있다.[58] 하나님은 해를 낮의 빛으로 달과 별들을 밤의 빛으로 바다를 흔들어 파도로 소리치게 하시는 분이다(렘 31:35). 하나님이 정하신 우주 운행의 법칙이 폐하여진다면 이스라엘 자손도 하나님 앞에 끊어져 영원한 나라가 되지 못할 것이다(렘 31:46). 사실 이 일은 결코 일어날 수가 없다. 그러므로 이스라엘은 하나님 앞에서 끊어지지 않고 영원한 나라가 된다. 그리고 오직 하나님만이 하늘을 측량할 수 있으시고 땅의 기초를 탐지할 수 있으신 분이다(렘 31:37a). 그런데 만약 사람이나 이방의 신 중에 이 일을 할 수 있는 자가 있다면 하나님이 이스라엘 자손이 행한 일로 그들을 다 버리실 것이다(렘 31:37b). 사실 이 일도 결코 있을 수 없다. 이렇게 말한 것은 이스라엘이 버림을 받는 일이 결코 있을 수 없다는 것이다.

⑧ 새 예루살렘(렘 31:38–40)

예레미야는 주의를 집중시키는 표현인 '보라'라고 하며 하나넬 망대로부터 모퉁이에 이르기까지 여호와를 위해 성이 건축될 것이라고 했다(렘 31:38). 이것은 일차적으로 바벨론 포로에서 돌아와 예루살렘 성을 건축하게 될 것을 말한다(참조. 느 3:1; 12:39). 느헤미야를 중심으로 성벽을 재건할 때 하나넬 망대를 언급한 것은 이 말씀이 성취됨을 보여준다. 그리고 성이 재건될 때 측량줄이 가렙 언덕에서 고아로 돌아 시체와 재의 모든 골짜

58 두 번째 문장의 경우 '폐하여진다면'이라는 말이 없어도 의미는 첫 번째 문장과 같다.

기와 동쪽 마문 모퉁이까지 될 것이다(렘 31:39-40a). 여기 '시체와 재의 골짜기'는 이방신 몰렉에게 자식을 불태워 제사 지내던 곳인 힌놈 골짜기로 보인다(참조. 렘 7:31). 가렙과 고아가 어디인지 알 수 없으나 마문까지 가는 성의 순서로 보아 하나넬 망대에서 힌놈 골짜기 사이에 있는 지명으로 보인다. 그러나 이 성은 단순히 포로에서 돌아와 예루살렘 성을 재건하는 것만이 아니다. 이 성을 가리켜 '여호와의 거룩한 곳'이라고 했고 영원히 다시 뽑거나 전복하지 못할 것이라 했다(렘 31:40b). 이 성은 그리스도의 재림으로 완성될 새 예루살렘이다. 이로 보아 새 언약은 그리스도 안에서 구속받은 성도의 삶만이 아니라 그리스도의 재림으로 이루어질 완전한 하나님 나라에 대한 약속도 포함하고 있다.[59]

(3) 이스라엘과 유다의 회복에 대한 설명(렘 32:1-44)

예레미야 30-31장에 운문으로 기록된 신탁의 주제가 약속과 회복인데 예레미야 32-33장에 산문으로 기록된 신탁에서 이 주제가 더 확장된다. 예레미야 32-33장은 주전 587년 예루살렘이 멸망하기 직전에 예레미야가 받은 신탁이다. 예레미야 32장은 하나님이 예레미야에게 밭을 사게 하는 사건(렘 32:1-15), 예레미야의 기도(렘 32:16-25), 하나님의 응답(렘 32:26-44) 등으로 구성되어 있다.

① 밭을 산 예레미야(렘 32:1-15)

유다의 시드기야 왕 열째 해 곧 느부갓네살 열여덟째 해에 하나님의 말씀이 예레미야에게 임했다(렘 32:1). 이때는 주전 587년으로 예루살렘을 포위하기 시작했을 때가 주전 588년이고 함락되었을 때가 주전 586년임을 고려한다면 매우 특별한 시점임을 알 수 있다. 예레미야는 하나님이 예루살렘을 바벨론에 넘겼고 시드기야는 바벨론으로 끌려가 하나님이 돌보실 때까지 거기에 있을 것이라고 예언했다. 이 예언으로 예레미야는 시위대 뜰에 있는 감옥에 갇혔다(렘 32:2-5). 한편 '하나님이 돌보실 때까지'라고 한 말씀을 어떻게 이해해야 하는지 분명하지 않으나 일종의 약속이다. 왜냐하면 시드기야는 예레미야의 말을 거부함으로 두 눈이 뽑혀 처참한 모습으로 끌려가 죽었기 때문이다(렘 52:11; 참조. 왕하 25:7; 겔 12:13).

예루살렘이 함락되고 나라가 멸망하여 시드기야도 포로로 끌려갈 것이라고 예레미야

59 디어(1994, 140-141)는 이 말씀을 근거로 새 언약이 천년왕국에서 성취될 미래를 가리키는 것으로 보았다.

가 예언했는데 하나님은 그에게 그의 숙부 살룸의 아들 하나멜이 아나돗에 있는 자기 밭을 사라고 할 것이라 하셨다(렘 32:7). 하나님 말씀대로 하나멜이 찾아와 기업 무르는 법인 레위기 25:25–31에 호소하며 밭을 사라고 했다. 이 법에 따르면 어떤 사람이 가난하게 되어 자기 토지를 팔아야 할 경우에 가장 가까운 친족이 사서 주어야 한다. 그래서 하나멜이 무를 권리가 예레미야에게 있다고 하며 사라고 했다(렘 32:8). 여기 '무를 권리(의무)'(거울라, גְּאֻלָּה)는 값을 치르고 사주어야 할 의무를 말한다. 이로 보아 하나멜이 빚을 져서 토지가 다른 사람에게 넘어갈 처지에 있었음을 시사한다. 예레미야는 하나님의 말씀으로 알았기에 은 17세겔을 달아주되 증서를 써서 봉인하고 증인을 세우고 주었다(렘 32:9–10). 이것은 정당한 법적 절차에 따라 매매했음을 보여준다. 그는 이 매매증서를 바룩에게 주어 토기에 담아 보존하게 했다(렘 32:12–14).

그러면 유다가 멸망하는 시점에 예레미야가 하나멜의 밭을 매입하여 물어주는 것은 어떤 의미가 있는가? 하나님은 이 행위에 대해 사람이 이 땅에서 집과 밭과 포도원을 다시 사게 된다는 의미라고 하셨다(렘 32:15). 이것은 바벨론 군대의 최종적인 공격이 있게 될 시점에 미래에 대한 희망을 강력하게 확증해 주는 행동이다(Thompson 1980, 589). 지금 유다가 죄로 말미암아 멸망하지만 하나님이 다시 이 땅을 회복시키신다는 메시지기 때문이다.

② 예레미야의 기도(렘 32:16–25)

예레미야는 밭을 사서 매매증서를 바룩에게 넘겨준 후 하나님께 기도했다(렘 32:16). 그의 기도는 하나님의 위대하심과 속성(렘 32:17–19), 이스라엘 역사 가운데 보여주신 하나님의 위대하심과 속성(렘 32:20–23), 현재 상황에서 생기는 질문(렘 32:24–25) 등으로 구성되어 있다. 예레미야는 하나님이 큰 능력으로 이스라엘을 구원해 주셨음에도 이스라엘이 주의 목소리를 순종하지 않아 주께서 그들에게 모든 재앙을 내리신 것을 알고 있다. 그런데 그는 하나님께 '보옵소서'라고 하며 바벨론이 예루살렘 성을 빼앗으려고 만든 참호가 이르렀고, 주의 말씀대로 칼과 기근과 전염병으로 이 성이 넘어갈 지경이 되었는데 하나님이 은으로 밭을 사며 증인을 세우라 하신 일에 대해 질문했다(렘 32:24–25). 그의 질문은 성이 무너지는 시점에 밭을 사는 일이 어떤 의미가 있는지에 대한 문제다(Fretheim 2002, 460).

③ 하나님의 응답(렘 32:26-44)

예레미야의 질문에 대해 하나님은 자신이 여호와이시고 모든 육체의 하나님이시기에 할 수 없는 일이 없다고 하시며 두 가지를 말씀해 주셨다(렘 32:26-27). 하나는 하나님이 예루살렘을 바벨론의 느부갓네살에게 넘긴다는 것이고(렘 32:28-35), 또 하나는 하나님이 바벨론 왕의 손에 넘긴 바 된 이스라엘을 모아 그들의 하나님이 되어 주시며 그들에게 복을 주신다는 것이다(렘 32:36-44).

하나님이 이스라엘을 바벨론에 넘기신 이유는 그들이 하나님에게서 등을 돌리고 끊임없이 가르쳤는데도 그들이 듣지 않고 우상을 섬기고 가증하게 행했기 때문이다(렘 32:32-35). 그런데도 하나님은 분노로 쫓아 보냈던 그들을 모아 안전하게 살게 할 것이고 한 마음과 한 길을 주어 자기와 자기 후손의 복을 위해 하나님을 경외하게 하실 것이라 약속하셨다(렘 32:36-39). 그리고 그들에게 영원한 언약을 세우고 하나님 경외함을 그들의 마음에 두어 하나님을 떠나지 않게 하실 것이다(렘 32:40). 이 약속은 예레미야 31:31-34에 기록된 새 언약을 다른 말로 표현한 것이다. 이 일은 그리스도를 보내어 자기 백성들의 죄를 대속하시고 그들에게 성령을 주심으로 성취되었다(참조. 히 8:7-12). 그래서 옛 언약으로는 우리를 그 양심상 온전하게 할 수 없으나 그리스도의 속죄는 우리의 양심을 죽은 행실에서 깨끗하게 하고 살아계신 하나님을 섬기게 한다(히 9:9, 13-14).

그리고 이 약속이 확실히 성취될 것에 대해 하나님은 큰 재앙을 내린 것 같이 이 모든 복을 내리실 것이라고 말씀하셨다(렘 32:42). 한편 예레미야가 하나님에게 나라가 멸망하는 이 시점에 밭을 사는 일이 무슨 의미가 있는지 질문한 일에 대해 지금 바벨론에게 넘긴 이 땅에서 사람들이 밭을 사고 증서를 기록하여 봉인하고 증인을 세울 것이라 하셨다(렘 32:44a). 이 일은 하나님이 포로를 돌아오게 하므로 정상적인 사회적 삶이 가능하게 된다는 의미이다(렘 32:44b). 그래서 성이 함락되는 시점에 밭을 사서 증인을 세우고 봉인하는 예레미야의 행위는 이스라엘의 회복에 대한 상징적 행동이다. 이 예언대로 주전 539년에 하나님이 고레스의 마음을 감동시켜 이스라엘로 하여금 포로에서 돌아오게 하셨다(스 1:1-4). 그렇다면 이 일을 성취하신 그리스도 안에 현재진행형인 약속과 남아있는 약속도 완전한 나라를 이루시는 그날까지 다 이루시지 않겠는가? 할렐루야!

(4) 이스라엘과 유다의 회복에 대한 약속의 재확인(렘 33:1-26)

예레미야 33장은 '위로의 책'의 결론에 해당하는 부분으로 이 약속을 들은 언약 백성의 책임과 하나님의 주권적인 은혜를 설명하며 구원에 대한 약속을 어떻게 성취하실 것인지를 함께 설명한다. 이 장은 언약 백성의 간구와 하나님의 은혜(렘 33:1–13), 회복에 대한 시나리오(scenario)로 구성되어 있다(렘 33:14–26).

① 인간의 책임과 하나님의 은혜(렘 33:1–13)

바벨론 군대는 예루살렘을 포위해 있고 예레미야는 여전히 시위대 뜰에 갇혀 있을 때 하나님의 말씀이 예레미야에게 두 번째 임한 말씀이다(렘 33:1; 참조. 렘 32:1). 이때 하나님은 이스라엘과 그 땅의 회복에 관한 소망의 말씀을 주셨다. 예레미야는 그에게 말씀하신 하나님을 소개하면서 땅을 창조하시고 세우시는 분,[60] 그의 이름이 여호와라고 하시는 분이 말씀하셨다고 했다(렘 33:2). '여호와'라는 이름은 이스라엘과 언약을 맺으신 분을 말할 때 주로 사용한다는 점을 고려한다면 이 의미는 창을 창조하시고 그 땅을 세우시는 여호와는 이스라엘과 언약을 맺으신 분이라는 뜻이다. 예레미야가 이를 먼저 강조하는 것은 하나님은 예루살렘을 재건하고 거주민과 동물도 없는 황폐한 땅을 능히 회복시키시는 분이심을 강조하려는 것이다.

여호와께서 이스라엘이 하나님께 부르짖으면 하나님이 응답하시겠고 크고 은밀한 일을 보여주실 것이라고 하셨다(렘 33:3). '부르다' 또는 '부르짖는다'라는 단어는 하나님을 찾는 일로 회개하고 하나님을 의지하는 일과 같은 뜻이다. 하나님을 찾을 때 하나님이 응답해 주시겠고 크고 비밀한 하나님의 뜻을 알려주실 것이다. '크고 비밀한 일'은 하나님의 작정, 계획 등을 의미한다. 왜 이 일을 알려주시겠는가? 그것은 하나님이 다시 교제하시며 동역하시겠다는 뜻이다(참조. 창 18:17–19).

하나님은 지금은 이스라엘이 행한 악한 일로 말미암아 하나님의 얼굴을 가리심으로 그들을 죽이실 것이다(렘 33:4–5). 이것은 바벨론 군대가 포위해 있는 이 상황에서 하나님이 건져내지 않으시겠다는 뜻이다. 그러나 하나님은 지금은 이 성읍이 황폐하게 될 것이나 치료하고 회복할 것이고 포로에서 돌아오게 하여 처음과 같이 세우시고 그들의 죄를 사하실 것이다(렘 33:6–8). 그리고 예루살렘은 세계 열방 앞에서 하나님께 기쁨과 찬송과 영광이 될 것이다. 하나님이 이스라엘을 회복하실 때 열방은 이스라엘에 대해 새로운 관점을 가지게 될 것이다. 사람들은 이 백성에게 베푼 복을 듣고 두려워하며 떨게 될 것이

60 개역개정판에 '일을 행하시는 여호와'라고 번역했으나 원문은 여성대명사와 결합하며 '야웨 오사흐'(יְהוָה עֹשָׂהּ)이다. 여성대명사 '흐'(הּ)는 문맥에서 볼 때 '땅'이다. 예레미야 33:2에서 창세기 1–2장에 '창조하다'라는 동사를 '바라'(בָּרָא)와 함께 세 가지 썼는데 예레미야는 여기서 두 가지 '아사'(עָשָׂה)와 '야찰'(יָצַר)을 쓰고 있다(참조. 창 1:26; 2:7).

다(렘 33:9). 이 문맥에서 '두려워 떨다'라는 말은 이방이 무서워한다는 개념이 아니라 기뻐하며 하나님을 섬기게 된다는 뜻이다(Fretheim 2002, 476).

예레미야 33:10–13에서 하나님은 지금 상황에서 백성들이 사람도 없고 짐승도 없는데 어떻게 회복되겠느냐고 하는 말을 들으시고 다시 회복시켜 주실 것이라고 하셨다. 당시 농경과 목축사회에서 목자가 살 곳이 있고 양 떼를 눕게 하며 계수한다는 것은 오늘날 모든 경제생활을 회복하시고 풍성한 삶을 살게 하신다는 것이다.

② 회복에 대한 시나리오(렘 33:14–26)

하나님은 이스라엘과 유다 집에 대하여 일러 준 선한 말이 성취될 날이 이르면 다윗에게 한 공의로운 가지가 나와 이 땅에 정의와 공의를 시행할 것이고, 유다가 구원을 얻으며, 이 성은 '여호와는 우리의 의'라는 이름을 얻을 것이라고 하셨다(렘 33:14–16). 이 말씀은 예레미야 23:5–6과 같으나 여기서는 '여호와는 우리의 의'(아도나이 칟케이누, יְהוָה צִדְקֵנוּ)를 메시아에게 적용한 것이 아니라 '예루살렘 성'[61]에 적용하고 있다. 이는 메시아와 예루살렘 성을 같은 것으로 보기 때문이다. 이를 입증하기 위해 이스라엘 집의 왕위에 앉을 사람이 다윗에게 영원히 끊어지지 아니할 것이라고 하셨다(렘 33:17). 이 약속은 다윗과 맺은 언약에서 한 것과 동일하다(참조. 삼하 7:8–16). 그리고 하나님 앞에 제사드릴 레위인 제사장들도 끊어지지 아니할 것이라 하셨다(렘 33:18). 구속사의 진전과정에서 볼 때 다윗 왕가의 육체적 혈통이 주전 539년에 고레스 칙령으로 돌아와도 이어지지 못했다. 그리고 제사장의 제사는 그 후에도 이어졌으나 그리스도가 오신 후에 폐하여졌다. 그러므로 이 약속은 다윗의 계보에서 날 그리스도가 정의로 다스릴 새 나라인 하나님 나라를 세우실 것을 말한다.

하나님은 이 약속을 이루신다는 것을 확증하기 위해 하나님이 정하신 낮과 밤의 질서에 대해 세운 언약이 깨질 수 있다면 다윗과 레위인 제사장에 대한 약속도 깨질 수 있다고 하셨다(렘 33:19–21, 26a). 누가 하나님이 정하신 낮과 밤의 질서, 1일 24시간, 1달 30일, 1년 365일, 봄, 여름, 가을, 겨울을 바꿀 수 있는가? 그러므로 하나님은 다윗 왕조와 레위인 제사장에 대한 약속은 반드시 이루실 것이다. 이를 강조하기 위해 한 번 더 하나님이 낮과 밤의 질서와 천지의 법칙을 정하지 않았다면 다윗 자손을 택하지 아니할 것이라 하셨다(렘 33:26a). 이는 하나님이 반드시 이루신다는 것이다. 그 약속이 성취되는 가장 가

61 히브리어 원문은 예루살렘 성을 의미하는 여성 대명사 접미사인 '라흐'(לָהּ)로 되어있다.

까운 표징으로 하나님이 포로된 자를 돌아오게 하고 그를 불쌍히 여길 것이라고 하셨다(렘 33:26b). 이 포로된 자들이 주전 539년에 돌아왔다면 그 뒤에 있을 회복의 시나리오 역시 성취될 것이다.

5. 예레미야의 사역과 유다의 반응(렘 34:1-45:5)

이 책이 단순히 이야기라면 예레미야 34-45장은 절정에 해당한다. 여기서는 심판에 대한 경고가 앞에서 선언한 것같이 신랄하지 않아도 유다의 사악한 행동에 대해 하나님이 심판하신 내용을 기록하고 있다. 하나님의 심판이 임하고, 예루살렘이 포위되고, 포로로 잡혀가고, 불탔다. 특별히 백성들과 예레미야가 큰 고통 가운데 빠졌다. 이 내러티브는 하나님이 예레미야를 통해 유다 왕들인 여호야김과 시드기야와 백성들 그리고 남은 자들의 지도자 요하난에게 주신 메시지를 강조하고 있다(Martens 1986, 210). 이를 강조하기 위해 저자는 다양한 방법으로 메시지를 기록한다. 예레미야 34-36장은 다음과 같은 구조로 되어있다(Martens 1986, 211-212).

장	사건	수신인	메시지
34	종을 자유롭게 해준 후 다시 종으로 잡아 복종시킴	시드기야 유다 백성들	순종하지 아니함(17) 재앙(18-22)
35	레갑 사람들에게 포도주를 마시게 함	예루살렘 유다 백성들	재앙(17a) 듣지 아니함(17b)
36	여호야김이 예레미야의 두루마리를 태움	여호야김 예루살렘 유다 백성들	재앙(31a) 듣지 아니함(31b)

그리고 예레미야 37-45장은 유다의 불순종과 그 결과 이어지는 예루살렘의 패망과 그 이후 바벨론 통치까지 발생했던 사건을 연대순으로 정리하고 있다(디어 1994, 153).

내용 분해

(1) 시드기야와 이스라엘에 대한 심판 선언(렘 34:1-22)

(2) 성실한 레갑 사람들(렘 35:1-19)

(3) 두루마리와 여호야김(렘 36:1-32)

(4) 예레미야와 시드기야(렘 37:1-38:28)

(5) 예루살렘의 함락과 예레미야의 운명(렘 39:1-18)

(6) 예루살렘의 멸망과 그 이후(렘 40:1-44:30)

(7) 역사적 부록 : 바룩에 관한 신탁(렘 45:1-5)

내용 해설

(1) 시드기야와 이스라엘에 대한 심판 선언(렘 34:1-22)

이 장은 '여호와께로부터 예레미야에게 임한' 말씀으로 시작함으로 새 문단의 시작임을 보여준다. 예레미야 34-45장은 주로 내러티브 형식의 산문으로 되어있고 3인칭 시점으로 당시 역사를 서술한다. 이 역사는 시드기야 9년(주전 588년) 열째 달부터 바벨론 군대가 예루살렘을 함락했던 시드기야 11년(주전 586년) 넷째 달까지의 어느 시기에 주어졌다. 이 시기에 대해 클레멘츠(Clements 1988, 205-206)는 바벨론이 예루살렘을 포위하고 있었으나 바로의 군대가 애굽에서 나온다는 소문을 듣고 일시적으로 철수했을 때라고 보았다(렘 37:3-5). 이 당시 애굽의 바로는 호프라(Hophra, 주전 589-570)였다. 왜냐하면 이때가 유다의 성읍 가운데 라기스와 아세가만 남았기 때문이다(렘 34:7).

① 시드기야에게 전한 신탁(렘 34:1-7)

하나님은 예레미야를 통해 시드기야에게 하나님이 이 성을 바벨론에게 넘길 것이기에 그 손에서 벗어나지 못하고 붙잡혀 바벨론으로 가게 될 것이라 하셨다(렘 34:2-3). 이와 더불어 예레미야는 시드기야가 칼에 죽지 않고 평안히 죽을 것이며, 사람이 조상들에게 분향하던 것 같이 그에게 분향할 것이라고 하신 하나님의 말씀을 전했다(렘 34:4-5, 6). 그런데 왜 예레미야는 '그러나'(악, אַךְ)라는 부사를 쓰면서까지 시드기야에게 여호와의 말씀을 들으라고 했을까? 시드기야는 이 말씀처럼 평안히 죽지 않았고, 그의 아들들은 그가 보는 앞에서 죽임을 당했고, 그는 두 눈이 뽑혀서 바벨론으로 끌려가 죽는 날까지 감옥에 있었다(렘 39:4-7; 52:7-11). 그러므로 이 말씀은 이미 예레미야가 말한 대로 유다는 바벨론에게 패할 것이기 때문에 항복하면 살 수 있다는 것을 강조하려는 것이다(참조. 21:8-10; 38:17-18). 시드기야가 예레미야의 말을 들었다면 이 말씀처럼 그는 바벨론으로 갈 것이나 거기서 평안히 죽었을 것이고 백성들은 그를 애통해 하였을 것이다.

한편 이때는 상황은 바벨론 군대가 유다를 쳐서 유다의 성읍 중에 라기스와 아세가만

남았을 때였다(렘 34:7). 라기스의 폐허 가운데 발견된 토판에 라기스와 아세가의 봉화를 볼 수 있는 곳에 있는 한 기지로부터 보낸 한 장교의 서신에 "나의 주께서 보내신 모든 지시에 따라 우리는 라기스 성에서 피운 봉화를 보고 있음을 나의 주께서 아시기를 바랍니다. 그러나 아세가 성의 봉화는 볼 수 없습니다"(Prichard 1969, 322)라는 글이 있다. 이것은 이미 당시 아세가 성은 바벨론에 의해 함락되었음을 보여준다. 그래서 조만간 예루살렘이 함락될 위기에서 하나님이 시드기야에게 이 말씀을 하신 것은 그에게 평안히 죽을 수 있는 기회를 주신 것이다.

② 유다 백성들에게 대한 경고(렘 34:8-22)

시드기야 왕이 예루살렘에 있는 모든 백성과 하나님 앞에서 계약을 맺고 자유를 선포한 후에 여호와의 말씀이 예레미야에게 임했다(렘 34:8). 율법에 따르면 유다 백성은 자기 백성을 노비로 삼아서는 안 된다(참조. 출 21:2-11; 레 25:39-55; 신 15:12-18). 이 율법에 따라 유다 백성은 하나님 앞에서 계약을 맺고 남녀 히브리 노비들을 자유롭게 놓아주었다(렘 34:9-10). 하지만 후에 자유를 주었던 노비를 끌어다 다시 노비로 삼았다(렘 34:11). 왜 이렇게 행동했는가? 예레미야 34:21-22을 보면 예루살렘을 포위하고 있던 바벨론 군대가 애굽 군대가 온다는 소식을 듣고 예루살렘을 떠났기 때문이다(참조. 렘 37:4-13). 그러자 그들은 애굽이 바벨론을 이길 것이라 생각하고 자기중심적인 이기적 욕망 사로잡혀 계약을 파기했다(Clements 1988, 206-207). 성이 함락되어 멸망하면 노비가 도리어 짐이 될 수 있으나 성이 회복되면 예전의 부를 누릴 수 있다고 생각했기 때문이다.

그러자 예레미야는 유다 백성이 히브리 사람이 종으로 팔렸다면 칠 년 되는 해에 그를 자유롭게 하라는 선조들도 지키지 않았던 법을 성전에서 하나님 앞에서 지키겠다고 서약하고도 자유롭게 했던 노비를 다시 노비로 잡은 일을 책망했다(렘 34:12-16). 이 일에 대해 하나님은 유다를 대적하여 칼과 전염병과 기근에게 자유를 주어 유다 백성을 세계 여러 나라를 흩으실 것이라 하셨다(렘 34:17). 아이러니하게도 그들이 종에게 자유를 주지 않음으로 하나님이 칼과 전염병과 기근에게 자유를 주어 그들을 심판하시는 것이다.

하나님이 왜 그들을 칼과 전염병과 기근으로 심판하시는가? 형제와 이웃에게 선포한 자유를 실행하지 않았기 때문이다(렘 34:17). 그들이 성전에서 하나님 앞에서 계약을 맺으면서(참조. 렘 34:15) 계약을 이행하겠다는 표시로 송아지를 잡아 둘로 쪼개고 당사자들이 그 사이로 지나갔다(렘 34:18). 이것은 만약 계약을 어긴다면 쪼개진 송아지처럼 죽임을 당할 것이고 공중의 새와 땅의 짐승의 먹이가 된다는 것이다(렘 34:19-20). 이 계약 방식은 하나님이 아브라함에게 땅을 주실 것이라고 약속하신 후 그 약속을 이행하는 표시로 동일한 방식으로 동물을 잡아 둘로 쪼개었다. 당시 계약 당사자가 함께 지나가야 했으나 그 약속을 하나님이 이루시지 않으면 하나님 자신의 목숨을 주시겠다는 표시로 하나님만 지나가셨다(참조. 창 15:8-21). 이로 보아 성전에서 맺은 이 언약을 이행하지 않으면 생명을 내어놓아야 한다. 하나님은 이에 따라 계약을 위반한 유다 백성을 바벨론 군대에 넘기실 것이고 그들의 시체는 공중의 새와 땅의 짐승의 먹이가 될 것이다. 그리고 하나님은 성읍들을 황무지가 되게 하실 것이다(렘 34:21-22). 이 예언대로 포로기 동안 성읍이 파괴되어 복구되지 못하고 사람이 살지 못했음이 고고학적인 탐사를 통해 밝혀졌다(Albright 1971, 160).

(2) 성실한 레갑 사람들(렘 35:1-19)

이 장은 요시야의 아들 여호야김 때에 여호와의 말씀이 예레미야에게 임했다는 표제로 시작함으로 새 문단임을 알려준다(렘 35:1). 예레미야 33장부터 시드기야 시대에 주신 말씀이었으나 이 장은 여호야김(주전 609-598) 통치 때 레갑 사람들의 성실함과 대조적으로 예루살렘 사람의 불성실함을 보여준다.

① 레갑 사람의 성실함(렘 34:1-11)

하나님은 예레미야에게 레갑 사람들을 여호와의 집 한 방으로 데려가 포도주를 마시게 하라고 하셨다. 이에 예레미야는 레갑 사람들을 하난의 아들들의 방으로 데리고 가서 포도주를 마시라고 했다(렘 35:2-5). 그러자 레갑 사람들은 포도주 마시기를 거절했는데 그 이유는 그들의 선조 레갑의 아들 요나답이 영원히 포도주를 마시지 말고 살 집도 짓지 말고 평생 장막에 살면 그들의 생명이 길 것이라고 말했기 때문이다(렘 35:6-10). 요나답은 예후가 아합의 집을 멸할 때 예후(주전 841-814)를 도운 사람이다(왕하 10:15-23). 레갑의 가문은 출애굽 당시부터 이스라엘과 우호적 관계를 유지했던 겐 족속과 연관이 있다(대상 2:55). 그들의 삶의 방식인 포도주를 마시지 않는 것은 나실인과 유사하다(참조. 민 6:1-21). 레갑 사람들은 바벨론의 느부갓네살이 올라왔을 때 그 군대를 피하여 예루살렘으로 피난하였고, 예루살렘에 살게 되었다(렘 35:11). 이들은 긴 역사가 흐르는 동안 포도주를 마시지 않는 규례를 지킴으로 그들의 성실함을 보여주었다.

② 레갑 사람을 통한 교훈(렘 35:12-22)

하나님은 예레미야에게 임하여 유다 사람들과 예루살렘 주민에게 교훈하게 하셨다(렘 35:12-13). 그것은 레갑 사람들은 선조의 명령을 따라 오늘까지 포도주를 마시지 않는데 유다 백성은 하나님이 그의 종 선지자들을 끊임없이 보내어 악한 길에서 돌이키면 이 땅에서 살리라고 해도 하나님께 순종하지 않는다는 것이다(렘 35:14-16). 그래서 하나님은 유다와 예루살렘의 주민에게 그들에게 선포한 모든 재앙을 내리겠다고 하셨다(렘 35:17). 이와 반대로 레갑 사람은 그의 선조 요나답의 명령을 따라 그 모든 규율을 지켰기에 하나님 앞에 설 사람이 영원히 끊어지지 않을 것이라고 하셨다(렘 35:19). 하나님은 레갑 사람의 순종과 유다의 불순종을 대조적으로 보여줌으로 하나님의 말씀을 믿고 순종함이 중요함을 가르쳐 주셨다.

(3) 두루마리와 여호야김(렘 36:1-32)

이 장은 여호야김(주전 609-598) 4년에 여호와께서 예레미야에게 주신 말씀이다. 이때는 느부갓네살이 갈그미스에서 애굽의 바로 느고를 이기고 예루살렘에서 다니엘과 그의 세 친구 등을 포로로 잡아간 해로 주전 605년이다(렘 25:1; 46:2; 단 1:1).[62] 이 문단에 기록된 이야기는 여호야김이 예레미야를 통해 전한 하나님의 말씀을 거부함으로 심판을 받을 수밖에 없음을 말한다. 이 장은 여호와의 말씀이 예레미야에게 임했다는 두 개의 표제를 중심으로 예레미야 36:1-26과 36:27-32로 구분할 수 있다.

① 두루마리를 베어 불로 태운 여호야김(렘 36:1-26)

하나님은 예레미야에게 '두루마리 책'(므길랏 세펠, מְגִלַּת־סֵפֶר)을 가져다가 요시야의 날부터 이스라엘과 유다에 관해 일러준 모든 말을 기록하게 하셨다(렘 36:1-2). '두루마리'(므길라, hL'gIm.)라는 용어는 구약성경 전체에 21번이 나타나는데 이 장에서만 14번 나타난다.[63] 이는 두루마리의 중요성을 강조하려는 것이다. 그리고 두루마리 책에 기록하라고 하신 목적은 그들에게 내리려고 한 재난을 듣고 악한 길에서 돌이켜 죄를 용서하시려는 것이다(렘 36:3). 원문의 경우 예레미야 36:3은 '혹시라도'라고 번역할 수 있는 '우라

---

62 설형문자로 된 바벨론 연대기에 따르면 주전 605년은 느부갓네살이 그의 선왕 나보폴라살이 죽고 왕이 된 해다(롱맨 2017, 252).

63 예레미야 36:2, 4, 6, 14$^{\times 2}$, 20, 21, 23, 25, 27, 28$^{\times 2}$, 29, 32.

이'(אוּלַי)라는 단어로 시작하는데 소망을 담은 말이다. 그래서 이 절은 예레미야의 메시지의 핵심으로 하나님은 유다가 죄를 회개하여 재난이 일어나지 않기를 원하신다는 것을 보여준다(Fretheim 2002, 503).

한편 예레미야가 받은 하나님의 말씀을 바룩이 두루마리에 기록했다(렘 36:4). 당시 예레미야는 붙잡혀 있어서 성전에 들어갈 수 없었기에 대신 바룩에게 두루마리에 기록된 말씀을 금식일에 성전에서 낭독하게 했다(렘 36:5–6). 그것은 여호와의 분이 크시기에 혹시라도 악한 길에서 돌이키기를 기대했기 때문이다(렘 36:7).[64] 그리고 공식적인 금식일이 성경에 지정되어 있지 않으나 전쟁, 기근, 다른 위협이 있을 때 금식을 행했다(대하 20:3; 스 8:21–23; 욜 1:13–20). 당시 금식일은 여호야김 5년 구월이다(렘 36:9–10). 이때는 주전 604년으로 국가적인 위기가 있었던 것으로 보인다.

바룩이 두루마리를 낭독하는 것을 사반의 손자 미가야가 듣고 고관들에게 전하였고, 그들은 바룩에게 그들 앞에서 낭독하게 했다(렘 36:11–15). 모든 말씀을 들은 후 그들은 왕에게 보고하기로 했다(렘 36:16). 그리고 그들은 바룩에게 그 말을 어떻게 기록했는지 물었고, 바룩은 예레미야가 불러주어서 책에 기록했다고 했다(렘 36:17–18). 그러자 고관들은 바룩에게 예레미야와 함께 숨고 그 장소를 사람에게 알리지 말라고 했다(렘 36:19). 이는 이전에 여호야김이 하나님의 말씀을 전한 우리야를 애굽에게 붙잡아 와서 죽인 일이 있었기 때문이다(렘 26:20–24).

고관들은 두루마리를 서기관 엘리사마의 방에 두고 여호야김 왕에게 말하자 왕은 여후디를 보내어 두루마리를 가져와 낭독하게 했다(렘 36:20–21). 그때는 아홉째 달(현재의 11–12월)로 왕은 겨울 궁전에 앉았고 그 앞에 불 피운 화로가 있었다(렘 36:22). 왕은 여후디가 서너 쪽을 낭독하면 면도칼로 그것을 베어 화로에 던졌다(렘 36:23). 여기 '면도칼'(타아르, תַּעַר)은 면도할 때도 쓰기도 하나(민 6:5; 8:7) 서기관이 파피루스를 준비하는 데 쓰기도 한다. 왕과 그 신하들은 낭독하는 하나님의 말씀을 듣고도 두려워하거나 옷을 찢지도 않았고 엘라단과 그마랴가 만류해도 두루마리를 모두 불로 태웠다(렘 36:24–25). 과거 그의 아버지 요시야가 사반이 율법책을 읽어주자 그 옷을 찢고 회개한 일과 대조적이다(참조. 왕하 22:7). 이뿐 아니라 이 말씀을 전한 바룩과 예레미야를 잡으라고 했다. 하지만 여호와께서 그들을 숨기셨다(렘 36:26). 이것은 하나님이 이들을 보호하기 위해 섭리하셨다는 것이다.

64 예레미야 36:3과 같이 원문은 '혹시라도'라고 번역할 수 있는 소망을 담은 '우라이'(אוּלַי)라는 단어로 시작한다.

② 다시 두루마리를 쓰게 하신 하나님(렘 36:27-32)

여호야김 왕이 두루마리를 태운 후에 여호와의 말씀이 예레미야에게 임하여 왕이 불사른 말씀을 다시 기록하게 하셨다(렘 36:27-28, 32). 그리고 여호야김이 두루마리를 불태우며 "네가 어찌하여 바벨론의 왕이 이 땅을 멸하리라 하는 말을 이 두루마리에 기록하였느냐"라고 말한 것도 말씀해 주셨다(렘 36:29). 이것은 여호야김의 악한 행동을 하나님이 보셨다는 것이다. 그래서 하나님은 여호야김의 이러한 행동에 대해 그에게 다윗의 왕위에 앉을 자가 없게 될 것이고, 그의 시체는 버림을 당할 것이라고 하셨다(렘 36:30-31; 참조. 렘 22:18-19). 그리고 그와 그의 자손과 신하들을 벌할 것이라고 하셨다. 이는 그들의 죄악으로 말미암아 그들에게 재난을 내리겠다고 하신 하나님의 말씀을 그들이 듣지 않았기 때문이다(렘 36:31).

(4) 예레미야와 시드기야(렘 37:1-38:28)

이 문단에서 시드기야가 예레미야를 불러 당시 역사적 상황에서 하나님의 뜻을 묻고 예레미야가 대답하는 내용이 3번, 관리들이 예레미야를 붙잡아 옥에 넣거나 죽이려는 내용이 2번 번갈아 나타난다. 당시 역사적 상황에서 시드기야, 예레미야, 관리들의 행동을 보여준다. 이 문단은 다음의 평행구조로 되어있다(랄레만 2017, 400; Martens 1986, 225).

※ 서론(렘 37:1-2)

A 시드기야와 예레미야의 첫 번째 만남(렘 37:3-10)

B 관리들이 예레미야를 첫 번째 옥에 넣음(렘 37:11-16)

A′ 시드기야와 예레미야의 두 번째 만남(렘 37:17-21)

B′ 관리들이 예레미야를 옥에 두 번째 넣음(렘 38:1-13)

A″ 시드기야와 예레미야의 세 번째 만남(렘 38:14-28)

B″ (없음)

이 구조에는 B″가 없으나 이 자리에 예레미야 39-45장에 기록된 예루살렘의 멸망 기사가 대신하고 있다. 이러한 평행구조에서 마지막이 없는 것은 주제와 저자의 의도를 전

달하는 매우 중요한 장치다(Parunak 1984, 166–168; Alter 1981, 97).[65]

① 서론(렘 37:1–2)

이 단락은 예레미야 37–45장의 표제이고 여호야김의 통치에서 다른 왕의 통치로 변화되는 것을 보여준다(Thompson 1980, 631). 요시야의 아들 시드기야가 여호야김의 아들 고니야[66]의 뒤를 이어 왕이 되었다. 시드기야는 느부갓네살이 고니야(= 여호야긴)를 바벨론으로 사로잡아 간 후에 봉신(vassal)으로 세운 왕이었다(렘 37:1; 참조. 왕하 24:17). 이때는 주전 598년으로 느부갓네살이 여호야긴을 포함하여 용사 만 명과 모든 장인을 사로잡아 간 때다(참조. 왕하 24:12–16). 그러나 그와 그의 백성들은 여호와께서 선지자 예레미야에게 하신 말씀을 듣지 않았다(렘 37:2). 이것은 당시 역사적 상황과 백성들의 신앙 상태를 잘 보여준다.

② 시드기야와 예레미야의 첫 번째 만남(렘 37:3–10)

시드기야는 마아세야의 아들 제사장 스바냐를 예레미야에게 보내 예루살렘을 위해 기도해 주도록 요청했다(렘 37:3). 그때는 느부갓네살이 예루살렘을 포위하고 있다가 바로의 군대가 애굽에서 나왔다는 소식을 듣고 예루살렘을 잠시 떠났을 때다(렘 37:5, 11). 시드기야는 바벨론의 느부갓네살이 세운 봉신이었으나 바벨론을 배반하고 주전 589년에 애굽과 동맹을 맺었다. 당시 애굽의 바로는 호프라(Hophra 주전 589–570)였다. 애굽이 나온 것은 유다와 맺은 동맹 때문이었다(Fretheim 2002, 514).

이때 하나님은 예레미야에게 임하여 유다를 도우려고 나온 애굽 군대는 자기 땅으로 돌아가고 바벨론 군대가 다시 와서 이 예루살렘 성을 빼앗고 불사를 것이라고 하셨다(렘 37:6–7). 그래서 바벨론이 반드시 유다를 떠날 것이라고 스스로 속이지 말라고 경고하셨다(렘 37:9). 만약(= 그럴리는 없겠지만) 바벨론 군대에 부상자만 남아도 그들이 예루살렘 성을 불사를 것이라고 하셨다(렘 37:10).

③ 관리들이 예레미야를 첫 번째 옥에 넣음(렘 37:11–16)

갈대아인의 군대가 바로의 군대를 두려워하여 예루살렘에서 떠나자 예레미야는 베냐민 땅 아나돗에서 분깃을 받기 위해 예루살렘을 떠나려고 했다(렘 37:11–12). 예레미야가

65 성경에서 이러한 장치를 사용한 곳은 욥기 4:1–27:23; 시편 107:4–32; 에스겔 20:5–31 등 많이 있다.

66 '고니야'라는 이름에 대해서는 예레미야 22:24의 해설을 참조하라.

베냐민 문[67]에 이르자 하나냐의 손자인 문지기 이리야가 예레미야가 갈대아인에게 항복하러 간다고 생각하고 체포하여 그를 고관들에게 끌고 갔고, 고관들은 예레미야를 때리고 서기관 요나단의 집에 가두었다(렘 37:13–15). 예레미야가 분깃을 받기 위해 떠난다는 말이 무슨 의미인지 이해하기 어렵다. 한 가지 확실한 것은 이 분깃은 그가 감옥에 있을 때 그의 숙부의 아들 하나멜에게서 구입한 땅과는 상관이 없다는 점이다(렘 32:6–15). 왜냐하면 예레미야 32장의 사건은 예레미야가 체포되어 감옥에 있었을 때이고, 37장의 사건은 그 전에 있었던 사건이기 때문이다. 한편 예레미야가 갇힌 감옥은 뚜껑 씌운 웅덩이었다(렘 37:16). 이 '웅덩이'(베이트 합보르, בֵּית הַבּוֹר)는 지하 감옥으로 보인다. 이 웅덩이는 요셉의 형들이 요셉을 던진 구덩이와 같은 단어다(참조. 창 37:20, 22, 24).

④ 시드기야와 예레미야의 두 번째 만남(렘 37:16–21)

예레미야가 지하 감옥에 있을 때 시드기야 왕이 그를 비밀히 끌어내어 여호와께 받은 말씀이 있는지 묻자 예레미야는 왕이 바벨론 왕의 손에 넘겨질 것이라 했다(렘 37:17). 이 말을 한 다음에 예레미야는 왕에게 요나단의 집으로 돌려보내지 말 것을 간청했는데 이는 거기에서 죽을 것을 두려워했기 때문이다. 그러자 왕은 예레미야를 감옥 뜰에 두고 매일 떡 한 개씩 주라고 했다(렘 37:18–21). 이곳은 궁전 곁에 있었고(렘 32:2) 이곳에서 아나돗의 밭을 구입하는 거래를 할 수 있었던 것을 보아 비교적 자유로운 곳으로 보인다(참조. 렘 32:6–15). 그리고 해설자는 '성중에 떡이 떨어질 때까지' 거기에 있었다고 말함으로써 예레미야가 예언한 기근이 사실로 이루어지고 있음을 암시한다.

⑤ 관리들이 예레미야를 옥에 두 번째 넣음(렘 38:1–13)

이 문단은 예레미야의 대적자인 네 사람의 이름을 거명함으로 시작한다(렘 38:1). 그들은 예레미야가 예루살렘에 머무는 자는 칼과 기근과 전염병으로 죽을 것이라고 했고 백성의 평안을 구하지 아니하고 재난을 구하고 성에 남은 병사들의 손을 약하게 한다고 고발했다(렘 38:2–4). 이에 대해 시드기야는 그들을 거스를 수 없기에 예레미야를 그들의 손에 넘기고 그 책임을 면하려 했다(렘 38:5). 그들은 예레미야를 물 없는 구덩이에 던졌다(렘 38:6).

한편 왕궁 내시 구스인 에벳멜렉이 이 소식을 듣고 왕에게 그들의 행위가 악하다는 것

---

67 베냐민 문은 예루살렘 성 북쪽에 있는 문으로 보인다. 스가랴 14:10에 예루살렘 성문을 언급하면서 베냐민 문에서 성 모퉁이 문까지 언급하고 있는 것으로 보이기 때문이다.

을 말하고 그대로 두면 예레미야가 죽을 수도 있다고 말했다(렘 38:7–9). '에벳멜렉'(עֶבֶד־מֶלֶךְ)의 뜻은 '왕의 신하'로 본명이 아닐 수 있다. 이에 왕은 그에게 명령하여 예레미야가 죽기 전에 그를 구덩이에서 끌어내게 했고, 예레미야는 시위대 뜰에 머물렀다(렘 38:10–13).

⑥ 시드기야와 예레미야의 세 번째 만남(렘 38:14–28)

시드기야는 사람을 보내어 예레미야를 불러 한 가지 일을 물을 것인데 숨기지 말고 말해 달라고 했다(렘 38:14). 이때 예레미야는 왕에게 말해도 자기를 죽이지 않겠는지 물었고, 왕은 죽이지도 않고 그의 생명을 찾는 자들에게도 넘기지 않겠다고 했다(렘 38:15–16). 그러자 예레미야는 왕이 바벨론에게 항복하면 살 수 있고 성도 불사름을 당하지 않고 가족들도 살 수 있으리라고 했다(렘 38:17–18). 이 메시지는 예레미야가 전에 말했던 것과 다르지 않다(참조. 렘 21:1–10). 하지만 왕은 바벨론 사람에게 항복한 유대인들이 자기를 조롱할까 두려웠다(렘 38:19). 그때 예레미야는 왕이 염려하는 일이 발생하지 않을 것이고, 여호와의 말씀대로 순종하면 왕이 복을 받아 살 것이나 순종하지 않으면 바벨론에 포로로 끌려가고 성은 불사름을 당할 것이라고 말했다(렘 38:20–23).

시드기야는 예레미야의 말을 듣고 그에게 누구에게도 하지 말 것과 고관들이 물었을 때 요나단의 집으로 보내지 말아 달라고 부탁했다고 말하라고 했다. 그래서 예레미야는 고관들이 물었을 때 왕이 명령한 대로 말했다(렘 38:24–27). 그리고 예레미야는 성이 함락될 때까지 감옥 뜰에 머물렀다(렘 38:28; 참조. 렘 37:21). 그러면 시드기야 왕은 예레미야의 말에 어떻게 반응했을까? 그는 당시 상황에서 예레미야의 말을 듣고 순종할 용기를 가지지 못했던 것으로 보인다. 그래서 예레미야가 말할 대로 불순종할 때 일어날 일을 다 겪었다(참조. 렘 39:5–8; 52:6–11).

(5) 예루살렘의 함락과 예레미야의 운명(렘 39:1–18)

이 문단에서 앞의 평행구조에서 B″가 있어야 할 자리에 예레미야의 말을 듣지 않음으로 그가 예언한 말대로 예루살렘이 멸망하는 내용이 대신하고 있다. 이는 시드기야와 관리들이 예레미야를 통해 주신 하나님의 말씀을 무시했기 때문이다(참조. 렘 37:1–38:28). 이 문단은 이 사건과 더불어 예레미야가 석방되는 내용을 설명한다.

① 예루살렘 함락(렘 39:1-10)

시드기야 9년 열째 달부터 바벨론에 의해 포위당한 예루살렘이 시드기야 11년 아홉째 달에 함락되었다(렘 39:1-2; 참조. 렘52:4-16; 왕하 25:1-12). 예루살렘이 함락된 이후 바벨론 왕의 고관이 중문에 앉았다(렘 39:3). 중문은 예루살렘 가운데 있는 문으로 위치적으로 베냐민 문과 가깝거나 같은 지역으로 볼 수 있다(참조. 렘 37:10). 여기에 앉은 고관들 중에 '네르갈사레셀'이 있다. 개역개정판은 '네르갈사라셀과 삼갈네부'(נֵרְגַל שַׂר־אֶצֶר סַמְגַּר־נְבוֹ)라고 하여 서로 다른 사람인 것처럼 되어있으나, 히브리어 어법상으로는 '삼가르의 네르갈-사르에셀'로 한 사람을 지칭한다. 그는 느부갓네살의 양자로 느부갓네살의 아들 에윌므로닥(주전 562-560)이 죽은 후 왕이 된 네리글리사르(주전 559-556)이다. 이들이 중문에 앉은 것은 성을 관리하고 체포된 자들을 재판하기 위함이다(디어 1994, 173).

그런데 성이 함락될 것을 알고 시드기야 왕과 군사는 밤에 왕의 동산 길을 따라 두 담(내벽과 외벽) 샛문을 통해 아라바로 도망갔다(렘 39:4). 이 묘사를 볼 때 비밀 통로가 있었던 것으로 보인다. 바벨론 군대는 그 뒤를 따라가 여리고 평원에서 그들을 잡아 하맛 땅 리블라(= 립나)에 있는 느부갓네살에게 데려갔다(렘 39:5). 리블라(רִבְלָה)는 가데스에서 남쪽으로 11km 떨어진 곳에 있는 도시로, 주전 609년에 애굽의 바로 느고가 여호아하스를 애굽으로 잡아가기 전에 가두어 두었던 곳이기도 하다(왕하 23:33). 느부갓네살은 이곳에 사령부를 두고 유다와의 전쟁을 수행했을 것이다. 느부갓네살은 시드기야를 심문하고 시드기야가 보는 앞에서 그의 두 아들을 죽이고 모든 귀족들을 죽였으며 시드기야의 눈을 빼게 하고 바벨론으로 옮기려고 사슬로 결박하고 왕궁과 백성들의 집을 불살랐다(렘 39:6-8). 이는 예레미야가 받은 신탁을 듣지 않았기 때문인데 불순종할 경우에 있게 될 것이라 예언한 일들이 그대로 성취되었다(참조. 렘 38:17-18). 사령관 느부사라단은 성중에 남아있는 백성을 잡아 바벨론으로 옮겼고 소유가 없는 빈민을 유다 땅에 남겨두고 그들에게 포도원과 밭을 주었다(렘 39:9-10; 참조. 겔 12:1-16). 그리고 이 모든 일에 대해 에스겔 선지자가 더 생생하게 예언한 바가 있고 그 예언대로 이루어졌다(참조. 겔 12:1-16).

② 예레미야의 석방(렘 39:11-14)

느부갓네살은 느부사라단에게 예레미야를 선대하고 해하지 말라고 했다(렘 39:11-12). 사령관 느부사라단과 궁중대신 네르갈살레살 등의 모든 장관이 사람을 보내 예레미야를 감옥 뜰에서 데리고 사반의 손자 그다랴에게 넘겨서 그를 백성 가운데 살게 했다(렘 39:11-14). 느부갓네살이 예레미야가 어떤 사람인지 들었는지 알 수 없다. 넓게는 하나님의 섭리 가운데 있었다고 볼 수도 있으나 느부갓네살은 이미 주전 605년에 바벨론으로 사로잡혀 간 다니엘과 그의 세 친구를 통해 선지자가 어떤 사람인지 알지 않았을까?

③ 에벳멜렉의 구원에 대한 약속(렘 39:15–18)

이 짧은 문단은 예레미야 38:1–13에 기록된 에벳멜렉 이야기에 속한 것이다(Thompson 1980, 649). 여기 기록된 이야기는 예루살렘이 함락되기 전에 있었던 것으로, 예레미야가 감옥 뜰에 갇혔을 때 임한 에벳멜렉(עֶבֶד־מֶלֶךְ)에 관한 신탁이다(렘 39:15–16a). 에벳멜렉은 예레미야가 웅덩이에 갇혔을 때 왕에게 이야기해서 구원해 준 사람이다(참조. 렘 38:7–13). 그가 구덩이에 던져진 예레미야를 구원한 것은 하나님을 믿었기 때문이다. 이 때문에 하나님은 예루살렘 성에는 재난을 내리지만 그는 그날에 칼에 죽지 않고 노략물 같이 목숨을 얻을 것이라 하셨다(렘 39:16b–18). '노략물 같이 목숨을 얻는다'라는 말은 전쟁에서 전리품이 남는 것 같이 목숨은 살아남는다는 뜻이다.

(6) 예루살렘의 멸망과 그 이후(렘 40:1–44:30)

이 문단의 이야기는 주전 586년 바벨론에 의해 예루살렘이 멸망된 이후 사건을 축으로 전개된다. 여기서 예루살렘이 멸망된 후의 정치적 상황과 그와 연관된 그다랴 총독의 임명, 그의 임명에 따른 음모, 암살 그리고 예레미야를 통해 주신 하나님의 말씀을 무시하고 애굽으로 도망간 유대인들의 이야기를 다룬다.

① 예레미야의 석방(렘 40:1–6)

이 문단은 예레미야의 석방문제를 다루는 예레미야 39:11–18의 말씀을 더 자세히 설명한다(Thompson 1980, 651). 느부사라단이 다른 포로들을 바벨론으로 옮기는 중에 예레미야도 사슬로 결박되어 가다가 라마에서 풀려난 후에 여호와의 말씀이 그에게 임했다(렘 40:1). 그런데 특이한 것은 그 말씀이 바벨론 사령관인 느부사라단을 통해서 주어졌다는 것이다. 이는 바벨론 정복자의 말을 통해 유다 지도자들의 무지를 강조하려는 것이다. 하나님을 섬기지 않는 이방인도 하나님이 행하신 일을 보았다(Keown 1995, 237). 그가 본 것은 유다가 여호와의 목소리를 청종하지 않아 여호와께서 이곳에 재난을 선포하셨고 그 선포하신 대로 행하셨다는 것이다(렘 40:2–3).

느부사라단은 예레미야에게 자기와 함께 바벨론으로 가든지, 아니면 그다랴에게로 가든지 그것도 아니면 원하는 곳 어디든 갈 수 있다고 말하며 자유롭게 결정하라고 했다. 그러면서 예레미야에게 양식과 선물을 주어 보냈다(렘 40:4–5). 이에 예레미야는 그다랴에게 가서 그 땅에 남아있는 백성과 함께 살았다(렘 40:6; 참조. 렘 39:14). 그다랴는 느부갓네살에 의해 세워진 유다 총독이었고(렘 40:7), 아히감의 아들이면서 요시야 왕의 서기관 사반의 손자였다.

② 총독 그다랴의 암살(렘 40:7–41:3)

예루살렘은 함락되었지만 여러 지방에 있는 지휘관들과 부하들이 바벨론 왕이 아히감의 아들 그다랴를 총독으로 임명하고 잡혀가지 아니한 빈민을 그에게 맡겼다는 소식을 듣고 미스바에 있는 그다랴에게 왔다(렘 40:7–8). 그다랴는 그들에게 갈대아 사람을 두려워하지 말고 이 땅에 살면서 바벨론 왕을 섬기면 유익할 것이라고 했다(렘 40:9). 그러면서 그다랴는 미스바에 살면서 바벨론을 섬기겠다고 했다(렘 49:10). 한편 모압과 암몬과 쫓겨난 유다 사람들도 바벨론 왕이 사람을 유다에 남겨둔 것과 그다랴를 유다 총독으로 세운 소식을 듣고 그다랴에게 이르러 포도주와 여름 과일을 많이 수확했다(렘 40:10, 12). 시드기야 11년 넷째 달에 예루살렘이 함락되었는데 이때는 여름 과일인 포도와 올리브와 무화과를 수확하는 시기이다. 이것은 그다랴 지도체제에서 안정을 찾아가고 있었다는 것이다.

그때 가레아의 아들 요하난이 그다랴에게 와서 암살계획을 알려주었다. 암몬 자손의 왕 바알리스가 그다랴를 죽이기 위해 느다냐의 아들 이스마엘을 보낸 것이다. 그러면서 요하난은 그다랴에게 자기로 이스마엘을 죽이게 하라고 했다(렘 40:13–15). 하지만 그다랴는 요하난의 말을 믿지 않았다(렘 40:16). 안타깝게도 요하난이 그다랴에게 경고한 말이 실현되었다. 즉 일곱째 달[68]에 이스마엘과 열 사람이 그다랴와 그와 함께 있는 유다 사람들과 갈대아 군사들을 죽인 것이다(렘 41:1–3).

③ 이스마엘의 야만적 행동과 요하난의 반응(렘 41:4–18)

이스마엘이 그다랴를 죽인 지 이틀이 되어도 아는 사람이 없었다(렘 41:4). 그때 주로 북쪽 지역인 세겜, 실로, 사마리아로부터 80명이 여호와의 성전으로 나아가려고 왔다(렘

68 이에 대해 톰슨(Thompson 1980, 657)은 예루살렘이 함락된 그 해일 수도 있고, 그 사이에 많은 일들이 있었기에 다음 해나 몇 년이 지난 후일 수도 있다고 보았다. 프레타임(Fretheim 2002, 535)은 예루살렘 멸망 이후 느부사라단이 유다 사람을 잡아간 때인 느부갓네살 23년, 곧 주전 581년 이후는 되어야 한다고 보았다(렘 52:30).

41:5). 이스마엘은 그들을 거짓으로 영접하여 성읍 중앙으로 끌어들여 죽이고 구덩이에 던졌다. 그 구덩이는 남 유다 아사 왕이 북 이스라엘 바아사 왕을 두려워하여 팠던 곳이다(렘 41:6-7, 9; 참조. 왕상 15:16-22). 이스마엘은 왜 이러한 야만적인 행동을 했을까? 예레미야 41:8에 따르면 그들이 올 때 가져와 감추어둔 상당량의 밀과 기름과 꿀을 빼앗기 위함인 것으로 보인다(디어 1994, 180). 이후 이스마엘은 미스바에 남아있는 왕의 딸들과 백성들을 사로잡아 암몬 자손에게로 가려고 떠났다(렘 41:10).

한편 가레아의 아들 요하난과 그와 함께 있는 모든 군 지휘관이 이스마엘이 행한 악한 행동을 듣고 이스마엘과 싸우러 가다가 기브온 큰 물가에서 만나 이스마엘이 사로잡은 백성을 구하였다. 이에 이스마엘은 여덟 사람과 함께 요하난을 피해 암몬자손에게로 갔다(렘 41:11-15). 그런데 요하난과 그와 함께 한 군 지휘관은 남은 백성들과 함께 미스바로 돌아가지 않고 애굽으로 가려고 했다. 이는 이스마엘이 바벨론 왕이 세운 그다랴를 죽였기에 그에 따른 보복이 두려웠기 때문이다(렘 41:16-18).

④ 남은 백성의 요구와 그에 대한 하나님의 말씀(렘 42:1-43:7)

요하난과 남은 백성들은 애굽으로 가기 전에 예레미야에게 여호와 하나님께 기도하여 그들이 갈 길과 해야 할 일을 보여달라고 했다(렘 42:1-3). 예레미야는 그들에게 여호와께 기도하고 응답하시는 것을 숨김이 없이 말해주겠다고 했다(렘 42:4-5). 그들은 그 말을 듣고 여호와의 목소리가 어떠하든 순종할 것이고, 순종하면 그들에게 복이 될 것이라고 말했다(렘 42:6).

십일 후에 여호와의 말씀이 예레미야에게 임하였고 그는 그 말씀을 그들에게 전했다(렘 42:7-9). 그 말씀의 핵심은 이 땅에 눌러앉아 산다면 하나님이 그들을 세우고 헐지 아니하신다는 것이다(렘 42:10). 하나님은 바벨론을 두려워하지 말라고 하시며 하나님이 그들과 함께 계실 것이라고 하셨다(렘 42:11). 그러나 그들이 전쟁도 없고 양식의 궁핍도 당하지 않는 애굽으로 간다면 하나님은 그들이 거기서 칼과 기근과 전염병으로 죽을 것이라고 하셨다(렘 42:13-17). 애굽으로 가면 하나님이 그의 분을 예루살렘에 부은 것 같이 그들에게 부을 것이고 다시는 이 땅을 보지 못할 것이라고 한 번 더 말씀하셨다(렘 42:18). 이는 애굽에 내려가서는 안 된다는 것을 강조하려는 것이다.

예레미야는 그들이 자기에게 여호와께 기도하라고 했고 여호와께서 말씀하시는 대로 행하겠다고 했지만 순종하지 않았기 때문에 애굽에서 칼과 기근과 전염병으로 죽을 것이라고 경고했다(렘 42:19-22). 애굽으로 가면 거기에서 칼과 기근과 전염병으로 죽을 것이라는 경고를 이 문단에서만 세 번 말한 것은 절대로 가서는 안 된다는 것이다(렘 42:16, 17, 22).

그런데도 요하난과 모든 오만한 자들은 예레미야가 거짓을 말한다고 하면서 여호와께서 그렇게 말하지 않았고 바룩이 그를 부추겨 바벨론으로 붙잡아가게 하려는 것이라고 말했다(렘 43:1–3). 이에 그들은 유다 땅에 살라 하시는 여호와의 말씀을 순종하지 않고 예레미야와 그의 서기관 바룩과 남은 백성을 거느리고 애굽으로 갔다(렘 43:4–7). 예레미야 43:4–7에서는 "여호와의 목소리를 순종하지 아니했다"라는 말을 수미쌍관법으로 연결하여 의미를 강조하고 있다.

⑤ 예레미야의 상징적 행동(렘 43:8–13)

여호와의 목소리를 순종하지 아니하고 애굽으로 내려간 사람들은 다바네스에 머물렀다. 다바네스는 나일강 삼각주 동부 지역에 있는 텔 데프네(Tell Defneh)로 시리아와 팔레스타인으로 이어지는 도로 위에 있다(롱맨 2017, 392). 여기서 하나님의 말씀이 예레미야에게 임했다(렘 43:8). 하나님은 예레미야에게 유다 사람 앞에서 큰 돌 여러 개를 가져다가 다바네스에 있는 바로의 궁전 대문의 벽돌로 쌓은 축대에 진흙으로 감추라고 하셨다(렘 43:9). 그리고 그들에게 말하기를 하나님이 느부갓네살을 불러 그의 왕좌를 감추게 한 돌들 위에 놓고 화려한 장막을 칠 것이라고 하셨다(렘 43:10). 그가 애굽을 치고 애굽 신들의 신당을 불사르고 목자가 그의 몸에 옷을 두름 같이 애굽을 두르고 평안히 갈 것이다(렘 43:12–13). 이것은 바벨론이 애굽의 재물을 가지고 간다는 뜻이다. 이 일이 언제 성취되었는지 알 수 없으나 에스겔이 여호야긴 27년, 곧 주전 571년에 애굽을 치실 것이라고 예언한 것으로 보아 이후 어느 시점에 있었음을 짐작할 수 있다. 하나님은 그 하신 말씀을 반드시 이루는 분이시기 때문이다.

⑦ 애굽의 유대인에 대한 하나님의 말씀(렘 44:1–30)

하나님은 하부 애굽에 있는 믹돌과 다바네스, 중부 지역인 놉(= 멤피스), 상부 애굽에 있는 바드로스에 사는 유다 사람에 대해 예레미야에게 말씀하셨다(렘 44:1). 하나님은 그들에게 예루살렘과 유다 모든 성읍에 내린 재앙을 상기시키며 그 원인을 하나님이 끊임없이 선지자를 보내어도 듣지 않고 다른 신을 섬기며 악을 행했기 때문이라고 하셨다(렘 44:3–6). 그리고 그 역사의 교훈을 지금 애굽에 사는 유다 사람에게 적용하여 애굽에서도 다른 신들에게 분향하여 세계 여러 나라 가운데서 수치거리가 되고자 하는지 물으셨다

(렘 44:7-10). 그래서 하나님은 애굽 땅에서도 다른 신들에게 분향하는 그들에게 환난을 내릴 것이고 반복적으로 언급한 칼과 기근과 전염병으로 벌할 것이라고 하셨다(렘 44:11-14).

예레미야를 통해 하나님의 말씀을 들은 자들 곧 자기 아내들이 다른 신들을 섬기는 줄 아는 모든 남자와 곁에 섰던 여인의 큰 무리는 예레미야가 전한 하나님의 말씀을 순종하지 않고, 조상들이 하늘의 여왕에게 분향한 것처럼 하늘의 여왕에게 분향할 것이라고 했다. 왜냐하면 하늘의 여왕을 섬길 때는 먹을 것이 풍부하고 복을 받고 재난을 당하지 않다가 그것을 폐한 후에는 궁핍하고, 칼과 기근에 멸망 당했다고 생각했기 때문이다(렘 44:15-18). 여기서 '하늘의 여왕'(מְלֶכֶת הַשָּׁמַיִם)은 주변 나라의 만신전에 있은 천체 여신을 가리키는데 가나안의 다산의 여신인 아스타르트(Ashtart)을 말할 수도 있다(롱맨 2017, 398-399).

예레미야는 이 말을 듣고 유다의 선조와 왕들과 백성들이 다른 신을 섬기고 여호와의 법대로 살지 않았기에 재난이 일어났음을 그들에게 상기시켰다(렘 44:20-23). 그리고 예레미야는 그의 말이 하나님의 말씀임을 하나님의 말씀을 전하므로 확증했다. 하나님은 당시 애굽에 있는 백성들이 여전히 하늘의 여왕을 섬기는 일에 대해 예레미야를 통해 그들에게 그대로 하라고 하셨다(렘 44:24-25). 그리고 그 때문에 그들은 칼과 기근으로 망할 것이다 (렘 44:26-27). 그리고 그 심판을 피한 소수의 사람만이 애굽 땅에서 나와 유다 땅에 돌아올 것이다. 결국 애굽으로 내려간 유다 사람들은 하나님의 말씀과 그들의 말 가운데 누구의 말이 진리인지 알 것이고, 그것으로 하나님이 그들에게 재난을 내리겠다고 하신 말씀이 반드시 이루어질 것을 알게 될 것이다(렘 44:28). 이어서 하나님은 애굽을 향한 재앙의 표징으로 시드기야를 느부갓네살에게 넘긴 것 같이 애굽의 바로 호브라도 그의 원수들에게 넘겨줄 것이라고 하셨다(렘 44:29-30). 이는 호브라(Hophra, 주전 589-570)가 그의 부하 장군 아마시스(Amasis)에게 암살당함으로 성취되었다(Fretheim 2002, 568).

(7) 역사적 부록 : 바룩에 관한 신탁(렘 45:1-5)

바룩은 여호야김 4년, 곧 주전 605년에 예레미야가 불러주는 모든 말을 책에 기록했다(렘 45:1). 이 해는 바룩이 예레미야가 불러준 말을 처음 기록했을 때다(렘 36:4). 예레미야 36장과 45장은 종종 예레미야 37-44장에 기록된 바룩의 회고록을 괄호로 묶었다고 생각했다. 이 점에서 이 장의 위치는 바룩이 예레미야와 함께 애굽에 내려갔다는 사실에 의해 설명될 수 있다(Fretheim 2002, 571). 바룩은 일찍이 여호와께서 자기에게 고통에 슬픔을 더하셨기에 탄식할 수밖에 없고 평안이 없다고 불평한 바가 있다(렘 45:3).

이에 대해 하나님은 자신이 어떤 분이신지 의미를 강조하는 감탄사인 '보라'(히네이, הִנֵּה)를 예레미야 45:4-5에서 두 번이나 쓰시며 말씀해 주셨다. 하나는 하나님은 그가 세운 것을 헐기도 하시고 그가 심은 것을 뽑기도 하는 분이시다. 그래서 하나님은 바룩에게 어떻게 네가 너를 위해 큰 일을 찾느냐고 하신 것이다. 또 하나는 하나님은 모든 육체에 재난을 내리시는 분이시다. 그러나 하나님은 바룩이 가는 모든 곳에서 그에게 그의 생명을 노략물 주듯 할 것이라고 하셨다. '그의 생명을 노략물 주듯' 한다는 뜻은 비유적인 표현(참조. 렘 21:9; 38:2; 39:18)은 전쟁 중에 전리품이 남는 것 같이 바룩의 목숨은 살아남는다는 뜻이다.

하나님이 바룩에게 이 은혜를 베푸심으로 하나님이 애굽에 재난을 내리시는 가운데서도 그가 유다 땅으로 돌아온 것으로 보인다. 그래서 하나님이 선지자 예레미야에게 하신 말씀이 진리임을 알게 하시고(참조. 렘 44:28) 예레미야가 책에 기록하라고 한 모든 말씀을 기록하여 전할 수 있었다.

6. 이방 나라의 심판(렘 46:1-51:64)[69]

예레미야 46:1은 예레미야 46-51장 전체의 머리말이다(랄레만 2017, 436). 이 문단을 전통적으로 '이방 나라에 대한 신탁'(OAN, Oracles Against the Nations)이라고 부른다. 이 신탁은 다른 선지서의 이방에 대한 신탁(사 25-32; 겔 25-32; 암 1-2; 나훔, 오바댜)과 유사한 유형이다. 그러나 이렇게 부르는 것은 적절하지 못하다. 이 신탁이 단순히 이방 나라에 '대한'(against) 내용을 많이 포함하고 있다 할지라도 이 나라들 가운데 어떤 나라에 대해서는 회복을 말하고 있기 때문이다(참조. 렘 46:26; 48:47; 49:6, 39). 이방 나라에 관한 하나님의 말씀의 중요한 초점이 심판인지 구원인지는 예레미야를 '이방 나라의 선지자'(렘 1:5, 10)가 되게 하신 일과 연관되어 있다(Fretheim 2002, 575). 이 신탁은 강렬한 이미지로 된 운문(= 시)으로 기록되어 있다. 일반적으로 이 문단은 연대기 순서를 따르고 있다. 예레미야 46:1-49:33은 여호야김 4년(주전 605), 49:34-39은 시드기야의 통치 초기(주전 598), 50:1-51:64은 시드기야 4년(주전 594)이다(Martens 1986, 246). 특이한 점은 이방 나라에 대한 신탁을 주면서도 그 나라들 가운데 있는 이스라엘의 위치에 관심을 기울이고 있다는

69 70인역에서는 이 문단이 예레미야 25:13 다음에 나오고 예레미야 25:15-38에서 결론지어진다. 70인역에서 결론은 예레미야 32장이다.

것이다(렘 46:27-28; 50:4-7, 17-20, 33-34). 이것은 이방 나라의 역사는 이스라엘의 미래와 연결되어 있음을 보여준다.

내용 분해

(1) 애굽(렘 46:1-28)
(2) 블레셋(렘 47:1-7)
(3) 모압(렘 48:1-47)
(4) 암몬(렘 49:1-6)
(5) 에돔(렘 49:7-22)
(6) 다메섹(렘 49:23-27)
(7) 게달과 하솔(렘 49:28-33)
(8) 엘람(렘 49:34-39)
(9) 바벨론(렘 50:1-51:64)

내용 해설

(1) 애굽(렘 46:1-28)

애굽은 유다와 동맹을 맺었으나 유다에게 애굽은 동맹국으로서 도움이 되지 못했다(참조. 렘 37:4-10; 겔 29:6-7). 운문으로 된 이 장은 갈그미스에서 패배한 애굽에 관한 신탁(렘 46:2-12), 느부갓네살에 의해 공격받는 애굽에 관한 신탁(렘 46:13-26), 이스라엘의 위치와 특권에 관한 신탁(렘 46:27-28) 등으로 구성되어 있다.

① 갈그미스에서 패배한 애굽(렘 46:2-12)

이 문단은 여호야김 4년, 곧 주전 605년에 유브라데 강가 갈그미스에서 바벨론의 느부갓네살에게 패한 애굽의 바로 느고에 대한 말씀이다(렘 46:2). 하나님은 애굽 군대에게 조롱 섞인 어조로 크고 작은 방패를 준비하고 말 안장을 지워 타며 투구를 쓰라고 하셨다(렘 46:3-4). 이것은 전쟁하기 위해 나가는 모습이다. 그러나 애굽 군대는 패하고 두려움이 그들 사방에 임하여 유브라데 강가에 넘어졌다(렘 46:5-6). 이것이 마치 나일강의 물이 범람하여 땅을 덮듯이 구스 사람과 붓(지금의 리비아) 사람과 활을 당기는 루딤 사람이 땅을 덮어도 그날은 여호와께서 그의 대적에게 원수 갚는 보복의 날이다(렘 46:7-10). 여기서 하나님이 무엇에 대해 보복하시는지 설명하지 않지만 주전 609년에 므깃도에서 주의 종 요시야를 죽인 일을 가리키는 것으로 볼 수 있다(참조. 왕하 23:29-30). 이 상황에서 애굽은 어떤 치료약으로도 회복될 수 없다. 애굽은 앗수르를 돕는다는 명분으로 올라갔으나 모든 용사가 다 함께 엎드러져 그 수치가 온 나라에 들려질 것이다(렘 46:11-12). 이 말씀대로 애굽은 주전 605년에 갈그미스 전투에서 바벨론에게 크게 패했다.

② 느부갓네살이 칠 애굽(렘 46:13-26)

이 문단은 바벨론의 느부갓네살이 와서 애굽을 칠 일에 대한 신탁이다(렘 46:13). 예레미야는 애굽 곧 믹돌과 놉(= 멤피스)과 다바네스에 조롱 섞인 어조로 선포하길 굳건히 서서 준비하라 네 사방이 칼에 삼키웠다고 했다(렘 46:14). 그리고 "너희 장사들이 서지 못함은 어찌함이냐?"라고 묻고는 "여호와께서 그들을 몰아내셨다"라고 했다(렘 46:15).[70] 하나님이 그들을 치시는 것을 여러 가지 이미지와 평행법으로 설명하기를 애굽을 암송아지로 바벨론을 쇠파리 떼로, 애굽이 고용한 동맹군을 살진 수송아지로, 애굽을 수풀로 바벨론을 벌목하는 자로 묘사하며 애굽이 바벨론에게 수치를 당할 것이라고 했다(렘 46:19-24). 그리고 애굽에 대한 심판의 결론으로 하나님이 '보라'라고 하시며 '노의 아몬'과 바로와 애굽의 신들과 왕들과 그를 의지하는 자들을 벌하여 느부갓네살의 손에 넘길 것이라고 하셨다(렘 46:25-26a). '노'(נֹא)는 애굽 남쪽에 있는 테베(Thebes)이고 아몬은 테베의 신이다. NIV는 '테베의 신 아몬'(Amon god of Thebes)이라고 번역했다. 이 지역을 언급한 것은 북쪽에서 시작한 하나님의 심판이 남쪽으로 확장됨을 보여줄 뿐만 아니라 애굽의 신들도 벌하셨음을 말한다. 그런데도 후에 애굽이 이전 같이 사람 살 곳이 되게 할 것이라고 하셨다(렘 46:26b). 이것은 하나님이 온 세상의 주로서 애굽도 구원과 회복의 대상임을 보여준다.

③ 이스라엘의 위치와 특권(렘 46:27-28)

이 짧은 문단은 예레미야 30:10-11과 거의 같다.[71] 이처럼 동일한 내용을 애굽을 벌

70 70인역은 '장사들'(압비림, אַבִּירִים)을 애굽의 신 '아피스'(תַּפּוֹ)로 번역하여 "아피스는 어디로 도망쳤는가"라고 번역했다. 공동번역도 70인역을 따라 "너희 힘센 황소 신 아피스가 어찌하여 당하지 못하고 도망치게 되었느냐?"라고 번역했다.

71 이 문단에 대한 해설은 예레미야 30:10-11을 참조하라.

하실 것이라는 문맥 다음 둔 것은 주의 종 야곱을 애굽과 달리 세상의 중심에 두셨다는 것을 보여주려는 것이다. 즉 하나님이 이방의 나라들은 다 멸할지라도 이스라엘은 사라지지 아니할 것이라고 말씀하신 것은 비록 이스라엘이 언약을 배반한 일로 말미암아 나라가 멸망하고 바벨론 포로로 잡혀갔다 할지라도 주의 종으로서 이스라엘을 회복하여 메시아가 오는 축복의 통로가 되게 하시겠다는 것이다. 이 말씀을 애굽과 비교하며 읽는 독자들은 어떤 느낌을 받겠는가? 할렐루야!

(2) 블레셋(렘 47:1–7)

이 장은 바로가 가사를 치기 전에 블레셋 사람에 대해 예레미야에게 임한 말씀이다(렘 47:1). 블레셋은 성경에서 오랜 역사를 갖고 있으며 창세기에서 처음 나온다(창 10:14; 21:32, 34 등). 블레셋은 가사, 에그론, 아스글론, 아스돗, 가드라는 다섯 개의 도시로 이루어져 있었는데 오랜 기간 이스라엘을 괴롭혔고 다윗과 솔로몬에게 정복되었다(삼하 5:17–25; 왕상 4:21). 그러나 그 후 다시 강성해져 이스라엘을 괴롭혔다(대하 28:28). 이 말씀을 받은 때는 바로가 가사를 치기 전에 받은 것이기에 바로 느고가 앗수르를 돕기 위해 가다가 요시야와 싸웠던 주전 609년으로 보인다(참조. 왕하 23:29–30).

하나님은 바벨론을 북쪽에서 일어나 물결치는 시내로 묘사하시며 그 물이 블레셋을 휩쓸어 버리므로 부모가 자녀를 돌볼 수 없을 것이라고 하셨다(렘 47:2–3). 하나님이 블레셋을 치시고 그와 동맹을 맺는 두로와 시돈에 남은 자까지 끊을 것이고 갑돌 섬에 남아있는 사람들까지 치실 것이기 때문이다(렘 47:4). 그 결과 가사는 대머리가 되었고 아스글론과 그들에게 남아있는 평지가 잠잠하게 되었다(렘 47:5a). 원래 머리를 미는 것은 죽음이나 극한 슬픔을 드러내는 방법 가운데 하나다(사 3:24; 15:2; 암 8:10). 평행법으로 쓴 것은 블레셋이 심판을 받아 사람들이 죽었기에 조용하다는 것이다. 하나님이 심판하심으로 그의 몸 베기도 계속되지 못할 것이다(렘 47:5b). 몸을 벤다는 것은 바알의 제사장들이 신을 부르는 종교의식의 하나다(롱맨 2017, 417). 이 심판이 극심해서 여호와의 칼을 부르며 언제까지 쉬지 않겠느냐고 했다(렘 47:6). 이는 블레셋 사람들이 간청하는 것으로 보는 것이 좋다(롱맨 2017, 48). 하지만 이러한 간청에도 불구하고 여호와께서 심판을 명령하셨기에 여호와의 칼은 멈출 수 없다(렘 47:7).

(3) 모압(렘 48:1-47)

모압은 염해 동쪽에 있는 나라로 오늘날 요르단이다. 모압은 오랜 역사에서 이스라엘을 고통스럽게 한 나라였기에 모세는 모압을 영원히 여호와의 총회에 들어오지 못하게 했다(신 23:3-6). 모압에 대한 이 예언은 기록방식이 이사야 15-16장과 상당히 유사하다.

① 모압의 멸망(렘 48:1-10)

예레미야는 "오호라 느보여 그가 유린당하였도다"라고 하며 평행법으로 모압의 도시들인 가랴다임과 미스갑이 점령되어 수치를 당하였다고 말한다(렘 48:1). 개역개정판의 '오호라'는 히브리어로 '호이'(הוֹי)인데 '화로다'라고 번역할 수 있다. '미스갑'(מִשְׂגָּב)은 지명일 수도 있고 '요새'를 의미하는 단어일 수 있다. '느보'는 르우벤의 한 도시였는데(민 32:3, 38) 모압의 도시가 되었다(Pritchard 1969, 320). 그리고 헤스본에서 무리가 모압을 해하려고 악을 도모한다(렘 48:2). 헤스본은 아모리 왕 시혼의 수도였다(민 21:25-30). 이 도시는 르우벤에게 할당된 땅이었으나(민 32:37; 수 13:17) 르우벤이 차지하지 못하여 모압의 땅이 되었다. 헤스본에서 악을 도모한다는 것은 일종의 내전이 있을 것을 말한다. 그 외에 맛멘, 호로나임, 루힛 등의 모압 도시들을 언급하며 심판을 받을 것을 말한다(렘 48:3-6).

모압은 그의 업적과 보물을 의지하나 정복당할 것이고 그들의 신 그모스는 제사장들과 함께 포로가 될 것이다(렘 48:7). 하나님이 모압을 심판하여 그 성에 거주하는 자가 없게 하실 것이다(렘 48:8-9). 예레미야는 모압을 심판하려는 여호와의 일을 게을리하는 자는 저주를 받을 것이라고 했다(렘 48:10). 이것은 모압을 반드시 멸하신다는 하나님의 결심과 긴급성을 표현한 것이다(롱맨 2017, 422).

② 모압의 도시들이 파괴됨(렘 48:11-28)

역사적으로 모압은 지형학적 위치로 말미암아 비교적 평안하게 생활했다. 이 상태를 마치 술이 찌끼 위에 있고 이 그릇에서 저 그릇으로 옮기지 않음 같아서 그 맛이 남아있고 냄새가 변하지 않음 같다고 했다(렘 48:11). 모압을 포도주로 비유한 것은 포도원으로 유명한 곳이기 때문이다(참조. 렘 48:32-33; 사 16:8-11). 그런데 날이 이르면 하나님은 술을 옮겨 담는 사람을 보내어 그릇을 비게 하고 병을 깨트리실 것이다(렘 48:12). 이것은 하나님이 그들을 심판하신다는 것이다. 마치 이스라엘 집이 벧엘을 의뢰하므로 수치를 당한 것 같이 모압이 그모스로 말미암아 수치를 당할 것이다(렘 48:13). 여기서 벧엘은 여로보암이 만든 금송아지를 두었던 곳이다(참조. 왕상 12:26-30). 모압은 스스로 용사요 능란한 전사라 말하지만 하나님은 그 성읍들은 사라졌고 장정들은 죽임을 당할 것이라고 하셨다(렘 48:15). 한편 모압의 재난이 가까웠고 모압을 아는 자들은 강한 막대기와 아름다운 지팡이가 어찌 부러졌는지 질문할 것이다(렘 48:16-17).

모압의 대표적인 도시인 디본과 아로엘에 사는 자들이 도망가는 자들에게 무슨 일이 일어났는지 물을 것이고 그들은 모압이 황폐하였다고 말할 것이다(렘 48:18-20). 하나님은 심판이 모압의 중요한 도시에 임하여 망하게 된 것을 그의 뿔이 잘렸고 팔이 부러졌다고 하셨다(렘 48:21-25). 뿔이 잘렸고 팔이 부러졌다는 것은 제유법으로 그 힘의 근원이 파괴되었음을 말한다.

다시 하나님은 모압을 술에 취해 그 토한 것에서 뒹굴므로 조롱거리가 되는 이미지로 설명하신다. 왜 모압이 이렇게 되었는가? 그것은 여호와에 대해 교만하고 이스라엘을 조롱했기 때문이다(렘 48:26-27). 그래서 모압의 주민들은 그 성읍을 떠나 바위 사이에 살고 출입문 어귀 가장자리에 머무는 비둘기처럼 될 것이다(렘 38:28). 비둘기를 언급한 것은 그들에게 일어난 일을 슬퍼하며 신음하는 이미지를 보여주기 위함이다(참조. 겔 7:16; 나 2:7).

③ 모압을 위한 애가(렘 48:29-39)

모압을 위한 애가는 1인칭 '우리가'로 시작한다(렘 48:29). 이러한 형식은 시에서 청중들이 교창하는 형식이나 시대가 다르긴 해도 그리스의 합창에서 볼 수 있는 형식이기도 하고 이런 형식은 성경에 많이 나타난다(Thompson 1980, 710). 이로 보아 모압의 교만을 당시 사람들이 다 알고 있었던 것 같다. 특히 예레미야는 모압의 교만을 강조하기 위해 이 단어와 유사한 뜻을 가진 자고, 오만, 자랑, 거만 등을 함께 사용했다(렘 48:29). 한편 하나님은 그의 교만으로 아무것도 얻지 못할 것을 지적하신 후에 온 모압을 위해 우시고 부르짖으시되 특히 길헤레스 사람을 위해 신음하실 것이라고 하셨다(렘 48:30-31). 길헤레스는 모압 남부 지역의 중심에 있는데 아르논 강에서 남쪽으로 약 27km, 사해 동쪽에서 약 18km 떨어져 있는데 오늘날의 엘-케락(el- Kerak)이다(Thompson 1980, 711).[72] 성경에 하나님이 모압을 위해 우시면서 길헤레스를 언급한 것은 모압을 대표하는 시적인 표현이다. 이뿐만 아니라 하나님이 모압을 위해 우시는 또 하나의 이유는 모압의 주 산업 가운

72 구약성경에 '길하라셋'(왕하 3:25; 사 16:7), 모압길(사 15:1) 등으로도 나타난다.

데 하나인 십마의 포도나무가 바다(염해)를 넘어 아셀 바다까지 넘을 정도로 풍요했으나 이것을 탈취하는 자가 나타나기 때문이다(렘 48:32). 하나님이 우신다는 것은 비록 이방 민족이라 할지라도 그들이 죄를 회개하고 복음을 믿어 구원을 얻기 원하시기 때문이다.

그리고 모압의 주요 도시인 헤스본, 엘르알레, 야하스 등이 님므리의 물도 황폐하였으므로 소리내어 부르짖는다. 이것은 하나님의 심판이 모압 전 지역에 임한다는 뜻이다. 하나님은 모압 산당에서 제사하는 자를 끊으실 것이다(렘 48:34-35). 한편 하나님은 모압이 모은 재물이 없어졌기 때문에 모압을 위해 슬퍼하며 탄식하신다. 그리고 하나님이 모압을 마음에 들지 않는 그릇을 깨뜨리듯이 모압을 파괴했기 때문에 모든 사람이 각처에서 슬피 운다(렘 48:36-38). 이를 통해 모압은 사방 모든 사람의 조롱거리와 공포의 대상이 될 것이다(렘 48:39).

④ 완전히 파괴될 모압(렘 48:40-47)

이 문단에서 하나님은 모압이 바벨론에게 멸망하게 될 것을 최종적으로 말씀하신다. 하나님은 독수리가 날아와서 모압 위에 그의 날개를 펴는 이미지를 보여주신다(렘 48:40). 이는 다음 절에서 성읍들이 점령당하며 요새가 함락되는 것을 이미지화한 것이다(렘 48:41). 그것은 이미 예레미야 48:26에서 말했듯이 모압이 여호와를 거슬러 자만하였기 때문이다(렘 48:42). 그래서 모압 위에 두려움과 함정과 올무가 닥치게 될 것이다(렘 48:43-44). 이에 모압은 멸망하고 그 백성은 포로가 되었지만 하나님은 마지막 날에 그들도 돌려보내실 것이다(렘 48:45-47). 이는 하나님의 은혜가 모압에도 미치게 됨을 보여준다. 이 일은 다윗의 장막에 서게 될 왕위 곧 메시아의 오심과 연관되어 있다(참조. 사 16:4-5).

(4) 암몬(렘 49:1-6)

암몬은 모압과 인접한 북쪽에 위치해 있었고, 요단강 동쪽 땅을 차지하고 있었다. 모압과 암몬은 아브라함의 조카 롯이 자기 딸과 동침한 뒤에 태어난 아들들이 그 기원이다(창 19:30-38). 역사적으로 암몬은 모압과 함께 이스라엘을 해하려고 발람을 고용해서 저주하려 했고(신 23:3-6), 사사시대에는 길르앗 지역을 18년 동안 지배하기도 했다(삿 10:8). 그리고 모세는 암몬 자손이 살던 지역인랍바 앞 아로엘까지를 갓 지파에게 기업으로 주었다(수 13:25).

하나님은 이 사실을 염두에 두고 "이스라엘이 자식이 없느냐 상속자가 없느냐"라는 수사적 질문을 하신다. 그러면서 말감이 갓을 점령하며, 암몬이 그 땅에 사는 것은 어찌 된 연유인지 물으신다(렘 49:1). 여기서 개역개정판 난외주는 '말감'(מַלְכָּם < מֶלֶךְ)을 '그들의 왕'이라고 하였으나, 이는 암몬의 국가 신의 이름인 '밀곰'(מִלְכֹּם < מֶלֶךְ 왕상 11:5, 33; 왕하 23:13) 곧 몰렉을 의미한다. 하나님은 암몬이 전쟁으로 말미암아 폐허더미가 되고, 그때 이스라엘이 자기를 점령하였던 이 땅을 점령할 것이라고 했다(렘 49:2). 그리고 전쟁에서 패배하므로 밀곰과 그 제사장들이 사로잡혀 갈 것이다(렘 49:3).

그러면 암몬은 왜 심판을 받는가? 흐르는 골짜기를 자랑하기 때문이다(렘 49:4). 여기서 '골짜기'(에이멕, עֵמֶק)는 '평지'로 번역해야 한다(참조. 삿 1:19). 이것을 RSV와 공동번역은 '힘'으로 번역했고, 표준새번역은 '비옥한 골짜기'로 번역했다. 그런데 이 골짜기와 평행법으로 '재물'이라는 단어를 쓴 것을 고려하면 '골짜기'는 경제적인 힘을 의미하는 것으로 볼 수 있다. 암몬은 이 힘을 의지하여 "누가 내게 대적하여 오리요"(렘 49:4b)라고 했다. 이에 대해 하나님은 "보라 내가 두려움을 네 사방에서 네게 오게 하리라"라고 하시고 앞으로 쫓겨나갈 것이라고 하셨다(렘 49:5). 암몬이 힘이라고 믿었던 재물이 그들을 지켜주지 못한다는 것이다. 그런데도 하나님은 모압에게 은혜를 베푸셨던 것처럼 암몬 자손의 포로도 자기 땅으로 돌아가게 하시 것이다(렘 49:6; 참조. 렘 48:47).

(5) 에돔(렘 49:7–22)

에돔은 모압 남쪽으로 염해 남동쪽에 자리 잡고 있었다. 에돔의 기원은 야곱의 형 에서다(창 36:1–43). 다윗은 에돔을 정복하여 유다의 봉신으로 두었고 여호사밧 때까지 봉신으로 있었다(삼하 8:1–14; 왕상 22:47). 그러나 여호사밧의 아들 여호람 때에 유다를 배반하고 독립했다(왕하 8:20–22). 구약의 선지자들은 에돔에 대해 다른 어떤 민족보다 많은 메시지를 선포했다(참조. 시 137; 사 34:1–17; 63:1–6; 애 4:21–22; 겔 25:12–14; 35:1–15; 암 1:11–12; 옵 1; 말 1:2–5).

하나님은 암몬에 대해 비웃듯이 에돔의 대표 도시인 데만이 지혜가 있는지 수사적 질문을 하셨다(렘 49:7). 이 질문을 보아 에돔은 지혜의 도시로 알려져 있었던 것 같다(참조. 욥 2:11; 옵 1:8). 하나님은 에돔의 멸망 상태에 대해 비유적으로 포도를 거두는 자가 지나가고 난 뒤, 도둑이 와서 지나간 뒤, 그리고 에서의 옷을 벗겨 숨은 곳이 드러나는 상태로 설명하셨다(렘 49:9–10). 이 비유를 통해 데만, 드단, 보스라 등이 형벌을 받아 황폐하게 될 것이고 고아들과 과부들은 살아남을 것이라고 말씀하셨다(렘 49:11–13).

하나님은 사절을 여러 나라에 보내어 에돔을 치라고 하셨고 에돔을 사람들 가운데에서 멸시를 받게 할 것이라고 하셨다(렘 49:14-15). 에돔은 왜 심판을 받는가? 그것은 에돔이 바위 틈에 살면서 산꼭대기를 점령하여 스스로 두려운 존재로 여기고 마음에 교만하였기 때문이다. 그러나 하나님은 에돔이 독수리 같이 보금자리를 높은 곳에 지었다 할지라도 거기서 끌어내실 것이다. 그래서 에돔은 그에게 임한 재앙으로 놀라고 공포의 대상이 될 것이다(렘 49:16-17). 하나님은 에돔의 멸망을 마치 그림을 그리듯이 묘사한다. 에돔은 소돔과 고모라 같이 멸망할 것이고(렘 49:18), 사자가 요단강의 깊은 숲에서 나타나듯이 하나님이 견고한 처소를 치실 것이다(렘 49:19). 그래서 에돔을 향한 하나님의 계획은 그들이 포로로 끌려가고, 황폐하게 되며, 넘어지는 소리에 땅이 진동하고, 그가 부르짖는 소리가 홍해에 들리며, 원수가 독수리같이 그의 날개를 보스라 위에 내려 에돔 용사의 마음이 진통하는 여인 같이 되게 하는 것이다(렘 49:20-22).

(6) 다메섹(렘 49:23-27)

다메섹은 시리아 남부의 중요한 교역로의 교차점에 자리 잡고 있었다. 다메섹은 지금의 다마스커스로 주전 732년에 앗수르에 정복되었다(왕하 16:9). 왕정시대에 하사엘, 벤하닷, 르신 등은 자주 이스라엘을 침략해서 고통을 주었다(왕상 20:1-43; 왕하 5:1-27; 9:14-15; 10:32-33 등). 하나님은 이 다메섹과 더불어 하맛, 아르밧을 함께 언급하시며, 그들이 흉한 소식을 듣고 낙담하고 걱정이 파도처럼 밀려와 평안이 없다고 하셨다(렘 49:23).[73] 그들은 해산하는 여인 같이 고통과 슬픔에 사로잡혔고, "어찌하여 찬송의 성읍, 나의 즐거운 성읍이 버린 것이 되었느냐"(렘 49:24-25)라고 탄식했다. 이것은 다메섹에 즐거움을 안겨주었던 모든 것이 사라졌음을 의미한다.

(7) 게달과 하솔(렘 49:28-33)

게달은 성경에 이스마엘의 후손으로 아라비아 지역에 머물며 활을 잘 쏘는 자들과 양을 기르는 자들로 나타난다(창 25:13; 사 21:16-17; 60:7). 하솔은 갈릴리 북쪽에 있는 왕국을 말하는 것이 아니라 게달과 함께 언급하고 동방 자손이라고 한 것으로 보아 아라비아 지

73 개역개정판의 '바닷가에서 비틀거리며'라는 말은 히브리어 원문을 직역하면 '불안의 바다에서'(바얌 더아가, בַּיָּם דְּאָגָה)인데 바다가 출렁이듯이 불안이 몰아치는 것을 의미한다. 표준새번역은 '걱정이 파도처럼 몰아치니'라고 번역했다.

역에 있는 성읍으로 보인다(렘 49:28). 하나님은 느부갓네살을 불러 그들의 장막과 양 떼와 낙타를 빼앗고 그곳을 뱀의 거처가 되게 하여 영원히 황폐하게 할 것이라고 하셨다(렘 49:29-33). 그리고 게달과 하솔 사람을 가리켜 '살쩍을 깎은 자들'(커추체이 페이아, קְצוּצֵי פֵאָה)이고 했다(렘 49:32). 이 말은 문자적으로 '끝을 자른 자들'이라는 말이다. 이 말이 표피를 자른 것을 말하는지 아니면 표준새번역이 번역한 것처럼 관자놀이의 끝을 짧게 자른 사람을 말하는지는 알 수 없으나 이들의 특징을 묘사하는 것 같다.

(8) 엘람(렘 49:34-39)

예레미야가 엘람에 대해 예언한 때는 시드기야(주전 597-586)가 왕이 된 지 얼마 되지 않은 때로 주전 597년경이다(렘 49:34). 바벨론 동쪽에 위치한 엘람은 지금의 이란 지역으로 수도는 수사다. 주전 639년에 앗수르에 점령되어 바벨론과 메대를 거쳐 페르시아의 지배를 받았다. 하나님은 엘람의 힘의 으뜸가는 활을 꺾을 것이고 사방 바람을 엘람에 오게 하여 그들을 사방으로 흩을 것이라고 하셨다(렘 49:35-36). 이로 보아 엘람은 활쏘기에 능한 민족으로 보인다. 하나님은 엘렘 위에 재앙을 내려 멸망시키실 것이고, 당신의 보좌를 엘람에 두고 왕과 고관들을 멸하실 것이다(렘 49:38). 이것은 하나님이 직접 통치하셔서 심판하신다는 뜻이다. 그럼에도 말일에 하나님은 엘람의 포로를 돌아가게 하실 것이다(렘 49:39). 하나님은 유다의 회복만이 아니라 그 주변 국가들도 회복의 빛이 비칠 것을 보여주셨다.

(9) 바벨론(렘 50:1-51:64)

예레미야의 이방 나라에 대한 예언의 마지막 대상은 바벨론이고 그들에게 가장 많은 지면을 할애했다. 바벨론은 유다를 멸망시키고 그 백성들을 포로로 잡아갔을 뿐만 아니라 당시 세계에서 중요한 역할을 했기에 이들에 대해 많은 분량을 할애하는 것은 이상한 일이 아니다. 글의 형식에 있어서 예레미야 51:59-64은 산문이고 나머지는 모두 운문이며 여러 개의 작은 단락으로 이루어져 있다. 이 긴 내용의 주제는 바벨론은 멸망할 것이고 유다는 회복되어 본래의 땅으로 돌아가게 된다는 것이다.

① 바벨론의 멸망과 이스라엘의 회복(렘 50:1–10)

하나님은 이방 나라들 가운데 전파하라, 공표하라, 깃발을 세우라 등으로 말씀하셨다(렘 50:2a). 이 말들은 모두 전파하는 것을 다르게 표현한 것이다. 그리고 전파해야 할 내용인 바벨론이 멸망 역시 바벨론의 신인 벨, 므로닥 등이 수치를 당하고 부스러지는 것으로 다양하게 표현하였다(렘 50:2b). 벨(בֵּל)은 니풀(Nippur)의 주신인 폭풍의 신 엔릴의 칭호였다. 므로닥(מְרֹדָךְ)은 마르둑과 동일 이름으로 바벨론 판테온의 주신이다. 그러면 어떻게 바벨론이 함락되는가? 한 나라가 북쪽에서 오므로 바벨론은 멸망하였다. 한 나라가 북쪽에서 와서 그 땅을 쳐서 황폐하게 하여 그 가운데 사는 자가 없게 할 것이고, 사람이나 짐승이 다 도망할 것이다(렘 50:3, 9). 여기서 북쪽에서 오는 나라가 누구를 말하는지 분명하지 않다. 왜냐하면 바벨론을 정복한 페르시아의 고레스는 북쪽에서 오지 않고 동방에서 왔고, 고레스가 바벨론을 점령했을 때 그 땅을 황폐하게 하지 않았기 때문이다.

한편 바벨론이 멸망하는 날에 유다 자손은 돌아오게 된다. 그리고 그들이 울면서 그 길을 가며 하나님 여호와께 구할 것이고 "너희는 오라 잊을 수 없는 영원한 언약으로 여호와와 연합하라"라고 말할 것이다(렘 50:4–5). 이렇게 말한 것은 여호와와 연합한 존재로 여호와와 긴밀한 관계를 유지하며 살자고 다짐하는 말로 이해할 수 있다(박동현 2011, 616).

하나님은 당신의 백성을 잃어버린 양 떼에 비유하시며, 목자들이 그들을 곁길로 가게 하므로 그들이 쉴 곳을 잊었고, 그들을 만나는 대적들은 그들을 삼키며 그들이 여호와께 범죄하였기 때문에 자기들에게 죄가 없다고 말한 것을 지적하셨다(렘 50:6–7). 하지만 하나님은 당신의 백성에게 바벨론에서 도망하라고 하시면서 그 이유를 하나님이 큰 민족을 불러 바벨론을 치게 하여 그들로 약탈을 당하게 할 것이기 때문이라고 하셨다. 하나님이 부르신 용사들의 화살은 노련한 용사의 화살 같아서 허공을 치는 일이 없을 것이다(렘 50:8–10). 이 말씀은 이스라엘을 반드시 회복시키신다는 것이다.

② 바벨론의 함락(렘 50:11–16)

하나님은 바벨론에 대해 "나의 소유를 노략하는 자여"라고 하며 그들이 행한 일에 대해 큰 수치를 당해 그 나라가 마른 땅과 거친 계곡이 되고 주민이 없어 완전히 황무지가 될 것이라 하셨다(렘 50:11–13). 하나님은 바벨론이 차지할 땅인 '유다'를 나의 '소유'(나하라, נַחֲלָה)라고 하셨다. 대개 이 단어는 '기업'과 '산업'이라는 말로 번역되는데 이스라엘 땅을 말하기도 하고(렘 2:7; 3:19 등), 이스라엘 백성을 의미하기도 한다(렘 10:16; 12:8). 이는 유다가 하나님과 교제하는 특별한 지위에 있다는 것이다. 그런데도 바벨론은 감히 하나님의 기업에 들어와 마치 송아지 같이 뛰고 군마같이 힘차게 울었다(렘 51:11). 이에 대해 하나님은 바벨론을 둘러싼 활을 당기는 자들에게 화살을 아끼지 말고 쏘라고 하며, 그가 여호와께 범죄했기 때문이라고 하셨다(렘 51:14). 바벨론의 멸망은 하나님이 바벨론이 행한 일에 대해 보복하신 것이다. 특별히 하나님은 바벨론에서 파종하는 자와 추수 때에 낫을 잡은 자들을 끊어버리라고 하셨다(렘 50:15-16). 이는 하나님이 그가 아끼는 기업을 노략한 일에 대해 보복하여 그곳에 사람이 없게 하신다는 것이다.

③ 이스라엘의 회복(렘 50:17-20)

하나님은 이스라엘을 흩어진 양으로, 이스라엘의 대적을 그 뒤를 따르는 사자들(lions)의 이미지로 묘사하신다. 이 사자들은 처음에는 앗수르 왕이고, 그 다음은 바벨론의 느부갓네살이다(렘 50:17). 이 일에 대해 하나님은 주전 722년에 앗수르 왕을 벌한 것 같이 바벨론 왕을 벌하시고, 이스라엘을 다시 그의 목장으로 돌아가게 하며, 그는 갈멜과 바산과 길르앗에서 양을 기르고, 그의 마음이 만족할 것이다(렘 50:18-19). 그리고 그날에는 모든 고통의 근원적인 문제인 이스라엘의 죄를 찾을지라도 찾지 못할 것인데, 이는 하나님이 남긴 자를 용서할 것이기 때문이다(렘 50:20). 이 말씀의 핵심은 회복된 이스라엘이 더 이상 죄인이 될 수 없다는 것이다. 이것은 그들과 하나님 사이에 관계가 회복된다는 것이다(Fretheim 2002, 629). 그리고 구속사의 진전과정에 따라 이 일은 그리스도가 오심으로 성취되었다. 그러나 완전한 성취는 재림 시에 이루어질 것이다.

④ 바벨론에 대한 하나님의 심판 1(렘 50:21-40)

하나님은 바벨론의 대적(참조. 렘 50:14)에게 므라다임의 땅을 치며 브곳의 주민을 치라고 하셨다(렘 50:21). 므라다임은 티그리스강과 유프라데강이 만나는 페르시아만 꼭대기 맛 마라팀(Mat Marratim)이고 브곳은 티그리스강 동편에 있는 땅이다. '므라다임'(머라타임, מְרָתַיִם)이라는 지명의 뜻은 '이중적 반역', '두 배의 반역'이라는 뜻이고, '브곳'(퍼코드, פְּקוֹד)은 '벌하다'라는 뜻이다. 이것은 두 지역의 이름을 사용한 언어유희로 바벨론을 심판하신다는 것을 환유적(metonymic) 표현으로 말한 것이다(Fretheim 2002, 630). 그래서 한때는 온 세계의 망치였던 바벨론이 이제는 부서졌고, 황무지가 되고 말았다(렘 50:22-23).

이를 두고 하나님은 바벨론이 여호와와 싸웠기 때문에 하나님이 그를 잡으려고 올무를 놓았는데 그가 깨닫지 못하고 잡혔다고 했다(렘 50:24). 하나님은 앗수르를 사용해서 북 왕국을 치셨고, 이 일을 빌미로 앗수르를 벌하셨다(사 10:5–19). 이처럼 하나님은 유다의 죄를 벌하기 위해 바벨론을 사용하셨는데 그 일을 마치 하나님이 올무를 놓으신 것으로 설명하셨다. 이 일은 분명 하나님의 목적을 이루는 일이라 할지라도 그 때문에 그 뒤에 일어나는 범죄에 대한 책임이 면해지는 것은 아니다(Thompson 1980, 741–742). 이 일은 하박국이 어떻게 하나님이 유다를 심판하는 도구로 그들보다 악한 바벨론을 사용하실 수 있는지 질문했을 때(합 1:12–17), 하나님으로부터 그것은 그들을 심판하기 위한 일이라는 설명을 듣고 받아들인 것에서도 볼 수 있다(합 2:4–20).

하나님은 그의 병기창을 열고 분노의 무기를 꺼내셨다. 그리고 먼 곳에 있는 자들에게 바벨론을 진멸하고 젊은 병사들을 상징하는 황소를 다 죽이라고 하셨다(렘 50:25–28). 그리고 활 쏘는 자를 소집하여 피하는 자가 없게 하라고 하셨다(렘 50:29a). 그리고 칼이 갈대아인과 그 주민 위에 임해 피할 자가 없을 것이라고 하셨다. 심판이 어떠함을 보여주기 위해 예레미야 50:35–38에서 '칼'이라는 용어를 다섯 번이나 사용했다. 그 이유는 무엇인가? 첫째, 바벨론이 여호와께 교만했기 때문이다(렘 50:27b, 29b, 31–32, 36). 둘째, 이스라엘 자손과 유다 자손을 학대받는 자의 손에서 구원하시기 위함이다(렘 50:34). 셋째, 바벨론은 조각한 신상이 가득하고, 그 백성은 우상에 미쳐있기 때문이다(렘 50:38). 개정개역판의 '실성하다'(이트호랄, יִתְהֹלָלוּ 〈 הלל)라는 단어는 어리석어 그 두려움에 빠져 미쳐 버렸다는 뜻이다. 표준새번역은 "그 끔찍스러운 우상들 때문에 미쳐 버릴 것이다"라고 번역했다. 바벨론의 이러한 죄로 말미암아 사막의 들짐승이 승냥이와 함께 살 것이고, 하나님은 소돔과 고모라를 뒤엎었듯이 거기에 사는 사람이 없게 하실 것이다(렘 50:39–40).

그러나 이 일은 언제 일어날 일인가? 바벨론의 멸망이 국가적인 멸망이라면 아직 성취된 바가 없다. 역사의 뒤를 보면 바벨론 뒤의 페르시아가 지배했고 그 뒤에도 계속 그곳에 사람이 거주했다. 이러한 이유로 디어(1994, 214)는 미래에 있을 천년왕국 때에 실현될 것이라고 했다.

⑤ 바벨론의 고통(렘 50:41–46)

예레미야는 바벨론의 멸망을 또 다른 방식으로 표현한다. 한 민족이 북쪽에서 오고 큰 나라와 여러 왕이 충동을 받아 일어나 진군하여 대열을 갖춘다(렘 50:41–42). 바벨론 왕은 그 소문을 듣고 고통에 사로잡혀 해산하는 여인처럼 진통한다. 사자가 요단 깊은 숲에서 나타나듯이 그가 와서 견고한 처소를 칠 것이다(렘 50:43–44). 여호와의 계획은 바벨론이 약탈을 당하고 그들의 초장이 황폐하게 되고 그로 말미암은 부르짖음이 나라들 가운데 들리게 되는 것이다(렘 50:45–46).

⑥ 바벨론에 대한 하나님의 심판 2(렘 51:1–14)

이 문단은 바벨론에 대한 심판을 예고하는 것으로 시작하고 마친다(렘 51:1–2, 13–14). 앞에서 이어 하나님은 "내가 멸망시키는 자의 심령을 부추겨 바벨론을 치고 나를 대적하는 자 중에 있는 자를 치되"라고 하셨다(렘 51:1). 여기에서 '나를 대적하는 자'는 히브리어로 '레입–카마이'(לֵב קָמָי)인데 문자적으로 '대적들의 심장'란 뜻이다. 그런데 이 의미 자체로는 여기에 맞지 않다. 그래서 NIV와 NASB에서는 이 단어를 소리나는 대로 'Leb Kamai'라고 번역하여, 바벨론의 한 지명인 것처럼 번역했다. 예레미야가 모압, 암몬 등을 심판할 때도 많은 지명을 언급했듯이 바벨론의 모든 지역에 심판이 임할 것이라고 보는 것이 자연스럽다.[74] 그리고 하나님은 타국인을 바벨론에 보내어 키질하여 그의 땅을 비게 하고, 재난의 날에 그를 에워싸고 치게 하여 바벨론 군대를 전멸시키실 것이라고 하셨다(렘 51:2–4).

그런데 이스라엘과 유다가 이스라엘의 거룩하신 이를 거역하여 죄가 가득해도 그의 하나님에게 버림받은 것이 아닌 것은아니라 하나님이 이스라엘을 구원하기 위해 바벨론에게 보복하실 것이기 때문이다(렘 51:5–6). 그리고 바벨론은 여호와의 손에 있는 금잔으로 온 세계를 취하게 했다(렘 51:7). 이것은 바벨론이 하나님의 진노의 도구로 사용되어 온 세상에 영향을 미쳤다는 뜻이다. 그러나 하나님이 바벨론에 내리신 화가 하늘에 미쳤고, 바벨론은 갑자기 넘어져 파멸되었다(렘 51:8–9). 이 일을 경험한 이스라엘은 여호와께서 그들의 공의를 드러내셨기에 시온에서 그들의 하나님이 행하신 일을 선포하자고 했다(렘 51:10). 하나님이 이스라엘의 공의를 드러내셨다는 것이 그들의 의로움을 증명하는 것은 아니다. 그들이 심판을 받을 만하지 않았다는 것이 아니다. 하나님은 회복에 대해 말씀하셨기 때문에 자신이 말씀하신 것을 성취하시어 자기 백성을 향한 의로움을 드러내심으로 이스라엘이 어떤 존재인지, 곧 여호와가 선택하신 민족임을 드러내신다는 뜻이다(Thompson 1980, 751).

이를 위해 하나님은 메대 왕들의 마음을 부추겨 바벨론을 멸하시기로 계획하시고 그들을 무장시켜 그대로 시행하실 것이다(렘 51:11–12). 하나님은 바벨론이 강가(유브라데와

74 NRSV의 난외주는 바벨론 즉 '갈대아'(Chaldea)를 의미하는 '카쉬딤'(Kashidim)의 암호문(cryptogram)이라고 보았다. 또 이것을 '아트바쉬 암호'(atbash cipher)라고 부르기도 한다(참조. 렘 51:1, 41). 이것은 히브리어 알파벳 순서를 거꾸로 써서 참된 의미를 숨겼다고 보는 것이다(Fretheim 2002, 634).

티그리스)에 많은 재물을 두고 살았으나 그 재물의 끝이 올 것이고 메대의 군대가 메뚜기처럼 바벨론 땅에 가득하여 환성을 높일 것이라고 하셨다(렘 51:13-14). 이것은 바벨론이 정복되어 모든 재물의 끝이 오고 고레스가 점령하게 된다는 것으로 이 예언은 역사 가운데 성취되었다.

⑦ 바벨론에 대한 하나님의 주권(렘 51:15-26)

예레미야 51:15-19은 10:12-16과 같다.[75] 예레미야는 왜 같은 내용을 기록했을까? 예레미야는 어구나 문장이나 단락 전체를 다른 상황에서 반복해서 사용하곤 한다. 어느 시대나 저자가 자신이 중요하다고 생각하는 표현들을 발췌해서 사용하기 때문이다. 현재 문맥에서는 위기의 순간에 바벨론의 신들은 무능하나(렘 51:17) 하나님은 바벨론의 멸망과 이스라엘의 회복을 통해 자신의 목적을 수행할 능력을 가지신 분으로 무능하지 않다는 것을 보이려는 것이다(Thompson 1980, 755). 특히 하나님을 '야곱의 분깃'이라고 했다. '분깃'(헤렉, חֵלֶק)은 어떤 것을 개인에게 할당해 주는 것을 의미한다(참조. 창 14:24; 레 6:17; 삼상 1:5). 실제적인 의미에서 하나님은 이스라엘에 속해 있고 이스라엘은 하나님께 속해 있다(디어 1994, 63-64). 이러한 하나님이 이스라엘을 지키시지 않겠는가?

하나님은 바벨론을 "너는 나의 철퇴 곧 무기라"라고 하시며 나라들, 말과 기마병, 남자와 여자, 목자와 양 떼, 농부와 그 멍에를 멘 소, 도백과 태수 등을 분쇄하라고 하셨다(렘 51:20-23). 그렇지만 하나님은 바벨론이 시온에서 모든 악을 행한 대로 갚을 것이다(렘 51:24). 하나님은 자기 백성 시온의 죄를 벌하기 위해 바벨론을 선택하셨지만 바벨론이 행한 악을 용납하지 않으신다(참조. 사 10:13-15; 47:6-7; 슥 1:15). 이것이 하나님의 섭리의 신비로움이다.

하나님은 바벨론을 온 세계를 멸하는 멸망의 산으로 비유하시며 '하나님의 원수'이기 때문에 불탄 산이 되게 하고, 사람들이 그 집 모퉁이 돌이나 기촛돌을 취하지 아니할 정도로 황폐하게 하실 것이라고 하셨다(렘 51:25-26). 그러나 역사적으로 고레스는 아무런 저항 없이 바벨론에 입성했고 그 성을 멸하지 않고 남겨두었기에 이 예언과 일치되지 않는 것처럼 보인다(Thompson 1980, 757).

75 이 단락에 대한 해설은 예레미야 10:12-16을 참조하라.

⑧ 바벨론의 무력함(렘 51:27-33)

하나님이 이 단락에서 말씀하신 내용이 너무 생생하여 큰 군대가 진군하며 성을 함락하는 영상을 보는듯하다. 나팔을 불어 아라랏과 민니와 아스그나스라는 나라를 불러 바벨론을 치고, 메대 사람의 왕들을 준비시켜 바벨론을 치게 하라고 하셨다. 이는 그 땅을 황폐하게 하실 하나님의 계획이 섰기 때문이다(렘 51:27-29). 아라랏은 현재 반(Van) 호수 근처 아르메니아가 있는 곳이고, 민니는 오늘날 이란 서쪽 우르미아 호수 남쪽이고, 아스그나스는 아라랏과 우르미아 근처에 있다. 그런데 이들의 군대가 극성스런 메뚜기 같은 데 반해 바벨론의 군대는 기력이 쇠하여 여인 같고, 그의 거처는 불탄 상태다(렘 51:30). 보발꾼은 왕에게 성읍이 함락되었고, 모든 나루는 빼앗겼으며, 갈대밭은 불탔고 군대는 겁에 질렸다고 보고했다(렘 51:31-32). 이제 바벨론은 타작 마당과 같이 될 것이다(렘 51:33). 이는 다가올 수확을 대비해 짓밟히게 된다는 것이다.

⑨ 바벨론에 대한 하나님의 보복 1(렘 51:34-40)

이 문단은 이스라엘이 화자가 되어 불평하고(렘 51:34-35) 하나님이 그 불평에 대해 응답하시는 내용(렘 51:36-40)으로 구성되어 있다. 이스라엘은 바벨론의 느부갓네살이 유다를 멸하며 유다의 모든 좋은 것으로 그 배를 채운 일과 그가 행한 폭력적인 행동에 대해 그 피가 그 주민에게 돌아가기를 원한다고 하나님께 불평했다(렘 51:34-35). 이에 대해 하나님은 유다의 송사를 듣고 바벨론을 벌하여 바벨론을 돌무더기와 승냥이의 거처가 되게 하실 것이라고 하셨다(렘 51:36-37). 그리고 그들이 젊은 사자 같이 소리지르며 열정이 일어날 때에 하나님이 연회를 베푸시고 그들로 취하고 기뻐하다가 영원히 잠들어 깨지 못하게 하시고, 어린양이나 숫염소가 도살장으로 가는 것같이 하실 것이다(렘 51:38-40). 이는 바벨론이 유다에게 행한 악행에 대해 하나님이 보복하신다는 뜻이다.

⑩ 바벨론의 멸망에 대한 애가(렘 51:41-48)

하나님은 다양한 이미지를 사용한 애가로 바벨론의 멸망을 설명하신다. 세삭, 곧 바벨론이 함락될 것이다(렘 51:41). '세삭'을 '아트바쉬 암호'(atbash cipher)로 보기도 한다(참조. 렘 25:26; 51:1). 그러나 이를 왜 아트바쉬 암호를 써야 했는지 설명할 수 없다. 왜냐하면 이 본문에서 바벨론과 평행을 이루어 같은 의미로 설명하기 때문이다.[76] 이는 바다와 그 파

76 아트바쉬 암호에 대해 예레미야 25:26의 난외주를 참조하라.

도가 바벨론을 뒤덮으므로 사람이 살지 않는 땅이 되었고, 하나님이 바벨론의 신 벨을 벌하고, 그의 입으로 삼킨 것을 끌어내므로 바벨론이 무너졌기 때문이다(렘 51:42–44). 여기서 '바다'는 유프라데강이나 바벨론에서 먼 페르시아만을 가리키는 것이 아니라 상징적으로 사용되었다. 예를 들어 바벨론 창조신화에 마르둑이 티아맛을 혼돈의 바다에 던진 이미지를 사용한 것으로 보기도 한다(Thompson 1980, 764).

이어서 하나님은 당신의 백성에게 그 성에서 나와 여호와의 진노를 피하라고 하셨다. 그리고 하나님은 당신이 바벨론의 우상들을 벌하기에, 그 온 땅이 치욕을 당할 것이라고 말씀하셨다(렘 51:45–47). 더불어 하늘과 땅에 있는 모든 것이 바벨론의 멸망을 기뻐할 것인데 이는 그를 파멸시키는 자가 북쪽에서 오기 때문이라고 하셨다(렘 51:48). 여기서 북쪽에서 오는 파멸시키는 자가 누구를 말하는지 예레미야 50:3, 9처럼 분명하지 않다. 왜냐하면 고레스는 북쪽에서 오지 않고 동방에서 왔고 고레스가 바벨론을 점령했을 때 그 땅을 황폐하게 하지 않았기 때문이다. 분명한 것은 바벨론이 멸망한다는 것이다.

⑪ 바벨론 포로들에게 보내는 메시지(렘 51:49–53)

이 문단에서 예레미야는 바벨론이 멸망함으로 '칼을 피한 자들', 곧 바벨론에 포로된 자들이 먼 곳에 있다 할지라도 바벨론이 이스라엘을 죽임 같이 바벨론 역시 죽임을 할 것이기에 여호와를 생각하고 예루살렘에 마음을 두라고 했다(렘 51:49–50). 이렇게 말한 것은 예루살렘은 영원히 망하지 않았고 오히려 거기에 영광스러운 미래가 있기 때문이다(Thompson 1980, 768). 한때 외국인 여호와의 거룩한 성전에 들어감으로 이스라엘이 수치를 느꼈으나 날이 이르면 하나님이 우상을 벌하실 것이고, 바벨론이 하늘까지 솟아올라 높은 곳에 있는 피난처를 요새로 삼더라도 심판하실 것이기 때문이다(렘 51:51–53).

⑫ 바벨론에 대한 하나님의 보복 2(렘 51:54–58)

앞의 단락을 이어 예레미야는 하나님이 보내신 멸망시키는 자가 많은 물 같이 그 파도가 사납고 그 물결은 요란한 소리를 내며 바벨론에 이르러 바벨론을 황폐하게 했다(렘 51:54–55). 이것은 바벨론의 대적들이 물밀 듯이 요란한 소리를 내며 공격하는 영상이다. 멸망시키는 자는 바벨론의 용사들을 사로잡고 그들의 활을 꺾는다(렘 51:56). 이는 바벨론의 군대가 힘을 잃고, 패배하는 모습을 반영한다. 이는 여호와께서 바벨론이 이스라엘에 행한 악한 행동에 대해 보복하신 것이다. 하나님이 보복하심으로 바벨론의 성벽은 훼파되고 그들의 수고는 헛될 것이다(렘 51:57–58).

⑬ 바벨론에 대한 예언과 한 상징적 행동(렘 51:59–64)

예레미야가 바벨론에 대해 받은 말씀(신탁)의 절정은 왕의 병참감인 네리야의 아들 스라야에게 준 메시지다. '병참감'(사르 머누하, שַׂר מְנוּחָה)은 군사 작전에 필요한 물자를 관리하고 보급하는 책임자를 말한다. 스라야는 예레미야의 서기관 바룩의 형제다(참조. 렘 32:12). 이방 나라의 심판에 대한 메시지는 모두 운문(= 시)으로 되어있으나 이 단락만 이야기로 된 산문이다. 이 말씀은 스라야가 시드기야 4년, 곧 주전 593년에 왕과 함께 바벨론으로 갈 때 예레미야가 명령한 것이다(렘 51:59). 시드기야가 왜 스라야와 함께 바벨론에 갔는지 알 수 없다. 당시 반바벨론 동맹에 연루된 것을 해명하거나(렘 27:1–11) 거짓 선지자 하나냐가 하나님이 바벨론 왕의 멍에를 끊었다고 말한 일에 대해 해명하러 갔거나(참조. 렘 28:1–11) 조공을 바치러 갔을 수도 있다.

예레미야는 바벨론으로 가는 스라야에게 바벨론에 대해 기록한 모든 말씀을 한 책에 기록하고 바벨론에 이르거든 이 모든 말씀을 읽고 하나님이 이곳을 멸하여 사람이나 짐승이 영원히 살지 못하게 하고, 영원한 폐허가 될 것이라 말하라고 했다(렘 51:60–62). 그리고 다 읽은 후에 그 책에 돌을 매어 유브라데강에 던지며 말하기를 돌에 매인 책이 가라앉은 것처럼 바벨론이 몰락하여 다시 일어서지 못할 것이라 하라고 했다(렘 51:63–64). 스라야의 말을 들었던 사람이 누구인지 알 수 없다. 아마도 바벨론의 멸망은 70년 뒤에 일어날 이야기이기에 그 기간 동안 거기에서 살아야 할 포로들에게 주신 말씀으로 볼 수 있을 것이다.

내레이터는 이야기를 마치면서 "예레미야의 말이 이에 끝나니라"라고 해설했다. 그런데 예레미야 52장이 뒤에 있다. 이 기록은 예레미야 52장을 누가 썼는지 의문을 가지게 만든다. 예레미야 52장에 기록된 내용은 열왕기하 24:18–25:30과 여러 면에서 다른 점이 있기는 하나 대부분 평행을 이루고 있다.

7. 결론 : 예루살렘의 패망(렘 52:1-34)

예레미야 52장은 산문으로 기록되었는데 예레미야 39:1–10보다 더 자세하고 열왕기하 24:18–25:30과는 거의 평행을 이루고 있다. 예레미야 52장은 1장과 수미쌍관법을 이루어 여러 내러티브를 통해 심판과 회복에 대한 동일한 메시지를 선포한다. 예레미야가 예루살렘이 멸망하고 시드기야와 백성들이 포로로 끌려갈 것이라는예언이 그대로 성취되었다(렘 52:1–16; 참조. 렘 34:1–5). 그리고 예레미야가 예언한 대로 바벨론에 의해 성전의 보물이 옮겨지고(렘 52:17–23; 참조. 렘 27:19–22), 유다의 지도자들이 포로로 끌려가 죽임을 당했다(렘 52:24–30). 이를 통해 예레미야는 하나님이 세우신 참된 선지자임이 증명되었다. 그러나 저자는 예루살렘이 파멸되는 메시지로 책을 끝맺지 않고 회복과 소망으로 끝을 맺는다. 여호야긴이 감옥에서 풀려났기 때문이다(렘 52:31–34). 이 사건은 죄로 말미암아 포로 된 유다 백성들이 회복되리라는 미래의 소망을 예견케 한다. 여호야긴이 감옥에서 풀려난 것처럼 회복은 유다 백성들에게도 임하게 될 것이다(Murphy 2009, 316). 그래서 예레미야 52장은 예루살렘에 대한 예레미야의 심판 예언이 성취되었고 포로 상태에 있는 유다가 회복될 것이라는 예언이 성취될 것임을 보여준다. 그래서 이 마지막 장은 선지자를 변호하고 아직 포로 상태에 있는 남은 자를 격려하는데 기여한다(디어 1994, 223).

내용 분해

(1) 시드기야의 배반과 죽음(렘 52:1–11)
(2) 예루살렘의 성전과 왕궁이 헐림(렘 52:12–23)
(3) 유다 백성이 바벨론 포로로 끌려감(렘 52:24–30)
(4) 여호야긴이 풀려남(렘 52:31–34)

내용 해설

(1) 시드기야의 배반과 죽음(렘 52:1–11)

저자는 유다의 마지막 왕 시드기야 시대의 역사를 다시 요약한다(참조. 렘 39:1–7). 시드기야는 21세에 유다 왕이 되어 예루살렘에서 11년 동안 다스렸다. 시드기야의 본래의 이름은 '맛다니야'(Mattaniah)였다. 느부갓네살은 그를 왕으로 삼아 이름을 시드기야로 고쳤다(왕하 24:17). 그의 어머니 하무달은 애굽의 바로 느고가 애굽으로 잡아간 여호아하스의 어머니이기도 하다(왕하 23:31). 그는 여호야김의 모든 행위를 본받아 여호와 보시기에 악을 행했다(렘 52:2). 그리고 예루살렘과 유다의 죄로 말미암아 여호와께서 진노하셨고, 그들을 자기 앞에서 쫓아낼 수밖에 없으셨다(렘 52:3).

이런 배경 하에 예루살렘의 멸망을 서술하기 시작한다. 시드기야가 바벨론의 느부갓네살에 의해 왕이 되었음에도 바벨론을 배반했다(렘 52:4; 왕하 24:20; 대하 36:13). 그가 바벨론을 배반한 것은 애굽과 조약을 맺었기 때문으로 보인다. 왜냐하면 느부갓네살이 예루살렘을 포위했을 때 바로의 군대가 애굽에서 나온다는 소문을 듣고 느부갓네살이 일시적으로 철수한 바가 있기 때문이다(렘 37:3–5). 당시 예레미야는 시드기야 왕에게 결국 유다가 바벨론에 의해 멸망할 수밖에 없기 때문에 바벨론에게 항복을 하면 왕이 살게 될 것이라고 권고했다(렘 38:17–18). 특히 애굽이 올라오는 문제를 지적하면서 "너희를 도우려고 나왔던 바로의 군대는 자기 땅 애굽으로 돌아가겠고 갈대아인이 다시 와서 이 성을 쳐서 불사르리라"(렘 37:7–8)라고 했다. 하지만 거짓 선지자들이 나타나서 하나님은 반드시 예루살렘을 지키실 것이고 바벨론에 잡혀간 동포들은 반드시 돌아올 것이고, 바벨론 왕 느부갓네살의 멍에는 두 해가 가기 전에 하나님이 꺾어버리실 것이라고 했다(렘 28:1–12). 이 상황에서 시드기야는 예레미야의 말 대신 거짓 선지자들을 말을 믿고 바벨론을 배반한 것으로 보인다.

시드기야가 바벨론을 배반하자 시드기야 9년 열째 달 열째 날에 느부갓네살이 그의 군대를 거느리고 올라와서 진을 치고 주위에 토성을 쌓으며 시드기야 왕 11년까지 포위했다. 시드기야 왕 11년 넷째 달에 구일에 성중에 기근이 심하여 백성의 양식이 떨어졌다(렘 52:4–6). 그때 성이 파괴되자 시드기야 왕과 군사는 밤에 왕의 동산 곁문 길로 도망하여 아라바 길로 갔다(렘 52:7; 참조. 렘 39:4). 이에 갈대아 군대가 시드기야 왕을 뒤쫓아 여리고 평지에서 그를 붙잡아 리블라(רִבְלָה)에 있는 느부갓네살에게 끌고 갔고, 느부갓네살이 그를 심문했다(렘 52:8–9). 리블라는 수리아 남부에 있는 도시로 가데스에서 남쪽으로 11km 떨어진 곳으로 주전 609년에 애굽의 바로 느고가 여호아하스를 잡아가기 위해 두었던 곳이기도 하다(왕하 23:33).

느부갓네살은 시드기야의 눈앞에서 그의 두 아들을 죽이고 모든 고관을 죽였다. 그리고 시드기야의 두 눈을 빼고 바벨론으로 끌고 가서 그가 죽는 날까지 옥에 가두었다(렘 52:10–11). 예레미야를 통해 주신 하나님의 말씀을 거부한 결과가 너무 처참하다.

(2) 예루살렘의 성전과 왕궁이 헐림(렘 52:12–23)

바벨론 왕 느부갓네살 19년 다섯째 달 열째 날에 바벨론 왕의 어전 사령관 느부사라단이 예루살렘에 이르러 여호와의 전과 왕궁을 불사르고 예루살렘에 있는 모든 집과 고관들의 집을 불태우고, 성벽을 헐었다(렘 52:12–14). 사령관 느부사라단은 백성 중 가난한 자 일부와 성중에 남아 있는 백성과 항복한 자와 무리의 남은 자(기술자들)를 사로잡아 갔고, 가난한 백성 중 일부를 남겨두어 포도원을 관리하는 자와 농부가 되게 했다(렘 52:15-16; 참조. 렘 39:9-10).

그리고 갈대아 사람들은 여호와의 성전의 두 놋기둥과 받침들과 놋대야와 가마들과 섬길 때 쓰는 모든 놋그릇들과 잔들 등 성전의 많은 기물을 가져갔다(렘 52:18-19). 특이한 것은 그들이 바벨론으로 가져간 것 가운데 솔로몬 시대에 만든 두 놋기둥과 한 바다와 열두 놋소에 대해 자세히 설명한다는 것이다(렘 52:21; 참조. 왕상 7:13-22). 이를 기록한 목적은 예루살렘 파괴의 처참함을 보여줌과 더불어 아무리 좋은 재료와 뛰어난 기술로 성전을 건축하고 그 안의 기구들을 만들었다 할지라도 하나님을 배반할 때 그것은 아무런 의미가 없음을 깨닫게 하려는 것이다.

(3) 유다 백성이 바벨론 포로로 끌려감(렘 52:24-30)

사령관 느부사라단은 대제사장 스라야와 부제사장 스바냐와 성전 문지기 세 사람을 사로잡고 지휘관 한 사람과 왕의 내시 7명과 군 지휘관의 서기관 하나와 성안에 있는 평민 60명을 사로잡아 리블라(= 립나)에 있는 바벨론 왕에게 나아갔다. 바벨론 왕은 리블라에서 이들을 다 쳐 죽였다(렘 52:24-27).

느부갓네살이 사로잡아 간 백성은 느부갓네살 제7년인 주전 598년에 3,230명이고, 제18년인 주전 586년에 832명이며, 제23년인 주전 581년에 745명으로 그 총수가 4,600명이었다(렘 52:28-30).[77] 이는 열왕기하의 기록과 일치하지 않는다.[78] 이 숫자가 남자들의 수라면 전체 수는 15,000에서 20,000명 이상은 되지 않았을 것이다. 그렇다고 해도 이 무리는 회복될 이스라엘의 재료였다. 이 책의 저자가 이를 기록한 것은 여호와께서 이 적은 수의 사람들로부터 새로운 미래를 건설할 수 있음을 보여주려는 것이다(Thompson 1980, 783).

(4) 여호야김이 풀려남(렘 52:31-34)

이 문단에서 저자는 여호야긴이 잡혀간 지 37년 곧 바벨론의 에윌므로닥 원년 열두째

77 3,230+832+745=4807이다. 왜 총수를 4,600명이라고 했는지 의문이다.

78 느부갓네살 18년인 주전 598년에 잡혀간 수를 열왕기하 24:14은 용사 1만 명과 모든 장인이라고 했고, 24:16에서는 7천 명의 장인과 대장장이 1천 명이라고 했다.

달 스물다섯째 날에 왕이 유다의 여호야긴을 풀어준 일과 그 이후의 삶을 간략하게 요약하였다. 여호야긴은 느부갓네살 7년인 주전 598년에 잡혀갔다(왕하 24:8-11). 에윌므로닥(주전 561-562) 원년은 주전 561년이다. 그는 여호야긴을 풀어주고, 평생 왕의 식탁에서 먹게 했으며, 죽는 날까지 날마다 쓸 것을 주었다(렘 52:33-34). 저자는 왜 유다의 비극적인 최후를 기록함에도 이 사건을 마지막에 기록하였을까? 그것은 여호야긴이 잡혀간 후 포로에서 풀려나 자유롭게 된 것을 이스라엘이 회복될 것이라고 말한 예레미야의 예언이 성취되는 표징으로 보았기 때문이다(Thompson 1980, 784).

V. 구속사적 의미

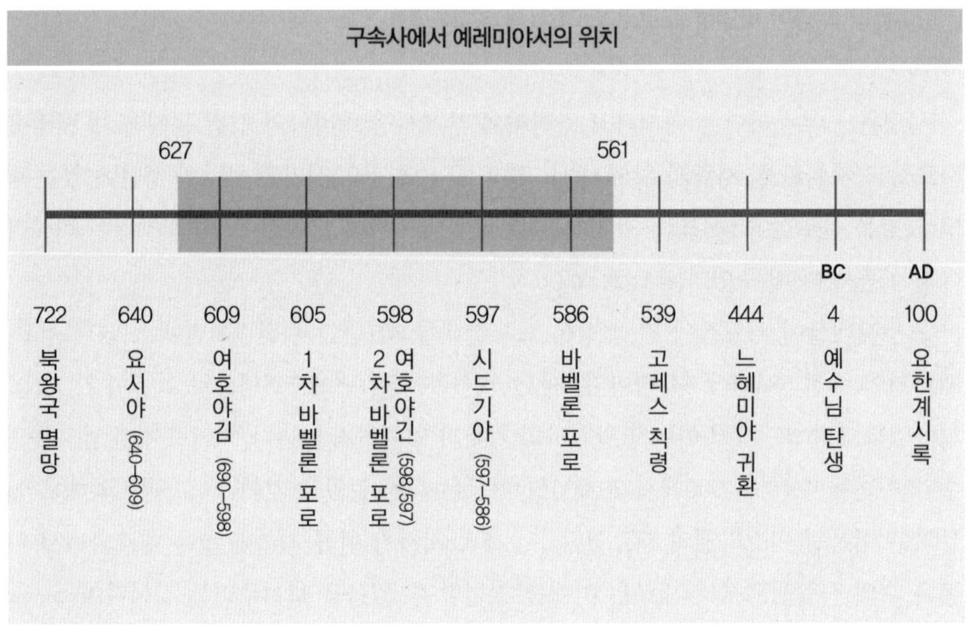

예레미야서는 요시야(주전 640-609)가 다스린 지 13년인 주전 627년부터 여호야긴이 사로잡혀 간 지 37년, 곧 주전 561년에 감옥에서 풀려날 때까지의 구속사를 담고 있다. 이 구속사 안에 여호아하스(주전 609), 여호야김(주전 609-598), 여호야긴(주전 598-597), 유다 백성이 바벨론 포로로 끌려가는 시드기야(주전 597-586) 11년인 주전 586년까지 예레미야가 보고 경험한 고통스러운 역사를 담고 있다.

예레미야서의 구속사에서 하나님은 심판하시고 회복하시는 분이심을 보여준다. 하나님은 나라들을 뽑고 파괴하며 파멸하고 넘어뜨리며 건설하고 심는 분이시다(렘 1:10; 18:7;

31:28; 45:4). 그래서 이 책에서 이러한 하나님의 성품을 잘 드러내 주는 내용이 반복적으로 보여주는 심판과 회복의 메시지다(렘 18:5-12; 24:6; 31:28; 42:10; 45:4-5). 예레미야가 심판의 메시지를 반복해서 말하는 이유는 여호와와 이스라엘 사이에 맺은 언약 때문이다. 언약의 핵심은 언약에 담긴 말씀을 믿고 순종하면 축복을 받고 불순종하면 저주를 받는다는 것이다(레 26:1-46; 신 28:1-68). 하나님이 유다를 심판하시는 일은 유다가 언약을 버렸기 때문이다(렘 17:24-25; 21:12; 22:1-5, 20). 그러나 하나님은 심판만이 아니라 회복과 소망에 대해서도 말씀해 주셨다. 여호와께서 자기 백성을 포로생활에서 구원하시고 그들을 다시 세우실 것을 약속하셨다. 이것은 하나님은 여전히 이스라엘과 맺은 언약대로 이 백성을 통해 메시아를 보내어 온 세상을 구원하시려는 축복의 통로로 사용하신다는 것이다.

또 이 구속사에서 하나님은 때가 되면 다윗에게 한 의로운 가지를 일으켜 그가 왕이 되어 지혜롭게 다스리며 정의와 공의를 행할 것이라고 약속하셨다(렘 23:5; 33:15). 이것은 이스라엘의 순종과 관계없이 하나님은 이스라엘을 구원하시고 의로운 가지를 일으켜 정의와 공의를 행하는 나라를 이루실 것을 보여준다.

또 이 구속사에서 하나님은 예레미야를 통하여 새 언약을 주셔서 하나님의 법을 지키는 것이 가능하게 되어 하나님은 그들의 하나님이 될 것이고 그들은 하나님의 백성이 될 것이라고 약속하셨다(렘 31:31-34). 이 약속은 다윗에게서 나온 의로운 가지인 그리스도께서 언약의 중보자로 오셔서 죄를 대신 담당하여 십자가에 죽으시고 그 그리스도를 믿는 자들이 새 언약에 참여함으로 성취되었다(히 8:7-12). 그래서 이 책에서 하나님은 구속사에서 주권적으로 그의 언약을 성취하여 하나님 나라를 이루심을 보여주셨다.

예레미야서의 구속사에서 언약 백성은 언약을 지켜야 함을 보여주셨다. 하나님의 택한 백성인 이스라엘이 왜 언약 속에 내포된 복을 누리며 제사장 나라로서 사명을 다하기는커녕 하나님의 심판을 받았는가? 이 책에서 예레미야는 그 이유를 유다가 언약을 버렸기 때문이라고 설명한다(렘 17:24-25; 21:12; 22:1-5, 20). 그러므로 언약 백성이 복을 누리며 제사장 나라로서 사명을 다하기 위해서는 하나님과 맺은 언약을 지키는 일이 중요하다. 그리스도가 오시기 전에는 이스라엘은 하나님의 법을 온전히 지키지 못했다. 그러나 '새 언약'(렘 31:31-34)을 성취하기 위해 그리스도를 보내심으로 그를 믿는 자들은 능히 하나님의 법을 지키는 것이 가능하게 되었다. 더 좋은 언약, 곧 새 언약의 중보자로 오신 그리스도께서 염소와 송아지 피로 하지 아니하시고 오직 자기 피로 영원한 속죄를 이루사 단번에 성소에 들어가셨기 때문에 양심을 죽은 행실에서 깨끗하게 하고 살아계신 하나님을 섬기는 것이 가능하게 되었기 때문이다(히 8:6; 9:12-14).

예레미야 애가

Lamentations

S U M M A R Y

Ⅰ. 저자와 역사적 배경

Ⅱ. 문학적 구조와 특징

Ⅲ. 주제와 기록 목적

Ⅳ. 내용

1. 첫 번째 애가 : 예루살렘의 멸망(애 1:1-22)
2. 두 번째 애가 : 하나님의 심판(애 2:1-22)
3. 세 번째 애가 : 저자의 고백과 확신(애 3:1-66)
4. 네 번째 애가 : 여호와의 진노(애 4:1-22)
5. 다섯 번째 애가 : 남은 자의 기도(애 5:1-22)

Ⅴ. 구속사적 의미

예레미야 애가

이 책의 제목은 애가 1:1, 2:1; 4:1을 시작하는 단어인 '에이카'(אֵיכָה)에서 왔다. 이 단어는 개역개정판처럼 만가(挽歌)나 비가(悲歌)를 뜻하는 '애가'(哀歌)라고 번역될 수 있고, '슬프다'라는 감탄사로 번역될 수도 있고, '어찌하여'라는 말로도 번역될 수 있다(신 1:12; 사 1:21). 70인역의 제목도 '슬픔'이나 '비가'를 의미하는 '트레노이'(נהרק, Threnoi)다. 이러한 제목은 이 책에 기록된 내용이 슬픔과 연관된 책이라는 것을 알게 한다. 애가는 하나님이 자기 백성이 죄를 범한 일에 대해 심판하심으로 빚어진 처참한 상황을 탄식하는 노래다. 그 상황은 열왕기하 25:1–21에 기록되어 있는 내용으로 유다의 멸망과 바벨론 포로로 끌려가는 사건이다.

I. 저자와 역사적 배경

이 책에는 저자의 이름이 없지만 전통적으로 예레미야를 저자로 보았다. 여기에는 몇 가지 근거가 있다. 첫째, 고대 유대인의 탈무드(*Baba Bathra 16a*)와 초대 기독교 전통은 예레미야가 이 책을 썼다고 본다. 둘째, 70인역(LXX)은 이 책의 표제를 "이스라엘이 포로로 끌려가고 예루살렘이 함락된 후 예레미야가 앉아 이 애가로 예루살렘에 관해 말하기를"[1] 이라고 기록하고 있다. 셋째, 예레미야가 요시야를 위해 애가를 지었다고 기록하고 있다(대하 35:25). 넷째, 예레미야와 애가 사이에 어휘와 문체에서 유사한 부분이 있다(렘 9:1, 18과 애 1:16, 2:11; 30:14과 애 1:2; 렘 49:12과 애 4:21).

그럼에도 불구하고 이러한 점이 예레미야를 저자로 볼 수 있는 확실한 증거가 될 수 없다. 예레미야가 요시야를 위해 애가를 지었다는 것이 예레미야가 이 책을 썼다고 볼 수 없다. 요시야를 위한 애가와 예루살렘 멸망에 대한 애가가 같은 것이 아니기 때문이

1 פשׁ נתת ננהרק נת נסהנהרקשׁ אכ נואלכ טאמר נסקאכשׁ אנהקומהרשׁ מהלאסר אכ להארס נת אנהקסתולאמצשׁא ת אתמ תנגשׁ אכ
נפ אכ מהלאסר

다. 무엇보다 예레미야는 예루살렘이 멸망할 당시 요하난과 군지휘관에 의해 애굽으로 끌려갔다(렘 43:6-7). 그런데 애가에는 예루살렘이 멸망한 주전 586년 다섯째 달 이후의 사건이 기록되어 있다(애 1:5; 4:1-10; 참조. 렘 1:1). 그래서 애가에 기록된 유다의 멸망과 백성들이 포로로 끌려간 상황은 쓸 수 없다. 그리고 히브리어 성경 본문의 전통은 예레미야서는 선지서에 들어있고 애가는 성문서에 들어있다. 또한 어떤 이들은 이 책의 신학적 다양성을 근거로 몇 사람이 썼다고 보기도 한다. 하지만 이 책의 양식과 관점의 통일성, 애가 형식의 운율적 구조 등은 다수의 저자가 썼다기보다는 한 사람의 저자가 썼다고 보는 것이 더 합리적이다(답스-알삽 2012, 31-34). 그래서 예레미야가 저자가 될 수 없다고 본다. 이러한 입장의 차이는 개역개정판과 KJV, ASV, NASB, RSV 등은 "예레미야 애가"로, NIV, NEB 등은 "애가"로 번역한 데서도 알 수 있다. 그러나 이 책의 제목을 "예레미야 애가"라고 붙인다면 예레미야와 연결할 수밖에 없기 때문에 그냥 "애가"라고 하는 것이 더 낫다. 프로반(Provan 1991, 7-11)은 저자 문제에 있어서 본문이 주장하고 있는 것도 아니고 이 책의 해석이 저자가 누구냐에 따라 달라지는 것이 아니기에 논쟁할 필요가 없다고 했다. 우리는 이 책의 저자가 누구인지 알 수 없다.

애가는 유다 백성이 그 땅에서 예루살렘과 성전이 파괴되고 백성들이 바벨론 포로로 끌려간 사건과 동반된 백성들의 상실감을 애잔하게 표현한다. 유다는 요시야 왕(주전 640-609)이 죽은 후부터 여호아하스(주전 609), 여호야김(주전 609-598), 여호야긴(주전 598-597), 시드기야(주전 597-586)로 이어지면서 큰 격동의 시기를 겪었다. 이 책의 저자는 이 왕들 중에 마지막 왕 시드기야(주전 597-586)가 바벨론 왕을 배반하므로 느부갓네살이 시드기야 9년 곧 주전 588년에 올라와 3년간 예루살렘 성을 포위하고 있다가 586년에 성을 함락하고 성전을 파괴하고 백성을 바벨론 포로로 끌고 간 사건을 배경으로 기록했다(왕하 24:20b-25:12).

II. 문학적 구조와 특징

이 책은 제목이 가리키듯이 멸망하여 폐허가 된 예루살렘과 유다 공동체에 대한 애가 모음이다. 애가는 장르 면에서 다섯 편의 시(poetry)로 되어있다. 이 애가를 일반 시와 구분하여 도시 애가(the city-lament)라고 한다. 도시 애가라는 장르는 그 기원으로 생각되는 메소포타미아의 다섯 개의 고전적 작품으로 알려져 있다. 그것은 "우르(Ur)의 파괴에 대한 애가", "수메르(Sumer)와 우르(Ur)의 파괴에 대한 애가", "니푸르(Nipur) 애가", "에리두

(Eridu) 애가" 그리고 "우룩(Uruk) 애가" 등이다.[2] 이 다섯 편의 애가는 특정한 도시들과 그들이 중요하게 생각했던 신전들의 파괴를 묘사한다. 그리고 그 도시 애가의 전형적인 특징은 신들의 귀환을 축하하고 도시와 신전들의 복구를 묘사하는 것으로 끝난다(답스-알삽 2012, 36–44). 애가서도 이러한 특징들이 나타난다.

애가서에 기록된 다섯 편의 시 가운데 네 편의 시는 알파벳 이합체 시(alphabetic acrostic poetry)다. 히브리어 알파벳 22자를 사용하여 쓴 이합체 시는 이 시에 쓰인 중요한 교훈의 어떤 것이라도 잊어버리지 않도록 고안된 기억장치 역할을 한다. 그리고 죄에는 고통이 뒤따른다는 것을 강조하려는 것이다. 그 알파벳은 예루살렘에 임한 심판이 히브리어 첫 글자인 '알렙'(א)부터 마지막 글자인 '타우'(ת)까지, 즉 A부터 Z에 이르렀다는 것을 사람들로 하여금 언제나 생각나게 했다(디어 1994, 239).

알파벳 이합체 시는 각 시행이 알파벳 순서대로 구성되어 있다. 시가서에도 알파벳 이합체 시가 많이 있으나 다양한 형태를 띠고 있다(시 9/10; 25; 34; 119; 잠 31:10–31 등). 애가는 짧지만 다양한 형태를 띤다. 이러한 시를 짓는 일은 높은 수준의 기술이 요구된다.

- **애가 1–2장** : 1절은 히브리어 첫 글자 '알렙'(א)으로 시작하는 단어로 시작하여 3행으로 되어있고, 2절은 두 번째 글자 '베이트'(ב)로 시작하는 단어로 시작하여 3행으로, 22절은 마지막 글자 '타우'(ת)로 시작하는 단어로 시작하여 3행으로 구성되어 모두 22절 66행으로 되어있다.
- **애가 3장** : 1–2장과 형식은 같으나 1행을 1절로 구분하고 1–3절은 3행을 히브리어 첫 글자 '알렙'(א)으로 시작하는 단어로, 4–6절은 3행을 두 번째 글자 '베이트'(ב)로 시작하는 단어로, 64–66절은 3행을 마지막 글자 '타우'(ת)로 시작하는 단어로 구성되어 모두 66절 66행으로 되어있다.
- **애가 4장** : 1절은 히브리어 첫 글자 '알렙'(א)으로 시작하는 단어로 시작하여 2행으로, 2절은 두 번째 글자 '베이트'(ב)로 시작하는 단어로 시작하여 2행으로, 22절은 마지막 글자 '타우'(ת)로 시작하는 단어로 시작하여 2행으로 구성되어 모두 22절 44행으로 되어있다.
- **애가 5장** : 이 장은 알파벳 이합체 시가 아니면서도 22절 22행으로 되어 알파벳 이합체 시의 형태를 가지고 있다. 이 장은 다른 장과 달리 구조를 깨면서 '여호와여'라고

2 다섯 편의 도시 애가에 대해 하우스(House 2004, 310–314)의 주석을 참조하라.

부르며 기도로 시작하고 기도로 마친다(애 5:1, 19–22).

애가는 이러한 알파벳 이합체 시를 기본 뼈대로 다음과 같이 다섯 편의 애가로 구성되어 있다.

장	절수	행수	주 제
1	22	66	첫 번째 애가 : 예루살렘의 멸망(애 1:1–22)
2	22	66	두 번째 애가 : 하나님의 심판(애 2:1–22)
3	66	66	세 번째 애가 : 저자의 고백과 확신(애 3:1–66)
4	22	44	네 번째 애가 : 하나님의 진노(애 4:1–22)
5	22	22	다섯 번째 애가 : 남은 자의 기도(애 5:1–22)

III. 주제와 기록 목적

이 책의 주제는 책의 제목과 구조에서 알 수 있다. 책의 제목인 '애가'는 애가 1:1, 2:1; 4:1을 시작하는 단어인 '에이카'(אֵיכָה)에서 왔다. 이 단어는 개역개정판처럼 만가(挽歌)나 비가(悲歌)를 뜻하는 '애가'(哀歌)라고 번역할 수 있고, '슬프다'라는 감탄사로 번역될 수도 있고, '어찌하여'라는 말로도 번역될 수 있다(신 1:12; 사 1:21). 이 제목처럼 이 책의 주제는 하나님이 선택하신 언약 백성과 성전이 처참하게 훼파되고 그 백성이 바벨론 포로로 잡혀간 처참한 상황을 탄식하며 어찌하여 이러한 일이 일어났는지를 보여주려는 것이다.

애가는 예루살렘이 멸망하고 언약 백성들이 바벨론 포로로 끌려가는 처참한 상황을 묘사하고 그 상황에서 구원해 주시기를 간구하는 내용으로 구성되어 있다. 구약성경에서 예루살렘을 가리켜 '주께서 택하신 성읍'(왕상 8:44, 48; 대하 6:6 등)이라고 했고, 성전을 가리켜 '자기 이름을 두시려고 택하신 곳'(신 12:5, 11; 14:23–24 등)과 '주의 이름을 위하여 건축한 성전'(왕상 8:44, 48)이라고 했다. 이것은 예루살렘과 언약 백성들의 정체성과 관련하여 중요한 의미가 있었다는 것이다. 하나님은 이스라엘을 택하여 제사장 나라로 삼아 천하 만민이 구원을 얻는 축복의 통로가 되기를 원하셨다. 그런데도 예루살렘과 백성들이 왜 처참하게 멸망하고 포로로 끌려가며 심지어 주의 이름을 두시려고 택하신 곳인 성전마저 파괴되었는가? 그 이유는 언약 백성들이 하나님과 맺은 언약을 지키지 않았기 때문이다.

애가서에 기록된 예루살렘이 경험한 모든 비통과 고난은 주전 1406년에 맺은 모압 언약을 기준으로 잡으면 820년 전에 예언되었다. 하나님은 당시 이스라엘과 언약을 맺으시고 그 언약의 말씀을 불순종할 때 일어나게 될 무서운 일을 경고하셨다. 이 점을 애가서와 신명기 28장을 몇 부분만 비교해 보면 더 분명하게 알 수 있다.

애가와 신명기 28장 비교			
애가		신명기 28장	
1:3	그가 열국 가운데에 거주하면서 쉴 곳을 얻지 못함이여	28:65	그 여러 민족 중에서 네가 평안함을 얻지 못하며 네 발바닥이 쉴 곳도 얻지 못하고
1:5	어린 자녀들이 대적에게 사로잡혔도다	28:32	네 자녀를 다른 민족에게 빼앗기고
2:15	모든 지나가는 자들이 다 너를 향하여 박수치며 딸 예루살렘을 향하여 비웃고	28:37	모든 민족 중에서 네가 놀람과 속담과 비방거리가 될 것이라
2:20	여인들이 어찌 자기 열매 곧 그들이 낳은 아이들을 먹으오며	28:53	여호와께서 네게 주신 자녀 곧 네 몸의 소생의 살을 먹을 것이라
5:2	우리의 기업이 외인들에게, 우리의 집들도 이방인들에게 돌아갔나이다	28:30	집을 건축하였으나 거기에 거주하지 못할 것이요 포도원을 심었으나 네가 그 열매를 따지 못할 것이며
5:11	대적들이 시온에서 부녀들을, 유다 각 성읍에서 처녀들을 욕보였나이다	28:30	네가 여자와 약혼하였으나 다른 사람이 그 여자와 같이 동침할 것이요

애가서의 저자는 이 언약의 관점에서 주전 586년에 예루살렘에서 있었던 처참한 역사를 기록했다. 하나님은 이스라엘과 맺은 언약에 따라 벌을 내리셨다. 애가서 전체에 신명기 28:15 이하에 기록된 저주 내용이 기록되어 있으나 그중에 이방 나라에 의해 멸망될 것을 말하는 내용이 있다.

> 네가 만일 네 하나님 여호와의 말씀을 순종하지 아니하여 내가 오늘 네게 명령하는 그의 모든 명령과 규례를 지켜 행하지 아니하면 이 모든 저주가 네게 임하며 네게 이를 것이니 (중략) 곧 여호와께서 멀리 땅 끝에서 한 민족을 독수리가 날아오는 것 같이 너를 치러 오게 하시리니 이는 네가 그 언어를 알지 못하는 민족이요 그 용모가 흉악한 민족이라 노인을 보살피지 아니하며 유아를 불쌍히 여기지 아니하며 네 가축의 새끼와 네 토지의 소산을 먹어 마침내 너를 멸망시키며 또 곡식이나 포도주나 기름이나 소의 새끼나 양의 새끼를 너를 위하여 남기지 아니하고 마침내 너를 멸절시키리라(신 28:15, 49-51)

이스라엘의 죄 때문에 임하는 심판의 배후에 하나님이 서 계신다. 그들을 멸망시키는 것은 바벨론이 아니라 하나님이시다. 일반적으로 하나님이 자기 백성을 위해 싸우시지만 그들이 죄를 범할 때는 하나님이 자기 백성에 대항하여 싸우신다(참조. 애 2:4-5).

그러나 애가서의 신학적 메시지는 부정적이지 않다. 거기에는 희망도 있다(Dillard & Longman 1994, 312). 왜냐하면 하나님의 언약은 소멸되지 않았기 때문이다. 불순종에 대해 심판을 경고하신 하나님은 회개할 때 은혜도 약속하셨다(참조. 신 30:1-10). 그래서 저자는 멸망의 와중에도 희망을 제시할 수 있었다(애 3:21-32). 포로된 이스라엘 백성을 향한 저자의 메시지는 그들로 하여금 신명기 28장의 교훈을 배우고 하나님께 돌아오게 하는 것이다. 애가 5:21-22의 기도는 신명기에 기록된 말씀을 알고 있는 남은 자들이 믿음으로 응답한 내용이다. 그들은 하나님께 언약의 마지막 부분을 시행해 주실 것과 포로 상태에서 나라를 회복시켜주실 것을 부르짖었다(디어 1994, 234-235). 애가 3:31-33에 말씀하신 것처럼 하나님이 측은히 여기시는 마음은 그의 분노보다 더 크기 때문이다(Krasovek 1992, 223-233). 그러므로 애가서를 기록한 목적은 예루살렘에 대한 하나님의 심판을 인정하고 하나님이 언약에 따라 자기 백성을 긍휼히 여기시어 회복해 주시기를 기대하는 것이다.

IV. 내용

내용 구조

1. 첫 번째 애가 : 예루살렘의 멸망(애 1:1-22)
2. 두 번째 애가 : 하나님의 심판(애 2:1-22)
3. 세 번째 애가 : 저자의 고백과 확신(애 3:1-66)
4. 네 번째 애가 : 하나님의 진노(애 4:1-22)
5. 다섯 번째 애가 : 남은 자의 기도(애 5:1-22)

1. 첫 번째 애가 : 예루살렘의 멸망(애 1:1-22)

이 문단에서 저자는 예루살렘을 의인화(擬人化, personification)하여 예루살렘의 멸망과 더불어 그것의 처참한 상황을 묘사한다. 그리고 이 문단은 애가 1:12–22에서 하나의 극적인 전환이 일어난다. 그것은 애가 1:1–11이 도시가 파괴된 참혹한 현상을 묘사했다면 애가 1:12–22은 의인화된 도시가 화자(speaker)가 되어 안타까운 감정을 1인칭 단수 동사와 대명사로 묘사하기 때문이다(답스-알삽 2012, 105–106).

애가 1장은 주제와 관련된 요소를 반복한다. 그것은 예루살렘에 위로와 도움이 없다는 것이다.

애 1:2 "위로하는 자가 없고"
애 1:7 "돕는 자가 없었고"
애 1:9 "위로할 자가 없도다"
애 1:16 "위로하여 … 줄 자가 멀리 떠났음이로다"
애 1:17 "위로할 자가 없도다"
애 1:21 "나를 위로하는 자가 없으며"

애가 1장의 주제가 예루살렘의 비참이지만 이 비참은 도움이 없고 인간의 친절함이 없음으로 더 강화된다(House 2004, 341). 그리고 이 장에서 '모든'(콜, כֹּל)이 16번 나타난다(애 1:2$^{\times 2}$, 3, 4, 6, 7, 8, 10, 12, 13, 15, 18, 21, 22$^{\times 2}$).[3] 이것은 예루살렘이 직면한 모든 문제를 전체적인 차원에서 진술한 것을 의미한다. 그래서 백성들이 적들에 의한 완전한 압제, 재산의 완전한 상실, 예배의 완전한 상실, 지도자들의 완전한 상실, 동맹국들의 동정심의 완전한 결여, 위엄과 위신의 완전한 상실, 죄로 말미암아 하나님 앞에 완전한 죄인임을 보여준다(House 2004, 341–342).

내용 분해

(1) 예루살렘의 멸망에 대한 탄식(애 1:1–11)
(2) 자비를 구하는 예루살렘의 기도(애 1:12–22)

3 개역개정판은 '모든'이라는 단어의 의미를 다 살리지 못했다. 그 가운데 애가 1:2에 '그의 모든 사랑하는 자들과 그의 모든 친구들'(מִכָּל־אֹהֲבֶיהָ כָּל־רֵעֶיהָ)의 느낌이 없다.

내용 해설

(1) 예루살렘의 멸망에 대한 탄식(애 1:1–11)

이 문단에서 저자는 한때 번영했던 예루살렘이 멸망하여 비참하게 된 것과 그것이 모든 영역에 얼마나 철저하게 미쳤는지 과거와 현재를 비교하며 설명한다. 여기에서 전지적 시점을 가진 3인칭 화자가 예루살렘을 바깥에서 안을 들여다보며 예루살렘의 처참함을 묘사한다.

① 예루살렘의 멸망에 대한 묘사(애 1:1–6)

저자는 예루살렘이 멸망하는 모습을 보고 그 도시에 대해 '슬프다'라는 말로 시작하며 애가를 부른다. 여기 '슬프다'(에이카, אֵיכָה)는 '애가'(哀歌)라고 번역할 수 있고, '어찌하여'라는 말로도 번역될 수 있다(신 1:12; 사 1:21). NIV, KJV 등 대부분의 영어번역 성경은 '어찌하여'라고 번역했다.

저자는 예루살렘을 '이 성이여'라고 부르며 '전에는'과 '이제는'의 대조를 통해 예루살렘의 과거와 현재를 세 가지 측면에서 말한다. 첫째, 인구의 감소다. '전에는' 예루살렘에 사람들이 많았는데 '이제는' 적막하다. 둘째, 경제 상태가 마비되었다. '전에는' 열국 중에 크던 자가 '이제는' 과부같이 되었다. 과부는 구약성경에 자신을 보호할 수 없거나 극빈한 상태의 나그네와 고아와 같이 나타난다. 이로 보아 예루살렘은 경제적으로 파산 상태에 이르렀음을 보여준다. 셋째, 사회적 지위가 바뀌었다. '전에는' 열방 중에 공주였던 자가 '이제는' 강제 노동을 하는 자가 되었다(애 1:1). 이것은 포로로 끌려가 노예가 되어 강제적으로 노동할 수밖에 없는 상태가 되었다는 것이다. 또한 '모든' 사랑하는 자와 '모든' 친구들의 위로를 받기는커녕 그들과 원수가 되었다(애 1:2).[4] '사랑하는 자'와 '친구들'은 과거 선지자들이 그랬던 것처럼 과거 이스라엘이 하나님을 버리고 동맹을 맺었던 열방과 다른 신들을 말한다(참조. 호 8:8–9; 렘 27:1–22; 겔 16:28–29). 이들은 위로가 되지 못했고 다 배반하여 원수가 되었다.

저자는 지금까지 도시의 이름을 언급하지 않고 '그 성'이라고 하다가 구체적으로 '유다'와 '시온'이라고 말한다(애 1:3–4). 유다는 많은 고난 가운데 사로잡혀 갔다(애 1:3). 한

4 원문은 '그의 모든 사랑하는 자들과 그의 모든 친구들'(מִכָּל־אֹהֲבֶיהָ כָּל־רֵעֶיהָ)로 한때 예루살렘과 동맹을 맺었던 모든 나라를 말한다.

때 절기를 지키기 위해 오던 순례자들로 북적대던 시온의 도로와 성문들은 적막하며 제사장들은 더이상 제사를 드릴 수 없어 탄식하고 처녀들이 근심한다(애 1:4). 처녀들의 통상적인 역할은 종교 예식이 있을 때 기쁨을 표현하는 일이다. 처녀들이 근심한다는 것은 더이상 기쁨을 표현하는 일을 할 수 없다는 것이다(House 2004, 350). 저자는 그의 대적들이 머리가 되고 그의 원수가 형통하게 되어 유다를 멸한 것은 유다의 죄 때문임을 지적한다(애 1:5). 이 죄로 말미암아 딸 시온의 모든 영광은 떠나가고 지도자들은 꼴을 찾지 못한 사슴들처럼 뒤쫓는 자 앞에서 힘없이 달아났다(애 1:6; 참조. 왕하 15:5; 렘 52:8). 개역개정판이 딸과 시온을 동격으로 보고 '딸 시온'이라고 번역했으나 일반적인 용법은 속격이다. '시온의 딸'(바트-치온, בַּת־צִיּוֹן)이라고 번역하여 시온에 속한 모든 성전, 성읍, 백성 등의 모든 영광이 떠난 것으로 보아야 한다. 이것은 단순히 예루살렘만 파괴된 것이 아니라 온 나라가 멸망했다는 것이다.

② 예루살렘의 고통과 그 원인(애 1:7–11)

애가 1:1–6이 멸망한 예루살렘의 외적인 상태를 주로 묘사한 반면에 애가 1:7–11a는 내적인 상태와 그 원인을 묘사한다. 예루살렘이 환난과 유리하는 고통을 당하는 날에 옛날의 모든 즐거움을 떠올리며 기억했다. 옛날은 다윗과 솔로몬 시대를 위시한 은혜와 부흥의 시대였을 것이다. 이를 회상하게 된 것은 그의 백성이 대적들에게 넘겨졌으나 돕는 자가 없었고 대적들이 그의 멸망을 비웃었기 때문이다(애 1:7). 이렇게 된 원인은 예루살렘이 크게 범죄하였기 때문이다(애 1:8a). 이 죄로 말미암아(알-케인, עַל־כֵּן) 예루살렘은 불결한 여인이 되었다(애 1:8b).[5] 과거에 그에게 영광을 돌리던 모든 사람이 그가 벗었음을 보고 업신여겼다(애 1:8c). 모든 사람이 예루살렘을 업신여겼다는 것은 예루살렘의 운명이 얼마나 철저하게 바뀌었음을 다시 강조하고 그가 감당해야 할 수치의 깊이를 보여준다(House 2004, 354). 그들이 왜 예루살렘을 업신여겼는가? 그들이 예루살렘의 벗은 몸을 보았기 때문이다. 당시 몸을 노출하고 특히 하체를 노출한다는 것은 형용할 수 없는 부끄러움이었다(Hillers 1992, 86).

저자는 예루살렘의 불결함과 벗은 몸의 이미지를 가지고 "그의 더러운 것이 그의 옷깃에 묻어 있으나 그의 나중을 생각지 아니함이여"(애 1:9a)라고 했다. 이것은 예루살렘이

5 개역개정판은 '조소거리가 되었으니'라고 번역했다. 원문이 이 번역도 가능하나 의인화된 예루살렘의 벗은 몸과 연관해 볼 때 NIV와 NASB처럼 '불결한 자가 되었다'(러니다 하이타, לְנִידָה הָיָתָה)라고 번역하는 것이 좋다. 왜냐하면 애가 1:17에 '불결한 자'와 어근이 같기 때문이다.

하나님을 버리고 다른 신을 섬기거나 열방을 의지한 일이 어떤 결과를 초래할 것인지 생각하지 않았다는 것이다. 그 결과 놀랍도록 낮아져도 위로할 자가 없다(애 1:9b). 예루살렘은 이런 상태에서 주께 돌아와 1인칭 화자로 "여호와여 원수가 스스로 큰 체하오니 나의 환난을 감찰하소서"(애 1:9c)라고 간구했다.

그는 대적이 손을 펴서 이방인들이 감히 들어갈 수 없는 성소에 들어가 모든 보물을 빼앗아가는 것을 보았다(애 1:10). 이를 목격한 예루살렘의 고통을 어떻게 형언할 수 있겠는가? 이 고통 외에 생명을 이으려고 먹을 것을 구하는 상태에 이르게 되었다(애 1:11a). 먹을 것을 구해야 할 절박함은 이 책에 자주 나온다(애 2:11-12, 20; 4:10). 이 상태에서 다시 1인칭 화자로 "나는 비천하오니 여호와여 나를 돌보시옵소서"(애 1:11b)라고 간구했다.

(2) 자비를 구하는 예루살렘의 기도(애 1:12-22)

이 문단에서 저자는 앞의 문단과 달리 주로 1인칭 시점으로 자기 안에 있는 처참한 상태와 그 심정을 보여준다.

① 예루살렘 자신에게 임한 하나님의 심판(애 1:12-17)

의인화(擬人化)된 예루살렘은 애가 1:9c와 11b에서 1인칭 화자로 여호와께 구했으나 이제 지나가는 사람들에게 말한다. 그는 자신에게 일어난 처참한 상황이 우연히 일어났거나 바벨론의 힘이 강해서가 아니라 하나님이 진노의 날에 심판하신 것으로 해석했다(애 1:12). 그는 그에게 임한 심판을 네 가지 비유적 언어로 설명했다. 첫째, 높은 곳에서 골수에 불을 보내셨다(애 1:13a). '높은 곳'은 소돔과 고모라나 다메섹에게 임한 심판을 상기시킨다(참조. 창 19:23-29; 암 1:3-2:5). '골수'란 '뼈'(에쳄, עֶצֶם)를 말하는데 하나님의 진노가 사람의 중심부를 치셨다는 것이다. 둘째, 그의 발에 그물을 치셨다(애 1:13b). 새(잠 1:17), 물고기(전 9:12) 등을 잡기 위해 그물을 치듯이 유다를 잡기 위해 그물을 치셨다. 셋째, 죄악의 멍에를 그의 목에 올리셨다(애 1:14a). 멍에는 무거운 짐이나 견디기 어려운 괴로움을 말할 때 비유적으로 사용되었다(참조. 창 27:40; 레 26:13; 사 9:4; 렘 27:2 등). 넷째, 유다를 술틀에 밟았다(애 1:15). 이것은 수확한 포도를 술틀에 넣고 즙이 나올 때까지 밟는 이미지로 유다의 용사를 완전히 멸하신 것을 보여준다. 화자인 예루살렘은 지나가는 사람에게 말하다가 탄식하며 그를 위로하여 그의 생명을 회복시킬 자가 멀리 떠났다고 했다(애 1:16).

이때 저자는 애가 1:17에서 다시 3인칭 시점으로 시온이 처한 안타까운 상황을 설명한다. 이 설명은 애가 1:12-16과 1:18-22을 연결하는 요약적인 다리 역할을 한다(House 2004, 360). 시온이 두 손을 폈으나 그를 위로할 자가 없다. 여호와께서 사방에 있는 자들에게 명령하여 야곱의 대적들이 되게 하였고 이스라엘은 그들 가운데 있는 불결한 자가 되었다(애 1:17). 여기서 '손을 편다'라는 것은 애가 1:10에서 대적이 손을 펴는 것처럼 어떤 것을 손에 넣으려는 것이 아니라 여기서는 간구한다는 표현이다. 그가 도움을 간구해도 하나님이 사방의 모든 나라를 대적이 되게 하셨기에 돕거나 위로해 주는 자가 없었다. 또한 여기서 '불결한 자가 되다'라는 말은 애가 1:8의 '불결한 여인'(נִדָּה)과 어근이 같다. 이 단어는 월경이라는 말과 연관되어 종교적인 부정함을 나타낸다(참조. 레 15:19-20; 겔 18:6). 그래서 저자는 당시 예루살렘이 당하는 고통은 모두 하나님 앞에 정결하지 못해 심판을 당할 뿐만 아니라 아무도 그를 돕거나 위로할 수 없는 상태임을 설명한다. 그렇다면 누가 예루살렘을 위로하고 소망을 줄 수 있겠는가? 바로 이 점에 있어서 애가 1:17은 앞의 단락과 뒤의 단락인 예루살렘의 기도를 연결하는 다리 역할을 한다.

② 예루살렘의 기도(애 1:18-22)

예루살렘은 다시 1인칭 시점으로 돌아와 여호와가 의로우시다고 고백한다. 그러나 바로 자신이 여호와의 명령을 거역하여 청년들과 처녀들이 사로잡혀갔음을 고백한다(애 1:18). 당시 예루살렘은 사랑하는 자들을 불렀으나 그들은 그를 속였다(애 1:19). 예루살렘이 사랑하는 자들은 누구인가? 애가 1:2에 기록한 것처럼 그들은 예루살렘과 조약을 맺었던 동맹국들이다. 이 상황에서 예루살렘이 할 수 있는 일은 무엇인가? 그것은 여호와께 돌아와 그에게 간구하는 것이다.그는 "여호와여 보시옵소서"(רְאֵה יְהוָה)라고 부르며 그 이유를 설명한다. 자신이 반역했음과 이로 말미암아 집 밖에서는 칼(= 전쟁)이 아들을 죽이고 집 안에서는 죽음 같은 것이 있다고 고백한다(애 1:20). '죽음 같은 것'은 참화로 말미암은 공포와 심적인 두려움을 말한다. 당시 예루살렘이 느부갓네살의 공격을 받았을 때 포위를 뚫고 도망가려는 자들은 칼에 죽었고 성에 남아 있던 자들은 기근과 역병으로 죽었다(왕하 25:3-5; 겔 5:12).

예루살렘은 그의 원수들은 그가 탄식하는 소리를 들었음에도 위로해 주지 않았고 오히려 기뻐한 일을 아뢰며 주께서 선포하신 날에 예루살렘의 모든 죄악으로 말미암아 행하신 일과 같이 심판해 주시기를 간구했다.

애가 1장은 예루살렘이 죄를 지음으로 처참한 상황을 맞게 된 것과 그 원인을 기록했지만 이 어려운 상황을 어떻게 극복할 수 있는지에 대한 논의를 시작한다. 지금까지 예루살렘은 이 사건에 대한 이유를 받아들이고 이 상황을 주신 분이신 여호와께서 다시 운명을 반전시켜주시기를 간구한다(House 2004, 365). 의로우신 하나님이 자기 백성을 회개케 하여 의로운 백성으로 살아가도록 하기 위해 이 고통을 주셨다면 이스라엘의 유일한 소망은 회개하고 하나님께 돌아가는 것이다.

2. 두 번째 애가 : 하나님의 심판(애 2:1-22)

이 문단에서 저자는 애가 1장의 첫 번째 애가와 형식적으로 동일한 형태의 알파벳 이합체 시로 예루살렘이 하나님의 심판을 받아 멸망하는 처참한 상황과 그에 대해 슬퍼하는 내용을 기술한다. 이 문단은 세 단락으로 구성되어 있다. 이것을 구분하는 기준은 세 명의 화자(speaker)다. 첫 단락은 전지적 시점을 가진 화자가 주의 심판이 예루살렘에 어떻게 임했는지를 묘사한다(애 2:1–10). 둘째 단락은 1인칭 시점으로 저자가 화자가 되어 심판을 슬퍼하여 주께 부르짖어 구하기를 요청하는 내용이다(애 2:11–19). 셋째 단락은 예루살렘 자신이 화자가 되어 주께 부르짖는 내용이다(애 2:20–22).

내용 분해

(1) 예루살렘에 임한 하나님의 심판(애 2:1–10)
(2) 예루살렘에 대한 저자의 탄식(애 2:11–19)
(3) 예루살렘의 탄식(애 2:20–22)

내용 해설

(1) 예루살렘에 임한 하나님의 심판(애 2:1–10)

전지적 시점을 가진 3인칭 화자가 "슬프다 주께서 어찌 그리 진노하사 딸 시온을 구름으로 덮으셨는가"(애 2:1a)라고 탄식하며 예루살렘에 임한 하나님의 심판을 다양하게 묘사한다. 그는 예루살렘을 '딸 시온'이라 부른다. 애가 1:6에 처음 나타났던 이 용어가 애가 2장에는 여섯 번 나온다(애 2:1, 4, 8, 10, 13, 18). 이 용어는 개역개정판처럼 동격으로 '딸 시온'이라기보다는 속격으로 '시온의 딸'(바트-치온, בַּת־צִיּוֹן)이라고 번역하여 시온에 속한 모든 성전, 성읍, 백성 등 전체 이스라엘로 보아야 한다. 그리고 '이스라엘의 아름다움'을 하늘에서 땅에 던지셨다는 표현은 이스라엘의 멸망을 말한다. 하나님의 심판을 몇 가지 예를 들어보면 얼마나 철저하게 임했는지 알 수 있다.

- 그의 발판을 기억하지 아니하셨다(애 2:1). '그의 발판'(하돔- 라그라우, הֲדֹם־רַגְלָיו)은 하나님이 임재하시는 곳인 언약궤를 가리킨다(시 99:5; 132:7; 대상 28:2).
- 야곱의 모든 거처를 삼키셨다(애 2:2).
- 이스라엘의 모든 뿔을 자르셨다(애 2:3). '뿔'은 힘을 상징하는 것으로 교만과 힘을 내포하는 은유다(Hillers 1992, 97).
- 주께서 원수같이 되어 이스라엘과 궁궐을 삼키셨다(애 2:5)
- 자기 제단을 버리시고 자기 성소를 미워하셨다(애 2:7). 제단과 성소는 하나님이 그의 이름을 두셨던 곳이다(왕상 9:1-9).
- 왕과 지도자들이 율법 없는 이방인 가운데 있게 하셨다(애 2:9). 이 말씀대로 왕과 이스라엘은 바벨론 포로로 끌려갔다(참조. 왕 24:10-16; 25:1-7).

(2) 예루살렘에 대한 저자의 탄식(애 2:11-19)

저자가 화자(speaker)가 되어 1인칭 시점으로 자신이 보았던 장면에 대해 고통하며 탄식한다. 화자는 간섭자가 아니라 예루살렘의 고통을 나누고 지금 앞으로 나아갈 방법을 표현한다(House 2004, 385). 그는 자신의 눈이 눈물에 상하며 창자가 끊어지며 간이 쏟아졌다고 했다(애 2:11). 이 표현은 극도의 슬픔을 느낄 때 몸이 반응한 것을 묘사한 것이다. 그의 몸이 이렇게 느끼게 만든 예루살렘의 상황에 대해 네 개의 장면을 보여주고, 이 상황을 극복할 수 있는 길을 제시한다. 첫째, 어린 자녀와 젖먹이들이 먹을 것이 없어 쓰러졌다(애 2:11-12). 둘째, 파괴함이 바다 같이 커서 위로할 수 없다(애 2:13). 대개 위로할 때 다른 사람이나 상황과 비교하기도 하지만 이 상황이 너무 참혹해서 비교할 대상이 없다. 셋째, 예루살렘의 선지자들은 어리석은 묵시를 말함으로 멸망에서 돌이키지 못했다(애 2:14). 당시 선지자들은 평화와 번영에 대한 낙관적인 예언으로 사람들을 미혹했다(참조. 렘 28:1-4, 10-11; 29:29-32). 넷째, 지나가는 자들과 모든 대적이 예루살렘을 조롱했다(애

2:15–17). 그러나 1인칭 화자는 이 모든 일은 여호와께서 이미 정하신 일을 행하신 것이고 대적자들의 뿔을 들리게 하신 것으로 해석했다(애 2:17).

저자는 네 가지의 참혹한 상황을 보여준 뒤에 밤낮으로 눈물을 강처럼 흘리며 주를 향해 부르짖기를 권하며 네 가지 명령법 동사로 주를 향하여 부르짖으라고 명령한다(애 2:18–19). 그것은 '일어나'(쿠미, קוּמִי 〈 קום), '부르짖어라'(론니, רֹנִּי 〈 רנן), 마음을 물같이 '쏟으라'(쉬프키, שִׁפְכִי 〈 שָׁפַךְ), 주를 향해 '손을 들어라'(서이, שְׂאִי 〈 נָשָׂא)이다. 바로 이 일은 새로운 시작을 가능하게 할 뿐만 아니라 부모들이 그들 자신을 구속하고 자손에게 더이상 해를 끼치지 않는 방법이다(House 2004, 393).

(3) 예루살렘의 탄식(애 2:20–22)

이 단락에서 예루살렘이 화자가 되어 그에게 일어난 일을 묘사하며 "여호와여 보시옵소서"라고 하며 주께 부르짖는다. 그에게 일어난 일은 그들이 낳은 아이들을 먹으며, 늙은이와 젊은이가 길바닥에 엎드러진 일 등이다(애 2:20–21). 주께서 이 두려운 일들을 절기 때 무리를 부름 같이 사방에서 적들이 올라와 멸하게 하셨다(애 2:22).

애가 2장에서 다양한 시점으로 묘사된 예루살렘의 멸망은 우연히 일어났거나 이방 세력들의 힘이 강해서가 아니다. 예루살렘이 하나님과 맺은 언약의 말씀을 반복하여 배반했기 때문이다. 하나님은 예루살렘이 그에게 불순종했을 때 어떤 저주가 임할 것인지 상세하게 말씀하신 바가 있다(레 26:14–39; 신 28:15–68). 그래서 이 장에 기록된 하나님의 심판은 언약의 저주다. 이 애가를 볼 때 구약시대처럼 신약시대에도 동일하게 성도는 하나님과 맺은 언약을 소중하게 여기고 지키기에 힘써야 한다.

3. 세 번째 애가 : 저자의 고백과 확신(애 3:1-66)

이 문단은 애가서의 중심이다. 애가 3장에서 저자인 화자가 1인칭 시점으로 하나님의 성품과 고난 당하는 민족의 태도를 묘사한다. 애가 3장은 형식 면에서 1–2장과 같다. 애가 1–2장과 달리 66절로 되어있으나 행수에 있어서 애가 1–2장과 같이 66행이다. 하지만 분량 면으로 같다. 다만 차이점은 애가 1–2장은 3행이 한 절로 되어있고 처음 시작하는 말만 알파벳 순서로 되어있으나 애가 3장은 3행이 세 절로 되어있고 세 행을 모두 같은 알파벳으로 시작한다는 것이다. 이러한 차이는 노래의 정교함을 보여주기도 하지만 다른 장과 구별하여 이 장이 핵심을 담고 있다는 것을 보여주는 문학적 장치다.

내용 분해

(1) 저자가 경험한 고통(애 3:1–18)
(2) 저자의 희망(애 3:19–24)
(3) 고통에 대한 올바른 태도(애 3:25–39)
(4) 이스라엘 공동체와 저자 개인의 기도(애 3:40–66)

내용 해설

(1) 저자가 경험한 고통(애 3:1–18)

이 문단에서 저자는 자신이 주님의 날에 있었던 심판의 때를 경험한 사건을 다양한 은유적 표현으로 묘사한다. 그는 여호와의 분노의 매로 고난당한 자는 바로 자기 자신이라고 했다(애 3:1). 그가 당한 고난을 한마디로 요약하면 하나님이 자신을 어둠 안에서 걸어가게 하셨다는 것이다(애 3:2). 어둠 안에서 걸어간 일을 은유적으로 묘사한 것에 대해 예를 들면 다음과 같다.

- 그의 살과 가죽을 쇠하게 하시고 뼈들을 꺾으셨다(애 3:4). 이것은 살과 가죽은 외적인 고통을 의미하고 뼈들은 내적인 고통을 의미하는 것으로 보인다(디어 1994, 259–260).
- 그를 둘러싸서 나가지 못하게 하시고 기도도 물리치실 뿐만 아니라 그의 길을 막으셨다(애 3:7–9). 도움을 얻을 수 있는 어떤 방도도 없다는 것을 의미한다.
- 하나님이 곰과 사자같이 자신을 찢으셨다(애 3:10–11).
- 그를 과녁으로 삼으시고 화살로 허리를 맞추셨다(애 3:13).
- 그의 모든 백성에게 조롱거리가 되었다(애 3:14). 유다를 침략한 대적들의 조롱만이 아니라 자기 백성 사람들 가운데 일부가 그의 믿음을 조롱했다(참조. 렘 1:17–19).
- 조약돌로 '이'(齒)를 꺾으셨다(애 3:16).

저자가 1인칭 시점으로 자신이 경험한 내용을 말하나 자기만 그 고통을 경험한 것이 아니라 그의 온 백성이 경험했다. 이 상황에서 그의 힘과 여호와께 대한 소망이 끊어졌다(애 3:18). 이것은 그와 그의 백성이 절망적인 상황에 놓였다는 것이다.

(2) 저자의 희망(애 3:19–24)

이 절망적인 상황에서 저자는 그를 누르는 절망을 밀어내고 희망을 찾았다. 그에게 있는 희망은 하나님의 성품과 능력에 대해 새롭게 이해함으로 새로운 힘과 소망으로 귀결될 것을 바라보는 것이다(House 2004, 413). 그는 자기의 고초와 재난, 곧 쑥과 담즙을 기억해 달라고 했다. 그리고 그의 마음에 담아두었던 그것이 소망이 되었다고 하며 자신의 소망을 아뢴다(애 3:19–21). 저자의 마음에 담아두었던 것은 성도들이 많이 암송하고 있는 말씀이다.

> 여호와의 인자와 긍휼이 무궁하시므로 우리가 진멸되지 아니함이니이다 이것들이 아침마다 새로우니 주의 성실하심이 크시도소이다(애 3:22–23)

이 말씀은 구약성경에 익숙한 성도라면 금송아지 사건으로 깨트린 십계명 돌판을 모세가 다시 만들어 올라갔을 때 하나님이 “여호와라 여호와라 자비롭고 은혜롭고 노하기를 더디하고 인자와 진실이 많은 하나님이라”(출 34:6–7)라는 말씀과 어떤 죄를 범했다 할지라도 죄를 회개하면 인자와 긍휼이 무궁하신 하나님이 용서하시고 땅도 회복해 주실 것이라는 약속(신 30:1–11)을 떠올리게 한다. 복 주시고 치유하시는 하나님의 결심은 벌을 주시는 하나님의 결심만큼이나 철저하고 독특하다. 특히 당시 이스라엘이 범한 죄의 상태와 벌의 깊이를 볼 때 언약 관계로 되돌아오는 길은 길고 힘들 수도 있다. 그럼에도 불구하고 시작하는 것은 그 길을 가능하게 한다(House 2004, 414). 하나님의 자비와 긍휼하심을 마음에 간직한 저자는 “이것들이 아침마다 새로우니 주의 성실하심이 크도소이다”(애 3:23)라고 했다. 이 믿음을 토대로 그는 여호와는 그의 기업이기에 여호와를 바라볼 것이라고 고백한다(애 3:24). 하나님은 제사장 아론에게 이 땅에서 기업이 없을 것이라고 하셨지만 하나님은 자신이 그의 기업이 되신다고 하셨다(참조. 민 28:20). 이 말씀을 볼 때 저자가 ‘여호와는 나의 기업’이라고 한 것은 여호와께서 그의 삶을 책임져 주신다는 고백이다. 이것이 저자가 가졌던 희망이다.

(3) 고통에 대한 올바른 태도(애 3:25-39)

저자는 하나님이 그와 유다의 기업이 되어주시고 신명기 30:1-11에서 약속한 복도 주실 것을 믿었다. 그러면서 지금 자기와 자기 백성들이 당하는 고통에 대해 올바른 태도가 무엇인지 설명한다.

- 기다리는 자나 구하는 영혼에게 여호와는 선하시다는 것을 믿어야 한다(애 3:25).
- 여호와의 구원을 바라보고 잠잠히 기다려야 한다. 왜냐하면 여호와께서 멍에를 메우셨기 때문이다(애 3:26-28).
- 입을 땅의 티끌에 대라(애 3:29). 침묵하며 땅에 앉아 있고 머리에 재를 뿌리는 일은 슬픔의 의식을 반영하는 행위다(House 2004, 417).
- 치욕을 참아라. 왜냐하면 주께서 영원토록 버리지 않으실 것이고, 잠시 근심하게 하시나 그의 풍부한 인자하심에 따라 긍휼히 여기실 것이며, 주께서 인생으로 고생하게 하시지만 본심이 아니시기 때문이다(애 3:30-33).
- 갇힌 자들을 발로 밟고 불의를 행하는 것은 하나님이 기뻐하시는 일이 아님을 알아야 한다(애 3:34-36). 이것은 때로 억울한 일을 만나도 하나님이 갚으신다는 것을 알아야 한다는 것이다. 이 지식은 억울하게 고통을 당해도 참고 견딜 수 있게 한다.
- 화와 복이 주의 입에서 나온다는 것을 알아야 한다. 지금 이스라엘의 남은 자는 죄 때문에 벌을 받기에 원망하지 말아야 한다(애 3:37-39).

(4) 이스라엘 공동체와 저자 개인의 기도(애 3:40-66)

저자는 자신과 자기 백성들이 하나님을 찾는다면 하나님이 들으실 것을 확신하고 백성들에게 함께 기도하기를 권면했다. 이 문단을 두 부분으로 구분할 수 있다. 첫 부분은 백성들이 죄를 하나님께 자백하고 은혜를 구할 것을 권한다(애 3:40-47). 이 단락에는 복수로 '우리', '우리의', '우리를' 등으로 썼다. 둘째 부분은 저자 자신의 기도로 대적들을 벌해주시기를 구한다(애 3:48-66). 이 단락에는 단수로 '나', '나의', '나를' 등으로 썼다.

① 이스라엘 공동체적인 기도(애 3:40–47)

저자는 자기 백성들에게 우리가 스스로 우리의 행위를 조사하고 여호와께 돌아가자고 권하고 마음과 손을 하늘에 계신 하나님께 들자고 권한다(애 3:40–41). 마음과 손을 드는 행위는 삶 전체로 하나님을 의지한다는 것이다. 이 권고와 더불어 지금 우리 이스라엘 공동체가 죄를 범하여 하나님이 진노하셨고, 기도도 듣지 아니하시며, 뭇 나라 가운데 쓰레기와 폐물로 삼으셨기에 멸망이 임했다고 진단했다(애 3:42–47). 하나님이 그들과의 통로를 닫으셨고, 그들에게 해를 입히셨고, 처참한 상황으로 내모셨다(House 2004, 423). 그럼에도 저자가 이스라엘 공동체가 회개하고 하나님께 기도할 것을 권고했다는 것은 이를 희망의 출구로 보았다는 것이다.

② 저자 개인의 기도(애 3:48–66)

a. 저자의 눈물(애 3:48-51)

저자는 자기 백성의 파멸로 말미암아 그의 눈에 눈물이 시내처럼 흐르고, 그치지 않는다(애 3:48–49). 이것은 단순히 슬픔의 눈물이 아니라 기도할 때 흐르는 눈물이다. 왜냐하면 여호와께서 하늘에서 살피시고 돌보실 때까지라고 말하기 때문이다(애 3:50). 특히 그의 성읍의 모든 여자를 보고 심령이 상한다고 했다. 이는 전쟁으로 남자들이 죽었기 때문으로 볼 수도 있고, 표준새번역처럼 모든 여자가 겪은 일을 보았기 때문일 수도 있다.

b. 원수들이 행한 일(애 3:52-54)

저자는 원수들이 행한 일을 은유적으로 묘사한다. 원수들이 이유없이 새처럼 사냥하고, 생명을 끊으려고 구덩이에 집어넣고 그 위에 돌을 던졌다(애 3:52–53). 또한 물이 그의 머리 위에 넘쳤다(애 3:54). 새처럼 사냥하고, 웅덩이에 집어넣고, 물이 머리 위에 넘친다는 것은 모두 그가 죽음의 지경에 처하게 되었음을 은유적으로 말한 것이다. 그래서 그 스스로 "이제는 멸절되었다"(애 3:54)라고 생각했다.

c. 원수들을 멸해주시기를 구하는 기도(애 3:55-66)

저자는 그가 빠진 깊은 웅덩이에서 주의 이름을 불렀다(애 3:55). 여기에 '내가…불렀나이다'(קָרָאתִי 〈 קָרָא)를 프로반(Provan 1991, 105–107)은 현재시제에서의 간구라고 본다. 하지만 원문대로 과거시제로 보고 과거 끔찍한 상황에서 하나님이 구원해 주신 것을 말한다고 보는 것이 자연스럽다(House 2004, 426). 동일한 방식으로 애가 3:56에 '들으셨다'(שָׁמַעְתָּ < שׁמע)도 과거시제로 번역해야 한다. 이 일이 언제 일어났는지 설명하지 않지만 과거에 부르짖을 때 응답해 주셨던 하나님이 그의 탄식과 부르짖음을 듣고 응답해 주시기를 구한다(애 3:56). 이것은 아무리 현재의 고난이 심할지라도 과거에 응답해 주셨던 하나님이 지금도 응답하시라는 믿음의 표현이다.

저자는 자기와 자기 백성에게 일어난 억울한 일을 하나님이 '보셨고'(애 3:59–60), '들으셨다'(애 3:62)고 했다. 그는 과거의 경험을 토대로 원수들이 조롱하는 것을 '주목하여 보옵소서'(הַבִּיטָה < נבט)라고 했다(애 3:63). 이 동사는 명령법이다. 이 기도에 이어 그는 여호와께서 원수들에게 '보응하시고', '저주를 내리시고', '뒤쫓아가', '멸하소서'라고 기도한다(애 3:64–66). 이 마지막 소절에 사용한 동사는 모두 '미완료형'으로 미래사다. 이것은 저자가 하나님이 과거에 행하셨기 때문에 앞으로 행하신 것을 믿고 있다는 것이다(House 2004, 428).

애가 3장은 예루살렘의 참상에 대해 개인적인 고통에서 개인적인 믿음으로, 나아가 이스라엘 공동체에 대한 교훈으로, 온전한 구원과 원수들을 멸해주시기를 원하는 기도로 이동한다. 그의 믿음대로 뒤의 역사를 보면 하나님이 이루셨다는 것을 볼 때 우리가 어떤 죄를 지어 고통한다 할지라도 복된 미래를 여는 출구는 회개와 기도라는 것을 알 수 있다.

4. 네 번째 애가 : 하나님의 진노(애 4:1-22)

이 문단은 애가 1–2장과 같은 형식의 알파벳 이합체 시다. 차이점은 애가 1–2장은 3행이 한 절로 되어있고 처음 시작하는 말만 알파벳 순서로 되어있으나 애가 4장은 2행이 한 절로 되어있고 모두 22절 44행으로 되어있다는 것이다. 이 장은 앞의 애가 2장과 같이 화자(speaker)에 따라 네 개의 단락으로 구성되어 있다. 첫 단락은 3인칭 시점을 가진 화자인 저자가 예루살렘의 자녀들에게 직면한 고난을 묘사한다(애 4:1–10). 둘째 단락은 전지적 시점을 가진 3인칭 화자가 예루살렘이 멸망한 원인을 설명한다(애 4:11–16). 셋째 단락은 1인칭 시점을 가진 화자인 '우리'가 예루살렘이 멸망한 원인을 설명한다(애 4:17–20). 넷째 단락은 3인칭 시점의 화자인 저자가 에돔의 심판과 이스라엘의 구원을 묘사한다(애 4:21–22).

내용 분해

(1) 예루살렘 자녀들이 직면한 고난(애 4:1–10)

(2) 예루살렘의 멸망 원인 1(애 4:11–16)

(3) 예루살렘의 멸망 원인 2(애 4:17–20)

(4) 에돔의 심판과 이스라엘의 구원(애 4:21–22)

내용 해설

(1) 예루살렘 자녀들이 직면한 고난(애 4:1–10)

저자는 예루살렘이 멸망 이전과 이후의 상태를 비교하며 당시 예루살렘이 직면한 고난의 상태를 설명한다. 그는 예루살렘과 그 백성을 금으로 비유하며 어떻게 빛을 잃어 변질되었는지 탄식한다(애 4:1).

장절	멸망 전	멸망 후
4:2	순금에 비할 만큼 보배로운 시온의 아들들	토기장이가 만든 질 항아리
4:4–5	맛있는 음식을 먹는 자들	떡을 구하나 줄 사람이 없음
4:5	붉은 옷을 입고 자라난 자들	거름더미를 안음
4:7–8	존귀한 자들의 몸이 눈보다 깨끗하고 젖보다 희며 … 윤택함이 갈아서 빛낸 청옥 같더니	얼굴이 숯보다 검고 가죽이 뼈에 붙어 막대기 같이 말랐으니 … 알아볼 사람이 없다
4:10	자비로운 부녀들	자기들의 손으로 자기들의 자녀들을 삶아 먹음

(2) 예루살렘의 멸망 원인 1 (애 4:11–16)

이 단락에서 전지적 시점을 가진 3인칭 화자가 진단한 예루살렘의 멸망 원인을 설명한다. 여호와께서 분을 내시고 그의 맹렬한 진노를 쏟으셨다(애 4:11). 여호와는 이방나라들을 사용하여 그의 진노를 시행하셨다. 세상의 왕들과 모든 백성은 이스라엘의 원수들이 예루살렘 성문으로 들어갈 줄을 몰랐다(애 4:12). 세상적인 관점으로 애굽(왕상 14:25–28), 북이스라엘(왕하 14:13–14), 앗수르(왕하 18:1–19:35), 바벨론(왕하 24:10–17)의 공격에도 예루살렘이 건재했기 때문으로 볼 수 있다. 그러나 더 중요한 이유는 이곳에 여호와가 임재하시고 통치하시기 때문에 하나님이 지키신다고 보았기 때문이다. 그러나 이 이야기의 화자는 이 성이 멸망한 원인을 하나님의 선지자와 제사장들의 죄악이라고 했다(애 4:13a). 이들은 성에 살던 의인의 피를 흘린 자들이다(애 4:13b). 실제로 당시에 예레미야를 죽이려 했었고(렘 26:11-15) 선지자 우리야를 죽였다(렘 26:20-23). 그 결과 여호와께서는 그들을 맹인 같이 방황하게 하시고 옷이 피에 더러워졌기에 나병환자들처럼 취급받게 하시고 여호와께서 그들을 흩으셨다(애 4:14-15). 그런데 여기 '그들'은 누구를 말하는가? 그들을 선지자와 제사장들로 보기도 하고(Berlin 2002, 110; 디어 1994, 269), 전체적인 백성으로 보기도 한다(Hillers 1992, 149-150; Provan 1991, 117-118). 문맥적으로 제사장들과 선지자들을 말하는 것이 적절하다. 그들은 불결하여 더이상 그 직분을 수행할 수 없다. 애가 4:16에는 여호와께서 그들을 흩으신 것을 "제사장들을 높이지 아니하였으며"라고 했으나 여기 '제사장들'의 히브리어 원문은 '제사장의 얼굴'(퍼네이 코하님, פְּנֵי כֹהֲנִים)로 '제사장의 직분'을 존중히 생각하지 않았다고 보아야 한다. 왜 예루살렘이 이토록 처참한 고통을 당했는가? 이 단락에서 전지적 시점을 가진 3인칭 화자는 하나님의 선지자들과 제사장들이 그 직분을 존중하고 바르게 봉사하지 않았기 때문이라고 말한다.

(3) 예루살렘의 멸망 원인 2 (애 4:17-20)

이 단락에서 1인칭 시점을 가진 화자인 '우리'가 예루살렘이 멸망한 원인을 설명한다. 화자는 언약 백성이 하나님을 의지하지 않고 헛되이 구원하지 못할 나라를 바라보았다고 했다(애 4:17). 예레미야와 에스겔 선지자는 애굽에 도움을 청한 것에 대해 경고한 바가 있다(렘 37:6-10; 겔 29:6-7). 그러나 이 도움은 헛된 것이었다. 바벨론 군대는 하늘의 독수리보다 빨리 와서 예루살렘을 정복했다(애 1:19; 참조. 합 1:8). 불행하게도 여호와의 기름부음받은 자인 당시 유다 왕 시드기야가 이 함정에 빠져 바벨론을 배반하고 이 애굽을 의지함으로 멸망을 자초했다(애 4:20; 참조. 왕하 24:20b-25:7).

(4) 에돔의 심판과 이스라엘의 구원(애 4:21-22)

이 단락에서 화자인 저자는 에돔의 멸망과 이스라엘의 구원을 바라본다. 이 책에서 저자는 복수(plural)로 원수들을 15번이나 언급했지만(애 1:2, 5, 9, 16, 21; 2:3, 4 등) 구체적인 이름으로 처음 '우스 땅에 사는 에돔'을 언급한다. 우스는 나홀의 자녀 가운데 한 명의 이름이고(창 10:23; 22:20-24; 대상 1:17), 에돔과도 연관된 이름이다(창 36:28; 대상 1:42; 렘 25:20). 이 에돔에게 "에돔아 즐거워하며 기뻐하라"라고 했다. 그러면서 그에게 심판의 잔이 임하고 거기에 취하여 벌거벗으리라고 했다(애 4:21). 이것은 속마음과 반대되는 표현을 쓴 반어법(irony)이다(Young & Stek 2002, 1241). 에돔에 대해 성경 여러 곳에서 멸망을 기록하지만 예레미야 선지자도 심판의 잔을 마실 것이고, 벌거벗은 몸을 드러낼 것이고 열국의 조롱거리가 될 것이라고 했다(렘 49:7-22). 왜냐하면 에돔은 역사적으로 예루살렘을 비방했고 바벨론을 도와 이스라엘의 멸망에 적극적인 역할을 했기 때문이다(시 137:7; 겔 25:12-14; 옵 10-14). 반대로 시온은 죄악의 형벌을 다 받고 다시 사로잡혀 가지 아니하게 하실 것이라고 했다(애 4:22).

이 장에서 각각의 화자들은 예루살렘의 멸망을 슬퍼하지만 그 원인이 선지자와 제사장들의 죄와 백성들이 하나님을 신뢰하지 않고 다른 나라를 신뢰한 일에 있음을 지적했다. 하지만 거기에 그치지 않고 하나님의 벌이 그치게 될 소망을 선포한다.

5. 다섯 번째 애가 : 남은 자의 기도(애 5:1-22)

이 문단에서 저자는 애가 1-4장의 알파벳 이합체 시의 형식을 깨뜨린다. 그런데 이 장은 알파벳 이합체 시가 아니면서도 22절 22행으로 되어 기본 형태를 유지하고 있다. 이 장은 다른 장과 달리 '여호와여'라고 부르며 간구하는 내용으로 시작한다. 이 장은 예루살렘이 당하는 치욕을 묘사하며 그 원인이 언약 백성으로 합당한 삶을 살지 못했음을 고백하고 이스라엘의 남은 자를 회복해 주시기를 간구하는 내용을 담고 있다.

내용 분해

(1) 예루살렘이 받은 치욕을 살펴달라는 간구(애 5:1-18)
(2) 남은 자의 회복을 위한 기도(애 5:19-12)

내용 해설

(1) 예루살렘이 받은 치욕을 살펴달라는 간구(애 5:1-18)

저자는 자신을 포함한 '우리' 공동체를 위해 간구한다(애 5:1). 이 간구는 애가 5:1–18의 도입부 역할이지만 애가 5:2–18이 이 간구와 연관되어 있음을 보여준다. 그는 다른 애가와 달리 '여호와여'라고 부르며 명령형 동사 세 개, 곧 '기억하시고'(זְכֹר 〈 זכר), '살피시고'(הַבִּיטָה 〈 נבט), '보옵소서'(רְאֵה 〈 רָאָה)로 시작한다. 이 기도에 세 개의 명령형 동사를 사용하는 것에 대해 렌케마(Renkema 1998, 589)는 "애가 5:1은 구약성경에서 발견된 가장 간절한 기도로 결합되어 있다"라고 했다. 이 세 개의 명령형 동사를 사용하여 그들이 받은 치욕을 살펴서 보아달라고 간구했다.

저자는 그들이 받은 치욕이 무엇인지 애가 5:2–18에 자세히 기록한다. 그들은 모든 기업과 집이 이방인 소유가 되었기에 아버지 없는 고아들처럼 되었다(애 5:2–3). 실제로 바벨론이 그 땅을 장악했을 뿐만 아니라 주위의 국가들도 유다 땅을 지배했다(렘 40:10; 겔 35:10). 그래서 물과 땔감인 나무도 돈을 주고 사야만 했다(애 5:4). 경제적인 화가 가중되므로 삶은 더 힘들게 되고 이 일이 그들의 목을 눌리므로 기진하게 되었다(애 5:5). '목을 누르다'라는 말은 숨통을 조인다는 것으로 경제적인 압박이 가져온 한 양상이다. 현대에도 경제적인 압박으로 목을 조이는 일은 허다하다.

그들은 애굽과 앗수르 사람과 악수하고 양식을 얻어 배불리고자 했다(애 5:6). 이 구절은 두 가지 해석이 가능하다. 하나는 그들이 고통당하는 원인을 지적하는 것으로 그들의 조상들이 안전을 위해 애굽과 조약을 맺은 것으로 보는 것이다. '악수하다'라는 것은 계약이나 협정을 의미한다(참조. 왕하 10:15). 실제로 유다는 나라의 안전을 위해 애굽과 앗수르와 조약을 맺었다(참조. 겔 16:26–28; 23:12, 21). 이러한 죄가 멸망을 가져왔고 그 죄악을 그들이 담당하고 있다고 생각한다(애 5:7). 또 하나는 그들이 예루살렘에서 도망쳐 먹을 것을 얻기 위해 다른 나라로 가서 양식을 얻고자 한 것으로 본다(Renkema 1998, 603–604). 애가 5:2–18이 그들이 당시 당하고 있었던 치욕을 말하는 문맥에 있다고 보면 이 역시 가능하다. 그리고 종들이 그들을 지배해도 건져낼 자가 없다(애 5:8). 여기 '종들'은 바벨론이 임명한 자들로 낮은 등급의 사람들이 높아진 자들을 말하는 것으로 보기도 하고(디어 1994, 274), 과거에 유다가 통치했던 에돔과 같은 나라로 보기도 한다(Renkema 1998, 606–607). 이중 어떤 것을 받아들여도 당시 유다가 당한 치욕을 잘 보여준다. 그들은 양식을 얻기 위해 죽음을 무릅쓰고 광야를 지나야 했다. 왜냐하면 광야에는 칼이 있었기 때문이다(애 5:9). 광야에 칼이 있었다는 것은 이 땅에 법과 질서가 없었음을 가리킨다(Hillers 1992, 164). 그들은 굶주림으로 피부가 아궁이처럼 검었다(애 5:10). 오늘날도 굶주림으로 고통당하는 사람은 얼굴이 검다. 피부가 검어지는 것은 영양실조에서 온다(House 2004, 465). 저자는 유다가 당한 치욕 중에 이 장에서 경제 문제를 가장 많이 언급한 것은 주목할 만하다.

당시 유다가 당한 치욕은 굶주림과 연관된 경제적인 문제만이 아니라 대적들이 시온에서 부녀들과 유다 각 성읍에서 처녀들을 욕보인 일이다(애 5:11). '욕보이다'(עִנּוּ 〈 ענה)라는 단어가 성경에 다양하게 쓰였으나 여기서는 강제적으로 성관계를 맺는 폭력적인 행동을 의미한다(참조. 창 34:2; 삼하 13:14). 지도자들은 그들의 손에 매달렸다(애 5:12a). 이것은 말뚝에 희생자를 못박아 매는 사형집행의 방법으로 당시 지도자들이 잔인한 방법으로 죽임을 당했음을 의미한다(디어 1994, 275). 장로들도 그 나이와 신분에 따른 존중을 받지 못한다(애 5:12b). 청년들은 맷돌을 돌리며 아이들은 나무를 지다가 엎드러졌다(애 5:13). 이것은 살아남은 청년들이 삼손과 같이 곡식을 빻기 위해 맷돌을 돌리고(참조. 삿 16:21) 아이들은 나무를 하는 노예 신세가 되었다는 것이다(디어 1994, 275).

노인들은 성문에 앉지 못하고 청년들은 다시 노래하지 못한다(애 5:14). 당시 성문이 정의와 지혜를 얻기도 하고 재판하기도 하는 사회적 기능을 하는 장소였기 때문에 젊은이들이 여기서 노래하고 즐거워하는 것은 자연스러운 일이었다. 이 일을 하지 못한다는 것은 유다 성읍이 일상생활을 할 수 있는 자유가 없음을 말한다. 그래서 그들의 마음에 기쁨이 그쳤고 춤이 변하여 슬픔이 되었다(애 5:15). 그들의 지위와 명예를 상징하는 면류관이 떨어지고 이러한 치욕을 당하는 것은 죄 때문임을 고백한다(애 5:16). 이 죄의 결과로 마음이 피곤해졌고 눈이 어두워졌으며 시온 산은 황폐하여 여우가 노는 황폐한 곳이 되었다(애 5:17-18). 유다가 이 치욕스러운 삶을 반전시킬 방법은 없는가?

(2) 남은 자의 회복을 위한 기도(애 5:19-12)

저자는 처음 기도를 시작할 때와 같이 '여호와여'라고 부르며 언약 관계에서 부르는 2인칭으로 "주는 영원히 계시오며 주의 보좌는 대대에 이르나이다"(애 5:19)라고 그들의 믿음을 고백한다. 주님이 계시는 지상의 성전은 무너졌지만 그대로 주는 영원히 계시고 온 세상을 주권적으로 통치하시는 분이심을 고백한다. 이 고백 후에 저자는 수사의문문으로 "주께서 어찌하여 우리를 영원히 잊으시오며 우리를 이같이 오래 버리시나이까?"(애 5:20)라고 질문했다. 이것은 언약 관계에서 주께서 영원히 잊지 않으시는 분이라는 믿음이 내포되어 있다. 이 믿음의 기초 위에서 "우리를 주께로 돌이키소서 그리하시면 우리가 주께로 돌아가겠나이다 우리의 날들을 다새 새롭게 하사 옛적 같게 하옵소서"(애 5:21)라고 기도했다. 그리고 저자는 지금 주께서 버리셨고 진노하심이 크실지라도 회복시켜 주실 것을 간구했다(애 5:22).[6] 이 간구는 하나님의 언약의 말씀에 근거해 있다.

> 그들이 나를 거스른 잘못으로 자기의 죄악과 그들의 조상의 죄악을 자복하고 또 그들이 내게 대항하므로 나도 그들에게 대항하여 내가 그들을 그들의 원수들의 땅으로 끌어 갔음을 깨닫고 그 할례 받지 아니한 그들의 마음이 낮아져서 그들의 죄악의 형벌을 기쁘게 받으면 내가 야곱과 맺은 내 언약과 이삭과 맺은 내 언약을 기억하며 아브라함과 맺은 내 언약을 기억하고 그 땅을 기억하리라 그들이 내 법도를 싫어하며 내 규례를 멸시하였으므로 그 땅을 떠나서 사람이 없을 때에 그 땅은 황폐하여 안식을 누릴 것이요 그들은 자기 죄악의 형벌을 기쁘게 받으리라 그런즉 그들이 그들의 원수들의 땅에 있을 때에 내가 그들을 내버리지 아니하며 미워하지 아니하며 아주 멸하지 아니하고 그들과 맺은 내 언약을 폐하지 아니하리니 나는 여호와 그들의 하나님이 됨이니라 내가 그들의 하나님이 되기 위하여 민족들이 보는 앞에서 애굽 땅으로부터 그들을 인도하여 낸 그들의 조상과의 언약을 그들을 위하여 기억하리라 나는 여호와이니라(레 26:40-45)

그래서 애가서는 희망을 보여주며 끝맺는다. 죄로 말미암은 치욕을 당했음에도 불구하고 유다는 버림을 받은 것이 아니다. 하나님은 영원히 보좌에 앉아 통치하시며 전능자로서 이스라엘과 맺은 언약을 지키실 것이다(디어 1994, 277). 구속역사의 점진적인 성격에 따라 이 뒤의 역사를 보면 언약에 말씀하신 대로 이스라엘을 포로에서 돌아오게 하셨다. 또한 이 백성을 통해 보내실 것이라고 약속하신 그리스도를 보내셨다. 저자가 앞서 애가 3:22-23에서 고백한 것처럼 주의 인자와 긍휼이 무궁하신 주께서 그의 성실하심으로 약속을 이루셨다.

---

6 히브리어 원문은 '키임'(כִּי אִם)으로 시작하는데 그 뜻은 '할지라도'(even though)이다. "당신은 실로 우리를 버리셨고 우리에게 심히 화가 나셨다고 할지라도"라고 번역할 수 있다. 폴 하우스(House 2005, 470-472)는 여러 학자들의 견해를 소개하며 이 번역이 가장 문맥에 어울린다고 했다.

여호와의 인자와 긍휼이 무궁하시므로 우리가 진멸되지 아니함이니이다 이것들이 아침마다 새로우니 주의 성실하심이 크시도소이다(애 3:22-23)

V. 구속사적 의미

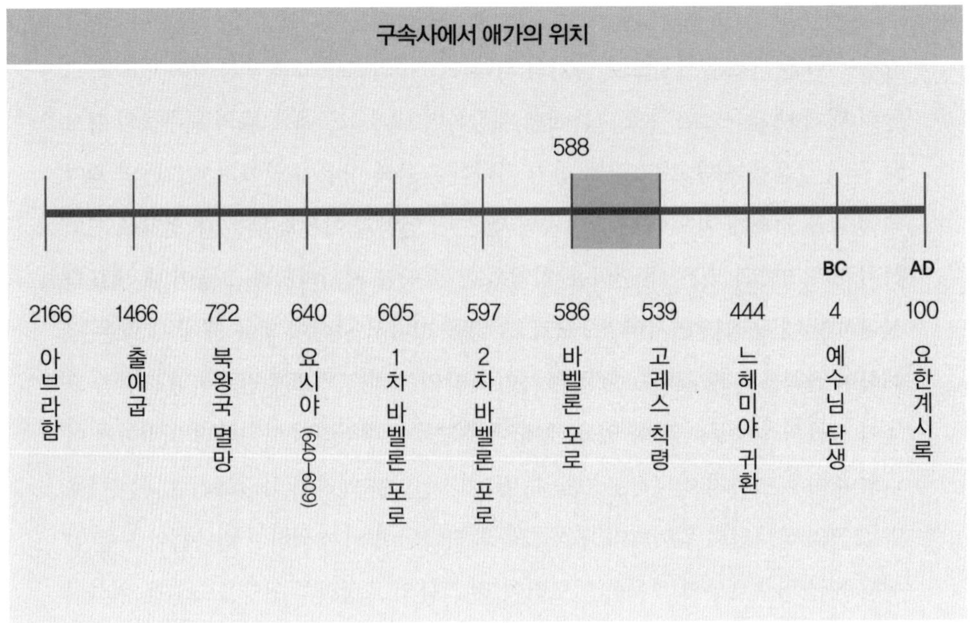

애가는 느부갓네살이 시드기야(주전 597-586) 9년 곧 주전 588년에 올라와 3년간 성을 포위한 때부터 주전 586년 성전을 파괴하고 백성들을 바벨론으로 잡아간 이후 남은 자들이 하나님의 약속을 기억하며 은혜를 구한 시대까지의 구속사의 내용을 담고 있다. 그래서 이 책은 하나님의 약속과 그 약속을 바라보고 기도함으로 바벨론 포로에서 돌아오는 주전 539년 고레스 칙령까지의 구속사라고 할 수 있다(참조. 렘 29:10-14).

예루살렘은 '주께서 택하신 성읍'(왕상 8:44, 48; 대하 6:6 등)이며 성전은 '자기 이름을 두시려고 택하신 곳'(신 12:5, 11; 14:23-24 등)이다. 이것은 언약 백성과 교제하며 이들을 제사장 나라로 삼아 천하 만민이 구원을 얻는 축복의 통로가 되기를 원하셨기 때문이다. 그래서 이들과 언약을 맺으시고 그 언약의 말씀에 순종할 때 복을 약속하시고 불순종할 때 일어나게 될 무서운 일을 경고하셨다. 하지만 이스라엘은 언약의 말씀을 불순종하므로 그들이 가진 독특한 지위에도 불구하고 멸망 당하고 바벨론 포로로 끌려갔다. 이 일은 구속사에서 하나님과 맺은 언약을 배반하고 죄를 지은 결과임을 보여준다(애 1:5, 8–9, 18, 22; 2:14; 3:40–42; 4:13, 22; 5:7). 그러나 저자는 애가서에서 고통만을 말하지 않고 희망도 말한다(애 3:21–32). 그것은 불순종에 대해 심판을 경고하신 하나님은 회개할 때 은혜도 약속하셨기 때문이다(참조. 신 30:1–10). 저자가 이 점을 말한 것은 하나님은 여전히 이스라엘과 맺은 언약이 유효하기에 죄를 회개하면 언제든지 회복하실 것을 내다 보았기 때문이다. 그가 내다본 대로 주전 539년에 고레스 칙령으로 예루살렘으로 돌아갔고, 성전도 재건했다(참조. 스 1:1–4; 6:14). 하지만 그 후에 이스라엘은 처음에 가졌던 영광을 회복하지 못했다. 이 성취는 그리스도가 오심으로 성취하실 것이고, 재림하심으로 완전히 성취하실 것이기 때문이다.

한편 저자는 애가서를 통해 언약 백성이라 할지라도 언약을 지키지 않는다면 역사에서 제사장 나라로서 특권을 누리지 못할 뿐만 아니라 그 사명을 감당하지 못한다는 것을 보여준다. 모압 언약이나 그 후의 다윗 언약도 하나님이 선택하시고 구원하시는 것은 무조건적인 은혜이지만 구속사에서 하나님의 은혜를 누리고 사명을 감당하는 일은 조건적이기 때문이다(신 28:15; 삼하 7:12–16). 그러므로 오늘날 그리스도 안에 있는 우리도 구속사에서 하나님과 교제하는 은혜를 누리면서 제사장 나라로서 사명을 감당하기 위해서는 언약의 말씀을 지켜야 한다.

에스겔

Ezekiel

S U M M A R Y

에스겔

에스겔서는 구속사에서 에스겔 당시의 역사와 그 당대에 일어날 일들을 생생하게 예언하고 그 성취를 기록할 뿐만 아니라 그리스도의 오심과 재림으로 인하여 이루어질 일들까지 환상(겔 8:1-11:25; 37:1-14; 40:1-48:35 등)과 상징적 행동(겔 4:1-5:4; 12:1-12 등), 알레고리(겔 16:1-63; 23:1-49) 등으로 보여준다. 특히 에스겔 선지자 당시의 사건을 예언하고 그 예언이 그대로 이루어진 사건을 기록함으로 하나님이 그 말씀 하신 것을 역사 가운데 반드시 이루신다는 사실을 입증해 준다. 이것은 이 책에 기록된 미래에 있게 될 사건까지 이루신다는 역사적 조망을 준다. 그래서 에스겔서는 성도들에게 역사에 대한 조망과 더불어 우리가 이 역사와 세계에서 믿음으로 산다는 것이 어떤 의미가 있는지 구속역사의 큰 그림 속에서 보여준다.

I. 저자와 역사적 배경

1. 저자

에스겔(Ezekiel)이라는 책 이름은 선지자 '에스겔'(יְחֶזְקֵאל)이라는 이름에서 왔다. 이 선지자의 이름은 '강하게 하다'라는 의미의 '하자크'(חָזַק)와 '하나님'이라는 의미의 '엘'(אל)이 결합된 말이다. 전통적으로 이 책의 저자를 에스겔 선지자로 본다. 그러나 이 문제는 단순하지 않다. 1905년에 S. R. 드라이버(Driver 1897, 279)는 "이 책의 처음부터 끝까지 변함없이 한 사람의 사상이 드러나 있다"라고 말했다. 그리고 스키너(Skinner 1898, 817)는 "이 책의 그 언어나 수사법이나 사상에 있어서 저자가 한 명이라는 인상을 전해주고 있을 뿐만 아니라 그 글의 구조가 너무나도 명쾌하고 포괄적이며 문학적으로 잘 구성된 구조로 되어있으므로 여러 사람이 쓴 것이라고 볼 수 없다"라고 했다.

그러나 이후 저자에 대해 다양한 주장이 제기되었다. 그중에 침멀리(Zimmerli 1983, 71-

74)는 에스겔 3:16-21; 18장, 25-32장에 기록된 열방에 대한 신탁들은 원래 독립적으로 존재하던 것이었는데 후대에 편집과정에서 추가되었다고 보았다. 그리고 다수의 신학자는 포로 중에 있던 사람이 쓴 것이 아니라 예루살렘에 있던 사람이 쓴 것이라고 본다. 그것은 두 가지 이유 때문이다. 첫째, 이 책의 많은 부분이 예루살렘에 대한 멸망과 그 백성들을 향하여 쓰고 있다는 것이다. 특히 에스겔 8-11장은 선지자가 예루살렘에서 블라댜의 죽음을 보았고, 성전에서의 우상숭배와 하나님의 영광이 떠나는 것을 보았다고 기록한다. 그렇다면 에스겔 선지자가 바벨론에 있었다는 사실과 예루살렘에서 있었던 사건을 눈으로 보듯이 묘사하고 있는 것을 어떻게 조화시킬 수 있을까 하는 문제가 발생하게 된다. 그래서 인간의 이성으로 볼 때 예루살렘에서 사역하다가 바벨론으로 끌려간 사람으로 보거나, 그 이전에 부르심을 받은 자라고 주장하기도 한다. 인간의 논리로 볼 때 이것이 타당성이 있어 보인다. 이러한 논리는 에스겔이 이 책을 썼다는 것을 부인하는 것이다. 그러나 이 책에서 에스겔은 하나님에 의해 자신의 몸이 옮겨져 환상들을 보았다고 자주 말한다(겔 3:12, 14, 8:3; 11:1, 24; 40:1-3; 43:5). 이러한 현상은 마치 바울이 삼층천에 올라간 경험이 몸 안에 있었는지 몸 밖에 있었는지 몰랐던 것처럼(고후 12:1-2) 바벨론 포로 중에 하나님이 초자연적으로 장소를 이동시키는 방법으로 보게 하였다고 할 수 있다.

둘째, 선지자의 경험 정도가 정상이 아니라는 것이다. 현대 서구세계의 기준에 따르면 선지자의 행동을 병적인 것으로 보는 경우가 종종 있다. 그는 상당한 기간 움직이지 않고 누워있었고(겔 4:4-7), 벙어리가 되었거나 말을 하지 않았다(겔 3:24-27; 24:25-27; 33:22). 심지어 자기 아내가 죽었을 때 슬퍼할 수도 없었다(겔 24:15-27). 또한, 그는 이상 가운데 몸이 이동하였고(겔 8:1-4), 정상적인 것을 넘어서는 이야기들과 이상들에 대해 언급하였으며(겔 1-3장; 8-11장; 21장; 23-24장; 37-48장), 거의 기괴한 행동을 하기도 했다(겔 4:12; 5:1-4; 12:3-5). 정신분석학적인 면에서 선지자의 이러한 행동이 기괴한(bizarre) 것은 사실이다. 그러나 우리는 그의 행동을 독특하다거나 끔찍하게 생각하기 이전에 그가 하나님과 자기 백성에게 얼마나 헌신하였는지를 보아야 하며, 이 선지자가 하나님의 말씀을 선포할 때 거기에 동반된 수치(shame)를 얼마나 감당해야 했는지를 인식해야 한다(Dillard & Longman 1994, 319). 왜냐하면, 그의 기이한 행동은 하나님의 계시(말씀)를 전달하는 행동이기 때문이다.

하지만 저자의 진정성 문제에 대하여 성경학자들의 견해나 인간의 합리성보다 더 중요한 것은 성경 자체가 무엇이라고 증거하느냐 하는 것이다. 에스겔서는 에스겔 한 사람이 하나님으로부터 받은 계시 내용을 기록하고 있다. 그 증거는 다음과 같다. (1) '에스겔'

자신에게 여호와의 말씀이 임했음을 밝히고 있다(겔 1:3; 24:24). (2) 화자가 1인칭 단수형으로 계속 나타난다. (3) 문체, 언어, 주제의 전개 등에 일관성이 있다. (4) 특별한 표현들이 반복적으로 나타난다. 예를 들면 '내가 여호와인 줄을 그들이 알게 될 것이다', '인자', '여호와의 말씀이 내게 임하니', '여호와의 영광' 등이다. 이러한 증거들은 에스겔 선지자 한 사람이 썼다는 것을 알게 해 준다.

선지자 에스겔에 대한 자료는 그의 이름으로 된 에스겔서가 거의 유일하다. 그는 주전 598년에 느부갓네살에 의해 바벨론으로 끌려온 포로들 가운데 있었고, 포로생활 가운데 선지자로 부름을 받았다(겔 1:1-3). 그는 결혼했고(겔 24:15-18), 자신의 집에 살았다(겔 3:24; 8:1). 그는 제사장 가문이었지만(겔 1:3) 포로 중에서 제사장 겸 선지자로 부름을 받았다. 에스겔은 자신의 국가적 전통만이 아니라 국제적인 업무와 역사에 대해서도 폭넓은 지식을 가지고 있었다. 그는 조선술에서부터 문학에 이르기까지 익숙했고, 문체가 때로는 현실과 동떨어진 것처럼 보였지만 열정적이고 현실적이었다(겔 16장; 23장). 무엇보다도 에스겔은 선지적 메시지를 담은 상징적인 행동을 직접 수행한 헌신된 선지자였다.

2. 역사적 배경

에스겔이 선지자로 부름을 받고 활동하던 시기는 당시 역사적으로 볼 때 격동의 시기였다. 그것을 잘 알 수 있는 대목이 에스겔 1:1-3에 간략하게 기술하고 있다.

서른째 해 넷째 달 초닷새에 내가 그발 강 가 사로잡힌 자 중에 있을 때에 하늘이 열리며 하나님의 모습이 내게 보이니 여호야긴 왕이 사로잡힌 지 오 년 그 달 초닷새라 갈대아 땅 그발 강 가에서 여호와의 말씀이 부시의 아들 제사장 나 에스겔에게 특별히 임하고 여호와의 권능이 내 위에 있으니라.

여기 에스겔 1:1에 '서른째 해 넷째 달 초닷새에'(개역한글판은 '제 삼십 년 사월 오일에')는 언제를 말하는지 많은 논의가 있었다. 하지만 에스겔서의 역사적 시점을 설명하는 구절을 에스겔 1:2로 본다면 에스겔 1:1은 당시 에스겔의 나이로 보는 것이 타당하다. 에스겔 1:2은 역사기술방법을 표현하는 관용구로 왕의 통치 연한을 주로 사용하는데 여기에도 "여호야긴 왕의 사로잡힌 지 오년 그달 초닷새라"라고 기록한다. 그래서 에스겔이 선지자로 부름을 받은 것은 그의 나이 삼십 세이고, 이때 여호야긴 왕이 사로잡혀 온 지 오 년째이다.

그러면 여호야긴이 언제 포로로 바벨론에 끌려왔을까? 그는 느부갓네살 여덟째 해,

그의 나이 십팔 세에 포로로 끌려왔다(왕하 24:8). 이때 느부갓네살은 여호야긴 왕과 그의 모친과 아내와 내시와 권세 있는 자들과 용사와 기술자들을 사로잡아 갔다(왕하 24:15-16). 이 무리 가운데 에스겔이 있었다. 느부갓네살은 여호야긴을 바벨론으로 끌고 가고 시드기야를 꼭두각시로 세웠다(왕하 24:17). 이때가 주전 598년이다.

여호야긴이 포로로 잡혀갔을 때가 주전 598년이라면 이때 에스겔의 나이는 얼마나 되었을까? 에스겔 1:1에 '서른째 해 넷째 달 초닷새'를 그의 나이를 설명하는 것으로 본다면 포로로 잡혀 왔을 때의 나이는 이십오 세라고 할 수 있다. 에스겔의 나이를 특히 삼십 세라고 보는 것은 민수기 4:3에 "삼십 세 이상으로 오십 세까지 회막의 일을 하기 위하여 그 역사에 참가할만한 모든 자를 계수하라"라는 말씀에 근거하여 제사장으로 봉사할 수 있는 나이라고 본다. 그래서 그가 태어난 해는 주전 598년에서 25년을 빼면 주전 623년이다. 이때는 요시야 왕 재위 17년으로 요시야 재위 18년, 곧 주전 622년에 성전에서 율법책이 발견되기 1년 전이었다(왕하 22:3). 그리고 요시야가 율법책을 발견한 후에 종교를 개혁하려던 때였다. 하지만 그 전에 므낫세 왕의 악한 행동으로 인하여 이미 하나님의 진노가 타오르고 있었다(왕하 23:26). 이 연대는 에스겔서의 중요한 역사적 배경을 알려준다.

에스겔이 선지자로 부름을 받았을 때 국제정세는 지각변동이 크게 일어나고 있었다. 한때 아람(시리아)과 팔레스틴 지역을 정복했고, 북이스라엘을 주전 722년에 멸망시킨 앗수르 제국이 당시 신흥강국으로 부상하던 바벨론에게 무너지기 시작했다. 이러한 역사적 상황에서 바벨론은 나보폴라살(Nabopolassar, 주전 626-605)의 영도 아래에 메대(Medes) 왕국의 왕이었던 키악세레스(Cyaxares)의 도움을 받아 앗수르를 격파했다. 이때 앗수르는 애굽과 동맹을 맺어서 바벨론과 그 동맹군과 전쟁을 하였지만 주전 612년에 수도 니느웨가 함락되었다. 그 후에 앗술-우발리트 2세가 애굽의 후원을 받아 하란을 탈환하려 하였지만 항전하다 결국 주전 609년에 완전히 멸망했다(Bright 1981, 314-316).

이 과정에서 애굽의 바로 느고(Necho or Neco II, 주전 610-594)는 하란에서 싸우는 앗수르의 앗술-우발리트(Asshur-uballit)를 도우려고 군대를 유프라테스 강변의 갈그미스(Carchemish)로 향했다. 이때 유다의 요시야 왕은 공식적으로 바벨론의 동맹국이 되었는지 확실하지는 않지만 결과적으로 바벨론을 도우려다가 이 전쟁에서 전사하였다(왕하 23:29-30; 대하 35:23-24). 이때가 주전 609년이었고, 에스겔의 나이 14세였다. 이때 유다는 요시야의 아들 여호아하스를 왕으로 세웠다. 그러자 애굽의 바로는 여호아하스를 애굽으로 끌고 갔다. 그 대신 요시야 왕의 아들 엘리아김을 왕으로 세워 그의 이름을 여호야김으로 바꾸고 괴뢰(傀儡)정부를 세웠다(왕하 23:34).

그 후 바벨론과 애굽 간의 전쟁은 여호야김 왕 3년, 곧 주전 605년에 세계 역사에서도 유명한 갈그미스 전투에서 판가름이 났다(렘 46:2). 그 전투에서 애굽의 바로 느고와 바벨론의 느부갓네살이 전쟁하였고, 바벨론이 승리하여 패권을 쥐었다. 같은 해에 느부갓네살이 바벨론의 왕으로 등극하였고 여호야김으로 하여금 신하의 의무를 하게 하였다. 이때 다니엘과 그의 세 친구인 사드락과 메삭과 아벳느고가 포로로 끌려갔다(왕하 24:1-2, 7; 단 1:1). 이후에 여호야김은 바벨론을 3년 동안 섬기다가 배반했다. 이에 주전 598년에 느부갓네살이 예루살렘을 치고, 여호야김은 포로로 끌려가서 죽었다. 그가 어떻게 죽었는지는 기록되어 있지 않았지만 처형당한 것으로 추정한다(대하 36:6; 렘 22:18-19). 이때 여호야김의 아들 여호야긴이 왕이 되었으나 느부갓네살은 여호야긴 통치 3개월 만에 그와 약 1만 명 이상의 유대인들을 바벨론으로 끌고 갔다. 이때 에스겔도 함께 포로로 끌려갔던 것으로 보인다(왕하 24:14-16). 그때 에스겔의 나이는 25세였다.

느부갓네살은 여호야긴의 삼촌 맛다니야를 대신하여 왕으로 삼고 이름을 시드기야로 바꾸었다(왕하 24:17). 하지만 시드기야는 약 5-6년이 흐른 후에 바벨론을 배반했다(왕하 24:20b). 이로 인하여 바벨론은 주전 588년에 군대를 보내어 주전 586년에 성과 성전을 불태우고 성벽을 헐었다(왕하 25:8-12).

에스겔이 계시를 받은 것은 그가 포로로 끌려온 지 5년이 되던 해 주전 593년부터였다. 그리고 에스겔서에 예언된 내용과 성취된 내용 대부분은 이러한 역사적 배경과 관련하여 정밀하게 기록되었다. 현대 학자들은 고고학(설형문자 토판에 기록된 바벨론 연대기)과 천문학(고문서 보관소에 언급된 일식과 관련된 연대) 등을 사용하여 현대의 연대를 계산했다. 특히 에스겔서 안에 연대기적으로 관련된 말씀은 13회 정도 나오는데 아래의 '도표'와 같다.

에스겔서 안에서 연대기와 관련된 신탁

	참조본문	사 건	본문의 연대	현대의 연대
1	1:1-2 3:16	에스겔의 소명과 환상	05. 04. 05	주전 593. 07.
2	8:1	예루살렘으로 옮기심	06. 06. 05.	주전 592. 09.
3	20:1-2	이스라엘 역사를 부정적인 관점으로 설명하심	07. 05. 10.	주전 591. 08.
4	24:1	예루살렘의 포위가 시작됨(임박한 심판)	09. 10. 10.	주전 588. 01.
5	26:1	두로에 대한 신탁(oracle)	11. ? 01	주전 587. 04. 주전 586. 08.

	참조본문	사 건	본문의 연대	현대의 연대
6	29:1	애굽에 대한 신탁	10. 10. 12.	주전 587. 01.
7	29:17	두로를 대신할 애굽	27. 01. 01.	주전 571. 04.
8	30:20	애굽의 바로에 대한 신탁	11. 01. 07.	주전 587. 04.
9	31:1	애굽의 바로에 대한 신탁	11. 03. 01.	주전 587. 06.
10	32:1	애굽의 바로에 대한 신탁	12. 12. 01.	주전 585. 03.
11	32:17	애굽의 심판	12. ? 15.	주전 586. 04.
12	33:21	예루살렘 함락에 대한 소식	12. 10. 05.	주전 585. 01.
13	40:1	미래에 대한 환상	25. 01. 10.	주전 573. 04.

II. 문학적 구조와 특징

하나님은 우리 인간이 사용하는 언어를 통하여 계시하셨기 때문에 언어의 구조와 특징, 곧 문학적 특성을 이해하는 일은 중요하다. 하나님은 언어라는 수단을 통해 계시하셨기 때문에 어떤 종류의 글(문학 장르)에 메시지를 담았으며, 어떤 수사법을 사용하였고, 어떤 논리 구조로 의미를 전달하였는지를 아는 일은 하나님의 말씀을 바르게 이해할 수 있는 중요한 방법이다. 문학적 구조와 신학적 주제는 밀접하게 연관되어 있기 때문이다 (Hill & Walton 1991, 342).

세 개의 주요 선지서들(이사야, 예레미야, 에스겔)과 스바냐는 (1) 이스라엘에 대한 신탁, (2) 열국에 대한 신탁, (3) 이스라엘의 회복이라는 일련의 구조로 되어있지만, 에스겔보다 이 패턴이 더 분명한 책은 없다(Hillmer & Stek 2002, 1245). 에스겔은 크게 세 부분으로 구성되어 있다. 에스겔 1–24장은 하나님이 이스라엘의 죄를 지적하고 그 죄에 대해 언약 백성들을 심판하여 예루살렘을 멸망시키고 성전을 파괴하실 것에 대한 신탁이고, 에스겔 25–32장은 이스라엘 주변에 있는 열국에 대한 신탁이며, 에스겔 33–48장은 이스라엘의 회복에 대한 신탁이다. 이 구조는 이 책의 전체 주제가 심판과 회복과 관련되어 있음을 알 수 있다. 그 구조는 다음과 같다.

1. 이스라엘의 죄와 그 죄의 심판에 대한 신탁(겔 1:1-24:27)

(1) 에스겔의 소명과 관련된 이상(겔 1:1–3:27)
(2) 예루살렘의 멸망을 묘사하는 상징적인 행동(겔 4:1–5:17)
(3) 하나님의 심판에 대한 신탁(겔 6:1–7:27)
(4) 여호와의 영광이 성전에서 떠나는 환상(겔 8:1–11:25)
(5) 이스라엘이 화를 당할 것에 대한 예언들(겔 12:1–24:27)

2. 열국의 죄와 그 죄의 심판에 대한 신탁(겔 25:1-32:32)

(1) 암몬, 모압, 에돔, 블레셋(겔 25:1–17)
(2) 두로(겔 26:1–28:19)
(3) 시돈(겔 28:20–26)
(4) 애굽(겔 29:1–32:32)

3. 이스라엘의 회복에 대한 신탁(겔 33:1-48:35)

(1) 파수꾼의 사명을 재확인함(겔 33:1–20)
(2) 예루살렘의 함락 소식과 남은 자의 정죄(겔 33:21–33)
(3) 여호와께서 이스라엘의 목자가 되심(겔 34:1–31)
(4) 에돔의 황폐와 이스라엘의 회복(겔 35:1–36:15)
(5) 회복된 땅과 변화된 사람(겔 36:16–38)
(6) 이스라엘의 국가적인 삶의 회복(겔 37:1–28)
(7) 곡과 마곡에 대한 예언(겔 38:1–39:29)
(8) 새 예루살렘을 위한 계획(겔 40:1–48:35)

이 구조 외에 에스겔서는 다음과 같은 평행 구조로 책의 주제와 의미를 전달하기도 한다.[1]

1 힐머와 스텍(Hillmer & Stek 2002, 1245)은 이를 대칭 구조(symmetry)라고 보았으나 평행 구조다.

2:1-3:27	심판을 알리는 파수꾼	33:1-20	새 시대를 알리는 파수꾼
4:1-32:32	심판 ※ 8:1-11:25 더럽혀진 성전 (환상)	34:1-48:35	회복 ※ 40:1-48:35 깨끗해진 성전 (환상)

에스겔은 이 외에도 다양한 형태의 수사적 장치를 사용하여 메시지를 전달한다. 그 중에 네 개의 주요 환상(겔 1:1-3:15; 8:1-11:25; 37:1-14; 40:1-48:35)과 열한 개의 상징적인 행동(겔 3:22-26; 4:1-3; 4:4-8, 4:9-17; 5:1-3; 12:1-16; 12:17-20; 21:6-7; 21:18-24; 24:15-24; 37:15-28) 그리고 다섯 가지의 비유 또는 알레고리 등이 있다(겔 15장; 16장; 17장; 19장; 23장).

또한, 에스겔의 문학적 특징 가운데 하나는 같은 어구의 반복이다. 그 반복은 "그래서 너희가(그들이) 내가 여호와인 줄 알게 될 것이다"(Then you will know that I am the Lord)라는 구절이다. 이 구절의 직접적인 표현이 에스겔서 안에 65회가 나타나고 간접적인 표현까지 합하면 72회가 나타난다.[2] 이 표현은 하나님의 뜻과 의도대로 되었다는 것을 증명하는 일종의 공식(formula)으로 이것을 반복하는 것은 이 부분이 핵심주제와 연관되어 있다는 것을 보여주는 히브리식 문학적 기법이다(Alter 1981, 95, 88-113).

III. 주제와 기록 목적

에스겔서는 크게 세 부분으로 이루어져 있다. 그것은 이스라엘에 대한 심판(겔 1:1-24:27), 열국에 대한 심판(겔 25:1-32:32), 이스라엘과 열국의 회복(겔 33:1-48:35)이다. 이러한 구조는 이 책의 전체 주제가 심판 및 회복과 관련되어 있다는 것을 알 수 있다. 이 책의 주제는 언약의 말씀에 따라 범죄한 이스라엘을 심판하지만 동시에 언약을 성취하시기 위해 이스라엘과 열국의 회복을 보여주어 그들이 어떤 위치에 있는지를 보여준다.

특히 이 책에서 저자는 하나님의 심판이 정당하고 그 결과 예루살렘이 멸망하고 성전이 파괴될 수밖에 없다는 사실을 입증하고, 나아가 하나님의 은혜를 입증하여 이스라엘과 언약을 맺은 여호와 하나님이 어떤 분이신지를 알고 하나님을 섬기는 일이 왜 중요한지를 논증하는 방식으로 기술한다. 이 점을 잘 알 수 있게 하는 표현이 반복적으로 나타나는 "그래서 너희가(그들이) 내가 여호와인 줄 알게 될 것이다"(Then you will know that I am

---

2 이 구절은 에스겔 6:7, 10, 13, 14; 7:4, 9, 27; 11:10, 12; 12:15, 16, 20; 13:9, 14, 21, 23; 14:8; 15:7; 16:62; 17:21, 24; 20:12, 20, 26, 38, 42, 44, 48; 21:5; 22:16, 22, 23:49; 24:24, 27; 25:5, 7, 11, 17; 26:6, 28:22, 23, 24, 26; 29:6, 9, 16, 21; 30:8, 19, 25, 26; 32:15; 33:29; 34:27, 30; 35:4, 9, 12, 15; 36:11, 23, 36, 38; 37:6, 13, 14, 28; 38:23; 39:6, 7, 22, 28 등이다.

the Lord)라는 구절이다. 이 공식은 에스겔서 제1부인 1-24장에서는 예루살렘이 멸망하기 이전에 이스라엘의 죄로 말미암아 하나님의 심판을 받을 수밖에 없다는 사실을 논증하며, 실제로 심판이 이루어진 사실을 통하여 하나님의 의도대로 되었다는 것을 보여주는 일에 초점이 맞추어져 있다. 제2부인 에스겔 25-32장에서는 이스라엘 주변국인 암몬, 모압, 에돔, 블레셋, 두로, 시돈, 애굽 등의 나라도 하나님의 통치권 안에 있으며 그들의 죄악에 따라 심판하심을 모든 것이 하나님의 뜻대로 성취된다는 것을 알게 하는 데 초점이 맞추어져 있다. 제3부인 에스겔 33-48장에서는 하나님께서 이스라엘의 회복을 통하여 하나님이 어떤 분이신지 알게 될 것을 약속하고 있고, 그 약속이 성취되는 것을 통하여 모든 것이 하나님의 뜻(계획)대로 됨을 알게 하는 데 초점이 맞추어져 있다. 그래서 이러한 공식을 통하여 볼 때 에스겔서는 심판과 회복을 통하여 언약의 백성이나 이방 백성들에게 하나님이 어떤 분이시며, 또한 하나님이 이루실 구속사의 큰 그림을 보여주어 이스라엘의 독특한 위치를 깨닫게 하고 제사장 나라와 거룩한 백성으로 사명을 다하게 하려는 목적으로 기록되었다는 것을 알 수 있다.

에스겔의 메시지는 독특하게도 하나님이 특별히 선택하여 구별하신 이스라엘 백성과 땅과 성전에 초점을 맞추어 설명한다. 에스겔서는 거룩한 백성들이 거룩한 성전과 거룩한 성과 거룩한 땅을 더럽힌 일에 대하여 이방 민족을 들어 심판하실 것을 선포한다. 하지만 언약에 신실하시고 당신의 백성을 사랑하셨던 하나님께서는 모든 더러운 것들을 깨끗하게 하시고 다윗 왕조를 통하여 오실 그리스도(겔 34:23-24) 안에서 나라를 회복하고 거룩한 성과 성전을 회복하실 것을 말한다. 에스겔서는 이러한 전 과정을 통하여 세상 역사 안에서 하나님이 만민을 구원하시려는 목적을 성취하신다는 점을 보여준다. 그러나 에스겔서의 메시지는 궁극적으로 종말론적이지만 원근법으로 삼중적인 의미가 있다. 곧 일차적으로 바벨론 포로에서의 회복, 다음으로는 예수 그리스도 안에서의 회복, 그 다음으로 그리스도의 재림으로 이루어지는 하나님 나라의 회복이라는 그림 안에서 역사를 보아야 한다. 역사에 대한 이러한 조감(a bird's eye view)을 하게 되면 우리와 교회의 사명을 새롭게 할 수 있다.

이 책은 이러한 전체 주제와 목적을 중심으로 몇 가지 중요한 신학적 메시지도 보여준다.

1. 하나님의 주권

일반적으로 우리 눈에 보이는 세상의 권력이나 힘이 세상을 움직이고 모든 결정권을 가지고 있는 것처럼 보이지만 에스겔서는 하나님이 세상을 통치하신다는 사상을 잘 보여준다. 특히 에스겔 1장이나 10장에서 에스겔이 본 하늘 보좌에 대한 환상은 단지 눈에 보이는 바벨론이 세상을 움직이는 것이 아니라 눈에 보이지 아니하지만, 하늘 보좌에 계시는 하나님께서 온 세상을 통치하신다는 것을 보여준다. 고돈 맥콘빌(2009, 208-209)은 이 환상에 대하여 하나님 통치의 보편성을 보여주는 것으로 하나님은 유다만의 왕이 아니라 바벨론의 왕이기도 하시며, 모든 곳에서 왕이 되신다는 것을 함축하고 있기 때문에 바벨론의 신들에게는 최종 결정권이 없다고 말했다. 하늘 보좌에 대한 환상은 하나님이 온 세상을 통치하신다는 사상을 가장 분명하게 보여주는 증거다.

이뿐만 아니라 에스겔 25-32장에서는 이스라엘 주변국인 암몬, 모압, 에돔, 블레셋, 두로, 시돈, 애굽 등의 나라도 심판하시는 것을 보여주고 있다. 이는 하나님이 역사를 통치하시되 단순히 이스라엘의 하나님만이 아니라 온 세상을 통치하시는 분이라는 것을 보여준다.

2. 하나님의 언약에 따른 심판과 회복

하나님은 아브라함과 언약을 맺으시고, 또한 시내산에서 온 이스라엘 백성들과 언약을 맺으셨다. 이 언약은 모압 언약과 세겜 언약과 길갈 언약 그리고 다윗 언약으로 갱신되고 발전되었다. 하나님은 이스라엘 백성들과 맺은 약속에 따라서 언약을 믿고 그 말씀에 따라 행하면 하나님의 소유와 제사장 나라와 거룩한 백성이 될 것이지만 여호와를 버리고 이방신들을 섬기면 복을 내리신 후에라도 돌이켜 화를 내리실 것이라고 하셨다(출 19:5-6; 수 24:20). 그러나 역사적으로 볼 때 이스라엘은 언약에 신실하지 못했다. 특히 에스겔 선지자를 통하여 그들이 행한 죄를 지적하고 심판이 당연하다는 것을 지적하기 위하여 하나님의 은혜로운 언약에 신실하지 못했다는 것을 많은 퍼포먼스와 알레고리, 비유, 역사적 사실 등을 들어 하나님의 은혜를 입증함과 동시에 심판의 당위성도 입증하고 있다. 그중에 두 개의 알레고리(겔 16:1-23; 23:1-49)와 하나의 역사적 사실(겔 20:1-31)은 그 모든 것을 마치 그들의 과거를 영상으로 재생하듯이 생생하게 보여주므로 예루살렘이 멸망하고 일부 언약 백성들이 포로로 잡혀가게 된 것은 하나님의 능력이 부족하거나 없어서가 아니라 이들이 언약의 말씀에 불순종하였기 때문이라는 것을 보여준다.

한편 에스겔 33-38장에서 하나님은 이스라엘 백성과 땅과 성전이 회복될 것을 말씀해 주셨다. 여기서 하나님은 이스라엘이 멸망하게 된 많은 요인 가운데 하나가 이스라엘을 인도하는 목자에게 있음을 지적하고 한 목자인 그리스도를 세워 양들을 먹이겠다고 약속하셨다(겔 34:23). 에스겔 36:1-15에서는 땅의 회복을 약속하셨다. 하지만 하나님은 이것으로 충분하다고 보시지 않고, 사람이 바뀌어야 한다고 보셨다. 그래서 새 사람을 창조하여 새로운 시대를 열어갈 수 있도록 성령을 주셔서 돌과 같은 굳은 마음을 제거하고 하나님의 율례와 계명을 지켜 행하는 자가 되게 하실 것이라고 약속하셨다(겔 36:25-28). 그래서 에스겔서는 약속하신 그리스도의 사역과 성령의 사역을 통하여 사람과 땅과 성전의 회복을 보여준다. 특히 에스겔 47장은 성전에서 나온 물이 사람들이 건널 수 없는 큰 강이 되고 강 좌우편에 나무들이 심히 많은 환상을 보여주고 그 의미를 설명해 주신 일을 통하여 완전한 하나님 나라를 회복하실 것을 보여준다(겔 47:1-12).

3. 하나님의 은혜와 자비

하나님이 이스라엘을 선택하신 목적은 그들을 통하여 천하 만민이 구원을 얻어 복을 얻게 하려는 것이다. 이 책에서 저자는 하나님은 이스라엘을 선택하신 그의 목적을 헛되게 하시지 않기 때문에 비록 이스라엘의 범죄로 인하여 심판하신다고 할지라도 남은 자들에게 은혜를 베풀어 포로로 끌려간 백성들을 보존하심은 하나님의 은혜와 자비 때문이라고 설명한다(Dillard & Longman 1994, 325-326). 하나님은 이스라엘이 죄를 범함으로 친히 당신의 성소를 떠나셨지만 은혜롭게도 쫓겨 간 그 나라에 함께 가셔서 함께 해 주셨다(겔 11:16). 그리고 다시 회복해 주실 것을 약속하셨다(겔 43:1-5). 이것은 이스라엘 백성들이 비록 죄를 범하여 심판을 받는다 할지라도 여전히 하나님은 은혜로우시고 자비하셔서 그의 백성들을 지키시고 인도하여 이스라엘을 선택하신 궁극적인 목적을 이루신다는 것을 보여주시는 것이다.

4. 성령의 임재

에스겔서에 기록된 중요한 신학적 메시지 가운데 하나는 '영'에 대한 관심이다. 에스겔서 안에 '영'이라고 번역된 히브리어 단어 '루아흐'(רוּחַ)는 '바람', '호흡', '영', '성령' 등의 뜻이 있다. 구약성경에서 이 단어가 모두 389회 나타나는데 아람어로 11회, 히브리어로 378회가 있다. 그중 52회가 에스겔서에서 사용되었다(Lee 1999, 24-73).

에스겔서에는 메시지를 받을 때나 환상 가운데 데려가실 때나, 하나님의 뜻을 깨닫게 될 때 하나님의 영을 언급한다(겔 3:12, 14, 15; 8:3; 11:1, 24; 37:1; 43:5). 이는 성령께서 하나님의 계시를 때로는 초자연적인 방법으로 주셨다는 사실만 아니라 계시를 주신 분이 성령이심을 보여준다(히 3:7). 무엇보다도 에스겔서에서 성령의 사역은 이스라엘을 회복하실 뿐만 아니라 하나님의 영을 당신의 백성 안에 주어 하나님의 법을 지켜 행하게 하시어 "너희는 내 백성이 되고 나는 너희 하나님이 되시는" 하나님 나라의 복을 누리게 하신다(겔 36:26-28). 이를 통해 저자는 성령을 사람을 변화시키는 분이시며 하나님 나라를 이루게 하는 일에 결정적으로 역사하시는 분으로 설명한다.

IV. 내용

내용 구조

1. 이스라엘의 죄와 그 죄의 심판에 대한 신탁(겔 1:1-24:27)
2. 열국의 죄와 그 죄의 심판에 대한 신탁(겔 25:1-32:32)
3. 이스라엘의 회복에 대한 신탁(겔 33:1-48:35)

1. 이스라엘의 죄와 그 죄의 심판에 대한 신탁(겔 1:1-24:27)

이 문단에서 에스겔은 바벨론이 주전 588년에 예루살렘을 포위하기 전까지 5년 동안 하나님께 받은 말씀을 기록한다. 여기에서 그는 예루살렘을 책망하고, 지도자들과 백성들이 포로로 끌려가며, 예루살렘이 멸망하게 될 것을 다양한 방식으로 예언한다.

내용 분해

(1) 에스겔의 소명과 관련된 이상(겔 1:1-3:27)

(2) 예루살렘의 멸망을 묘사하는 상징적인 행동(겔 4:1–5:17)

(3) 이스라엘산들에 대한 예언(겔 6:1–14)

(4) 이스라엘 땅에 대한 경고(겔 7:1–7:27)

(5) 여호와의 영광이 성전에서 떠나는 환상(겔 8:1–11:25)

(6) 이스라엘의 죄와 그 심판에 대한 예언(겔 12:1–24:27)

내용 해설

(1) 에스겔의 소명과 관련된 이상(겔 1:1–3:27)

이 문단에서 에스겔은 그가 선지자로 부름을 받은 역사적 시점과 그가 본 하늘 보좌의 환상을 보여준다.

① 에스겔이 하늘 보좌의 환상을 보았던 역사적 시점(겔 1:1–3)

에스겔은 '서른째 해 넷째 달 초닷새에' 그발강 가 사로잡힌 자 중에 있을 때 하늘이 열리며 하나님의 모습을 보았다(겔 3:1). '그발강'은 니푸르(Nippur) 근처 유프라테스강 한 지류다(Hillmer & Stek 2002, 1248). 에스겔은 자기가 본 하늘 보좌의 환상을 에스겔 1:4–28에서 구체적으로 묘사한다. 그는 하늘 보좌를 본 시점을 두 가지로 설명한다. 하나는 '서른째 해 넷째 달 초닷새'이고, 또 하나는 '여호야긴 왕이 사로잡힌 지 오 년 그 달 초닷새'다. 먼저 '서른째 해 넷째 달 초닷새'는 에스겔이 선지자로 부름을 받은 해로 그의 나이를 말한다. 그는 '제사장'이었기에 30세는 제사장직을 수행할 수 있는 나이로 보인다(겔 1:3; 참조. 민 4:3). 다음으로 '여호야긴 왕이 사로잡힌 지 오 년 그 달 초닷새'는 여호야긴이 바벨론에 포로로 잡혀간 시점을 기준으로 말한 것이다(겔 1:2; 참조. 왕하 25:27). 여호야긴이 잡혀간 때는 주전 598년으로 2차 바벨론 포로가 있었던 해이다. 따라서 '여호야긴 왕이 사로잡힌 지 오 년'은 주전 593년으로 유다가 완전히 멸망(주전 586년)하기 불과 7년 전이다. 이 역사적 시점은 에스겔이 선지자로 부름을 받았던 때가 역사적으로 볼 때 얼마나 격동의 시기였는지 알 수가 있다.

② 하늘 보좌 환상의 의미(겔 1:4–28)

에스겔은 맨 먼저 북쪽에서부터 폭풍과 큰 구름이 오는데 그 속에서 불이 번쩍번쩍하여 빛이 그 사방에 비치며 그 불 가운데 단 쇠 같은 것이 나타난 것을 보았다(겔 1:4). 그는 그 불 가운데 네 종류의 생물(겔 1:5–14), 생물들에 달린 바퀴(겔 1:15–21), 생물의 머리 위에 있는 보좌의 형상(겔 1:22–28) 등을 보았다.

a. 네 종류의 생물(겔 1:5-14)

그들에게 사람의 형상이 있고(겔 1:5), 각각 네 얼굴과 네 날개가 있고(겔 1:6), 다리는 곧은 다리요(겔 1:7a), 발바닥은 송아지 발바닥 같고 광낸 구리같이 빛나며(겔 1:7b), 그 사방 날개 밑에는 각각 사람의 손이 있었다(겔 1:8). 네 생물의 날개는 다 서로 연결되어 있으며(겔 1:9a), 갈 때는 돌이키지 아니하고 일제히 앞으로 곧게 행하며(겔 1:9b), 그 얼굴들의 모양은 넷의 앞은 사람의 얼굴이요 넷의 오른쪽은 사자의 얼굴이요 넷의 왼쪽은 소의 얼굴이요 넷의 뒤는 독수리의 얼굴이고(겔 1:10), 그 날개는 들어 펴서 각기 둘씩 서로 연하였고 또 둘은 몸을 가렸으며(겔 1:11), 영이 어떤 쪽으로 가면 그 생물들도 그대로 가되 돌이키지 아니하고 일제히 앞으로 곧게 행하였다(겔 1:12). 또 생물들의 모양은 타는 숯불과 횃불 모양 같은데 그 불이 그 생물 사이에서 오르락내리락하며 광채가 있고 그 가운데에서는 번개가 나며 그 생물들은 번개 모양같이 왕래했다(겔 1:13–14). 여기서 네 생물의 얼굴은 사람, 사자(야생동물 가운데 최상), 황소(가축 가운데 최상), 독수리(새 가운데 최상)인데 이는 그들 안에 생물의 최상 속성이 내재해 있다는 사실을 상징적으로 보여준다(Duguid 1999, 58–59). 이 생물들이 무엇을 말하는지 에스겔은 뒤에 본 환상에서 '그룹들'(커루빔, כְּרוּבִים), 곧 천사들이라고 말한다(참조. 겔 10:15). 이 장에서 네 생물을 이렇게 묘사한 것은 이들이 하나님의 뜻을 확실히 수행할 수 있는 능력이 있다는 것을 보여준다.

b. 생물들에 달린 바퀴(겔 1:15-21)

생물들 곁에 바퀴가 있고 그 모양과 구조는 바퀴 안에 바퀴가 있다. 서로 결합된 네 생물이 선회하거나 방향을 바꾸는 것 같지 않은데도 사방 어느 방향으로도 움직일 수 있다(겔 1:17). 그런데 바퀴가 그 생물들을 움직이게 하는 것처럼 보이지만 바퀴 안에 '생물의 영'이 운전하는 대로 움직인다(겔 1:20–21). 이상하게 생긴 네 생물은 마치 오늘날의 탱크보다도 더 무서운 모습으로 움직이고 있다. 하지만 이것을 움직이는 것은 하나님의 영이다. 이 영은 에스겔 선지자를 일으켜 세우고, 말씀을 주시고 권능을 주시는 영이다(겔 2:2; 3:24).

c. 보좌의 형상(겔 1:22-28)

선지자가 본 환상의 절정은 생물의 머리 위에 있는 수정 같은 궁창의 형상이다(겔 1:22). 선지자는 그 궁창을 좀 더 클로즈업(close up)하여 자세히 그 실체가 무엇인지 밝힌다. 선지자는 그가 본 환상을 가리켜 '여호와의 영광의 형상의 모양'(겔 1:28)이라고 했다. 에스겔이 본 하늘 보좌에 앉으신 분에 대한 묘사(겔 1:26–28)는 요한계시록 4:2–3에 묘사된 하늘 보좌에 앉으신 분과 같다.

> 내가 곧 성령에 감동되었더니 보라 하늘에 보좌를 베풀었고 그 보좌 위에 앉으신 이가 있는데 앉으신 이의 모양이 벽옥과 홍보석 같고 또 무지개가 있어 보좌에 둘렸는데 그 모양이 녹보석 같더라

선지자 에스겔이 본 환상은 어떤 의미가 있는가? 하나님의 비전이나 영적 실재에 대하여 설명하는 것은 제한된 인간의 언어와 경험으로 다 표현할 수 없다. 이 경우에 경험 속에서 알고 있는 것을 중심으로 영적인 실재를 설명할 수밖에 없다. 에스겔은 그가 본 환상을 '… 모양이라', '…와 같고', '…의 모양 같고' 등의 그림언어를 사용한다. 에스겔 선지자가 본 환상만 볼 때 기괴하게 생긴 네 생물이 무엇을 의미하는지 알 수 없다. 그런데 에스겔 선지자가 에스겔 10:20에서 이 환상을 한 번 더 보았을 때 이 네 생물의 정체를 밝힌다.

> 그것은 내가 그발강 가에서 보던 이스라엘의 하나님 아래에 있던 생물이라 그들이 그룹인 줄을 내가 아니라

여기에 '그룹'은 히브리어로 '커루빔'(כְּרוּבִים)인데 70인역이나 영어번역 성경은 이 말을 소리나는 대로 '커루빔'(cherubim)으로 번역한다. 이 단어는 범죄한 인간이 에덴동산에서 추방된 이후에 "그룹들과 두루 도는 불 칼을 두어 생명나무의 길을 지키게"(창 3:24) 하였다고 할 때 '그룹들'과 같은 단어이고, 법궤 뚜껑에 있는 '그룹'과 같은 단어다(출 25:18). 이 그룹은 일반적인 천사들과 구별하여 하늘 보좌에 둘러 서 있는 천군 천사들을 말한다. 이들은 하나님의 명령을 이행하기 위하여 서 있다.

에스겔 선지자가 본 환상은 사도 요한이 밧모섬에서 본 하늘 보좌의 환상과도 유사하다(계 4:5–9). 이 환상과 비교해 볼 때 에스겔이 본 환상은 하늘 보좌에서 온 세상, 곧 보

이는 세상과 보이지 않는 세상 모두를 통치하시는 하나님을 본 것임을 알 수 있다. 이 환상의 의미는 하나님은 하늘 보좌에서 모든 일을 능력있게 수행할 수 있는 천군 천사들을 거느리고 온 세상을 통치하신다는 것이다.

d. 하늘 보좌의 환상을 보여주신 목적과 구속사적 의미

에스겔에게 하늘 보좌의 환상을 보여주신 목적은 무엇일까? 여기서는 설명하지 않지만 두 가지 사실을 알 수 있다. 하나는 하나님은 하늘 보좌에서 온 세상을 통치하신다는 것이다. 에스겔 전체 구조를 통해 볼 때 하나님이 에스겔에게 보여주시고 예언하신 대로 이루어졌다. 이를 통해 에스겔서 안에 무려 72회나 반복적으로 나타나는 "그래서 너희가(그들이) 내가 여호와인줄 알게 될 것이다"(겔 6:7, 10, 13, 14 등)라고 말씀하신 대로 하늘 보좌에서 하나님이 역사와 세상사를 통치하신다는 사실을 알게 하려는 것이다.

또 하나는 하나님께서 하늘 보좌를 이 세상에도 두셨다는 것이다. 땅에 있는 하늘 보좌는 모세가 지은 성막과 솔로몬이 지은 성전이다(출 25:8, 22; 왕상 8:10-11). 하나님은 성막과 성전에 임재하셔서 세상을 통치하셨다. 그러나 이스라엘이 범죄하여 바벨론 포로로 끌려갔을 때 하나님은 그 백성 가운데 친히 성소가 되시기 위해 예루살렘 성전을 떠나기도 하셨다(겔 10:18-19; 11:16, 23-24). 그러면서 하나님은 하늘 보좌가 다시 예루살렘으로 돌아올 것이고, 영원히 그들과 함께 하실 것을 약속하셨다(겔 43:1-7; 렘 3:17). 그리고 이스라엘의 회복만이 아니라 하늘 보좌가 사람들과 함께 있어 '여호와 삼마'(יְהוָה שָׁמָּה), 곧 이 땅을 여호와와 함께 살게 되는 완전한 하나님 나라가 되게 하실 것이라고 약속하셨다(겔 48:35; 참조. 계 21:16). 당시 이스라엘 백성들이 이 에스겔의 환상을 들었을 때 그들이 얼마나 영광스러운 존재인지 깨닫지 되지 않았을까? 따라서 이 환상을 보여주신 목적은 이스라엘이 그들의 독특한 위치를 깨달아 역사 가운데 책임 있는 존재로 살게 하려는 것이다.

에스겔 선지자를 통해 보여준 하늘 보좌 환상은 우리 눈에 보이는 현상세계가 전부가 아니라는 것을 알게 한다. 현상세계 배후에 하늘 보좌에 앉으신 하나님이 개인과 세상의 운명을 결정하신다. 때로 어렵고 힘든 순간이 와도 하나님은 보좌 주변에 있는 천군천사들을 통해 도우시고 인도해 주실 것이다. 구속사적인 면에서 볼 때 우리 죄를 대속하시고 하늘로 올라가신 그리스도께서 하늘 보좌 우편에 앉아계신다. 우리는 그의 긍휼하심을 얻고 때를 따라 돕는 은혜를 얻기 위해 하나님 앞에 담대히(= 자유롭게) 나갈 수 있는 특권이 있다(히 4:14-16). 이뿐만 아니라 하늘 보좌에 앉으신 그리스도와 함께 온 세상을 통

치할 수 있다(엡 2:5–7). 이 얼마나 영광스러운 일인가?

③ 파수꾼으로 부름 받은 에스겔(겔 2:1–3:27)

선지자가 하늘 보좌의 환상을 보았을 때 하나님은 그에게 매우 어렵고 힘든 사역을 맡기셨다. 하나님은 제사장 에스겔을 불러 이스라엘 백성들에게 하나님의 심판을 알리게 하셨다. 여기서 파수꾼으로 부름을 받은 자의 어려움과 책임과 위로를 함께 보여준다.

a. 하나님 말씀에 대한 이스라엘 백성의 태도(겔 2:1-7; 3:4-7)

하나님은 이스라엘의 완고함을 두 번 반복해서 설명하셨다(겔 2:1–7; 3:4–7). 하나님은 에스겔을 '인자'(בֶּן־אָדָם)라 부르며 그를 패역한 백성, 자신을 배반한 자에게 보낸다고 하셨다(겔 2:3). 하나님은 인자(= 사람의 아들)를 93번이나 사용하셨다. '…의 아들'(son of …)이라는 히브리식 표현은 '…의 성격을 가진 사람'이라는 뜻으로 인자는 하나님의 영원성과 위엄과 대조적으로 인간의 연약함과 죽을 수밖에 없는 인간의 특성에 초점을 둔 것이다(Cooper 1994, 74). 그리고 하나님은 선지자가 사역할 이스라엘을 가리켜 '패역한 백성, 나를 배반한 자'라고 하셨다. '배반'(마라드, מָרַד)이라는 단어를 사용한 것은 하나님과 언약을 맺은 자로서 그 언약을 배반했다는 뜻이다. 그리고 언약을 배반한 이스라엘 백성들의 특성을 에스겔 2:4–3:11에 설명하신다. 여기서 이 백성들을 가리켜 '얼굴이 뻔뻔하고 마음이 굳은 자'(겔 2:4)라고 하셨다. 이들을 더 구체적으로 '패역한'(머리, מְרִי) 백성이라고 부르신다. 이 단어는 에스겔 2:4–3:11에 모두 7번 나온다.[3] 히브리어 성경에 자주 등장하는 반복의 중요한 기능 가운데 한 가지는 인물, 구성, 상황, 신학 등의 한 특징적인 단면을 강조하거나 드러내는 일을 한다. 여기서 이 단어를 반복하여 쓰는 것은 당시 이스라엘 백성들의 특성을 잘 드러내고 있다고 볼 수 있다. 이 단어는 '완고하다'라는 의미로 하나님의 말씀을 받아들이지 않는다는 것이다.

특히 에스겔을 보내시는 여호와는 패역한 이스라엘 백성들에게 전파하는 일에 대해 "비록 가시와 찔레와 함께 있으며 전갈 가운데 거주할지라도 그들을 두려워하지 말며"(겔 2:6)라고 하셨고, "이스라엘 족속은 이마가 굳고 마음이 굳어 네 말을 듣고자 아니하리니"(겔 3:7)하고 하셨다. 이러한 비유적 표현은 하나님의 말씀을 그들에게 전하는 일이 어렵다는 것이다. 이것이 당시 언약 백성들인 이스라엘이 보인 하나님의 말씀에 대한 태도

3 에스겔 2:5, 6, 7, $8^{\times 2}$; 3:9. 참고적으로 개역개정판에 2:3에 나오는 '패역'은 '마라드'라는 단어이고, 3:9에 '반역'은 '머리'라는 단어다.

였다.

b. 에스겔이 전해야 할 하나님 말씀의 특성(겔 2:8-3:3)

하나님은 패역한 백성과 대조적으로 선지자에게 "너 인자야 내가 네게 이르는 말을 듣고 그 패역한 족속 같이 패역하지 말고 네 입을 벌리고 내가 네게 주는 것을 먹으라"(겔 2:8)라고 하셨다. 선지자가 먹어야 할 것은 두루마리 책인데 당시의 책과 다르다. 당시 두루마리는 한 면만 되어있는데 양면이기 때문이고, 또한 기록된 내용도 애가와 애곡과 재앙의 말이 기록되어 있기 때문이다(겔 2:9–10). 이것은 다가올 심판의 내용이 빼곡히 기록되어 있다는 사상을 담고 있는 듯하다(Cooper 1994, 78). 하나님은 에스겔에게 두루마리에 기록된 내용을 말하라고 하셨다(겔 3:1). 그리고 하나님께서 에스겔에게 그 두루마리를 '먹으라' 하시며, 친히 '먹여' 주셨고(겔 3:2), 그가 거기에 기록된 내용이 애가와 재앙의 말이라도 그것을 먹었을 때 입에는 달기가 꿀과 같았다(겔 3:3). 이것은 에스겔이 하나님의 말씀을 경험한 것을 은유적으로 묘사한 것이다. 이러한 표현은 성경 여러 곳에 나온다(참조. 시 19:10; 119:103; 렘 15:16; 계 10:9–10). 이것은 하늘 보좌에서 하나님이 에스겔에게 주신 말씀이 비록 애가와 재앙의 말이라 할지라도 말씀을 받아들이고 회개하고 인내한다면 유익이 된다는 것이다. 이것이 에스겔이 전해야 할 하나님 말씀의 특성이다.

c. 하나님 말씀을 전하는 에스겔에게 주시는 위로(겔 3:8-15)

하나님은 에스겔이 당시 패역한 이스라엘 백성들에게 말씀을 전하는 일이 쉽지 않음을 아시고 그에게 '보라'라는 강조적인 표현을 사용하여 두 가지 중요한 위로의 말씀을 주셨다. 첫째, 얼굴이 뻔뻔하고 마음이 완고하여 순종하지 않는 자들의 얼굴을 마주보도록 얼굴을 '굳게' 하였고, 이마를 '굳게' 하되, 화석보다 강하고 금강석같이 하셨다(겔 3:8–9). '굳게'(חָזָק)라는 말은 백성들의 이마와 마음이 '굳은' 것과 대조를 이룬다. 또한 선지자 에스겔(יְחֶזְקֵאל 〈 חֹזֶק)의 이름에 있는 어근과 같다. 이는 동일한 단어의 대조를 통하여 전달하고자 하는 메시지를 분명하게 전달하는 장치다. 그래서 이 말씀의 뜻은 하나님이 얼굴이 뻔뻔하고 마음이 굳은 사람들에게 에스겔을 그의 이름처럼 강하게 하실 것이기에 그는 두려워하지 말고 전해야 한다는 것이다.

둘째, 여호와의 권능이 선지자를 힘있게 감동시키셨다(겔 3:14). 주의 영이 선지자를 들어올리자 하늘 보좌도 함께 떠나간다(겔 3:12–13). 이것은 공간 이동이 있다는 것이다(참조. 겔 8:3; 37:1) 이때 에스겔이 근심하고 분한 마음으로 가자 여호와의 권능이 그를 감동시키셨다. 에스겔이 왜 근심하고 분했을까? 이는 백성들의 죄에 대해 화가 난 하나님의 마음을 공유했기 때문이다(라이머 2014, 1531). "여호와의 권능이 힘있게 감동하셨다"라는 것은 원문으로 "여호와의 손이 내 위에 강하게 임하셨다"이다. 이 역시 선지자의 이름인 '에스겔'이라는 이름과 의미가 같다. 이러한 언어 유희(word play)는 전하고자 하는 메시지를 분명하게 전달하기 위한 장치다. 여호와께서 그의 손으로 에스겔을 그 이름이 뜻하는 바와 같이 여호와의 권능으로 강하게 하실 것이기 때문에 패역한 이스라엘에게 말씀을 전하기를 두려워하지 말라는 것이다.

d. 파수꾼으로 세움을 받은 에스겔의 책임(겔 3:16-21)[4]

하늘 보좌에서 말씀하신 여호와께서 칠 일 후에 에스겔에게 그를 이스라엘 족속의 파수꾼으로 세웠기에 여호와를 대신하여 그들을 깨우치라고 하셨다(겔 3:16-17). 이스라엘의 파수꾼은 성의 감시자로 성벽 위에 위치하여 특별히 다가오는 위험을 경고하는 일을 하는 사람이다(삼하 18:24-27; 왕하 9:17-20; 사 21:6; 56:10; 62:6; 렘 6:17). 하나님은 에스겔에게 파수꾼 이미지로 하나님을 대신하여 다가오는 위험을 경고해야 한다고 하셨다.

파수꾼의 책임을 강조하기 위해 몇 가지 경우를 가정하고 말한다. 첫째, 가령 하나님이 악인에게 "너는 꼭 죽으리라"라고 하셨는데 선지자가 깨우치지 아니하거나 말로 악인에게 일러서 그의 악한 길을 떠나 생명을 구원하지 아니하면 그 악인은 그의 죄악 중에서 죽게 되지만, 그의 피 값은 선지자에게 찾을 것이다(겔 3:18). 둘째, 선지자가 악인을 깨우쳤음에도 불구하고 그가 그의 악한 마음과 악한 행위에서 돌이키지 아니하면 그는 그의 죄악 중에서 죽지만 선지자의 생명은 보존하실 것이다(겔 3:19). 셋째, 의인이 공의에서 돌이켜 악을 행할 때 파수꾼으로 부름을 받은 선지자가 경고하지 않으면 의인은 그가 지은 죄 때문에 죽을 것이지만 그 피 값은 파수꾼의 사명을 다하지 못한 선지자에게서 찾을 것이다(겔 3:20). 넷째, 선지자가 의인을 깨우쳐 범죄하지 아니하게 한다면 그도 살고 선지자도 살 것이다(겔 3:21).

이 네 가지 경우에 공통분모가 있다. 그것은 파수꾼으로 세움을 받은 선지자는 악인이든, 의인이든, 그들이 하나님의 말씀을 듣든지, 안 듣든지 상관없이 하나님을 대신하여 말씀을 전하고 경고해야 한다는 것이다. 이것이 파수꾼으로 세움을 받은 선지자의 책

4 파수꾼의 책임에 대한 이 말씀은 에스겔 33:1-9과 거의 동일하나 표현상 약간의 차이가 있다. 예를 들면 에스겔 3:16-21은 죄에 대한 심판을 '너는 꼭 죽으리라'라는 표현을 썼으나 33:1-9은 '칼이 임하게 한다'라고 했다.

임이요 그리스도 안에서 구속받은 모든 성도의 책임이다.

그런데 에스겔서의 문맥에서 에스겔 3:16–21의 말씀은 에스겔 33:1–20에도 대칭적으로 반복된다. 차이점은 에스겔서의 문학적 구조를 볼 때 전자는 심판의 메시지고 후자는 회복의 메시지라는 것이다.[5] 당시에는 하늘 보좌에 앉아 계신 하나님이 에스겔에게 말씀하시고(겔 2:1–3), 그 말씀하신 것을 전하는 파수꾼으로 그를 세우셨다(겔 3:17).

e. 파수꾼의 어려움(겔 3:22-27)

그발강 가에서 보았던 여호와의 영광이 에스겔에게 나타나 파수꾼의 사명을 감당하는 것이 어렵다는 것을 말씀해 주셨다. 그중 하나는 사람들이 선지자가 말씀을 전하지 못하도록 포박한다는 것이다(겔 3:25). 그런데 이 경우에 하나님도 파수꾼으로 부른 에스겔의 혀를 입천장에 붙게 하여 꾸짖는 자가 되지 못하게 하겠다고 하셨다. 이것은 무엇을 의미하는 것일까? 이것은 이스라엘의 죄를 책망하는 경고의 말씀이라 할지라도 하나님의 말씀을 듣는 일 자체가 축복이라는 것이다. 하나님의 말씀을 듣고 회개하면 하나님의 은혜를 받을 수 있기 때문이다.

오늘날은 당시 에스겔에게 주셨던 방식으로 말씀하시지 않는다 할지라도 하나님이 모든 하나님의 백성들에게 하나님의 말씀을 주심으로 파수꾼의 사명을 위임해 주셨다(참조. 딤후 3:16–4:2). 에스겔이 파수꾼으로 세움을 받았을 때 사람들이 패역하여 마음이 굳어 그 말씀을 듣지 않았던 것처럼 이 시대도 크게 다르지 않다(참조. 딤후 3:1–5). 하나님은 완고한 이스라엘 족속에게 말씀을 전할 수 있도록 에스겔의 이마를 굳게 하신 것처럼, 또한 하나님의 손으로 강하게 하신 것처럼 우리 믿는 자 속에 역사하시는 성령을 통하여 권능을 주기도 하고 상황을 바꾸기도 하실 것이다. 우리가 전해야 할 말씀에 한 사람의 생명이 달려있고, 우리 민족의 운명이 달려있다면, 그리고 우리의 생명과 미래가 달려있다면 이 시대에 역사의 파수꾼으로서의 책임을 신실하게 감당해야 하지 않을까?

(2) 예루살렘의 멸망을 묘사하는 상징적인 행동(겔 4:1–5:17)

하나님께서는 에스겔 선지자에게 특별한 방식으로 예루살렘의 멸망을 보여주신다. 당시 '퍼포먼스'(performance, 行爲藝術)라는 행위예술이 있었는지는 불분명하다. 하지만 이

5 에스겔의 문학적 구조를 보면 에스겔 1–24장은 이스라엘의 죄와 그 죄의 심판에 대한 신탁, 25–32장은 이방 민족의 죄와 그 죄의 심판에 대한 신탁, 33–48장은 이스라엘과 세상의 회복에 대한 신탁을 담고 있다.

본문에 묘사된 내용을 자세히 보면 퍼포먼스라 할 수 있다. '퍼포먼스'는 전통적인 장르 개념으로는 충족할 수 없는 표현 욕구를 신체를 이용하여 시간의 흐름에 따라 표현하는 예술행위를 말한다(두산백과). 이 정의에 따르면 에스겔은 하나님이 하라고 명하신 대로 신체나 기타 특별한 행위를 통하여 메시지를 전달하고 있다. 이 문단은 크게 두 부분으로 구분할 수 있다. 한 부분은 예루살렘의 멸망을 묘사하는 네 가지 상징적인 행동이고(겔 4:1–5:4), 또 한 부분은 그 행동에 대한 해석이다(겔 5:5–17).

① 네 가지 상징적 행동(겔 4:1–5:4)

a. 토판 위에 새긴 그림(겔 4:1-4)

하나님은 에스겔에게 토판을 가져오게 하셨다. 그리고 토판 위에다 예루살렘을 그리고 그 성을 포위하여 그 성을 공격하기 위한 사다리를 세우고, 흙으로 언덕을 쌓고 그것을 향하여 진을 치고 공성퇴(攻城槌)를 둘러 세우고, 또 철판을 가져다가 에스겔과 성 사이에 두어 철벽을 삼고 성을 포위하는 것처럼 에워싸라고 하셨다(겔 4:1–4). '토판'(러베이나, לְבֵנָה)은 흙으로 만든 벽돌로 약 216×279mm로 오늘날 A4 용지 크기 정도로 보기도 한다(Duguid 1999, 88). 하지만 이 크기의 벽돌 한 장 위에 성을 공격하기 위한 '사다리', '언덕'(ramp), '진'(camp), '공성퇴'(battering ramp) 등을 다 그렸다고 볼 수는 없다. 여기서 '그리다'라는 동사는 '하카크'(חקק)로 '새기다'라는 뜻이다. 이것은 예루살렘이 포위되어 공격을 당하는 그림이다.

b. 자유롭지 못한 몸(겔 4:4-8)

이 단락은 앞의 상징과 연관이 되어있다. 앞의 상징이 예루살렘이 포위된 것이라면 이 상징은 포위당한 사람들의 상태와 고통을 보여준다. 에스겔은 왼쪽으로 누워 이스라엘 족속의 죄악을 짊어지고 그 죄를 범한 햇수대로 삼백구십일을 담당하고, 이 수가 다 차면 다시 오른쪽으로 드러누워 유다 족속의 죄를 사십일을 담당해야 한다(겔 4:4–6). 또 그의 얼굴을 에워싸인 예루살렘 쪽을 향하고 팔을 걷어 올리고 예언할 뿐만 아니라 줄에 묶여 에워싸는 날이 끝나기까지 몸을 이리저리 돌리지 못할 것이다(겔 4:7–8).

여기서 이스라엘 족속의 죄의 햇수대로 390일을 왼쪽으로 누워있다는 것은 390년을 상징하며 이스라엘 전체의 죄를 담당하는 것이다(겔 4:4, 6). 여기서 390년을 솔로몬이 하나님 앞에 불성실한 때부터 예루살렘의 멸망하는 때로 보기도 한다(Hillmer & Stek 2002,

1251). 블락(Block 1997, 178-179)은 다윗이 언약궤를 예루살렘으로 옮겨놓은 주전 976년부터 예루살렘이 멸망한 때인 주전 586년까지로 본다. 390년이 언제부터 언제까지인지 불분명하나 이스라엘의 범죄한 시대를 말하는 것으로 보인다. 그리고 40년은 바벨론 포로들이 형벌을 받는 시기로 본다. 그것은 이스라엘 조상들이 출애굽 이후 광야에서 40년을 보냈듯이(민 14:34) 이스라엘이 그들의 죄를 담당하는 시대로 본다. 에스겔이 죄를 담당한다고 해서 백성들의 죄가 되는 것은 아니다. 이는 단지 현재까지의 죄로 말미암아 예루살렘에 큰 재앙이 임하게 됨을 보여준다(Duguid 1999, 90).

하지만 두기드(Duguid 1999, 91)는 이 기간을 희미한 소망의 불빛이 떠오르는 것으로 보았다. 그것은 이스라엘이 지은 죄에 대한 형벌로 계산된 390년과 40년의 전체 날수인 430년이 이스라엘이 애굽에 머문 햇수와 병행을 이룬다고 보고 이 시기가 지나면 새로운 출애굽이 있을 것으로 보았기 때문이다(참조. 출 12:40).

c. 불결하고 부족한 음식(겔 4:9-17)

이 문단에 묘사된 상징적인 행동은 예루살렘이 포위 당했을 때 백성들이 겪을 어려움을 보여준다. 하나님은 에스겔에게 밀, 보리, 콩, 조, 귀리 등을 한 그릇에 담아 빵을 만들어 먹게 하셨다. 그 양은 한 끼에 20세겔(230g)의 빵과 물 1/6힌(0.6ℓ)이다(겔 4:9-10). 그런데 하나님은 빵을 구울 때 인분으로 구우라고 하셨다. 하지만 에스겔이 항의하자 동물의 똥으로 대신하게 하셨다(겔 4:14-16). 이것은 예루살렘이 포위된 기간에 불결한 음식을 먹게 될 것을 말한다. 이뿐만 아니라 예루살렘은 양식이 부족하여 두려워하는 가운데 멸망할 것이다(겔 4:17).

d. 머리털과 수염을 깎아 저울에 달아 나눔(겔 5:1-4)

하나님이 에스겔에게 명하신 네 번째 상징적인 행동은 날카로운 칼을 가져다가 삭도로 삼아 머리털과 수염을 깎아서 저울로 달아 나누어 두라는 것이다. 구약시대에 머리털과 수염을 깎는 것은 수치와 굴욕을 상징하기도 하고(삼하 10:4) 슬픔을 나타내기도 한다(사 15:2; 렘 41:5). 예루살렘을 에워싸는 날이 차거든 터럭 삼분의 일은 성읍 안에서 불사르고 삼분의 일은 성읍 사방에서 칼로 치고 또 삼분의 일은 바람에 흩으라고 하셨다. 이어서 하나님이 그 뒤를 따라 칼을 빼시겠다고 하셨다(겔 5:1-2). 또 그 가운데 얼마를 옷자락에 싸고 그 가운데 얼마를 불에 던져 사르라고 하셨다(겔 5:3-4).

이 네 가지 상징적 행동은 일종의 퍼포먼스다. 첫 번째는 예루살렘의 포위됨, 두 번째는 포위된 성 안에 사는 사람들의 고통, 세 번째는 포위된 성안의 사람들의 굶주리고 고통스러운 상황, 네 번째는 성이 멸망할 때 나타나는 세 가지 상황을 보여준다.

이러한 에스겔의 행동은 당시 곧 있게 될 예루살렘의 함락을 보여주고 회개하도록 하기 위함이다. 당시 시드기야(주전 597–586)가 다스린 지 4년 다섯째 달, 곧 593년에 거짓 선지자 하나냐가 바벨론 왕의 멍에를 꺾었다고 하며 이 년 안에 돌아올 것이라고 예언하였다(렘 28:1–11). 하나냐가 이 예언을 했을 때 바로 에스겔이 선지자로 부름을 받은 해였다(겔 1:1–3). 이때 에스겔은 이 상징적 행동을 통해 예언하였다. 하나냐와 에스겔의 예언이 상반된다. 그러나 에스겔이 상징적 행동을 통해 보여준 말씀이 실현되므로 에스겔이 여호와가 보낸 참 선지자로 알게 될 것이다(렘 28:9; 신 18:22).

② 네 가지 상징적 행동에 대한 해석(겔 5:5–17)

이 단락은 에스겔이 하나님의 말씀을 대언하는 형식으로 에스겔 4:1–5:4에서 에스겔이 보여준 네 가지 상징적 행동(퍼포먼스)에 대한 해석이다. 여기서 예루살렘의 존재적 위치와 왜 멸망하게 되는지와 그 결과를 설명한다.

a. 예루살렘의 존재적 위치(겔 5:5)

하나님은 에스겔을 통해 보여주신 것에 대해 "이것이 곧 예루살렘이라"(겔 5:5)라고 하셨다. 이것은 에스겔 4:1의 토판 위에 그려진 예루살렘을 연상시킨다. 하나님은 예루살렘을 이방인 가운데 두어 나라들이 둘러있게 하셨다. 이것은 두 가지 의미를 가능하게 한다. 하나는 예루살렘을 포위하고 있는 군대를 의미한다. 또 하나는 하나님이 이스라엘을 이방 민족과 나라들 가운데 특별히 선택하신 민족임을 강조하고 세상의 중심이라는 의미가 내포되어 있다(박철우 2010, 136; Taylor 1969, 86). 이 점은 이 문맥에서도 나타난다(겔 5:7–8, 14–15). 이것은 예루살렘이 독특한 위치를 차지해 있으나 적군에게 포위되는 상징이 보여주는 것은 거기에 따른 책임을 이행하지 못했음을 보여준다.

구속역사적인 면에서 하나님은 그리스도 안에서 구속받은 성도들을 세상의 중심으로 삼으시고 왕 같은 제사장으로, 거룩한 백성으로 그의 소유가 된(그의 사랑을 받는) 자로 삼아주셨다. 이는 어두운 세상에서 기이한 빛에 들어가게 하신 이의 아름다운 덕을 선전하는 자로 세우시기 위함이다(벧전 2:9). 하지만 오늘날 성도들이 에스겔 당시와 다를 바 없는 삶을 산다면 어떻게 되겠는가?

b. 멸망의 원인(겔 5:6-7, 9, 11)

예루살렘이 멸망하게 된 원인은 예루살렘이 하나님의 규례와 율례를 지키지 아니하고 이방인들보다 더 악했기 때문이다(겔 5:6–7). 에스겔 5:5–6은 에스겔이 신탁을 받은 자로 여호와의 말씀을 대언하듯이 '그'(예루살렘)에게[6] 말했다면 에스겔 5:7에서는 동일한 내용을 여호와가 직접 말씀하듯이 '너희'(이스라엘)에게[7] 말한다. 이 두 문장은 같은 의미를 다르게 강조하는 것이다. 그리고 모든 미운 물건과 모든 가증한 일로 하나님의 성소를 더럽혔다(겔 5:9, 11). 이것은 이스라엘이 하나님과 맺은 언약을 배반했다는 것이다.

c. 언약에 따른 저주(겔 5:8-17)

이스라엘이 언약을 배반했기 때문에 하나님이 언약에 따라 저주하셨다. 이 단락이 언약에 따라 이스라엘에게 내린 저주인 것은 그들이 하나님과 맺은 언약을 이행하지 못할 때 내리실 것이라고 레위기 26:14–39과 신명기 28:20–68에 기록된 저주가 일어날 것이기 때문이다. 그것은 아버지가 아들을 잡아먹고(겔 5:10; 참조. 레 26:29; 신 28:53, 57), 열방 가운데 흩어짐을 당하고(겔 5:12; 참조. 레 26:33; 신 28:64), 전염병으로 죽으며(겔 5:12; 레 26:25; 신 28:59), 양식이 끊어지며(겔 5:16; 레 26:26; 신 28:57), 이방인들에게 수치와 조롱거리가 될 것(겔 5:15; 신 28:37)이라는 말씀 등이다.

언약에 따른 저주로 말미암아 예루살렘에 임할 최종적 심판을 보여주는 상징적 행동인 에스겔 5:1–4에 대한 설명이 에스겔 5:12이다.

> 너희 가운데에서 삼분의 일은 전염병으로 죽으며 기근으로 멸망할 것이요 삼분의 일은 너의 사방에서 칼에 엎드러질 것이며 삼분의 일은 내가 사방에 흩어 버리고 또 그 뒤를 따라가며 칼을 빼리라

여기서 에스겔은 세밀하게 용어를 선택하여 이 예언의 말씀을 설명하되 동일한 단어의 반복을 통하여 생생하게 전달해 준다. 그것은 성읍 '삼분의 일', '안에서', '사방에서', '칼'(겔 5:2, 12) 등이다. 이것은 에스겔 5:1–4의 예언에 대한 설명이 에스겔 5:12임을 보여

6 에스겔 5:6의 "그가 내 규례를 거슬러서"(וַתֶּמֶר אֶת־מִשְׁפָּטַי)라는 말씀에서 '그'는 '예루살렘'을 의미하는 대명사로 3인칭, 여성, 단수로 기록했다.

7 에스겔 5:7의 "너희 요란함이 너희를 둘러싸고 있는 이방인들보다"(הֲמָנְכֶם מִן־הַגּוֹיִם אֲשֶׁר סְבִיבוֹתֵיכֶם)라는 말씀에서 '너희'는 '이스라엘'을 의미하는 2인칭, 복수 대명사 접미사로 기록했다.

준다. 더 놀라운 것은 6년 뒤인 주전 586년에 이 예언이 성취되었다는 것이다.

> 시드기야 제구년 열째 달 십일에 바벨론의 왕 느부갓네살이 그의 모든 군대를 거느리고 예루살렘을 치러 올라와서 그 성에 대하여 진을 치고 주위에 토성을 쌓으매 그 성이 시드기야 왕 제십일년까지 포위되었더라 그 해 넷째 달 구일에 성 중에 기근이 심하여 그 땅 백성의 양식이 떨어졌더라 그 성벽이 파괴되매 모든 군사가 밤중에 두 성벽 사이 왕의 동산 곁문 길로 도망하여 갈대아인들이 그 성읍을 에워쌌으므로 그가 아라바 길로 가더니 갈대아 군대가 그 왕을 뒤쫓아가서 여리고 평지에서 그를 따라 잡으매 왕의 모든 군대가 그를 떠나 흩어진지라(왕하 25:1-5)

이러한 결과를 보고 역사비평학자들은 예언이 아니라 보고 쓴 것이라고 말하기도 한다. 하지만 이 일을 통해 주께서 "나 여호와가 열심으로 말한 줄을 그들이 알리라"(겔 5:13)라고 말씀하신 것처럼 주의 말씀이 확실함을 통해 이스라엘로 주의 인격과 존재를 알게 하려는 것이다.

(3) 이스라엘 산들에 대한 예언(겔 6:1-14)

하나님은 예루살렘과 그 거민들에 대해 몇 가지 상징적인 행동을 통해 그들의 죄를 지적하다가 이스라엘 산들에게 말씀을 전하는 방향으로 전환한다. 이 문단은 여호와께서 에스겔에게 말씀하신다는 내용(겔 6:1, 11)과 에스겔서에서 72회가 나타나는 형식 문구인 "나를 여호와인 줄을 알리라"(겔 6:7, 10, 13, 14)라는 말씀을 중심으로 두 부분으로 구분할 수 있다.

① 산당에 대한 경고(겔 6:1-10)

하나님은 산과 언덕과 시내와 골짜기에 칼이 임하게 하여 산당을 멸하실 것이라고 하셨다(겔 6:3). 산당(바마, בָּמָה)은 사무엘 시대에 라마에 있었고(삼상 9:12, 14), 솔로몬 시대에는 기브온에서 국가적 제사를 드리기도 했다(왕상 3:4; 대하 1:1-6). 산당은 예루살렘에 성전이 건축되기 전에 하나님을 예배하는 장소로 사용되었으나 성전이 건축된 후에는 하나님이 말씀하신 대로 택하신 곳에서 예배를 드려야 했다(신 12:5). 그리고 북 왕국 여로보암이 단과 벧엘에 금송아지를 만들고 산당을 지은 후부터는 산당은 부정적인 의미가 되었다(왕상 12:31–33; 왕하 21:3, 5 등). 이 산당에는 여러 종류의 우상숭배가 이루어졌던 것으로 보인다. 이 산당에 '제단'(미즈베이아흐, מִזְבֵּחַ)과 '분향제단'(하만, חַמָּן)이 있지만 이들이 깨질 것이고 이 제단 앞에 복을 구한 이스라엘이 우상 앞에 엎드러질 것이라고 하셨기 때문이다(겔 6:4–6). 아이러니하게도 우상이 이스라엘에게 복과 안녕을 주리라 기대했지만 오히려 우상 때문에 저주와 죽임을 당하게 된다. 이러한 일을 통해 하나님이 여호와인 줄을 알게 하시려는 것이다(겔 6:7b).

그런데도 하나님은 이스라엘이 징계를 받아 흩어진다 할지라도 칼을 피하여 남은 자가 있을 것이라고 약속하셨다(겔 6:8). 이는 그들이 가증한 일을 했기에 이방인 중에서 하나님을 기억하고 음란한 마음으로 하나님을 떠나고 우상을 섬긴 일을 한탄하게 하려는 것이다(겔 6:9). 그때 그들은 하나님이 재앙을 내릴 것이라고 하신 말씀이 헛되지 않음을 알고 하나님이 여호와인 줄을 알게 될 것이다(겔 6:10). 포로로 끌려간 남은 자들이 이 말씀을 읽을 때 하나님을 기억하고 지금의 상황을 극복할 수 있는 희망을 품게 되지 않았을까?

② 심판에 대한 경고(겔 6:11–14)

하나님은 에스겔에게 이스라엘의 가증스러운 행위에 대한 심판의 신탁을 주시면서 '손뼉을 치고 발을 구르며' 말하라고 하셨다(겔 6:11; 비교. 겔 25:6). 손뼉을 치는 행위는 기쁨을 표현하는 것이다(시 47:1; 98:8). 앗수르의 함락으로 고통당하는 자들이 기뻐할 때도 손뼉을 쳤다(나 3:19). 이 경우는 조소하는 것이다. 발을 구르는 행위는 구약성경에 달리 어떤 의미로 쓰이는지 나타나지 않으나 이 두 표현은 다 기쁨을 표현하기도 하고 조소를 표현하기도 한다(겔 25:6). 여기서 하나님이 에스겔에게 말씀하실 때 그 민족의 제사장이요 선지자로서 에스겔이 기뻐하며 외친다는 것은 어떤 감정일지 알기 어렵다. 하지만 에스겔이 심판에 대해 예언을 하면서 '오호라'(아흐, אָח)라는 감탄사로 시작하는 말을 어떻게 번역하는지를 보면 약간의 짐작은 가능하다. 테일러(Taylor 1969, 91)는 기쁨을 표현하는 단어로 '만세'(Hurrah)라고 번역했고 NASB와 NIV는 슬픔을 표현하는 'Alas'라고 번역한 것을 보면 기쁨도 조소도 아닌 감정이었음을 알 수 있다.

이스라엘 족속이 가증한 일을 행함으로 하나님이 칼과 기근과 전염병으로 망하되 먼 곳에 있는 자들은 전염병으로, 가까운 곳에 있는 자들은 칼에 엎드러지고 에워싸인 자는 기근에 죽을 것이라고 하셨다(겔 6:11–12). 그 죽임 당한 시체들은 그들이 숭배했던 우상에게 분향했던 곳에 있을 것이다(겔 6:13a). 이것은 이스라엘이 숭배했던 우상은 아무런 힘이 되지 못함을 보여준다. 이뿐만 아니라 하나님이 손을 펴서 이스라엘이 사는 온 땅, 곧 광야에서 드빌라까지 황폐하게 하실 것이다(겔 6:14a). '드빌라'(דִּבְלָה)는 일부 사본에 따라 '달렛'(ד)과 '레이쉬'(ר)가 혼돈된 것으로 보고 이스라엘 최북단 하맛에 있는 '리블라'(Riblah)로 보기도 한다(Taylor 1969, 92).[8] 이것은 우상숭배는 온 나라를 황폐하게 한다는 것을 보여준다. 이를 통해 이스라엘은 하나님이 참 신이시며 여호와이심을 알게 될 것이다(겔 6:13b, 14b).

(4) 이스라엘 땅에 대한 경고(겔 7:1-27)

이 문단은 에스겔서의 특징인 "여호와의 말씀이 내게 임하여 이르시되"(겔 7:1)라는 문구로 시작하고 대개 한 단락의 마침을 문구인 "내가 여호와인 줄을 알리라"(겔 7:27)로 마친다. 이 문단을 인식 문구로 알려진 "내가 여호와인 줄을 알리라"라는 문구로 마치는 것을 중심으로 첫 번째 경고(겔 7:1-4), 두 번째 경고(겔 7:5-9), 세 번째 경고(겔 7:10-27)로 구분할 수 있다.[9]

① 첫 번째 경고(겔 7:1-4)

하나님이 이스라엘 땅에 관해 말씀하시는 새로운 단락으로 시작한다. 하나님은 "끝났도다 이 땅 사방의 일이 끝났도다"(겔 7:2b)라고 말씀하셨다. '이제는'이라는 부사를 사용하여 이스라엘의 끝이 임박했음을 보여주실 뿐만 아니라 그의 모든 행위, 곧 가증한 행위를 심판하실 것이라고 하셨다(겔 7:3). 그러면서 이스라엘의 가증한 행위대로 벌하시되 긍휼히 여기지 아니하실 것이라고 하시고 가증한 일이 그 가운데 나타나게 하여 심판하실 것이라고 경고하셨다(겔 7:4a). 이 모든 경고를 이루심으로 하나님이 여호와이심을 이스라엘로 알게 하실 것이다(겔 7:4b).

② 두 번째 경고(겔 7:5-9)

하나님은 "재앙이로다 비상한 재앙이로다 볼지어다 그것이 왔도다"(겔 7:5)라고 말씀하셨다. 하나님은 '끝이 왔도다'와 '때가 이르렀다' 등의 표현을 반복하며, '볼지어다'라는

8 '디블라'(דִּבְלָה)로 본다면 성경에 동일 지명이 없고 비슷한 이름의 지역은 모압의 디본(Dibon) 근처 벧디블라임(בֵּית דִּבְלָתַיִם)이 있어도 관련성은 적다(참조. 렘 48:22).

9 이 문단의 기본 구조와 단락은 다니엘 블락(Block 1997, 240-270)이 구분한 것을 참조했다.

주의를 집중시키는 감탄사를 사용하여 때가 임박했음을 보여주신다. 하나님은 이스라엘이 행한 가증한 일을 심판하실 때 아이러니하게도 이스라엘이 행한 가증한 일을 나타내어 심판하시고 이를 통해 그들은 여호와가 때리시는 분임을 알게 될 것이다(겔 7:9).

③ 세 번째 경고(겔 7:10–27)

이 단락에서 하나님은 심판이 임박했음을 이스라엘이 받아야 할 벌이 어떤 것인지 구체적으로 설명해 주셨다.

a. 피할 수 없는 심판(겔 7:10-13)

하나님은 주의를 집중시키는 감탄사 '볼지어다'라고 하시며 정한 재앙이 이르렀고 '몽둥이가 꽃이 피며 교만이 싹이 났다'라고 하셨다(겔 7:10). '몽둥이'는 히브리어로 '마태'(מַטֶּה)로 대개 '지팡이'로 번역되어 있다(창 38:18; 민 17:10). 에스겔이 이 이미지를 사용한 것은 아론의 지팡이처럼 반역에 대한 하나의 표징으로 역할을 하고 있다. '몽둥이가 꽃이 피며'와 '교만이 싹이 났다'라는 말씀은 서로 평행을 이루고 있다(Taylor 1969, 94). 포학이 일어나 죄악의 몽둥이가 되어 과거 교만한 고라 자손들이 심판을 받았던 것처럼(민 17:1–13) 그들도, 그 무리도, 재물도, 아름다운 것도 심판을 받아 없어질 것이다(겔 7:11).

이 심판이 피할 수 없음을 말하기 위해 사는 자도 기뻐하지 말고 파는 자도 근심하지 말라고 했다(겔 7:12). 그것은 하나님의 심판이 임하여 매물을 파는 기쁨과 자산을 내어놓는 근심이라는 상반된 감정이 동반되는 매매행위도 소용이 없게 되기 때문이다(알렌 2008, 240). 선지자는 이를 부연하여 만약에 파는 자가 살아 있다고 해도 판 것을 다시 얻지 못하는 것은 모든 무리에게 보여준 묵시가 돌이킬 수 없고[10] 죄악으로 말미암아 자기 목숨을 유지할 수 없기 때문이라고 했다(겔 7:13). 이것은 심판은 피할 수 없다는 것이다.

b. 심판의 구체적인 모습(겔 7:14-18)

이스라엘이 나팔을 불며 모든 준비를 다 갖추어도 전쟁에 나갈 사람이 없다. 이는 하나님의 진노가 임하였기 때문이다(겔 7:14). 나팔을 분다는 것은 전쟁의 시작을 알리는 신호다(민 10:4–6). 밖에 있는 자는 칼에 죽고 안에 있는 자는 전염병과 기근으로 죽을 것이

10 개역 개정판의 "이는 묵시가 모든 무리에게 돌아오지 아니하고"라고 번역된 것은 이해하기 어렵다. 원문에 "לֹא יָשׁוּב כִּי־חָזוֹן אֶל־כָּל־הֲמוֹנָהּ"라는 말씀은 표준새번역의 "모든 무리에게 보여준 묵시는 돌이킬 수 없기 때문에"라는 번역이 적절하다.

다(겔 7:15-16). 모든 손은 피곤하고 모든 무릎은 물과 같이 약할 것이다(겔 7:17). 이것은 손의 맥이 풀리고 무릎이 떨리는 것으로 절망과 공포로 공황상태에 빠지게 된다는 것이다(박철우 2010, 168). 이뿐만 아니라 굵은 베로 허리를 묶을 것이고 두려움이 그들을 덮칠 것이고 모든 머리는 대머리가 될 것이다(겔 7:18). 굵은 베옷을 입고 머리를 미는 행위는 백성들의 슬픔을 표현하는 것이다(참조. 겔 27:31).

c. 쓸모가 없게 된 은과 금(겔 7:19-22)

여호와께서 심판하시는 날에 은과 금을 내던져 버리고 금을 오물처럼 여기게 될 것이다. 이는 은과 금이 그들을 구원하지 못하고 오직 죄악의 걸림돌이 되기 때문이다(겔 7:19). 선지자는 이에 대해 더 부연하여 그들은 화려한 장식품으로 교만했고 가증한 우상과 미운 물건을 만들었기에 하나님이 그것을 그들에게 오물이 되게 하고 타국인에게 약탈을 당하게 하실 것이라고 했다(겔 7:20-21). 그리고 하나님이 얼굴을 돌이키시므로 타국인과 포악한 자들이 하나님의 은밀한 처소, 곧 하나님이 임재하시며 귀하게 여기시는 땅을 더럽힐 것이다(겔 7:22).[11]

d. 예루살렘의 멸망(겔 7:23-27)

하나님은 에스겔에게 쇠사슬을 만들라고 하시며 피 흘리는 죄악이 그 땅에 가득하기 때문이라고 하셨다(겔 7:23). '쇠사슬'은 포로로 잡혀가는 이미지를 보여준다(나 3:10). 여기서 문맥의 흐름과 역사적 정황을 볼 때 바벨론 포로로 끌려갈 것을 의미한다. 하나님은 극히 악한 이방인들을 데려와서 그 집을 점령하고 그들의 성소가 더럽힘을 당하게 하실 것이다(겔 7:24). '그들의 성소들'(מְקַדְשֵׁיהֶם)은 우상숭배의 근거지들을 말한다(Block 1997, 268). 환란을 당할 때 선지자들에게 묵시를 구하나 헛될 것이며 제사장에게 율법이 없어질 것이고 장로들에게는 책략이 없어질 것이다(겔 7:26-27a). 이는 하나님의 말씀을 듣는 일이 얼마나 중요한 일인지 보여준다. 선지자가 있음은 큰 복이기 때문이다(참조. 시 74:9; 애 2:9; 암 8:11). 이렇게 하나님이 '그 행위대로' 심판하심으로 이 모든 일을 말씀하신 하나님이 여호와이심을 그들이 알게 될 것이다(겔 7:27b).

이 문단에서 흥미로운 요소는 이스라엘이 우상을 숭배한 일과 악을 행한 일에 대하여

11 개역개정판의 '내 은밀한 처소'(צְפוּנִי)를 브라운리(Brownlee 1986, 121)는 하나님의 성소로 보았고, 표준새번역은 '나의 은밀한 성소'라고 번역했다. 하지만 그 뒤에 있는 '거기 들어와서'(וּבָאוּ־בָהּ)라는 단어에 여성 접미사가 결합된 것으로 보아 '하나님이 임재하시는 땅'이라고 번역하는 것이 좋고 탈굼 역시 그렇게 번역했다(Block 1997, 266-267).

'네 행위대로'(겔 7:3, 4, 8, 9, 27) 심판을 받은 결과를 보고 그 모든 일을 행하신 분이 여호와이심을 알게 된다는 것이다. 우리 번역에 '행위'라고 번역된 이 단어는 히브리어로 '길'을 의미하는 '데렉'(דֶּרֶךְ)인데 이스라엘 백성들이 걸어왔던 삶에 따라 심판하신다는 뜻이다. 실제로 에스겔을 통하여 한 이 예언이 여호야긴이 사로잡힌 지 5년, 곧 주전 593년에 한 예언인데 주전 586년에 그대로 이루어졌다(왕하 25:1–7). 당시 역사에서 에스겔을 통해 말씀하신 심판에 대한 예언이 이 책의 독자들은 목격했을 것이다. 그렇다면 이 역사는 그들에게 어떤 교훈을 주었을까? 이 역사를 읽으면서 그들이 죄를 범해 포로로 끌려갔어도 그들이 가졌던 희망은 무엇이었을까?

(5) 여호와의 영광이 성전에서 떠나는 환상(겔 8:1–11:25)

이 문단은 에스겔 8:1–4과 11:22–25을 비교해 볼 때 현실 세계와 여호와의 권능이 임하는 일과 여호와의 영이 인도하여 환상의 세계로 데리고 가고, 현실 세계로 데리고 오는 모습을 묘사하며 수미쌍관법을 이루고 있다(박철우 2010, 218). 이것은 하나의 문맥임을 보여준다. 여기에 기록된 환상은 '여섯째 해 여섯째 달 초닷새에'(주전 598–6 = 592년)에 있었다(겔 8:1). 이 문단에서 에스겔은 네 개의 환상을 통해 예루살렘 성전의 부패한 모습을 보여준다. 네 개의 환상은 예루살렘 성전의 가증한 일에 대한 환상(겔 8:1–18), 심판에 대한 환상(겔 9:1–11), 성전을 떠나시려는 하나님의 영광에 대한 환상(겔 10:1–22), 심판과 회복에 대한 환상(겔 11:1–25)이다.

① 예루살렘 성전의 가증한 일에 대한 환상(겔 8:1–18)

a. 환상의 서론(겔 8:1-4)

에스겔이 '여섯째 해 여섯째 달 초닷새에'(주전 598–6 = 592년) 집에 앉아 있었고 장로들이 그 앞에 있을 때 여호와의 손이 임했다(겔 8:1).[12] 그러면서 그는 여호와의 손이 임하는 것을 보고 '보라'[13]라고 하면서 그가 본 '불같은 형상'을 구체적으로 묘사한다(겔 8:2).[14] 이

---

12 개역개정판의 '주 여호와의 권능'이라고 번역된 히브리어는 '주 여호와의 손'(יַד אֲדֹנָי יְהוִה)이다.

13 개역개정판은 주의를 집중시키는 '보라'(הִנֵּה)라는 감탄사를 번역하지 않았으나 원문에는 있다.

14 개역개정판에 '불같은 형상'(말레이–에이쉬, כְּמַרְאֵה־אֵשׁ)을 70인역에서 '사람의 형상'(말레이– 이쉬, כְּמַרְאֵה־אִישׁ)으로 이해하고 'ὁμοίωμα ἀνδρός'이라고 번역했다. NIV, NASB 등이 70인역과 같이 번역했으나 KJV는 개역개정판과 같이 '불같은 형상'으로 번역했다.

묘사로 보아 문맥적으로 '사람의 형상'이 더 적절하다. 에스겔이 그발 강가에서 만났고 들에서 만났던 하나님의 영광이다(겔 8:4; 참조. 겔 1:28; 3:22–23). 에스겔이 본 것은 하나님의 영광에서 손 같은 것이 나타나 그의 머리채를 잡고 환상 가운데 예루살렘으로 옮기고 있다(겔 8:3). 이것이 환상이기는 하지만 손 같은 것이 나타나 그의 머리털 한 모숨을 잡고 들어 올리는 구체적인 모습은 그의 몸을 실제로 옮긴 것처럼 보인다. 하지만 장소가 이동된다는 것을 보여주기 위한 모션(motion)이기 때문에 환상으로 보인다. 하지만 에스겔 8:3에 '하나님의 환상 중에'(בְּמַרְאוֹת אֱלֹהִים)라는 표현과 에스겔 11:24에 '하나님의 영의 환상 중에'(בַּמַּרְאֶה בְּרוּחַ אֱלֹהִים)라는 표현을 '하나님이 보여주신 환상 중에'라고 본다면 에스겔의 몸을 이동했다기보다는 특별한 환상 가운데 보여주었다고 볼 수 있다. 그러나 장로들이 자기 앞에 앉아 있었고 거기에서 이끌어가셨다(겔 8:1, 3). 이 점을 보면 장소를 이동하여 예루살렘으로 갔다가 다시 갈대아로 돌아온 것이라고도 볼 수 있다. 에스겔이 본 것이 어떤 것이었는지 단언하기는 어렵다.[15] 에스겔은 하나님의 영에 이끌려 예루살렘 안뜰로 들어가는 북향한 문에 이르렀는데 질투를 일어나게 하는 우상의 자리가 있는 곳이었다(겔 8:3). 거기에 이스라엘 하나님의 영광이 있었는데 에스겔이 들에서 본 모습과 같았다(겔 8:4; 참조. 겔 3:23).

에스겔이 환상 가운데 옮겨져서 본 당시 예루살렘 성전과 백성들의 모습을 생생하게 보여준다. 오늘날 마치 영화나 다큐멘터리 드라마를 촬영하기 위하여 줌(zoom) 카메라를 들이대듯이 구체적으로 보여준다.

b. 질투의 우상(겔 8:5-6)

에스겔이 처음 본 것은 제단 문 북쪽에 있는 질투의 우상이었다(겔 8:5). '질투의 우상'이 실제로 있다는 것이 아니라 에스겔 8:3에 부연하듯이 '질투를 일어나게 하는 우상'이다. 이 우상이 무엇인지 알 수 없다.[16] 그런데 이 우상을 보고 질투하시는 분은 하나님이시다(Cooper 1994, 119). 여기서 그들이 크게 가증한 일을 행함으로 여호와께서 그의 성소를 멀리 떠나게 한다고 하셨다(겔 8:6). 이 환상의 마지막 부분에서 이스라엘의 가증한 일로 말미암아 여호와께서 성소를 떠나신다(겔 11:22–23).

---

15 라마 E. 쿠퍼(Cooper 1994, 119–146)는 에스겔이 예루살렘에 간 것은 육체적으로 간 것이라기보다는 환상 가운데 간 것으로 결론을 내렸다.

16 므낫세가 성전에 아세라 목상을 세운 일이 있다(왕하 21:7; 대하 33:7, 15)

c. 각종 동물 형상의 우상숭배(겔 8:7-13)

에스겔이 하나님에게 이끌려 뜰 문에 이르렀는데 담에 구멍이 있었고 그 담을 허무니 거기에 각양 곤충과 가증한 짐승이 그려져 있었다(겔 8:7–10). '그렸고'라고 번역된 히브리어 동사는 '머후케'(מְחֻקֶּה)인데 이 동사는 '새기다'(חקה)라는 동사의 푸알(수동태), 분사형이다. 이것은 각종 가증한 곤충과 짐승을 그려놓은 것이 아니라 새겨넣은 것을 의미한다. 그런데 이스라엘 족속의 대표자들인 70인의 장로가 이 우상 앞에 절하기 위해 섰고 그 중에 사반의 아들 야아사냐도 있었는데 그들은 그 방에서 향로를 들고 향연을 피웠다(겔 8:11; 참조. 출 24:1, 9; 민 11:16). 원래 분향은 제사장들만이 할 수 있었던 점을 고려하면 심각한 우상숭배다(참조. 민 16:40). 사반은 유다왕 요시야의 종교개혁에 참여한 서기관이었다(대하 34:15). 또 그들은 "여호와께서 우리를 보지 아니하시며 여호와께서 이 땅을 버리셨다"(겔 8:12)라고 말했다. 이 말은 에스겔서에서 자주 나온다(겔 9:9; 11:3, 15; 12:22, 27; 18:2, 25, 29 등). 그들은 하나님을 바라보지 않고 세상을 부정적으로 바라보았고 그들이 어떤 행동을 했는지 전혀 생각하지 않는다. 그런데 하나님은 에스겔에게 이보다 더 가증한 일을 보게 될 것이라고 하셨다(겔 8:13).

d. 담무스를 위해 애곡하는 여인들(겔 8:14-15)

성전에 들어가는 북문에 담무스를 위해 애곡하는 여인들이 있었다(겔 8:15). '담무스'(Tammuz)는 죽어서 지하세계의 신이 된 수메르인의 농경신으로 이 신에 대한 의식은 부분적으로 우는 것이지만 땅의 비옥함과 다산의식이 결합되어 있다. 이사야 17:10–11에 묘사된 정원을 담무스 정원이라고 본다(Taylor 1969, 99).

e. 태양 숭배(겔 8:16-18)

여호와의 성전 안뜰에 있는 성전 문, 곧 현관과 제단 사이에 약 스물다섯 명이 동방 태양에 예배하고 있었다(겔 8:16). 현관과 제단 사이의 공간은 제사장들이 서쪽 곧 지성소가 있는 쪽을 향해 기도하는 곳이다(욜 2:17). 그런데 이들이 등을 서쪽으로 하고 동쪽을 향해 예배하는 것은 하나님께 등을 돌리는 행위를 나타낸다(참조. 대하 29:6; 렘 7:24; 32:33). 이뿐만 아니라 이스라엘은 그 땅을 폭행으로 채우고 심지어 나뭇가지를 그 코에 두었다(겔 8:17). '나뭇가지를 그들의 코에 둔다'라는 것은 이방의 제사의식으로 이해되기는 해도 그 의미가 무엇인지 알 수 없다. '나뭇가지'(저모라, זְמוֹרָה)를 남근의 상징으로, 태양신에게 제사드리는 의식으로, 부도덕의 상징으로 해석하기도 한다(Block 1997, 299).

이러한 부도덕한 행동에 대해 여호와께서 분노로 갚으시고 긍휼을 베풀지도 아니하시고 큰 소리로 부르짖을지라도 듣지 아니하실 것이다(겔 8:18). 이것은 언약 백성으로서 하나님과 교제하는 은혜를 누리지 못한다는 것이다.

만약에 하나님께서 당시 에스겔을 하나님의 환상 중에서 갈대아에서 예루살렘으로 이동시켜 성전 안에 있는 갖가지 우상들과 그들이 행하고 있는 일들을 카메라로 잡았듯이 오늘 우리 한국교회와 하나님의 성전된 우리 모습을 24시간 내내 카메라로 잡는다면 어떤 모습일까? 돈과 권력이 우상이 되어 그것을 섬기기 위해 사람들을 만나는 일에 시간을 허비하고, 온갖 야비하고 부도덕한 행위들을 하면서도 하나님의 뜻이라고 합리화하고 변명하는 모습들은 없을까?

② 심판에 대한 환상(겔 9:1-11)

에스겔은 예루살렘의 우상숭배와 악행에 대해 에스겔 8:18에서 선포된 심판이 환상 가운데 시행하는 모습을 보여준다.

a. 성읍을 심판하는 자들(겔 9:1-7)

하나님은 성읍을 관할하는 자들이 각기 죽이는 무기를 손에 들고나오게 하셨다(겔 9:1). 그러자 여섯 사람이 북향한 윗문 길로부터 나왔고 이들 중 한 사람은 베 옷을 입고 허리에 서기관의 먹 그릇을 차고 놋 제단 곁에 섰다(겔 9:2). 여기 '관할하는 자들'(פְּקֻדּוֹת)은 '찾다', '방문하다', '임명하다' 등 다양한 뜻을 가진 동사 '파카드'(פָּקַד)에서 온 말로 여기서는 형 집행을 수행하는 자로 볼 수 있다(참조. 렘 51:20-23). 이들 중 한 사람은 베 옷을 입고 먹 그릇을 차고 있다.[17] 베옷은 제사장에 어울리는 옷이다(출 28:42; 삼상 2:18; 22:18). 이들은 죄를 범한 이스라엘을 심판하기 위해 부름을 받은 자들이고, 먹 그릇을 든 자는 가증한 일로 말미암아 탄식하며 우는 자의 이마에 표를 하는 자로 보인다(겔 9:4).

이스라엘을 심판하시기 위해 그룹에 머물러 있었던 하나님의 영광이 성전 문지방에 이르렀다. '그룹'은 언약궤의 뚜껑인 속죄소의 양쪽에 금으로 만든 것으로 하늘 보좌를 상징한다(출 25:18-22; 37:7-9; 시 80:1). 이때 여호와께서 베옷을 입고 먹 그릇을 찬 사람에게 모든 가증한 일로 말미암아 탄식하는 자의 이마에 '표'를 그리라고 하셨다. 이 '표'(타우,

17 이 사람을 포함하여 모두 일곱 명으로 보기도 한다(박철우 2010; Taylor 1969, 101-102). NIV는 '그들과 함께 한 사람이 있었다'(With them was a man)라고 번역했다. 그러나 개역개정판이나 NASB처럼 '그 중에 한 사람'(אִישׁ־אֶחָד בְּתוֹכָם)을 문법적으로 '여섯 명 중의 한 사람'으로 볼 수 있다.

תָּו)는 히브리어 마지막 글자로 히브리어 옛 글자는 X다. 이것은 어떤 표시를 위해 사용된 표시나 책의 난외주에 있는 별표(쿰란 서기관들이 이사야서 두루마리 중 하나에 메시아 구절을 주석할 때 표시한 표) 이상의 어떤 것을 의미하지 않는다(Block 1997, 310–315; Taylor 1969, 102). 70인역은 이를 단순히 어떤 식별을 위한 표시인 '세메이온'(σημεῖον)이라고 번역했다. 하나님은 이 표가 있는 자는 살리고 반면에 표가 없는 사람들은 불쌍히 여기지 말고 죽이되 성전 앞에 있는 늙은 자들(장로들)로부터 시작하라고 하셨다(겔 9:5–7).

b. 심판의 처절함(겔 9:8-11)

형 집행하는 자들이 그들을 칠 때 에스겔이 그 장면을 보고 "아하 주 여호와여"라고 부르짖으며 "이스라엘의 남은 자를 다 멸하려 하시나이까"라고 질문했다(겔 9:8). 그러나 여호와께서 그 땅에 피가 가득하고 그 성읍에 불법이 찼고 그들이 "여호와께서 이 땅을 버리셨으며 여호와께서 보지 아니하신다"(겔 9:9; 참조. 겔 8:12)라고 했기 때문에 그들의 행위대로 심판하실 것이라고 하셨다(겔 9:9–10). 이 말씀으로 보아 심판이 성전에서 우상숭배하는 70명의 장로에게 먼저 임한 것으로 보인다(참조. 겔 9:6).

③ 성전을 떠나시려는 하나님의 영광에 대한 환상(겔 10:1–22)

이 문단은 에스겔 1장에 묘사된 하늘 보좌의 환상에 나타난 묘사와 유사하다. 에스겔 1장에서 '생물들'로 묘사된 것이 '그룹들'(커루빔, כְּרוּבִים)로 대치된 것 외에 동일하다(겔 10:2, 4, 6, 7, 8, 9, 11 등). 여기서 하나님의 영광이 성전을 떠나시려는 모습을 보여준다.

a. 성읍을 심판하시기 위해 나타난 하나님의 영광(겔 10:1-8)

에스겔은 그룹들 머리 위 궁창에 남보석 같은 것이 나타나고 그들 위에 보좌의 형상이 있는 것을 보았다(겔 10:1). 이 묘사는 그발강 가에서 보았던 하늘 보좌의 형상이다(겔 1:22, 26). 하나님이 베 옷 입은 사람에게 그룹 밑에 있는 바퀴 사이로 들어가 숯불을 두 손에 가득히 움켜서 성읍 위에 흩으라고 하시자 그는 에스겔 목전에서 바퀴 사이로 들어갔다(겔 10:2). 여기 '흩으라'라는 히브리어 단어는 '자라크'(זָרַק)인데 물이나 피를 뿌려 정결케 한다는 의미도 있다(겔 36:25; 43:18). 이것은 언어 유희로 여기서는 하나님이 심판하시는 분이심을 보여주지만 동시에 이스라엘을 정결하게 하시는 분이심을 보여준다. 그 사람이 바퀴 사이로 들어갈 때 그룹들은 성전 오른쪽에 있고 그 그룹이 여호와께서 말씀하신 대로 그룹들 사이에 있는 불을 집어 베옷 입은 자의 손에 주자 그 불을 받아서 나갔다(겔

10:3–7). 가증한 일로 말미암아 탄식하며 우는 자의 이마에 표를 하여 구원하려는 천사(겔 9:4)가 여기서는 이스라엘을 심판하기 위해 불을 가지고 있다.

b. 그룹에 대한 묘사(겔 10:9-17)

이 문단에 묘사된 그룹은 에스겔 1:5–25에 묘사된 생물과 약간의 차이점이 있지만 같다. 그 차이점 가운데 가장 분명한 것은 에스겔 1장에서 '생물들' 대신에 '그룹들'이라는 새로운 이름이 나온다. 에스겔 10:2에서는 그룹들 밑에 숯불이 있지만 에스겔 1장에는 없다. 그리고 에스겔 1:18에서는 바퀴의 네 둘레에 돌아가면서 눈이 있으나 에스겔 10:12에서는 온 몸과 등과 손과 날개와 바퀴에 눈이 있다.

에스겔은 이 바퀴들을 도는 것이라고 부르는 것을 들었고(겔 10:13), 그룹들은 네 개의 얼굴이 있는데 이 역시 에스겔 1장에서 본 얼굴과 다르지 않다(겔 1:10; 계 4:7). 그룹에 대한 이러한 묘사는 에스겔 1장에서 본 하늘 보좌의 환상과 같다는 것을 보여준다.

c. 성전을 떠나시려는 하나님의 영광(겔 10:18-22)

이 문단에서 성전의 지성소 안 언약궤 위에 계셨던 여호와의 영광이 성전 문지방을 떠나서 그룹들 위에 머문다(겔 10:18). 그룹들이 날개를 들고 나갈 때 바퀴도 함께 하여 성전 동문에 머물자 여호와의 영광이 그 위에 덮였다(겔 10:19). 그들은 에스겔이 그발강 가에서 보던 생물들이고 에스겔은 그들이 그 그룹들인 줄을 알았다(겔 10:20–22). 이것은 하나님의 영광이 성전을 떠나실 것을 보여준다.

④ 심판과 회복에 대한 환상(겔 11:1–25)

이 문단에서 에스겔 8장에서 시작한 성전의 부패한 모습에 대한 환상이 예루살렘의 심판이 확실함을 보여주면서 한 줄기의 소망의 빛을 비추며 하나님의 영광이 떠나는 것으로 마친다.

a. 예루살렘의 죄에 대한 심판(겔 11:1-13)

주의 영이 에스겔을 여호와의 성전 동문에 데리고 가서 스물다섯 명이 있는 것을 보게 했다. 여기에 언급된 스물다섯 명은 에스겔 8:16에서 태양을 섬기던 스물다섯 명과 다른 사람이며 이스라엘의 대표성을 띤 사람들로 보인다.[18] 이들 중에 앗술의 아들 야아사냐(יַאֲזַנְיָה, 여호와께서 들으신다)가 있고 브나야의 아들 블라댜(פְּלַטְיָהוּ, 여호와께서 구원하신다)가 있다(겔 11:1). 이들은 백성의 고관들이다. 야아사냐는 에스겔 8:11의 '사반의 아들 야아사냐'와는 다른 인물이다. 이들은 불의를 품고 성 중에 악한 꾀를 부리는 사람들이다(겔 11:2). 하나님은 에스겔에게 이들이 꾸미는 일이 악한 일임을 이들이 말한 두 가지 은유로 말씀하셨다(겔 11:3).

하나의 은유는 이들이 집 건축할 때가 가깝지 아니했다고 말한 것이다.[19] 이 말씀은 해석이 다양하다. 첫째, NIV와 NASB가 번역한 것처럼 의문문으로 번역하여 위기가 곧 지나가고 삶이 정상으로 회복된다는 것이다. 둘째, KJV처럼 평서문으로 보고 위기의 때가 이르지 않았기에 집을 짓자고 번역할 수 있다. 이는 위기를 부정하는 것이다. 이 말씀을 번역하는 일이 모호하기는 하나 지금 집을 짓는 일에 대해 염려할 필요가 없다는 의미로 보고 그들이 모든 것을 할 수 있다고 생각하는 자들의 자기만족과 교만한 모습을 반영한다고 본다. 이러한 해석이 가능한 것은 다음에 나오는 은유가 지지해 준다(Block 1997, 333).

또 하나의 은유는 성읍은 가마가 되고 이들은 고기가 된다고 말한 것이다(겔 11:3). 이것은 불로부터 보호해 주는 가마솥에 있는 고기처럼 전쟁의 불에서 안전하게 된다는 것이다(Taylor 1969, 109). 하나님은 에스겔에게 이들을 쳐서 예언하라고 하셨다(겔 11:4).

에스겔은 아이러니하게도 자기만족과 교만에 빠진 지도자들이 고기가 아니라 그들의 폭력으로 죽임을 당한 자들과 예루살렘이 가마인데 오히려 하나님이 지도자들을 성읍에서 끌어내어 심판하실 것이라고 했다(겔 11:6-11). 이를 통해 지도자들은 하나님이 여호와인 줄을 알게 될 것이다(겔 11:10b, 12a). 이는 그들이 율법을 지키지 않았고 이방인의 규례대로 행하였기 때문이다(겔 11:12). 에스겔이 이 말씀을 예언할 때 브나야의 아들 블라댜가 죽었다(겔 11:13). 에스겔은 이 죽음을 보고 이것이 무엇을 의미하는지 알았다. 그것은 하나님이 예루살렘을 심판하신다는 것이다. 그래서 에스겔은 제사장으로서 하나님께 이스라엘의 남은 자를 다 멸절하고자 하시는지 물었다(겔 11:13).

18 스물다섯 명이 에스겔 8:16에 있는 동일한 사람으로 볼 수도 있고(Cooper 1994, 139), 이들과 관계가 없는 사람으로 볼 수도 있다(Block 1997, 330; Taylor 1969, 108).

19 "집 건축할 때가 가깝지 아니한즉"의 원문은 "로 버카롭 버노트 바팀"(לֹא בְקָרוֹב בְּנוֹת בָּתִּים)으로 평서문이나 의문문으로 다 번역이 가능하다.

b. 어두움 가운데 비친 소망의 빛(겔 11:14-21)

주전 598년에 여호야긴과 에스겔과 백성들이 바벨론 포로로 끌려갔으나 모든 사람이 다 포로로 끌려간 것은 아니다(참조. 왕상 24:8–17). 예루살렘에 남아있었던 사람들은 "너희는 여호와에게서 멀리 떠나라 이 땅은 우리에게 주어 기업이 되게 하신 것이라"(겔 11:15)라고 말했다.[20] 이것은 바벨론 포로로 잡혀간 사람들은 하나님의 진노를 받았고 남은 자들은 하나님의 은혜를 입어 남아 있기 때문에 하나님이 남은 자들에게 이 땅을 기업으로 주셨다는 뜻이다. 따라서 포로로 잡혀간 자들은 이 땅에서 누릴 수 있는 권리가 없다는 것이다. 이처럼 그들은 자신들을 참된 남은 자로 보고 포로로 끌려간 사람은 하나님의 심판 아래 있는 것으로 보았다(Duguid 1999, 149). 이것은 그들이 같은 민족과 형제로서 사랑이 없고 오히려 그들의 탐욕을 드러내었음을 보여준다.

그러나 하나님은 그들을 흩어서 포로로 끌려가게 했다 할지라도 그들이 도달한 나라에서 잠깐 성소가 될 것이라고 하셨다(겔 11:16). 이것은 포로로 끌려간 자들도 하나님의 백성이라고 말씀하심으로 예루살렘에 거주하는 자들의 말이 잘못되었음을 보여준다. 여기서 '잠깐'(머아트, מְעַט)이라는 단어를 NIV처럼 시간으로 이해할 수 있지만 이 단어를 성소를 수식하는 말로 보아 KJV처럼 '작은 성소'로 번역할 수도 있다. 두 번역이 다 가능하다. 핵심은 하나님은 포로로 끌려간 백성 가운데 계시며 그들과 교제하신다는 것이다. 게다가 포로된 백성들을 다시 모아 돌아오게 하여 이스라엘 땅을 줄 것이라고 하셨다(겔 11:17). 지금 예루살렘에 거주하는 자들이 포로된 자들의 기업을 자신들의 기업이라고 주장한 것과 대조적이다. 이것이 어두움 가운데 비친 소망의 빛이다.

그리고 하나님은 포로된 자들이 그 땅에 돌아와 모든 미운 물건과 모든 가증한 것을 제거해 버릴 것이라고 하셨다(겔 11:18). 더 나아가 한 마음과 새 영을 주어 그 몸에서 돌 같은 마음을 제거하고 살처럼 부드러운 마음을 주어 주의 율례를 지켜 행하게 하여 그들은 하나님의 백성이 되고 하나님은 그들의 하나님이 되실 것이라고 하셨다(겔 11:19–21). 이것은 하나님이 자기 백성이 마음에서 우러나와 하나님의 율례를 지키어 하나님과 교제하게 하신다는 뜻이다. 이 일은 언제 일어나는가? 바벨론 포로에서 돌아온 자들이 주의 율례를 기쁘게 지켰는가? 아니다. 이 일은 그리스도의 구속으로 새 사람이 되었고 그에게 성령을 주심으로 가능케 되었다(히 8:13–14; 요 14:14–21; 롬 8:1–4, 9). 이러한 사상은 에스겔서에서 여러 번 나온다(참조. 겔 36:26–28; 37:24–28). 이 역시 어두움 가운데 비친 소

20 '너희는 여호와에게서 멀리 떠나라'라는 말은 다윗이 자기를 잡으려고 한 사울에게 "그들이 … 너는 가서 다른 신들을 섬기라 하고 오늘 나를 쫓아내어 여호와의 기업에 참여하지 못하게 함이니이다"(삼상 26:19)라는 말씀과 유사하다.

망의 빛이다. 그러나 가증한 것을 마음으로 따르는 자는 그 행위대로 갚을 것이라고 하셨다(겔 11:21). 이것은 하나님이 당시 일차적으로 예루살렘에 남아있는 자들이 행한 일에 대해 심판하신다는 것을 의미하지만 나아가 우상을 숭배하는 자들은 심판을 받는다는 것이다.

c. 하나님의 영광이 예루살렘을 떠남(겔 11:22-25)

에스겔은 그를 환상 가운데 인도한 하나님의 영이 그에게 예루살렘의 가증한 일을 보여주시고 포로된 자들에게 희망을 보여주신 이후에 그룹들이 날개를 들고 바퀴가 있는 하나님의 영광이 성읍 가운데서부터 올라가 성읍 동쪽 산에 머무르는 것을 보았다(겔 11:22-23). 성읍의 동쪽 산은 감람산이다. 하나님의 영광이 성전을 떠난다는 것은 심판 과정의 첫 단계다. 이는 불순종하고 패역한 백성에 대해 오래 참으심을 끝내고 축복을 거두신다는 신호다(Cooper 1994, 145). 주의 영이 에스겔을 환상 중에 들어서 주의 영광이 떠나시려는 것을 보여주신 후에 다시 갈대아에 있는 사로잡힌 자 중에 이르게 하셨다(겔 11:24). 그리고 사로잡힌 자에게 여호와께서 보여주신 모든 일을 말했다(겔 11:25). 사로잡힌 자들은 에스겔이 본 환상을 보고 왜 바벨론 포로로 끌려왔으며, 앞으로 예루살렘이 멸망할 것이나 그들을 돌려내어 새롭게 회복하신다는 이야기를 듣고 소망을 갖게 되었을 것이다.

(6) 이스라엘의 죄와 그 심판에 대한 예언(겔 12:1–24:27)

이 문단에서 선지자는 이스라엘이 멸망 당해 포로로 끌려가게 될 것이라는 예언과 그 원인인 패역과 죄를 열거하고 다양한 방법으로 심판이 당연함을 논리적으로 증명한다.

① 포로가 될 것을 보여주는 상징적 행동(겔 12:1–16)

에스겔은 하나님의 말씀에 따라 한 상징적인 행동을 했다. 이 이상한 행동은 오늘날 어떤 관념이나 내용을 신체의 행위를 통하여 보여주는 예술 행위로 알려진 '퍼포먼스'(Performance)라고 할 수 있다. 이 퍼포먼스를 하게 하신 때는 여호야긴이 포로로 잡혀온지 여섯째 해 여섯째 달 초닷새로 주전 592년이다(겔 8:1). 이때는 주전 586년에 유다가 멸망하기 전 6년 전이다. 이때 예언한 내용을 성취함으로 말씀을 듣는 일이 중요함을 보여준다.

a. 에스겔이 행한 퍼포먼스(겔 12:1-7)

하나님이 에스겔에게 퍼포먼스를 행하게 하신 이유는 당시 들어야 할 청중인 이스라엘이 반역하는 족속이었기 때문이다. 그들은 눈을 가지고 있었지만 보지 못하고 귀를 가지고 있었으나 듣지 않았다(겔 12:2). '반역하다'라는 단어는 히브리어로 '머리'(מְרִי)인데 '배반하다'라는 뜻도 있으나 '거역하다', '완고하다'라는 뜻이다(삼상 15:23; 느 9:17 등). 이 단어가 보여주는 이미지는 하나님의 말씀을 듣기를 거부한다는 것이다. 특이한 것은 이 단어가 구약성경 전체에서 23번이 나오는데 에스겔서에만 16번이 나온다(겔 2:5, 6, 7 등). 하나님의 말씀을 듣지 않는 이스라엘 백성들에게 하나님은 에스겔에게 한 퍼포먼스를 행하게 하셨다.

하나님이 에스겔에게 행하라고 명한 퍼포먼스는 포로의 행장을 꾸리라는 것이었다(겔 12:3). 여기에 '포로의 행장'이라는 말은 NIV 성경이 번역한 것처럼 '포로생활에서 필요한 짐'이다. 그리고 낮에 포로생활에 필요한 짐을 이사할 뿐만 아니라 저물 때에 포로로 끌려가는 사람들처럼 나가라고 하셨다(겔 12:4). 하나님이 에스겔 선지자에게 명한 퍼포먼스는 여기에 그치지 않는다. 그들이 지켜보는 가운데 성벽을 뚫고 구멍을 파서 나가되, 캄캄할 때에 어깨에 메고 나가며 얼굴을 가리고 땅을 보지 않고 나가라고 하셨다(겔 12:5-6). 에스겔은 이 말씀을 듣고 그대로 순종했고 하나님은 에스겔을 세워 이스라엘 족속에게 징조가 되게 하실 것이라고 하셨다(겔 12:7). 당시 이 이상한 행동은 완고한 이스라엘 백성들이 볼 수 있도록 하나님이 주신 퍼포먼스다.

b. 에스겔이 행한 퍼포먼스의 의미(겔 12:8-14)

에스겔이 이 퍼포먼스를 행할 때 아마도 사람들이 여러 가지 반응을 보였을 것이다. 그때 에스겔 선지자는 이것이 무엇을 의미하는지 설명해 주지 못했다. 왜냐하면, 본인도 당시에 그것이 무엇을 의미하는지 몰랐고 하나님께서 다음 날에 그 의미를 설명해 주셨기 때문이다(겔 12:8-9). 하나님은 에스겔이 행한 상징적인 행동의 의미에 대해 "예루살렘 왕과 그 가운데 있는 이스라엘 온 족속에게 일어날 일"을 미리 보여주는 묵시라고 하셨다(겔 12:10). 여기 '묵시'라는 히브리어 단어는 '마사'(מַשָּׂא)로 구약성경에 주로 '짐'(사 46:1, 2)이나 '경고'(합 1:1) 등으로 번역된다. 에스겔 12:7에서 에스겔을 세워 이스라엘에게 징조가 되게 하실 것이라고 말씀하신 것처럼 에스겔 12:11에서 에스겔은 "나는 너희 징조라"라고 하며 "내가 행한 대로 그들도 포로로 잡혀 가리라"라고 했다. 이것은 에스겔이 한 행동이 이스라엘이 포로로 잡혀갈 것을 보여주는 징조라는 것이다.

그러면서 에스겔은 에스겔 12:5–6에서 행한 일이 구체적으로 무엇을 의미하는지 에스겔 12:11–12에서 반복하듯이 설명한다. 차이점은 성벽을 뚫고 행장을 하고 나가는 사람 중에 땅을 보지 아니하고 얼굴을 가리는 사람이 왕이라고 설명한다. 비유적으로 하나님이 그물을 그의 위에 치고 올무에 걸리게 하여 그를 끌고 갈대아 땅 바벨론에 이르러 그가 거기에서 죽을 것이고 그 땅을 보지 못할 것이라고 하셨다(겔 12:13). 이뿐만 아니라 왕을 호위하는 자와 부대를 다 흩고 그 뒤를 따라 칼을 빼리라고 하셨다.

하나님께서 에스겔의 퍼포먼스를 통해 말씀하셨던 것처럼 하나님의 말씀을 듣고도 회개하지 않고 불순종할 때 역사에서 그대로 이루어졌다. 이 퍼포먼스는 주전 592년에 한 예언적인 행동이며(겔 8:1) 주전 586년에 성취되었다. 이 내용이 열왕기하 24:20b–25:7에 그대로 묘사하고 있다.

> 시드기야가 바벨론 왕을 배반하니라 시드기야 제구년 열째 달 십일에 바벨론의 왕 느부갓네살이 그의 모든 군대를 거느리고 예루살렘을 치러 올라와서 그 성에 대하여 진을 치고 주위에 토성을 쌓으매 그 성이 시드기야 왕 제십일년까지 포위되었더라 그 해 넷째 달 구일에 성 중에 기근이 심하여 그 땅 백성의 양식이 떨어졌더라 그 성벽이 파괴되매 모든 군사가 밤중에 두 성벽 사이 왕의 동산 곁문 길로 도망하여 갈대아인들이 그 성읍을 에워쌌으므로 그가 아라바 길로 가더니 갈대아 군대가 그 왕을 뒤쫓아가서 여리고 평지에서 그를 따라잡으매 왕의 모든 군대가 그를 떠나 흩어진지라 그들이 왕을 사로잡아 그를 리블라에 있는 바벨론 왕에게로 끌고 가매 그들이 그를 심문하니라 그들이 시드기야의 아들들을 그의 눈앞에서 죽이고 시드기야의 두 눈을 빼고 놋 사슬로 그를 결박하여 바벨론으로 끌고 갔더라

이 내용을 읽을 때 에스겔의 상징적 행동을 통하여 보여준 대로 이루어졌다는 것을 알 수 있다. 시드기야는 바벨론이 598년에 여호야긴이 왕이 된 지 석 달 만에 여호야긴을 포로로 잡아가고 느부갓네살이 신탁통치를 하기 위하여 세운 꼭두각시 왕이었다(왕하 24:15–17). 하나님이 왜 이렇게 하셨는가? 에스겔 17:11–14에 그 답이 있다.

> 여호와의 말씀이 또 내게 임하여 이르시되 너는 반역하는 족속에게 묻기를 너희가 이 비유를 깨닫지 못하겠느냐 하고 그들에게 말하기를 바벨론 왕이 예루살렘에 이르러 왕과 고관을 사로잡아 바벨론 자기에게로 끌어가고 그 왕족 중에서 하나를 택

> 하여 언약을 세우고 그에게 맹세하게 하고 또 그 땅의 능한 자들을 옮겨 갔나니 이는 나라를 낮추어 스스로 서지 못하고 그 언약을 지켜야 능히 서게 하려 하였음이거늘

열왕기하 24:20b에 보면 "시드기야가 바벨론 왕을 배반하니라"라고 하였다. 하나님께서 이렇게 하신 목적은 나라를 낮추어 스스로 서지 못하고 그 언약을 지켜야 능히 서게 하려는 하나님의 말씀을 들어야 함에도 불구하고 당시 유대 왕이었던 시드기야는 왜 바벨론 왕을 배반했는가? 이 심판의 내용을 더 분명하게 예시하고 설명하고 있는 에스겔 17:15에 답이 있다.

> 그가 사절을 애굽에 보내 말과 군대를 구함으로 바벨론 왕을 배반하였으니 형통하겠느냐 이런 일을 행한 자가 피하겠느냐 언약을 배반하고야 피하겠느냐

애굽을 의지하면 그 나라가 지켜주리라 생각하고 애굽과 조약을 맺고 그 군대의 도움을 기대하고 바벨론과의 조약을 파기한 것이다(참고. 렘 37:5-8). 바벨론 왕을 배반하고 그 결과 느부갓네살이 군대를 거느리고 내려와 예루살렘을 포위하였다. 하지만 이때 시드기야가 의지한 애굽의 군대는 하나님의 말씀대로 힘이 되지 못했다. 당시의 여러 정치적인 상황이 주변국들의 상황에 의해 결정되는 것처럼 보이지만 가장 결정적인 이유는 하나님과 맺은 언약을 배반하고 그의 말씀을 듣지 않았기 때문이다(참조. 겔 17:19). 그래서 하나님께서 그들을 심판하시기 위하여 구체적으로 그 역사에 나타내셨다. 에스겔 선지자의 퍼포먼스를 통하여 보여준 대로 이루어졌다. 에스겔 12:12에서 "무리가 성벽을 뚫고 행장을 그리로 가지고 나가고 그 중에 왕은 어두울 때에 어깨에 행장을 메고 나가며 눈으로 땅을 보지 아니하려고 자기 얼굴을 가리리라 하라"라고 말한 대로 그대로 이루어졌다. 당시 바벨론은 약 3년간 예루살렘을 포위하고 있었기 때문에 성중에는 굶주리고 있었다. 그리고 죽은 시체들로 인하여 전염병도 돌고 있었다. 그러자 백성들이 성벽을 뚫고 도망가기 시작했다. 이때 백성을 지켜야 할 시드기야 왕도 밤에 군사를 거느리고 왕의 정원 근처, 두 성벽을 잇는 통로를 빠져나와 아라바(요단 계곡)로 도망하였다. 그리고 에스겔 선지자가 예언한 대로 왕이 "눈으로 땅을 보지 아니하려고 자기 얼굴을 가리우고" 나갈 것이라고 한 것처럼 밤중에 도망하면서 자기의 얼굴을 보이지 않으려고 가리고 나갔다(겔 12:12). 이 말씀에 따르면 아마도 시드기야가 변장을 하고 나간 것처럼 보인다.

그러나 하나님은 그렇게 도망가는 것을 그냥 두지 않으시고 미리 바벨론 왕으로 하여금 대비하여 도망가는 자를 그물로 물고기를 잡듯이 잡을 것이라고 하셨다. 이렇게 붙잡힌 시드기야는 하나님이 "그를 끌고 갈대아 땅 바벨론에 이르리니 그가 거기에서 죽으려니와 그 땅을 보지 못하리라"(겔 12:13)라고 설명해 주신 것처럼 바벨론 군사들이 시드기야를 붙잡아 바벨론 왕에게 끌고 갔다. 바벨론 왕은 그를 심문하고 그가 보는 앞에서 그의 아들들을 처형하였다. 그리고 유다의 모든 방백을 죽이며, 그의 두 눈을 뺀 다음에 쇠사슬로 묶어서 바벨론으로 끌고 갔다(왕하 25:7). 포로의 눈을 빼는 관습은 9세기 앗수르의 아슈르바니팔 2세의 연보(年譜)와 8세기 사르곤 2세의 연보(年譜) 등에 나타난다. 이것은 적들을 공포에 사로잡히게 하고 굴욕감을 주기 위하여 이용했던 전술 중 하나이기도 하였다. 시드기야는 바벨론 땅에서 죽었다. 더욱이 눈이 뽑혀서 바벨론으로 끌려갔기 때문에 바벨론 땅을 보지 못한다고 한 퍼포먼스에서 보여준 그대로 두 눈이 뽑혀 바벨론으로 가고 거기에서 죽는 날까지 감옥에 갇혀있었다(렘 52:4-11). 이처럼 하나님이 에스겔의 퍼포먼스를 통해 보여주시고 해석해 주신 대로 정확하게 역사 가운데 성취되었다.

c. 에스겔이 행한 퍼포먼스의 목적(겔 12:15-16)

하나님께서 에스겔에게 상징적 행동을 하게 한 목적은 무엇인가? 여기에 하나님이 에스겔의 상징적 행동을 하게 하신 두 가지 목적이 있다. 하나는 퍼포먼스를 통해 말씀하신 대로 역사 가운데 행하여 이스라엘 백성들을 이방인 가운데로 흩어지게 하심으로 그 말씀하신 대로 하나님이 역사를 통치하시는 분임을 알게 하려는 것이다(겔 12:15). 또 하나는 심판 날에 소수의 남은 자들로 하여금 그들이 가게 될 이방인 가운데 자기의 모든 가증한 일을 자백하고 그 자백을 통해 여호와께서 그 말씀하신 대로 이루시는 분임을 이방인들도 알게 하려는 것이다(겔 12:16).

당시 에스겔의 퍼포먼스를 통하여 말씀하신 대로 하나님이 역사 가운데 다 이루신 것이 사실이라면 또한 하나님이 다양한 시대에 다양한 방법으로 말씀하신 것과 그리스도 안에서 말씀하신 것을 이루실 것이다. 이 역사는 하나님의 말씀을 듣는 것이 중요함을 보여준다.

② 떨고 근심하며 먹는 음식(겔 12:17-20)

여호와의 말씀이 에스겔에게 임하여 떨면서 음식을 먹고 놀라고 근심하며 물을 마시라고 하셨다(겔 12:17-18). 여호와께서 이 상징적 행동에 대해 이 땅 주민의 포악으로 말미암아 땅에 가득한 것이 황폐하며 땅이 적막하게 될 것을 의미하는 것이라고 해석해 주셨다(겔 12:19). 성읍이 황폐되고 땅이 적막하게 될 때 그들은 여호와의 인격과 존재를 알게 될 것이다(겔 12:20). 블락(Block 1997, 380)은 이 짧은 단락의 제목을 "공포의 판토마임"(A pantomime of horror)이라고 붙였다. 음식을 먹고 물을 마시는 일은 육체적 건강에 필수적인 일이나 주민의 포악으로 말미암아 심판을 받아 자유롭게 음식을 먹을 수 없는 상태가 된다는 것이다. 이 상징적 행동은 모세가 사람이 떡으로만 사는 것이 아니라 하나님의 말씀으로 산다고 한 것처럼 하나님의 말씀을 순종해야 함을 보여준다.

③ 잘못된 속담(겔 12:21–28)

당시 이스라엘은 "날은 더디고 모든 묵시가 사라지리라"라고 생각했다. 이에 대해 하나님은 "너희의 속담이 무엇이냐?"라고 물으셨다(겔 12:22). 그들이 생각하는 것을 '속담'(마샬, מָשָׁל)이라고 한 것은 보편적으로 믿고 있었던 개념으로 보았다는 것이다. 이 말은 그들이 선지자를 통해 주신 하나님의 말씀을 진지하게 받아들이지 않았다는 것이다. 이에 대해 하나님은 다시는 이 속담을 사용하지 못하고 허탄한 묵시가 일어나지 못할 것이라고 하시며 날이 가까웠고 모든 묵시가 성취될 것이라고 하셨다(겔 12:23–24). 그리고 이 일이 '너희 생전에'(비메이켐, בִּימֵיכֶם) 일어날 것이라고 하셨다(겔 12:25).

이뿐만 아니라 이스라엘은 선지자가 보는 묵시가 여러 날 후의 일이고 멀리 있는 때에 대해 예언했다고 말했다(겔 12:27). 이에 대해 하나님은 그의 말씀이 하나도 더디지 아니할 것이고 다 이루어질 것이라고 하셨다(겔 12:28).

표면적으로 하나님으로부터 왔다고 말하면서도 서로 반대될 때 신명기 18:22의 말씀처럼 증험과 성취되는 일을 통해 누구의 말이 참인지 알 수 있다. 하지만 이 간단하게 보이는 이 규칙은 요원하여 참 선지자와 거짓 선지자의 말을 즉각적으로 구분할 수 없다. 예레미야 28장에 예레미야와 하나니의 경우처럼 계속된 논쟁에서 예레미야의 예언대로 하나냐가 죽음으로 예레미야의 예언이 참됨을 증명했으나 이러한 일은 어느 때나 일어나는 것은 아니다(Taylor 1969, 117–118).

그리스도께서 이 땅에 다시 오실 것이라는 말씀을 듣는 사람들 가운데 어떤 사람은 2000년 이상이나 아무 일이 없이 지나갔기에 이 교리를 무시하는 자들도 있고, 지금 사는 세계와 어울리지 않는 미래적 개념으로 생각하는 사람도 있다. 둘 다 예언이 즉각적으로 이루어지지 않기 때문에 나타난 현상이다. 그러나 교회는 예언의 성취가 가까이 왔든, 오랜 시간 후에 오든 성취의 빛 가운데 살아야 할 의무가 있다(Taylor 1969, 119).

④ 거짓 선지자들과 여선지자들에 대한 심판 예언(겔 13:1–23)

이 문단에서 선지자는 이스라엘을 잘못된 길로 인도한 거짓 선지자들과 여선지자들에 대한 예언을 담고 있다. 이 문단은 거짓 선지자들에 대한 책망과 그들에 대한 심판(겔 13:1–16), 여선지자들에 대한 책망과 그들에 대한 심판(겔 13:17–23)으로 구성되어 있다.

a. 거짓 선지자들에 대한 책망과 심판(겔 13:1-16)

여호와께서 이스라엘 선지자로 예언하는 사람들에 대해 '자기 마음대로 예언하는 자'(겔 13:2)와 '본 것 없이 자기 심령을 따라 예언하는 어리석은 선지자'(겔 13:3)라고 하시며 화를 선포하셨다(겔 13:3). 하나님이 이들을 책망하시는 것은 여호와로부터 말씀을 받지 않았으면서도 "여호와의 말씀을 들으라"(겔 13:2)라고 하면서 허탄한 것과 거짓된 점괘를 말했기 때문이다(겔 13:6–7). 이 선지자들을 가리켜 '황무지에 있는 여우 같다'(겔 13:4)라고 하셨다. 이 이미지는 황폐한 도시와 문명에서 벗어난 곳에서 야간에 떼 지어 다니는 포획자가 행하는 것을 보여주듯이 거짓 선지자가 폐허가 된 이스라엘을 더 황폐화시키는 자들임을 보여준다(Block 1997, 401). 그리고 먹이를 찾기에 여념이 없는 날짐승과 같은 자들임을 보여준다. 또 그들은 무너진 성에 올라가지도 않고 전쟁을 대비하려고 성벽을 수축하게 하지도 않았다(겔 13:5). 이들은 백성을 돌보는 자들이 아니라 먹이로 생각하는 자들이다. 이것이 오늘날 교회 지도자들의 현실이기도 하다.

하나님은 거짓 선지자에 대해 그들을 치고 하나님 백성의 공회에 들어오지 못하게 하며 호적에도 기록하지 못하게 할 것이라고 하셨다(겔 13:8–9). 하나님이 그들을 치신 것은 그들이 백성들을 유혹하여 평강이 없으나 평강이 있다고 하고, 부서지거나 무너지기 쉬운 담을 쌓으면[21] 거기에 회칠하여 덮기 때문이다(겔 13:10). 이에 대해 하나님은 폭우와 우박덩이를 내려 회칠한 담을 무너뜨려 하나님의 존재와 능력을 증명해 보이실 것이다(겔 13:11–16).

b. 거짓 여선지자들에 대한 책망과 심판(겔 13:17-23)

하나님은 거짓 선지자들 가운데 자기 마음대로 예언하는 여선지자들에게 경고하신다(겔 13:17). 이들은 사람의 영혼을 사냥하려고 손목마다 부적을 꿰어 메고 키가 큰 사람이나 작은 사람의 머리를 위해 수건을 만드는 여자들이다(겔 13:18). 손목에 부적을 꿰거

21 에스겔 13:10에 '담'은 히브리어 '하이츠'(חַיִץ)로 '부서지기 쉬운 담'을 의미한다. NIV도 flimsy wall이라고 번역했다.

나 수건을 만드는 일이 무엇을 말하는지 분명하지 않으나 일종의 주술적 도구로 보인다. '수건'은 히브리어 '미스파하'(מִסְפָּחָה)로 '긴 덮개' 혹은 '긴 가리개'를 의미한다. 이들은 두어 움큼 보리와 두어 조각 떡을 위해 하나님을 욕되게 하고 거짓말을 잘 듣는 백성들을 미혹했다(겔 13:19). 이 일은 하나님이 슬프게 하지 아니한 의인을 거짓말로 근심하게 하고 악인의 손을 굳게 하여 악한 길에서 돌이켜 생명을 얻지 못하게 하는 일이다(겔 13:22). 그래서 하나님은 이들을 심판하여 다시는 허탄한 묵시를 보지 못하게 하고 하나님의 백성을 구원해 내심으로 하나님의 존재와 능력을 드러내실 것이다(겔 13:23).

⑤ 우상 숭배에 빠진 자들에 대한 책망과 심판(겔 14:1–11)

포로 중에 있는 이스라엘 장로 몇 사람이 에스겔에게 물으러 왔을 때 하나님은 자기 앞에 우상을 두었는데 용납할 수 없다고 하셨다(겔 14:1–3). 그 이유를 우상을 마음에 들이며 죄악의 걸림돌을 자기 앞에 두었기 때문이라고 하셨다(겔 14:4–5). 그러므로 하나님은 이스라엘 족속에게 마음을 돌이켜 우상을 떠나고 얼굴을 돌려 가증한 것을 떠나라고 하셨다(겔 14:6). 왜냐하면 이스라엘 족속이나 이스라엘 가운데 거류하는 외국인 중에서 누구든지 하나님을 떠나고, 우상을 마음에 들이며, 죄악의 걸림돌을 자기 앞에 두는 것에서 돌이키지 않는다면 하나님이 그 사람과 대적하여 그들을 놀라움과 표징과 속담 거리가 되게 하여 백성 가운데 끊으실 것이기 때문이다(겔 14:7–8).

만일 선지자가 유혹을 받고 그들에게 말을 하면 하나님은 그 선지자와 그 선지자에게 물은 자를 멸하여 이스라엘 족속이 다시 죄를 범함으로 스스로 더럽히지 않게 하실 것이다(겔 14:9–11). 이는 백성이 우상 숭배에 빠지는 것은 선지자의 책임과 무관하지 않다는 것이다.

⑥ 피할 수 없는 하나님의 심판(겔 14:12–23)

이 문단에서 하나님은 가령 어떤 나라가 죄를 범할 때 심판하시는 일반적인 원리를 설명하신 다음에 예루살렘에 내리는 심판이 정당함을 설명한다.

a. 심판에 대한 일반적 원리(겔 14:1-20).

죄를 범한 나라에 대해 하나님이 심판하실 때 그 나라가 심판을 피할 수 없음을 네 가지 심판의 도구와 반복구를 통해 설명하신다. 그 구조는 다음과 같다.

A 기근(겔 14:13) → 반복구(겔 14:14)
B 사나운 짐승(겔 14:15) → 반복구(겔 14:16)
C 칼(겔 14:17) → 반복구(겔 14:18)
D 전염병(겔 14:19) → 반복구(겔 14:20)

→ 반복구 : 비록 노아, 다니엘, 욥, 이 세 사람이 거기에 있을지라도 그들은 자기 공의로 (자녀는 건지지 못하고) 자기의 생명만 건지리라

하나님이 심판의 도구로 사용하시는 기근, 사나운 짐승, 칼, 전염병 등은 레위기 26장과 신명기 28장에 기록된 언약에 따른 저주 가운데 있다. 하나님이 언약에 따라 심판하실 때 가령 역사 가운데 의로웠던 믿음의 사람 노아, 다니엘, 욥이 있어도 그들은 자신의 생명만 구하고 자녀들도 구원하지 못한다. 이것은 믿는 자 외에는 하나님의 심판을 피할 수 없음을 보여준다.

b. 심판의 정당성(겔 14:21-23)

하나님은 심판에 대한 일반적 원리에 따라 죄를 범한다면 누구도 심판을 피할 수 없음을 말씀하신 다음에 예루살렘이 심판을 받을 수밖에 없음을 설명하신다. 하나님은 예루살렘에 기근, 사나운 짐승, 칼, 전염병 등의 재앙을 함께 보내어 사람과 짐승을 끊으실 것이다(겔 14:21). 그러나 놀라운 반전이 있다. 그것은 이 재앙에서 살아남아 포로로 끌려간 자들이 있다는 것이다. 그들이 살아남은 것은 그들의 의 때문이 아니라 이미 여호야긴과 함께 바벨론에 포로로 끌려간 자들을 위로하기 위함이다(겔 14:22a). 이들은 예루살렘의 멸망과 함께 포로로 끌려온 자들의 소행을 보고 하나님께서 이유 없이 심판하신 것이 아닌 줄을 알게 될 것이다(겔 14:22b-23). 그들은 언약에 따라 의로우신 하나님의 심판을 받은 것이다(레 26장, 신 28장). 그런데도 살아서 포로로 잡혀 와 살게 하신 것은 하나님의 은혜요 이들을 통해 행하실 구원계획을 성취하시기 위함임을 알고 미래에 대한 소망을 품게 될 것이다.

⑦ 열매 맺지 못한 포도나무 비유(겔 15:1-8)

이 문단의 비유와 비유에 대한 해석은 예루살렘의 멸망이 당연함을 다룬 에스겔 14장의 메시지를 발전시킨 것이다. 에스겔 14:12-23이 이 비유와 연결되었다는 것은 결론인

에스겔 15:8에서 보여주고 있고 에스겔 14:12–13과 15:8이 일종의 수미쌍관법으로 연결되어 있다(Duguid 1999, 199–200).

성경에 포도나무 비유는 여러 곳에서 다양한 의미로 나타난다. 예를 들면 호세아 10:1에 '이스라엘은 열매 맺는 무성한 포도나무', 예레미야 2:21에는 이스라엘을 '귀한 포도나무', 이사야 5:7에 '만군의 여호와의 포도원은 이스라엘 족속', 신약성경에서 예수님과 이스라엘의 관계를 포도나무와 가지 등으로 묘사한다. 그런데 포도나무의 가치는 열매를 맺는 데 있다(사 5:2–4). 그러나 하나님은 에스겔에게 수사의문문으로 "포도나무가 모든 나무보다 나은 것이 무엇이냐"(겔 15:2)라고 물으신다. 포도나무 자체로는 열매를 맺지 않는다면 아무런 쓸모가 없고 땔감이 될 뿐이다(겔 15:3–4a). 에스겔 15:4, 5을 시작할 때 어떤 사실이나 사건을 주목하게 하는 '보라'(힌네이, הִנֵּה)라는 감탄사를 각각 사용하여 온전해도 불에 던져질 땔감에 불과한데 불이 두 끝을 살랐다면 어찌 제조에 합당하겠으며, 에스겔 하물며 불에 탄 후에 어찌 제조에 합당하지 않겠느냐고 하셨다(겔 14:4–5). 그러므로 여호와께서 수풀 가운데 있는 포도나무를 불에 던질 땔감이 되게 하신 것 같이 예루살렘 주민도 그들의 범법함으로 그렇게 하실 것이다(겔 15:6–8).

⑧ 예루살렘의 가증한 일(겔 16:1–63)

이 문단은 에스겔서에서 가장 길다. 이 긴 문단에서 에스겔은 당시 예루살렘을 의인화하여 한 비유적인 이야기로 그들의 과거와 현재의 모습을 보여준다. 이 문단은 일종의 '알레고리'(allegory)로 형성되어 있다(알렌 2009, 455).[22] 이 문단을 알레고리로 말하는 목적(겔 16:1–3a), 여호와와 예루살렘의 결혼(겔 16:3b–14), 예루살렘의 음행(겔 16:15–34), 음행에 대한 심판(겔 16:35–43), 예루살렘의 죄악(겔 16:44–52), 예루살렘의 회복(겔 16:53–63) 등으로 구분할 수 있다.

a. 서문 : 알레고리로 말하는 목적(겔 16:1-3a)

하나님은 에스겔을 불러 예루살렘으로 그 가증한 일을 알게 하라고 하셨다(겔 16:1–2). 예루살렘이 어떤 가증한 행동을 하고 있는지 알게 하라는 것으로 일종의 법정 소송과도 같다. 이 서문에 따라 엣겔 16장 전체는 예루살렘이 가증한 일을 행했고 거기에 따라 당

22 알레고리는 A라는 주제를 말하기 위하여 B라는 이야기를 사용하여 그 유사성을 적절히 암시하면서 주제를 나타내는 수사법이다. 알레고리의 어원은 헬라어 '알레고리'(αλληγορια)는 '다른'(αλλος)과 '말하다'(αγορευειν)의 합성어로 한 개의 이야기를 통하여 다른 것을 말하는 것이라고 할 수 있다. 예수님의 비유는 넓은 의미에서 알레고리다.

연히 벌을 받아야 함을 논증한다.

b. 여호와와 예루살렘의 결혼(겔 16:3b-14)

예루살렘의 근본과 난 땅은 가나안이었고 아버지는 아모리 사람이고 어머니는 헷 사람이었다(겔 16:3b). 이것은 예루살렘이 본래 거룩한 백성과 관계없었다는 것이다. 예루살렘에 대해 은유로 매정한 부모 밑에서 태어났고 그 부모로부터 버림받은 딸로 묘사한다. 일반적으로 아이가 태어나면 탯줄을 자르고 물로 깨끗하게 씻어서 고운 베로 감싼다. 그런데 그 부모는 아이의 탯줄도 자르지 않고 물로 씻거나 소금을 뿌리지도 않았고 강보에 싸지도 않았다(겔 16:4). 소금을 뿌리는 일은 아기를 씻고 피부를 강하게 해주는 역할로 추정한다(Block 1997, 475). 심지어 태어나던 날에 몸이 천하게 여겨 들에 버려졌다(겔 16:5).

한 사람이 지나가다가 그 버려진 아이가 피투성이가 되어 발이 움직이는 것을 보고 "피투성이라도 살아 있으라"라고 두 번이나 반복하며 데리고 와서 키웠다. 자라면서 아이는 이목구비가 뚜렷해지고 성숙했음에도 불구하고 여전히 벌거벗은 알몸이었다(겔 16:6-7). 블락(Block 1997, 482)은 '벌거벗은 알몸이었다'라는 말은 유아 상태의 벌거벗음과 성숙한 상태의 벌거벗음은 다르기에 여기에는 도덕적 의미가 함축되어 있다고 보았다. 그리고 그것은 또 다른 위험 속에 놓여있음을 의미한다고 했다. 박철우(2010, 312)는 에스겔 16:8과 연계하여 필요를 채워주어야 하는 상태로 보았다. 아이가 성숙하여 결혼할 때가 되자 그 사람은 "내가 내 옷으로 너를 덮어 벌거벗은 것을 가리고 네게 맹세하고 언약하여 너를 내게 속하게 하였다"(겔 16:8)라고 했다. 옷으로 몸을 덮는 것은 아내로 삼는다는 것을 나타내는 상징적인 행위다(룻 3:9). 고대 근동의 풍습에 따르면 그 행동은 새로운 관계를 형성하는 것이고 미래의 아내를 위해 남편으로서 모든 것을 책임지겠다는 상징적 선언이다(Block 1997, 482-483).

이와 함께 하나님은 결혼하는 과정을 자세히 묘사하신다. 여호와는 물로 그의 피를 씻어 없애고 기름을 바르고 수 놓은 옷을 입히고 화려한 왕관을 머리에 씌우셨다(겔 16:9-12). 그는 각종 보석으로 아름답게 꾸미고 좋은 음식을 먹음으로 곱고 형통하여 왕후의 지위에 올랐다(겔 16:13-14). 이것은 예루살렘이 과거에 의미가 없었던 도시였으나 하나님이 그를 긍휼히 여겨 언약을 맺어 존귀한 위치에 앉게 하셨다. 이뿐만 아니라 하나님의 은혜로 그 왕후의 명성이 온 세상에 알려지게 되었다(겔 16:14).

c. 예루살렘의 음행(겔 16:15-34)

왕후의 지위에 오른 예루살렘은 자신의 화려함을 믿고 그의 명성을 가지고 행음했다(겔 16:15). 화려함과 명성은 다 하나님이 주신 은혜인데 그 은혜를 감사하며 바르게 쓰지 못하고 행음한 것이다. '행음하다'(자나, זָנָה)라는 단어는 '창녀처럼 행동하다', '음란하게 행동하다'라는 뜻이다. 이 단어가 에스겔 16장에만 12번(15, 16, 17, 26, 28×2, 30, 31, 33, 34, 35, 41)이 나오고, 동일한 어근에서 나온 명사형인 '음행', '음란'(타저누트, תזנות ‹ תַּזְנוּת ‹ זָנָה)이 11번(15, 20×2, 22, 25×2, 26, 29, 33, 34, 36) 나온다. 오늘날로 말하면 아름답고 기품있는 여성으로 키웠는데 그 여성은 우리나라에 널리 퍼져있는 러브호텔에서 관계를 갖듯 음란한 행동을 하였다는 것이다. 이뿐만 아니라 예루살렘은 그의 의복을 가지고 각색으로 산당을 꾸몄다(겔 16:16). '각색으로 산당을 꾸몄다'라는 말의 원문은 얼룩덜룩한 색으로 된 산당을 꾸몄다는 말로 무당집을 연상시킨다. 또 하나님이 주신 금은 장식으로 남자 우상을 만들고 그에게 기름과 꿀과 향기를 주었다(겔 16:17-19). 이것은 하나님을 버리고 우상을 숭배했다는 것이다. 심지어 자녀를 불 가운데로 지나가게 하였다(겔 16:20-21). 이것은 하나님이 엄히 금하신 일이다(레 18:21; 20:1-5; 신 12:30-32). 이 일은 모압과 고대 근동의 신인 몰렉에게 제사하는 것으로 자식을 불에 살라 죽이면 복과 번영을 준다고 믿었다. 하나님은 예루살렘이 가증하고 음란한 일을 행하고 우상을 숭배한 것은 과거 어렸을 때 벌거벗은 몸이었고 피투성이였던 때에 자신이 은혜 베푼 것을 기억하지 아니했기 때문이라고 책망하셨다(겔 16:22).

하나님은 행음한 예루살렘을 향하여 '화 있을진저'를 두 번 반복하여 책망하셨다(겔 16:23). 여기서 하나님은 알렌(2009, 466)이 지적한 바와 같이 주제를 전환하되 공개적 결혼의 다른 측면을 강조하신다. 그것은 앞선 선지자들이 성적 용어로 묘사했던 이방 강대국들과의 동맹이다(참조. 렘 22:20; 30:14; 호 8:9 등). 동맹은 성적 희롱(dalliance)을 의미한다. 에스겔 16:23-34에 '행음하다'(자나, זָנָה)라는 단어가 7번(26, 28×2, 30, 31, 33, 34), 35, 41) 나오고, 동일한 어근에서 나온 명사형인 '음행', '음란'(타저누트, תזנות ‹ תַּזְנוּת ‹ זָנָה)도 7번(22, 25×2, 26, 29, 33, 34) 나온다. 이것은 에스겔 16:15-22을 더 확대하여 국가 간의 동맹을 성적인 용어로 표현했다고 할 수 있다.

예루살렘은 모든 거리에 누각과 높은 대를 쌓았다(겔 16:24). '누각'(갑, גַּב)과 '높은 대'(라마, רָמָה)를 NIV, NASB 등은 이방신을 예배하는 장소로 번역했다. 하지만 에스겔 16:31, 39에 음행과 관련하여 두 단어가 함께 나타나고 있는 것으로 보아 매춘행위를 하는 곳으로 보기도 한다(알렌 2009, 446). 이스라엘은 그의 아름다움을 가증하게 하여 모든 지나가는 자에게 다리를 벌려 심히 음행했다(겔 16:25). 매우 선정적으로 보이는 이 비유는 하나님을 의지하기보다 이방 국가인 애굽과 앗수르와 갈대아(= 바벨론)와 음행한 것으로 말한다(겔 16:26, 28, 29). '음행'이라는 표현을 쓴 것은 하나님과 맺은 언약을 버리고 간 것을 아내가 남편을 버리고 간 것으로 보았기 때문이다.[23] 이에 대해 하나님은 진노하시어 양식을 감하고 블레셋에게 넘기셨다(겔 16:27). 실제로 앗수르의 산헤립 사기에 팔레스틴을 정복하고 그에게 도움을 준 블레셋의 도시들인 아스돗, 에그론, 가자 왕에게 그 땅을 분배해 주었다(Prichard 1969, 288). 앗수르는 유다 왕 아하스가 선물을 보내며 도움을 요청했던 나라이고(왕하 16:7–18), 갈대아는 히스기야가 의지했던 나라다(왕하 20:12–19).

하나님은 이 일에 대해 "이는 방자한 음녀의 행위"(겔 16:30)라고 하셨고 "그 남편 대신에 다른 남자들과 내통하여 간음하는 아내"(겔 16:32)라고 하셨다. 그런데 예루살렘의 행위는 일반 창녀와 다르다. 그것은 값을 싫어하기 때문이다(겔 16:31). 사람들은 창기에게 선물을 주는데 도리어 값을 준다(겔 16:32–33). 여기 외간 남자들은 애굽과 앗수르와 바벨론이다. 이것은 이스라엘 여러 왕들이 이들 나라에 조공을 바친 것을 의미한다(참조. 왕하 16:7–9; 18:14–16; 23:34–35; 24:1). 예루살렘은 하나님을 배반하고 이방 국가의 힘을 의지했다.

d. 음행에 대한 심판(겔 16:35-43)

에스겔 16:35을 '그러므로'(라케인, לָכֵן)라고 시작함으로 이 단락은 이스라엘의 음행에 대한 심판임을 알려준다. 여호와께서 이스라엘이 그의 누추함을 쏟고 정든 자와 행음함으로 벗은 몸을 드러내고 가증한 우상을 위해 그의 자녀의 피를 드린 죄를 물으실 것이다(겔 16:36). 그런데 아이러니하게도 이스라엘이 즐거워하고 정든 자들과 미워하던 모든 자를 사방에서 불러 수치를 드러내실 것이다(겔 16:37). 이들은 이스라엘과 동맹을 맺었던 애굽, 앗수르, 바벨론 등이다.

하나님은 음행한 이스라엘에 대해 간음하고 사람의 피를 흘리는 여인을 심판함같이 심판하실 것이다(겔 16:38). 이것은 간음죄와 살인죄를 저지른 사람을 말한다. 율법은 이들을 죽이라고 명한다(참조. 레 20:10; 출 21:12; 레 24:17 등). 이스라엘과 동맹을 맺었던 자들이 누각과 높은 대를 부수고 의복을 벗기고 여인들의 목전에서, 곧 이방인들의 목전에서 행할 것이다(겔 16:39–41). 하나님이 왜 이렇게 하시는가? 그것은 어렸을 때를 기억하지 아니하고 모든 악한 일로 하나님을 진노케 하였기 때문이다(겔 16:43).

23 역사적으로 북 이스라엘 왕 호세아는 애굽을 의지했다가 멸망했고(왕하 17:4), 남 유다 왕 히스기야와 시드기야도 애굽을 의지했다(참조. 왕하 18:21; 사 31:1; 렘 37:5–7).

이 심판은 그리스도 안에서 구속받은 자들도 예외는 아니다. 우리는 한때는 진노의 대상이었으나 그리스도와 함께 살아나게 되었고 그와 함께 하늘 우편에 앉게 되었다(엡 2:5-6). 이러한 존재 변화는 반드시 새로운 삶으로 나타나야 하고 더 이상 한때 행했던 일들을 하지 않아야 한다(Duguid 199, 219).

e. 예루살렘의 죄악(겔 16:44-52)

이 단락의 시작인 에스겔 16:44을 주의를 집중시키는 감탄사 '보라'(힌네이, הִנֵּה)로 시작하며 예루살렘의 죄악이 얼마나 중한지 보여준다. 하나님은 "어머니가 그러하면 딸도 그러하다"(겔 16:44)라는 한 속담으로 예루살렘의 죄악이 중함을 말씀하신다. 그의 어머니는 헷 사람, 아버지는 아모리 사람, 형은 사마리아, 아우는 소돔이다(겔 16:45-46). 역사적으로 이들은 가족관계가 아니다. 이 관계는 죄악의 가계(lineage)에서 가족을 의미한다. 이 죄악의 가계에서 예루살렘의 죄악은 이들보다 중했다(겔 16:47-48). 소돔의 죄악은 교만과 음식물과 태평함이 있음에도 불구하고 가난하고 궁핍한 자를 도와주지 아니하고 거만하고 가증한 일을 행했다(겔 16:49-50a). 하나님은 이들의 죄악을 보시고 벌하셨다(겔 16:50b). 사마리아의 범죄 역시 중하여 이미 앗수르를 통해 심판하신 바가 있다(참조. 왕하 17:7-18). 사마리아는 예루살렘의 죄악의 절반도 범하지 않았다(겔 16:51). 예루살렘의 죄악이 중하여 상대적으로 소돔과 사마리아가 의롭게 보였다(겔 16:52a). 그래서 예루살렘이 그 죄악으로 말미암아 수치를 담당해야 한다(겔 16:52b).

f. 예루살렘의 회복(겔 16:53-63)

이 문단에서 하나님은 서로 반대되는 개념인 '사로잡힘'(셔부트, שְׁבוּת)이라는 단어를 3번(겔 16:53), '풀어주다', '회복하다'(슈브, שׁוּב)라는 단어 4번(겔 16:53, 55) 사용하여 죄로 말미암아 사로잡힌 자들이 회복할 것이라고 말씀하신다. 특히 언어유희를 통해 회복을 강조하신다. 예루살렘은 소돔과 사마리아가 멸망할 수밖에 없고 회복이 불가능하다고 생각했을 것이다. 하나님이 소돔과 사마리아의 회복을 말씀하신 것은 예루살렘이 죄를 담당해야 할 것이나 이들을 회복하신 것처럼 회복하실 것을 보여주기 위함이다.

어떤 근거에서 예루살렘이 회복되는가? 예루살렘은 하나님과 맺은 언약을 배반했기에 언약에 규정된 대로 하나님의 심판을 받을 것이지만(겔 16:59), 하나님이 이스라엘과 맺은 언약을 기억하시고 영원한 언약을 세우실 것이기 때문에 회복될 것이다(겔 16:60). 영원한 언약은 그리스도 안에서 맺을 언약으로 하나님의 법을 지킬 수 있는 상태가 되어 영원히 하나님과 교제하게 됨을 의미한다(참조. 겔 34:25–31; 35:26–28). 그리고 예루살렘이 영원한 언약으로 말미암아 회복될 때 그의 형과 아우들 곧 사마리아, 소돔 등이 가족이 되고, 예루살렘은 자신이 행한 악한 행실을 기억하고 부끄러워하게 될 것이다(겔 16:61). 하나님이 이러한 언약을 세우신 것은 하나님이 역사의 주관자이시고 구원하신 여호와 이심을 알게 하려는 것이다(겔 16:62). 더불어 하나님이 예루살렘을 용서하신 후에 다시는 예루살렘이 죄를 짓지 않도록 하기 위함이다(겔 16:63).

이 문단에서 하나님이 예루살렘을 정밀하게 살펴 마치 그 실상을 동영상으로 보여주듯이 보여주신 내용이 우리 조국교회의 실상이고, 소위 스스로 목사요 장로요 집사와 성도라고 부르는 우리의 모습이라고 생각하지 않는가? 우리는 본래 허물과 죄로 죽었고 이 세상 풍조를 따르고 공중의 권세 잡은 자를 따라 본질상 진노의 자녀였다(엡 2:1–3). 그러나 하나님이 그리스도를 보내어 죄를 구속해 주심으로 하나님의 자녀와 백성이 되었다. 그런데 우리의 과거를 쉽게 잊어버리고 다시 과거로 돌아가 돈과 권력과 섹스가 행복을 준다고 생각하고 이들의 노예로 살아가고 있다. 교회에 출입은 하면서도 자신이 무엇을 믿는지 믿음의 내용도 모를 뿐만 아니라, 과거 이스라엘이 선물까지 주며 애굽과 바벨론과 행음했던 것처럼 돈과 권력이 우상이 되어 갖은 뇌물을 주면서 돈과 권력과 명예욕과 탐욕과 행음하고 있다. 장차 이러한 우리와 우리 조국교회가 어떤 꼴을 당하겠는가? 지금이라도 우리와 조국교회의 죄를 회개하고 그리스도 안에서 맺은 언약의 말씀을 믿고 순종해야 소망이 있지 않을까?

⑨ 독수리와 포도나무 비유(겔 17:1–24)

이 문단은 하나님의 말씀이 에스겔에게 임하는 사건(겔 17:1)부터 세상 사람들이 하나님의 존재와 능력을 알게 되는 것으로 마치며 한 단락을 이루고 있다(겔 17:24). 여기에 기록된 내용은 수수께끼와 비유로 되어있다. '수수께끼'(히다, חִידָה)는 말하고자 하는 개념을 기발하게 변형시켜 듣는 이들로 하여금 혼란스럽게 하지만 그 의미를 더 깊이 생각하도록 유도하는 것이다(벌럭 1999, 27–28).[24] '비유'는 히브리어로 '마샬'(מָשָׁל)인데 '잠언'과 같이 일반적으로 누구나 알 수 있는 진리를 함축성 있게 표현한 것을 말한다. 이 예언은 독수리와 포도나무 비유(겔 17:1–10), 비유에 대한 해석(겔 17:11–21), 비유에 대한 이상적 해석

24 이 비유를 '우화'(fable)로 볼 수 있다. 우화는 숨어있는 메시지를 전달할 때 묘사하고자 하는 실체를 식물이나 동물의 세계로 묘사하는 것을 말한다(Duguid 1999, 223). 블락(Block 1997, 522–526)은 전체적으로 우화로 보지만 수수께끼 요소도 있고, 은유적 요소도 있다고 보았다.

(겔 17:22-24)으로 구분할 수 있다. 블락(Block 1997, 526)은 이 문단을 다음과 같은 문학적 구조로 도식화했다.

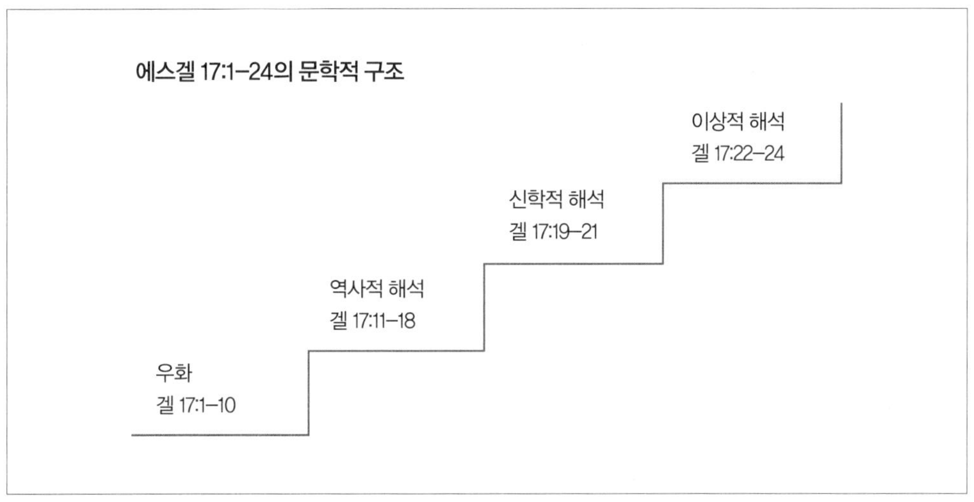

a. 독수리와 포도나무 비유(겔 17:1-10)

이 비유는 두 부분으로 구성되어 있다. 첫 부분에서 색깔이 화려하고 날개가 크고 깃이 길고 털이 숱한 독수리가 레바논에 있는 백향목 높은 가지를 꺾되 연한 가지 끝을 꺾어 장사하는 땅, 곧 상인의 땅에 두었다(겔 17:3-4).[25] 장사하는 땅은 바벨론을 말한다. 독수리는 그 땅의 종자(= 씨)를 꺾어 큰 물가에 심었는데 그것이 자라 포도나무가 되어 그 가지는 독수리를 향했고 그 뿌리는 독수리 아래 있었다(겔 17:5-6). 두 번째 부분에서는 크고 털이 많으나 첫 번째 독수리보다 못한 것으로 설명하는 두 번째 독수리가 나타난다(겔 17:7).[26] 이 독수리는 첫 번째 독수리와 달리 어떤 행동을 취하지 않는다. 그런데도 포도나무는 이 독수리에게 물을 받으려고 그를 향하여 뿌리를 뻗고 가지가 퍼졌다(겔 17:7). 그런데 포도나무를 큰 물 가 옥토에 심은 것은 가지를 내고 열매를 맺어서 아름다운 포도나무를 이루게 하려는 것이었다(겔 17:8).

25 '장사하는 땅에'는 히브리어로 '엘-에레츠 커나안'(אֶל־אֶרֶץ כְּנַעַן)이다. 이는 개역개정판 난외주처럼 '가나안 땅에'라고 번역이 가능하나 '커나안'(כְּנַעַן)이 '장사'라는 뜻도 있다. 여기서는 '장사하는 땅'과 동격으로 사용된 '상인의 성읍'이라는 표현으로 보아 상인으로 보아야 한다.

26 에스겔 17:3은 '독수리'가 크다는 것을 표현하기 위해 정관사를 붙여 '하네쉐르 하가돌'(הַנֶּשֶׁר הַגָּדוֹל)이라고 표현하지만 에스겔 17:7의 '큰 독수리'는 정관사 없이 '네쉐르 가돌'(נֶשֶׁר גָּדוֹל) 사용한다. 날개나 털이 많음을 표현할 때도 에스겔 17:3은 최상급의 의미인 정관사를 사용한다.

그래서 하나님은 두 번째 독수리로 가지를 뻗은 포도나무가 번성하겠느냐고 질문하신다. 그러면서 오히려 그 독수리가 열매를 따며 나무를 시들게 하고 동풍이 부딪힐 때 아주 마르게 되지 않겠느냐고 하셨다(겔 17:9-10).

b. 비유에 대한 해석(겔 17:11-21)

이 단락에서 여호와께서 비유에 대해 해석해 주셨다. 이 해석은 역사적 해석과 신학적 해석으로 구분할 수 있다.

- **역사적 해석(겔 17:11-18)** : 바벨론 왕이 예루살렘에 이르러 왕과 고관을 사로잡아 가고 왕족 중 하나를 왕으로 세워 언약을 세웠다(겔 17:11-14, 16). 이 일은 열왕기하 24:8-17에 기록된 사건이다. 바벨론의 느부갓네살 8년, 곧 주전 598년에 느부갓네살은 18세 된 여호야긴 왕과 고관들과 능한 자들을 바벨론으로 사로잡아 가고, 요시야의 셋째 아들 시드기야를 왕으로 세웠다. 시드기야 왕은 바벨론과 맺은 언약을 지켜야 나라의 안전이 보장된다. 이로 보아 앞의 비유에서 첫 번째 독수리는 바벨론의 느부갓네살, 백향목의 연한 가지 끝은 여호야긴, 땅의 종자는 시드기야, 포도나무는 유다다. 그런데 레바논의 백향목은 왜 높은 가지인가? 이 점에 대해 두귀드(Duguid 1999, 224)는 레바논이 모든 백향목의 본산지일 뿐만 아니라 레바논 백향목 높은 가지는 솔로몬이 지은 궁전의 이름 가운데 하나이기 때문이라고 했다(참조. 왕상 7:2; 렘 22:23). 느부갓네살과 언약을 맺은 시드기야는 언약을 배반하고 애굽에 사절을 보내어 말과 군대를 구했다. 그러자 느부갓네살이 군대를 보내어 시드기야 9년부터 11년까지 성을 포위하고 토성을 쌓고 사다리를 세우고 유다를 멸절하려고 하였다. 이때 애굽은 유다를 도와주지 못했다. 그리고 시드기야 왕은 두 분이 뽑힌 채 바벨론으로 잡혀갔고 거기서 죽었다(겔 17:15-18). 이 일은 열왕기하 24:20b-25:7에 기록된 사건이다. 이로 보아 앞의 두 번째 독수리는 애굽이다.
- **신학적 해석(겔 17:19-21)** : 이 짧은 문단에서 하나님은 유다가 멸망한 것은 시드기야가 바벨론과 맺은 언약을 배반한 것보다 본질적으로 하나님과 맺은 언약을 업신여기고 배반했기 때문이라고 하셨다(겔 17:19). 하나님은 이 죄 때문에 시드기야는 바벨론으로 끌려갈 것이고 그의 군대에서 도망간 자들은 다 칼에 죽을 것이고 남은 자는 사방으로 흩으실 것이라고 하셨다. 이를 통해 이 일을 말씀하신 분이 하나님이심을 유다가 알게 될 것이다(겔 17:20-21).

c. 비유에 대한 이상적 해석(겔 17:22-24).

이 문단은 앞의 비유와 유사하지만 다른 의미로 사용되고 있다. 선지서에 죄에 대해 책망하고 심판을 선언하며 동시에 회복을 예언하는 내용은 전형적인 양식(pattern)이다. 앞의 비유에서 첫 번째 독수리가 백향목 높은 가지, 곧 그 연한 가지 끝을 꺾어 심는 것과 유사한 이미지로 하나님은 백향목의 연한 가지 끝을 꺾어 이스라엘 높은 산에 심으셨다. 하나님은 그 가지가 무성하고 열매를 맺어 아름다운 백향목이 되게 하여 각종 새가 깃들이며 그 가지 그늘에 살게 하실 것이다(겔 17:22–23). 그리고 들의 모든 나무조차도 하나님은 높은 가지를 낮추고 낮은 나무를 높이시고 푸른 나무를 말리시고 마른 나무를 무성하게 하시는 분이신 줄을 알게 될 것이다. 여호와는 말하고 이루시는 분이시다(겔 17:24). 이를 첨가시킨 것은 유다가 지금 멸망한다 할지라도 하나님은 능히 유다를 회복시킬 수 있는 분이심을 보여주려는 것이다. 실제로 이 비유에서 사용한 백향목 가지(여호야긴)나 포도나무(시드기야)는 소망이 없다 할지라도 하나님이 다윗 왕조에게 영원한 보좌를 약속하신 언약이 파기되는 것은 아니다(삼하 7:16). 동일한 나무에서 연한 가지를 꺾어 이스라엘 높은 산에 심고 번성하게 하실 것이다.

⑩ 죄에 대한 개인의 책임(겔 18:1–32)

이 문단은 하나님의 말씀이 에스겔에게 임하는 사건(겔 18:1)부터 이 말씀의 논리적 결론으로 하나님은 각 사람이 행한 대로 심판하시기에 회개해야 한다는 말씀으로 한 단락을 이루고 있다(겔 18:30–32).[27] 이 문단은 두 개의 주요 강조점을 중심으로 두 개의 단락으로 구분할 수 있다. 그것은 다른 사람들이나 조상들이 범한 죄 때문이 아니라 심판은 개인에게 적용된다는 것(겔 18:1–20)과 또 회개하는 자에게 주어지는 하나님의 은혜다(겔 18:21–32).

a. 개인에게 적용되는 하나님의 심판(겔 18:1-20)

하나님은 당시 포로 중에 있는 이스라엘이 "아버지가 신 포도를 먹었으므로 그의 아들이 이가 시다"라고 한 속담을 쓰지 못하게 하겠다고 하셨다(겔 18:2–3). 이 속담은 당시 사람들이 많이 썼던 것으로 보인다(참조. 렘 31:29–30; 애 5:7). 이 뜻은 조상들이 저지른 죄의 결과를 자녀들이 겪는다는 것이다. 조상의 죄가 대를 이어서 전가된다는 교리는 고대

27 개역개정판에는 빠져있지만 히브리어 본문에서 에스겔 18:30은 결론을 지시하는 '그러므로'(라케인, לָכֵן)라는 접속사로 시작한다. NIV, NASB 등은 Therefore로 번역하여 논리적 결론임을 잘 드러냈다.

근동에서 넓게 퍼져있었다(Block 1997, 558-559). 이는 숙명론과 무책임한 행동으로 이어진다. 이러한 행동은 죄의식을 갖지 않게 하고 하나님을 공평하지 않은 분으로 비난하게 된다(Taylor 1969, 147). 그래서 하나님은 모든 영혼은 하나님께 속해 있는데 아버지의 영혼이 하나님께 속한 것같이 아들의 영혼도 하나님께 속해 있다고 하셨다(겔 18:4a). 이것은 하나님이 모든 육체의 주권자이실 뿐만 아니라 의로운 재판관이라는 뜻이다(Duguid 1999, 235). 그리고 그 하나님은 조상들이나 다른 사람의 죄 때문이 아니라 죄를 범하는 그 영혼이 죽을 것이라고 하셨다(겔 18:4b).[28] 이것은 범죄한 개인이 책임져야 한다는 뜻이다.

하나님은 이 원리를 예증하기 위해 3대에 걸친 상황을 가정하고 설명하신다. 첫 번째는 한 사람이 의를 행하면 반드시 산다(겔 18:5-9). 두 번째는 1대의 의인이 아들을 낳았는데 그 아들이 의를 하나도 행하지 않으면 그 아들은 반드시 죽는다(겔 18:10-13). 세 번째는 2대의 악한 자가 아들을 낳았는데 그 아들이 아버지가 행한 죄를 보고 두려워하여 의를 행하면 이 아들은 아버지의 죄악으로 죽지 않고 반드시 살지만 그의 아버지는 그의 죄악으로 죽는다(겔 18:14-18).

하나님은 예를 들어 설명하신 후에 당시 포로 중에 있는 이스라엘 사람들이 말한 속담과 달리 아들은 아버지의 죄를 담당하지 아니할 것이고 아버지는 아들의 죄악을 담당하지 않으며, 각 사람은 자기의 행한 일에 대해 자신이 책임을 질 것이라고 하셨다(겔 18:2, 19-20). 의인과 악인에 대한 하나님의 심판기준은 의를 행하느냐 행하지 않느냐는 것이다. 그러므로 각 개인은 자신의 행동을 결정하고 그 행동에 대해 책임지는 도덕적 주체다(블렌킨숍 2002, 127).

b. 회개하는 자에게 베푸시는 하나님의 은혜(겔 18:21-32)

이 문단에서 하나님이 각 사람을 어떻게 다루시는지 보여주셨다. 하나님은 악인이 죄에서 떠나 의를 행하면 살게 하시고 그 행한 죄를 하나도 기억하지 않으신다(겔 18:21-22). 그리고 하나님은 악인이 죽는 것보다 돌이켜 사는 것을 기뻐하신다(겔 18:23). 이와 반대로 의인이 그 공의에서 떠나 가증한 일을 행하면 살 수 없고 그가 행한 공의도 기억하지 않으신다(겔 18:24). 이것은 하나님은 그의 백성이 살기를 원하시고 회개하는 것을 기뻐하신다는 것이다. 하나님은 각 개인이 지은 죄에 따라 심판하신다.

그런데도 포로 중에 있는 이스라엘 백성들은 하나님의 길이 공평하지 않다고 불평했

28 히브리어 본문은 "죄를 범한 그 영혼 바로 그가 죽을 것이다"(하네페쉬 하호테이트 하타무트, הַנֶּפֶשׁ הַחֹטֵאת הִיא תָמוּת) 라고 번역하는 것이 좋다. 원문은 죄를 지은 개인의 책임을 잘 보여준다.

다(겔 18:25). 이에 대해 하나님은 수미쌍관법으로 "내 길이 어찌 공평하지 아니하냐"라고 반문하시며 하나님이 공평하지 않은 것이 아니라 이스라엘 백성들이 공평하지 않다고 설명하셨다(겔 18:25, 29). 이를 예증하기 위해 만일 의인이 의를 떠나 악을 행하여 죽으면 그 행한 죄로 말미암아 죽는 것이고, 만일 악인이 악을 떠나 의를 행하면 그 행한 죄에서 돌이켜 떠났기에 반드시 살 것이라고 하셨다(겔 18:26-28).

지금까지 논지의 결론으로 하나님은 각 사람이 행한 대로 심판하기 때문에 돌이켜 회개하고 마음과 영을 새롭게 하라고 촉구하셨다(겔 18:30-31). 그러면서 하나님은 죽을 자가 죽는 것도 기뻐하지 아니하시기에 돌이켜 살라고 권고하셨다(겔 18:32). 이것은 하나님이 각 개인의 행위에 따라 심판하심에도 불구하고 회개하는 자에게 베푸시는 하나님의 은혜의 풍성함을 알게 한다.

⑪ 이스라엘 고관들에 대한 애가(겔 19:1-14)

이 문단은 두 마리의 젊은 사자로 비유하고 있는 유다 왕에 대한 애가(겔 19:1-9)와 포도나무로 비유하고 있는 유다 백성에 대한 애가(겔 19:10-14)로 구성되어 있다.

a. 두 마리의 젊은 사자 비유(겔 19:1-9)

암사자 한 마리가 새끼를 키웠는데 한 마리는 젊은 사자가 되어 물어뜯기를 배움으로 이방이 듣고 그를 잡아 애굽으로 끌고 갔다(겔 19:2-4). 암사자가 새끼가 끊어진 줄 알고 그 새끼 하나를 골라 젊은 사자로 키웠는데 그 사자도 물어뜯기를 배움으로 그를 갈고리로 꿰어 바벨론 왕에게 끌고 갔다(겔 19:5-9). 이 비유에서 암사자는 누구인가? 암사자는 요시야의 아내로 보기도 하고, 여호아하스와 시드기야로 보기도 하고, 에스겔 19:10의 '네 어머니는 물가의 (포도원) 포도나무 같아서'라는 말씀을 근거로 유다 백성으로 보기도 한다.[29] 문맥적으로 유다 백성으로 보고 유다 백성이 새끼들 중 하나를 택해 왕으로 세우는 것으로 볼 수 있다.

여기에 비유로 묘사하고 있는 젊은 사자는 유다 왕이다. 첫 번째 젊은 사자는 요시야의 넷째 아들 여호아하스로 불과 3개월을 다스리고 애굽으로 끌려갔다(왕하 23:31; 참조. 대상 3:15). 두 번째 젊은 사자는 여호야김의 아들 여호야긴이나 요시야의 아들 시드기야로 이 두 왕은 모두 바벨론으로 끌려갔다. 만약 암사자가 여호아하스와 시드기야의 어머니

29 에스겔 19:10의 설명을 참조하라.

(요시야의 아내)라면 두 번째 젊은 사자는 여호야긴이 될 수 없다. 두귀드(Duguid 1999, 248-249)는 두 번째 젊은 사자를 여호야긴이나 시드기야 어느 쪽으로 이해하든 본문의 의미는 바뀌지 않는다고 하면서 본문의 논점을 왕들의 압제와 교만이라고 했다. 첫 번째 젊은 사자가 여호아하스라면 과거의 역사를 회상하며 설명하는 것이고, 두 번째 젊은 사자를 여호야긴으로 보는 것 역시 회상이지만 문맥적으로 곧 있게 될 유다의 멸망과 관련해 볼 때 두 번째 젊은 사자는 시드기야로 보는 것이 더 좋다.

b. 포도나무 비유(겔 19:10-14)

이 비유는 유다를 물가에 있는 포도원의 포도나무로 묘사한다(겔 19:10).[30] 물가에 있는 포도원에 심겨진 포도나무는 열매가 많고 가지가 무성하며 그 가지들은 강하여 권세 잡은 규가 될 만하다. 하지만 그 가지 가운데 하나의 키가 굵은 가지 가운데 뛰어나 보이다가 분노 중에 뽑히자 그 열매는 동풍에 마르고 강한 가지들은 꺾이고 말라 불에 탔다(겔 19:11-12). 이제는 그 포도나무가 광야 메마른 땅에 심어졌고 불이 그 가지 가운데 하나에서부터 나와 열매를 태우니 권세 잡은 규가 될 만한 가지가 없게 되었다(겔 19:13-14).

이 비유의 의미는 단순하다. 포도나무는 유다이며 주께서 완벽한 조건 가운데 그것을 심으셨다. 키가 굵은 가지는 시드기야다. 하지만 시드기야의 교만함으로 말미암아 백성들은 광야 메마른 땅에 심어진 것처럼 되었고 시드기야로 말미암아 유다는 멸망하게 되었다. 그래서 시드기야 이후에 더 이상 권세 잡은 자의 규, 곧 왕이 없게 될 것이다. 이후의 역사를 보면 다윗 왕조는 더 이상 왕이 되지 못했다.

⑫ 내게 묻기를 용납하지 아니하리라(겔 20:1-31)

이 문단에서 저자는 여호와께서 왜 묻기를 용납할 수 없는지 논리적으로 이유를 밝히고 하나님께 자유롭게 묻고 구할 수 있는 것이 얼마나 큰 특권이며 복인지 알게 한다. 하나님을 만나 교제하는 일은 모든 시대 모든 성도의 특권이다.

a. 묻기를 용납하지 않겠다고 말씀하신 배경(겔 20:1-3)

이 말씀은 "일곱째 해 다섯째 달 열째 날에"(겔 20:1) 이스라엘 장로 여러 사람이 여호와께 물으려고 선지자에게 왔을 때 여호와께서 하신 말씀이다. 이 연대기는 새로운 문학

30 개역개정판은 히브리어 '버담카'(בְּדָמְךָ)를 MT에 따라 번역했으나 히브리어 여러 사본(Mss)에 따라 '커담카'(כְּדָמְךָ)로 읽어 '너의 포도원에'라고 읽는 것이 더 좋다. NIV, NASB 등이 이 사본을 따라 번역했다.

단위를 시작하는 신호(signal)다. '(여호야긴이 사로잡힌 지) 일곱째 해'는 주전 591년으로 예루살렘이 함락되기 5년 전이다. 이때 이스라엘 장로들이 여호와께 묻기 위하여 선지자에게 왔다. 여기에 '묻다'(다라쉬, דָּרַשׁ)라는 단어는 '찾다', '구하다'라는 뜻으로도 나타난다(참조. 신 4:29; 왕상 14:5). 장로들이 무엇을 구했는지는 분명하지 않다. 이때 여호와께서 "너희가 내게 물으려고 왔느냐 내가 나의 목숨을 걸고 맹세하거니와 너희가 내게 묻기를 내가 용납하지 아니하리라"(겔 20:3, 31b)라고 하셨다. 저자는 이 말씀을 수미쌍관법(inclusio)으로 연결했다. 이것은 이야기의 시작과 끝을 보여주는 문단 구분 기능과 더불어 주제를 보여준다. 이것은 이 안에 기록된 내용(겔 20:4-31a)이 여호와께서 왜 묻기를 용납하지 않겠다는 하셨는지 그 이유를 보여준다.

b. 묻기를 용납하지 않겠다고 말씀하신 이유(겔 20:4-31)

여호와께서 왜 장로들에게 묻기를 용납할 수 없는지를 논리적으로 설명해 주셨다. 이 본문은 네 개의 평행구조로 되어 있으나 마지막 네 번째 평행구조가 깨지며 C가 없다.[31] 이것은 주제와 저자의 의도를 전달하는 매우 중요한 장치다(Parunak 1984, 166-168; Alter 1981, 97).

— (수미쌍관법) 내게 묻기를 용납하지 않겠다(겔 20:3b)

평행구조 1 : 애굽에서의 이스라엘(겔 20:5-9)

A 은혜 + 계명(겔 20:5-7)

B 반역(겔 20:8)

C 은혜(겔 20:9)

평행구조 2 : 광야 1세대의 이스라엘(겔 20:10-17)

A 은혜 + 계명(겔 20:10-12)

B 반역(겔 20:13)

C 은혜(겔 20:14-17)

31 에스겔 20:4-31에 대한 기본 구조는 블락(Block 1997, 611-647)의 책에서 도움을 받았다. 그는 이 구조에 대해 더 자세하게 설명했다.

평행구조 3 : 광야 2세대의 이스라엘(겔 20:18-26)

A 은혜 + 계명(겔 20:18-20)

B 반역(겔 20:21)

C 은혜(겔 20:22-26)

평행구조 4 : 가나안에서의 이스라엘(겔 20:27-31)

A 은혜(겔 20:27-28a)

B 반역(겔 20:28b-31a)

— (수미쌍관법) 내게 묻기를 용납하지 않겠다(겔 20:31b)

● 평행구조 1 : 애굽에서의 이스라엘(겔 20:5-9)

첫 번째 평행구조는 하나님이 430년 동안 애굽 땅에 있었던 이스라엘 백성들에게 주신 말씀이다(겔 20:5).

A **은혜 + 계명(겔 20:5-7)** : 하나님은 애굽에 있는 이스라엘 백성들에게 손을 들어 맹세하시며 그들의 하나님 여호와로서 애굽 땅에서 구원하여 약속의 땅에 이르게 하실 것이라고 약속하셨다(겔 20:5-6). 여기서 '손을 든다'라는 표현은 맹세하는 상징적인 행동이다(창 14:22; 출 6:8). 그리고 애굽의 우상을 섬기지 말라는 계명을 주셨다(겔 20:7).

B **반역(겔 20:8)** : 이스라엘은 하나님의 계명을 지키지 않고 애굽의 우상들을 떠나지 아니했다(겔 20:8; 참조. 겔 23:3). 이것이 이스라엘이 애굽에서 400년간 있으면서 고통을 당한 중요한 이유다.

C **은혜(겔 20:9)** : 그러나 하나님께서는 이들을 버리지 아니하시고 그들이 머물던 애굽 땅에서 구원해 내셨다. 그것은 하나님의 이름을 위함이다. 하나님이 이들을 선택하셨고, 이들과 손을 들어 맹세하면서까지 함께하겠다고 약속하셨기 때문이다.

● 평행구조 2 : 광야 1세대의 이스라엘(겔 20:10-17)

두 번째 평행구조는 하나님이 애굽 땅에서 나온 광야 1세대 이스라엘 백성들에게 주신 말씀이다(겔 20:10).

A **은혜 + 계명(겔 20:10-12)** : 하나님이 율례를 주신 목적은 사람이 그것을 준행함으로 삶(= 생명)을 얻게 하기 위함이다. 또한 안식일을 주신 목적은 하나님의 백성을 거룩하게

하시는 자가 여호와이심을 알게 하기 위함이다(겔 20:10-12). 그래서 계명을 지키는 일과 안식일을 지키는 일은 어렵고 고통스러운 일이 아니라 언약 백성으로 여호와 하나님과 교제하며 은혜를 누리는 방법이다.

B **반역(겔 20:13)** : 그러나 이스라엘은 하나님이 주신 율례와 규례를 지키지 않고 안식일을 더럽혔다.

C **은혜(겔 20:14-17)** : 그럼에도 하나님은 그들을 인도하여 내는 것을 본 나라들 앞에서 그의 이름을 더럽히지 않기 위해 그들을 광야에서 멸하지 아니하셨다(겔 20:14-17).

● 평행구조 3 : 광야 2세대의 이스라엘(겔 20:18-26)

세 번째 평행구조는 광야 2세대 이스라엘에게 주신 말씀이다. 왜냐하면 "내가 광야에서 그들의 자손에게 이르기를"(겔 20:18)이라고 말씀하셨기 때문이다.

A **은혜 + 계명(겔 20:18-20)** : 하나님은 광야 2세대 이스라엘에게 조상들의 율례와 규례를 따르지 말고, 하나님의 율례와 규례를 지켜 행하고 안식일을 지키라고 하셨다.

B **반역(겔 20:21)** : 하지만 이스라엘은 하나님의 규례를 지키지 아니하고 안식일을 더럽혔다.

C **은혜(겔 20:22-26)** : 그럼에도 하나님은 이스라엘을 인도하여 내는 것을 본 나라들 앞에서 하나님의 이름을 더럽히지 아니하려고 하셨다(겔 20:22). 그러나 그들이 규례를 지키지 아니하고 우상을 숭배하였기에 하나님은 이방인 중에서 그들을 흩을 것이라고 맹세하셨다. 그리고 하나님은 지키지 못할 율례를 주어 멸망하게 하셨고, 장자를 화제로 드린 것으로 그들을 더럽혔다고 하셨다(겔 20:23-26). 이 말씀이 어떻게 광야 2세대 이스라엘에게 주신 은혜가 될 수 있는가? 이것은 하나님이 반어법(反語法)을 사용하여 말씀하셨기 때문이다. 반어법은 본래의 뜻을 강조하거나 표현의 효과를 높이기 위하여 실제 표현하고자 하는 뜻과 반대되는 말을 쓰는 문장기법의 하나다. 하나님의 본심은 법을 지켜 이러한 일이 일어나지 않고 복을 받는 것이다.[32] 하나님이 이렇게 말씀하시는 것은 율법을 지키는 일은 하나님이 주신 은혜라는 것이다.

● 평행구조 4 : 가나안에서의 이스라엘(겔 20:27-31)

네 번째 평행구조는 가나안에 정착한 이스라엘에게 주신 말씀이다. 왜냐하면 "내가

32 라이머(2014)는 악명 높을 만큼 이해하기 어려운 본문이라고 했다. 하지만 이 본문은 반어법으로 되어있다. 여호와께서 모세와 여호수아에게 권면한 말씀(신 31:14-23)과 모세가 권면한 말씀(신 31:24-29)은 전형적인 반어법으로 되어있다.

내 손을 들어 그들에게 주기로 맹세한 땅으로 그들을 인도하여 들였더니"(겔 20:28)라고 말씀하셨기 때문이다.

A **은혜(겔 20:27–28a)** : 하나님은 이스라엘을 약속의 땅으로 인도해 주셨다.

B **반역(겔 20:28b–31a)** : 이스라엘은 하나님이 금하신 산당에서 제사하고 자신을 더럽히며 아들을 화제로 드리기도 했다.

C **없음**

평행구조의 마지막에 구조가 깨어진 자리에 처음 장로들이 질문했던 내용에 대한 대답이 있다. "이스라엘 족속아 너희가 내게 묻기를 내가 용납하겠느냐 주 여호와의 말씀이니라 내가 나의 삶을 두고 맹세하노니 너희가 내게 묻기를 용납하지 아니하리라."(겔 20:31b) 이는 하나님이 범죄한 이스라엘이 자신과 만나 교제하는 특권을 누리는 것을 용납하지 않겠다는 것이다.

당시에 하나님은 이스라엘과 언약을 맺어 그들의 하나님이 되시겠다고 하셨음에도 왜 묻기를 용납하지 않으셨는가? 그것은 그들이 언약을 배반하고 우상을 숭배했기 때문이다. 오늘날에도 그리스도 안에서 구원받은 자가 그의 계명을 지키는 것은 여전히 주를 찾고 만나 교제하는 방법이다(요 14:21). 하나님을 만나고 그와 교제하는 일은 성도의 특권이다. 그런데도 왜 그의 계명을 지키지 않는가?

⑬ 이스라엘의 미래(겔 20:32–44)

이 문단에서 앞의 문단과 연결되어 있어도 에스겔의 문체와 관점이 다르게 전개된다. 그는 더이상 과거와 현재에 매이는 것이 아니라 소망의 이유를 찾기 위해 미래를 바라본다(Block 1997, 647).

a. 언약 관계를 새롭게 할 이스라엘(겔 20:32-38)

이스라엘 백성들은 이방의 여러 족속같이 나무와 돌로 된 우상을 섬기리라고 하지만 그들의 생각대로 되지 않을 것이다(겔 20:32). 하나님은 어떻게 이스라엘로 우상을 섬기지 않고 하나님을 섬기게 하실 것인가? 하나님은 이 일을 위해 네 가지 특별한 일을 행하실 것이다(Block 1997, 651–652).

첫째, 하나님은 과거 출애굽의 이미지를 사용하여 새로운 이주를 시행하실 것이다. 하나님의 능한 손과 팔로 여러 나라에서 나오게 하실 것이다(겔 20:33–34).

둘째, 하나님은 자기 백성을 광야로 인도하실 것이다(겔 20:35a). 여기서 하나님은 모세와 대면하셨던 것처럼 '대면'(파님 엘-파님, פָּנִים אֶל־פָּנִים)하실 것이다(참조. 출 33:11; 신 34:10). 하지만 이 대면은 하나님과 친밀한 교제를 위한 것이 아니다.

셋째, 하나님은 자기 백성과 언약을 맺을 것이다(겔 20:35b–37). 하나님이 이스라엘을 출애굽 하게 하신 목적은 하나님을 예배하고 교제케 하려는 것이다. 하지만 여기서는 백성들을 심판하여 남은 자들과 언약을 맺으시려는 것이다. 하나님이 이스라엘을 '막대기 아래로 지나가게' 하시는 것은 관용적인 용법으로 목자가 그의 양 떼를 우리에 집어넣으면서 자신의 막대기 아래 지나가게 하여 그의 양을 세고 살피는 것을 의미한다(참조. 레 27:32; 렘 33:13). 이것은 하나님이 목자가 막대기로 양 떼를 세듯이 센 백성들과 언약의 줄로 매어 그들을 지키시고 보호하시겠다는 것이다. 이것은 언약 관계를 새롭게 하시겠다는 뜻이다.

넷째, 하나님은 그의 백성으로부터 반역하는 자들을 제거하실 것이다(겔 20:38). 하나님은 그들이 머물던 땅에서 나오게 해도 이스라엘 땅에는 들어가지 못하게 하실 것이다. 이것은 언약 백성이라도 죄를 범하면 그 은혜를 누리지 못한다는 뜻이다. 그러나 바벨론 포로에서 돌아온 이후에도 이스라엘은 죄를 제거하지 못했다. 그래서 이 의미는 그리스도가 오심으로 근원적인 죄를 해결하고 성령을 보내심으로 계명을 지켜 의를 행하는 것이 가능한 시대를 내다보는 것이다.

b. 여호와의 산에 있는 이스라엘(겔 20:39-44)

에스겔을 통해 주신 하나님의 말씀을 들었던 자들에게 하나님은 "내 말을 듣지 아니하려거든 가서 각각 그 우상을 섬기라"(겔 20:39)라고 하셨다. 하나님이 이렇게 말씀하셨으나 우상을 섬기라는 것이 아니다. 속마음은 더 이상 우상을 섬기지 말라는 뜻으로 반어법이다(Hillmer & Stek 2002, 1272). 하나님은 언약을 새롭게 한 백성들에게 다시는 우상을 섬기지 말라고 하시면서 이스라엘 온 족속이 하나님의 거룩한 산에서 하나님을 섬기게 될 것이라고 하셨다. 하나님은 그들이 거기에서 드리는 예물을 기쁘게 받으시고 그들과 교제하실 것이다(겔 20:40). 그리고 하나님이 이스라엘을 여러 나라에서 나오게 하고 그들에게 약속한 땅을 주심으로 그들은 여호와의 존재와 능력을 알게 될 것이고, 거기에서 스스로 더럽힌 모든 더러운 행위대로 하지 않고 하나님의 이름을 위해 살게 될 것이다(겔 20:41–44). 당시 이 말씀을 들었던 포로 중에 있었던 이스라엘 백성들은 언약 백성으로서 우상을 버리고 계명을 지키는 일이 중요함을 배웠을 것이다. 그러나 이 일은 바벨론 포로 이후에 이루어진 일은 아니다. 그리스도가 오셔서 구속사역을 이루시고 성령을 보내심으로 가능하게 하신다.

⑭ 여호와의 칼에 대한 예언(겔 20:45–21:32)[33]

이 문단은 "여호와의 말씀이 또 내게 임하여 이르시되"라는 시작(= 신탁) 문구(겔 20:45; 21:8, 18, 28)와 "주 여호와의 말씀이니라"(겔 21:7, 17, 26–27, 32)라는 종결 문구로 구성되어 있다.[34] 그리고 이 문단에 '칼'이라는 단어가 10번(겔 21:3, 4, 5, 9, 12, 14, 15, 19, 20, 28) 나타나 주제어임을 보여준다. '칼'은 심판을 의미하는 비유적 표현이다. 이 문단을 불과 칼의 비유(겔 20:45–21:7; MT 21:1–12), 칼의 노래(겔 21:8–17; MT 21:13–22), 칼의 대행자(겔 21:18–27; MT 21:23–32), 칼의 남은 역할(겔 21:28–32; MT 21:33–37)로 구분할 수 있다.

a. 불과 칼의 비유(겔 20:45-21:7; MT 21:1-12)

하나님은 에스겔에게 얼굴을 남으로 향하여 예언하라고 하셨다. 그리고 에스겔은 남쪽의 숲에게 하나님이 불을 보내어 남에서 북까지 모든 얼굴이 그슬릴 것이라고 예언하였다(겔 20:46–48). 여기에 '남' 또는 '남쪽'이라고 세 번 나타나는 단어는 히브리어로 '테만'(תֵּימָן), '다롬'(דָּרוֹם), '네겝'(נֶגֶב)이다. 에스겔 21:1–7과 비교해 보면 남 또는 남쪽은 수사적인 의미로 예루살렘의 별명으로 이해할 수 있다(Block 1997, 663). 에스겔 20:45–49은 비유고 에스겔 21:1–7은 비유에 대한 해석이다.

인자야 너는 얼굴을 남(테만)으로 향하라 남(다롬)으로 향하여 소리내어 남쪽(네겝)의 숲을 쳐서 예언하라(겔 20:46)	인자야 너는 얼굴을 예루살렘으로 향하여 성소를 향하여 소리내어 이스라엘 땅에게 예언하라(겔 21:2)
남쪽의 숲에게 이르기를 … 내가 너의 가운데 불을 일으켜 …(겔 20:47)	이스라엘 땅에게 이르기를 여호와의 말씀에 내가 너를 대적하여 내 칼을 칼집에서 빼어 의인과 악인을 네게서 끊을지라(겔 21:3)
혈기 있는 모든 자는 나 여호와가 그 불을 일으킨 줄을 알리니 그것이 꺼지지 아니하리라 하셨다 하라(겔 20:48)	모든 육체는 나 여호와가 내 칼을 칼집에서 빼낸 줄을 알지라 칼이 다시 꽂히지 아니하리라 하셨다 하라(겔 21:5)

불과 칼 비유의 핵심은 하나님이 예루살렘을 심판하신다는 것이다. 하나님은 에스겔에게 허리가 끊어지듯 그들의 목전에서 슬피 탄식하라고 하셨다(겔 21:6). 그 이유는 재앙

33 히브리어 성경은 에스겔 21:1–37이다.

34 세 번째 단락(겔 21:18–27)의 종결 문구와 네 번째 단락(겔 21:28–32)의 시작 문구가 동일한 방식으로 명시되지 않았으나 내용으로 보아 종결 문구와 시작 문구임을 알게 한다.

이 다가온다는 소문 때문으로 모든 손이 약해지고 모든 무릎이 물과 같이 약해질 것이기 때문이다(겔 21:7; 참조. 겔 7:17). 이것은 손에 맥이 풀리고 무릎이 떨리는 것으로 절망과 공포로 공황상태에 빠지게 된다는 것이다(박철우 2010, 168). 이 재앙은 이미 에스겔 7장에서 예언한 그 사건이 실체가 됨을 의미한다. 그것은 바벨론에 의해 예루살렘이 함락되는 것이다.

b. 칼의 노래(겔 21:8-17; MT 21:13-22)

하나님은 에스겔에게 칼에 대한 말씀을 주셨다(겔 21:8–9). 에스겔은 "칼이여 칼이여"라고 부르며 그 칼이 날카롭고 빛난다고 했다(겔 21:9). 이 칼은 죽임을 위한 것이고 빛남은 번개같이 되기 위함이다(겔 21:10a). 이는 칼이 신속하게 사람을 죽이는 무기의 역할을 하기 위해 준비되었다는 뜻이다. 이러한 위기상황에서 하나님은 "우리가 즐거워하겠느냐 내 아들의 규가 모든 나무를 업신여기는도다"(겔 21:10b)[35]라고 하셨다. 이 말씀은 문맥적으로 볼 때 유다의 규(= 통치자)와 백성들은 에스겔의 경고를 업신여겼다는 뜻으로 보인다. 그리고 칼을 날카롭고 빛나게 한 것은 죽이는 자의 손에 넘기기 위함이다(겔 21:11). 이 때문에 하나님은 에스겔에게 슬피 울라고 하셨다. 그 이유는 칼이 이스라엘 고관들과 백성들에게 임할 것이기 때문이다. 그리고 이 일로 에스겔에게 그의 넓적다리를 치라고 하셨다(겔 21:12). 넓적다리를 친다는 것은 슬픔과 절망을 표현하는 행위다(참조. 렘 31:19).[36] 이 시련은 곧 임하게 될 것인데 하나님의 말씀을 업신여기는 규, 곧 통치자가 없어지면 어떻게 될 것인지 묻는다(겔 21:13). 이것은 지금 유다의 왕인 시드기야가 잡혀가고 나라가 멸망하면 어떻게 될 것인지에 대한 질문이다.

하나님은 에스겔에 손뼉을 치며 이 칼을 세 번씩 거듭 쓰이게 하라고 하시면서 "칼아 모이라 오른쪽으로 치라 대열을 맞추라 왼쪽을 치라 향한 대로 가라"(겔 21:16)라고 하셨다. 이것은 마치 큰 군대가 칼을 가지고 적을 향해 공격하는 모습을 연상시킨다. 에스겔에서 자주 사용하는 방법인 논리의 진전이 있음을 점진적으로 보여준다.

35 원문은 '나시스 쉐벨 버니 모에셋콜 에이츠'(נָשִׂישׂ שֵׁבֶט בְּנִי מֹאֶסֶת כָּל־עֵץ)이다. 개역개정판과 NASB는 원문을 그대로 직역했다. RSV는 You have despised the rod, my son, with evierything of wood라고 번역하여 '우리가'를 '너희가'로 바꾸어 번역했다. 이것은 MT 본문 자체로 말씀의 의미를 이해하는 일이 어렵다는 것이다.

36 '넓적다리'라고 번역된 히브리어 단어는 '야레잌'(יָרֵךְ)인데 예레미야 31:19에서는 '볼기'라고 번역되었다.

c. 칼의 대행자(겔 21:18-27; MT 21:23-32)

지금까지 하나님의 심판의 도구인 '칼'을 비유적으로 묘사했으나 이 문단에서는 심판의 도구로 사용될 '칼'이 누구의 손에 들려 사용되는지를 보여준다. 그 칼은 바벨론 왕의 칼이다(겔 21:19). 하나님은 에스겔에게 또 상징적인 행동을 하게 하셨다. 그것은 바벨론 왕이 올 두 길을 한 땅에서 나오도록 그리되 암몬 족속의 땅 랍바로 가는 길과 유다의 예루살렘으로 가는 길을 그리라는 것이다(겔 21:19–20). 이는 도로 표지판을 그리되 세 방향을 가리키는 것으로 한 길은 바벨론에서 오는 길, 한 길은 랍바로 가는 길, 한 길은 예루살렘으로 가는 길이다. 바벨론 왕은 바벨론에서 와서 두 길 앞에서 점을 쳤다. 그 점은 화살을 흔들어 화살을 하나 뽑는 것, 우상에게 묻는 것, 희생제물의 간을 보는 것이다(겔 21:21). 세 가지 방식의 점괘가 하나로 통일된다면 신의 뜻이라고 생각할 수 있을 것이다. 이 점괘를 통해 예루살렘으로 가는 길을 얻었다. 그리고 예루살렘 성을 점령하기 위해 공성퇴를 설치하고, 토성을 쌓고 사다리를 세웠다(겔 21:22). 이것은 예루살렘 성을 공격하는 그림이다. 이 일에 대해 에스겔 21:23은 "전에 그들에게 맹약한 자들은 그것을 거짓 점괘로 여길 것이나 바벨론 왕은 그 죄악을 기억하고 그 무리들을 잡으리라"라고 했다. 이 말씀은 전에 느부갓네살에게 맹세하며 복종하기로 약속했으나 배반한 지도자들(왕하 24:20)은 점괘가 잘못 나오기를 기대했으나 바벨론 왕은 그때 배반한 일을 기억하고 백성들을 포로로 잡아갈 것이라는 뜻이다(Hillmer & Stek 2002, 1274). 아이러니한 것은 신들의 뜻을 분별하고자 행한 이교적 점술이 하나님의 뜻을 분별하는 데 사용되고 있다는 점이다(Duguid 1999, 276). 이처럼 하나님은 이방인의 점괘나 제비뽑는 일조차도 하나님의 목적을 이루는 일에 쓰기도 하신다(참조. 에 3:7).

그러므로 하나님은 느부갓네살이 이스라엘이 반역한 일을 기억하고 포로로 잡아가듯이 하나님이 이스라엘이 범한 죄를 기억하고 포로로 잡혀갈 것이라고 하셨다(겔 21:24). 이 심판은 이스라엘 백성만 아니라 당시 '극악하고 중상을 당할 왕'이라고 소개한 왕에게도 임하여 그의 왕관을 벗길 것이라고 하셨다(겔 21:25–26). 당시 왕의 이름이 시드기야임에도 불구하고 그의 이름으로 말하지 않고 직위로 소개한 것은 심판의 초점이 사람이 아니라 그 직책에 있음을 보여주어 옛 질서가 종식됨을 의미한다(Duguid 1999, 277). 그리고 하나님은 "내가 엎드러뜨리고 엎드러뜨리고 엎드러뜨리려니와"(겔 21:27)라고 하셨다. 동일한 단어를 세 번 반복한 것은 정도를 강조하는 것으로 완전히 멸하시겠다는 뜻이다.

d. 칼의 남은 역할(겔 21:28-32; MT 21:33-37)

에스겔은 심판을 의미하는 비유적인 표현인 칼이 예루살렘을 심판하는 일과 함께 암몬과 예루살렘을 친 바벨론을 멸할 것도 예언한다. 느부갓네살은 바벨론에서 나와 세 가지 점괘를 통해 먼저 예루살렘으로 갔지만 심판을 멈춘 것은 아니다(참조. 겔 21:21–22). 하나님은 암몬 족속도 심판하실 것이다. 에스겔 21:29의 "네게 대하여 허무한 것을 보며 네게 대하여 거짓 복술을 하는 자"가 무엇을 의미하는지 어렵지만 NIV처럼 양보절로 "네게 대하여 (느부갓네살이) 허무한 것을 보고 거짓 복술(점괘)을 보았다 할지라도"라고 번역하는 것이 좋다. 그래서 느부갓네살이 거짓 점괘를 보고 왔다 할지라도 암몬 족속을 '중상당한 자의 목'(= 이스라엘 왕, 참조. 겔 21:25) 위에 둔다는 것으로 암몬 역시 하나님이 심판하신다는 것이다.

하나님은 이스라엘을 심판하시기 위해 그 대행자로 바벨론을 사용하여 칼을 뽑게 하셨으나 바벨론에게 그 칼을 칼집에 꽂으라고 하셨다(겔 21:30; 참조. 겔 21:3). 칼을 칼집에 꽂는다는 것은 심판 대행자로서 사명을 다했다는 것이다. 그러나 하나님의 다음 계획은 바벨론을 자기 땅에서 심판하시는 것이다. 하나님은 바벨론을 사용하셨으나 그를 짐승 같은 자, 곧 멸하기를 기뻐하는 자의 손에 넘겨 불의 섶같이 되게 하실 것이다(겔 21:31–32). 역사의 뒤를 보면 하나님은 페르시아의 고레스를 통해 바벨론을 멸하셨다(사 44:28–45:4). 그것은 교만하여 하나님의 뜻을 벗어나 과도하게 이스라엘을 벌하였기 때문이다(참조. 사 47:6–7).

⑮ 예루살렘에 대한 심판과 그 이유(겔 22:1–31)

이 문단은 세 개의 신탁으로 구성되어 있다. 각 단락은 "여호와의 말씀이 내게 임하여 이르시되"라는 신탁과 여호와의 존재와 능력을 알게 되리라는 인식 문구로 끝이 난다. 이 문단을 예루살렘의 죄에 대한 기소(겔 22:1–16), 예루살렘의 죄에 대한 심판(겔 22:17–22), 땅을 심판하시는 이유(겔 22:23–31) 등으로 구분할 수 있다.

a. 예루살렘의 죄에 대한 기소(겔 22:1-16)

이 문단에서 하나님은 예루살렘을 피의 성읍으로 기소하며 이 성읍에서 일어난 다양한 죄를 열거하신다. 여기서 자주 사용되는 두 개의 단어는 '피'(겔 22:2, 3, 4, 6, 9, 12, 13)와 '네 가운데'(겔 22:6, 7, 9, 11, 12, 16)이다. 하나님은 에스겔을 법정에서 피 흘린 성읍을 기소하는 검사로 세우며 그들의 모든 가증한 일을 알게 하라고 하셨다(겔 22:2). 이 성의 죄는 피흘림(겔 22:3), 우상을 만들어 더럽힌 일(겔 22:3)이다. 그래서 하나님은 그들을 만국의 조롱거리가 되게 하실 것이다(겔 22:4–5). 피는 생명을 의미하는 것이기에 피를 흘린다는 것은 여러 가지 폭력을 행사하여 생명을 위협하거나 죽이는 행동을 말한다.

백성들을 위해 봉사해야 할 고관들, 곧 지도자들[37]은 권력의 힘으로 '피를 흘려'(= 생명을 위협하여) 이익을 얻기 위해 백성 가운데 있다(겔 22:6). 에스겔이 지도자들의 죄를 열거하는 내용을 보면 오늘날 교회 지도자들과 정치 지도자들이 행하는 일과 다를 바 없다. 그 일은 부모를 업신여기고, 나그네를 학대하며, 고아와 과부 곧 사회적 약자를 무시하거나 학대하고, 성물을 업신여기고, 안식일을 더럽히고, 사람을 해하려고 이간을 붙이고, 산 위의 제물, 곧 우상의 제물을 먹고, 음행하고, 아버지의 하체를 드러내고,[38] 월경하는 부정한 여인과 관계하는 것이다(겔 22:7–10). 지도자들 가운데 어떤 사람은 그의 이웃의 아내와 가증한 일을 행하였고, 어떤 사람은 며느리를 더럽혀 음행하고, 어떤 사람은 아버지의 딸과 관계하고, 뇌물을 받았고, 이자를 받고, 이익을 탐하여 이웃을 속여 빼앗았다(겔 22:11–12). 이로 보아 지도자들은 사회적이며 종교적인 면에서 모두 죄를 범했다. 이 모든 죄의 근본 원인은 여호와를 잊었기 때문이다(겔 22:12b). 이것은 여호와의 존재와 능력과 은혜를 잊었다는 뜻이다. 그래서 하나님은 이스라엘 백성들과 지도자들을 치시고 여러 나라 가운데 수치를 당하게 하여 여호와의 존재와 능력을 드러내실 것이다(겔 22:13–16).

b. 예루살렘의 죄에 대한 심판(겔 22:17-22)

이 단락에서 하나님은 은을 제련하는 과정을 통해 이스라엘의 죄에 대한 심판을 설명하신다. 하나님은 비유로 이스라엘이 자신에게 풀무 불 가운데 있는 놋이나 주석이나 쇠나 납이나 은의 찌꺼기처럼 되었다고 하셨다(겔 22:18). 그래서 하나님은 이스라엘 백성들을 예루살렘으로 모으고 노여움과 분노의 불로 풀무에 녹이듯이 녹여 하나님의 존재와 능력을 알게 하실 것이다(겔 22:19–22).

37 '고관'은 에스겔서에서 자주 나오는 단어로 히브리어로 '지도자', '왕' 등을 의미하는 '나쉬'(נָשִׂיא)다.

38 하체를 본다'는 말은 완곡어법(euphemism)으로 심각한 성적인 범죄를 완곡하게 표현한 것이다. 레위기 20:17–18에 보면 저자가 '아버지의 하체를 보고'라는 말과 '(어떤 여인의) 하체를 보다'라는 말과 '(어떤 여인의) 하체를 범하다'라는 말을 평행법으로 기록하고 있다(박철우 2010, 406–407; 로벗슨 1999, 1–30; Atkinson 1990, 169).

c. 땅을 심판하시는 이유(겔 22:23-31)

이 단락은 앞의 두 단락을 반복하는 듯하여 후기에 삽입된 듯한 인상을 주기도 한다. 그것은 에스겔 22:31에서 동사인 '쏟다'(שָׁפַךְ)와 '보응하다'(כָּלָה)를 선지적 과거가 아니라 예루살렘의 함락을 되돌아보는 과거시제로 보기 때문이다. 그러나 이 동사들은 심판의 임박함과 확실한 말로를 강조하기 위한 선지적 과거로 보아야 한다(Taylor 1969, 166–167).

하나님은 예루살렘을 가리켜 정결하지 못한 땅이고 진노의 날에 비를 얻지 못한 땅이라고 하셨다(겔 22:24). 그것은 선지자부터 모든 백성이 죄를 범했기 때문이다. 선지자는 우는 사자가 먹이를 움킴같이 그들은 사람의 영혼과 재산과 보물을 탈취했고 부도덕한 행동으로 남편을 죽임으로 과부를 많게 했다(겔 22:25). 또한 이 선지자들은 자신의 이익을 위해 회를 칠하고, 즉 자신을 위장하고 허탄한 이상과 복술을 말하여 하나님의 백성을 미혹했다(겔 22:28). 제사장들은 율법을 범하고 성물을 더럽히고 거룩하고 속된 것을 구별하지 아니하고 안식일을 소홀히 함으로 하나님이 더럽힘을 받게 했다(겔 22:26). 이 현상은 오늘날 선지자와 제사장 직무를 수행해야 할 자들에게도 그대로 나타난다. 그들은 자신을 거룩한 종인 것처럼 위장하나 탐욕이 가득하고 사람의 인격과 생명을 귀하게 여기지 않는다. 지도자들은 먹이를 삼키는 이리같이 불의한 이익을 위해 사람의 인격과 생명을 해한다(겔 22:27). 백성들은 포악하고 강탈을 일삼고 가난하고 궁핍한 자를 압제하고 나그네를 부당하게 학대했다(겔 22:29).

이런 까닭에 하나님은 이 땅을 위해 성읍을 쌓으며 무너진 데를 막아 하나님의 진노가 임하지 못하게 할 사람을 찾으셨으나 불행하게도 찾을 수 없으셨다(겔 22:30). 이 역시 비유적 언어로 백성들의 안전과 행복을 위해 봉사하며, 잘못된 점이 있다면 바로 잡고 회복시켜야 할 책임 있는 사람이 없다는 것이다. 그래서 하나님의 무서운 심판을 피할 수 없다.

⑯ 오홀라와 오홀리바(겔 23:1–49)

이 문단에서 에스겔은 내용과 문체에 있어서 에스겔 16장과 유사한 알레고리(allegory) 방식으로 이스라엘의 죄를 선정적인 색깔로 묘사한다. 그는 예루살렘과 사마리아를 극도로 음탕한 여인으로 그린다. 충격적일 정도로 노골적인 언어를 쓰고 그 성읍이 어떤 성격을 지닌 도시인지 위장하지 않고 '도발적인' 그림으로 묘사한다. 그래서 법적인 용어로 기소하는 것보다 감정적인 효과가 더 크다(Duguid 1999, 301). 이 문단을 기소된 오홀라와 오홀리바에 대한 소개(겔 23:1–4), 오홀라의 음행과 판결(겔 23:5–10), 오홀리바의 음행과 판결(겔 23:11-35), 오홀라와 오홀리바의 결말(겔 23:36-49) 등으로 구분할 수 있다.

a. 오홀라와 오홀리바에 대한 소개(겔 23:1-4)

두 여인이 있었는데 한 어머니의 딸이다. 두 여인은 애굽에 있을 때부터 음란하게 행동했다(참조. 겔 20:7-8). 그 음행한 모습을 매우 선정적으로 유방이 눌리고 그 처녀의 가슴이 어루만져졌다고 했다(겔 23:3). 두 여인 가운데 언니의 이름은 '오홀라'고, 동생은 '오홀리바'다. 하나님은 오홀라를 사마리아라 하시고, 오홀리바를 예루살렘이라고 하셨다(겔 23:4). '오홀라'(אָהֳלָה)는 '장막'(אֹהֶל)의 여성형이다. '오홀리바'(אָהֳלִיבָה)는 문자적으로 '나의 장막이 그녀 안에 있다'라는 뜻으로 '예루살렘 성'이 여성이기에 '예루살렘 성에 나의(= 하나님의) 장막이 있다'라는 의미로 이해할 수 있다. '장막'을 단순히 거주하는 집으로도 이해할 수도 있으나 성전도 동일하게 이 용어를 사용한다(출 28:43; 29:4; 시 15:1 등). 그래서 이 이름을 사용한 것은 이스라엘이 하나님과 언약을 맺어 하나님과 교제하여 하나님의 통치를 수행해야 할 위치에 있음에도 음란하게 행동하여 심판에 이를 수밖에 없는 자임을 보여주기 위함이다.

b. 오홀라의 음행과 판결(겔 23:5-10)

이 단락에서 하나님은 오홀라가 하나님께 속해 있음에도 음행한 사실을 지적하시고 심판을 선언하신다. 오홀라가 음행한 대상은 앗수르와 애굽이다(겔 23:5, 8). 하나님은 앗수르를 묘사하기를 자색 옷을 입은 고관이고 감독이며 준수한 청년이며 말 타는 자들이라고 하셨다(겔 23:6). 이것은 외적으로 높은 사회적 지위와 준수한 용모와 힘을 가졌다는 것을 보여주는 은유(metaphor)다. 이뿐만 아니라 이들이 섬기는 우상도 섬겼다(겔 23:7).

이러한 오홀라의 행동에 대해 하나님은 아이러니하게도 그가 연애하는 앗수르 사람의 손에 그를 넘겨 그의 하체가 드러나고 자녀를 빼앗기며 칼에 죽어 여인들의 이야깃거리가 되게 하셨다(겔 23:9-10). 아이러니하게도 그가 사랑했고 의지했던 앗수르가 그를 멸망시켰다. 이 일은 북 이스라엘이 호세아 6년, 곧 주전 725년에 앗수르와 맺은 봉신 조약을 배반하고 애굽과 조약을 맺음으로 앗수르의 살만에셀이 북 이스라엘을 공격하여 주전 722년에 사마리아를 점령하여 북 이스라엘을 멸망시키고, 이스라엘 사람을 앗수르로 끌고 감으로 이미 성취되었다(참조. 왕하 17:4-6). 이것은 하나님과 맺은 언약을 배반한 결과다.

c. 오홀리바의 음행과 판결(겔 23:11-35)

오홀리바는 그의 언니 오홀라가 당한 일을 보고도 음욕을 더하여 그의 언니보다 더 음란하게 행동했다(겔 23:11). 오홀라와 같이 오홀리바도 앗수르의 외모를 신뢰하고 그에게 사랑을 구했다(겔 23:12–13). 오홀리바가 오홀라보다 음행을 더한 것은 그가 갈대아 사람, 곧 바벨론과도 연애하며 그의 침상에 올라가 자신을 더럽혔다는 것이다(겔 23:14–17a). 그런데 그가 바벨론과 음행한 후에 그들을 싫어하고 그가 젊었을 때 애굽과 음행했던 시절을 생각하고 하체는 나귀 같고 '정수'(질마, זִרְמָה, emission)는 말과 같은 애굽을 사랑했다(겔 23:17b–21). 하나님은 예루살렘의 부도덕함을 매우 선정적이고 음란하게 묘사하셨다.

하나님은 오홀리바의 음란한 행동에 대해 어떻게 심판하시는가? 하나님은 오홀리바가 사랑하다가 싫어하게 된 자들을 충동하여 사방에서 와서 치게 할 것이라고 하셨다(겔 23:22). 그들은 바벨론 사람과 앗수르 사람이다(겔 23:23). 그들은 무기와 병거와 수레와 방패를 이끌고 투구 쓴 군대를 거느리고 에워싸 그의 코와 귀를 깎아 버리고도 남은 자를 칼로 엎드러뜨리며 자녀들을 빼앗고 장식품을 빼앗을 것이다(겔 23:24–26). 하나님은 이렇게 하심으로 애굽에서부터 행하던 음행을 그치고 애굽을 기억하지도 못하게 할 것이라고 하셨다(겔 23:27). 이 일은 오홀리바가 음란하고 이방을 따르고 우상으로 더럽혔기 때문이다(겔 23:30). 이제 예루살렘은 과거 오홀라가 가던 길을 따랐으므로 사마리아가 마신 잔인 놀람과 패망의 잔에 취하게 될 것이다(겔 23:31–33). 이 일은 예루살렘이 하나님의 은혜를 잊고 하나님을 등 뒤에 버렸기 때문이다(겔 23:35a). 그래서 하나님은 예루살렘이 행한 음란한 행동의 죄를 담당하라고 하셨다(겔 23:35b).

d. 오홀라와 오홀리바의 결말(겔 23:36-49)

하나님은 에스겔에게 오홀라와 오홀리바를 심판하려는지를 묻고는 그들이 행한 가증한 일을 말하라고 하셨다(겔 23:36). 에스겔 23:37–42에 이들이 행한 가증한 일들, 곧 종교적인 죄들과 정치적인 죄들을 열거하고 있다. 그들은 행음했다(겔 23:37). 여기서 '행음하다'라는 동사는 지금까지 썼던 '음란하게 행동하다'라는 일반적인 단어인 '자나'(זנה)를 쓰지 않고 다른 단어인 '나아프'(נאף)다. 이 단어는 에스겔서 안에 단 네 번만 나온다(겔 16:32, 38; 23:37$^{\times 2}$, 45$^{\times 2}$)이 단어를 쓴 것은 의도적인데 이들이 행한 새로운 수준의 죄를 지적하기 위함이다. 즉 이들이 이방의 우상과 정치적인 능력과 연관된 죄를 범한 것만이 아니라 하나님과 맺은 언약을 배반했다는 것을 보여주기 위함이다(Block 1997, 759; Goodfriend 1992, 82–86). 언약 백성에서 가장 기본적인 언약 관계를 지키지 못함으로 우상과 행음하고 자식을 불로 제사하며, 하나님의 성소를 더럽히며, 안식일을 범하는 종교적인 죄들과 이방에 사절단을 보내 정치 조약을 맺으며 그들의 종교와 문화를 따르는 범죄 행위들이 나타났다(겔 23:37–42). 이로 보아 언약을 이행하는 것은 윤리적인 삶으로 나타나게 되어있다.

이 모든 악한 행위들이 오홀라와 오홀리바에게서 나왔기 때문에 하나님은 간통한 여인들을 재판함 같이 재판하실 것이다(겔 23:43–45). 하나님은 이들의 가증한 행위들에 대해 무리, 곧 바벨론 군대를 보내어 공포와 약탈을 당하게 할 것이며 그들이 돌로 치고 자녀들을 죽이며 그 집을 불사를 것이라고 하셨다(겔 23:46–47). 이 일은 다시는 음행을 본받지 않도록 하기 위함이고 우상을 섬긴 죄를 담당하도록 하기 위함이다(겔 23:48–49a). 이러한 심판을 통해 언약 백성들은 여호와의 존재와 능력을 알게 될 것이다(겔 23:49b).

⑰ 녹슨 가마 비유(겔 24:1–14)

이 문단은 하나님이 범죄한 유다를 마침내 심판하신다는 것을 녹슨 가마 비유를 통해 보여준다. 이 문단에서 에스겔 24:3b–12은 시다. 그리고 이 문단에서 에스겔 24:3, 6, 9는 "주 여호와께서 이같이 말씀하셨다"라는 말씀으로 시작한다. 이 두 가지 문학적 특징은 이 문단을 구분하는 중요한 기준이 된다. 이 문단을 하나님이 에스겔에게 녹슨 가마 비유를 주신 시점(겔 24:1–3a), 녹슨 비유의 서문(겔 24:3b–5), 하나님의 화 선포(겔 24:6–8), 하나님의 화 선포의 정당성(겔 24:7–12), 녹슨 가마 비유의 결론(겔 24:13–14)으로 구분할 수 있다.

a. 녹슨 가마 비유를 주신 시점(겔 24:1-3a)

에스겔이 이 예언을 받은 시점은 아홉째 해 열째 달 열째 날, 곧 주전 588년 열째 달 열째 날이다(겔 24:1). 하나님은 '바로 오늘'(에쳄 하욤, עֶצֶם הַיּוֹם)의 이름을 기록하게 하시고 그 이유를 '바로 오늘'(에쳄 하욤, עֶצֶם הַיּוֹם) 바벨론 왕이 예루살렘을 포위했기 때문이라고 하셨다(겔 24:2).[39] 이 날짜는 중요하다. 이 일은 더 이상 미래에 일어날 일을 말하는 것이 아니라 지금 현재 일어나고 있는 일이기 때문이다(Cooper 1994, 235).

39 개역개정판의 '가까이 왔다'라고 번역한 동사는 '사막'(סָמַךְ)으로 '기대다'라는 뜻이다. 이 단어를 NIV나 NASB처럼 '포위했다'(has laid siege)라고 번역해야 한다.

b. 녹슨 비유의 서문(겔 24:3b-5)

하나님은 에스겔에게 비유로 말하게 하셨다. 그 비유는 가마솥 하나를 걸어 물을 부은 후 양 떼에서 한 마리를 골라 각을 떠서 좋은 고기와 뼈를 담고 잘 익도록 삶으라는 것이다(겔 24:3-5). 이것만 보면 이 고기를 삶는 목적이 희생제물을 드리기 위한 것인지, 아니면 잔치를 베풀어 함께 먹고 즐기기 위한 것인지 모호하다. 단지 둘 가운데 어느 것이든 좋은 결과를 기대하게 만든다.

c. 하나님의 화 선포(겔 24:6-8)

그런데 하나님은 그 가마를 향해 피를 흘린 성읍, 녹슨 가마 곧 그 속의 녹을 없이 하지 아니하였다고 하시며 화를 선포하셨다. 제비 뽑을 것도 없이 덩이 하나하나를 꺼내라고 하시며 그 가운데 피가 있다고 하시고 피를 땅에 쏟아 덮지 않고 맨 바위 위에 두게 하셨다(겔 24:6-7). 하나님이 그렇게 하신 목적은 진노로 보응하기 위함이다(겔 24:8). 이 노래에서 보듯이 좋은 고기를 담아도 가마 자체가 녹슬었기 때문에 희생제물로도 적합하지 않고 잔치 음식으로도 적합하지 않다.

d. 하나님의 화 선포의 정당성(겔 24:7-12)

하나님은 다시 화를 선포하시며 그 피와 가마가 무엇을 의미하는지 설명해 주셨다. 노래로 된 이 비유에서 하나님은 "피를 흘린 성읍이여"라고 하셨다(겔 24:9). 이로 보아 가마는 예루살렘이고 고기는 그 안에 사는 백성들이며 피는 그들이 행한 악한 행동임을 알 수 있다. 하나님은 이 악을 행한 성읍을 향해 나무를 많이 쌓고 불을 피워 고기를 삶고 국물을 졸이고 가마가 빈 후에는 놋을 달구어 그 녹이 소멸되게 하라고 하셨으나 녹은 벗겨지지 않았다(겔 24:10-12). 이 노래로 보아 근본적인 문제는 녹슨 가마에 있음을 보여준다. 그래서 하나님이 예루살렘에 화를 선포하고 심판하시는 것은 정당하다.

e. 녹슨 가마 비유의 결론(겔 24:13-14)

하나님은 이제 이 노래의 의미를 설명해 주셨다. 고기가 더러워진 많은 원인 가운데 하나는 음란이었다. 하나님이 예루살렘을 깨끗하게 하려고 하셨으나 심판하기 전까지는 깨끗해지지 않을 것이라고 하셨다(겔 24:13). 하나님은 예루살렘의 죄에 대한 심판을 돌이키지 않으실 것이다(겔 24:24). 그래서 이 비유를 말씀하신 시점에 바벨론이 예루살렘을 포위한 것은 녹슨 가마인 예루살렘과 그 안에 있는 백성들을 심판하시는 행동이다.

⑱ 에스겔 아내의 죽음(겔 24:15-27)

이 문단은 에스겔서 1장부터 시작된 유다의 죄와 그 죄에 대한 신탁을 마무리하는 역할을 한다. 이 문단을 에스겔 아내의 죽음(겔 24:15-24), 이스라엘의 미래(겔 24:25-27)로 구분할 수 있다.

a. 에스겔 아내의 죽음(겔 24:15-24)

하나님은 아침에 에스겔에게 그가 기뻐하는 것을 빼앗을 것인데 슬퍼하거나 울지 말고, 머리를 수건으로 동이고, 발에 신을 신고, 입술을 가리지 말고, 초상집에서 먹는 음식도 먹지 말라고 하셨다(겔 24:15-17). 이스라엘 사람은 상을 당하면 베옷을 입거나 맨발로 다니는데, 그것은 슬픔을 표시하는 행동이다(Block 1997, 790). 그런데 에스겔은 상을 당하면 해야 할 어떤 일도 하지 않았다. 이것은 정상적인 행동은 아니다. 에스겔은 아침에 이 말씀을 백성에게 전했다. 그런데 저녁에 에스겔의 아내가 죽었다. 에스겔이 기뻐하는 것은 그의 아내였다. 에스겔은 그의 아내가 죽자 하나님 말씀대로 행했다(겔 24:18). 그러자 백성들은 이 이상한 일이 백성들에게 어떤 의미가 있는지 설명하라고 했다(겔 24:19).

에스겔은 그들에게 하나님의 말씀을 전했다. 하나님은 "내 성소는 너희 세력의 영광이요 너의 눈의 기쁨이요 너희 마음에 아낌이 되거니와 내가 더럽힐 것이며 너희 버려 둔 자녀를 칼에 엎드러지게 할 것이라"(겔 24:21)라고 하셨다. 성소는 하나님이 임재하시며 자기 백성과 교제하시는 특별한 곳(참조. 출 25:8, 22)인가 동시에 이스라엘 백성이 힘을 얻는 곳이기도 하고 가장 아끼는 곳이었다. 그런데도 하나님이 직접 이 성소를 더럽히겠다고 하셨다. 그리고 자녀들이 칼에 엎드러지게 될 것이다. 이 일은 바벨론 군대가 예루살렘을 포위함으로 이루어질 것이다. 이때 에스겔이 그의 기뻐하는 아내가 죽었어도 슬퍼할 수 없었던 것처럼 예루살렘이 패망할 때 서로 바라보고 탄식할 것이다(겔 24:22-23). 이같이 에스겔이 이스라엘에게 표징이 되어, 에스겔이 그의 아내가 죽었을 때 슬퍼할 수 없고 장례를 치를 수도 없듯이 이스라엘이 비참한 상황이 된다는 것이다(겔 24:24a). 이 일이 이루어지면 여호와의 존재와 능력을 알게 될 것이다(겔 24:24b).

b. 이스라엘의 미래(겔 24:25-27)

하나님은 에스겔에게 하나님이 그 힘과 즐거워하는 영광과 그 눈이 기뻐하는 것과 그 마음이 간절하게 생각하는 자녀를 데려가는 날에 도피한 자가 에스겔에게 와서 이 모든 일을 들려줄 것이라고 하셨다(겔 24:25-26). 그의 힘과 즐거워하는 영광과 그 눈이 기뻐하는 것은 하나님의 성소를 말한다(참조. 겔 24:21). 그래서 그 날은 예루살렘이 멸망하고 성소가 파괴되고 자녀들이 처참하게 죽임을 당하는 날이다. 그 날에 피하여 살아남은 자들이 에스겔에게 이 소식을 전해줄 것이고, 그 날에 에스겔의 입이 열리게 될 것이다(겔 24:27a). 이 말씀대로 이 재난의 날에 피한 자들이 열두째 해 열째 달, 곧 주전 586년에 이 소식을 전해줌으로 에스겔이 바벨론에서 신탁으로 받았던 말씀이 성취되었다(참조. 겔 33:21). 이 일 역시 이스라엘 백성들에게 표징이 되어 그들은 여호와의 존재와 능력을 알게 될 것이다(겔 24:27b). 그리고 에스겔의 입이 열리게 된다는 것은 새로운 예언을 주심으로 이스라엘의 미래를 보여주시겠다는 뜻이다. 이 말씀대로 에스겔은 입을 열어 이스라엘의 복된 미래가 어떻게 전개될 것인지 복된 소망의 메시지를 선포할 것이다(겔 33:1–48:35).

2. 열국의 죄와 그 죄의 심판에 대한 신탁(겔 25:1-32:32)

이 문단에서 저자는 유다를 둘러싸고 있는 이방 나라들에 대한 심판을 예언한다. 열국의 죄와 그 죄의 심판에 대한 신탁은 이사야서(사 12:1–23:18)와 예레미야서(렘 47:1–51:64)와 같이 하나님은 모든 나라가 하나님의 권능 안에 있고 이들의 죄악을 따라 심판하실 것을 보여준다. 이를 통해 이스라엘이 심판을 받고 있지만 그들의 신인 여호와가 약해서가 아님을 보여준다. 열국에 대한 심판은 궁극적으로 이스라엘의 회복과 연관되어 있음을 이 예언 속에 있는 에스겔 28:24–26에서 암시하고 있다.

내용 분해

(1) 암몬, 모압, 에돔, 블레셋(겔 25:1–17)

(2) 두로(겔 26:1–28:19)

(3) 시돈(겔 28:20–26)

(4) 애굽(겔 29:1–32:32)

내용 해설

(1) 암몬, 모압, 에돔, 블레셋(겔 25:1–17)

이 문단에서 에스겔은 이스라엘의 주변국인 암몬, 모압, 에돔, 블레셋의 죄와 그에 대한 심판을 간략하게 기술한다.

① 암몬(겔 25:1-7)

암몬 족속의 죄 목록(겔 25:3, 6)과 심판 내용(겔 25:4-5, 7)이 두 번씩 반복하여 나온다. 암몬은 하나님의 성소가 더럽힘을 받고 이스라엘 백성이 황폐하며 유다 족속이 사로잡혀 갈 때 "아하 좋다"(겔 25:3)라고 했고, 손뼉을 치고 발을 구르며 즐거워했다(겔 25:6). 그러므로 하나님은 동방 사람과 다른 민족이 그들을 쳐서 점령하고 암몬의 수도인 랍바를 목축지로 삼으며(겔 25:4-5) 노략하여 만민 중에서 끊어버리게 하실 것이다(겔 25:7). 이 일을 통해 암몬은 여호와의 존재와 능력을 알게 될 것이다(겔 25:5b, 7b). 이 역사를 통해 하나님은 주권적으로 역사를 통치하시는 분이실 뿐만 아니라 당신의 백성이 모욕을 당하는 것을 갚으시는 분이심을 알게 한다.

② 모압(겔 25:8-11)

모압과 세일은 일반적으로 같은 지역으로 언급되기도 하나 구분되어 언급되기도 한다(대하 20:23). 모압과 세일이 같이 나오는 것은 지리적으로 서로 가깝기 때문이기도 하지만 이 두 족속이 예루살렘의 몰락에 대하여 함께 기뻐했기 때문이다. 이들의 죄는 "유다 족속은 모든 이방과 일반이라"(겔 25:8)하여 하나님의 택한 백성을 조롱한 것이다. 이에 대해 하나님은 암몬처럼 모압의 국경에 있는 성읍인 벧여시못과 바알므온과 기랴다임을 동방 사람에게 넘겨주어 기업으로 삼게 하실 것이다(겔 25:9-10).

③ 에돔(겔 25:12-14)

에돔의 죄는 지나친 복수심을 품고 유다 족속에게 원수를 갚듯이 행했다는 것이다(겔 25:12). 에돔은 예루살렘이 바벨론에 의해 멸망당할 때 유다의 멸망을 도왔다(시 137:7; 욥 1:11-14). 그래서 하나님은 데만에서 드단까지 에돔을 황폐하게 하시고 칼에 엎드러지게 하실 것이다(겔 25:13). 특히 이스라엘의 손으로 하나님의 진노를 대신하게 하실 것이다(겔 25:14). 역사적으로 보면 마카비 군들이 에돔을 점령하고 에돔 족속은 히르카누스(Hyrcanus I)에게 정복을 당해 강제적으로 할례를 받고 유다에 편입되었다(요세푸스, xiii-9-1).

④ 블레셋(겔 25:15-17)

블레셋의 죄는 옛날부터 미워하여 멸시하는 마음으로 원수를 갚아 진멸하고자 한 것이다(겔 25:15). 블레셋은 이스라엘이 가나안에 들어온 후 그 땅을 온전히 정복하지 못해 남겨진 족속으로 사사시대부터 이스라엘을 괴롭게 한 민족이다(삿 3:3). 그래서 하나님은 그렛 사람을 끊으며 해변에 남은 자를 진멸하하여 원수를 갚으실 것이다. 이를 통해 그들은 여호와의 존재와 능력을 알게 될 것이다(삿 3:16-17). 여기 '그렛 사람'(커리팀, כְּרֵתִים)은 '갑돌'(כַּפְתּוֹר)과 함께 블레셋을 지칭하는 것으로 지금 크레테(Crete) 섬에서 이주한 자들이다(참조. 창 10:14; 신 2:23; 렘 47:4; 암 9:7). 하나님은 언어유희로 그들의 근원인 '그렛 사람'(커리팀, כְּרֵתִים)을 '끊으실'(히크리티, הִכְרַתִּי) 것이라고 하셨다.

(2) 두로(겔 26:1-28:19)

두로에 관해 예언이 에스겔에게 임한 때는 열한째 해 어느 달 초하루다(겔 26:1). '열한째 해'는 '여호야긴이 포로로 잡혀온 지 열한째 해'라는 뜻으로 주전 587년, 곧 예루살렘이 포위되어 함락되기 직전에 주신 예언임을 알 수 있다. 하나님께서 주변국들에 대한 심판을 선포하시는 에스겔 25장부터 32장의 내용을 보면 흥미로운 부분이 있다. 에스겔 25장에서는 당시 이스라엘의 주변국인 암몬(겔 25:2-7), 모압(겔 25:8-11), 에돔(겔 25:12-14), 블레셋(겔 25:15-17) 등에 그들의 죄와 죄에 대한 심판을 선고하되 3절에서 6절까지 짧게 설명한다. 두로의 심판에 대한 예언이 이사야(사 23:1-18), 스가랴(슥 9:3-4), 아모스(암 1:9-10)에도 기록되어 있지만 길지 않다. 그런데 에스겔서에서 두로에 대한 심판은 에스겔 26-28장에서 설명하고, 애굽에 대해서는 29-32장에 설명한다. 특별히 두로에 대해 에스겔 26-28장에서 어떤 부분은 좀 더 확대하여 보여주고 어떤 부분은 반복하여 길고 자세하게 그들의 상황과 죄와 심판을 설명한다. 이것은 두로가 당시 역사에서 차지하는 비중이 애굽 다음으로 영향력을 가지고 있었다는 것이다. 실제로 이들에 대해 심판을 예언하는 내용을 보면 무역 국가로서 당시 세계에서 상당한 위상을 가지고 있었음을 알 수 있다.

① 두로라는 나라의 특성(겔 27:3-25)

'두로'라는 이름의 히브리어는 '초르'(צֹר) 또는 '추르'(צוֹר)로 '반석'이라는 뜻이다. 지금 이 나라는 형태가 많이 변했고, 당시 하나님의 심판을 받아 지구상에서 사라졌기 때문에 자료가 없어서 많이 알려지지 않았다. 지금은 두로가 페니키아 연안에 있는 것처럼 보이지만 성경시대의 두로는 섬과 육지 두 부분으로 이루어져 있었다. 당시 세계에서 두로에 속한 섬은 페니키아 연안에서 약 550–600미터 떨어져 있는 천혜의 요새였다. 당시 두로의 한 부분이 섬으로 이루어져 있었다는 것을 보여주는 몇 개의 본문이 있다. 에스겔 26:5에 "바다 가운데 그물 치는 곳이 되게 한다"라고 하였다. 에스겔 27:4에서는 "네 땅이 바다 가운데 있음이여"라고 하였고, 에스겔 27:32에서는 "두로 같이 바다 가운데서 적막한 자가 누구인가"라고 하였다. 당시 두로는 섬으로 이루어져 있었는데 그 반석 위에 성이 세워져 있었다. 두로는 페니키아 연안에도 영토를 가지고 있었다. 이 지역은 오늘날의 시리아와 레바논 해안지대 즉 지중해 동쪽 해안지대를 말한다. 오늘날 이 지역의 중요도시는 베리투스(Berytus, 오늘날의 베이루트), 트리폴리(Tripoli), 시돈(Sidon), 악코(Akko), 우가리트(Ugarit, 오늘날의 라샤므라 Ras Shamra) 등이 있다.

역사적으로 다윗시대에 두로 왕 히람이 백향목과 함께 목수와 석공들을 보내 다윗이 왕궁을 짓는데 협력한 바가 있다(삼하 5:11). 솔로몬 왕 때에는 레바논 산에서 찍은 백향목을 뗏목으로 만들어 지중해 남쪽에 있는 욥바로 보내 성전건축을 돕기도 했다(왕상 5:10). 에스겔이 이 예언을 하던 당시 세계에서 두로는 세계 제일의 무역 국가였다. 지형학적으로 볼 때 두로는 지중해 연안에 있으면서 자연스럽게 애굽과 교역하였고, 메소포타미아와 그리스와 무역하였다. 그래서 선박제조 기술과 항해술이 뛰어났다(겔 27:5–9).

당시 두로는 해상 교역을 통해 지중해 전역을 장악하고 있었다. 그 바탕에는 우수한 조선기술과 항해기술을 가지고 있었기 때문이다. 이들의 무역에 대해서는 에스겔 27:12–25에 자세하게 설명하고 있다. 그리고 두로는 당시 세계의 모든 나라와 무역하여 수많은 물자가 있었고 돈이 많았기 때문에 국방도 돈으로 사람을 사서 하였다(겔 27:10–11). 이것은 당시 두로가 무역으로 큰 부를 이루고 있었기 때문에 용병을 고용하여 나라를 방비했다는 것이다.

한편 성경에는 나타나지 않으나 두로는 당시 무역 국가로서 다른 나라와 교역해야 했기에 문자도 발달했다. 페니키아의 문화유산 중 가장 중요한 것은 페니키아 문자다. 페니키아는 본래 메소포타미아의 설형문자를 사용했으나 주전 15세기경에 22개의 자모로 이루어진 고유한 문자 체계를 발명했다. 후에 이 표기법을 그리스인들이 채택하여 이 문자는 오늘날 로마자 알파벳의 원형이 되었다. 이것은 에스겔이 이 예언을 하던 당시 두로가 당시의 역사에서 어떤 비중을 차지했는지 잘 보여준다.

② 두로의 죄(겔 26:2-21; 28:2-5)

두로는 나라의 독특한 위치와 무역을 통해 큰 부를 이루었으나 하나님 앞에서 큰 죄를 범했다. 그 죄는 언약 백성의 패망을 기뻐한 일(겔 26:2)과 교만(겔 26:2-5)이다.

a. 언약 백성의 패망을 기뻐한 일(겔 26:2)

두로의 첫 번째 죄는 언약 백성인 이스라엘의 패망을 보고 자신에게 오히려 큰 유익이 되리라 생각하고 기뻐한 일이다. 두로는 그들의 부를 얻기 위하여 이웃의 고통은 안중에도 없었다. 특별히 이스라엘이 고통을 당하고 나라가 멸망 위기에 놓이자 "아하 만민의 문이 깨져서 내게로 돌아왔도다 그가 황폐하였으니 내가 충만함을 얻으리라"라고 했다(겔 26:2). 여기에 '만민의 문'은 '모든 민족의 관문'이라는 말로 이스라엘을 말한다. 두로의 입장에서 이스라엘은 육로와 해로로 오는 모든 길을 가로막고 있는 존재였다. 당시 지형학적인 위치로 볼 때 유다는 정치적으로나 경제적으로 대단히 중요한 역할을 하였기 때문이다. 이런 상황에서 이스라엘이 그 범죄하므로 멸망하는 것을 보자 두로는 자신에게 돌아올 상당한 이익 때문에 기뻐한 것이다. 그러나 하나님은 이방 사람들이 하나님의 백성이 고통당할 때 비웃거나 멸시하는 것을 절대로 용납하지 않으신다. 하나님은 자기 백성을 사랑하시는 분이기 때문이다(참조. 사 10:5-19; 47:6-7). 암몬도 두로와 같이 이스라엘이 고통을 당할 때 "아하 좋다"(겔 25:3)라고 했을 뿐만 아니라 "손뼉치고 발을 구르며 마음을 다하여 멸시하며 즐거워"(겔 25:6) 한 것이 심판의 원인이었다. 이렇게 하나님의 언약 백성을 비웃는 나라를 심판하시는 것은 당시나 지금이나 세계의 중심이 언약 백성이기 때문이다.

b. 교만(겔 28:2-5)

두로는 천혜의 자연조건과 무역으로 인한 국가의 부와 안전이 마치 자신의 능력인 것으로 생각하고 교만했다. 그는 마음이 교만하여 "나는 신이라 내가 하나님의 자리 곧 바다 가운데에 앉아 있다"라고 말했고(겔 28:2), 다니엘보다 지혜로워서 은밀한 것을 깨닫지 못할 것이 없다고 했으며(겔 28:3), 자기 지혜와 총명으로 재물을 얻었다고 했다(겔 28:4). 두로는 천혜의 자연조건으로 인하여 무역 국가로서, 그리고 당시 세계에서 안전한 자연적인 방어체계를 가지고 있었기 때문에 오랫동안 국력을 신장시킬 수 있었다. 팔레스타인에는 과거에 있었던 성의 모습을 많이 남아있다. 특히 그리스나 로마 시대에 축조한 건물을 보면 성을 방어하기에 용이하도록 성 주위에 못을 파서 쉽게 접근할 수 없게 하였다. 이것을 '해자'(垓字)라고 하는데 영어로 moat라고 한다. 중국 베이징에 있는 유명한 자금성 뒤에 중국의 원, 명, 청나라의 왕궁이 있는데 팔레스타인이나 유럽의 성과 비교할 수 없는 거대한 해자가 있어서 쉽게 외부에서 성을 침공할 수가 없게 되어있다. 그런데 두로는 이 보다 더 좋은 자연조건을 가지고 있었다. 그것은 두로가 육지에서 약 5-6백 미터 떨어져 있는 섬도 있었기 때문이다. 당시는 지금처럼 비행기나 미사일이 있는 것이 아니기 때문에 이 위치는 자연적인 방어체계가 되었다. 또한 두로의 지형학적인 위치가 메소포타미아와 애굽과 유럽을 연결하여 무역할 수 있는 좋은 자리를 차지하고 있었다.

그러나 하나님께서는 에스겔 선지자를 통하여 그들이 자랑하던 천혜의 자연조건이나 지혜가 다 하나님께서 주셨음을 설명해 주셨다(겔 28:12-16). 특히 하나님은 "내가 너를 세웠다"(겔 28:14)라고 하셨다. 이는 두로가 누리는 모든 것을 하나님이 주셨다는 뜻이다. 그런데도 두로는 선박제조기술과 항해술, 천혜의 자연조건, 지혜와 총명 등으로 말미암아 얻은 것들을 그들의 지혜와 총명과 노력의 결과로 생각했다. 이것이 두로의 죄인데 교만이다.

교만은 두로만이 아니라 모든 인간의 내면에 잠재해 있다. 우리 기독교회의 역사에 보면 인간 내면에 일곱 가지 죄악, 곧 교만(Pride), 시기(Envy), 분노(Wrath), 나태(Sloth), 탐식(Gluttony), 탐욕(Greed), 정욕(Lust) 등이 내재해 있다고 보았다(신원하 2012). 이 중에 교회 역사에서 가장 하나님이 미워하시는 죄악이 교만이다. 인류 최초의 범죄인 선악과를 따먹는 일도 하나님처럼 되려는 교만에서 시작되었다는 점을 이해한다면 이 죄가 얼마 큰 것인지 알 수 있다. 교만은 자기 자랑과 자기 과시라는 면도 있으나 무엇보다 창조주 하나님을 인정하지 않고 자신의 힘으로 모든 것을 했다고 생각하거나, 또한 할 수 있다고 믿는 것을 말한다. 교만한 사람에게는 감사나 은혜, 구원의 필요성 등이 개입될 여지가 없다.

c. 두로의 죄에 대한 심판(겔 26:3-21)

하나님은 두로의 모든 죄악을 보시고 어떻게 심판하실 것인지 구체적으로 말씀해 주셨다. 하나님은 바벨론의 느부갓네살 왕이 북쪽에서 말과 병거와 기병과 군대와 백성의 큰 무리를 거느리고 와서 두로를 치고 두로의 딸들을 칼로 죽이고 두로를 치려고 사다리를 세우며 토성을 쌓으며 방패를 갖출 것이며 공성퇴를 가지고 성을 칠 것이라고 하셨다(겔 26:7-9). 이 말씀대로 바벨론의 느부갓네살은 예루살렘을 포위하고 정복할 때 페니키아 연안을 정복했다. 이 예언이 주어진 때가 '여호야긴이 포로로 잡혀온 지 열한째 해'인 주전 587년이고, 예루살렘이 정복당한 것이 주전 586년이기에 이 예언은 얼마 지나지 않아 성취되었다는 것을 알 수 있다. 하지만 이때 육지에서 떨어진 섬은 정복되지 않았다. 이에 대해 에스겔 29:18은 다음과 같이 기록하고 있다.

> 인자야 바벨론의 느부갓네살 왕이 그의 군대로 두로를 치게 할 때에 크게 수고하여 모든 머리털이 무지러졌고 모든 어깨가 벗어졌으나 그와 군대가 그 수고한 대가를 두로에서 얻지 못하였느니라

이것은 바벨론의 느부갓네살이 두로를 완전히 치지 못하였다는 것이다. 그런데 에스겔은 바다가 파도를 굽이치게 함 같이 여러 민족이 두로를 쳐서 성벽을 무너뜨리고 티끌을 그 위에서 쓸어버려 맨 바위가 되게 하고 그물 치는 곳이 되게 할 것이라고 했다(겔 26:3-5, 13-14). 심지어 다시는 사람 사는 곳이 되지 못하고 사람이 두로를 찾으나 다시는 만나지 못할 것이라고 했다(겔 26:20-21). 그런데 이 일은 언제 이루어졌는가? 이 일은 주전 332년에 알렉산더 대왕(주전 356-323년)에 의해 이루어졌다. 그는 거의 7개월에 걸쳐 페니키아 해변에서 섬까지 폭 약 200피트(60.96 미터)로 방파제를 쌓아서 거주민 3만 명을 종으로 끌고 가고, 백성 중에 지도자 2만 명 정도를 목매달아 죽였다(Kapelrud 1989, 721-723). 두로를 '맨 바위'(겔 26:4, 14)가 되게 하실 것이라고 하셨고, '그물치는 곳'(겔 26:5)이 되게 하실 것이고, 사람이 찾아도 다시 영원히 만나지 못할 것이라고 한 예언(겔 26:21)이 성취되었다. 두로 멸망에 대해 예수님께서도 입증해 주셨다. 예수님은 수많은 기적을 행하심으로 하나님의 말씀을 전하였음에도 불구하고 그 말씀을 믿지 않고 순종하지 않는 사람들에게 두로가 심판을 당한 것보다 더 심하게 당하게 될 것을 말씀하셨다.

> 예수께서 권능을 가장 많이 행하신 고을들이 회개하지 아니하므로 그때에 책망하시되 화 있을진저 고라신아 화 있을진저 벳새다야 너희에게 행한 모든 권능을 두로와 시돈에서 행하였더라면 그들이 벌써 베옷을 입고 재에 앉아 회개하였으리라 내가 너희에게 이르노니 심판 날에 두로와 시돈이 너희보다 견디기 쉬우리라(마 11:20-22)

예수님이 하신 이 말씀은 두로가 하나님의 심판을 받았다는 사실을 입증해 주는 아주 중요한 증거이기도 하지만 두로의 멸망이 에스겔 선지자가 예언한 것처럼 만민 중에서 잊을 수 없는 사건이 되었음을 보여준다(겔 26:21; 27:36; 28:19).

d. 두로의 역사를 기록한 목적(겔 26:6; 28:24, 26)

에스겔 26장은 "주 여호와께서 말씀하셨다"(겔 26:3, 7, 15, 19)라고 하면서 두로의 죄와 그 심판에 대해 예언했다. 그리고 마칠 때 "주 여호와의 말씀이니라"(겔 26:5, 14, 21)라고 했다. 수미쌍관법으로 된 이 기록은 여호와께서 하신 말씀임을 강조한다. 그리고 에스겔의 주제와 기록 목적을 알려 주는 공식문구인 "그들이 나를 여호와인 줄을 알리라"라는 말씀이 72회 중 에스겔 26–28장에 5번 나온다(겔 26:6, 28:22, 23, 24, 26). 그래서 두로의 역사를 성경에 기록한 목적은 하나님이 말씀하신 대로 이루심으로 하나님이 인간사와 역사를 통치하시는 분이시고, 말씀하신 대로 역사 가운데 성취하시는 분임을 보여주어 여호와 하나님을 믿고 그 말씀대로 사는 일이 중요하다는 것을 보여주려는 것이다.

그러면 하나님께서 두로를 정죄하신 죄목은 무엇인가? 그것은 언약 백성들이 고통을 당할 때 자신의 이익을 먼저 계산한 것이다. 우리는 우리 주변에 이웃이나 동료들이 어려움을 당하면 자신의 이익을 먼저 계산하는 사람이 되지 말고, 오히려 그들의 아픔을 불쌍히 여기고 긍휼을 베푸는 사람이 되어야 한다. 왜냐하면, 우리는 그리스도 안에서 구속받은 새사람이 되었기 때문이다. 그리고 두로의 심판의 역사를 아는 사람은 두로처럼 하나님 앞에서 교만해서는 안 된다. 교만한 자는 두로처럼 언제든지 멸망할 수 있기 때문이다.

(3) 시돈(겔 28:20–26)

시돈이 어떤 죄로 심판을 받는지 언급하지 않는다. 그것은 두로와 시돈이 밀접하게 연결되어 있기 때문으로 보인다. 하나님은 자신의 영광을 드러내어 이들을 전염병과 칼로 심판하실 것이다(겔 28:23a). 이를 통해 시돈은 하나님의 존재와 능력을 알게 될 것이다(겔 28:23b). 하나님이 암몬, 모압, 에돔, 블레셋, 두로와 시돈을 심판하심으로 이스라엘을 찔러 아프게 하는 가시가 다시 없을 것이다(겔 28:24). 하나님이 주변국들에 대한 심판을 예언하신 후 열국 가운데 당신의 거룩하심을 나타내실 때 이스라엘은 하나님이 야곱에게 주신 땅에서 집을 건축하며 포도원을 만들어 평안히 살게 될 것이다(겔 28:25–26a). 이를 통해 이스라엘 역시 하나님의 존재와 능력을 알게 될 것이다(겔 28:26b).

(4) 애굽(겔 29:1–32:32)

이 문단에서 에스겔은 성경의 역사에서 가장 빈번하게 언급되는 애굽과 관련된 말씀을 전한다. 여기에 애굽에 관한 일곱 개의 신탁이 기록되어 있는데, 이 중에 예루살렘이 포위되고 멸망하는 때와 관련된 것이 다섯 개이다. 이때는 예루살렘이 바벨론에 의해 포위가 되고, 함락된 급박한 시점이다. 에스겔이 이 예언의 말씀을 전한 것은 하나님이 말씀하신 대로 성취하심으로 하나님이 온 세상의 역사를 통치하시며 그 말씀대로 시행하는 분이심을 보여주려는 것이다.

신탁	본문	신탁의 때	신탁의 내용
1	겔 29:1–16	열째 해 열째 달 주전 588	애굽은 저주를 받아 황폐하고 미약한 나라가 될 것이다
2	겔 29:17–21	스물일곱째 해 주전 571	느부갓네살이 애굽을 정복할 것이다
3	겔 30:1–19	없음	언약 백성을 포함해 애굽과 동맹한 모든 민족이 심판받을 것이다
4	겔 30:20–26	열한째 해 첫째 달 주전 587	바로 왕의 팔이 다 꺾일 것이다
5	겔 31:1–18	열한째 해 셋째달 주전 587	바로의 교만을 레바논 백향목과 비교하며 멸망을 예언한다
6	겔 32:1–16	열두째 해 열두째 달 주전 586	애굽의 죄와 심판에 대한 애가
7	겔 32:17–32	열두째 해 어느 달 주전 586	에스겔의 애가

① 애굽의 죄와 그 죄의 심판에 대한 신탁(겔 29:1–16)

에스겔은 애굽에 대한 첫 번째 신탁을 여호야긴이 사로잡힌 지 열째 해 열째 달 열두째 날, 곧 주전 588년에 받았다(겔 29:1–2). 하나님은 애굽의 바로를 자기 강들 가운데 누운 큰 악어라고 하셨다. '악어'는 히브리어로 '탄닌'(תַּנִּין)인데 바다 괴물로 번역되어야 한다. 고대 근동에서 '탄닌'은 신비에 싸인 신화 속의 짐승으로 바다의 신 '라합'(욥 9:13; 26:11–13; 시 89:10; 사 27:1; 51:9; 암 9:3)과 신화적 동물인 '리워야단'(욥 41:1; 사 27:1) 등과 함께 쓰인다. 이들은 신화의 세계에서 악으로 특징지어지는 존재이다(김정우 1994, 107–125). 하나님은 이 악어를 갈고리로 끌어내어 악어와 그 강의 모든 고기를 들에 던져 새의 먹이로 주실 것이고, 이를 통해 애굽 사람들은 여호와의 존재를 알게 될 것이다(겔 29:3-6a). 이는 애굽의 바로가 나일강은 자기 것이고 자기를 위해 만들었다고 교만하게 말했기 때문이다(겔 29:3).

애굽은 이스라엘 백성에게 원래 갈대 지팡이다(겔 29:6b). 이것은 과거나 현재 이스라엘이 애굽을 의지한 일을 지적하는 것이다(참조. 겔 17:17; 사 20:5; 30:3, 5; 렘 37:5, 7). 이스라엘이 애굽을 잡을 때 애굽이 부러져 애굽을 붙잡은 그들의 어깨를 찢었다(겔 29:7). 애굽에 대해 이런 비유적 언어를 쓴 것은 그들은 의지할만한 대상이 되지 못한다는 것이다.

하나님은 애굽이 스스로 "이 강은 내 것이라 내가 만들었다"(겔 29:3, 9)라고 말한 것에 대해 강들을 쳐서 애굽 땅 믹돌에서 수에네, 곧 구스에 이르기까지 사십 년 동안 황폐한 사막이 되게 하실 것이다(겔 29:8-10). 그리고 이후 애굽의 사로잡힌 자가 돌아와도 미약한 나라로 남아 스스로 높이지 못하게 하실 것이다(겔 29:15). 이 예언은 느부갓네살에 의해 성취되었다(참조. 렘 43:8-13; 46:1-25). 이를 보고 이스라엘은 다시 애굽을 바라보지 아니할 것이다(겔 29:16).

② 느부갓네살에게 애굽을 넘기시는 신탁(겔 29:17-21)

에스겔은 애굽에 대한 두 번째 신탁을 스물일곱째 해, 곧 주전 571년 첫째 달 초하루에 받았다. 이는 에스겔서에서 가장 늦은 연대다(겔 29:17). 느부갓네살은 두로를 칠 때 머리털이 무지러졌고 모든 어깨가 벗어졌으나 수고의 대가를 얻지 못했다(겔 29:18). 이는 오랜 전투로 투구를 오래 썼고 성을 치기 위해 나무와 돌을 운반했음을 암시한다. 대신 하나님은 느부갓네살에게 애굽을 대가로 주셨다(겔 29:19-20).

그날에 하나님은 이스라엘에게 한 뿔이 돋아나게 하시고 그들 가운데 입을 열게 하시므로 이스라엘은 여호와의 존재와 능력을 알게 될 것이다(겔 29:21). 이 뿔은 이스라엘의 힘을 상징했다(디어 1994a, 148. 참조. 삼상 2:1; 삼하 22:3; 왕상 22:11; 렘 48:25). 이 뿔은 궁극적인 의미로 메시아를 말할 수 있다(참조. 눅 1:69). 그리고 에스겔이 그들 가운데 입을 연다는 것은 에스겔을 통해 하신 말씀의 성취를 통해 에스겔의 예언이 권위 있게 전달됨을 의미한다(Taylor 1969, 202-203).

③ 애굽과 동맹한 나라들에 대한 신탁(겔 30:1-19)

애굽에 대한 세 번째 신탁은 에스겔이 언제 받았는지 명시하지 않기에 시기를 알 수 없다. 이 신탁에서 하나님은 애굽에 칼이 임할 것인데 그와 동맹한 구스(= 에디오피아),

붓(= 리비아), 룻(= 리디아 ?)과 섞인 백성과 굽이 함께 칼에 죽을 것이라고 하셨다(겔 30:3-5). 섞인 백성은 누구인지 불확실하다. 굽(Cub)은 북아프리카에 있는 나라들을 지칭하는 이름으로 보인다(Block 1998, 159). 여기에 '동맹한 땅의 백성들'은 원문에 '언약 땅의 자손들'(버네이 에레츠 하버리트 בְּנֵי אֶרֶץ הַבְּרִית)이라는 뜻으로 약속의 땅에 살던 유대인을 말하는 것으로 보인다(참조. 렘 44:1; Block 1998, 159). NIV도 이렇게 번역했으나 NASB처럼 애굽과 동맹한 나라를 말하는 것으로 볼 수도 있다.

하나님은 그들이 어떻게 칼에 죽을 것인지 구체적으로 설명하시기를 바벨론의 느부갓네살을 통해 그 땅을 황폐하게 하실 것이라고 하셨다(겔 30:10-12). '놉'에 있는 우상을 부술 것이고, '바드로스'를 황폐하게 하고, '소안'에 불을 지르고, '노'나라를 심판하고 견고한 성읍 '신'에게 분노를 쏟으실 것이다(겔 30:13-16). '놉'(נֹף)은 멤피스(Memphis)로 카이로에서 남쪽으로 24km 떨어져 있고, '바드로스'(פַּתְרוֹס)는 상부 애굽(Upper Egypt)를 말하고, '소안'은 델타 지역에 있는 왕실 거류지였다(시 78:12, 43; 사 19:11, 13). '노'(נֹא)는 테베스(Thebes)로 현대 카르낙(Karnak)과 룩소르(Luxor) 지역으로 카이로 남쪽으로 약 644km 아래에 있다. '신'(סִין)은 견고한 성읍 페루시움(Pelusium)이다. '아웬'과 '비베셋' 장정들은 칼에 엎드러지고 '드합느헤스'에서는 성읍에 구름이 덮일 것이다(겔 30:17-18). '아웬'(אָוֶן)은 헬리오폴리스(Heliopolis), '비베셋'(פִּי־בֶסֶת)은 카이로 북동쪽에 있는 도시로 잠시 애굽의 수도였다. '드합느헤스'(תַּחְפַּנְחֵס)는 타파네스(Tahpanes)로 예레미야 시대에 바로의 궁전이 있었고 그달랴가 암살된 후 예레미야는 이 도시에 갔다(참조. 렘 43:7-8). 애굽의 상부 지역과 하부 지역과 주요 도시를 언급한 것은 애굽의 교만으로 나라 전체가 황폐하게 될 것을 보여준다.

④ 바로의 팔이 꺾일 것에 대한 신탁(겔 30:20-26)

에스겔은 애굽에 대한 네 번째 신탁을 열한째 해 첫째 달, 곧 주전 587년에 받았다(겔 30:20). 이 연대에 따르면 이 신탁은 예루살렘 멸망 직전에 주신 것이다. 이때 이스라엘이 애굽의 도움을 받을 가능성은 없다. 하나님이 '바로의 팔'을 꺾으셨기 때문이다(겔 30:21). 이때 애굽의 바로는 호프라(Hophra, 주전 589-570)로 이스라엘을 돕기 위해 군대를 출병하였다. 그래서 바벨론이 일시적으로 철수했으나 이후 돌아와서 애굽을 쳤다(렘 37:5-8). 여기에 꺾인 '바로의 팔'과 하나님이 들어주신 '바벨론 왕의 팔'이 서로 대조를 이루고 있다(겔 30:24-25). 하나님은 바로의 두 팔을 꺾으시고 느부갓네살의 팔을 강하게 하시어 애굽 사람을 나라 가운데 흩으실 것이다(겔 30:23, 26). 이를 통해 애굽도 하나님의 존재와 능력을 알게 될 것이다(겔 30:26).

⑤ 바로와 그 군대의 교만과 그 심판에 대한 신탁(겔 31:1–18).

애굽에 대한 다섯 번째 신탁은 에스겔이 열한째 해 셋째 달 초하루, 곧 주전 587년에 받았다(겔 31:1). 이 문단은 시로 된 비유(겔 31:2–9)와 비유에 대한 설명(겔 31:10–18)으로 구성되어 있다. 이 비유는 '바로와 그의 모든 군대'에 대한 것이다(겔 31:18).

a. 바로와 그 군대에 대한 비유(겔 31:2-9)

하나님은 애굽의 바로와 그 군대의 위엄을 앗수르 같다고 하셨다. 앗수르는 가지가 많고 키가 큰 레바논 백향목 같다고 하셨다(겔 31:2–3). 백향목은 강들이 백향목이 심어진 곳을 둘러 흘러 그 나무가 모든 나무보다 크며 공중의 새가 그 나무에 깃들이며 동물이 그 가지 밑에 새끼를 낳는다(겔 31:4–6). 그 뿌리가 물가에 있어 하나님의 동산 백향목과 단풍나무가 백향목의 가는 가지보다 못했다(겔 31:7–8). 하나님이 그 가지를 번성하게 하셔서 에덴에 있는 모든 나무가 시기했다(겔 31:9). 그런데 하나님은 앗수르를 이 백향목에 비교하며 모든 큰 나라가 그 그늘 아래 거주한다고 하셨다(겔 31:3, 6). 그러나 백향목으로 비유한 앗수르가 주전 609년에 바벨론의 공격으로 위태로울 때 바로 느고가 앗수르를 돕기 위해 애썼지만 앗수르는 역사에서 사라졌다(Hillmer & Stek 2002, 1288–1289).

b. 비유에 대한 설명(겔 31:10-18)

이 문단에서 하나님은 아름다운 백향목 같은 애굽이 왜 멸망하는지 그 멸망의 원인을 제시하시고(겔 31:10) 그것이 어떻게 멸망하는지를 설명하신다(겔 31:11–13). 애굽의 죄는 교만이다(겔 31:10). 그래서 하나님은 그를 여러 나라의 능한 자의 손에 넘겨주실 것이다. 여러 나라의 포악한 민족이 그를 찍어 버렸기에 그 가지가 꺾어졌으며, 세상의 모든 백성이 그를 버리고 떠나므로 공중의 새와 들짐승들이 넘어진 가지에 머물게 될 것이다(겔 31:11–13). 그 목적은 물 가에 있는 나무가 키가 크다고 교만하지 못하게 하려는 것이다(겔 31:14).[40] 하나님은 그를 스올에 던지셨다. 큰 백향목으로 비유된 애굽이 스올에 떨어질 때 에덴의 모든 나무로 비유되던 왕국들이 위로를 받는다(겔 31:15–16). 이들은 옛적에 애굽의 팔이 된 자요, 그 그늘 아래에 거주하는 자들이다(겔 31:17). 어떤 면에서 평온치 못한 이들의 마지막이 죽은 이후의 상태에까지 이어진다. 즉 에스겔 31:18에서 이 비유의 핵심이 무엇인지 밝힌 것처럼 애굽의 영광과 위대함이 에덴의 나무(= 세상의 열강들)

40 히브리어 성경은 목적절을 유도하는 전치사 '러마안'(לְמַעַן)으로 시작한다. NASB가 'in order that'이라고 번역한 것은 적절하다.

사이에 비교할 수 없을 정도로 뛰어났다 할지라도 애굽이 교만하게 행동함으로 에덴의 나무들과 함께 지하에 내려가 할례받지 못하고 칼에 죽임을 당한 자들 가운데 들어갈 것이다.

⑥ 애굽의 죄와 심판에 대한 애가(겔 32:1-16)

애굽에 대한 여섯 번째 신탁은 에스겔이 열두째 해 열두째 달 초하루, 곧 주전 586년에 받았다(겔 32:1). 이 문단은 애가다. 이 노래에 대해 에스겔 32:16에 "이는 슬피 부를 노래이니 여러 나라 여자들이 이것을 슬피 부름이여 애굽과 그 모든 무리를 위하여 이것을 슬피 부르리로다"라고 했다. '슬피 부를 노래'는 히브리어로 '키나'(קִינָה)인데, 애가(哀歌), 죽음을 애도하는 만가(輓歌)라 할 수 있다.

a. **애굽의 죄(겔 32:2)**

여러 나라는 애굽을 '사자'라고 생각했지만 하나님은 에스겔에게 '악어'라고 알려주셨다. 사자는 숲속의 제왕이기 때문에 대단한 힘을 가지고 있는데 하나님은 이 의미를 수정하여 '악어'라고 하셨다. '악어'는 히브리어로 앞서 언급한 '탄닌'(תַּנִּין)으로 신화 속의 짐승이다(참조. 겔 29:3). 애굽을 이러한 이미지로 표현한 것은 애굽이 신화의 세계에 등장하는 괴물처럼 행동했다는 뜻이다.

애굽은 어떻게 괴물처럼 행동했는가? 하나님은 애굽이 악어처럼 강에서 튀어 발로 물을 휘저어 강을 더럽혔다고 했다. 당시 세계에서 애굽은 나일강의 비옥한 토지를 바탕으로 강한 군사력을 이루었고, 그 힘으로 교만하게도 다른 나라를 괴롭혔다. 애굽은 주전 609년에 당시 무너져가는 앗수르를 돕는다는 명분으로 자신의 이익을 확대하기 위하여 군대를 이끌고 해변길로 유다를 침범하였다. 그때 요시야 왕이 그 길을 막자 애굽은 그를 죽였다(왕하 23:28-30). 요시야 다음에 여호아하스가 왕이 되었으나 애굽의 바로 느고는 요시야의 아들 엘리아김을 왕으로 삼고 여호야김이라는 이름으로 고쳐 꼭두각시 정부를 만들어 놓고 여호아하스를 애굽으로 잡아갔다. 이뿐만 아니라 유다에게 과도하게 세금을 부과하여 조공을 받아갔다(왕하 23:31-35). 이러한 애굽의 행동을 가리켜 에스겔은 교만이라고 했다(겔 32:12). 괴물의 이미지(image)로 묘사하고 있는 것처럼 애굽은 괴물이 강에서 튀어 발로 물을 휘저어 그 강을 더럽히듯이 자신의 힘을 믿고 교만하게 행동하여 그 주변을 더럽히고 휘저었다.

b. 애굽의 죄에 대한 심판(겔 32:3-15a)

하나님은 애굽의 죄를 심판하실 것을 낚시와 그물이라는 비유로 물에서의 왕자인 괴물(악어)을 끌어내어 공중의 새들과 짐승들의 먹이가 되게 할 것이라고 하셨다(겔 32:3-6). 이 심판을 더 심화하여 하늘을 가리어 별을 어둡게 하며 해를 구름으로 가리며 달이 빛을 내지 못하게 할 것이라고 하셨다(겔 32:7-8). 이것은 출애굽 당시 아홉 번째 재앙(출 10:21-24)을 생각나게 하는데 애굽을 천재지변이나 초자연적인 방법으로 심판하시겠다는 것이다. 이렇게 당시 열강 가운데 초강대국이었던 애굽이 멸망하게 됨으로 모든 나라로 하여금 그들도 온 세상을 통치하시는 하나님의 주권 아래에 두려워 떨게 될 것이다(겔 32:9-10).

그리고 하나님은 당시 역사에서 가장 가까운 시대에 일어날 일을 생생하게 보여주시기를 애굽을 바벨론 왕의 칼에 엎드러지게 하여 애굽의 교만을 폐하고 다시는 물을 흐리지 못하게 할 것이라고 하셨다(겔 32:11-14). 이는 에스겔 29:17 이하에서 "스물일곱째 해 첫째 달 초하루에", 곧 여호야긴이 사로잡힌 때인 주전 605년으로부터 27년 후인 주전 571년에 느부갓네살에게 애굽 땅을 넘기리라고 예언된 말씀과 동일하다. 애굽이 느부갓네살에 의해 멸망을 당하게 될 것을 예레미야 선지자도 예언하고 있다(렘 43:8-13; 46:1-25). 그리고 이것은 역사 가운데 그대로 성취되었는데, 애굽의 역사는 아모세 2세가 주전 571년 이방인의 침략으로 인하여 죽었다고 기록하고 있다.

역사적으로 그 이후에 애굽은 페르시아의 캄비세스에 의해 다시 정복되었고, 그 다음에는 주전 332년에 알렉산더 대왕에 의해 정복되었다. 알렉산더 대왕이 죽은 뒤에는 알렉산더 대왕의 부하 장수였던 톨레미(Ptolemy, 그리스어로 '프톨레마이오스')가 통치한 주전 323년부터 로마에 함락되는 주전 30년까지 수백 년 동안 톨레미 왕조가 애굽을 지배했다. 그 후 로마와 이슬람이 차례로 지배했다.

이뿐만 아니라 하나님은 애굽에 더 큰 재앙을 내리셨다. 과거에 나일강과 풍부한 강수량으로 풍요했던 땅이 황무하게 될 것이라고 예언하셨기 때문이다(겔 32:15a; 참조. 겔 29:10). 에스겔의 예언 이후로 점차 애굽은 사막화가 가속화되어 지금 그 나라의 많은 땅이 황폐한 사막으로 변했고, 변화되고 있다. 애굽의 기자에 있는 스핑크스가 지금은 사하라 사막 끝에 있다. 하지만 원래 사막에 이러한 건축물을 지을 이유가 없다. 스핑크스를 관찰해 보면 세로로 홈이 파인 자국이 많이 있는데 이는 비에 의한 침식작용에 의해 생긴 것이다. 바람과 모래에 의한 풍화작용은 주로 수평으로 이루어지기 때문에 세로로 홈을 낼 수가 없다. 이것은 오래 전에 애굽은 나일강의 풍요와 함께 강수량이 풍부한 비옥한 땅이었다는 것을 말해 준다. 그러나 하나님은 에스겔을 통해 예언하신 대로 그 풍요했던 땅을 황무지와 사막으로 변하게 하셨다.

c. 애굽의 죄를 심판하신 목적(겔 32:15b-16)

하나님은 "내가 애굽 땅이 황폐하여 사막이 되게 하여 거기에 풍성한 것이 없게 할 것임이여 그 가운데의 모든 주민을 치리니 내가 여호와인 줄을 그들이 알리라"(겔 32:15)라고 하셨다. 그리고 이것을 '슬피 부를 노래'(애가, 哀歌)라고 하셨다(겔 32:16). 이를 통해 하나님이 온 세상을 통치하실 뿐만 아니라 한 국가의 흥망성쇠와 개인의 생사화복까지도 주관하심을 온 세상이 알게 될 것이다. 우리는 이 역사를 통해 하나님 앞에 겸손해야 함을 배워야 한다. 그리고 우리는 세상에서 힘을 가진 자들, 곧 정치인, 지식인, 기업인 등이 하나님이 주신 힘으로 '탄닌'이 강물을 휘젓듯이 약자들을 괴롭게 하고 고통스럽게 한다면 과거의 애굽처럼 심판을 받는다는 사실을 선포해야 한다.

⑦ 에스겔의 애가(겔 32:17–32)

에스겔의 일곱 번째 신탁은 열두째 해 어느 달, 주전 586년에 임하였다(겔 32:17). 하나님은 에스겔에게 애굽의 무리를 위해 울라고 하셨다(겔 32:18). 왜냐하면 애굽의 아름다움이 뛰어나도 할례받지 못한 자들이 가게 될 스올에 가게 될 것이기 때문이다(겔 32:19). 할례받지 못한 자들은 언약 밖에 있는 자들로 언약을 믿지 않는 자들이다(참조. 창 17:9–14). 하나님은 애굽이 갈 곳에 어떤 나라들이 있을 것인지 말씀해 주셨다. 그 나라는 앗수르(겔 32:22–23), 엘람(겔 32:24–25), 메섹과 두발(겔 32:26–28), 에돔(겔 32:29), 북쪽 모든 방백과 시돈(겔 32:30) 등이다. 하나님은 이들이 간 곳에 바로가 갈 것이기에 위로를 받을 것이라고 조롱하시며 바로와 애굽이 세상에 생존해 있을 때 사람들을 두렵게 하였으나 할례받지 못한 자들이 가게 될 곳에 함께 누울 것이라고 하셨다(겔 32:31–32).

3. 이스라엘의 회복에 대한 신탁(겔 33:1-48:35)

이 문단에서 에스겔은 이스라엘의 회복을 예언하되 어떻게 회복하실 것인지 하나님의 계획을 설명한다. 여기서 새 시대를 알리는 파수꾼(겔 33:1–20)은 심판을 알리는 파수꾼(겔 2:1–3:27)과 대조를 이루고, 깨끗해진 성전(겔 40:1–48:35)은 더럽혀진 성전(겔 8:1–11:25)과 대조를 이루고, 이스라엘과 열국의 회복(겔 34:1–38:35)은 이스라엘과 열국의 심판(겔 4:1-32:32)과 대조를 이룬다. 특히 에스겔은 이스라엘과 열국의 회복을 어떻게, 어떤 모습으로 회복할 것인지를 성전 이미지로 설명한다.

내용 분해

(1) 파수꾼의 사명(겔 33:1-20)
(2) 예루살렘의 함락 소식과 남은 자의 정죄(겔 33:21-33)
(3) 여호와께서 이스라엘의 목자가 되심(겔 34:1-31)
(4) 에돔의 황폐와 이스라엘의 회복(겔 35:1-36:15)
(5) 회복된 땅과 변화된 사람(겔 36:16-38)
(6) 이스라엘의 국가적인 삶의 회복(겔 37:1-28)
(7) 곡에 대한 예언(겔 38:1-39:29)
(8) 새 예루살렘을 위한 계획(겔 40:1-48:35)

내용 해설

(1) 파수꾼의 사명(겔 33:1-20)

에스겔 33장은 에스겔서의 전환점이다. 예루살렘의 멸망에 대한 소식이 바벨론 포로로 잡혀 온 사람들에게 전해짐으로 시작한다. 하지만 그 소식은 새로운 어떤 것이 선포될 기초를 닦는다(Duguid 1999, 382). 에스겔서 33장은 에스겔 24장의 종결부분과 이어진다. 에스겔 24장에서 예루살렘의 멸망을 전해줄 도피한 자가 이르게 될 것이라고 했고 에스겔 33장에서 도피한 자가 이르러 예루살렘 성이 함락되었다는 소식을 전했다(겔 24:26; 참조. 겔 33:21). 그 날에 닫혔던 에스겔의 입이 열리게 되리라고 말씀하신 대로 에스겔의 입이 열렸다(겔 24:27; 참조. 겔 33:22). 이러한 언급은 열국에 대한 신탁(겔 25-32장)을 괄호로 묶어 따로 분리시킴으로 에스겔의 심판에 대한 신탁을 매듭짓는다. 그리고 에스겔 34-48장에서 에스겔은 그의 메시지의 초점을 이스라엘의 구원과 회복에 맞추고 있다(Duguid 1999, 382-383).

① 파수꾼의 사명에 대한 일반적 원칙(겔 33:1-9)

하나님은 파수꾼의 책임을 강조하기 위해 에스겔 3:16-21에 설명한 내용을 더 자세하게 설명하신다. 특히 이 단락에서는 파수꾼의 일반적 원칙을 제시한다(Duguid 1999, 383). 가령 하나님이 칼을 한 땅에 임하게 하실 때 그 땅 백성이 자기 가운데 한 사람을 파수꾼으로 삼고 그가 칼이 임함을 보고 나팔을 불었는데도 그 땅 백성들이 그 소리를 듣고도 정신을 차리지 않으면 그들이 칼에 제거함을 당할 것이다(겔 33:2-4). 그가 경고를 받았으면 생명을 보전했을 것이나 나팔 소리를 듣고도 경고를 받지 않았으면 죽을 것이다(겔 33:5). 그러나 파수꾼이 나팔을 불지 아니하여 그 백성 중 하나가 칼에 죽으면 자기 죄악으로 죽을 것이나 그 죄는 파수꾼의 손에서 찾으실 것이다(겔 33:6). 이것이 파수꾼의 사명에 대한 일반적 원칙이다.

하나님은 이 원리를 에스겔에게 적용하여 그를 이스라엘 족속의 파수꾼으로 세워 하나님을 대신하여 경고하게 하셨다(겔 33:7). 그래서 만약 에스겔이 악인에게 경고하지 않아 악인이 그의 길에서 떠나게 하지 아니하면 악인은 자기 죄악으로 죽지만 그 피를 에스겔에게서 찾을 것이다. 그러나 만약 경고해도 악인이 돌이키지 않으면 그는 자기 죄로 죽을 것이나 에스겔은 그의 생명을 보전할 것이다(겔 33:8-9). 이것은 파수꾼의 책임과 더불어 들어야 할 자의 책임도 강조한다.

② 악에서 돌이키라는 권고(겔 33:10-20)

하나님은 에스겔에게 이스라엘 족속이 이미 우리에게 죄와 허물이 있어 쇠퇴하니 어떻게 능히 살 수 있겠느냐고 물으면 하나님은 악인이 죽는 것을 기뻐하시지 않고 그의 길에서 돌이켜 떠나 사는 것을 기뻐하시기에 돌이키고 돌이키라 어찌 죽고자 하느냐는 말씀을 이스라엘 족속에게 전하라고 하셨다(겔 33:10-11). 같은 동사를 두 번 반복하여 '돌이키고 돌이키라'(슈부 슈부, שׁוּבוּ שׁוּבוּ)라고 한 것에서 이스라엘이 악한 길에서 돌아서기를 원하시는 하나님의 마음을 읽을 수 있다. 그리고 이를 더 부연하여 가령 하나님이 의인에게 "너는 살리라"라고 해도 그가 그 공의를 믿고 악을 행하면 그가 행한 모든 의로운 행위를 기억지 아니하고 그가 범한 죄 때문에 죽을 것이고, 가령 악인에게 "너는 죽으리라"라고 해도 자기 죄에서 떠나 저당물을 돌려주고 강탈한 물건을 돌려주는 등 율례를 행하면 그가 저지른 죄악을 기억하지 않을 것이고 살 것이라고 하셨다(겔 33:12-16). 여기서 의인에게 하시는 말씀은 경건한 사람이 죄를 범하면 그의 구원이 박탈당한다는 의미가 아니다. 그리고 '한번 구원받은 자는 영원히 구원받는다'라는 문제와도 상관이 없다. 그것은 단순히 개인의 책임 원리를 진술한 것이다(Taylor 1969, 215).

그런데도 이스라엘 백성은 주의 길이 바르지 않다고 불평하였다. 하지만 실상은 이스라엘의 길이 바르지 않았다(겔 33:17). 그러면서 하나님은 의인이 돌이켜 죄를 범하면 죽을 것이고 악인이 돌이켜 정의와 공의대로 행하면 산다는 말씀을 다시 말씀하심으로 하나님의 길이 바르지 아니한 것이 아니라 각 사람의 행위대로 심판하는 것이라고 하셨다(겔 33:18-20). 파수꾼으로 부름 받은 자는 이 원리를 전파해야 한다.

(2) 예루살렘의 함락 소식과 남은 자의 정죄(겔 33:21-33)

이 문단에서 에스겔은 예루살렘의 함락 소식과 함락된 예루살렘에 남은 자들에게 하나님이 내리실 심판을 설명한다.

① 예루살렘의 함락(겔 33:21-22)

에스겔이 사로잡힌 지 열두째 해 열째 달, 곧 주전 586년에 예루살렘에서부터 도망 온 자가 성이 함락되었다는 소식을 전해주었다(겔 33:21). 이것은 하나님이 예루살렘의 멸망을 전해줄 도피한 자가 이르게 되리라고 하신 말씀의 성취이다(겔 33:21; 참조. 24:26). 또 이 소식을 듣기 전날 밤에 여호와께서 에스겔의 입을 여심으로 에스겔의 입이 열리게 되리라고 하신 말씀도 성취되었다(겔 33:22; 참조. 겔 24:27). 이것은 하나님이 말씀하신 것은 반드시 성취됨을 보여준다. 그리고 에스겔을 통해 새로운 예언을 주실 것을 암시한다.

② 남은 자들의 잘못된 의식과 하나님의 심판(겔 33:23-29)

예루살렘이 멸망한 후 그곳에 남은 자들은 말하길 '아브라함은 한 사람이라도 땅을 기업으로 받았는데 우리는 많기에 하나님이 우리에게 이 땅을 기업으로 주신 것이 된다'라고 했다(겔 33:24). 남은 자들이 기득권을 주장하는 일은 이미 앞에서도 언급한 바가 있다(참조. 겔 11:15). 그러나 하나님은 그들이 행한 죄를 세 가지씩 열거하며 "그 땅이 너희 기업이 될까 보냐?"(겔 33:25, 26)라고 하셨다. 그 죄는 고기를 피째 먹고, 우상들에게 눈을 들며, 피를 흘리는(사람을 죽이는) 일과 칼을 믿고(세상의 힘을 믿으며), 가증한 일을 행하며, 이웃의 아내를 범하는 일이다. 하나님은 이들에게 칼과 전염병을 주고 그들이 기업이라 여기던 땅은 황무지와 공포의 대상이 되게 하실 것이라고 하셨다(겔 33:27-29a). 이로 보아 남은 자들이 잘못된 의식을 지니고 있을 뿐만 아니라 헛된 욕망이 그들을 지배하고 있음을 알 수 있다. 이 일이 일어나게 되면 그들은 여호와의 존재와 인격을 알게 될 것이다(겔 33:29b).

③ 포로로 끌려온 자들의 잘못된 태도(겔 33:30-33)

포로로 끌려온 자들은 예루살렘이 멸망한 소식을 듣고 에스겔에게 여호와께서 이 일에 대해 무슨 말을 하시는지 들어보자고 하며 모일 것이다(겔 33:30). 그러나 그들이 에스겔 앞에 앉아서 그의 말을 들으나 그대로 행하지 않을 것이다. 그 이유는 그 입으로는 사랑을 나타내어도 마음으로는 이익을 따를 것이기 때문이다(겔 33:31). 그들은 에스겔을 음악을 잘하는 자 같이 여기고 에스겔의 말을 듣고도 행하지 아니했다(겔 33:32). 그들은 하나님의 말씀을 단순하게 받아들이기보다 '이 말씀이 내게 무슨 유익이 있는가?'라는 내적 동기에 의해 왜곡되어 있었다. 선지자가 그들에게 있게 될 미래의 복과 회복에 대해 보여주었음에도 그들의 태도는 자기 욕심을 따르는 것에 지나지 않았다(Taylor 1969, 218). 선지자가 말한 것이 응할 때에는 이러한 잘못된 태도를 지닌 자들이 한 선지자가 그들 가운데 있었음을 알게 될 것이다(겔 33:33).

(3) 여호와께서 이스라엘의 목자가 되심(겔 34:1-31)

이 문단은 에스겔 22장의 연속이라 할 수 있다. 두 문단은 국가와 지도자들의 실패를 다룬다. 에스겔 22장에서는 이스라엘 백성을 찌꺼기(겔 22:17-22)로 선지자들과 제사장들과 지도자들을 사자(겔 22:25)와 이리(겔 22:27) 등의 비유로 말했으나 에스겔 34장에서는 백성과 지도자들을 양 떼와 이기적인 목자라는 비유로 말한다. 이스라엘 목자들은 왕과 관리들과 제사장들과 선지자들이다.

① 이스라엘 목자들의 악한 행위(겔 34:1-6)

목자들이 양 떼들을 먹이는 일이 마땅하지 아니한가(겔 34:2)? 하지만 이들은 살진 양을 잡아 그 기름을 먹으며 그 털을 입되 양 떼는 먹이지 아니했다(겔 34:3). 이것은 목자들이 백성들을 착취하여 그들의 배를 채웠다는 것이다. 연약한 자를 강하게 하지 않고 병든 자를 고치지 않고 포악으로 다스림으로 백성들이 흩어져 들짐승의 밥이 되거나 온 지면에 흩어졌다(겔 34:4-6).

② 이스라엘 양 떼들의 구원과 보호하심(겔 34:7–16)

하나님은 양 떼들을 삼키는 목자들을 대적하여 하나님의 양 떼들을 그들의 입에서 건져내어 다시는 그들의 먹이가 되지 아니하게 할 것이라고 하셨다(겔 34:7–10). 특히 하나님은 양 떼들을 '내 양 떼'라고 하시고 '그들의 입에서' 건져내실 것이라는 비유적인 표현을 통해 이스라엘 목자들을 백성들을 집어삼키는 사나운 짐승의 이미지로 묘사하신다. 그리고 하나님이 친히 목자가 되시어 하나님 자신의 양 떼를 찾아 이스라엘 높은 산에 두고 자신이 친히 목자가 되어 그들을 보호하실 것이다(겔 34:11–15). 특히 하나님은 이스라엘의 목자로서 에스겔 34:4에 묘사된 이스라엘의 목자들과 반대로 잃어버린 자를 찾으며, 쫓기는 자를 돌아오게 하며, 상한 자를 싸매 주며, 병든 자를 강하게 하실 것이고 정의로 그들을 먹이실 것이다(겔 34:16).

③ 심판할 자와 구원할 자의 구분(겔 34:17–24)

에스겔 34:1–16에서 하나님은 이스라엘의 목자들인 지도자들에게 심판을 선포하셨다. 그러나 이 문단에서 하나님은 자신의 양 떼를 향해 양과 양 사이, 숫양과 숫염소 사이에서 심판할 것이라고 말씀하신다(겔 34:17). 양 떼 사이에 있는 악한 자는 누구인가? 하나님은 이들을 좋은 꼴을 먹고 맑은 물을 마시는 자로서 남은 꼴과 물을 발로 밟아 다른 사람이 먹지 못하게 하는 자들이라고 하셨다(겔 34:18–19). 그리고 하나님은 살진 양과 파리한 양 사이에서 심판하실 것인데, 그들은 그 땅에서 이익을 취하여 부유하게 되었음에도 같은 형제들에게 나눠주기를 거절하고 약하고 병든 자들을 고통스럽게 하는 자들이다(겔 34:20–21). 그래서 하나님은 그의 양 떼를 구원하여 다시는 노략거리가 되지 않게 하시고, 양과 양 사이에 구분하실 것이다(겔 34:22). 여기에 대해 쿠퍼(Cooper 1994, 302)는 하나님이 자기 양 떼를 구원하실 의로운 재판관이 되시고 누가 참된 양 떼인지 구분해 주실 약속이라고 보았다(참조. 롬 2:28–29; 9:6–8). 그러면 누가 하나님의 양 떼인가? 하나님이 선택하신 자로서 말씀을 믿고 순종함으로 선택받은 자임을 입증해 보이는 자다. 이 일을 위해 하나님은 그의 종 다윗을 그들의 목자로 세워 그들을 먹이게 하실 것이다. 그리고 여호와께서는 그들의 하나님 되시고 다윗은 그들 중에 왕이 되게 하실 것이다(겔 34:23–24).[41] 이것은 하나님이 메시아를 세워 그들의 참 목자가 되게 하실 것이라는 약속이다.

41 에스겔 34:24의 '왕'은 히브리어로 '나시'(נָשִׂיא)인데 메시아를 의미한다. 그래서 이 왕은 일반적인 왕이 아니라 하나님이 특별한 목적을 위해 세우신 왕이다.

④ 화평의 언약(겔 34:25–31)

이 문단에서 하나님은 그들과 화평의 언약을 맺고 악한 짐승을 그 땅에서 그치게 하시고 복을 내려 땅이 열매를 맺고 멍에의 나무를 꺾게 하심으로 여호와의 존재와 인격을 알게 될 것을 약속하신다(겔 34:25–27). '화평의 언약'은 예레미야가 '새 언약'이라고 부르는 것을 말한다(렘 31:31–34). 이 언약은 하나님과의 관계가 완전히 회복되어 그 은혜와 풍요를 누리는 것을 의미한다(Cooper 1994, 303; Hillmer & Stek 2002, 1294). 그리고 풍요와 안전히 거하는 일에 대한 약속은 성경 곳곳에 나타난다(참조. 사 11:6–9; 호 2:22; 욜 3:18; 암 9:13–14; 슥 8:12 등). 이뿐만 아니라 이스라엘 백성이 다시는 여러 나라의 수치를 받지 아니하고 여호와가 그들의 하나님이신 줄을 알게 될 것이다(겔 34:28–31). 이 일은 이스라엘을 바벨론에서 회복하실 뿐만 아니라 오실 메시아로 말미암아 낙원이 세워질 것이라는 약속이다. 이 약속이 언제 실현될 것인지의 문제는 종말론적인 입장에 따라 다르다.

(4) 에돔의 황폐와 이스라엘의 회복(겔 35:1–36:15)

이 문단은 에돔의 황폐(겔 35:1–15)와 이스라엘의 회복(겔 36:1–15)에 대한 것으로 하나의 문학 단위다. 에돔에 대한 심판 예언은 에스겔 25:12–14에서 이미 언급되었다. 그런데도 두 가지 메시지를 한 쌍으로 연결시켜 에돔의 황폐를 이스라엘의 회복과 소망에 관한 메시지 가운데 둔 것은 이스라엘의 회복을 강조하려는 것이다.

① 에돔의 황폐(겔 35:1–15)

이 단락은 에돔의 황폐에 대해 예언하는데 세 부분으로 구성되어 있다. 그것은 에스겔의 인식 문구인 "너희가/무리가 나를 여호와인 줄을 알리라"(겔 35:4, 9, 15)라는 말씀으로 구분할 수 있다.

a. 에돔의 심판에 대한 예언(겔 35:1-4)

여호와께서 세일 산을 대적하여 황무지와 공포의 대상이 되게 하실 것이라고 하셨다(겔 35:2–3). 여기 '황무지와 공포'(셔마마 우머샤맘마, שְׁמָמָה וּמְשַׁמָּה)는 두운법으로 철저한 심판을 나타낸다. 에돔의 성읍이 무너지고 황폐하게 될 때 에돔은 여호와의 존재와 능력을 알게 될 것이다(겔 35:4).

b. 에돔이 심판을 받는 이유(겔 35:5-9)

에돔은 염해로부터 남방으로 뻗은 계곡인 아라바의 동쪽 산악지대로 담홍색의 페트라 성이 발견된 곳이다(Taylor 1969, 225). 에돔의 주요 성읍은 보스라와 데만이다. 에돔이 심판을 받은 이유는 에돔이 옛날부터 이스라엘에 대해 한을 품고 이스라엘의 환난 때, 곧 마지막 때에 칼의 위력에 이스라엘을 넘겼기 때문이다(겔 35:5). 에돔이 옛날부터 가진 '한'(에이바, אֵיבָה)이란 단어의 히브리어 의미는 미움, 적개심이다(참조. 민 20:14-21; 시 137:7 등). 이 미움 때문에 에돔은 이스라엘을 칼의 위력에 넘겼다. 이는 에돔이 유다와 이스라엘을 자기들에게 주겠다고 약속한 느부갓네살을 도운 것을 의미한다(참조. 겔 35:10; 옵 1:1-14; Taylor 1969, 225). 이에 대해 하나님이 에돔을 벌하여 칼에 죽임을 당하게 하고 영원히 황폐하게 하심으로 에돔은 여호와의 존재와 능력을 알게 될 것이다(겔 35:9).

c. 에돔의 심판(겔 35:10-15)

하나님은 에돔이 한(= 미움)을 품고 행한 마음의 동기를 아시고 심판하실 것이다. 에돔은 "이 두 민족과 두 땅은 다 내 것이며 내 기업이 되리라"(겔 35:10)라고 했고, "저 산들이 황폐하였으므로 우리에게 넘겨주어 삼키게 되었다"(겔 35:12)라고 말했다. 하지만 하나님은 그들이 말할 때 거기에 계셨고 그 모든 말을 다 들으셨다(겔 35:10b, 12b). 그래서 하나님은 에돔이 그들을 미워하여 노하며 질투한 대로 에돔을 심판하실 것이다. 그리고 그때 그들은 여호와의 존재와 능력을 알게 될 것이다(겔 35:11, 15).

이 심판은 언제 성취가 되었는가? 선지자들은 에돔에 대한 심판을 예언했다(겔 25:12-14; 렘 49:7-22; 애 4:21-22; 욜 3:19; 암 9:12; 옵 1:10ff 등). 주전 3-4세기에는 나바티아인들이 에돔을 정복했고, 주전 164년에는 유다 마카비가 에돔을 정복했다(마카비 1서 5:65). 그러나 한정건(2007, 61)은 "나를 여호와인줄 알리라"라는 말씀이 성취되지 않았기에 종말 사건으로 보았다.

② 이스라엘의 회복(겔 36:1-15)

하나님은 에스겔에게 이스라엘 산들에게 예언하라고 하셨다. 하나님은 에돔이 "아하 옛적에 높은 곳이 우리의 기업이 되었도다"(겔 36:2)라고 하신 것을 지적하셨다. 이 일에 대해 하나님은 에스겔 36:3-7에서 에돔의 말에 대해 모든 문장의 시작을 '그러므로'(라케인, לָכֵן)라는 결과접속사를 사용하여 설명하신다. 그들은 이스라엘을 사람의 비방 거리가 되게 하고(겔 36:3), 이방인의 조롱거리가 되게 했다(겔 36:4). 그러나 하나님은 하나님 자신의 땅을 빼앗은 일에 대해 에돔을 포함하여 이방인들을 심판하실 것이고(겔 36:5), 이스라엘의 산이 이방인들의 수치를 당하였으나(겔 36:6), 하나님이 맹세하셨기에 그들이 수치를 당할 것이다(겔 36:7).

그러나 하나님은 이스라엘 산들을 의인화하여 산들이 하나님의 백성 이스라엘을 위해 열매를 맺을 것이고(겔 36:8), 이스라엘 온 족속을 번성하게 하여 빈 땅에 건축하게 하고 가축과 사람을 많아지게 하여 여호와의 능력으로 행한 일인 줄을 알게 하실 것이라고 하셨다(겔 36:9-11). 그리고 하나님은 이스라엘 산들 위에 사람을 다니게 하고 산들은 하나님의 백성 이스라엘의 기업이 될 것이고 다시는 하나님의 백성을 넘어뜨리지 아니할 것이라고 하셨다(겔 36:12-15). 이것은 하나님이 이스라엘의 산과 땅을 회복하시리라는 약속이다. 구원은 하나님의 백성이 사는 땅이 회복되어 열매를 맺는 것을 포함한다.

(5) 회복된 땅과 변화된 사람(겔 36:16-38)

이 문단에서 저자는 비록 이스라엘이 범죄하여 예루살렘이 함락되고 바벨론의 포로로 끌려가게 되지만 여전히 이들을 사랑하시기 때문에 이들을 통하여 어떤 미래, 어떤 시대를 만들어갈 것인지에 대한 그림을 보여준다. 무엇보다 하나님이 이들에게 하나님의 영을 보내셔서 율법을 지키는 것이 가능하게 하실 것이라는 약속을 보여준다.

① 하나님의 이름이 더러워짐(겔 36:16-20)

이스라엘 백성들이 고국에 있을 때 거룩한 백성으로서 보여야 할 삶의 정체성을 버리고 우상을 숭배하고 온갖 악한 행동으로 땅을 더럽혔다. 하나님은 한 비유적인 언어로 그 행위를 월경 중에 있는 여인의 부정함과 같았다고 하셨다(겔 36:17). 하나님은 이러한 불경한 일로 이스라엘을 심판하여 여러 나라에 흩으셨다(겔 36:18-19). 그러면서 하나님은 그 나라에서 당신의 거룩한 이름이 그들로 말미암아 더러워졌다고 하셨다. 여기서 '더러워지다'라는 히브리어 단어는 '하랄'(חלל)인데 '찬양하다'라는 '하랄'(הלל)과 유사하다. 이는 언어유희로 이를 통해 찬양받으셔야 할 거룩한 하나님의 이름이 모독을 받고 더럽혀졌음을 강조한다. 하나님의 이름이 더러워진 이유는 이스라엘을 붙잡아 간 나라 사람들이 이스라엘을 가리켜 "이들은 여호와의 백성이라도 여호와의 땅에서 떠난 자라"라고 하였기 때문이다(겔 36:20). 이것은 이방인의 신관에서 볼 때 이스라엘의 신인 여호와께서 그의 백성들을 안전하게 지키지 못했고, 그들의 신 마르둑이 여호와를 이겼다고 생각한 것이다. 그러나 실제로는 하나님이 그들을 지키지 못하신 것이 아니라 그들이 언약을 배반했기에 하나님이 심판하신 것이다.

② 하나님의 이름을 거룩하게 하심(겔 36:21-31)

그러나 하나님은 "여러 나라에서 더럽힌 내 거룩한 이름을 내가 아꼈노라"(겔 36:21)라고 하셨다. 여기서 '내 거룩한 이름을'이라고 번역하기보다는 NIV나 NASB처럼 '내 거룩한 이름을 위해'라고 번역해야 한다. 그러면 '아꼈다'(하말, חָמַל)라는 의미가 더 분명해진다. 이 단어는 '아끼다' 외에도 '관심을 가지다', '불쌍히 여기다' 등의 뜻도 있다. 에스겔서 안에 동일한 용어가 8번 나오지만 이 본문 외에는 부정어 '로'(לֹא)와 함께 사용하여 이스라엘을 심판하실 때 그의 백성을 '불쌍히 여기지 아니하다'라는 뜻으로 쓰였다(겔 5:11; 7:4, 9; 8:18; 9:5, 10; 16:5). 여기서 이 단어를 부정어 없이 사용한 것은 하나님의 거룩한 이름을 위해 자기 백성에게 관심을 가지고 일어서신다는 뜻이다(Block 1998, 348).

하나님은 그가 능력이 없어서 그의 백성이 전쟁에 져서 포로로 끌려간 것이 아니라는 것을 증명해 주실 것이다. 하나님은 그들의 눈앞에서 거룩함을 나타내어 여러 이방 민족들도 그가 여호와인 줄을 알게 하실 것이다(겔 36:23). 이와 유사한 표현으로 에스겔 39:21-23a에서는 모든 민족 위에 그의 영광과 권능을 나타내실 것이라고 하셨다.

하나님은 어떻게 그의 권능을 나타내실까? 하나님은 그의 이름이 더럽혀짐을 감수하시며 이스라엘을 포로로 끌려가게 하셨지만 이제 그 나라에서 돌아오게 하실 것이라고 약속하셨다(겔 36:24). 그러나 하나님께서는 이것으로 충분하다고 생각하지 않으셨다. 하나님은 이스라엘이 근본적으로 회복이 되어야 한다고 보셨다. 그래서 세 가지 사실을 말씀해 주셨다. 첫째, 하나님은 맑은 물을 뿌려서 모든 더러운 것에서와 모든 우상 숭배에서 그들을 정결하게 하실 것이다(겔 36:25). 맑은 물을 뿌려 정결하게 한다는 것은 부정하게 된 사람을 정결하게 하는 제사의식이다(민 19:13, 20). 하나님이 이 말씀을 하신 것은 단순히 외적인 제사의식을 말하는 것이 아니라 여호와와 그의 백성 사이의 관계를 정상화하는 전제조건으로 죄를 깨끗하게 하는 것이다(Block 1998, 354-355). 둘째, 하나님은 새 영을 그들 속에 두어 육신에서 굳은 마음을 제거하고 하나님의 영을 그들 속에 두어 하나님의 법을 지켜 행하게 하실 것이다(겔 36:26-27).[42] 이는 여호와에 대한 반역과 죄의 문제는 단순히 외적인 행위라기보다는 깊이 배어든 타고난 문제로 인식했다는 것이다(Block

42 에스겔 36:26과 동일한 말씀이 11:19에도 기록되어 있다. 히브리어 본문은 거의 차이가 없다.

1998, 355).

이 회복은 언제 일어났는가? 이스라엘 백성들이 바벨론 포로에서 돌아온 이후에 하나님의 계명을 마음에서 우러나와 기쁘고 감사한 마음으로 온전히 지켰는가? 이 뒤의 역사가 기록된 에스라, 느헤미야와 학개, 스가랴, 말라기를 보면 이스라엘은 다시 우상을 숭배하고 계명을 멀리하고 안식일을 더럽혔다. 하나님은 이스라엘을 바벨론 포로에서 돌아오게 하신다는 약속을 성취하셨으나 새 영을 주어 돌 같이 굳은 마음을 제거하고 마음에서 우러나와 법을 지키게 하신 것은 그리스도께서 구속하시고 성령을 보내신 이후다(참조. 행 2:33; 고후 5:17). 성령을 주심으로 돌과 같이 굳은 마음이 변하여 하나님의 역사와 말씀에 민감하게 해 주셨다. 이것이 그리스도의 구속으로 말미암아 변화된 성도의 모습이다.

C. S. 루이스(2001, 326)는 그리스도의 구속으로 변화된 성도의 존재에 대해 의미 있게 설명했다.

> (하나님이 세상에 인간으로 오신 것은) 단순히 옛 사람을 좀 더 개선시키기 위해서가 아니라 완전히 새로운 종류의 인간을 만들기 위해 이 땅에 오신 것이다. 이것은 말에게 더 높이 뛰는 법을 가르치는 대신, 말을 아예 날개 달린 동물로 변신시키는 일과 같다.

셋째, 하나님은 새 사람에게 풍성한 은혜를 누리는 새로운 시대를 주실 것이다(겔 36:29-31). 하나님은 물질적으로는 곡식이 풍성하게 하여 기근이 닥치지 아니하게 할 것이며 또 나무의 열매와 밭의 소산을 풍성하게 할 것이며, 도덕적으로는 과거의 악하고 가증한 일을 밉게 보고 선을 행하게 하실 것이다(겔 36:29-31). 역사에서 언제 이 일이 일어났는가? 바벨론 포로 이후 부분적으로 성취되었으나 오래 지속되지 못했다. 그러면 이 약속을 어떻게 이해해야 하는가? 이 약속은 물리적인 이스라엘의 경계가 영적인 하나님 백성의 경계와 만날 때를 말하는 것으로 하나님이 직접 개입하심으로 성취될 것이다(Block 1998, 361). 그래서 이 약속은 이중적인 의미가 있다. 하나는 이 땅에서 성령을 의지하여 그의 계명을 지킬 때 이 땅에서 필요한 물질적인 복을 주신다는 것을 의미하고, 또 하나는 우리 주님이 재림하심으로 이루실 완전한 하나님 나라를 말하는 것으로 보아야 한다. 그래서 이 약속은 이 땅에서 그리스도 안에서 구속받아 새 사람이 된 성도의 책임과 더불어 새로운 미래를 열어준다.

(6) 이스라엘의 국가적인 삶의 회복(겔 37:1-28)

이 문단에서 에스겔은 구약성경에서 가장 놀랍고 잘 알려진 예언인 마른 뼈들의 환상과 두 막대기의 은유를 통해 이스라엘이 하나가 되어 하나님의 뜻을 이루신다는 것을 보여준다.

① 마른 뼈들의 환상(겔 37:1-14)

마른 뼈들의 환상에 대한 질문 가운데 하나는 이 환상이 죽은 자가 육체적으로 부활하는 진리를 전달하는가 하는 것이다. 대부분의 학자들은 죽은 자의 부활에 대한 교리를 가르치는 것이 아니라는 데 동의한다(Cooper 1994, 319).[43] 이 환상을 이해하는 열쇠는 문맥이다. 하나님은 에스겔 33장부터 36장까지에서 이스라엘의 운명이 바꾸어질 것을 약속하셨다. 새로운 지도자, 땅의 회복, 재건된 성읍과 메시아 시대의 특성들을 설명하셨다. 그런데 여기에 대해 이스라엘은 회의주의 시각을 가지고 있었다(Taylor 1969, 234). 그래서 하나님은 이 환상을 통해 자신이 계획하고 약속한 것은 반드시 이루심을 보여주셨다.

a. 마른 뼈들의 환상의 내용(겔 37:1-10)

이 환상을 보면 여호와께서 권능(원문은 '손')으로 에스겔에게 임재하여 그의 성령으로 에스겔을 데리고 한 특별한 장소인 골짜기로 옮기셨다(겔 37:1; 참조. 겔 8:3). 그 골짜기는 뼈가 가득한 곳이었는데 하나님은 에스겔을 그 뼈 사방으로 지나가게 하시고 뼈 상태를 보게 하셨다. 그런데 에스겔이 보니 골짜기 지면에 뼈가 심히 많고 말라 있었다(겔 37:2). 그때 하나님은 에스겔에게 이 뼈들이 능히 살 수 있겠는지를 물으셨다. 이에 에스겔은 "주 여호와여 주께서 아시나이다"(겔 37:3)라고 대답했다. 에스겔의 이 대답은 무슨 의미일까? 아마도 에스겔은 이 뼈들이 살아나는 것은 불가능하다고 생각했을 것이다. 그러나 에스겔이 마른 뼈들에게 "내가 생기를 너희에게 들어가게 하리니 너희가 살아나리라 너희 위에 힘줄을 두고 살을 입히고 가죽으로 덮고 너희 속에 생기를 넣으리니 너희가 살아나리라"(겔 37:5-6)라는 여호와의 말씀을 대언하여 말하자 그 말씀대로 소리가 나고 움직이더니 이 뼈 저 뼈가 서로 연결되면서 그 뼈에 힘줄이 생기게 되고 살이 오르고 가죽이 덮였다. 거기에 생기가 없자 에스겔이 여호와의 말씀대로 생기가 있으라 대언하자

43 침멀리(Zimmerli 1983, 264-266)와 테일러(Taylor 1969, 234)는 죽은 자의 부활과 관계가 없다고 하였지만, 블락(Block 1998, 367-392)은 죽은 자의 부활 교리를 가르친다고 본다.

죽음을 당한 자에게 생기가 들어가 살아났다(겔 37:4–10). 여기서 '생기'는 히브리어로 '루아흐'(x;Wr)이다. 이는 '바람', '호흡', '영' 그리고 '성령' 등으로 번역될 수 있는데 여기서는 '호흡'이다(참조. 창 2:7). 한편 에스겔은 여호와가 전하라는 말씀을 듣고(겔 37:4–6), 그 말씀대로 전한다(겔 37:7–10). 우리가 생각할 때 '에스겔이 그 말씀하신 대로 하니 그대로 되었더라'라고 해도 되지만 그대로 다시 반복하는 것은 히브리식 언어관습으로 말씀대로 이루어진다는 것을 생생하게 보여주기 위함이다.

b. 마른 뼈들의 환상의 의미(겔 37:11-14)

하나님은 에스겔에게 마른 뼈들의 환상이 무엇을 의미하는지 설명해 주셨다. 당시 바벨론에 살았던 이스라엘 백성들은 "우리의 뼈들이 말랐고 우리의 소망이 없어졌으니 우리는 다 멸절되었다"(겔 37:11)라고 생각했다. 하나님은 여기서 언어유희(word play)를 사용하여 의미를 분명하게 보여주시는데, '뼈'는 히브리어로 '에쳄'(עֶצֶם)인데 같은 어근(root)을 가지고 있는 '아춤'(עָצוּם, 창 18:18)을 생각나게 한다. '아춤'은 '힘', '능력'을 의미한다(Taylor 1969, 238). 그런 점에서 당시 이스라엘 백성들이 "우리의 뼈가 말랐다"라고 말한 것은 힘과 능력이 없어 아무런 소망이 없다는 것이다. 그래서 마른 뼈는 포로로 끌려간 이스라엘 온 족속을 상징한다.

그러면 하나님이 에스겔에게 이 환상을 주신 때가 언제인가? 하나님은 이 환상을 예루살렘 성이 함락된 후에 주셨다. 여호야긴이 사로잡힌 지 열두째 해 열째 달 다섯째 날에 에스겔은 예루살렘에서부터 도망하여 온 자에게서 예루살렘 성이 함락되었다는 소식을 들었다(참조. 겔 33:21). 사로잡힌 지 열두째 해 열째 달은 주전 586년 열째 달이다. 그런데 예루살렘이 함락된 해는 주전 586년 다섯 번째 달이다(왕하 25:8; 렘 52:12). 당시 예루살렘이 함락되고 나라가 멸망할 때 하나님께서 에스겔 선지자에게 말씀하신 대로 백성의 1/3은 성에서 전염병과 기근으로 죽고, 1/3은 사방에서 칼에 죽고, 1/3은 바벨론 포로로 끌려갔다(겔 5:12; 왕하 25:1–8). 이들에게 미래가 있다고 생각했을까? 이 상황에서 이스라엘 백성들은 회의적이었고 아무런 소망이 없다고 생각했다. 바로 하나님은 이들에게 마른 뼈들에 대한 환상을 주셨다.

여호와께서는 에스겔에게 마른 뼈들이 살아나듯이 이스라엘 백성을 다시금 바벨론 포로에서 이 땅에 돌아오게 할 것이라고 하셨다. 여호와께서는 "내 백성들아 내가 너희 무덤을 열고 너희로 거기에서 나오게 하고 이스라엘 땅으로 들어가게 하리라"(겔 37:12–13)라고 두 번 반복해서 말씀하셨다. 대개 '무덤'이라는 용어 때문에 죽은 뼈들이 살아나는 것을 죽은 자들의 부활을 말하는 것으로 이해했다. 그러나 여기서 '무덤'은 죽음이 아니라 바벨론 포로생활을 비유적으로 한 말이다. 이 은유는 하나님이 하시려는 계획, 곧 낙심한 이스라엘 백성들이 회복된다는 것을 증명해 준다. 그래서 이 구절은 국가건 개인이건 죽은 자들의 부활을 가르치지 않는다(Taylor 1969, 236). 대신 이스라엘이 지금 포로로 끌려와 있어도 다시 돌아가게 될 것을 보여준다. 그리고 하나님이 이 환상대로 이루심으로 이스라엘 백성들은 이 일을 행하신 분이 그들과 언약을 맺은 여호와인 줄을 알게 될 것이다(겔 37:13).

특히 '내가 너희 무덤을 열고'라고 하심으로 인간의 능력이 아니라 하나님이 하실 것을 강조한다. 이뿐만 아니라 하나님의 영을 그들 속에 두어 살아나게 하실 것이라고 하셨다(겔 37:14). 이 구절은 에스겔 36:25-28을 반복한 것이다. 예전에 이스라엘은 하나님의 은혜와 능력을 보았음에도 불구하고 계속하여 계명을 지키지 않고 우상을 숭배했다. 그러나 하나님은 성령을 마음속에 주셔서 즐거운 마음으로 하나님의 계명을 지켜 행할 수 있도록 새로운 존재로 변화시켜주실 것이다. 쿠퍼(Cooper 1994, 325)는 이 구절을 바울의 증거처럼 성령의 능력(롬 8:1-17)이 없이는 하나님의 계명을 신실하게 지킬 수 없다고 했다. 이것은 하나님께서 오실 메시아로 말미암아 새 사람을 창조하실 것이고, 그 사람에게 성령을 주어서 하나님께서 원래 계획하셨던 일을 하시겠다는 것이다.

사람들은 일어난 일들을 보고 여호와께서 이 일을 말씀하시고 이루신 것을 알게 될 것이다(겔 37:6, 13-14). 이 뒤의 역사를 추적해 보면 하나님이 그 말씀하신 대로 이루셨다(대하 36:22-23; 스 1:1-4; 행 2:33). 그러므로 하나님을 섬기는 일은 지금도 의미가 있고, 그가 하신 약속 가운데 남아있는 약속도 성취하실 것을 기대하게 한다.

② 두 막대기의 상징적 행동(겔 37:15-23)

에스겔은 하나님의 말씀에 따라 막대기 하나에 '유다와 그 짝 이스라엘'이라고 쓰고 또 다른 막대기 하나에 '에브라임의 막대기 곧 요셉과 그 짝 이스라엘 온 족속'이라고 쓰고 그 막대기를 서로 하나가 되게 했다(겔 37:15-17). 이 의미는 하나님이 이스라엘을 잡혀간 나라에서 인도하여 고국 땅으로 돌아가게 하고, 그 땅에서 한 나라를 이루어 한 임금이 다스리는 하나의 나라가 되게 하신다는 것이다(겔 37:18-22). 이 단락의 원문에는 주제를 표현하는 핵심 단어인 '하나'라는 단어가 10번 나타난다(겔 37:16$^{\times 2}$, 17×4, 19$^{\times 2}$, 22$^{\times 2}$). 이는 유다와 이스라엘이 하나의 나라가 된다는 것이다. 이뿐만 아니라 유다와 이스라엘은 분열과 흩어짐의 원인인 우상 숭배와 죄악으로 더 이상 자신들을 더럽히지 않을 것이다.

이는 하나님이 그들을 구원하여 정결하게 해주셨기 때문이다. 그래서 그들은 하나님의 백성이 되고 하나님은 그들의 하나님이 되어 교제하게 될 것이다(겔 37:23).

③ 화평의 언약(겔 37:24-28)

유다와 이스라엘이 하나가 되어 하나님과 교제하며 하나님 나라를 이루는 일이 어떻게 가능한가? 그것은 하나님의 종 다윗이 목자가 되어 하나님의 규례와 율례를 지켜 행하게 하며 영원히 약속의 땅에 살게 하시기 때문이다(겔 37:24-25). 하나님은 그들과 화평의 언약, 곧 영원한 언약을 세워 그들을 견고하게 하고 번성하게 하며 하나님의 성소를 그들 가운데 세워 영원히 계실 것이다(겔 37:26-28a).[44] 이 일을 통해 열국이 하나님이 이스라엘을 거룩하게 하시는 분이심을 알게 될 것이다(겔 37:28b). 이 말씀을 듣던 당시 바벨론 포로생활을 하던 이스라엘은 회복의 소망을 갖게 되었을 것이다. 그러나 그들은 하나님의 약속대로 바벨론 포로에서 돌아왔음에도 하나님을 온전히 섬기지 못했다. 그래서 이 약속은 메시아적 소망으로 발전되었다(참조. 롬 11:25-36). 특히 하나님이 '내 성소'가 영원토록 그들 가운데 있으리라고 하신 말씀은 화평의 언약을 완전히 성취하여 하나님과 영원히 교제하는 세상을 주시겠다는 뜻이다. 에스겔 40-48장에서 성소 이미지를 통해 그리스도가 오심으로 시작되고 그리스도가 재림하심으로 완성될 하나님 나라를 보여준다.

(7) 곡에 대한 예언(겔 38:1-39:29)

이 문단은 에스겔서에서 에스겔 33장부터 기록하고 있는 이스라엘의 회복을 위한 일 가운데 기록되어 있다. 에스겔 40장부터가 완전하게 회복될 이스라엘과 하나님 나라의 모습을 성전 이미지로 설명한다면 그 회복을 위한 마지막 단계가 곡을 심판하는 일이다. 여기서 에스겔은 이스라엘의 회복이 영원히 계속되려면 미래의 적들, 곧 모든 시대 하나님의 백성들을 위협하는 대적이 누구인지, 그들을 어떻게 처리할 것인지, 하나님의 백성이 회복된 땅에서 영원히 거주하면서 복과 은혜를 누리려면 어떻게 해야 하는지 등의 문제를 다룬다(Cooper 1994, 328).

이 문단에서 곡에 대한 예언은 하나의 통일된 입장이 없이 종말론에 대한 신학적 입장에 따라 다르게 해석할 수 있다. 그것은 마곡의 곡과 벌이는 전쟁이 어떤 역사적 실체를

44 '화평의 언약'에 대해서는 이 책의 에스겔 34:25-31의 해설을 참조하라.

두고 말하는지에 대한 것이다. 이 문단에서 제기되는 문제가 있다. 그것은 '곡'은 누구인가? 여기에서 어떤 전쟁을 묘사하고 있는가? 이 전쟁은 언제, 어디에서, 왜 일어나는가? 등이다. 하나님은 곡을 끌어내어 평안히 사는 자기 백성(겔 38:8, 12, 14)을 치게 하셨으나 그들을 심판하여 이방 사람의 눈 앞에서 하나님의 거룩하심을 나타내실 것이다(겔 38:16, 23; 39:6, 7). 그 결과 그들의 시체들이 동물들의 먹이가 되고 남은 자들은 그들의 시체를 매장하는 데 일곱 달이 걸린다(겔 39:12). 하나님은 이 예언을 이스라엘 선지자들이 예언했던 사건들이 성취되는 것으로 설명하셨고(겔 38:17) 여호와께서 말한 그 날이라고 하셨다(겔 39:8). 이것은 바벨론 포로에서 귀환하여 있게 될 일과 완전히 다른 묘사다.

이 문단은 형식적 문구인 "주 여호와께서 이같이 말씀하셨느니라"라는 말씀으로 시작하는 7개의 단락으로 구분할 수 있다(겔 38:3–9, 10–13, 14–16, 17–23; 39:1–16, 17–24, 25–29).

① 곡은 누구를 말하는가(겔 38:1–9)?

하나님은 에스겔에게 마곡 땅에 있는 로스와 메섹과 두발 왕인 곡에게 예언하라고 하셨다(겔 38:1). 여기 '로스'는 히브리어로 '로쉬'(ראשׁ)인데 '머리'를 말한다. 원문에는 이 단어가 '왕'을 의미하는 연계형 '너쉬'와 결합되어 '너쉬 로쉬'(נְשִׂיא רֹאשׁ)라고 되어있다. 이 뜻은 NIV처럼 '우두머리'(the chief prince)라고 번역하는 것이 좋다.[45] 스코필드 관주 성경(Scofield Reference Bible)은 로스와 러시아가 발음이 비슷하다고 하여 러시아를 가리킨다고 보고, '메섹'을 '모스크바'로 '두발'을 '토볼스크'로 보기도 한다. 디어(1994a, 179–180)는 이 점을 인정하지 않으면서도 여기에 동원된 나라들 중 어떤 것은 지금의 러시아에 위치해 있고, 그 군대들이 '북쪽 끝에서부터'(겔 38:6, 15, 39:2) 나온다고 하며 여기에 동원된 군대들이 러시아의 영향 아래에 있다고 하여 러시아가 포함되어 있다고 보았다.

'곡'이라는 이름은 역대상 5:4에 르우벤의 아들 중 하나로 나타나고 계시록 20:8에 나타난다. '마곡'은 야벳의 아들인 고멜, 마대, 야완, 두발, 메섹, 디라스와 함께 나타나고(창 10:2) 계시록 20:8에 나타난다. 이 '곡'을 리디아(Lydia)의 왕 기게스(Gyges, 주전 약 660년)로 보기도 하고, 아마르나 서신에 나타난 야만인의 땅으로 언급된 가가야(Gagaia)로 보기도 했다. 그러나 성경에는 이들이 유다를 위협했다는 기록이 없기에 이름의 기원으로

45 히브리 문장으로 '너쉬 로쉬'(נְשִׂיא רֹאשׁ)라는 두 개의 단어가 다 '왕' 또는 '우두머리'를 의미하는 명사지만 앞의 '너쉬'(נְשִׂיא)는 연계형이기에 뒤에 나오는 '로쉬'(ראשׁ)에 한정된다. NIV는 the chief prince라고 번역하고 난외주에 '로스의 왕'이라고 번역했고, NASB는 지역으로 보고 '로스의 왕'(the prince of Rosh)이라고 번역했다. 그리고 역대상 27:5에 대제사장을 '하코헨 로쉬'(הַכֹּהֵן רֹאשׁ)라고 했다. 이로 보아 '로스'는 러시아가 될 수 없다.

곡의 존재를 설명할 수 없다(Block 1998, 433). 또 곡을 바벨이나 바벨론을 암호화한 것으로 보기도 한다(Zimmerli 1983, 301). 이렇게 보는 근거는 에스겔 25-32장에서 열국의 심판을 예언하는 내용에 당시 이스라엘 백성을 포로로 잡아갔던 바벨론이 빠져있기 때문이다. 예레미야는 하나님이 유다를 징계하기 위해 바벨론을 사용하시고 그에게 복종하라고 하셨으나(렘 37:1-10; 39:11-14; 40:1-12) 예레미야 50:1-51:64에서는 길게 바벨론의 멸망을 설명했다. 바벨론은 비유적으로 종말에 하나님의 백성을 대적하는 세상 국가를 나타내는 데 사용되기도 한다(참조. 계 14:8; 16:19; 17:1-18; 18:2-24). 마지막 날 바벨론의 멸망은 에스겔 33:1-37:28에 묘사된 이스라엘의 회복에 필요하고 하나님 나라의 서막이기도 하다. 이러한 시각에서 본다면 곡은 적그리스도를 상징한다(Zimmerli 1983, 125; Cooper 1994, 331-332).

곡이 다스리는 메섹과 두발은 두로의 무역 상대국으로 나타나고(겔 27:13), 한때 세상을 두렵게 했으나 죽임을 당한 자로 나타난다(겔 32:26-28). 그런데 하나님은 곡과 더불어 무장한 바사(페르시아), 구스(에디오피아), 붓(리비아), 고멜(흑해 북쪽에 위치한 나라?), 도갈마(아르메니아)의 무리를 함께 끌어내실 것이다(겔 38:5-6). 당시 세계에서 곡은 남쪽 끝인 구스와 붓에서 오고 북쪽 끝인 고멜과 도갈마에서 오기에 세계적인 전쟁임을 암시한다. 하나님은 곡에게 그들을 다스리라고 하면서 그들로 하여금 전쟁을 준비하게 하시고 회복된 땅에 거하는 이스라엘을 칠 것이라고 하셨다(겔 38:7-9).

하나님이 곡을 '너'라고 부르시며 그를 끌어내신다. 곡이 공격하는 것은 단순히 곡의 계획이 아니라 하나님이 자신의 목적을 성취하기 위해 끌어내신다(참조. 겔 38:16-17). 또한 '갈고리로 네 아가리를 꿰고'(겔 38:4)라고 하셨다. 이 표현은 '큰 악어, 곧 신화적 동물인 '탄닌'(תַּנִּין)이라는 바다 괴물을 생각나게 한다(참조. 겔 29:3-5). 이로 보아 곡은 하나님의 백성을 멸망시키려는 의도를 지닌 악한 세력의 우두머리를 의인화한 것이다(Taylor 1969, 244). 또 곡이 치는 이스라엘은 평안히 거하는 중이고(겔 38:8, 11) 짐승과 재물을 많이 얻어 세상 중앙에 거주하는 중이다(겔 38:12). '세상 중앙에'는 문자적 의미로 '세상 배꼽에'(알-타부르 하아레츠, עַל־טַבּוּר הָאָרֶץ)라는 뜻이다. 이것은 지형적인 표현이라기보다 신학적인 표현인데 그들이 하나님의 작정을 이루는 민족으로 선택을 받았다는 것이다(참조. 겔 5:5-6). 하나님 백성의 상태를 이렇게 묘사하는 것은 곡과 악한 동맹국들이 가진 동기를 주목하게 하려는 것이다(Duguid 1999, 449). 곡은 하나님이 '내 백성'과 '내 땅'이라고 하신 자들을 공격한 것이다(겔 38:16). 그런데 곡과 그 동맹국들은 그들이 공격하는 것처럼 보이나 실상은 하나님이 끌어내신 것이다(겔 38:4, 6). 하나님은 곡에게 이들의 우두머리가 되라고 하셨다(겔 38:7). 그리고 곡이 침입하는 것은 자기 의도대로가 아니라 하나님의 시간표인 '말년에'(בְּאַחֲרִית הַשָּׁנִים) 일어나게 될 것이다(겔 38:8). 이것은 하나님의 특별한 목적이 있음을 보여주는데 이는 하나님이 그들을 심판하시기 위함이다. 그래서 곡은 우주적인 악의 세력을 의인화한 것으로 이해되어야 한다(Taylor 1969, 245). 곡은 알 수 없는 존재일 뿐만 아니라 잔인함이 결합된 것으로 보아 곡과 그와 연합한 나라들은 하나님과 그의 백성을 대항하기 위해 일어난 대적의 원형을 상징적으로 보여주는 존재다(Block 1998, 436).[46] 이 곡의 군대가 광풍같이 이르고 구름같이 땅을 덮을 것이다(겔 38:9).

② 곡의 악한 계획과 그를 따르는 악한 무리(겔 38:10–13)

하나님은 곡이 그의 마음에 성벽도 없고 문이나 빗장도 없이 평안히 사는 백성에게 나아가 물건을 노략하려는 악한 계획을 품을 것이라고 하셨다(겔 38:10–12). 그리고 이 전쟁에 노략물에 관심을 가지는 스바(아라비아 남쪽), 드단(에돔), 다시스(스페인 남쪽)의 상인과 그 부자들도 있을 것이라고 하셨다(겔 38:13). 여기서 '그 부자들'은 히브리어 '커피레하'(כְּפִרֶיהָ 〈 כְּפִיר + הָ)로 KJV처럼 '젊은 사자들'(young lions)이라고 번역이 가능하나 70인역이나 NIV처럼 '촌락'(villages)도 가능하다. 핵심은 이 전쟁의 노략물을 기대하는 악한 무리도 있다는 것이다.

③ 하나님의 대책 : 목적(겔 38:14–16)

곡의 악한 계획에 대해 하나님은 어떤 대책을 마련하셨는가? 에스겔 38:14은 개역개정판에는 없으나 히브리어 성경에 '그러므로'(라케인, לָכֵן)라고 시작한다. 이것은 곡과 그의 무리에 대해 하나님이 대책을 마련하셨음을 보여준다. 하나님은 '내 백성 이스라엘'(겔 38:14, 16)이라고 하시며 그들이 평안히 거주하는 날에 곡이 구름이 땅을 덮음같이 치러 오는 것을 안다고 하셨다(겔 38:14–16a). 그리고 그 일은 이방 사람의 눈앞에서 하나님의 거룩함을 나타내어 그들이 하나님의 임재와 인격을 알게 하려는 것이라고 하셨다(겔 3816b). 그러나 곡의 침입은 하나님의 시간표인 '끝 날에' 일어나도록 계획되었다(겔 38:8, 16). '끝 날에'(בְּאַחֲרִית הַיָּמִים)라는 표현을 쓴 것은 곡의 침입이 임박하지 않다는 것이고 여호와의 백성들이 평안히 거주하는 때이다. 이것은 곡의 침임은 특별한 때에 일어날 사건임을 암시한다.

46 김성수(2015, 217)는 곡은 하나님 나라를 대적하는 우두머리를 대표하고, 곡과 그의 무리는 하나님이 마지막 우주적인 전쟁에서 패배시킬 적대국들의 원형에 속한다고 했다.

④ 하나님의 대책 : 전술(겔 38:17–23)

하나님은 옛적에 하나님의 종들인 "내가…말한 사람이 네가 아니냐"(הַאַתָּה־הוּא אֲשֶׁר־דִּבַּרְתִּי)라고 하셨다(겔 38:17). 원문에 '아니다'라는 부정어가 없어도 이 문법적인 의미는 NIV처럼 하나님의 종 이스라엘의 선지자들을 통해 말한 사람이 곡이라는 뜻이다. 그러나 이 문제는 쉽지 않다. 왜냐하면 옛적에 선지자들에 의해 곡에 대해 말씀하신 적이 없기 때문이다(Taylor 1969, 246).[47] 이 말씀의 핵심은 긍정적인 의미로 하나님의 뜻을 수행하는 심판의 대행자가 아니라 부정적인 의미로 하나님과 그의 백성을 대적하는 자가 곡이라는 것이다(Cooper 1994, 339).

하나님은 이 곡이 이스라엘을 칠 때 질투와 맹렬한 노여움으로 그와 그 모든 무리를 치실 것이다. 하나님이 사용하시는 무기는 큰 지진(겔 38:19–20; 참조. 사 24:18–20; 욜 3:16; 학개 2:6), 칼(겔 38:21), 전염병과 피(겔 38:22), 폭우와 우박과 불과 유황(겔 38:22; 참조. 창 19:24; 시 11:6; 사 30:30; 34:9) 등이다. 하나님이 초자연적인 무기를 사용하여 곡과 그의 군대를 심판하심으로 여러 나라의 눈에 하나님의 위대함과 거룩함을 나타내어 하나님의 임재와 인격을 드러내실 것이다(겔 38:23).

⑤ 곡과 그의 군대의 멸망(겔 39:1–16)

이 문단에서 하나님은 곡과 그의 군대를 멸망시키는 것을 다른 말로 자세하게 설명하신다. 이것은 히브리 시의 유형이며 특징이다. 반복하기를 좋아하고 앞에 언급한 내용으로 되돌아가고 확장하기를 좋아한다(Taylor 1969, 247). 에스겔 38:2–4에 말한 내용을 에스겔 39:1–4에 반복하되 다른 말로 설명하신다. '갈고리로 네 아가리를 꿰고'(겔 38:4)는 '이끌고 북쪽 끝에서부터 나와서'(겔 39:2)로 표현하시고 그들의 무기는 활과 화살로 묘사하신다. 그리고 하나님은 곡과 그 모든 무리를 이스라엘 산 위에 엎드러지게 하여 각종 사나운 짐승에게 먹히게 하실 것이다(겔 39:4). 또 곡이 평안히 거주하는 하나님의 백성들을 침략한 것처럼 하나님은 그들의 영토인 마곡과 여러 섬에 평안히 거주하는 자들에게 불을 내리실 것이다(겔 39:6). 이를 통해 민족들은 하나님의 임재와 존재를 알게 될 것이다

47 "내가…말한 사람이 네가 아니냐"(הַאַתָּה־הוּא אֲשֶׁר־דִּבַּרְתִּי)라는 말씀에 부정어 '아니다'를 의미하는 '로'가 없다. 수사의문문으로 된 이 질문의 대답은 긍정적인 응답으로 하나님이 선지자를 통해 말씀하신 자가 곡이라는 것이다. 블락(Block 1998, 455–456)은 이 절이 사무엘하 7:5에 "네가 나를 위해 살 집을 건축하겠느냐"라는 말씀과 유사성이 있다고 보았다. 이 대답은 역대상 17:4에 따르면 "너는 아니다"가 되어야 한다. 이와 같이 문법적으로는 옛적에 선지자들이 예언한 자가 곡이 아니라는 것이다. 이 점을 강조한 것은 옛적에 선지자들을 통해 말한 사람인 곡이 하나님의 뜻을 성취하기 위해 부름을 받은 심판의 대행자가 아니라 하나님과 백성들의 대적으로서 침략하는 자라는 것이다(Cooper 1994, 339).

(겔 39:7). 여호와께서 이 말씀의 확실함을 입증하기 위해 어떤 사실이나 사건을 주목하게 하는 '보라'(힌네이, הִנֵּה)라는 감탄사를 사용해 여호와께서 말씀하신 그 날이 와서 이루어질 것이라고 하셨다(겔 39:8).

하나님은 곡의 군대를 멸하심으로 두 가지 결과가 있게 될 것을 설명하신다. 하나는 곡의 무기들이 7년 동안 이스라엘의 연료로 사용될 것이다(겔 39:9-10). 곡은 이스라엘을 노략하려 했으나(겔 38:12) 이스라엘의 노략물이 되었다(겔 39:10). 또 하나는 이스라엘 땅, 곧 바다 동쪽 사람이 통행하는 골짜기를 매장지로 주어 곡의 군대에서 죽은 사람을 7달 동안 매장하고 그 이름을 하몬곡의 골짜기라고 부르게 될 것이고, 성읍의 이름도 하모나라 부르게 될 것이다(겔 39:11-12, 16). '하몬곡의 골짜기'(גֵּיא הֲמוֹן גּוֹג)는 '곡의 무리 골짜기'라는 뜻이다. 이스라엘 땅 곧 바다 동쪽은 사해로 본다(Taylor 1969, 247). 사람을 택하여 남은 시체까지 찾아 매장하는 것은 땅을 정결하게 하기 위함인데 더 이상 더럽힐 것이 없다는 것을 확인할 때까지 할 것이다(겔 39:14-16). 그것은 시체가 땅을 부정하게 한다고 보기 때문으로 보인다(참조. 신 21:23). 여기서 땅을 정결케 하는 일을 반복한다(겔 39:12, 14, 16). 여호와께서는 곡을 멸하는 일에 만족하지 않으시고 회복된 언약 관계가 거룩한 백성과 거룩한 땅에 임하기를 원하신다(Block 1998, 473).

⑥ 하나님의 승리에 대한 잔치(겔 39:17-24)

이 단락은 승리의 잔치이다. 잔치에 초대된 대상은 각종 새와 각종 짐승이고, 축하 장소는 이스라엘 산 위이며(겔 39:17), 잔치 음식은 용사의 살과 왕들의 피다(겔 39:18). 더 구체적으로 말과 기병과 용사와 모든 군사다(겔 39:20). 동물들이 하나님이 예비하신 잔치에 참여하여 마치 숫양이나 어린 양을 먹듯 용사의 살과 피를 마시게 하셨다(겔 39:17-20). 그런데 여기 '잔치'라고 번역된 히브리어 단어 '자바흐'(זֶבַח)는 주로 짐승을 잡아 드리는 희생제물을 말한다(출 12:27; 34:15; 레 3:1, 3 등). NIV, NASB도 희생제사로 번역했다.

곡의 군대는 마치 동물로 희생제사를 드려 불에 태우는 것과 같이 먹힘을 당할 것이다. 하나님은 희생제물을 준비할 것이고 새와 동물들이 그 상에서 먹을 것이다. 일반적으로 희생제사에서 깨끗하고 먹을 수 있는 음식을 제물로 바치나 하나님은 성경에서 가장 금기시하고 있는 인간을 새와 동물들에게 먹게 하셨다. 이 일은 하나님이 에스겔 39:4에서 곡과 그의 군대를 각종 사나운 새와 들짐승에게 넘기실 것이라고 한 말씀대로 행하셨음을 보여준다.

하나님이 이러한 일을 행하신 것은 세상의 모든 민족이 하나님이 행한 심판과 그 위에 행한 권능을 보게 하려는 것이다(겔 39:21). 여기에는 두 가지 목적이 있다. 첫째, 이스라엘은 그들이 포로 중에 있다고 할지라도 하나님은 여전히 그들의 하나님이라는 것을 알게 하려는 것이다(겔 39:22). 둘째, 여러 민족은 이 사건을 통해 이스라엘은 그 죄로 말미암아 사로잡혀 갔다는 것을 알게 하려는 것이다(겔 39:23). 이스라엘이 제사장 나라로 부름을 받아 하나님과 교제하는 특권을 누렸으나 하나님이 그들에게 얼굴을 가리신 것은 그들의 죄 때문이다(겔 39:24). 하나님이 '그의 얼굴을 가리신다'라는 말은 신인동형론적(anthropomorphic) 표현으로 제사장의 축복인 '그의 얼굴을 비추신다'라는 말과 반대되는 개념이다. 이 개념은 신명기 31:16–18과 같은 개념으로 언약을 배반할 때 자기 백성과 만나지 않고 고통을 당해도 버려두신다는 뜻이다(Block 1998, 483–484). 이러한 설명으로 보아 하나님이 곡과 그의 군대를 희생제물처럼 새와 동물에게 주어 먹게 하신 것을 보여주신 것은 1차적으로 포로 중에 있는 이스라엘 백성을 위한 것임을 알 수 있다.

⑦ 이스라엘의 회복(겔 39:25–29)

곡의 멸망을 예언한 뒤에 이제 하나님은 이스라엘의 회복에 대해 말씀해 주셨다. 하나님은 당신의 이름을 위해 야곱의 사로잡힌 자를 돌아오게 하여 사랑을 베푸실 것이다(겔 39:25). 그들이 평안히 거하고 두렵게 할 자가 없을 때 부끄러움과 하나님께 범한 죄를 잊을 것이다(겔 39:26).[48] 이는 모든 죄가 다 용서함을 받는다는 뜻으로 보아야 한다. 이때는 하나님이 이스라엘을 만민 중에서 모으시고 많은 민족이 보는 데서 하나님의 거룩하심을 나타내실 때이기 때문이다(겔 39:27). 전에는 포로로 사로잡혀갔으나 한 사람도 남기지 않고 다 돌아와 하나님의 임재와 존재를 알게 될 것이다(겔 39:28). 이때는 하나님이 다시는 얼굴을 가리지 아니하실 것이다(겔 39:29a). 이것은 죄를 범해 얼굴을 가리신 것과 달리 하나님이 그들과 함께 계시며 교제하신다는 것이다. 왜냐하면 하나님이 그의 영을 이스라엘에게 부어주실 것이기 때문이다(겔 39:29b). 이로 보아 이날은 단순히 이스라엘이 바벨론 포로에서 돌아오는 것을 말하는 것이 아니다. 왜냐하면 하나님이 그의 얼굴을 가리지 아니하시고 교제하시는 때는 그리스도께서 십자가에 죽으시고 부활하신 후 오순절에 성령을 부어주신 후이기 때문이다.

48 개역개정판은 "부끄러움을 품고 내게 범한 죄를 뉘우치리니"라고 번역했으나 원문은 NIV처럼 "그들은 부끄러움과 내게 범한 모든 배역 행위를 잊을 것이다"(וְנָשׂוּ אֶת־כְּלִמָּתָם וְאֶת־כָּל־מַעֲלָם אֲשֶׁר מָעֲלוּ־בִי)라고 번역하는 것이 낫다. 개역개정판에 '뉘우치다'라고 번역된 '나사'(נָשָׂא)라는 동사는 '사하다', '치우다'라는 뜻도 있기 때문이다(참조. 시 32:1).

⑧ 신약과의 관계

하나님이 곡을 끌어내어 멸하시는 때는 언제인가? 이를 밝히기 위해 신약과의 관계를 이해해야 한다. 곡과 마곡에 대한 언급이 요한계시록 20:8에 최후의 전쟁에 대해 예언한 내용에 '곡과 마곡'이 나타난다. 이 기록을 비교해 보면 차이점도 있고 공통점도 있다. 에스겔서에서는 '마곡 땅에 있는 … 곡'(겔 38:3)이라고 하고 하나님이 끌어내시나 요한계시록에서는 사탄이 옥에서 놓여 미혹한 자를 '곡과 마곡'이라 하고 이를 '땅의 사방 백성'이라고 했다. 이들은 교회를 대적하고 공격하는 세상의 세력이다(고려신학대학원 교수회 2009, 188). 에스겔서에서 곡은 하나님과 그의 백성을 대항하기 위해 일어난 대적의 원형을 상징적으로 보여주는 존재다(Block 1998, 436).[49] 요한계시록에서는 '천년이 찰 때'(계 20:7) 일어날 일이라고 했다. 이 '천년'이라는 숫자는 문자적인 의미가 아니라 상징적인 숫자다. '천년'은 완전한 기간이면서 상당히 긴 기간이며 시작과 끝이 있는 기간이다. 이 기간을 예수님의 초림부터 재림까지의 시대로 본다(고려신학대학원 교수회 2009, 181). 이러한 해석은 무천년설(amillennium)의 입장에 따른 것이다. 이 입장에 따르면 '천년이 찰 때'는 역사의 종말에 일어날 일을 말한다. 요한의 환상에서 에스겔서의 곡의 개념을 가져온 것은 곡의 세력이 완전히 멸망하듯이 예수 그리스도 안에서 회복된 하나님의 창조에서 영원히 제거될 것을 보여준다(Hughes 1990, 217).

에스겔서에서 곡과 그의 군대는 언제 공격할 것인가? 헨드릭슨(Hendriksen 1965, 232-233)은 곡을 수리아의 셀루시드(Seleucidae) 왕조의 안티오커스 에피파네스(Antiocus Epiphanes)라고 보고 사탄과 그를 따르는 무리가 교회에 대한 최후의 공격을 상징하는 것으로 보았다. 그래서 곡의 공격은 재림 전에 있게 될 전쟁을 상징하는 것으로 보았다.

그러나 역사적 전천년설은 이와 다르게 생각한다. 역사적 전천년설(Historical Premillennium)은 그리스도가 재림하신 후 천년 동안 통치한 후에 일어나는 사건으로 이해한다. 이에 대해 안토니 후크마(Hoekema 1979, 181-182)가 가장 적절하게 설명했다. 역사적 전천년설은 그리스도가 천년기 전에 재림하셔서 천 년 동안 구속받은 성도들과 함께 세상을 통치한다고 본다. 역사적 전천년설를 믿는 자들은 '천 년'을 문자적으로 이해한다. 이 천년기는 최종 상태가 아니다. 왜냐하면 천년기 동안에는 그리스도의 통치로 말미암아 제약을 받지만 죄와 죽음이 존재하기 때문이다. 그러나 천년기가 끝날 무렵 결박되었던 사탄이 풀려나 곡과 마곡의 전투를 벌이나 하늘에서 내려온 불로 소멸되어 사탄은 불

49 헨드릭슨(Hendriksen 1965, 233)은 이스라엘을 향한 곡과 마곡의 공격은 악한 세상이 교회를 대적하는 최종적인 전쟁을 나타내는 상징이라고 보았다.

못에 던져진다. 이때 악한 자들도 부활하여 최후의 심판을 받고 구속받은 백성들은 모든 악이 제거된 새 땅에서 영원히 살게 된다. 역사적 전천년설에 따르면 에스겔서의 곡과 그의 군대가 공격하는 때는 그리스도가 천 년 동안 통치하는 마지막 때다.

그들은 에스겔 38-39장에 묘사된 것을 문자 그대로 받아들이고 이 전쟁이 일어난 때를 성벽도 없고 문이나 빗장이 없는 평화의 때라고 본다(겔 38:11-12). 이것은 재림 직전에는 세상이 엄청난 혼란이 예상되기에 이런 평화의 시대가 될 수 없다고 보고 그리스도가 천 년 동안 통치한 후에 있게 될 전쟁이라고 본다. 에스겔 39:9-10에 전쟁 이후 많은 무기를 칠 년 동안 불태우는 일은 비유적인 것으로 오늘날의 가공할 만한 무기가 아니라 전쟁을 모르던 사람들이 만들어 낸 원시적 무기라고 본다. 그래서 곡과 그의 군대와의 전쟁은 천년왕국 후에 있을 전쟁으로 본다(한정건 2007, 75).

이 두 입장 가운데 어느 하나를 취하는 일은 어려운 일이다. 나름대로 가능성이 전혀 없는 것은 아니기 때문이다. 그러나 이 기사가 당시 포로 중에 있는 이스라엘이나 그리스도 안에 있는 성도들에게 큰 위로가 되었던 것은 틀림이 없다. 에스겔 선지자가 국가적인 이스라엘의 회복과 회복될 성전 사이에 곡과 그의 군대가 공격했으나 완전히 멸망한 사건을 기록한 것은 완전한 하나님 나라가 세워지기 전에 악의 세력이 완전히 제거될 것을 보여주기 위한 일이기 때문이다.

(8) 새 예루살렘을 위한 계획(겔 40:1-48:35)

에스겔 40:1-48:35에 기록된 성전의 회복에 관한 환상은 에스겔 8:1-11:15에 기록된 더럽혀진 성전의 환상과 대칭구조를 이루고 있다. 이 환상은 회복된 성전에 관한 내용이다. 이 환상의 절정은 하나님의 영광이 예루살렘 성전으로 돌아오는 것과(겔 43:1-9) 생명의 강이 성전에서 흘러나오는 것이다(겔 47:1-12). 이것은 요한계시록 22:1-5의 사도 요한이 본 새 예루살렘에 관한 환상과 유사하다. 이 새 예루살렘의 이름은 '여호와 삼마'(יְהוָה שָׁמָּה)다(겔 48:35). 이것은 '여호와께서 거기에 계신다'라는 뜻이다(참조. 계 22:3). 에스겔이 성전에 관한 환상을 본 때는 여호야긴 왕이 사로잡힌 지 스물다섯째 해, 곧 성이 함락된 후 열넷째 해 첫째 달 열째 날이다(겔 40:1). 이때는 주전 573년으로 주전 586년에 예루살렘이 함락된 후 14년이 되는 해다. 그리고 이 문단에서 성전에 관한 내용을 긴 분량으로 기록하고 있다는 것은 성전이 당시 바벨론 포로생활을 하던 이스라엘 백성들과

그리스도 안에 있는 성도들의 삶에 중요한 의미를 담고 있다는 것이다.[50]

이 성전 모티프(motif)에 대한 환상은 논리적 구조가 있다. 그것은 성전의 외적 규모와 구조에 대한 환상(겔 40:1–42:20) → 성전의 구조에서 보여준 각 장소를 채우는 환상(겔 43:1–46:24) → 성전의 역할과 성취에 대한 환상(겔 47:12–48:35) 등으로 이어진다.

① 환상 중에 본 성전의 규모와 구조(겔 40:1–42:20)

이 문단에서 에스겔은 그가 환상 중에 본 성전의 규모와 구조를 자세히 설명한다. 묘사된 내용으로 볼 때 전체 4면이 각각 100규빗이고, 벽의 두께는 5규빗(2.75미터)이다(겔 41:12–15).[51] 그리고 성전은 3층으로 되어 있고, 안뜰과 바깥뜰, 안문, 바깥문 그리고 여러 용도의 방들이 있다. 여기에 묘사된 성전에 관한 내용을 블락(Block 1998, 508)이 다음의 '도표'로 잘 묘사했다.

에스겔이 이상 중에 본 성전(겔 40:1–46:24)

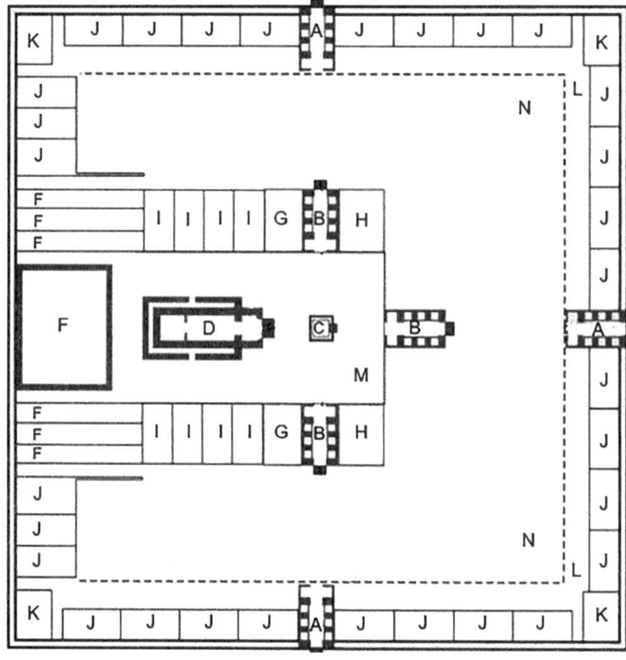

50 에스겔 40–48장을 역사적 전천년설의 입장에서 보고 완전한 상태의 하나님 나라라 이르기 전에 천년왕국 시대의 성전, 제사장직, 지파별 땅의 분할로 보기도 한다(Cooper 1994, 353).

51 에스겔서의 성전 기사(겔 40:1–48:35)에 사용된 규빗은 55cm다. 에스겔 40:5에 보면 일반적인 규빗은 45cm이지만 여기서는 손바닥 넓이가 더한 자를 사용했기 때문이다.

A 바깥 문(40:5–16, 20–27)
B 안뜰 문(40:28–37)
C 제단(43:13–17)
D 성전(40:48–41:11, 15–26)
E 건물(41:12–14)
F 제물을 두는 곳(42:1–14)
G 제사장들의 방(40:44–46)
H 제물 씻는 방(40:38)
I 바깥 골방(41:9b–10)
J 예배자의 방(40:17)
K 성전부엌(46:19–24)
L 박석(40:18)
M 안뜰(40:44)
N 바깥 뜰(40:17–19)

a. 측량하는 장대를 가진 사람(겔 40:1-4)

에스겔은 성이 함락된 후 열넷째 해 첫째 달 열째 날에 이 환상을 보았다(겔 40:1). 이때는 주전 573년으로 주전 586년에 예루살렘이 함락된 후 14년이 되는 해일 뿐만 아니라 첫째 달[52]은 유대월력으로는 티쉬리월이기에 첫 번째 달이고 또한 태양력으로 일곱 번째 달로, 그달 10일은 대속죄일이다(레 23:27; 25:9). 이 날 여호와의 권능이 에스겔에게 임하여 하나님의 이상 중에 그를 이스라엘 땅의 높은 산 위에 내려놓으셨고, 에스겔은 그곳에서 성읍 형상을 보았다(겔 40:2). 또 모양이 놋 같이 빛난 사람 하나가 손에 삼줄과 측량하는 장대를 가지고 문에 있는 것을 보았다(겔 40:3). 삼줄은 긴 거리를 측량하기 위한 것이고 장대는 짧은 것을 측량하기 위한 것이다. 장대의 길이는 기존 규빗인 45cm에 손바닥 너비인 10cm를 더한 자로 여섯 척이다(겔 40:5). 이 길이는 약 330cm다. 그 사람은 에스겔에게 네 개의 명령법 동사를 사용해서 '보고'(רְאֵה), '들으며'(שְׁמַע), '생각하고'(שִׂים), '전하라'(הַגֵּד)라고 했다. 이것은 하나님이 에스겔을 불러 보고 들은 것은 마음에 새기고 전하라는 것으로 다음에 보여줄 내용이 중요함을 보여준다.

b. 성전 뜰의 문과 방(겔 40:5-16)

에스겔은 집 바깥 사방으로 담이 있는 것을 보았다. 담은 두께가 한 장대고, 높이도 한 장대고, 동쪽을 향한 문에 이르러 층계에 올라가 측량한 문의 통로도 한 장대, 곧 330cm다(겔 40:5). 견고한 벽의 두께와 높이는 바깥 세속 세계로부터 성스러운 세계를 구별하기 위한 것이다(Taylor 1969, 255; Duguid 1999, 472–474). 에스겔은 계단을 지나 문의 입구와 문지기들의 방을 측량했다. 문 안쪽에 양옆으로 세 개의 방들과 닫힌 창들이 있으며 너비가 20규빗인 현관이 있다(겔 40:6–16).

52 첫째 달의 히브리어는 '그해의 첫째 달'(בְּרֹאשׁ הַשָּׁנָה)로 일반적인 그해의 첫 번째 달이 아니라 으뜸인 달을 말한다.

c. 바깥뜰(겔 40:17-19)

뜰 삼면에 박석 깔린 땅이 있고 그 위에 서른 개의 방이 있다(겔 40:17). 이 방의 사용처를 밝히지 않고 있으나 성전 예배를 맡은 자들이나 레위인들을 위한 것으로 보인다. 아래 문간 앞에서 안뜰 바깥 문간까지 100규빗(약 55m)인데 이는 안뜰 거룩한 것들 주위에 완충지대를 두기 위한 것으로 보인다(Duguid 1999, 474).

d. 바깥뜰의 다른 부분들(겔 40:20-27)

에스겔은 바깥뜰에서 북쪽을 향한 문과 남쪽을 향한 문을 보았는데 동쪽을 향한 문과 같은 모습으로 묘사한다. 차이점이 있다면 동쪽을 향한 문에 묘사하지 않았던 일곱 층계가 있다(겔 40:22, 26). 이것은 성전이 땅의 지면보다 높다는 것을 보여준다.

e. 안뜰에 이르는 세 문(겔 40:28-37)

안뜰에는 세 개의 바깥 문과 같은 크기의 문들이 세 개, 곧 남쪽, 동쪽, 북쪽 문이 있다. 안뜰은 바깥뜰보다 높은 위치에 있고 여덟 층계가 안쪽 문으로 연결되어 있다(겔 40:31, 34, 37).

f. 희생제물과 그 도구를 두는 방(겔 40:38-43)

남문과 북문 곁에 번제물을 씻는 방이 있다(겔 40:38). 그 문의 현관에 상이 이쪽에 둘, 저쪽에 둘이 있고, 북문 이쪽에 둘, 저쪽에 둘, 모두 여덟 개의 상이 있고(겔 40:39–41) 제물을 잡는 도구들이 있다(겔 40:42–43).

g. 제사장들의 방과 제단(겔 40:44-47)

안뜰의 북문과 남문 곁에 제사장들의 방 둘이 있다.[53] 이 제사장들은 사독의 자손이다(겔 40:45–46). 이 방의 뜰을 측량하니 길이가 100척, 너비가 100척이고 제단은 성전 앞에 있다(겔 40:47).

53 개역개정판의 '노래하는 자의 방'이라고 번역한 것은 MT의 '리쉬코트 샤림'(לִשְׁכוֹת שָׁרִים)를 따른 것이고 KJV, NASB 등도 이렇게 번역했다. 70인역은 이를 '리쉬코트 셔타임'(לִשְׁכוֹת שְׁתַּיִם)이라고 제안했고 NIV가 이를 따라 번역했다. 문맥적으로 70인역이 더 타당하다.

h. 성전(겔 40:48-41:26)

성전의 좌우 벽은 5규빗, 두께가 3규빗이다(겔 40:48). 현관의 너비는 20규빗이며 길이는 11규빗이다.[54] 올라가는 층계와 기둥이 좌우에 있다(겔 40:49). 성전의 문 벽은 두께가 6규빗이며, 통로의 너비가 10규빗이고, 그 통로의 이쪽 벽은 5규빗, 저쪽 벽도 5규빗이다. 성전의 핵심인 성소의 길이가 40규빗, 너비가 20규빗, 지성소의 길이가 20규빗, 너비가 20규빗이다(겔 41:1-4). 성소와 지성소의 크기는 에스겔이 쓰는 규빗과 10cm 정도의 차이가 있으나 솔로몬 성전의 크기와 같은 유형으로 묘사한다(참조. 왕상 6:20). 이곳에 하나님이 임재해 계신다.

성전의 삼면에 골방이 삼 층으로 되어있는데 모두 서른이다(겔 41:6). 이 골방은 솔로몬 성전의 묘사와 유사하나 크기가 다르다(참조. 왕상 6:5-10). 이 방은 성전 기구들과 봉사자들에게 지급되는 십일조와 헌물을 두는 곳으로 보인다(참조. 말 3:10).

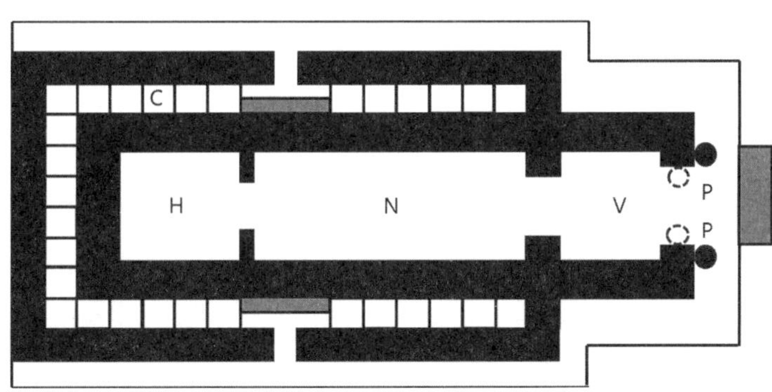

C 골방(겔 41:5-7)
P 기둥들(겔 40:49)
V 현관(겔 40:48-49)
N 성소(겔 41:1-2)
H 지성소(겔 41:3-4)

성전 크기는 길이가 100척이다(겔 41:13). 성전 현관 문 벽이 5척(겔 40:48), 현관이 12척(겔 40:49), 성전 문 벽이 6척(겔 41:1), 성소가 40척(겔 41:2), 내전(= 지성소) 문 통로의 벽이 2척(겔 41:3), 지성소가 20척(겔 41:4), 성전 벽 6척(겔 41:5), 골방이 4척(겔 41:5), 골방 바깥 벽이 5척(겔 41:9)이이고 그 합이 100척이다(5+12+6+40+2+20+6+4+5=100). 성전 앞면의 너비

54 70인역은 12규빗으로 번역했다.

도 100척, 성전 앞 동쪽 뜰의 너비도 100척이다(겔 41:14). 성전의 서쪽 뜰 뒤 건물의 길이는 90척, 그 건물 사방 벽 두께 5척(겔 41:12)으로 그 합이 100척(90+5+5=100)이다. 건물의 너비 70척(겔 41:12), 안뜰 20척(겔 41:10), 사방 벽 두께 5척(겔 41:12)으로 그 합이 100척(70+20+5+5=100)이다. 그러면 에스겔은 왜 성전의 규모를 왜 이렇게 정교하게 묘사하는가? 이 수치가 정확하듯 하나님 나라의 완전함을 보여주려는 것이다.

성전의 수치와 더불어 외전(성소)과 내전(지성소)의 널판자에 두 그룹과 그 사이에 종려나무들을 새겼다(겔 41:15b–20). 그룹과 종려나무는 솔로몬 성전 안의 그림을 생각나게 한다(참조. 왕상 6:29, 32, 35–36). 이 성전은 하늘에 있는 성전의 모형과 그림자다(히 8:2–5).

i. 제물과 제사장들의 의복을 두는 곳(겔 42:1-14)

성전 안뜰의 북쪽과 남쪽에 방이 있는데 길이가 100척이고 너비가 50척이다(겔 42:1–2). 이 방은 거룩한 방으로 제사장들이 지성물을 먹는 곳이고, 소제와 속죄제와 속건제 제물을 두는 곳이다(겔 42:13). 그리고 제사장의 의복을 두는 곳이다(겔 42:14).

j. 성전의 사방 담(겔 42:15-20)

성전의 사방 담은 동쪽 500척, 북쪽 500척, 남쪽 500척, 서쪽이 500척으로 장방형이다(겔 42:15–20a). 이 담은 거룩한 것과 속된 것을 구별하는 것이다(겔 42:20b). 이 담 안에 이제 여호와의 영광이 돌아올 것이므로 속된 것이 들어올 수 없다(참조. 겔 43:6–9). 이뿐만 아니라 이 성전을 모티브로 주의 재림으로 완성되는 완전한 나라에도 자기 두루마리를 빠는 자들은 들어갈 수 있으나 속된 것은 들어갈 수 없다(계 22:1–15).

② 여호와의 영광이 회복된 성전(겔 43:1–12)

이 문단은 성전 각각의 장소를 채우는 것에 대한 환상(겔 43:1–46:24) 가운데 제일 중요한 부분이다. 그 이유는 여호와 하나님이 성전에 다시 임재하시는 모습을 보여주기 때문이다. 여기서 에스겔은 여호와의 영광이 임재하는 성전에 거하려면 그의 계명을 지켜 행하는 거룩한 삶이 수반되어야 한다는 것을 보여준다.

a. 회복된 성전에 여호와의 영광이 다시 임재함(겔 43:1-5)

이전에 하나님은 에스겔에게 그의 영광이 성전에서 떠나시는 모습을 환상 가운데 보여주셨다(겔 10:18–19). 그때 하나님은 성전을 떠나신 이후 이스라엘 백성들이 포로로 끌려와 있는 곳에 계셨다(겔 11:16). 하나님은 비록 예루살렘 성전이 바벨론에 의해 파괴되도록 내버려 두셨다 할지라도 그의 백성들과 함께 하셨다는 것이다. 그런데 예루살렘이 함락된 후 14년째가 되는 해에 하나님의 영광이 동쪽에서 오는 환상을 에스겔에게 보여주셨다. 에스겔은 그가 본 환상은 전에 성읍을 멸하러 올 때에 보던 환상과 같고, 그발 강 가에서 보던 환상과도 같다고 했다(겔 43:3). 이것은 온 천하를 통치하시는 하늘 보좌에 계신 하나님을 묘사하는 내용이다. 하나님의 영광이 동문을 통해 성전으로 들어갔고 여호와의 영광이 성전에 가득했다(겔 43:4-5). 이 현상은 모세가 성막을 완공한 후와 솔로몬이 성전을 건축한 후에 나타난 현상과 같다(출 40:33-35; 왕상 8:10-11). 이 환상은 예루살렘에 다시 성전이 세워질 것이고, 다시금 성전에 임재하시는 하나님과 만나 교제하는 복을 누리게 된다는 것이다.

b. 회복된 성전에 거할 수 있는 조건(겔 43:6-9)

에스겔이 여호와께서 성전에 들어가 계실 때 그곳을 가리켜 "내 보좌의 처소, 내 발을 두는 처소, 내가 이스라엘 족속 가운데 영원히 있을 곳이라"(겔 43:7)라고 하셨다. 여호와의 성전은 여호와의 보좌가 있는 곳이고(렘 3:17; 17:12), 그의 발등상이 되시는 곳이며(시 99:5; 132:7) 하나님이 지상에 거주하시는 곳이다. 그러면서 하나님은 "이스라엘 족속 곧 그들과 그들의 왕들이 음행하며 그 죽은 왕들의 시체로 다시는 내 거룩한 이름을 더럽히지 아니하리라"(겔 43:7)라고 하셨다. '이스라엘과 그의 왕들이 음행한다'라는 말은 비유법으로 한 가지 특징을 통하여 전체를 표현한 것으로 하나님과 맺은 언약 관계를 버리고 이방의 신이나 우상이나 철학이나 가치가 그들에게 행복을 준다고 생각하고 따르는 전반적인 행동을 의미한다. 그리고 '죽은 왕들의 시체'는 성경에 여기에만 나오는 특수한 표현인데 그 시체를 섬긴다는 뜻이 아니라 죽은 왕들이 남긴 잘못된 전통을 따른다는 것을 의미한다.

하나님은 이 말씀을 하시며 과거에 이스라엘 백성들이 바벨론 포로 이전에 있었던 행동 가운데 성전의 문지방과 세상의 문지방을 나란히 둔 행동을 지적하셨다(겔 43:8). 이것은 성전과 세상이 구별이 없었다는 뜻이다. 하나님은 이스라엘의 과거 잘못된 역사를 지적하시며 새 성전에 음란과 왕들의 시체를 멀리 제거하면 하나님이 그들 가운데 영원히 살리라고 하셨다(겔 43:9). 이것은 회복될 여호와의 성전에 거할 수 있는 조건을 설명하는 것이다. 그 조건은 세상의 잘못된 문화와 가치와 사고나 잘못된 전통을 버려야 한다는 것이다.

c. 회복된 성전에 거할 수 있는 방법(겔 43:10-12)

하나님은 에스겔에게 회복된 성전에 들어가 그곳에 임재해 계시는 하나님과 교제하며 그 은혜와 복을 누리며 살 수 있는 방법을 설명해 주셨다. 하나님은 그들이 행한 일을 부끄러워하는 자들에게 성전에서 임재해 계신 하나님을 만나 교제하는 법을 알려주라고 하셨다. 그것은 성전의 모든 규례와 그 모든 법도와 그 모든 율례를 지켜 행하는 것이다(겔 43:11).

왜 하나님이 임재하시는 성전에 들어가는 일에 이러한 법도가 필요할까? 그것을 에스겔 43:12에서 설명하고 있다. 이 구절의 구조를 보면 그 이유를 더 선명하게 알 수 있다.

A 성전의 법은 이러하니라
X 산꼭대기 지점의 주위는 지극히 거룩하리라
A′ 성전의 법은 이러하니라

'성전의 법은 이러하니라'라는 구절을 직역하면 '이것이 그 집의 법이다'(זאת תּוֹרַת הַבָּיִת)라고 할 수 있다. 여호와의 영광이 임재하는 거룩한 성전에 들어가는 방법은 그의 계명을 지키며 거룩한 삶을 사는 것이다.

에스겔은 그가 본 환상을 누구에게 전했는가? 그것은 바벨론 포로로 끌려온 지 14년째가 된 이스라엘 백성들이다. 이들에게 이 환상을 보여주신 것은 바벨론 포로에서 돌아가 다시금 성전을 재건하게 된다는 것이다. 그리고 그들이 왜 바벨론 포로로 끌려와 수치스러운 삶을 살게 되었는지 원인도 알게 해 준다.

d. 회복된 성전의 구속사적 의미

이 환상 이후의 역사를 보면 에스겔 선지자를 통하여 말씀하신 대로 스룹바벨과 대제사장 예수아의 인도로 바벨론 포로에서 돌아와 성전을 완공했다(스 6:14). 그리고 이 스룹바벨 성전을 헤롯이 증축하여 더 크고 화려하게 잘 지었다. 하지만 성전은 예수님께서 예언하신 대로 주후 70년에 로마의 티토(Titus) 장군에 의해 완전히 파괴되었다(참조. 마 24:1-2). 그래서 회복된 성전에 대한 환상은 구속사의 진전과정으로 볼 때 삼중적인 의미로 이해해야 한다. 마치 줌 렌즈(zoom lens)로 가까운 곳에서 먼 곳을 바라보듯이 회복된 성전의 의미를 보아야 한다. 가장 가까운 단계는 당시 이스라엘 백성들을 위한 것이고, 다음 단계는 그리스도 안에서 이루실 교회와 하나님 나라에 대한 것이고, 마지막 단계는 그리스도께서 재림하시면 완성될 완전한 하나님 나라이다.

예수님은 공생애를 시작하실 때 성전을 청결케 하신 후에 이 성전을 사흘 동안에 일으키리라고 하셨다. 해설자는 그것을 "예수는 성전된 자기 육체를 가리켜 말씀하신 것이라 죽은 자 가운데서 살아나신 후에야 제자들이 이 말씀하신 것을 기억하고 성경과 예수께서 하신 말씀을 믿었더라"(요 2:21–22)라고 했다. 오늘날 모든 그리스도인은 하나님의 성전이다(고전 3:16; 고후 6:16). 그리고 이 성전은 주님이 재림하실 때 완성될 것이다(계 21:16–17). 그러나 계명을 지키지 않고 거룩한 삶을 살지 않는 사람은 그 회복된 성전에 들어가지 못한다(계 22:14–15).

③ 회복된 제사 제도(겔 43:13–46:24)

이 문단은 성전에 임재해 계시는 하나님께 예배하는 규칙에 대한 것이다. 그것은 제단의 크기와 규례(겔 43:13–27), 제단 봉사자들의 임무(겔 44:1–45:8), 제사와 다른 규례에 대한 설명(겔 45:9–46:24) 등이다.

a. 제단의 크기와 모양(겔 43:13-17)

제단은 팔꿈치에서 손가락에 이르고 손바닥 넓이를 더한 길이(약 55cm)로 측량했다(겔 43:13). 제단 밑받침은 높이가 한 척이고 가장자리 너비는 한 척이며, 그 가로 둘린 턱의 너비는 한 뼘이다(겔 43:14). 에스겔이 본 제단의 크기와 모양을 도식화하면 다음과 같다.

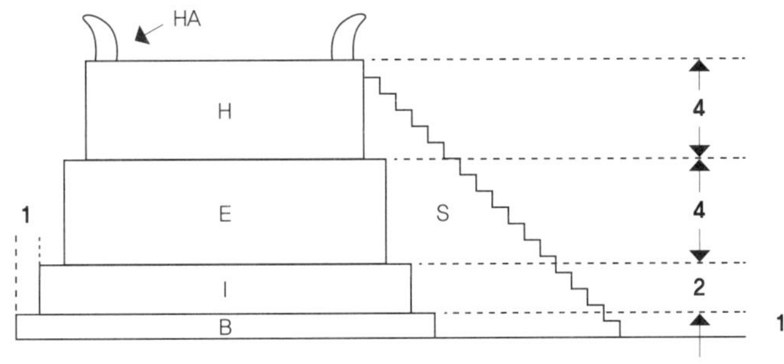

H	번제단(겔 43:15–16)	B	밑받침(겔 43:13)
E	아래층(겔 43:14,17)	HA	뿔(겔 43:15, 20)
I	아래층(겔 43:14)	S	층계(겔 17)

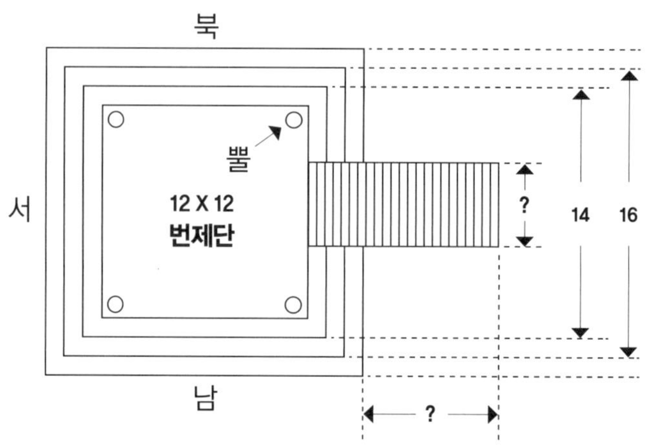

b. 제단의 규례(겔 43:18-27)

이 문단에서 하나님은 제단에서 번제를 드리며 피를 뿌리는 규례를 설명하신다(겔 43:18). 거룩한 일에 섬기도록 허락받은 제사장들은 사독 자손 레위 사람이다(겔 43:19; 참조. 겔 40:46; 44:15). 그런데 하나님은 제단을 정결하게 하는 과정에서 에스겔에게 첫째 날은 어린 수송아지 하나를 속죄제물로 바쳐 그 피를 제단 네 뿔과 아래층 네 모퉁이와 사방 가장자리에 발라 속죄하게 하셨다(겔 43:20-21). 둘째 날부터 여덟째 날까지는 수송아지 한 마리와 숫양 한 마리를 드려 정결하게 하도록 하셨다(겔 43:22-26). 그 다음 제사장이 번제와 감사제물을 드리면 하나님이 즐겁게 받으실 것이라고 하셨다(겔 43:27). 이것은 제단을 정결케 하고 속죄하여 하나님의 영광이 머물며 그와 교제하도록 하기 위한 것이다. 이 환상은 하늘의 예배를 회복하시는 것을 묘사하고 하나님의 백성이 이 땅에서 예배하게 될 새로운 시대에 대해 확신을 준다(Duguid 1999, 494). 그리고 그리스도께서 완전한 속죄제물이 되심으로 하나님께 자유롭게 나아가 교제할 수 있는 은혜를 주셨다(히 10:1-20).

c. 성전에 들어갈 수 있는 자(겔 44:1-16)

성전의 동쪽 문이 닫혔다. 그 이유는 여호와께서 그리로 들어오셨기 때문이다(겔 44:1-2; 참조. 겔 43:4). 그래서 이 문을 닫아두어야 한다. 하지만 왕은 이 문 현관으로 들어와 희생제물을 먹을 수 있는 특권을 주었다(겔 44:3). 에스겔 성전에서 왕은 메시아적 성격을 지닌 하나님의 대리자로서 하나님과 교제하며 자비와 정의와 공의를 수행해야 할 자이기 때문이다(Cooper 1994, 390). 에스겔은 인도자를 따라 성전 앞에 이르러서 여호와의 영광이 성전에 가득한 것을 보았다(겔 44:4). 어떤 사람이 여호와의 영광을 보고 교제할 수 있는가? 에스겔이 하나님의 영광을 대면했을 때 하나님은 에스겔에게 과거 이스라엘이 성전을 더럽힌 일을 상기시키며 어떤 사람이 성소에 들어갈 수 있고 어떤 사람이 들어갈 수 없는지 말씀해 주셨다(겔 44:5-8). 이방인이라도 할례를 받으면 언약에 참여할 수 있으나 몸과 마음에 할례를 받지 않으면 성소에 들어갈 수 없다고 하셨다(겔 44:9; 참조. 창 17:12-13).

여호와의 영광이 머무는 성소에 들어가 이곳에서 수종드는 레위인에게 규정을 주셨다. 이 점을 다음과 같은 평행구조로 설명한다.

A 과거 죄 : 우상을 섬김(겔 44:10a)
B 결과 : 그들의 죄악을 담당하리라(겔 44:10b)
C 새로운 임무 : 성소에서 봉사하는 은혜를 주심(겔 44:11)
A′ 과거 죄 : 우상을 섬겨 백성을 넘어지게 함(겔 44:12)
B′ 결과 : 제사장 직분을 제한하여 죄를 담당하게 함(겔 44:13)
C′ 새로운 임무 : 성전에서 수종 드는 은혜를 주심(겔 44:14)

레위인들은 그들이 지은 죄를 담당함으로 성전을 지키고 성전에서 행하는 모든 일을 수종들 수 있었다. 하지만 이스라엘이 범죄할 때 레위인 가운데 사독 자손들은 성소의 직분을 지켰기 때문에 제사장으로 직분을 수행하여 기름과 피를 하나님께 드릴 수 있다(겔 44:15-16). 이것은 율법대로라면 사독 자손은 대속죄일에 피를 들고 지성소에 들어갈 수 있었음을 보여준다(참조. 레 16:16).[55] 사독 자손의 조상은 다윗 시대에 아비아달과 함께 제사장으로 있었다(삼하 8:17; 15:24). 그러나 엘리 대제사장의 아들 홉니와 비느하스가 성소를 더럽힌 일로 사독 자손이 그 자리를 대신하게 되었다(왕상 2:27, 35; 참조. 삼상 2:27-36).

d. 사독 자손 제사장들의 규례(겔 44:17-27)

성소에 들어오는 제사장들은 양털 옷을 입지 말고 가벼운 가는 베옷을 입어야 한다(겔 44:17-18). 그들이 바깥뜰 백성들에게 나갈 때 수종드는 옷을 거룩한 방에 두고 다른 옷을

55 블락(Block 1998, 637)은 피와 기름을 드릴 수 있었다고 해서 대속죄일에 지성소에 들어갈 수 있다는 것을 말하는 것은 아니라고 했다.

입어야 한다(겔 44:19). 그 이유를 "그 옷으로 백성을 거룩하게 할까 함이라"라고 했다. 문자적으로 이 번역도 가능하나 이 의미는 표준새번역 성경이 "백성이 예복에 닿아 해를 입는 일이 있어서는 안 된다"라고 번역한 것처럼 백성들에게 거룩한 것과 속된 것을 구별하여 그들이 해를 입지 않도록 하려는 것이다. 또 제사장들은 머리털을 밀지도 말고 길게 자라게도 말고 과부나 이혼한 여인에게 장가들지도 말아야 하고, 성소에서 수종들기 위해 속죄제를 드려야 했다. 이러한 규례는 거룩한 것과 속된 것을 구별하려는 것이다.

e. 제사장들의 기업(겔 44:28-31)

제사장들에게는 하나님이 기업이 되시기 때문에 그들에게 기업을 주지 말아야 한다(겔 44:28). 이것은 하나님이 제사장들을 돌보시기 때문이다. 즉 여호와께서 제사장들을 신비한 방법으로 돌보실 뿐만 아니라 여호와께 드리는 소제와 속죄제와 속건제의 제물을 먹게 했고, 각종 처음 익은 열매와 첫 밀가루 등을 주므로 돌보셨다(겔 44:29-30a). 이것은 제사장 직분을 잘 수행하여 백성들이 복을 받게 하려는 것이다(겔 44:30).

f. 제사장들과 레위인들과 왕들의 땅(겔 45:1-8)

땅을 분배할 때 한 구역을 거룩한 땅으로 삼아 여호와께 예물로 드려야 한다. 이에 대한 기록은 도표의 도움으로 쉽게 이해할 수 있다. 이 도표는 땅의 중앙 부분을 도식화한 것이다.[56] 이 내용을 에스겔 48:8-22에서 반복하고 있다. 이 땅 분배의 원칙은 거룩함이다. 이 짧은 단락에 '거룩'이라는 단어가 9번이 나온다(겔 45:1$^{\times 2}$, 2, 3$^{\times 2}$, 4, 6, 7$^{\times 2}$). 하나님은 새 땅에서 다스릴 왕을 가리켜 '나의 왕들'이라고 부르신다. 하나님이 그들을 세워 다시는 하나님의 백성들을 압제하지 아니할 것이라고 하셨다(겔 45:8).

56 이 도표는 블락(Block 1998, 733)의 도표를 참조했다.

유다
25000

성소
500 X 500
□
제사장

10000

군주의 땅

레위

10000

10000 5000 10000

군주의 땅

성읍

5000

250 + 4500 + 250
베냐민

g. 정의를 위한 요구(겔 45:9-12)

통치자들은 포악과 겁탈을 버리고, 정의와 공의를 행하고, 백성을 속여서 빼앗아서는 안 된다(겔 45:9). 공정한 경제 질서와 공평한 사회를 위해 바른 도량형, 곧 무게를 재는 저울과 마른 것(dry measure)을 재는 에바(약 22리터)와 액체(liquid measure)를 재는 밧(bath)을 공정하게 사용해야 한다. 에바와 밧은 1/10호멜(1호멜은 약 220리터)을 담아야 한다. 무게를 재는 한 세겔(shekel)은 20게라(gerah), 20세겔+25세겔+15세겔의 합 60세겔은 한 마네(mina)가 되어야 한다(겔 45:10-12). 이것은 통치자는 공평하고 정직한 사회질서를 이루어야 한다는 것이다.

h. 왕에게 드릴 예물(겔 45:13-17)

공정한 도량형을 바탕으로 백성이 왕에게 드릴 예물 또는 세금은 밀 한 호멜의 밀에서는 1/6에바, 곧 보리 한 호멜에서는 1/60에바, 한 고르(= 호멜)의 기름에서는 1/10밧, 곧 1/100호멜, 양 200마리당 1마리를 바쳐야 한다(겔 45:13-15). 왕은 이것들을 백성을 속죄하기 위해 사용해야 한다. 왜냐하면 군주의 본분은 이스라엘의 모든 절기에 드릴 속죄제와 소제와 번제와 감사의 제물을 준비해야 하기 때문이다(겔 45:15-17). 이 군주는 정치적 성격에 강조점이 있기보다는 하나님을 섬기도록 돕는 제의적 성격에 강조점이 있다.

i. 절기와 안식일에 대한 규례(겔 45:18-46:15)

제사장은 첫째 달 초하루에 속죄제를 드려 성전을 정결하게 해야 한다(겔 45:18–20). 이 일은 1년 중 처음 시작하는 날로 이스라엘 백성으로 하여금 하나님과의 관계에서 과거 삶을 회개하고 새로운 삶을 살게 하려는 것이다. 그리고 그들이 지켜야 할 절기는 유월절(겔 45:21–24), 초막절(겔 45:25; 참조. 레 23:39–44; 신 16:13, 16), 안식일과 초하루(겔 46:1–12), 매일 드리는 아침 제사(겔 46:13–15) 등이다. 여기서 주목해 볼 수 있는 것은 왕이 유월절을 주관하고 있다는 것이다(겔 45:22). 이것은 요시야 시대 유월절을 생각나게 한다(참조. 대하 35:7–9). 또한 군주는 동쪽 문으로 들어오지만 백성들은 북문으로 들어온 자는 남문으로 나가고 남문으로 들어온 자는 북문으로 나갔다(겔 46:2, 9, 12).

j. 군주와 기업(겔 46:16-18)

군주가 그 아들에게 기업을 주면 그 기업은 그 자손에게 속하고, 군주가 그의 종에게 기업을 주면 희년까지 그 종에게 속한다(겔 46:16–17). 군주는 백성의 기업을 빼앗아 그 기업에서 쫓아내어서는 안 된다(겔 46:18). 군주는 자기 백성의 기업을 보호해야 할 책임이 있다.

k. 성전 부엌(겔 46:19-24)

에스겔을 안내하는 천사가 에스겔을 데리고 제사장의 부엌(겔 46:19–20; 참조. 겔 42:1–13)과 성전에서 수종드는 자가 백성의 희생제물을 삶는 부엌(겔 46:21–24)을 보여주었다. 성경에 부엌이 있었음을 알게 해주는 곳을 여럿이 있지만(참조. 신 16:7; 대하 35:11–13; 삼상 2:12–15) 여기서 구체적으로 부엌의 위치와 역할을 설명해 준다.

④ 생명의 강(겔 47:1–12)

이 단락은 에스겔 40–46장에 길게 묘사한 성전에서 흘러나오는 물로 땅을 회복하는 내용을 머리에 그려지듯이 기록하고 있다.

a. 에스겔이 성전에 관하여 본 환상의 내용(겔 47:1-7)

인도자의 인도로 에스겔은 성전 문에 이르게 되었다. 성전의 앞면이 동쪽을 향하고 있었는데 이는 성전의 입구가 동쪽이라는 뜻이다. 그런데 성전 문지방 밑에서 물이 나와 동쪽으로 흐르다가 성전 오른쪽 제단 남쪽으로 흐르는 것을 보았다(겔 45:1). 또 북문으로 나가서 바깥 길로 꺾여 동쪽을 향한 바깥문에서 보니 물이 그 오른쪽에서 스며 나오는 것을 보았다(겔 45:2).

인도자가 손에 줄을 잡고 동쪽으로 나아가 첫 번째로 천 척을 측량한 후에 에스겔에게 물을 건너게 하였는데 물이 그의 발목에 올랐다(겔 47:3). 두 번째는 무릎, 세 번째는 허리, 그리고 네 번째 천 척을 측량하였을 때는 물이 에스겔이 능히 건널 수 없는 깊은 강이 되었다(겔 47:4–5). 일천 척은 에스겔서의 기준자(55cm. 참조. 겔 40:5)로 약 550미터다. 이어서 인도자는 에스겔을 강가로 돌아가게 하여 강 좌우편에 나무가 심히 많았음을 보여준다(겔 40:6–7).

b. **에스겔이 성전에 관하여 본 환상의 의미(겔 47:8-12)**

인도하는 자는 에스겔이 본 환상을 설명해 주었다. 인도자는 에스겔이 본 물이 동쪽으로 향하여 흘러 아라바로 내려가서 바다에 이르게 될 것인데 이 물로 그 바다의 물이 되살아날 것이라고 하였다(겔 47:8). 이 바다를 지중해를 말하는 것으로 보기도 하나 강물이 흘러가는 방향으로 볼 때 지중해로 갈 수 없다. 지중해는 서쪽에 있기 때문이다. 아라바로 내려간다는 것은 사해를 말한다. 성경에 이 바다를 가리켜 일반적으로 '염해' 곧 '소금바다'(얌 하멜라흐, יָם הַמֶּלַח)라고 했다(창 14:3; 민 34:3, 12; 신 3:17; 수 3:16; 12:3; 15:2, 5; 18:19). 성경에 이 바다를 가리켜 '아라바의 바다'(신 3:17; 4:49; 수 3:16; 12:3, 왕하 14:25), 또는 '동해'(겔 47:18; 욜 2:20)라고 부르기도 한다. 일반적으로 많이 사용하는 '사해'는 주후 2세기경에 파우사니아(Pausania)와 저스틴(Justin)에 의해 처음 사용되어 지금까지 전해진 것으로 알려져 있다. 하지만 성경에는 사해라는 표현이 없다. 현재 아라비아 학자들은 이 바다를 '롯의 바다'(Bahr Lut)라고 부르고 있다(Morton, 1989, 788–790). 일반적으로 바다의 염도가 3.5에서 5% 정도가 된다. 그런데 염해의 염도는 18%가 되었는데, 오늘날은 염도가 더 진해져서 26–35% 정도다. 여기에는 몇 가지 중요한 요인이 있다. 가장 중요한 요인은 유황 성분의 물이 솟아난다는 것이고, 다음의 요인은 그곳의 땅이 질소를 많이 함유하고 있다는 것이다. 그리고 세 번째 요인은 물이 밖으로 흘러갈 수가 없다는 것이다. 이 염해는 해하 400미터로 지구 지표면에서 가장 낮은 곳이다. 날씨가 뜨겁고 건조한 기후 역시 염도를 증가시키는 요인이다.

이러한 요인을 고려해 볼 때 이 지역은 아브라함 시대에 소돔과 고모라의 죄악으로 인하여 하나님의 심판을 받았기 때문이라는 것을 짐작할 수 있다. 하나님께서 하늘에서 유황과 불을 비같이 내리게 하셨고(창 19:24), 롯의 아내가 소돔과 고모라에 두고 온 재물을 생각하고 뒤를 돌아볼 때 소금기둥이 되게 하셨다(창 19:26). 소돔과 고모라가 그 죄악으로 인하여 멸망하기 전에는 물이 넉넉하고 여호와의 동산 같고 애굽 땅과 같이 비옥했다(창 13:10). 하지만 하나님의 심판을 받아 유황불이 하늘에서 내리고 땅은 소금기둥이 생길 정도로 척박해졌다. 그런데 바로 그 염해 물이 되살아나게 될 것이라고 하셨다.

물에 대한 설명은 여기에 그치지 않는다. 이 강물이 흘러가는 곳곳마다 생물이 살고 또한 고기가 심히 많아지게 되고 강 좌우편에는 각종 실과나무가 자라서 그 잎이 시들지 않고 달마다 새 실과를 먹게 될 것이다(겔 47:9-12). 염해 주변인 엔게디에서부터 에네글라임이라는 구체적인 지명까지 언급하여 그물 치는 곳이 될 것이라고 하셨다. 성전에서 나오는 강물이 이르는 곳마다 바닷물이 되살아나고 각처에서 모든 것이 되살아나고 열매가 열리고, 그 잎사귀는 치료하는 약 재료가 된다고 하셨다. 그래서 이 강물을 가리켜 '생명의 강'이라고 부른다.

그런데 다 되살아나는데 진펄과 개펄은 되살아나지 아니할 것이다. 생명의 강이 흘러가는 곳마다 만물이 새롭게 변하는데 왜 진펄과 개펄은 그냥 둘까? 진펄과 개펄은 소금 땅이 된 채로 그냥 둘 것이라고 했는데 이것은 의도적이다. 이것은 염해와 그 주변에서 발견된 미네랄이 풍부한 진펄과 개펄이 경제적으로 많은 유익을 주기 때문이다. 실제로 지금 염해 주변에 유명한 사해 소금이 생산되고 질 좋은 화장품과 치료약으로 인하여 경제적인 이익을 많이 준다. 이는 생명의 강이 흘러가는 곳마다 생명이 살고 나무가 무성하게 되겠지만 개펄과 진펄만은 그냥 두어서 유용하게 하시겠다는 뜻으로 보인다. 모든 것이 소생하는 이유는 그 물이 성소를 통하여 나오기 때문이다(47:12). 성전 중앙에서 흘러나온 물은 강을 이루어 죄로 인하여 저주를 받은 땅을 회복하여 만물이 되살아나게 된다는 것이다.

c. 에스겔이 성전에 관하여 본 환상의 구속사적 의미

에스겔이 환상 가운데 본 성전에서 흘러나온 물을 어떻게 이해해야 하는가? 구속사적으로 보아 삼중적인 의미가 있는 것을 보아야 한다. 그것은 마치 줌 렌즈(zoom lens)로 가까운 데서 먼 곳을 바라보듯이 보아야 한다. 가장 가까운 단계는 당시 이스라엘 백성들을 위한 것이고, 다음 단계는 그리스도 안에서 이루실 성도와 교회와 하나님 나라에 대한 것이고, 마지막 단계는 그리스도께서 재림하시면 완성될 완전한 하나님 나라에서 하나님과 교제하는 단계다. 첫 번째 단계는 에스겔 당시 바벨론 포로생활을 하고 있었던 이스라엘 백성들에 주신 말씀으로 성전이 다시 건축될 될 것이고, 하나님과 교제하면서 땅이 다시 복을 받게 될 것을 말한다. 하나님이 말씀하신 대로 이스라엘 백성들을 바벨론 포로에서 돌아오게 하셨다(스 1:1–6). 그들이 성전을 재건하고 하나님과의 관계를 회복할 때 다시금 번성함을 주셨다. 염해 주변의 진펄과 개펄을 그대로 두심으로 경제적으로 큰 유익이 있게 하셨다. 하지만 그들이 성전을 멀리하고 하나님을 떠나기 시작하자 다시 황폐하게 하시고 예수님이 십자가에 죽으신 이후에 성전이 파괴되었다. 이후 이슬람이 그곳을 오랜 세월 동안 지배하다가 십자군 원정으로 기독교는 씻을 수 없는 죄악을 범하여 지금까지 세상의 화약고로 변해 있다. 그렇다면 에스겔이 본 성전은 단순히 국가적인 이스라엘의 회복만을 말하는 것은 아니다.

두 번째 단계는 신약시대에 그리스도가 오심으로 회복될 성전을 보여준다. 성전에서 흘러나온 물이 온 세상을 회복한다. 구약시대의 성막이나 성전이 가지고 있는 의미는 두 가지다. 하나는 하나님이 이곳에 임재해 계시고 자기 백성과 만나 교제하신다는 것이고, 또 하나는 하나님이 통치하신다는 것이다. 구약시대에는 이스라엘 백성들이 성전에 출입하여 하나님과 교제하며 세상을 통치하는 특권을 받았지만 그 사명을 감당하지 못하자 그리스도께서 육신의 몸을 입으시고 이 세상에 오셔서 십자가에 죽으심으로 구약의 성전이 가지고 있는 의미를 성취하셨다(막 15:37–38; 히 10:19–20). 이뿐만 아니라 이 땅에 사는 성도들을 하나님의 성소로 삼으시고 그들과 교제하시며 세상을 통치하신다(고전 3:16). 이 개념은 성도들을 하나님이 임재하시는 장소요 성도 안에 하나님의 보좌를 두시고 세상을 통치하시는 수단으로 삼으신다는 것이다(참조. 겔 43:7). 이것이 성도의 위치이고 영광이다.

그러면 성전 된 우리와 교회는 무엇을 통하여 죄로 인하여 왜곡되고 변질된 온 세상을 회복할 수 있겠는가? 성전의 문지방에서 흘러나온 물이 강을 이루어 만물을 되살리듯이 성전 된 우리와 교회를 통하여 흘러나온 물로 온 세상을 회복하여 새로운 세상을 만들어 가야 한다. 성전에서 나온 물이 무엇을 의미하는지 예수님이 요한복음 7:37–39에 하신 말씀에서 중요한 실마리를 얻을 수 있다.

> 명절 끝 날, 곧 큰 날에 예수께서 서서 외쳐 이르시되 누구든지 목마르거든 내게로 와서 마시라 나를 믿는 자는 성경에 이름과 같이 그 배에서 생수의 강이 흘러나오리라 하시니 이는 그를 믿는 자들이 받을 성령을 가리켜 말씀하신 것이라 (예수께서 아직 영광을 받지 않으셨으므로 성령이 아직 그들에게 계시지 아니하시더라)

여기에 '성경에 이름과 같이'라고 하셨을 때 예수님은 에스겔 47:1–12을 염두에 두고 말씀하셨다(Byun 1992, 162–165). 죄로 말미암아 왜곡되고 변질된 세상을 치료하고 회복하는 일은 어떻게 가능한가? 그것은 그리스도 안에서 그의 성령이 거하는 성전 된 성도와 그가 전파하는 하나님의 말씀을 통해 가능하다.

성전에서 나오는 물이 강을 이루어 천하를 덮은 다음에 기록한 본문이 에스겔 47:13–48:35에 기록된 땅의 경계에 대한 내용이다. 이 땅은 지금의 이스라엘을 말하는 것이 아니다. 성전을 통하여 생명의 강을 흘려보내어 만들 새로운 세상을 말한다. 지도의 도표에서 보듯이 정 중앙에 있는 성전에 하나님이 임재하시고 온 세상을 회복하실 것을 보여주시는 것이다.

세 번째 단계는 그리스도께서 재림하심으로 완성될 하나님 나라다. 에스겔 47:9–12에 묘사하고 있는 대로 강물이 흘러가는 곳곳마다 생물이 살고 또한 고기가 심히 많아지게 되고 강 좌우편에는 각종 실과나무가 자라서 그 잎이 시들지 않고 달마다 새 실과를 먹게 되는 곳은 어디인가? 요한계시록 22:1–5에서 이 나라의 아름다운 미래를 보여주셨다.

> 또 그가 수정 같이 맑은 생명수의 강을 내게 보이니 하나님과 및 어린 양의 보좌로부터 나와서 길 가운데로 흐르더라 강 좌우에 생명나무가 있어 열두 가지 열매를 맺되 달마다 그 열매를 맺고 그 나무 잎사귀들은 만국을 치료하기 위하여 있더라 다시 저주가 없으며 하나님과 그 어린 양의 보좌가 그 가운데에 있으리니 그의 종들이 그를 섬기며 그의 얼굴을 볼 터이요 그의 이름도 그들의 이마에 있으리라 다시 밤이 없겠고 등불과 햇빛이 쓸 데 없으니 이는 주 하나님이 그들에게 비치심이라 그들이 세세토록 왕 노릇 하리로다

세상을 회복하는 이 일을 세상의 정부나 기업에 주지 않고 성도와 교회에 주셨다. 이것이 성도로 부름을 받아 하나님의 성령이 우리 가운데 내주해 있는 우리 성도와 교회의 특권이요 영광이다. 구약시대에 하나님이 성전에 거하시며 그의 영광을 나타내셨던 것처럼 오늘날 그리스도 안에서 성전인 성도와 교회는 죄로 말미암아 저주를 받아 미움과 다툼이 있고, 고통과 아픔과 죽음이 있는 이 세상에 생명을 주는 자로 봉사해야 할 책임이 있다.

⑤ 이스라엘 땅의 회복(겔 47:13-48:29)

에스겔 47:13부터 48:29까지는 한 문학 단위다. 왜냐하면 하나님이 땅을 공평하게 분배하라고 하시고 그 말씀대로 분배하여 기업이 되게 할 땅이라는 형식으로 마치기 때문이다(Block 1998, 703). 에스겔이 환상 가운데 본 새 나라는 새로운 땅에서 새로운 성전과 새로운 삶의 양식과 질을 포함하고 있다(Cooper 1994, 415). 성전에서 나오는 물이 강을 이루어 천하를 덮은 이후 세우실 새로운 세상이 어떠한지를 보여준다. 에스겔이 환상 중에 본 땅의 경계에 대해 가운데 다음의 도표를 참조하라.

에스겔이 환상 중에 본 땅의 경계(겔 47:13-48:29)

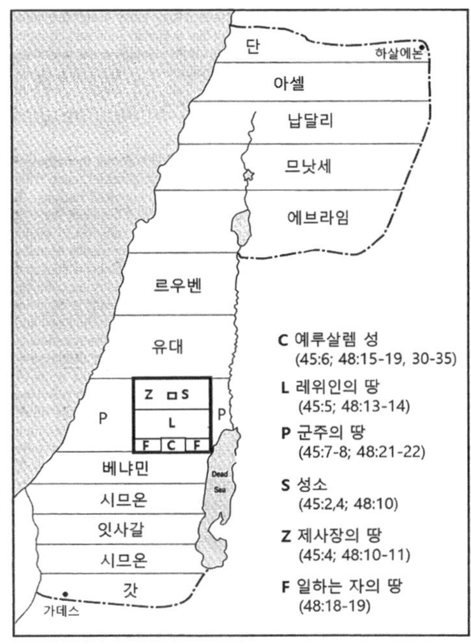

a. **땅의 경계와 분배(겔 47:13-23)**

하나님은 이스라엘 열두 지파에게 땅을 공평하게 나누어 기업이 되게 하라고 하셨다(겔 47:13-14). 이 땅에 대해 하나님이 "너희 조상들에게 주겠다고 하였나니"라고 하신 것으로 보아 아브라함과 이삭과 야곱에게 약속하신 땅을 성취하시겠다는 것이다(참조. 창 12:15; 15:7-21; 17:1-14; 28:13; 25:12). 이 땅에 대한 약속은 단순히 당시 바벨론 포로생활을 하던 이스라엘이 차지하게 될 물리적인 약속만이 아니라 아브라함에게 약속하신 땅이 궁극적으로 지향하는 완전한 하나님 나라에 대한 약속이다. 히브리서 저자는 히브리어 11:13-16에 잘 설명했다.

> 이 사람들은 다 믿음을 따라 죽었으며 약속을 받지 못하였으되 그것들을 멀리서 보고 환영하며 또 땅에서는 외국인과 나그네임을 증언하였으니 그들이 이같이 말하는 것은 자기들이 본향 찾는 자임을 나타냄이라 그들이 나온바 본향을 생각하였더라면 돌아갈 기회가 있었으려니와 그들이 이제는 더 나은 본향을 사모하니 곧 하늘에 있는 것이라 이러므로 하나님이 그들의 하나님이라 일컬음 받으심을 부끄러워하지 아니하시고 그들을 위하여 한 성을 예비하셨느니라

하나님은 이스라엘이 차지할 땅의 경계선까지 정해 주셨다. 북쪽은 대해에서 하살에논까지, 동쪽은 길르앗과 이스라엘 땅 사이에 있는 요단강, 남쪽은 가데스, 서쪽은 대해다(겔 47:15-20).[57] 특이한 것은 이 땅을 제비 뽑아 나누되 이스라엘 가운데 머물러 사는 타국인들도 함께 기업을 얻게 했다는 점이다(겔 47:22-23). 하나님은 아브라함에게 할례를 명하실 때 집에서 난 자만 아니라 이방 사람에게서 돈으로 산 자도 할례를 받아 언약의 복을 받게 하셨다(창 17:12-13). 이들은 성경의 종교와 법을 받아들인 개종자로 이사야 56:3-8에 기록된 것과 같이 이들에게 이스라엘 백성들과 동일한 권리와 특권이 부여되었다(Cooper 1994, 417).

b. 북쪽 일곱 지파가 분배받은 땅(겔 48:1-7)

북쪽 끝에서부터 다메섹 하살에논까지 단, 단 경계선 다음으로 동쪽에서 서쪽으로 아셀, 그 다음은 납달리, 그 다음은 므낫세, 그 다음은 에브라임, 그 다음은 르우벤, 그 다음은 유다다(겔 48:1-7).

c. 예물로 드릴 땅(겔 48:8-22)

이 문단의 내용 대부분은 에스겔 45:1-8에 설명한 것을 확장한 것이다. 유다 경계선 다음으로 길이는 동쪽과 서쪽으로 같고, 너비(폭)는 이만 오천 척(규빗)이고 성소는 그 중앙에 있다(겔 48:8). 제사장의 땅은 너비(폭)가 이만 오천 척이고 동쪽과 서쪽이 각각 일만 척이다(겔 48:9-10). 레위인의 땅은 제사장의 경계선을 따라 길이가 이만 오천 척이고 너비가 각각 일만 척이다(겔 48:13). 이 땅은 여호와께 구별된 땅이기에 팔 수 없다(겔 48:14). 에스겔 45:1-8과 다른 부분은 성읍의 기지에 관한 것으로 동서남북 사천 오백 척이다(겔 45:6; 48:15-16). 이 성읍의 기지는 중앙에 있는 성읍과 그 둘레의 땅으로 이루어져 있다. 성읍에서 일하는 자들이 이 땅을 경작할 것이고 그 소산은 일하는 자의 양식이 될 것이다(겔 48:17-19). 예물로 드리는 땅의 합계는 길이와 너비가 이만 오천 척이며 성읍의 기지와 합하여 네모반듯하다(겔 38:20).

d. 남쪽 다섯 지파가 분배받은 땅(겔 48:23-29)

예물로 드린 땅 아래로 동쪽에서 서쪽까지 베냐민, 베냐민 경계선 다음으로 시므온,

57 이 문단에 언급된 지역과 현재 위치에 대해서는 테일러(Taylor 1969, 280-282)의 주석을 참조하라.

시므온 경계선 다음으로 잇사갈, 잇사갈 경계선 다음으로 스불론, 스불론 경계선 다음으로 갓이다(겔 48:23-27). 갓 경계선은 다말에서부터 애굽 시내를 따라 대해에 이른다(겔 48:28). 이것이 하나님이 명하신 대로 이스라엘 각 지파에게 나누어 줄 기업이다(겔 48:29).

⑥ 새로운 성읍 예루살렘(겔 48:30-35)

이 문단은 거룩하게 구별하여 드릴 땅에 있는 새로운 성읍인 예루살렘 성에 대한 묘사다. 이 성읍의 북쪽, 동쪽, 남쪽, 서쪽이 모두 너비가 사천 오백 척(겔 48:30, 32, 33, 34)인 정방형이다. 이 성읍의 문은 각 지파의 이름을 따라 각 방향 문이 세 개씩 북쪽은 르우벤, 유다, 레위 문이며, 동쪽은 요셉, 베냐민, 단 문이고, 남쪽은 시므온, 잇사갈, 스불론 문이고, 서쪽은 갓, 아셀, 납달리 문이다(겔 48:30-34). 이 사방의 합이 만팔천 척이다. 성읍에 대한 에스겔의 묘사는 요한이 본 환상인 새 예루살렘의 열두 문과 유사하다(계 21:12-14). 이 성에 문이 있다는 것은 이 성읍으로 들어갈 수 있음을 의미한다.

새 예루살렘에 있는 성읍의 이름은 '여호와 삼마'(יְהוָה שָׁמָּה)다(겔 48:35). 이는 '여호와께서 거기에 계신다'라는 뜻이다. 이 새 이름은 에스겔이 처음 환상을 볼 때 이스라엘의 범죄로 말미암아 성전에서 여호와의 영광이 떠나는 사건(겔 10:1-11:25)과 대조적으로 다시는 떠나지 아니하시고 영원히 자기 백성과 함께 계신다는 것을 의미한다. 에스겔 40장부터 48장까지 성전에 대한 환상의 목표는 회개와 신실함과 소망을 격려하려는 것이다. 회개는 과거의 죄에 대한 것이고 신실함은 현재의 어려움을 극복하려는 자세이고 소망은 하나님의 은혜로 주실 밝은 미래에 대한 것이다(Duguid 1999, 548).

그런데 에스겔에게 보여준 이 성전에 대한 환상은 언제 성취될 것인가? 구속사의 마지막 단계를 보여주는 요한계시록에는 에스겔과 같이 열두 문이 있고 그 위에 열두 지파의 이름이 기록되어 있다(계 21:12). 하지만 그 성읍에는 성전이 없다. 그 이유는 여호와 하나님과 어린 양이 성전이 되시기 때문이다(계 21:22). 게다가 에스겔 성전은 한 면이 사천오백 척(4,500×55=2,475km)의 정방형이지만 요한이 본 성전은 만이천 스다디온(12,000×192=23km)의 정육면체이다(계 계 21:16). 이것은 길이와 너비와 높이가 같은 구약의 지성소의 정육면체 이미지를 사용하여 하나님이 임재하시는 완전한 하나님 나라를 유형적으로 보여준다(참조. 출 6:15-37; 왕상 6:20). 그러므로 에스겔의 성전은 그리스도의 구속사역으로 그리스도께서 성도들과 함께 교제하심으로 부분적으로 성취되었지만 완전한 성취는 그리스도의 재림으로 이루어질 하나님 나라를 보여준다(참조. 막 15:37-38; 고후 6:16). 우리는 그리스도의 재림으로 완성될 흔들리지 않는 이 나라를 받았기에 경건함과 두려움으로 하나님을 섬겨야 한다(히 12:22-29).

V. 구속사적 의미

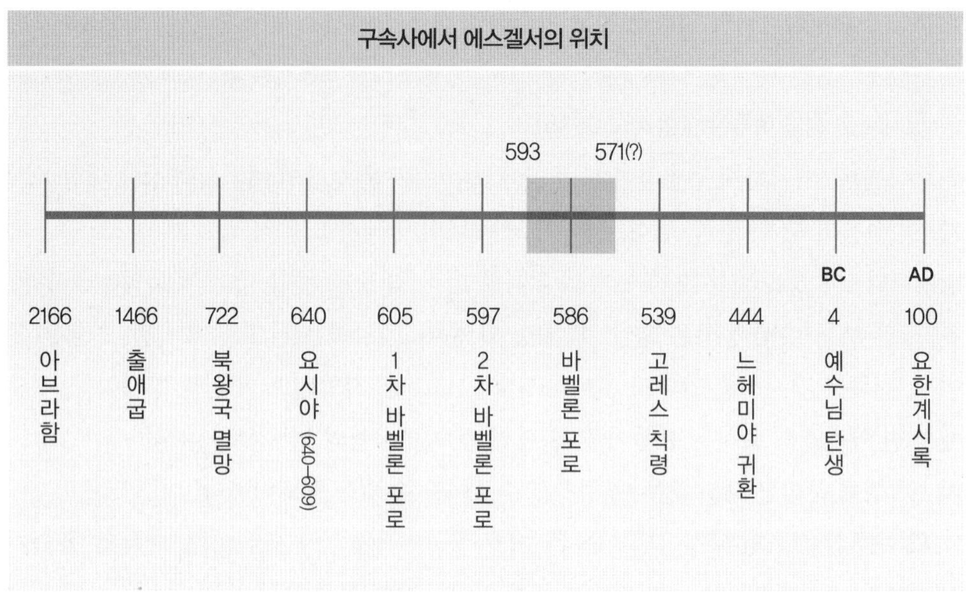

에스겔서는 유다 왕 여호야긴이 포로로 끌려간 지 5년(주전 593년)부터 이스라엘의 회복에 관한 말씀을 주신 때인 사로잡힌 지 25년(주전 573년, 겔 40:1)과 두로에 관한 말씀을 주신 때인 27년(주전 571년, 겔 29:17)까지의 구속사를 담고 있다. 이 구속사는 에스겔 선지자가 살았던 시대에 하나님의 말씀을 적용할 뿐만 아니라 먼 미래에 그리스도가 오셔서 완전한 하나님 나라를 이루시는 날(겔 48:30-35)까지의 구속사를 담고 있다.

에스겔서의 구속사에서 하나님은 이스라엘 백성을 근본적으로 회복시켜 그들을 통해 작정하신 구속사를 이루심을 보여준다. 특이한 점은 회복에 관한 약속은 이스라엘의 회개에 달린 문제가 아니라 회개로 이끄시는 하나님의 은혜로운 행위에 달려있다는 것이다(신득일 2012, 467). 그것은 하나님이 그의 영을 자기 백성의 속에 두어 새 마음을 주시고 율례를 지켜 행하게 하실 것이기 때문이다(겔 36:26-27; 37:14).

또 하나님은 그의 종 다윗을 세워 자기 백성을 다스려 율례를 지켜 행하게 하는 화평의 언약을 세워 하나님의 성소가 영원히 그들 가운데 있게 하실 것을 보여준다. 이를 통해 하나님은 이스라엘을 거룩하게 하시는 분이 여호와인 줄을 열국으로 알게 하실 것이다(겔 37:24-28). 하나님이 자기 백성 가운데 임재하여 영원히 다스리시며 그들의 하나님이 되고 그들은 하나님의 백성이 되어 주실 것을 선명하게 보여주는 본문이 에스겔 40:1-48:35이다. 여기서 회복된 성전에 대해 자세히 기록하다. 성전은 하나님이 자기 백성 가운데 임재하시며 그들과 교제하시는 곳이다(참조. 출 25:8, 22; 29:42–46). 그래서 그 곳의 이름을 '여호와 삼마'(יְהוָה שָׁמָּה)라 할 것이다(겔 48:35). '여호와 삼마'는 '여호와께서 거기에 계신다'라는 뜻이다.

신약에서 에스겔서의 직접적 혹은 간접적 인용구들은 적어도 65개 정도 나오는데, 그 중에서 48개는 계시록에 나온다(Lasor 1992, 478). 신약의 바울서신과 요한계시록을 읽을 때 에스겔서의 표현들과 이미지와 사상들을 많이 접하게 된다. 요한계시록에 나타난 많은 이미지는 에스겔서의 이미지들을 채택한 것이다. 요한은 에스겔서의 이미지와 다니엘서와 이사야서의 이미지들 일부를 결합시켜서 전적으로 새로운 이미지들을 만들었고, 그것을 사용하여 말로 표현할 수 없는 하나님의 위대하심과 그의 행동을 새롭게 표현하였다(피 & 스튜어트 2007, 250). 예를 들면 에스겔 1:5–28에 묘사된 하늘 보좌의 환상은 요한계시록 4:5–9의 이미지와 거의 동일하다. 특히 에스겔 47:1–2의 생명의 강은 요한계시록 22:1–5에서 사도 요한이 채택한 이미지의 절정이다. 에스겔서에서 다양한 이미지를 통해 표현한 하늘 보좌와 성전은 구속사의 목표인 그리스도의 재림 시에 완성될 것을 보여준다.

에스겔의 구속사에서 언약 백성은 에스겔이 말한 대로 성취되었거나 될 것을 통해 그 역사에서 말씀하신 분이 여호와이신 줄을 알고 하나님을 온전히 신뢰해야 함을 보여준다. 에스겔서에서 "그래서 너희가(그들이) 내가 여호와인 줄 알게 될 것이다"(Then you will know that I am the Lord)라는 구절이 직접적인 표현이 에스겔서 안에 65회, 간접적인 표현까지 합하면 72회가 나타난다.[58] 이것은 하나님이 에스겔을 통해 말씀하신 대로 심판과 회복을 통하여 언약의 백성이나 이방 백성들에게 하나님이 어떤 분이신지 알게 할 뿐만 아니라 하나님이 이루실 구속사의 큰 그림을 보여주어 이스라엘의 독특한 위치를 깨닫게 하고 제사장 나라와 거룩한 백성으로 사명을 다해야 함을 보여준다. 특히 에스겔서에서 이스라엘이 왜 바벨론 포로생활을 할 수밖에 없는지 그 원인이 우상숭배와 언약의 말씀을 배반한 일에 있다는 것을 다양한 방법으로 묘사한다(겔 1:1–24:27).[59] 이것을 통해 언약 백성이 하나님 말씀을 믿고 순종하는 일이 왜 중요한 일인지 보여준다.

58 이 점에 관해 이 책의 서론인 "문학적 구조와 특징"을 참조하라.

59 예를 들면 에스겔 4:1–17; 5:1–12과 12:1–16에서는 퍼포먼스로, 에스겔 16:1–59; 23:1–49에서 알레고리(allegory)로, 에스겔 20:1–31에서 수미쌍관법(inclusio)과 출애굽부터 가나안 시대까지 역사적으로 은혜–반역–은혜라는 구조를 네 번 반복하는 평행구조(parallel structures) 등이다.

다니엘

Daniel

S U M M A R Y

Ⅰ. 저자와 역사적 배경

Ⅱ. 문학적 구조와 특징

Ⅲ. 주제와 기록 목적

Ⅳ. 내용

1. 다니엘의 이야기(단 1:1-6:28)

(1) 서론적 장면 : 다니엘과 그의 친구들(단 1:1-21)

(2) 느부갓네살의 큰 신상에 관한 꿈(단 2:1-49)

(3) 풀무 불 앞에 서 있는 세 친구의 믿음(단 3:1-30)

(4) 느부갓네살의 나무에 관한 꿈(단 4:1-37)

(5) 벨사살의 잔치(단 5:1-31)

(6) 사자 굴에 던져진 다니엘(단 6:1-28)

2. 다니엘의 묵시(단 7:1-12:13)

(1) 네 짐승에 관한 환상(단 7:1-28)

(2) 숫양, 숫염소, 작은 뿔에 관한 환상(단 8:1-27)

(3) 다니엘의 기도와 70이레(단 9:1-27)

(4) 다가올 환난과 승리에 관한 환상(단 10:1-12:13)

Ⅴ. 구속사적 의미

다니엘

다니엘서는 전반부(단 1–6장)와 후반부(단 7–12장)로 구분할 수 있다. 전반부는 3인칭 전지적 시점으로 역사 가운데 실제로 있었던 사건을 기록하고 있다. 그 사건은 바벨론 왕궁을 중심으로 다니엘과 그의 세 친구가 큰 환란 가운데서도 믿음을 지킨 이야기다. 후반부는 다니엘이 1인칭 시점으로 장차 역사 가운데 일어날 사건을 기록하고 있다. 그 사건은 다니엘이 본 환상과 그 환상에 관한 해석을 중심으로 미래에 있게 될 역사를 보여주면서 미래에도 여전히 믿음으로 사는 일이 중요함을 보여준다. 특히 전반부에서 역사에서 있었던 환란 가운데 하나님이 믿음을 지키는 자들을 보호해 주셨던 것처럼 후반부에서는 묵시적 언어로 미래에도 하나님이 믿음을 지키는 자들을 보호해 주실 것을 보여준다.

I. 저자와 역사적 배경

1. 저자

다니엘(Daniel)이라는 책 이름은 이 책의 주요 인물인 '다니엘'(דָּנִיֵּאל)이라는 이름에서 왔다. 이 이름의 뜻은 '나의 재판관은 하나님이시다'라는 뜻이다. 현대의 비평학자들은 다니엘이 저자가 아니라 이름을 알 수 없는 다른 저자가 주전 약 165년경에 저술했다고 보았다.[1] 그것은 안티오커스 IV 에피파네스(주전 175–164) 시대까지의 역사를 상세하게 기술하고 있기 때문이다. 그러나 하나님이 자신의 주권과 능력을 증명하시고 하나님의 백성을 위로하시기 위한 수단으로 초자연적으로 계시하실 뿐만 아니라 앞의 일을 보여주

1 타우너(Towner 1984, 115)는 다니엘이 주전 6세기에 제시된 미래에 관한 청사진이 아니라 다른 저자가 주전 167–164년에 일어났던 사건에 대해 해석한 것이라고 했다. 그는 성경에 기록된 사건 이후의 예언임을 전제해야 한다고 하며 그 이유를 인간은 장래의 사건을 수백 년 전에 정확하게 예견할 수 있는 능력이 없기 때문이라고 했다.

실 수 있다는 사실을 믿는 성도에게는 문제가 되지 않는다(참조. 사 41:21-24; 44:6-7).

다니엘이 이 책의 저자라는 몇 가지 내적인 증거가 있다. 첫째, 다니엘 7-12장은 다니엘 자신이 환상을 본 것을 1인칭 시점으로 기록할 뿐만 아니라 다니엘이 직접 다니엘 12:4에 "이 말을 간수하고 이 글을 봉함하라"라는 명령을 받았다는 것이다. 둘째, 책의 통일성 면에서 볼 때 3인칭 시점으로 기록한 다니엘 1-6장도 다니엘이 저자임을 확증한다. 그것은 다니엘 2장의 느부갓네살 왕의 꿈에 관한 다니엘의 해석이 없이는 다니엘 7-8장을 비롯한 후반부의 나머지 묵시를 이해할 수 없기 때문이다. 셋째, 예수님이 멸망의 가증한 것에 대해 다니엘 9:27을 인용하셨을 때 그 말씀을 예언한 사람이 '선지자 다니엘'이라고 말씀하셨다는 것이다(마 24:15).[2]

2. 역사적 배경

다니엘서의 역사적 배경을 이해하는 일은 이 책의 메시지를 이해하는 일에 중요한다. 이 책은 다니엘이 포로로 끌려갈 때의 유대의 상황과 끌려간 후 바벨론의 상황과 연관되어 있다. 이 책에는 역사적 배경을 알려주는 연대기가 있다. 그것은 다음과 같다.

	왕의 재위	연대	근거 본문
유다	여호야김 3년	주전 605	단 1:1
바벨론	느부갓네살 2년	주전 603	단 2:1
	느부갓네살 3년	주전 602	단 4:29
	벨사살 원년	주전 553	단 7:1
	벨사살 3년	주전 550	단 8:1
페르시아	다리오(=고레스) 원년	주전 539	단 9:1
	고레스 원년	주전 539	단 1:21
	고레스 3년	주전 536	단 10:1

다니엘서는 유다 왕 여호야김 3년에 바벨론 왕 느부갓네살이 예루살렘을 포위했고 주께서 유다 왕 여호야김과 하나님의 성전 그릇 얼마를 넘기셨다는 기록으로 시작한다(단 1:1-2). 이때 유다의 왕족 및 귀족이었던 다니엘과 그의 세 친구들이 잡혀 왔고 3년간 바벨론 왕궁에서 교육을 받았다(단 1:3-7). 이 기록을 보면 다니엘이 포로로 잡혀 온 해는 여

2 다니엘서의 저자에 관한 더 자세한 내용은 영(1999, 20-22)과 우드(1995, 22-27)의 책을 참조하라.

호야김 3년(또는 4년), 곧 주전 605년이고 이때 그의 나이는 15세 정도로 본다면 그는 요시야(주전 640-609)가 통치하던 주전 620년경에 출생한 것으로 볼 수 있다(Miller 1994, 43).

다니엘과 그의 세 친구가 포로로 잡혀 온 전후로 주전 586년에 바벨론에 멸망할 때까지 여호아하스(주전 609), 여호야김(주전 609-598), 여호야긴(주전 598/597), 시드기야(주전 597-586)가 통치하던 유다의 정치적 상황은 위태했고 종교적으로 크게 타락했다. 주전 609년에 요시야(주전 640-609)가 앗수르를 돕기 위해 가던 애굽의 바로 느고를 막다가 므깃도에서 전사한 후에 백성들이 요시야의 넷째 아들 여호아하스를 왕으로 세웠으나 3개월 후에 바로 느고가 여호아하스를 애굽으로 잡아 갔고 요시야의 둘째 아들 여호야김(주전 609-598)을 왕으로 세웠다(왕하 23:30-34).

그런데 느부갓네살은 주전 605년에 유브라데 강가 갈그미스에서 애굽의 바로 느고의 군대를 격퇴했다(렘 46:2). 이때 느부갓네살은 유다를 정복하고 다니엘과 그의 친구들을 포로로 잡아갔다(단 1:1-2). 여호야김은 느부갓네살에게 충성을 맹세하고 3년을 섬겼으나 주전 601년에 바벨론을 배반했다(왕하 24:1). 왜냐하면 그때 바벨론이 애굽을 공격했으나 성공하지 못하고 큰 손해를 입고 돌아갔기 때문이다(Pritchard 1969, 564). 그러자 느부갓네살은 주전 598년에 여호야김을 쳐서 바벨론으로 끌고 갔다(참조. 대하 36:6). 그리고 여호야김의 아들 여호야긴(주전 598년)을 왕으로 세운 후 3개월 후에 그와 선지자 에스겔(겔 1:1-2)과 모르드개(에 2:6)를 포함하여 1만 명의 백성을 포로로 잡아가고 유다의 마지막 왕 요시야의 셋째 아들 시드기야를 왕으로 세웠다(왕하 24:12-17). 시드기야는 바벨론의 느부갓네살에 의해 왕이 되어 그의 신하의 나라가 되었는데도 바벨론을 배반했다(왕하 24:20; 대하 36:13). 그래서 느부갓네살은 주전 588년에 예루살렘을 포위하고 도망가던 시드기야를 잡아 그의 아들들을 죽이고 그의 두 눈을 뽑고 바벨론으로 끌고 갔다(렘 39:1-7; 렘 52:7-11; 참조. 왕하 25:3-7). 이는 바벨론에 포로로 끌려갔던 예레미야와 에스겔 선지자가 예언한 대로 성취된 것이다(렘 21:7; 37:17; 겔 12:6, 13). 그러므로 다니엘은 바벨론으로 포로로 잡혀 와서 요시야부터 시드기야까지 다섯 명의 왕이 통치하던 시대를 살았고 예루살렘의 멸망 소식을 들었다. 다니엘의 메시지는 당시 유다의 역사적 상황과 밀접한 연관이 있다.

다니엘은 바벨론 통치 전 기간과 적어도 페르시아의 고레스 3년인 주전 536년까지 살았다(단 10:1). 느부갓네살(주전 605-562)은 주전 605년에 왕이 되었는데 갈그미스에서 애굽과의 전쟁에서 승리한 후 몇 달 뒤에 주전 625년부터 통치한 나보폴라살이 죽었기 때문이다. 그는 바벨론 제국의 가장 뛰어난 군주 가운데 한 명이었다. 그가 통치할 때 경제적, 정치적 힘이 절정에 달했다. 그러나 그가 주전 562년에 죽자 바벨론의 국력이 급격하게 약해졌다. 그가 죽은 후 바벨론은 주전 539년에 메데 페르시아에게 멸망할 때까지 약 23년간 통치한 왕들은 다음과 같다.

왕	연대	폐위 이유
에월-므로닥(Evil-Merodach)	주전 562-560	내리글리사르의 쿠데타
내리글리사르(Neriglissar)	주전 560-556	아들 라바쉬-마르둑에게 계승
라바쉬-마르둑(labashi-Marduk)	주전 556	나보니더스의 쿠데타
나보니더스(Nabonidus) / 벨사살과 공위	주전 556-539	메데 페르시아
벨사살(Belshazzar) / 나보니더스와 공위	주전 553(?)-559	메데 페르시아

바벨론을 멸한 고레스는 페르시아 왕가 출신이었으나 모계는 메데인이었다. 고레스는 지금의 이란 남부 안샨(Anshan)을 다스리던 봉신이었으나 메대인 군주 아스티아게스(Astyages)를 몰아내고 주전 559년에 왕이 되었고 주전 539년에 고레스의 장군 구바루(Gubaru)가 아무런 저항도 받지 않고 바벨론을 점령했다. 고레스가 바벨론에 도착했을 때 시민들은 그를 해방자로 환영했다. 이는 바벨론 왕 나보니더스가 대중에게 외면받았음을 의미한다(루카스 2017, 46-47). 이 고레스가 주전 539년에 유대인 귀환과 성전 건축에 관한 칙령을 반포했다(스 1:2-4). 다니엘은 이 고레스 3년에 환상을 보았다(단 10:1).

그런데 다니엘서는 다니엘이 당시 유다의 왕들과 바벨론의 느부갓네살부터 멸망할 때까지와 고레스가 칙령을 반포한 후 3년 뒤까지 사역한 것으로 나타나 있으나 이후의 역사도 기록하고 있다. 특히 헬라의 알렉산더와 그의 죽음(주전 323) 이후 그의 부하 장군들에 의해 나라가 분할된 역사와 애굽의 톨레미(Ptolemy) 왕국와 메소포타미아의 셀류커스(Seleucus) 왕국에 관한 예언과 안티오커스 IV 에피파네스(Antiochus IV Epiphanes, 주전 175-164) 시대의 역사까지 예언하고 있다. 다니엘이 예언한 그의 사후의 역사도 다니엘서를 이해하는 일에 매우 중요한 요소다.

II. 문학적 구조와 특징

다니엘서는 히브리어와 아람어라는 두 가지 언어로 기록되었다. 다니엘 1:1-2:4a과 8:1-12:13(157 1/2)는 히브리어로 2:4b-7:28(199 1/2)은 아람어로 기록되었다.[3] 당시 아람

3 왜 두 가지 언어로 기록되었는지 그 이유를 결정하는 일은 어렵다. 영(1999, 25)은 세상의 제국들과 하나님의 백성들과

어는 일반적으로 통용되는 언어였고 공적인 법령도 아람어로 기록되었기에 제국 내의 모든 백성은 그것을 읽을 수 있었다. 게다가 다니엘 2–6장은 이방의 왕들에게 관심을 기울이고 있는데 그들의 말과 행동은 유대인만이 아니라 세상의 모든 청중이 이해할 수 있도록 쓰였다. 그리고 다니엘 7장의 네 개의 이방 왕국에 관한 메시지는 이스라엘만이 아니라 전 세계와 관련되어 있기에 아람어로 기록되었다. 다니엘 1:1–2:4a가 히브리어로 쓰인 것은 다니엘과 친구들의 운명과 연관되어 있고 8–12장은 종말론적인 적그리스도를 예표하는 안티오커스 4세 치하에서 유대인의 운명에 관한 것을 기록하기 때문이다(Miller 1994, 47–48). 이는 초점이 다르다는 것이다. 특히 아람어로 된 문단은 다음과 같은 교차대칭 구조로 되어있다(루카스 2017, 88; 피 & 스튜어트 2007, 260). 이 구조는 전반부와 후반부가 한 문맥임을 알게 한다.

A 지상의 네 나라와 하나님 나라에 관한 꿈(단 2:4b–49)
　B 죽음에 직면한 신실한 유대인 이야기(단 3:1–30)
　　C 교만한 왕이 겸비해지는 이야기(단 4:1–37)
　　C′ 교만한 왕이 겸비해지는 이야기(단 5:1–31)
　B′ 죽음에 직면한 신실한 유대인 이야기(단 6:1–28)
A′ 네 나라와 하나님 나라에 대한 환상(단 7:1–28)

이 구조의 외곽 틀(A, A′)은 하나님이 최종적인 절대주권을 가지고 계심과 지상의 모든 나라의 역사가 하나님의 손에 달려있음을 보여준다. 그리고 다니엘 7장에 나오는 네 짐승의 환상은 다니엘 2장에 나오는 느부갓네살의 꿈을 반영하고 있음을 알 수 있다. 특히 다니엘 7장은 책 전체의 중심축일 뿐만 아니라 다니엘 1–6장의 절정이며 다니엘 7–12장의 종말론적 묵시를 푸는 열쇠다(Harman 2007, 28).

다니엘서는 기록 방식에 있어서 특이한 점이 많다. 저자는 다니엘 전반부(단 1–6장)를 3인칭 전지적 시점으로 바벨론 궁정을 중심으로 있었던 사건을 기록했고 후반부(단 7–12장)를 1인칭 시점으로 다니엘이 묵시적 환상으로 본 것을 중심으로 기록했다.

다니엘서는 다른 선지서의 대부분이 운문(= 시)으로 된 것과 다르게 산문으로 되어있으나 이 가운데 전반부는 역사적 사실에 근거한 역사적 내러티브(= 이야기)로 되어있고 후

의 관계에 관한 미래의 역사를 개괄적으로 진술하는 부분은 당시 세상에서 사용하는 언어인 아람어로 썼고 그 역사에 대해 해석하는 부분은 유대인들을 위해 히브리어로 쓰고 있다고 했다.

반부는 묵시적(apocalyptic) 내러티브로 되어있다(Archer & Youngblood 2002, 1318). 이야기로 기록한 것은 추상적인 내용이 아니라 사건이 그림으로 그려져서 내용을 구체적으로 알게 하려는 것이다. 그래서 풍유적인 해석이나 영적으로 감추어진 의미를 찾을 필요가 없다. 그리고 이야기의 각각 부분들은 문맥에서 분리할 수 없고 구속사의 다양한 단계를 고려해야 한다(Harman 2007, 14–15). 묵시적 내러티브는 상징적이며, 이상적이고, 예언적 문학 형식을 띠고 있으며 일반적으로 압제적인 상황에서 기록되었고 신학적 내용에 있어서 주로 종말론적인 주제를 다룬다. 묵시 문학은 무엇보다 언약 백성의 믿음을 격려하기 위한 것이다(Archer & Youngblood 2002, 1318–9). 다니엘서의 언어와 문학적 구조를 이해하는 일은 중요하다. 문학적 구조와 신학적 주제는 밀접하게 연관되어 있기 때문이다(Hill & Walton 1991, 342).

다니엘서의 문학적 구조는 두 개의 언어로 된 부분을 중심으로 나눌 수도 있으나 다니엘의 이야기(단 1:1–6:28)와 다니엘의 묵시(7:1–12:13)라는 두 개의 문학 장르에 따른 구분이 주제를 더 분명하게 알 수 있다.

1. 다니엘의 이야기(단 1:1-6:28)

(1) 서론적 장면 : 다니엘과 그의 친구들(단 1:1–21)
(2) 느부갓네살의 큰 신상에 관한 꿈(단 2:1–49)
(3) 풀무불 앞에 서 있는 세 친구의 믿음(단 3:1–30)
(4) 느부갓네살의 나무에 관한 꿈(단 4:1–37)
(5) 벨사살의 잔치(단 5:1–31)
(6) 사자 굴에 던져진 다니엘(단 6:1–28)

2. 다니엘의 묵시(단 7:1-12:13)

(1) 네 짐승에 관한 환상(단 7:1–28)
(2) 숫양, 숫염소, 작은 뿔에 관한 환상(단 8:1–27)
(3) 다니엘의 기도와 70이레(단 9:1–27)
(4) 다가올 환난과 승리에 관한 환상(단 10:1–12:13)

III. 주제와 기록 목적

다니엘서의 전반부(단 1–6장)는 다니엘과 그의 세 친구인 사드락, 메삭, 아벳느고의 이야기를 담고 있다. 이 이야기에서 하나님은 이스라엘이 비록 포로로 잡혀갔음에도 불구하고 하나님을 경외하는 자들을 지키시고 높이시지만 그를 대적하는 교만한 왕들은 낮추심으로 하나님이 역사를 통치하시는 분임을 보여준다. 후반부(단 7–12장)는 다니엘이 본 환상을 중심으로 기록된 묵시로 바벨론 시대 이후로 있게 될 페르시아, 헬라 시대와 종말론적인 적그리스도를 예표하는 안티오커스 IV 에피파네스(주전 175–164)까지의 역사를 담고 있다. 여기서 하나님은 미래의 역사도 하나님이 통치하시고 환난 가운데서도 믿음을 지키는 자들을 보호하시는 분임을 보여준다. 그래서 다니엘서의 전체 주제는 하나님이 세상의 과거 역사만이 아니라 미래의 역사도 통치하시며 믿음을 지키는 자기 백성을 지키신다는 것이다.[4]

이스라엘 백성은 다니엘서에서 실제 일어났던 역사(단 1–6장)와 앞으로 일어날 역사(단 7–12장)를 읽고 어떤 교훈을 받았겠는가? 그리고 다니엘 당시에 일어나리라고 예언했던 일들이 그대로 성취된 역사를 읽는 현대의 성도는 어떤 교훈을 받을 수 있는가? 다니엘서는 풍성한 신학적 메시지를 담고 있어서 그 기록 목적을 한두 가지로 표현할 수 없음에도 불구하고 몇 가지로 정리해 보면 다음과 같다.

첫째, 하나님을 등장인물들의 역사적 상황에 개입하여 그들이 처한 위험에서 건져주실 뿐만 아니라 그것을 통해 그들의 삶을 높이시는 분으로 보여주어 믿음으로 사는 것이 어떤 것인지 보여준다. 저자는 이것을 다니엘서 전반부인 1–6장에서 반복하여 보여준다. 이러한 점에서 이 이야기는 압제의 시대에 하나님의 백성이 어떻게 행동해야 할 것인지를 보여주는 안내서다(Dillard & Longman 1994, 349).

둘째, 하나님의 백성이 그들이 지은 죄 때문에 징벌을 받는 동안에도 하나님은 그들에게 관심을 가지시고 그들을 지키신다는 것을 보여준다. 이는 그들이 이방인의 땅에서 징계를 받고 있었어도 하나님은 그들을 잊지 않으셨고 미래에 그들을 위한 놀라운 계획을 갖고 계심을 통해서 알 수 있다(우드 1995, 27). 그 계획은 하나님이 그들과 교제하시며 아브라함을 통해 약속하신 대로 그의 자손을 통해 오실 그리스도를 통해 세상이 구원을 얻게 하려는 것이다(참조. 창 12:1–3).

---

4 유사한 표현이지만 밀러(Miller 1994, 50)는 하나님의 주권이라고 했고 딜러드와 롱맨(Dillard & Longman 1994, 348)은 하나님이 주권을 가지고 통치하시며 결국은 모든 인간적인 악을 이기실 것이라고 했다.

셋째, 악한 인간의 나라와 선한 하나님 나라 사이의 전쟁이 하늘과 땅의 영역에서 동시에 벌어지고 있으나 하나님은 반드시 악을 멸하실 것을 보여준다(Dillard & Longman 1994, 350-351). 다니엘은 악의 잠재성에 대해 큰 짐승 넷이 바다에서 올라오는 환상을 보았다. 그가 본 짐승 넷은 세상에 일어날 네 왕이다(단 7:2, 17). 네 왕을 짐승으로 묘사한 것은 창조 질서와 음식에 대한 정결법에 명시된 것처럼 이에 민감한 의식을 가진 이스라엘 백성에게 혐오스러운 것이다. 네 짐승은 모두 강력하고 기괴한 악을 상징한다. 이와 대조적으로 '인자 같은 이'가 옛적부터 '항상 계신 이'에게 나아가는 그림을 보여준다(Dillard & Longman 1994, 349). 이 세상은 성도들에게 고통과 박해의 장소가 될 수 있으며 이 상황이 점점 나아지기는커녕 더 심해질 수도 있으나 하나님은 이 세상 나라를 심판하시고 하나님 나라로 대체하실 것이다(두기드 & 왜그너 2014, 1608). '구름을 타고' 오실 '인자 같은 이'가 와서 세상의 악을 심판하시고 이 나라를 영원히 다스리실 것이다(단 7:13-14; 26-27).

넷째, 이 책의 궁극적인 목적은 이스라엘이 하나님 앞에서 어떤 상황 속에서도 믿음을 지키며 거룩한 삶을 살도록 격려하기 위함이다. 바벨론 제국이라는 역사적 상황 속에서 하나님이 인간의 역사에 개입하여 자기 백성에 대한 약속을 이루실 것이기 때문이다.

IV. 내용

내용 구조

1. 다니엘의 이야기(단 1:1–6:28)
   - (1) 서론적 장면 : 다니엘과 그의 친구들(단 1:1–21)
   - (2) 느부갓네살의 큰 신상에 관한 꿈(단 2:1–49)
   - (3) 풀무 불 앞에 서 있는 세 친구의 믿음(단 3:1–30)
   - (4) 느부갓네살의 나무에 관한 꿈(단 4:1–37)
   - (5) 벨사살의 잔치(단 5:1–31)
   - (6) 사자 굴에 던져진 다니엘(단 6:1–28)
2. 다니엘의 묵시(단 7:1–12:13)
   - (1) 네 짐승에 관한 환상(단 7:1–28)
   - (2) 숫양, 숫염소, 작은 뿔에 관한 환상(단 8:1–27)
   - (3) 다니엘의 기도와 70이레(단 9:1–27)
   - (4) 다가올 환난과 승리에 관한 환상(단 10:1–12:13)

1. 다니엘의 이야기(단 1:1-6:28)

다니엘서는 전반부인 이 문단은 3인칭 전지적 시점으로 역사 가운데 실제로 있었던 사건을 기록하고 있다. 그 사건은 바벨론 왕궁을 중심으로 다니엘과 그의 친구들이 큰 환란 가운데서도 믿음을 지킨 이야기다.

내용 분해

(1) 서론적 장면 : 다니엘과 그의 친구들(단 1:1–21)

(2) 느부갓네살의 큰 신상에 관한 꿈(단 2:1–49)

(3) 풀무 불 앞에 서 있는 세 친구의 믿음(단 3:1–30)

(4) 느부갓네살의 나무에 관한 꿈(단 4:1–37)

(5) 벨사살의 잔치(단 5:1–31)

(6) 사자 굴에 던져진 다니엘(단 6:1–28)

내용 해설

(1) 서론적 장면 : 다니엘과 그의 친구들(단 1:1–21)

다니엘서 전체 이야기 가운데 서론적 장면인 이 문단은 포로 상태로 있는 다니엘과 그의 친구들에 대한 소개를 담고 있다. 여기서 다니엘의 선택과 그 결과로서 하나님이 그들에게 주신 복을 소개한다.

① 역사적 배경(단 1:1–2)

이 문단은 다니엘과 그의 친구들이 포로로 잡혀 온 일과 다니엘 1–6장의 역사적 배경을 보여준다. 유다 왕 여호야김 3년에 바벨론 왕 느부갓네살이 예루살렘을 포위했고 주께서 유다 왕 여호야김과 하나님의 성전 그릇 얼마를 넘기셨다는 기록으로 시작한다(단 1:1–2). 여기서 '여호야김 3년'은 주전 605년으로 느부갓네살이 갈그미스에서 애굽에 승리하고 유다를 공격한 해다.[5] 그리고 느부갓네살이 유다를 정복하고 성전 그릇을 가져갔다고 기록하지 않고 '주께서' 넘기셨다고 기록한 것은 하나님의 주권과 섭리를 강조하려는 것이다. 실제로 바벨론은 하나님이 언약을 배반한 이스라엘을 징계하시기 위한 도구였다(사 47:6–7; 슥 1:15). 느부갓네살은 그가 가져간 하나님의 전 그릇을 가지고 '시날 땅 자기 신들의 신전' 보물 창고에 두었다. '바벨론'이 아니라 '시날 땅'이라는 고어로 사용한 것은 하나님을 대적하는 바벨탑을 쌓은 곳(창 11:1–9)이나 악한 자들이 거하는 곳(슥 5:11)을 생각나게 한다.

5 예레미야 25:1과 46:2에서는 '여호야김 4년'을 '느부갓네살 원년'이라고 기록함으로 차이를 보인다. 이것은 여호야김은 애굽이 세운 왕이었기에 즉위와 동시에 계수되는 무즉위년 방식이고 바벨론은 즉위 다음 해에 계수되는 즉위년 방식이기 때문이다(Baldwin 1978, 20–2).

② 다니엘과 그의 친구들(단 1:3-7)

왕이 환관장[6]에게 이스라엘 자손 중에서 왕족과 귀족 몇 사람, 곧 흠이 없고 용모가 아름답고 지혜와 지식에 통달하며 학문에 익숙하여 왕궁에서 일할 사람을 데려와 갈대아 사람의 학문과 언어를 가르치게 했다(단 1:3-4). 이 짧은 서술에서 다니엘과 그의 친구들은 왕족이나 귀족의 자제이며 동시에 학문과 지혜에 능한 자들임을 알게 한다. 이들에게 왕의 음식과 포도주를 마시게 하여 3년간 가르치게 하여 왕 앞에 서게 할 것이기 때문이다(단 1:5). '왕 앞에 서다'라는 것은 왕을 섬긴다는 뜻으로 바벨론의 중요한 관직을 맡는 것을 의미한다. 이들 중에 다니엘, 사드락, 메삭, 아벳느고가 있다(단 1:6-7). 다니엘의 바벨론식 이름은 벨드사살이고 친구들은 바벨론식으로 개명한 이름이다. 이 이름의 의미는 확실하지 않으나 이름을 개명시킨 것은 그들의 사고와 삶의 방식에 있어서 바벨론인이 되어야 하기 때문이다(우드 1995, 47).

③ 다니엘과 그의 친구들의 결단(단 1:8-16)

그런데 다니엘은 왕을 섬기는 중요한 훈련 기간에 뜻을 정하여 왕의 음식과 포도주로 자신을 더럽히지 아니하리라 하고 환관장에게 구했다(단 1:8). 그런데 흥미있는 것은 내레이터가 "하나님이 다니엘로 하여금 환관장에게 은혜와 긍휼을 얻게 하신지라"(단 1:9)라고 했다. 하나님이 환관장을 섭리하셨다는 뜻이다. 다니엘이 왕이 주는 음식이 그들을 더럽힌다고 생각한 것은 두 가지 이유 때문이다. 하나는 그 음식 가운데 모세의 율법에 포함된 고기가 있을 수 있고(참조. 레 11; 신 14:3-20), 또 하나는 바벨론 신들에게 바쳐진 음식일 수도 있었기 때문이다(우드 1995, 48). 다니엘의 요구를 들어주기 어렵게 만드는 것은 왕의 명령이고 이 명령에 복종하지 않음으로 처벌을 받을 수 있기 때문이다(단 1:10-11). 그래서 다니엘은 열흘 동안 시험해 보도록 제안했고 그 결과 왕의 음식을 먹는 자들보다 더 좋아 보임으로 계속해서 채식을 먹게 되었다(단 1:12-16). 다니엘이 왕의 음식을 먹는 자들보다 더 좋아 보인 이유는 단순히 그가 채식을 먹었기 때문이 아니라 하나님이 그가 하나님 말씀으로 산다는 것을 입증해 주시기 위해 이 일에 관여하셨기 때문이다(골딩게이 2008, 110).

6 '환관'(סָרִיס)은 일반적으로 '내시'(사 56:3)를 말하나 결혼한 보디발과 같이 관료를 말할 수도 있다(창 37:36). 여기 나오는 환관은 환관 전체를 총괄하는 '환관장'(랍-사리스, רַב סָרִיס)이다(참조. 왕하 18:17).

④ 다니엘과 그의 친구들에게 임한 하나님의 복(단 1:17–21)

내레이터는 하나님이 하나님 말씀대로 살기 위해 뜻을 정한 다니엘과 그의 친구들에게 학문을 주시고 모든 서적을 깨닫게 하시고 지혜를 주셨을 뿐만 아니라 다니엘에게는 모든 환상과 꿈을 깨달아 알게 해 주셨다고 해설했다(단 1:17). 내레이터의 이 해설은 앞으로 다니엘과 그의 친구들이 어떤 역할을 하게 될 것인지 암시하는 복선 역할을 한다. 3년의 교육 기간이 끝나 환관장이 그들을 느부갓네살 앞에 데려와 왕이 시험해 본 결과 무리 가운데 다니엘과 그의 세 친구의 지혜와 총명이 뛰어남을 알고 왕궁에서 왕을 섬기게(=왕 앞에 서게 하고) 했다(단 1:18–20). 그런데 내레이터는 "다니엘은 고레스 왕 원년까지 있으니라"(단 1:21)라고 했다. 여기 '있으니라'(와여히, וַיְהִי)는 KJV와 NASB가 번역한 대로 '계속하여' 왕궁에서 왕을 섬겼다는 의미다.[7] 다니엘이 고레스 3년에 환상을 보았다는 점을 고려하면 그가 몇 살까지 살았는지 알 수 없으나 주전 605년에 사로잡혀 왔고 왕궁에서 3년 교육을 받은 후라면 주전 602년부터 왕궁에서 페르시아의 고레스 원년인 주전 539년까지 63년 동안 왕이 바뀌고 제국이 바뀌어도 왕궁에서 섬겼음을 알 수 있다. 저자가 이 기록을 첨가한 것은 이스라엘이 언약을 배반함으로 포로가 되었다 할지라도 다니엘이 고레스 원년에 하나님이 예레미야에게 말씀하신 대로 포로 생활이 끝나 고국으로 돌아가는 것을 보았음을 알게 하려는 것이다(참조. 스 1:1; 렘 25:12–13; 29:10).

(2) 느부갓네살의 큰 신상에 관한 꿈(단 2:1–49)

이 문단은 다니엘이 하늘의 하나님이 주신 지혜로 계시적인 성격이 있는 느부갓네살의 꿈과 그 꿈을 해석하여 느부갓네살 이후 장래에 있게 될 역사를 보여준다(단 2:28, 45).

① 느부갓네살의 꿈(단 2:1–13)

느부갓네살은 그의 재위 2년, 곧 주전 603년에 한 꿈을 꾸고 그로 말미암아 번민하여 잠을 이루지 못했다(단 2:1). 여기 '번민하다'(תִּתְפָּעֶם < פעם)라는 동사는 '계속하여 스스로 때리다'라는 뜻이다.[8] 이는 그의 마음이 계속 생각하고 고민했다는 것이다. 왕은 박수와 술사와 점쟁이 등을 불러 그들에게 자신의 꿈을 알려주지 않은 채 꿈을 알게 하고 해석하

---

7 밀러(Miller 1994, 43)는 다니엘이 잡혀 왔을 때의 나이를 15세 정도로 보고 요시야(주전 640–609)가 통치하던 주전 620년경에 출생한 것으로 보았다. 그렇다면 그는 적어도 81세까지 왕궁에서 왕을 섬겼다.

8 히브리어로 강조와 반복의 의미가 있는 피엘형의 재귀태인 히트파엘형이다.

게 하자 그들은 꿈을 알려주면 해석해 주겠다고 했다(단 2:2-4, 7). 그러자 왕은 만일 꿈과 그 해석을 보이지 않으면 죽일 것이라고 했다(단 2:5-6). 왕이 이렇게 위협한 것은 그들이 거짓으로 말할 수 없도록 하기 위함이다(단 2:8-9). 이 말을 들은 술사들은 육체와 함께 살지 않는 신들 외에는 알 수 없다고 했다(단 2:11). 이 꿈은 다니엘이 풀어서 하나님의 뜻을 드러내며 다니엘을 높이시기 위한 하나님의 섭리가 배후에 작용하고 있기에 그들은 이 꿈을 해석할 수가 없다. 이 일로 말미암아 다니엘과 그의 친구들을 포함한 지혜자들은 죽게 되었다(단 2:12-13).

② 다니엘의 간구와 하나님의 응답(단 2:14-23)

왕의 근위대장 아리옥이 왕의 명령에 따라 지혜자들을 죽이러 나가자 다니엘이 슬기로운 말로 아리옥에게 "왕의 명령이 어찌 그리 급하냐"라고 했다(단 2:14-15). '급하다'(하찻, חצף)라는 동사는 '거칠다'라는 뜻이다. 이렇게 물은 것은 다니엘이 그 상황을 알고 있음을 암시한다. 그 후의 이야기는 생략되었으나 아리옥은 다니엘의 말을 왕에게 전했고, 왕은 다니엘을 불렀고, 다니엘은 왕에게 시간을 주면 꿈을 해석해 주겠다고 간구했다(단 2:14-16).

다니엘은 자기 집에 돌아와 그의 친구들에게 그 일을 알리고 하늘에 계신 하나님이 이 은밀한 일에 대해 불쌍히 여기사 다니엘과 그의 친구들과 다른 지혜자들이 죽임을 당하지 않도록 그들로 하여금 간구하게 했다(단 2:17-18). 그들이 구할 때 이 은밀한 것이 밤에 환상으로 다니엘에게 보이자 그는 하나님께 찬송했다(단 2:19). 그가 영원히 하나님을 찬송해야 할 이유를 말했는데 그것을 몇 가지로 요약하면 다음과 같다. 첫째, 지혜와 능력이 하나님께 있다. 둘째, 때와 계절을 바꾸시는 분이다. 셋째, 왕들을 세우시고 폐하시는 분이다. 넷째, 지혜자에게 지혜를 주시는 분이다. 다섯째, 깊고 은밀한 일을 나타내시는 분이다. 다섯째, 우리(= 다니엘과 그의 친구들)가 구한 것을 들으시고 다니엘에게 알려주셨다(단 2:20-23). 이는 우리가 일반적으로 알고 있는 하나님에 대한 지식이다. 특히 다섯째 함께 기도한 것은 다니엘이 첫째부터 넷째까지 고백한 하나님을 경험하는 실제적인 방법이다.

③ 다니엘이 느부갓네살의 꿈 해석(단 2:24-45)

다니엘은 그가 받은 은밀한 일을 아리옥에게 말했고 아리옥은 왕에게 말했다(단 2:24-25). 왕이 다니엘을 만나 자신이 꾼 꿈과 그 해석을 알게 하겠는지 물었고 다니엘은 지혜자나 술객이 능히 왕께 보일 수 없고 은밀한 것을 나타내실 이는 오직 하늘에 계신 하나님이라고 말했다(단 2:26–28a). 다니엘은 하나님이 느부갓네살이 장래 일을 생각할 때 '장래 일'을 알게 하셨다고 말했다. 이러한 다니엘의 말은 하나님의 위대하심을 증거한 것이다. 그리고 이 일을 그에게 알게 하신 것은 다니엘의 지혜가 모든 사람보다 낫기 때문이 아니라 왕이 마음으로 생각하던 것을 알려주기 위함이라고 말했다(단 2:28b–30).

먼저 다니엘은 왕이 본 꿈을 설명했다. 왕은 한 큰 신상을 보았는데 크고 광채가 찬란하며 모양이 두려운데 그 신상의 머리는 정금이요 가슴과 팔은 은이었다. 그리고 배와 넓적다리는 놋이었고 그 종아리는 쇠였다. 또한 그 발의 얼마는 쇠요 얼마는 진흙이었다. 왕이 볼 때 손대지 아니한 돌 하나가 신상의 쇠와 진흙의 발을 쳐서 그것이 다 부서져 여름 타작마당의 겨같이 되었다. 그 우상을 친 돌은 태산을 이루어 온 세계에 가득하였다(단 2:31–35).

다니엘은 왕이 본 꿈을 해석해 주었다(단 2:36). 다니엘은 여러 왕 중의 왕이지만 하늘의 하나님이 나라와 권세와 영광을 왕에게 주어 다스리게 하셨다고 말했다(단 2:37). 이는 하나님이 왕을 세우신 분이라는 것이다. 느부갓네살이 본 신상에서 첫째, 금 머리는 느부갓네살이다(단 2:38). 둘째, 은과 같은 나라는 느부갓네살보다 못한 다른 나라다. 이 나라는 메데–바사를 말한다. 셋째, 놋과 같은 나라가 일어나 온 세계를 다스릴 것인데 이 나라는 그리스(= 헬라)다. 넷째, 강한 쇠와 같은 나라는 그리스를 이은 로마다(Miller 1994, 95). 이 나라는 쇠가 모든 것을 부수는 것 같이 여러 나라를 부술 것이다(단 2:40). 다섯째, 발과 발가락이 일부는 쇠고 일부는 토기장이의 진흙이 섞였는데 이는 다른 민족이 섞여 서로 합하지 않음이 쇠와 진흙이 합하지 아니함과 같음을 의미한다(단 2:41–43). 이것은 강한 사람들과 약한 사람들이 섞여 사는 것을 말할 수도 있고, 더 큰 힘을 얻기 위해 한 나라 안에 사는 강한 백성과 그 나라의 약한 백성이 섞인 것을 말할 수도 있다(우드 1995, 100).

이 왕들의 시대에 하늘의 하나님이 한 나라를 세우실 것인데 그 나라는 영원히 망하지 아니하고 모든 나라를 쳐서 멸망시키고 영원히 설 것이다(단 2:44). 이 나라는 죄악된 세상을 멸하고 세우는 영원한 하나님 나라다(영 1999, 104; Archer & Youngblood 2002, 1322).[9] 이 나라는 손대지 아니한 돌이 산에서 나와서 쇠와 놋과 진흙과 은과 금을 부수고 세워질 것이다(단 2:45a). '손대지 아니한 돌'은 하나님이 준비한 것에 의해 하나님의 계획을 성취할 것을 의미한다(Baldwin 1978, 94). 다니엘은 느부갓네살에게 이 꿈이 참되고 이 해석이

9 우드(1995, 101)는 천년왕국을 의미하는 것으로 보았다.

확실하다고 말했다(단 2:45b). 역사적으로 느부갓네살에게 꿈에 보여준 대로 금, 은, 놋, 쇠의 시대는 이미 성취되었고 쇠와 진흙이 섞인 시대는 지금도 계속되고 있고 재림 때에 완전한 나라를 이루실 것이다. 미국과 중국을 포함한 세상의 모든 나라의 역사는 하나님의 주권 아래 있고 재림으로 완성될 구속사 안에 있다.

④ 느부갓네살이 다니엘과 그의 친구들을 높임(단 2:46-49)

다니엘의 해석을 듣고 느부갓네살은 엎드려 다니엘에게 절하고 예물과 향품을 주었다(단 2:46). 이 행동은 다니엘의 해석에 대한 감사이기도 하고 동시에 다니엘이 믿는 하나님께 예배하는 것이다(우드 1995, 105-106). 이어서 왕은 다니엘에게 하나님은 모든 신의 신이시고 모든 왕의 주재시며 은밀한 것을 나타내시는 분이라고 고백했다(단 2:47). '은밀한 일'은 장래의 일을 말한다. 세상 왕의 말을 통해 하나님이 참된 신이시며 왕이시고 지금의 역사와 장래의 역사를 통치하시는 분으로 묘사한다. 그리고 왕은 다니엘을 세워 바벨론 온 지방을 다스리게 하고 모든 지혜자의 어른으로 삼았다. 그리고 다니엘의 요구대로 그의 친구들에게 바벨론 지방을 다스리게 했다(단 2:48).

(3) 풀무 불 앞에 서 있는 세 친구의 믿음(단 3:1-30)

이 문단은 느부갓네살이 만든 금 신상에 절하지 않는 사람은 풀무 불에 넣겠다는 선포에도 불구하고 다니엘의 세 친구인 사드락, 메삭, 아벳느고가 신상에 절하지 않고 믿음을 지킴으로 발생하는 문제를 다룬다. 그리고 하나님은 환난 가운데도 믿음을 지키는 자들을 지키시는 분이심을 보여준다.

① 발단 : 금 신상에 절하라는 느부갓네살의 명령(단 3:1-7)

느부갓네살은 높이가 60규빗(= 27미터), 너비가 6규빗(= 2미터70)이 되는 금 신상을 만들어 바벨론 지방의 두라 평지에 두었다. 신상이라는 단어는 '처레임'(צֶלֶם)인데 사람의 모양을 한 상을 말한다(우드 1995, 113). 왕은 모든 바벨론 관리들을 참석하게 하여 모든 악기로 소리를 내면 금 신상에게 절하고 만약 누구든지 엎드려 절하지 아니하는 자는 즉시 맹렬히 타는 풀무 가운데 던져 넣을 것이라고 말했다(단 3:2-6). 이는 왕을 높이고 왕의 신들을 섬기게 하기 위함이다(단 3:12). 그래서 모든 백성과 나라들과 각 언어를 말하는 자들이 악기 소리를 듣자 금 신상에게 엎드려 절했다(단 3:7).

② 분규 : 절하기를 거절한 친구들의 믿음(단 3:8–18)

그때 갈대아 사람들이 금 신상에 절하지 않았던 사드락과 메삭과 아벳느고를 고발했다.[10] '고발하다'(커라츠, קְרַץ)라는 단어는 문자적으로 '…을 먹는다'라는 뜻으로 심한 적개심을 나타내는 말이다(Miller 1994, 116). 그들이 고발한 내용은 왕이 내린 명령에 근거해 매우 논리적이다(단 3:9–12). 사드락과 메삭과 아벳느고가 왕이 만든 금 신상에 절하지 아니한 이유는 십계명 가운데 제1–2계명을 범하는 죄를 범하는 행동이었기 때문이다(출 20:3–6). 그들이 바벨론에 잡혀 온 이유도 하나님을 섬기지 아니하고 우상을 섬겼기 때문임을 알고 있었을 것이다(왕하 17:7–8; 23:26; 24:3).

왕은 그들이 고발하는 말을 듣고 노하고 분하여 사드락과 메삭과 아벳느고를 끌어와 직접 심문했다. 그는 이제라도 절하면 좋을 것이고 절하지 않으면 풀무 불에 넣을 것인데 그의 손에서 건져낼 신이 누가 있겠느냐고 말했다(단 2:13–15). 왕의 이 말을 듣고 사드락과 메삭과 아벳느고는 어떻게 응답했을까? 그들은 우리 기독교 역사에서 가장 위대한 신앙을 고백했다.

> 느부갓네살이여 우리가 이 일에 대하여 왕에게 대답할 필요가 없나이다 왕이여 우리가 섬기는 하나님이 계시다면 우리를 맹렬히 타는 풀무불 가운데에서 능히 건져 내시겠고 왕의 손에서도 건져내시리이다 그렇게 하지 아니하실지라도 왕이여 우리가 왕의 신들을 섬기지도 아니하고 왕이 세우신 금 신상에게 절하지도 아니할 줄을 아옵소서(단 3:16–18)

그들이 이 풀무 불 앞에서도 이러한 고백을 할 수 있었던 이유는 무엇인가? 그들은 풀무 불에 타서 죽어도 그 너머 더 좋은 삶이 있다는 것을 확신했기 때문인 것이다(Miller 1994, 120).

③ 절정 : 풀무 불에 던져진 친구들(단 3:19–27)

이 말을 들은 느부갓네살은 풀무 불을 평소보다 일곱 배나 뜨겁게 하여 사드락과 메삭과 아벳느고를 결박하여 풀무 불에 던졌는데 풀무 불이 매우 뜨거워 그들을 붙든 사람들을 태워 죽였다(단 3:19–23). 이는 사드락과 메삭과 아벳느고가 얼마나 뜨거운 불에 떨

10 개역개정판이 거짓으로 죄가 있는 것처럼 꾸며서 윗사람에게 말한다는 의미의 '참소하다'라고 번역한 것은 적절하지 않다. 여기서는 사실을 근거로 고발하는 행위이기 때문이다.

어졌는지 알 수 있다. 그런데 왕이 놀라 급히 일어나서 모사들과 보고 네 사람이 불 가운데 다니는데 상하지 아니했고 넷째의 모양은 신들의 아들 같다고 말했다(단 3:24–25). 그들이 본 신의 아들 같은 이가 천사들인지 하나님의 2위이신 그리스도인지는 알 수 없다. 왕은 이 기이한 광경을 보고 그들에게 나오라고 말했고 그들이 나왔는데 거기에 있던 총독과 모사들이 그들을 보자 머리털도 그을리지 않고 옷 빛도 변하지 않고 불탄 냄새조차 없음을 알았다(단 3:26–28). 왕이 "… 능히 너희를 내 손에서 건져낼 신이 누구이겠느냐"(단 3:15)라고 말했으나 하나님은 이 사건에서 자신이 환난에서 능히 구원하실 참된 신이심을 증명해 주셨다.

하나님은 사드락과 메삭과 아벳느고를 풀무 불에 던지게 하셨으나 하나님이 불 가운데서 그들과 함께하셨다. 이것이 얼마나 큰 복이며 위로인가? 이 사건은 그들의 삶의 나머지 여정을 가는 데 얼마나 귀중한 기억이 되겠는가(우드 1995, 135).

④ 대단원 : 하나님을 높이는 느부갓네살(단 3:28–30)

이 사건을 본 느부갓네살은 하나님을 찬송하며 하나님이 그의 천사를 보내어 그를 의뢰하고 다른 신을 섬기지 아니하는 종들을 구원하셨다고 고백했다(단 3:28). 그리고 조서를 내려 사드락과 메삭과 아벳느고의 하나님께 경솔히 말하면 그 몸을 쪼개고 집을 거름 터로 만들라고 하며 그 이유를 이같이 구원한 다른 신이 없기 때문이라고 말했다(단 3:29). 그리고 이들에게 바벨론 지방에서 더 높은 지위를 주었다(단 3:30).

이 사건을 통해 무엇을 교훈하고자 했을까? 다니엘서 후반부인 7–12장에서 예언한 대로 장차 환난이 있을 것이고 적그리스도가 하나님을 섬기지 못하게 할 것이다(단 11:36–39). 그리고 예수님도 다니엘 9:27을 인용하여 큰 환난을 받을 것이라고 하셨다(마 24:15). 그러므로 이 사건은 하나님이 풀무 불 앞에서도 믿음을 지킨 사드락과 메삭과 아벳느고를 초자연적인 방법으로 지키신 것처럼 이후에도 하나님을 섬기며 믿음을 지키는 자들을 하나님이 지키신다는 것을 보여주시려는 것이다. 우리는 이 세상에서 사드락과 메삭과 아벳느고가 경험했던 초자연적인 구원의 은혜를 경험하지 못할 수도 있다. 그러나 그들이 '그렇게 하지 아니하실지라도' 하나님을 섬길 것이라고 말한 것처럼 환난 저 너머에 있는 복된 삶을 보고 하나님을 섬겨야 할 것이다.

(4) 느부갓네살의 나무에 관한 꿈(단 4:1–37)

이 문단은 느부갓네살의 두 번째 꿈과 그가 이스라엘 하나님을 만난 세 번째 기적을 담고 있다. 다니엘은 느부갓네살이 언제 꿈을 꾸었으며 그 뒤에 일어난 사건이 언제 일어났는지 기록하지 않았어도 알 수 있는 실마리가 있다. 나라가 평화로운 시기였고(단 4:4) 건설사업이 끝난 것처럼 보인다(단 4:33). 이는 그의 43년 통치 가운데 30–35년 사이이고, 다니엘이 45–50세가 되었을 때로 보인다(우드 1995, 143). 그리고 이 문단의 시점(point of view)은 특이하게도 느부갓네살이 1인칭 화자로 이야기하고 있다. 이는 자신의 경험을 토대로 말하고 있다는 것이다. 이 문단은 교차대칭 구조를 이루고 있다(성주진 2002, 20). 롱맨(Longman 1999, 117)은 느부갓네살의 찬양이 처음과 끝을 감싸는 구조라고 했다.

A 느부갓네살의 찬양(단 4:1–3)
    B 느부갓네살이 꾼 꿈의 내용(단 4:4–18)
        X 느부갓네살이 꾼 꿈의 해석(단 4:19–27)
    B′ 느부갓네살이 꾼 꿈의 성취(단 4:28–33)
A′ 느부갓네살의 찬양(단 4:34–37)

① 느부갓네살의 찬양(단 4:1–3)

느부갓네살은 천하에 거주하는 모든 백성과 나라들과 각 언어를 말하는 자들에게 조서를 내렸다(단 4:1). 그것은 하나님이 느부갓네살에게 행하신 이적과 놀라운 일을 알게 하기를 즐거워한다는 것이다(단 4:2). NIV는 이 말씀을 하나님이 그에게 행하신 이적과 놀라운 일을 말하는 것은 자기의 즐거움이라고 번역했다. 이어 감탄문으로 "참으로 크도다 그의 이적이여 참으로 능하도다 그의 놀라운 일이여"라고 하면서 그의 나라가 영원할 것이라고 찬양했다(단 4:3). 다니엘 4:1–3은 이 장의 서론이지만 실제로는 결론이다(Campbell 1977, 44).[11]

11 히브리어 성경(BHS)은 다니엘 4:1–3이 다니엘 3:31–33에 두어 3장 사건의 결론으로 이해했다. 하지만 이 문단은 느부갓네살이 1인칭 시점으로 말하고 있고 그에게 일어난 기적을 경험한 후에 말한 것으로 보는 것이 좋다. 밀러(Miller 1994, 129)도 하나님이 느부갓네살을 정신병에서 구원해 주신 이후라고 보았다.

② 느부갓네살이 꾼 꾼의 내용(단 4:4-18)

느부갓네살이 궁전에서 평안할 때 한 꿈을 꾸었고 그로 말미암아 두려워하여 모든 지혜자들을 불러 꿈을 해석하라고 했으나 그들은 알려주지 못했다(단 4:4-9). 그 후에 '거룩한 영'이 거하는 다니엘에게 그가 꾼 꿈을 말했다(단 4:8). 그 꿈은 다음과 같다. 땅의 중앙에 크고 견고한 나무가 있는데 잎사귀는 아름답고 열매가 많아 그 나무에서 들짐승과 새와 육체를 가진 모든 것들이 먹을 것을 얻었다(단 4:10-12). 그런데 하늘에서 내려온 거룩한 자가 그 나무를 베고 잎사귀를 떨고 열매를 헤치고 짐승들과 새들을 쫓아내고 그루터기는 남겨두고 쇠와 놋줄로 동이고 그것을 들풀 가운데 두라고 말했다(단 4:13-15). 그리고 그 마음은 변하여 짐승의 마음을 받아 일곱 때를 지날 것인데 이는 지극히 높으신 이가 사람의 나라를 다스리며 자기 뜻대로 나라를 주시고 지극히 천한 자를 그 위에 세우시는 줄을 알게 하려는 것이라고 했다(단 4:16-17). 느부갓네살은 다니엘 4:18에서 다니엘에게 이 꿈을 해석하라고 했는데 이 표현은 다니엘 4:8-9과 대칭을 이루며 감싸고 있는데 이는 한 문단임을 나타내기도 하고 다음에 나오는 해석을 기다리게 한다(성주진 2002, 22).

③ 느부갓네살이 꾼 꿈의 해석(단 4:19-27)

다니엘은 한동안 마음으로 번민했다. 이는 이 꿈이 의미하는 바를 알았기 때문이다. 다니엘은 이 꿈이 느부갓네살의 대적에게 임하기를 원한다고 했다(단 4:19-20). 이것은 이 꿈이 불길한 일임을 암시한다. 다니엘은 왕이 본 꿈(단 4:10-12)을 다시 말하며 그 나무는 왕을 가리킨다고 해석했다(단 4:20-22). 다음으로 다니엘은 한 거룩한 자가 말한 내용(단 4:13-17)을 다시 말했다(단 4:23). 이야기에서 앞에서 말한 것을 다시 말하는 것은 그 장면의 중요성 때문에 생생하게 기억하도록 하기 위함이다. 다니엘은 왕이 들짐승과 함께 살며 소처럼 풀을 먹으며 일곱 때를 지내며 지극히 높으신 하나님이 사람의 나라를 다스리며 자기 뜻대로 누구에게든지 주시는 줄을 알 것이라고 해석했다(단 4:24-25). 나무뿌리의 그루터기를 남겨두라고 한 것은 왕이 하나님이 세상 나라를 다스리는 줄을 알고 난 후에 나라가 견고해질 것이라고 해석했다(단 4:26). 다니엘은 꿈을 해석한 후에 처방을 알려주었다. 다니엘은 왕에게 그가 해석한 것을 받아들이고 공의를 행하며 죄를 멈추고[12] 가난한 자들을 긍휼히 여기면 왕의 평안함이 장구할 것이라고 권면했다(단 4:27). 그러면 느부갓네살은 다니엘의 권면을 받아들였을까?

12 개역개정판은 '사하고'라고 번역하여 공의를 행함으로 죄가 용서받는다는 의미로 오해할 수 있다. 여기서 '사하다'(파락, פרק)라는 아람어는 '깨트리다'라는 뜻으로 죄를 더 짓지 말하는 뜻이다.

④ 느부갓네살의 꾼 꿈의 성취(단 4:28-33)

다니엘이 느부갓네살의 꿈을 해석한 이후 즉시 꿈이 성취되지 않고 1년이 지난 뒤에 성취되었다(단 4:28-29). 왜 1년 뒤에 성취되었을까? 그것은 하나님의 은혜로 느부갓네살에게 죄를 회개할 수 있도록 기회를 주셨기 때문이다(Miller 1994, 139). 그의 죄는 교만이다(단 4:30, 37). 느부갓네살은 이 죄를 회개하지 않았다. 그는 하나님이 나라를 다스리시는 분임을 알게 해 주셨는데도 "이 큰 바벨론은 내가 능력과 권세로 건설하여 …"(단 4:30)라고 했다. 이러한 말이 그의 입에 있을 때 하늘에서 소리가 나서 나라의 왕위가 그에게서 떠났고 들짐승과 함께 살면서 소처럼 풀을 먹을 것이고 일곱 때가 지나 하나님이 나라를 주시는 줄을 알기까지 이를 것이라고 말씀하셨다(단 4:31-32). 바로 그 때에 다니엘이 꿈을 해석해 준 대로 사람에게 쫓겨나 소처럼 풀을 먹으며 몸이 하늘 이슬에 젖고 머리털은 독수리 털과 같고 손톱은 새 발톱같이 되었다(단 4:33).

학자들은 느부갓네살에게 임한 이 현상을 일종의 정신병이라고 본다. 이 병은 낭광증(lycanthropy)이나 수광증(zooanthropy)으로 알려진 것으로 이 병에 걸리면 사람은 자기가 동물이 되었다고 생각하면서 동물처럼 행동한다(루카스 2017, 149).[13] 이렇게 보면 그루터기를 남겨두고 쇠와 놋줄로 동이는 것(단 4:15, 23)은 왕을 족쇄로 묶는 것을 의미하는 것임을 알 수 있다(루카스 2017, 150).

⑤ 느부갓네살의 찬양(단 4:34-37)

일곱 해가 지난 뒤에 느부갓네살이 하늘을 우러러보았더니 그의 총명이 다시 돌아왔다(단 4:34). 이는 복종과 내려놓음과 지극히 높으신 하나님의 필요를 인식한 것이다. 여호와는 자신이 참으로 모든 주권을 가지신 분이시고 땅의 가장 위대한 왕도 겸손하게 하실 수 있는 분임을 증명해 주셨다(Miller 1994, 143). 회복된 느부갓네살은 하나님께 감사하고 하나님을 온 세상을 그의 뜻대로 통치하시는 분으로 고백했다(단 4:35). 그때 그는 그의 모든 지위를 회복했다(단 4:36). 그래서 처음 1인칭 화자로 하나님을 찬양하며 시작했듯이 하늘의 왕을 찬양하며 도덕적인 교훈을 하며 마친다. 그것은 하나님이 하시는 일이 다 진실하고 그의 행하심이 다 의로우시기에 교만하게 행하는 자를 하나님이 능히 낮추신다는 것이다(단 4:37). 왕은 일곱 해 동안 소처럼 사는 정신병의 고통 이후에 하나님은 교만한 자를 미워하시며 하나님의 주권을 인정하지 않는 사람을 낮추신다는 교훈을 배웠다.

13 이에 대한 더 자세한 설명과 사례에 대해 볼드윈(Baldwin 1978, 108-109)과 루카스(2017, 149-150)의 글을 참조하라.

(5) 벨사살의 잔치(단 5:1–31)

이 문단은 다시 전지적 관점을 가진 3인칭 화자가 벨사살의 잔치에 있었던 특별한 일을 소개한다. 벨사살의 잔치는 교만한 느부갓네살이 겸비해지는 이야기(단 4:1–37)와 짝을 이루어 하나님은 교만한 자를 심판하시는 분이심을 보여준다. 느부갓네살은 그의 정신병 기간을 포함하여 43년을 통치한 후에 주전 562년에 죽었다. 그의 죽음 이후 에윌-므로닥(주전 562–560)이 계승하여 2년간 통치하다가 그의 배다른 형제인 내리글리사르(주전 559–556)에 의해 살해되었다. 내리글리사르는 7년간 통치한 후 죽었고 그의 아들 라바쉬-마르둑(주전 556)이 계승했으나 몇 달 통치하다가 나보니더스(주전 556–539)에 의해 암살되었다. 나보니더스는 주전 539년에 메대 페르시아에게 멸망할 때까지 그의 아들 벨사살(주전 553?–539)과 공동으로 통치했다. 그러나 자유주의 학자들은 바벨론의 마지막 왕은 나보니더스이고 벨사살은 다니엘서의 저자가 지어낸 허구적 인물이라고 생각했다. 하지만 당시 자료에 따르면 나보니더스의 17년 통치 가운데 14년은 아라비아의 데마(Tema)에 있었고 그의 왕권을 그의 아들 벨사살에게 위임한 사실을 기록하고 있다(Miller 1994, 147–148; 우드 1995, 185–186). 이 문단에서 여섯 번이나 느부갓네살을 '벨사살의 아버지'(단 5:2, 11×2, 13, 18) 또는 벨사살을 '느부갓네살의 아들'(단 5:22)이라고 부른다. 아람어 표현에서 '아버지'는 직접적인 아버지, 할아버지, 조상, 왕들의 경우에는 전임자를 뜻하기도 하고, '아들'은 직접적인 아들, 후손이나 계승자를 의미하기도 한다. 그리고 나보니더스가 느부갓네살의 딸과 결혼했다고 보기도 하나 이야기의 핵심은 느부갓네살과 벨사살은 밀접한 연관이 있다는 것이다(Miller 1994, 147–150).

① 발단 : 불경건한 잔치(단 5:1–4)

벨사살은 그의 귀족 천 명을 위해 큰 잔치를 베풀고 술을 마실 때 느부갓네살이 예루살렘 성전에서 탈취해 온 금, 은으로 된 그릇으로 마셨다(단 5:1–3). 그들은 술을 마시고 금, 은, 구리, 쇠, 나무, 돌로 만든 신들을 찬양했다(단 5:4). 여기에 우상을 모든 종류의 재료로 만든 것임을 언급하는 것은 이 우상은 보고, 듣고, 알지 못하는 헛된 것임을 지적하는 것이다(참조. 단 5:23).

벨사살은 왜 하나님의 성소에서 가져온 그릇으로 술을 마셨는가? 다니엘 5:22–23에서 다니엘은 여호와의 권위와 능력에 도전하는 벨사살의 구체적인 행동을 지적하며 이스라엘의 하나님께 대적한 느부갓네살을 여호와께서 낮추신 사실을 벨사살이 알았다고 했다. 그런데도 벨사살과 그의 귀족들이 하나님의 성소에서 가져온 그릇으로 술을 마셨다는 것은 이스라엘의 하나님을 모독하고 대적하는 행위다.

② 분규 : 벽에 나타난 손 글씨(단 5:5–16)

그 때에 사람의 손가락들이 나타나 왕궁 석회벽에 글자 쓰는 것을 왕이 보고 크게 놀라 즐기던 얼굴빛이 변하고 그 생각이 번민하고 넓적다리가 녹는듯하고 무릎이 서로 부딪혔다(단 5:5–6). 이것은 극도의 공포에 빠진 증상이다(Miller 1994, 156). 이에 왕은 바벨론의 지혜자들을 불러 그 벽의 글씨를 해석하면 제국의 셋째 통치자로 삼을 것이라고 했다. '셋째 통치자'로 삼을 것이라고 말한 것은 그의 부친 나보니더스가 있고 그와 공동으로 통치하고 있음을 보여준다. 그러나 그들이 그 글자를 읽고 해석해 주지 못하자 벨사살은 여전히 공포에 휩싸였다(단 5:7–9).

왕비가 이 소식을 듣고 선대 왕인 느부갓네살 때부터 거룩한 신들의 영이 있는 사람이 있다고 하면서 다니엘을 추천했다(단 5:10–12). 다니엘이 부름을 받고 오자 벨사살은 그의 선대 왕인 느부갓네살이 유다에서 사로잡아온 유다 자손 중의 그 다니엘이냐고 물었다(단 5:13). 그가 이렇게 말한 것을 보아 그가 예루살렘 성전에 가져온 그릇으로 술을 마시는 행위(단 5:2)는 이미 다니엘에 대한 정보를 알고 있었기에 더욱 하나님을 모독하고 대적하는 행동임을 알 수 있다. 그러나 벽에 손가락이 나타나 공포에 휩싸인 그에게 다른 대안은 없었다. 그래서 그는 다니엘에게 해석해 주면 부귀와 신분을 나타내는 금 사슬을 목에 걸어주고 셋째 통치자로 삼을 것이라고 했다(단 5:14–16).

③ 절정 : 다니엘의 손 글씨에 대한 해석(단 5:17–28)

다니엘은 왕의 상급을 거절했다. 이는 교만하거나 무례한 것이 아니라 하나님의 말씀을 푸는 일을 재물이나 지위로 살 수 있다고 오해하지 않도록 하기 위함이다. 그럼에도 그는 그 글자를 읽고 해석해 주겠다고 했다(단 5:17). 그는 글자를 해석하며 먼저 이 사건의 원인이 무엇인지 다니엘 4장에 기록한 벨사살의 선대 왕인 느부갓네살의 예를 들며 설명했다(단 5:18–21). 이 설명 후에 그는 벨사살에게 느부갓네살의 계승자가 되어 이것을 다 알고도 행한 죄를 지적했다. 그는 그의 마음을 낮추지 않고 자신을 하늘의 주재보다 높였다(단 5:22). 그리고 그 하나님의 성전 그릇을 가져다 술을 마시고 금, 은, 구리, 쇠, 나무, 돌로 만든 신상들을 찬양하고 왕의 호흡을 주장하시고 왕의 모든 길을 작정하시는 하나님께 영광을 돌리지 않았다(단 5:23). 이는 벨사살이 의도적으로 자신을 높이기 위해 성전 그릇으로 술을 마셨고 우상을 섬겼음을 의미한다. 이는 이 이야기의 발단(단 5:1-4)에 벨사살이 행한 행동이 어떤 죄를 범한 것인지를 설명한 것이다.

다니엘은 이 설명 후에 '이러므로' 하나님이 이 글을 기록하셨다고 했다. '이러므로'(베이다인, בֵּאדַיִן)는 인과관계를 나타내는 접속사로 하나님이 벨사살의 이 잘못된 행동 때문에 손가락이 나와 이 글을 기록하게 하셨다는 것이다. 벽에 쓴 글자는 네 개의 단어로 된 '메네 메네 데겔 우바르신'(מְנֵא מְנֵא תְּקֵל וּפַרְסִין)이다.[14] '메네'(מְנֵא)는 '세다'라는 뜻으로 다니엘은 하나님이 왕의 나라의 시대를 세어서 끝나게 하셨다고 해석했다(단 5:26). 이를 두 번 번복한 것은 이 일이 확실함을 강조하려는 것이다(Miller 1994, 165). '데겔'(תְּקֵל)은 '무게를 달다'라는 뜻으로 다니엘은 왕을 저울에 달아보니 부족함이 보였다고 해석했다(단 5:27). '우바르신'(וּפַרְסִין 〈 ו + פַּרְסִין)은 '파라스'(פרס)의 분사형으로 '나누다'라는 뜻이다. 다니엘은 나라가 나뉘어 메대와 바사 사람에게 준 바 되었다고 해석했다(단 5:28). 이 말은 나라가 메데와 바사로 나누어진다는 뜻이 아니라 나라가 쪼개져 멸망한다는 뜻이다(우드 1995, 215).[15] 그리고 '파라스'가 '페르시아'(פָּרַס)와 어근이 같다는 것은 언어유희를 통해 하나님이 페르시아에게 나라를 주셨음을 의미하고 실제로 페르시아의 고레스가 바벨론을 정복했다.

④ 대단원 : 해석의 결과(단 5:29-31)

다니엘이 글자를 읽고 해석해 주자 벨사살은 다니엘에게 자주색 옷을 입히게 하고 금 사슬을 목에 걸어주고 그를 위해 조서를 내려 나라의 셋째 치리자로 삼았다(단 5:29). 꿈을 해석하기 전에 왕이 상급으로 제안했던 것들을 거절했던 다니엘이 왜 받아들였는지 의문이 있다. 그런데 다니엘이 해석해 준 대로 그날 밤에 벨사살은 죽임을 당했다(단 5:30). 이를 통해 하나님은 사람의 호흡을 주장하시고 모든 길을 작정하시는 분이심을 증명해 주셨다.

저자는 메대 사람 다리오가 나라를 얻었는데 그의 나이가 62세였다고 했다(단 5:31).[16] 그런데 메데 사람 다리오는 누구를 말하는가? 이에 대해 크게 세 가지 가설이 있다. 첫째는 고레스, 둘째는 고레스의 아들 캄비세스(Combyses), 셋째는 고레스가 총독으로 세

14 이 글자가 아람어로 되었다면 읽을 수 있었으나 해석하지 못했음을 의미한다. 그러나 처음 손가락이 나타나 글을 쓸 때 아람어였다면 벨사살이 "이 글을 읽고 그 해석을 내게 알게 하라"라고 할 필요가 있는지에 대한 의문이 생길 수 있다.

15 뒤의 기록에 보면 나라가 나뉜 기록이 나오지 않고 '메데와 바사'(단 6:8, 12)로 나오기도 하고 후에 '바사와 메데'(에 1:3)로 나오는 것으로 보아 하나의 나라다.

16 히브리어 성경은 이 절을 다니엘 6:1에 두었다.

운 구바루(Gubaru)라는 설이다. 이 가설 가운데 고레스로 보는 것이 가장 타당하다. 그 이유를 몇 가지로 제시할 수 있다. 첫째, 저자가 이 사람을 '메대 사람 다리오'라고 기록했기 때문이다. 하나님은 메데 사람을 통해 바벨론을 멸할 것이라고 하셨다(사 13:17; 렘 51:11, 28). 둘째, 다니엘 6:28을 문법적으로 "… 다리오 왕의 시대와 바사 사람 고레스 왕의 시대에 형통하였더라"라는 말씀에서 '그리고'를 설명적 기능을 가진 접속사 '와우'로 보고 "… 다리오 왕의 시대, 곧 바사 사람 고레스 왕의 시대에 형통하였더라"라고 번역할 수 있다. 그래서 '메대 사람 다리오'는 '바사 사람 고레스'의 다른 이름이 될 수 있다. 셋째, 고레스의 나이를 주전 539년을 기준으로 62세라면 그는 주전 601년에 태어나고 주전 559년 안샨의 왕이 되었고 주전 530년 그의 나이 71세에 죽은 것이 되기에 가능하다(Wiseman 1965, 14–15).[17] NIV의 난외주에도 '와우'를 '즉' 또는 '다시 말하면'(that is)이라고 번역했다. 메대 사람 다리오를 고레스의 다른 이름으로 본다면 다니엘 9:1의 의미도 더 잘 이해할 수 있다.

(6) 사자 굴에 던져진 다니엘(단 6:1–28)

이 문단은 풀무 불 앞에 서 있는 다니엘의 세 친구의 믿음(단 3:1–30)의 내용과 짝을 이루어 왕의 조서가 내려졌음에도 불구하고 다니엘이 늘 하던 대로 하루 세 번 기도함으로 발생하는 문제를 다룬다. 그리고 하나님은 믿음을 지키는 다니엘을 지키시는 분임을 보여준다.

① 발단 : 다니엘을 넘어뜨리기 위한 음모(단 6:1–9)

다리오는 자기 뜻대로 120명을 세워 전국을 통치하게 하고 그들 위에 총리 셋을 두었다(단 6:1–2). 이 세 명의 총리 가운데 한 명인 다니엘은 그 마음이 민첩하여 총리들과 고관들 위에 뛰어나 왕은 그를 세워 전국을 다스리려고 했다(단 6:3). 그러자 다니엘을 제외한 두 명의 총리와 고관들이 다니엘을 넘어뜨리기 위해 고발할 근거를 찾았으나 국사에 대해 고발할 근거가 없었다. 이는 다니엘이 충성되어 아무 그릇함이나 허물도 없었기 때문이다(단 6:4). 아람어로 '그릇함'(샤루, שָׁלוּ)은 '태만'을, '허물'(셔히타, שְׁחִיתָה)은 부정과 부패를 의미한다. 이로 보아 다니엘은 관리로서 성실하고 청렴결백했음을 알 수 있다.

17 이 가설에 대한 설명은 볼드윈(Baldwin 1978, 23–28), 루카스(2017, 183–187) 등을 참조하라. 참고적으로 볼드윈과 루카스는 다리오와 고레스를 동일 인물로 본다. 우드(1995, 219–220)는 구바루라고 보았다.

그들은 이러한 다니엘을 고발하기 위해 다니엘의 뒤를 조사했고 그 결과 다니엘이 자기 집에 돌아가 하루 세 번씩 예루살렘으로 향한 창문을 열고 기도하는 모습을 보았다(단 6:5, 10–11). 그래서 그들은 왕에게 나아가 30일 동안 왕 외에 어떤 신이나 사람에게 무엇을 구하면 사자 굴에 넣는 금령을 세웠고 그 조서에 왕의 도장을 찍어 메대 바사의 고치지 아니하는 규례를 따라 다시 고치지 못하게 했다(단 6:6–8). 법을 고치지 못하는 메대 바사의 규례는 에스더서에도 나온다(에 1:19; 8:8). 이에 왕은 어리석게도 30일 동안만 자신을 높이는 법령에 도장을 찍었다(단 6:9). 다니엘 3장에서 느부갓네살을 높이기 위한 금 신상을 만들었듯이 여기서는 다리오를 높이기 위한 조서가 내려졌다.

② 분규 : 고발당한 다니엘(단 6:10–18)

다니엘은 이 조서에 왕의 도장이 찍힌 것을 알고도 자기 집에 들어가 '전에 하던 대로' 하루 세 번씩 무릎을 꿇고 기도했다(단 6:10). 여기에 다니엘의 기도의 두 가지 특징이 있다. 첫째, 상황이나 형편에 좌우되지 않는 기도였다. 그는 왕의 조서에 30일 동안이라는 기간이 정해진 것과 기도할 때 사자 굴에 던져지는 것 그리고 메데 바사의 법이 고칠 수 없다는 것을 알고 있었다. 그래도 다니엘은 전에 행하던 대로 기도했다. 그러자 그의 대적들은 다니엘이 금령을 어겼다고 왕에게 고발했다(단 6:11–13). 둘째, 규칙적인 기도였다. 그는 '전에 행하던 대로' 하루 세 번씩 기도했다. 이는 다니엘이 규칙적으로 기도했음을 의미한다. 이러한 다니엘을 보고 고발자들이 고발하는 내용을 보면 왕이 조서를 내릴 때와 같은 내용을 그대로 반복함을 알 수 있다. 이는 이 상황의 독특함을 강조하려는 수사적 장치다(단 6:7–8, 12). 왕은 이 고발을 듣고 심히 근심하여 다니엘을 구원하려고 해가 질 때까지 힘을 다했다(단 6:14). '심히 근심하다'(삭기 버에이쉬, שַׂגִּיא בְּאֵשׁ)라는 아람어 단어는 '많이 불쾌했다'라는 뜻이다. 이것은 고발자들이 기대하던 왕의 반응이 아니었다. 특히 왕이 '해가 질 때까지' 마음을 쓴 것은 상당한 시간과 노력을 쏟았음을 의미한다. 이때 고발자들이 메대 바사의 규례를 들어 법 집행을 요구했다(단 6:15b).

왕은 고발자의 요구에 따라 고칠 수 없는 메대 바사의 규례에 따라 사자 굴에 던져 넣으며 "네가 항상 섬기는 너의 하나님이 너를 구원하리라"(단 6:16)라고 말했다. 왕이 돌아가서 밤이 새도록 금식하고 그 앞에 오락을 그치고 잠자기를 그쳤다(단 6:18). 왕의 이러한 태도는 다니엘이 충성스러운 신하였음을 알게 한다.

③ 절정 : 사자굴에서 구원받은 다니엘(단 6:19–23)

이튿날에 왕이 '새벽에' 일어나 '급히' 다니엘이 던져진 사자 굴에 갔다(단 6:19). 이는 다니엘에 대한 왕의 마음을 잘 보여준다. 그는 사자 굴에 가까이 이르러 "살아계시는 하나님의 종 다니엘아"라고 불렀다. 다니엘은 하나님이 그의 천사를 보내어 사자들의 입을 봉하여 해치지 못하게 하신 것은 자기의 무죄함과 왕에게도 해를 끼치지 않은 것을 증명하는 것이라고 말했다(단 6:22). 다니엘의 응답은 그의 하나님이 참으로 살아계시고 그를 구원하실 수 있는 분임을 증명해 준다(Baldwin 1978, 130–131). 왕이 명하여 다니엘을 굴에서 올려보니 그의 몸이 조금도 상하지 아니하였다(비교. 단 3:25, 27). 이는 다니엘이 자기 하나님을 믿었기 때문이다(단 6:23). 이 사건을 통해 하나님은 성도가 환난 가운데 있어도 그를 믿는 자들을 지키신다는 것을 보여주셨다.

④ 대단원 : 하나님을 높이는 다리오(단 6:24–28)

이 특별한 사건을 목격한 다리오는 다니엘을 참소한 사람들과 그 처자들을 방금 다니엘이 풀려난 그 사자 굴에 던졌다. 그러자 그들이 굴에 닿기도 전에 사자들이 그들을 움켜 그 뼈까지 부서뜨렸다(단 6:24). 이러한 묘사는 사자 굴에 던져지는 것이 얼마나 처참한 일인지 보여준다. 그리고 다리오는 온 땅에 있는 백성들과 나라들과 언어가 다른 모든 사람에게 조서를 내려 다니엘의 하나님을 두려워하라고 하면서 하나님의 살아계심과 위대하심을 증거했다(단 6:25–27).

내레이터는 이 책의 전반부인 다니엘 1–6장을 마치며 다니엘이 다리오 왕의 시대, 곧 고레스 왕의 시대에 형통하였다고 말한다(단 6:26).[18] 이를 통해 다니엘이 바벨론 포로로 잡혀 왔어도 하나님을 믿는 믿음을 지킬 때 하나님이 그를 지켜주셨던 것처럼 주전 586년에 유다가 멸망하여 바벨론 포로로 잡혀 온 이스라엘도 믿음을 지킬 때 하나님이 그들을 지켜주시라는 확신을 얻게 되었을 것이다. 이 사실은 오늘날 그리스도 안에 있는 성도들이 때로 이 세상에서 환난을 당한다 할지라도 믿음을 지킬 때 하나님이 지켜주심을 확신할 수 있다.

18 NIV의 난외주에 있는 것처럼 '와우'를 설명적 접속사로 보고 '즉' 또는 '다시 말하면'(that is)이라고 번역하는 것이 좋다.

2. 다니엘의 묵시(단 7:1-12:13)

이 문단은 다니엘이 1인칭 시점으로 장차 역사 가운데 일어날 사건을 기록하고 있다. 그 사건은 다니엘이 본 환상과 그 환상에 대한 해석을 중심으로 미래에 있게 될 역사를 보여주면서 미래에도 여전히 믿음으로 사는 일이 중요함을 보여준다. 묵시는 상징적이며, 이상적이고, 예언적 문학 형식을 띠고 있으며 일반적으로 압제적인 상황에서 기록되었고 신학적 내용에 있어서 주로 종말론적인 주제를 다룬다. 묵시 문학은 무엇보다 언약 백성의 믿음을 격려하기 위한 것이다(Archer & Youngblood 2002, 1318-9).

내용 분해

(1) 네 짐승에 관한 환상(단 7:1-28)
(2) 숫양, 숫염소, 작은 뿔에 관한 환상(단 8:1-27)
(3) 다니엘의 기도와 70이레(단 9:1-27)
(4) 다가올 환난과 승리에 관한 환상(단 10:1-12:13)

내용 해설

(1) 네 짐승에 관한 환상(단 7:1-28)

아람어로 기록된 다니엘 7장은 다니엘 2장과 짝을 이룬다. 다니엘 7장에 나오는 네 짐승의 환상은 다니엘 2장에 나오는 느부갓네살의 꿈을 반영하고 있다. 특히 다니엘 7장은 책 전체의 중심축일 뿐만 아니라 다니엘 1-6장의 절정이며 다니엘 7-12장의 종말론적 묵시를 푸는 열쇠다(Harman 2007, 28).

① 다니엘이 본 환상에 대한 묘사(단 7:1-14)

다니엘은 벨사살 원년에 꿈으로 한 환상을 받았다(단 7:1). 바벨론은 느부갓네살(주전 605-562) 이후 나라가 약해졌다. 바벨론은 느부갓네살 사후 주전 539년 고레스에 의해 멸망할 때까지 23년 동안 에윌 므로닥(Evil-Merodach, 주전 562-560), 네리글리사르(Neriglissar, 주전 559-556), 라바쉬 마르둑(Labashi-Marduk, 주전 556), 나보니더스(Nabonidus, 주전 556-539)

가 통치했다. 벨사살은 나보니더스의 아들이다. 나보니더스는 그의 17년 통치 가운데 14년을 아라비아의 데마(Tema)에 있었고, 주전 553년에 아들인 벨사살에게 왕권을 위임했다(Miller 1994, 147–148; 우드 1995, 185–186). 벨사살 원년은 바로 이때로 벨사살은 주전 553년부터 주전 539년에 메데 바사에 멸망할 때까지 나보니더스와 함께 통치했다. 다니엘이 이 환상을 본 때는 다니엘 5장에 기록된 사건보다 앞이다. 다니엘이 이 환상을 본 때는 주전 586년에 이스라엘이 멸망하여 바벨론에 포로로 잡혀 온 이후 33년이 지났을 때로, 이들에게 희망을 주기 위해 하나님이 다니엘에게 역사 전체에 대한 큰 그림과 세부 사항을 상징을 통해 환상으로 보여주셨다.

다니엘이 본 환상은 두 부분으로 이루어져 있는데 그 첫 부분은 다니엘 7:2–8에 묘사되어 있다. 하늘의 네 바람이 바다에 불자 네 마리의 짐승이 바다에서 올라왔다(단 7:2–3). 성경에 바람은 하나님의 심판을 의미하는 것으로 묘사된다(슥 6:5; 7:14; 호 8:7; 계 7:1 등). 이 네 바람은 나라들 위에 임하는 여러 세력을 상징하는데 전쟁과 분쟁을 가져오게 한다(우드 1995, 258). 바람이 불자 큰 짐승 넷이 나왔다(단 7:2–3). 첫째 짐승은 사자와 같은데 독수리의 날개가 있다. 다니엘이 보고 있는 사이에 두 날개가 뽑혔고 사람처럼 두 발로 서는데 사람들의 마음을 받았다(단 7:4). 둘째 짐승은 곰과 같은데 그 입에 세 개의 갈빗대를 물고 있고, 그것에게 말하는 자들이 있어 많은 고기를 먹으라고 했다(단 7:5). 셋째 짐승은 표범과 같은데 등에 새의 날개가 넷이 있고 머리 넷이 있다(단 7:6). 넷째 짐승은 무섭고 놀라운데 쇠로 된 큰 이가 있어서 먹고 부서뜨리고, 전의 짐승과 다르고 열 뿔이 있다(단 7:7). 다니엘이 그 뿔을 자세히 보고 있는 사이에 다른 작은 뿔이 그 사이에서 나서 첫 번째 뿔 중에 셋이 뿌리까지 뽑혔다. 특이한 것은 이 뿔에 사람의 눈 같은 눈이 있고 입도 있어 큰 말을 한다는 점이다(단 7:8).

다니엘이 본 환상의 뒷부분은 다니엘은 7:9–12에 있다. 앞의 기괴한 짐승 환상과 대조적으로 보좌가 놓이고 옛적부터 항상 계신 이가 보좌에 앉아 계시고 그의 옷은 희기가 눈 같고 그의 머리털은 깨끗한 양의 털과 같고 그의 보좌는 불꽃이고 그의 바퀴는 불이 타오르고 불이 강같이 흘러 그의 앞에서 나오고 있다(단 7:9–10a). 그를 섬기는 자는 천천이요 만만이며 그 보좌에 앉으신 분이 심판하시는데 책들이 펴 놓였다(단 7:10b). 섬기는 자가 '천천이요 … 만만이라'라고 한 것은 하나님 보좌에 섬기는 자들이 셀 수도 없다는 뜻이다. 어떤 수 x와 그 수에다 1을 더한 x, x+1의 형태, 곧 연속적인 숫자는 문학적 장치의 하나로 많은 수를 나타낸다(Roth 1962, 301, 311). 다니엘이 작은 뿔이 말하는 것을 보는 사이에 그 짐승이 죽임을 당하고 그 시체가 불에 던져졌고 그 남은 모든 짐승은 그의 권세를 빼앗겼으나 생명은 보존되어 정한 시기가 이르기를 기다리고 있다.

다니엘이 밤 환상 중에 보니 인자 같은 이가 구름을 타고 와서 옛적부터 항상 계신 이에게 나아가매 옛적부터 항상 계신 이가 그에게 모든 권세와 나라를 주시고 모든 백성과 나라들과 다른 언어를 말하는 자들이 그를 섬기게 하였고 그의 권세와 나라가 영원할 것이라고 하셨다(단 7:13–14).

② 다니엘이 본 환상에 대한 해석(단 7:15–28)

다니엘은 환상을 본 후에 번민하며 옛적부터 항상 계신 이를 섬기는 천사에게 묻자 그가 다니엘에서 그 의미를 설명해 주었다(단 7:15–16). 해석이나 비유에 거기에 대한 설명이 나타나는 것은 그것을 읽는 자들이 마음대로 해석하지 못하도록 하기 위함이다. 이 설명은 두 부분으로 이루어져 있는데 먼저 전체적인 그림을 보여주고 다음으로 세부적인 그림을 줌 렌즈를 통하여 자세히 보듯이 확대하여 설명하고 있다.

a. 첫째 부분 해석 : 전체적인 그림(단 7:17-18)

바다에서 올라온 기괴하게 생긴 짐승 넷은 세상에 일어날 네 왕이다(단 7:17). 여기에 '왕'은 아람어로 왕을 의미하기도 하지만 세상에 속한 나라를 말한다. 이 나라는 다니엘이 느부갓네살이 꾼 꿈을 해석하며 다니엘 2:36–44에 설명했다. 첫째 짐승은 바벨론이고, 둘째 짐승은 메대 바사, 셋째 짐승은 그리스(= 헬라), 넷째 짐승은 로마다.

이 네 나라와 더불어 지극히 높으신 이인 하나님의 성도들이 나라를 얻을 것인데 성도들이 그 나라에서 누림이 영원하고 영원하고 영원할 것이다(단 7:18). '영원하다'라는 용어를 세 번 반복한 것은 정도를 강조하는 완전수로 최상급을 표현하는 수사적 장치다. 세상의 악한 자들이 다스리는 나라는 일시적이지만 이와 대조적으로 성도들의 나라는 영원하다는 것이다.

b. 둘째 부분 해석 : 세부적인 그림(단 7:19-28)

다니엘은 넷째 짐승에 대해 더 자세히 알기를 원했다. 이미 다니엘은 넷째 짐승에 대해 그가 본 것을 다니엘 7:7–8에서 설명했지만 다니엘 7:19–20에서 반복한다. 이러한 반복은 상황의 독특함과 중요성을 강조하려는 수사적 장치다. 하나님을 모신 자가 넷째 짐승은 넷째 나라인데 다른 나라와 달라서 온 천하를 삼킨다고 했다(단 7:23). 이로 보아 넷째 나라는 세계에서 가장 강력한 힘과 문화를 가진 로마를 말한다. 하지만 서로마제국이 476년에 게르만족에 의해 멸망함으로 나라가 프랑크 왕국을 위시하여 여러 나라로 분열하기 시작했다. 이것이 다니엘 2장의 환상에 나타난 열 발가락 시대를 말하는데 여기서는 로마의 멸망 이후에 나타난 열 뿔을 말한다. 열 발가락이나 열 뿔은 실제 숫자라기보다는 대략적인 숫자로 많은 나라를 말한다.

그런데 그 후에 또 하나인 작은 뿔이 일어나 먼저 있던 자들과 달리 세 왕을 복종시킬 것이다(단 7:24). 여기 하나는 안티오커스 IV 에피파네스(주전 175–164)를 말한다. 그가 하는 일을 볼 때 적그리스도다(영 1999, 277; MacRae 1991, 101). 그가 왕이 되어 열 왕 가운데 세 왕을 복종시킬 것이다. 여기 '열 왕'이나 '세 왕'은 실제의 숫자가 아니다. 그래서 '세 왕'은 열 왕 가운데 작은 부분을 차지한다는 뜻이다(Archer & Youngblood 2002, 1332; 두기드 & 왜그너 2014, 1626). 작은 뿔은 장차 네 가지 일을 할 것이다. 첫째, 지극히 높으신 이를 대적한다(단 7:25a). 이것은 다니엘 7:8b를 해석한 것이다. 하나님 말씀과 반대되는 말을 하는 것을 의미한다. 둘째, 지극히 높으신 이의 성도를 괴롭게 할 것이다(단 7:25b). 왜 적그리스도는 성도를 박해하는가? 그것은 성도는 그들이 행하는 악을 반대하기 때문이고, 좀 더 실제적인 이유는 그 배후에 사탄이 활동하기 때문이다(살후 2:9; 레 13:2, 4). 셋째, 때와 법을 고치려고 할 것이다(단 7:25c). 이것은 성도가 예배하는 방식을 규정하는 때와 법을 폐지하려고 한다는 것이다(두기드 & 왜그너 2014, 1626). 넷째, 성도들은 그의 손에 붙인 바 될 것이다(단 7:25d). 이것은 성도들이 적그리스도의 권세 하에서 박해와 고난을 받는다는 것이다. 그러나 그 시기를 '한 때와 두 때와 반 때'로 제한하셨다. 여기 '때'는 다니엘 4:16에서 '때'가 '해'를 말하듯이 여기서도 해를 말한다. 그러면 이 기간은 3년 6개월을 말하는 것으로 성경에서 42달(계 11:2; 13:5), 1290일(단 12:11), 1260일(계 11:3; 12:6) 등과 같은 표현이다. 완전수 절반을 가리키는 이 숫자는 상징적인 것으로 악이 지배하는 시기가 짧다는 것을 의미한다(루카스 2017, 267).

악의 세력이 제한적이라 할지라도 성도는 고통스럽다. 그러나 이러한 긴장과 대립이 계속되는 것은 아니다. 감사하게도 심판이 시작되면 적그리스도는 권세를 빼앗기고 완전히 멸망할 것이다(단 7:26). 이는 다니엘 7:10의 해석이다. 그리고 나라와 권세와 온 천하 나라들의 위세가 지극히 높으신 하나님의 거룩한 백성에게 붙인 바 되고 그의 나라는 영원한 나라가 될 것이다(단 7:27). 이것은 다니엘 7:13–14의 해석이다. 하나님이 소위 사탄이 세상의 권세 배후에 작용하여 성도를 괴롭게 하는 모든 일을 폐하시고 주님이 다스리시는 완전한 하나님 나라를 이루실 것이다. 바로 이 일을 예수님이 이 세상에 오셔서 구속해 주심으로 그 나라의 회복을 시작하셨고, 재림하실 때 완성하실 것이다.

다니엘은 천사가 하는 말을 듣고 기뻐하지 못했다. 그는 번민했고 얼굴빛이 변했다(단 7:28). '번민하다'와 얼굴빛이 '변하다'라는 단어는 벨사살이 벽에 손가락이 나타난 것을 보고 두려워하고 얼굴이 창백하게 되었다고 한 것과 같은 표현이다(참조. 단 5:6, 10). 이는 앞으로 닥칠 일이 영광스러운 미래도 있지만 고통도 있기 때문일 것이다. 그래서 다른 사람에게 이 환상을 말하지 않고 마음에 간직하였다.

(2) 숫양, 숫염소, 작은 뿔에 관한 환상(단 8:1-27)

다니엘 8장부터 다시 히브리어로 계시를 기록한다. 다니엘이 본 두 번째 환상은 동물을 사용하여 왕국의 상황을 상징적으로 묘사한다. 이 문단에서 왕국을 묘사하기 위해 사용한 동물은 두 뿔 가진 숫양과 한 뿔 달린 염소다. 이는 메대 바사와 그리스다. 여기에 기록된 환상은 다니엘이 죽은 이후 안티오커스 IV 에피파네스(주전 175-164)가 나타나 하나님의 백성을 핍박하게 될 위기를 알려주고, 지극히 어두운 시기에 그들이 환난에 직면할 때 그들을 격려할 초자연적 계시를 보여준다(Miller 1994, 219).

① 다니엘이 본 환상에 대한 묘사(단 8:1-14)

다니엘은 벨사살 원년에 환상을 받은 후(단 7:1) 다시 벨사살 3년에 환상을 보았다(단 8:1). 벨사살 3년은 주전 550년이다. 이 환상도 다니엘 5장에 기록된 사건 이전에 주어졌다. 다니엘이 이 환상을 보았을 때 그의 몸은 수산 성에 있지 않고 을래 강변에 있었는데 그는 마치 자신이 수산 성에 있는 것처럼 보았다(단 8:2).[19] 다니엘 8:27에서 다니엘이 환상을 보고 지쳐서 며칠 후 왕의 일을 본 것으로 보아 몸은 바벨론에 있었던 것으로 보인다. 수산(= 수사) 성은 바벨론 동쪽으로 약 320킬로미터 떨어져 있고 엘람은 오늘날 이란 남부 지역 쿠지스탄(Khuzistan)이다. 을래 강변은 수산 성 인근에 흐르는 수로의 명칭이다(루카스 2017, 294-295).

다니엘이 본즉 강가에 두 뿔 가진 숫양이 섰는데 그 숫양은 두 뿔이 다 길었으나 나중에 난 것이 더 길었다. 그 숫양이 서쪽과 북쪽과 남쪽을 향해 받으나 당할 짐승이 없고 그 손에서 구할 자가 없었다(단 8:3-4). 다니엘이 그것을 보고 생각할 때 한 숫염소가 서쪽

19 이 절은 번역서마다 다르고 관점에 따라 다르다. 루카스(2017, 295)와 우드(1995, 299)와 표준새번역, NIV, NASB 등은 다니엘이 실제로 있었던 곳은 을래 강변이고 환상을 보았을 때 수산 성에 간 것으로 이해했다. 공동번역은 을래 강변에서 환상을 본 것으로 번역했다.

에서 와서 온 지면에 두루 다니니는데, 그 염소 두 눈 사이에 현저한 뿔이 있었다(단 8:5). 그런데 숫염소가 두 뿔 가진 숫양을 쳐서 그 두 뿔을 꺾으나 숫양에게는 대적할 힘이 없었다. 숫염소가 강성할 때에 큰 뿔이 꺾이고 그 대신에 현저한 뿔 넷이 사방에서 났다(단 8:6-8).

뿔 넷 가운데에서 작은 뿔 하나가 나서 남쪽과 동쪽과 영화로운 땅을 향해 심히 커지더니 하늘 군대에 미칠 만큼 커져 그 군대와 별들 중 몇을 떨어뜨렸다(단 8:9-10). 또 스스로 높아져서 군대의 주재를 대적하며 그에게 매일 드리는 제사를 없애 버렸고 그의 성소를 헐었으며 백성이 매일 드리는 제사가 작은 뿔에 넘긴 바 되었고 진리를 땅에 던지며 그것이 하는 일이 형통했다(단 8:11-12). 여기 '군대의 주재'(사르-하차바, שַׂר־הַצָּבָא)가 누구인지 논란이 있으나 뒤에 나오는 '그의 성소'라는 표현을 볼 때 여호와를 가리킨다. NIV와 NASB 등에서 이를 대문자로 번역한 것은 이를 여호와를 의미하는 것으로 보았기 때문이다. 거룩한 이가 또 다른 거룩한 이에게 환상에 나타난바 매일 드리는 제사를 비롯해 성소와 백성이 내준 바 되며 짓밟힐 일이 어느 때까지인지 묻자 다른 거룩한 이가 2,300 주야[20]가 지나야 성소가 정결하게 될 것이라고 했다(단 8:13-14). 여기 '거룩한 이'는 천사를 의미한다. 2,300일은 약 6년 3개월이기 때문에 안티오커스 IV 에피파네스(주전 175-164)가 성소를 더럽힌 때부터 망하는 기간인 주전 171년 가을부터 164년 12월까지로 본다(영 1999, 252; Miller 1994, 229-230).

② 다니엘이 본 환상에 대한 해석(단 8:15-27)

다니엘이 이 환상을 보고 그 뜻을 알고자 할 때 사람의 목소리가 들렸는데 천사 가브리엘에게 이 환상을 깨닫게 하라고 하셨다(단 8:15-16). 여기 '사람의 목소리'는 하나님이다. 가브리엘은 사가랴에게 요한의 출생을 알린 천사였고(눅 1:19) 마리아에게 예수님의 출생을 알린 천사였다(눅 1:26). 가브리엘은 다니엘이 본 환상은 '진노의 마지막 때에 있을 일'을 알게 하려는 것인데 그것은 '정한 때 끝에 관한 것'이라고 했다(단 8:19).[21] 그래서 이 환상은 단순히 안티오커스 4세의 마지막에 관한 것일 뿐만 아니라 그가 예표하는 미래

20 주야를 낮과 밤이라고 보고 2300일의 절반인 1150일로 해석하여 3년 반과 같은 것으로 이해하기도 한다. 하지만 원문은 '저녁과 아침'(עֶרֶב בֹּקֶר)으로 온전한 하루를 의미한다.

21 개역개정판은 "진노하시는 때가 마친 후에 될 일"이라고 번역하여 진노하시는 때가 있고 그 후에 "정한 때 끝에 관한 것"이 있다는 느낌을 준다. 원문은 "진노의 마지막 때에 있을 일, 곧 정한 날의 끝"(אֲשֶׁר־יִהְיֶה בְּאַחֲרִית הַזָּעַם כִּי לְמוֹעֵד קֵץ)"으로 두 개를 동격으로 번역하는 것이 좋다. NIV, NASB 등이 그렇게 번역했다.

역사의 적그리스도와 연관되어 있음을 암시하다(우드 1995, 321).[22]

가브리엘은 먼저 다니엘 8:3-8에 말한 환상을 해석한다. 두 뿔 가진 숫양은 메대와 바사(= 페르시아)의 왕들이다(단 8:20). 털이 많은 숫염소는 헬라 왕이고 그의 두 눈 사이에 있는 큰 뿔은 그 첫째 왕이다(단 8:21). '헬라'의 원문은 '야완'(יָוָן)으로 성경 여러 곳에 나오는 명칭으로 그리스, 더 넓게는 이오니안(Ionian) 지역으로 볼 수 있다(창 20:2, 4; 사 66:19; 겔 27:13). 두 눈 사이에 있는 큰 뿔로 상징되는 헬라의 첫째 왕은 알렉산더 대왕(주전 356-323)이다. 그는 20세인 336년에 왕이 되어 페르시아를 물리치고 당시 알려진 대부분의 세계를 정복했다. 이 뿔이 꺾이고 그 대신에 네 뿔이 났는데, 그 나라에서 네 나라가 일어났지만 그의 권세에 미치지 못할 것이다(단 8:22). 이것은 알렉산더 대왕이 주전 323년에 열병으로 죽자 그의 부하 장수들이 나라를 나누어 통치한 것을 말한다. 곧 안티고너스(Antigonus)가 메소포타미아, 카산더(Cassander)가 마게도니아, 뤼시마커스(Lysimacus)가 트라키아와 소아시아, 톨레미(Ptolemy)가 이집트를 차지했다. 후에 다른 장수들과 연합하여 안티고너스를 살해하고 뤼시마커스가 소아시아를 다스렸다(루카스 2017, 305). 후에 톨레미의 부하 장수였던 셀류커스(Seleucus)가 메소포타미아를 다스렸다.

다음으로 가브리엘은 다니엘 8:9-14에 말한 환상을 설명한다. 이 네 나라 마지막 때에 한 왕이 일어날 것인데 그 얼굴은 뻔뻔하며 속임수에 능한 자로 거룩한 백성을 박해하고, 그가 하는 일이 형통할 것이며 평화로운 때에 많은 무리를 멸하며, 스스로 만왕의 왕을 대적할 것이나 사람의 손으로 말미암지 않고 깨어질 것이다(단 8:23-25). 이 왕은 셀류커스 왕조에서 나온 안티오커스 4세(주전 175-164)다. 안티오커스에 대한 자세한 묵시는 다니엘 11장에서 설명한다. 그는 사람의 손으로 말미암지 않고 죽었다. 마카비상 6:1-6에 따르면 안티오커스는 엘뤼마이스(Elymais) 성의 포위 작전에 패배한 후 슬픔과 후회로 죽었다. 영(1999, 261)은 '사람의 손으로 말미암지 않고'라는 기록은 성도들을 위로한다고 하면서 성도들은 스스로의 힘으로 안티오커스와 같은 대적들과 싸울 수 없는 온순한 사람이기 때문이라고 했다. 그러면서 우리 죄 때문에 하나님은 이러한 폭군을 일으키시고 교회를 괴롭게 하시기에 이러한 일이 일어나면 하나님을 의지해야 한다고 했다. 다니엘 2장, 7장, 8장의 환상과 그 해석을 다음의 표로 도식화할 수 있다.

22 영(1999, 264)은 이스라엘에게 허락한 고난과 진노가 끝나는 때로 구약시대의 끝이요 신약시대를 이끌어오는 때라고 했다. 루카스(2017, 304)는 이 마지막이 작은 뿔이 저지르는 범죄이기 때문에 포로기가 시작된 때로부터 인티오커스 4세가 이스라엘을 핍박하는 시기를 말한다고 보았다.

다니엘 2장	다니엘 7장	다니엘 8장	근거 본문	나라
금으로 된 머리	사자		단 2:37-38	바벨론 주전 626-539
은으로 된 가슴과 팔	곰	숫양	단 8:20	메대-바사 주전 539-330
놋으로 된 넓적다리	표범	숫염소	단 8:21	그리스(톨레미, 셀류커스 포함) 주전 330-63
쇠로 된 종아리와 발	무섭고 강한 짐승			로마 주전 63-

가브리엘은 다니엘에게 이 예언이 확실하지만 '여러 날 후의 일' 곧 먼 미래에 일어날 일이기에 이 환상을 잘 간직하라고 했다(단 8:26). '간직하라'라는 단어는 다니엘 12:4, 9에도 나오는데 이는 뭔가를 감추는 행위보다 안전하게 보관하는 행위를 말할 때 더 자주 쓰인다(루카스 2017, 307). 이는 그 날에 대해 알도록 하기 위함이다. 다니엘은 이 환상을 보고 지쳐서 여러 날을 앓다가 왕의 일을 보았다(단 8:27). 이로 보아 다니엘이 첫 번째 환상을 보고 느꼈을 때보다(단 7:28) 더 충격을 받았던 것으로 보인다.

(3) 다니엘의 기도와 70이레(단 9:1-27)

이 문단에서 다니엘에게 계시된 메시지가 다니엘 9:23에서 '환상'이라고 했다 할지라도 선지적 계시라 할 수 있다. 다니엘 9장은 언약 백성을 위한 선지자의 기도와 그 기도에 대한 하나님의 응답을 담고 있다. 다니엘서의 다른 곳에서는 언약적 이름인 여호와를 쓰지 않는데 이 장에서만 8번이 나온다(단 9:2, 4, 8, 10, 13, 14×2, 20).[23] 이것은 언약에 기초해서 다니엘이 기도했다는 것이다.

① 일반적 배경(단 9:1-2)

다니엘은 메대 족속 아하수에로의 아들 다리오가 갈대아 나라의 왕으로 세움을 받던 첫 해 곧 그의 통치 원년에 여호와께서 선지자 예레미야에게 알려 주신 연수를 깨달았다. 그것은 예루살렘의 황폐함이 70년 만에 그치리라 하신 말씀이다(단 9:1-2). 여기 메대 족속 다리오와 고레스는 같은 사람이다.[24] 이때는 주전 539년으로 하나님이 예레미야에

23 개역개정판은 다니엘 9:8에 나오는 '여호와'를 '주여'라고 번역했다.
24 이에 대한 논의는 이 책의 다니엘 5:31의 해설을 참조하라.

게 하신 말씀을 이루시려고 고레스의 마음을 감동시켜 이스라엘 포로들을 고국으로 돌아가도록 칙령을 반포한 해다(참조. 스 1:1–4). 다니엘이 예레미야에게 알려주신 연수를 깨달았다는 것은 예레미야에게 예언한 70년이 의미하는 바가 무엇인지 알게 되었다는 뜻으로 이해할 수 있다. 그것은 70년이란 기간이 하나님을 찾고 기도함으로 기간을 단축할 수 있다는 것이다.[25]

② 다니엘의 기도(단 9:3–19)

a. 기도하려는 다니엘의 결심(단 9:3-4a)

다니엘은 금식하며 베옷을 입고 재를 뒤집어쓰고 하나님께 간구하기를 결심하며 기도했다. 다니엘의 이러한 행동은 회개하며 간절하게 은혜를 구하는 표현이다(스 8:23; 느 9:1; 에 4:1, 3; 욘 3:5–6 등).

b. 하나님의 이름을 부름(단 9:4b)

다니엘은 하나님을 크고 두려워할 주 하나님, 주를 사랑하고 주의 계명을 지키는 자를 위하여 은혜 언약을 지키시는 분이라고 부른다.[26] 기도할 때 하나님의 이름을 부르는 이 말은 느헤미야가 금식하며 기도하는 말과 온 백성이 금식하며 기도할 때 한 말과 같다(참조. 느 1:5; 9:32). 주를 사랑하는 일과 주의 계명을 지키는 일은 같은 의미를 다르게 표현하는 히브리식 어법이다. 우드(1995, 340)는 순종은 사랑의 표현이라고 하며 하나님은 그를 사랑하고 그를 순종함으로 그 사랑을 증명할 수 있는 자들에게 은혜 언약을 지키신다고 했다.

c. 죄의 고백과 하나님의 심판 인정(단 9:5-14)

그러나 이스라엘은 은혜 언약에 따른 복을 누리지 못했다. 그것은 하나님께 반역하여 주의 법도와 규례를 떠났고 주의 종 선지자들이 전한 율법을 듣지 않았기 때문이다(단

25 70년이란 연수에 초점을 두면 해석의 어려움이 있다. 왜냐하면 제1차 바벨론 포로인 주전 605년을 기준으로 삼아도 고레스 칙령이 내려진 주전 539년까지의 기간이 66년이기 때문이다. 완전히 멸망한 주전 586년을 기준으로 삼는다면 47년밖에 되지 않는다. 이에 대한 적절한 설명은 70년 포로 생활과 함께 거기서 부르짖으며 기도하면 만나주시고 돌아오게 하시리라는 약속도 함께 말하고 있다는 것이다. 이 두 설명 사이에 긴장이 있다(Brueggemann 1998, 259).

26 개역개정판에서 '언약을 베푸시고 그에게 인자를 베푸시는 이'라고 번역했으나 원문은 '은혜 언약을 지키시는 분'(שֹׁמֵר הַבְּרִית וְהַחֶסֶד)이다.

9:5-7, 10-11, 13-14). 그 결과 수치가 왕들과 고관들과 조상들에게 돌아왔고 율법에 기록된 대로 재앙이 임했다(단 9:8, 12). 이 재앙은 언약 백성으로 하나님과 맺은 언약을 배반하여 내리는 언약의 저주다(참조. 레 26:27-45; 신 28:15-68). 다니엘은 그의 기도에서 이스라엘이 죄를 범했기 때문에 포로생활의 수치를 당하고 있다는 사실을 인정하고 있다.

d. 이스라엘을 위한 간구(단 9:15-19)

다니엘은 하나님을 과거 출애굽 당시에 강한 손으로 인도하시고 오늘과 같이 명성을 얻으신 하나님이라 부르며 간구를 시작한다(단 9:15). 다니엘이 하나님을 이렇게 부르며 간구를 하는 것은 하나님의 속성에 따라 구원해 달라는 것이다. 그는 주의 분노를 주의 성 예루살렘에서 떠나게 해달라고 간구했다. 왜냐하면 이스라엘과 조상들의 죄로 말미암아 예루살렘과 주의 백성이 사면에 있는 자들에게 벌을 받았기 때문이다(단 9:16). 그래서 주를 위해 주의 얼굴 빛을 주의 황폐한 성소에 비추시고 주의 이름으로 일컫는 성을 보실 것을 간구하며 그들의 공의를 의지하는 것이 아니라 주의 큰 긍휼을 의지한다고 했다(단 9:17-18). 다니엘은 다시 간구하는 이유로 주의 성과 주의 백성이 주의 이름으로 일컬어지기 때문이라고 했다(단 9:19). 이는 주의 성과 주의 백성을 그대로 두면 출애굽 당시에 함께 하셨던 주의 명성이 사면에 있는 자들에게 조롱을 받을 수 있다는 것이다.

③ 기도 응답 : 일흔 이레에 대한 예언(단 9:20-27)

다니엘이 하나님의 거룩한 산의 회복을 위해 기도할 때 천사 가브리엘이 다니엘에게 지혜와 총명을 주기 위해 왔다(단 9:20-23). 가브리엘이 온 것은 다니엘의 기도에 대한 응답이다. 그런데 가브리엘이 말한 다니엘 9:24-27은 다니엘서에서 가장 어려운 본문이다(Baldwin 1978, 163). 가브리엘은 다니엘에게 이스라엘 백성과 거룩한 성을 위해 '일흔 이레'를 기한으로 정했다고 말했다(단 9:24a). '일흔 이레'(샤부임 쉬빔, שִׁבְעִים שָׁבֻעִים)라는 말은 문자적 의미는 '일흔의 일곱들'(the seventy sevens)이나 '일흔 주'(the seventy weeks)를 의미한다. 일흔 이레는 여섯 개의 결과를 실현하기 위해 작정된 것이다(영 1999, 287). 그것은 허물(페솨, פֶּשַׁע)이 그치며, 죄(핱타아트, חַטָּאת)가 끝나며, 죄악(아온, עָוֹן)이 용서되며, 영원한 의가 드러나며, 환상과 예언이 응하며, 지극히 거룩한 이가 기름 부음을 받는 것이다(단 9:24b). 성경에 나오는 '죄'와 연관된 세 개의 용어가 다 나온다. 이는 모든 죄가 다 그치고 용서함을 받는다는 것을 강조하려는 것이다. 그리고 영원한 의가 드러날 것이다(참조. 롬 3:25-26). 여러 선지자를 통해 말씀하신 환상과 예언이 성취되고 메시아가 기름 부음을 받아 구원을 완성하실 것이다.[27] 이 위대한 일은 이스라엘만을 위한 것이 아니라 모든 인류를 위한 것이다(Miller 1994, 259).[28] 이것이 하나님이 일흔 이레를 정하신 목적이다.

다니엘은 하나님의 이 일흔 이레를 일곱 이레와 예순두 이레와 한 이레로 구분했다. 이는 이러한 과정을 통해 구원을 완성하신다는 것이다. 일반적으로 일흔 이레를 다양하게 이해해 왔으나 주로 네 가지 관점으로 구분할 수 있다.[29] 첫째는 자유주의자들의 관점으로 일흔 이레를 문자적으로 이해하여 안티오커스 4세가 통치하는 시대까지 전체 490년이라고 본다. 첫 시기인 일곱 이레는 예루살렘 멸망(주전 586)부터 고레스에 의한 바벨론 멸망(주전 539)까지, 두 번째 시기인 예순두 이레는 바벨론 멸망부터 대제사장 오니아스 3세(주전 170)까지 그리고 마지막 한 이레는 안티오커스 통치 기간으로 본다. 이 관점의 약점은 '일흔 이레'의 목적이 되는 죄가 끝나고 영원한 의가 드러나는 일을 알 수 없다는 것이다.

둘째는 무천년설자들의 관점으로 일흔 이레를 상징적으로 이해하여 그리스도의 초림 때까지로 본다. 첫 시기인 일곱 이레를 고레스 원년(주전 539)부터 에스라와 느헤미야의 사역(주전 458–432)까지, 두 번째 시기인 예순두 이레를 에스라와 느헤미야 사역을 마친 때부터 그리스도가 오신 때(주전 4)까지, 마지막 한 이레를 그리스도의 초림부터 주전 70년 예루살렘이 파괴되기 전까지로 본다. 이 관점의 약점은 일곱 이레 + 예순두 이레 + 한 이레를 단순히 세 시대를 나타내는 것이 아니라 더 정확한 연대표를 제시하기 위한 것처럼 보이는 점을 무시했다는 것이다. 그리고 세 번째 한 이레는 그리스도의 초림보다는 재림 시에 일어날 일로 보이는데 이를 무시했다는 것이다.

셋째는 카일(Keil 1973, 373)이나 류폴드(Leupold 1969, 417)의 관점으로 일흔 이레를 상징적으로 보고 그리스도의 재림 때까지로 본다. 첫 번째 시기인 일곱 이레를 바벨론 멸망부터 그리스도의 초림까지, 두 번째 시기인 예순두 이레를 그리스도의 초림부터 종말에

---

27 개역개정판이 '지극히 거룩한 이'라고 번역한 것은 메시아로 이해했다는 것이다. 원문은 '코데쉬 코다쉼'(קֹדֶשׁ קָדָשִׁים)은 정관사 없이 나타나기 때문에 NASB처럼 '지극히 거룩한 곳'(the most holy place)으로 번역할 수 있다. 우드(1995, 363)는 성전 전체를 의미한다고 보고 그리스도의 재림과 연관된다고 했다. 그러나 기름 부음은 메시아의 특성을 나타내는 것이라고 보아야 한다(영 1999, 292).

28 영(1999, 292)은 이 예언의 종착점이 안티오커스 시대에 어울리지 않고 재림과도 어울리지 않으며 그리스도의 초림과 어울린다고 했고, 우드(1995, 363–364)는 재림과 어울린다고 했다.

29 '일흔 이레'를 보는 관점은 자유주의자들의 관점과 무천년설자들의 관점과 전천년설자들의 관점으로 구분할 수 있다. 여기에 둘째 관점으로 설명한 무천년설자들의 관점은 영(1999)과 볼드윈(Baldwin 1978)의 견해를 종합했고 넷째 관점으로 설명한 천년설자들의 관점은 우드(1995)와 Miller(1994)의 견해를 종합했다. 일흔 이레에 대해 어떤 관점을 가지든 문제가 없는 것이 없다. 하지만 여기서는 기본적으로 무천년설자들의 관점을 취하되 전천년설자들의 관점을 참조할 것이다.

적그리스도에 의해 핍박을 받는 때까지, 마지막 한 이레를 다니엘 9:26–27에 기록된 사건이 나타나는 시기로 보았다. 이 관점의 약점은 구분이 주관적이고 다른 해석과 너무 다르다는 것이다. 그리고 그리스도와 그의 교회가 마지막 날에 무너진다고 본 것이다. 그러나 성경은 천국 복음이 땅끝까지 전파될 것이고 큰 무리가 복음을 받을 것이라고 기록하고 있다(마 24:14; 계 11:1–14).

넷째는 천년설자들의 관점으로 일흔 이레를 문자적으로 보지만 그리스도의 재림 때까지로 본다. 첫 번째 시기인 일곱 이레(49년)를 예루살렘을 재건하는 시기인 주전 458년이나 444년부터 에스라와 느헤미야가 재건을 완성하는 주전 409년이나 396년까지로, 두 번째 시기인 예순두 이레(434년)를 그리스도의 초림까지로, 마지막 한 이레(7년)를 그리스도의 구속사역으로 이방인과 많은 유대인이 구원을 받은 후에 적그리스도를 멸할 때까지로 본다. 그러나 이 관점의 약점은 연수를 억지로 맞춘다는 인상을 줄 뿐만 아니라 두 번째 시기인 예순두 이레와 마지막 시기인 한 이레 사이의 설명이 불분명하다는 것이다. 이로 보건대 일흔 이레를 어떤 관점에서 보느냐에 따라 다름을 알 수 있다. 하지만 하나님이 이 일흔 이레를 정하신 목적은 구원을 완성하기 위함이다(단 9:24).

일흔 이레를 정한 목적을 말한 다음에 예루살렘을 중건하라는 영이 날 때부터 기름 받은 자(= 메시아) 곧 왕이 일어나기까지 일곱 이레와 예순두 이레를 지날 것이라고 했다(단 9:25a). 예루살렘을 중건하라는 영은 고레스 원년(주전 539)에 발표된 칙령이 일흔 이레의 출발점이다(영 1999, 295–296; 우드 1995, 364).그리고 기름 부음 받은 자인 메시아가 오신 때가 예순두 이레의 종착점이다(영 1999, 296).

예순두 이레 후에 기름 부음을 받은 자가 끊어질 것이다(단 9:26a). 이 말씀은 "그가 산 자의 땅에서 끊어짐은"(사 53:8)의 말씀을 떠올리게 하는데 이는 십자가에 위에서 죽음으로 끊어지신 예수 그리스도다(영 1999, 301). 그리고 장차 한 왕의 백성이 와서 그 성읍과 성소를 무너뜨린다(단 9:26b). 이는 미래에 새 인물을 의미하기도 하지만 여기서 '백성'은 로마인을 말하고 '왕'은 디도 베스파시안(Titus Vespasianus)이라고 보는 것이 좋다(영 1999, 301). 이것은 분명 예순두 이레 후에 일어날 많은 일들 가운데 하나다. 그런데 마지막 한 이레 가운데 절반에 제사와 예물을 금지하고 가증한 것이 날개를 의지하여 설 것이다(단 9:27a). 예수님이 이 말씀을 인용하여 "… 다니엘이 말한 바 멸망의 가증한 것이 거룩한 곳에 선 것을 보거든"(마 24:15; 막 13:14)이라고 하셨다. 예수님이 이 말씀을 인용하신 것은 종말에 관한 말씀을 하실 때다. 그러므로 마지막 한 이레는 그리스도의 초림 이후 종말에 있을 일을 말하고 특히 반 이레는 재림이 가까운 때다. 일흔 이레와 이를 일곱 이레와 예순두 이레와 한 이레로 구분한 일에 대한 관점이 달라도 그 의미는 하나님이 역사를 주장하시고 기간을 정하셨기에 하나님의 백성은 낙심하지 말아야 한다는 것으로 같다(두기드 & 왜그너 2014, 1631). 루카스(2017, 335)가 지적한 대로 미래 일에 대한 계시는 훗날에 그 사건들이 자기들에게 닥쳤을 때 올바르게 반응할 수 있도록 하신 하나님의 은혜다.

(4) 다가올 환난과 승리에 관한 환상(단 10:1-12:13)

다니엘 10-12장은 하나의 환상으로 한 문단을 이루고 있다. 이 환상에서 한 천사가 이스라엘 역사를 페르시아 시대부터 하나님 나라까지 보여주었다. 특히 페르시아 시대 이후 알렉산더가 일어날 것이고 그 이후 헬라가 분열된 이야기와 애굽의 톨레미 왕조와 시리아의 셀류커스 왕조의 대립과 갈등 그리고 안티오커스 4세에 집중하여 설명한다. 그리고 적그리스도와 마지막 날의 환난의 시대에 관해서도 보여준다.

내용 분해

(1) 하나님과 천사에 관한 환상(단 10:1-11:1)
(2) 미래 역사에 대한 환상(단 11:2-12:4)
(3) 마지막 교훈(단 12:5-13)

내용 해설

(1) 하나님과 천사에 관한 환상(단 10:1-11:1)

이 문단은 하늘의 천사와 군주에 대한 설명으로 매우 신비로운 요소를 담고 있다. 여기서 인간의 역사 배후에 영적인 존재가 있음을 알 수 있다.

① 일반적 배경(단 10:1-3)

다니엘은 바사 왕 고레스 3년에 큰 전쟁에 관한 환상을 보았다(단 10:1). 이 전쟁은 다니엘 11:2-12:4에 예언된 페르시아와 헬라의 전쟁, 애굽의 톨레미 왕조와 시리아의 셀류커스 왕조의 전쟁, 적그리스도로 예표되는 안티오커스 4세와 성도의 전쟁이다. 다니엘은 이 환상의 의미를 알고 세 이레 동안 좋은 떡과 고기와 포도주를 입에 대지 않고 몸에 기름을 바르지 않았다(단 10:1–3). 이는 다니엘이 금식했다는 것이다. 여기 '세 이레'는 세 주간을 말한다.[30]

② 하나님 환상(단 10:4–8)

다니엘은 고레스 3년 첫째 달 24일에 힛데겔(= 티그리스) 강가에서 세마포 옷을 입고 허리에는 정금 띠를 띠었을 뿐만 아니라 밧모섬에서 사도 요한이 보았던 주님과 같은 모습을 한 사람을 보았다(단 10:4–6). 그는 성육신하기 전의 하나님이다(영. 1999, 324). 이 환상을 다니엘만 보았고 그와 함께 있는 사람은 보지 못했으나 떨며 도망갔다(단 10:7). 다니엘은 그 환상을 본 후 힘이 빠졌을 뿐만 아니라 그 말하는 소리를 듣고 얼굴을 땅에 대고 깊이 잠들었다(단 10:8–9). 아마도 다니엘이 충격으로 잠시 의식을 잃었던 것 같다.

③ 한 천사의 방문과 '군주' 의 존재(단 10:9–14)

다니엘이 의식을 잃었을 때 한 손이 그를 만지며 "은총을 받은 사람 다니엘아"라고 부르며 다니엘이 금식하던 첫날부터 다니엘의 기도가 응답되었고 그 기도로 말미암아 왔다고 했다(단 1:10–12). 다니엘을 부르는 이 존재는 다니엘의 기도가 응답된 사실을 알고 있고 천사장 미가엘의 도움으로 왔기에 천사 중 한 분임을 알 수 있다(참조. 단 10:12–13, 21). 그런데 이 천사가 오는 길을 다니엘이 금식하는 21일 동안 막은 자가 바사 왕국의 '군주'인데 가장 높은 '군주'인 미가엘이 도와주었다고 했다. 이 '군주'로 번역된 히브리어 '사르'(שַׂר)는 문자적으로 '왕자'나 '지역을 다스리는 왕'이란 뜻인데 여기서는 어떤 존재인가? 천사가 오는 길을 막을 수 있는 바사의 '군주'가 있고 이스라엘의 '군주'가 미가엘이라면 이 존재는 영적인 존재들이다. 바사의 군주(단 10:13, 20)나 헬라의 군주(단 10:20)는 바사나 헬라를 보호하는 신적인 존재들이다(참조. 사 24:21; 46:2; 렘 46:25; 고전 8:5; 10:20).[31] 이와 반대로 이스라엘의 군주인 미가엘은 이스라엘을 보호하는 천사다. 이러한 표현을 볼 때 세상의 전쟁은 그 배후에 있는 영적인 존재들 간의 전쟁임을 알 수 있다. 무명의 천사는 다니엘에게 자신이 온 목적은 마지막 날에 이스라엘이 당할 일을 깨닫게 하기 위함이라고 했다(단 10:14).

30 '세 이레'(שְׁלֹשָׁה שָׁבֻעִים יָמִים)에 사용된 '이레'(샤부임, שָׁבֻעִים)라는 단어가 다니엘 9:24에 사용된 단어와 같아도 '해'가 아니고 '주'가 아닌 것은 '날들'(야밈, יָמִים)이라는 단어가 주간임을 보여준다.

31 우드(1995, 395)는 이 존재를 '악령'이라고 했다.

④ 영적 전쟁(단 10:15-11:1)

보냄을 받은 한 천사가 한 말을 듣고 말문이 막혔을 때 인자와 같은 이가 다니엘의 입술을 만져 입을 열게 하자 다니엘은 그가 본 환상으로 말미암아 근심이 더함으로 힘이 다 빠졌다고 했다(단 10:15-17). 그러자 사람의 모양을 한 천사가 다니엘에게 큰 은총을 받은 사람이라고 말하며 힘을 내라고 하자 다니엘은 주께서 그를 강건하게 하신 줄을 알았다(단 10:18-19). 그 천사는 다니엘에게 자기가 왜 그에게 왔는지 아느냐고 물었다(단 10:20a). 이는 다니엘이 이미 들은 말을 상기시키기 위함이다(참조. 10:14). 그 천사는 이제 돌아가 바사의 군주와 싸우고 후에 헬라의 군주가 이를 것이라고 했다(단 10:20b). 이것은 페르시아 후에 헬라가 온다는 것으로 극렬한 시련이 하나님의 백성을 기다리고 있음을 보여준다(영 1999, 331). 그러나 염려할 필요가 없다. 이스라엘의 군주인 미가엘이 있고 이미 메대 사람 다리오(= 고레스) 원년인 주전 539년에 그를 도와 강하게 하였기 때문이다(단 11:1).[32] 이는 고레스가 바벨론을 점령하여 이스라엘을 귀환하게 한 역사의 배후에 하나님의 천사들의 도움이 있었음을 의미한다. 이러한 역사를 볼 때 우리는 우리와 우리나라 배후에 도사리고 있는 악한 영들이 경제적인 고통과 기근과 전염병과 전쟁과 다툼과 착취와 거짓말 등을 통해 일하고 있음을 알 수 있다. 그러므로 우리는 악한 영들과 전쟁을 수행하여 승리하는 방법을 배워야 한다(엡 6:11-18).

(2) 미래 역사에 대한 환상(단 11:2-12:4)

이 문단은 환상을 통해 앞으로 있게 될 페르시아, 헬라, 톨레미 왕조와 셀류커스 왕조의 관계, 안티오커스 4세와 적그리스도에 대한 예언을 담고 있다.

① 페르시아에 대한 예언(단 11:2)

천사는 고레스 이후에 세 왕이 나올 것이고 그 후의 넷째는 부요함으로 강성해진 후 헬라 왕국을 칠 것이라고 했다. 고레스 이후 세 왕은 캄비세스(주전 530-522), 스메르디스(주전 522), 다리우스 1세(주전 522-486)다. 그리고 넷째는 아하수에로(주전 486-465)다. 이 아하수에로(= 크세르크세스)가 헬라를 주전 480년에 침략하였는데 테르모필레 전투에서는 승리했으나 살라미스 전투에서 크게 패했다.

32 메대 사람 다리오와 고레스의 관계에 대해서는 다니엘 5:31의 해설을 참조하라.

② 헬라에 대한 예언(단 11:3–4)

장차 한 능력 있는 왕이 일어나서 큰 권세로 다스리며 자기 마음대로 행할 것이고 그가 강성할 때 그의 나라가 갈라져 사방으로 나뉘고 그의 자손에게도 돌아가지도 않고 나라가 그 외의 사람들에게 돌아갈 것이다(단 11:3–4). 장차 능력 있는 왕은 알렉산더 대왕(주전 356–323)이다. 그가 33세의 나이로 열병으로 죽자 나라가 그의 두 아들에게 돌아가지 않고 그의 부하 장수들이 나라를 나누어 통치했다. 안티고너스(Antigonus)가 메소포타미아, 카산더(Cassander)가 마게도니아, 셀류커스(Seleucus)가 시리아 북부와 메소포타미아 동부, 뤼시마커스(Lysimacus)가 트라키아와 소아시아, 톨레미(Ptolemy)가 이집트를 차지했으나 안티고너스는 다른 네 명의 장수의 공격을 받아 살해되었고 뤼시마커스가 소아시아를 다스렸다(루카스 2017, 305).

③ 톨레미 왕조와 셀류커스 왕의 관계(단 11:5–20)

이 문단에서 남방 왕들과 북방 왕들의 관계와 갈등을 예언하고 있다. 남방 왕은 애굽의 왕들을 말한다. 알렉산더 대왕이 죽은 후 톨레미 1세(Ptolemy I Lagie Soter, 주전 323[305]–285)가 애굽을 차지하여 톨레미 왕조를 열었고 주전 30년에 로마에 합병될 때까지 다스렸다. 그런데 톨레미의 군주들 가운데 하나는 그보다 강하여 그 권세가 클 것이다(단 11:5). 그가 북방 왕인데 셀류커스 왕조를 연 셀류커스(Seleucus I Nicator, 주전 311–280)다. 셀류커스는 알렉산더 대왕에 의해 바벨론 총독이 되었으나 추방되어 톨레미의 부하 장수로 있다가 주전 312년에 바벨론을 탈환하여 동방의 인도까지 세력을 넓혔다. 그의 왕조는 로마의 폼페이우스에 의해 정복당한 주전 63년까지 다스렸다. 다니엘 11:5–20은 두 왕조의 관계에서 발생할 일을 예언한 것이다. 다니엘 11:21부터 기록한 안티오커스 4세까지 두 왕조의 계보를 참조하라.[33]

33 두 관계에서 발생할 문제를 예언한 다니엘 11:5–20에 대한 자세한 설명은 우드(1995, 410–427)와 영(1999, 338–349)의 책을 참조하면 도움이 될 것이다.

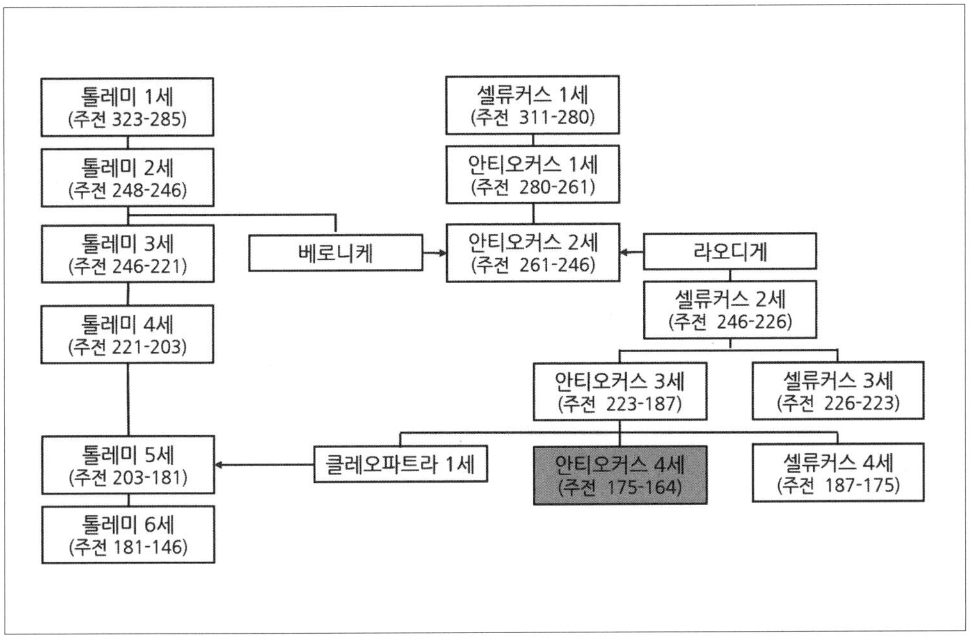

한 천사를 통해 다니엘에게 안티오커스 4세가 나타나기 전까지 톨레미 왕조와 셀류커스 왕조의 역사를 설명한 것은 이스라엘 역사와 밀접한 연관이 있기 때문이고 하나님이 역사를 섭리하신다는 것을 보여주기 위함이다.

④ 안티오커스 4세(단 11:21–35)

이 문단은 다니엘 8장에 기록된 '작은 뿔'(단 8:9–13; 23–25)에 대한 것이며 적그리스도의 예표적 인물인 안티오커스 4세 에피파네스(Antiochus IV Epiphanes, 주전 175–164)에 대한 예언이다. 그를 '비천한 사람'이라고 소개하며 원래 왕위를 이을 자가 아닌데 속임수로 나라를 얻을 것이라 했다(단 11:21). 그는 자신을 '비추는 자'라는 뜻인 '에피파네스'(Epiphanes)라고 불렀으나 사람들은 '미친 놈'이라는 뜻인 '에피마네스'(Epimanes)라고 불렀다. 원래 시리아의 왕위는 셀류커스 4세의 아들 데메트리우스가 계승하게 되어있었다. 안티오커스는 그의 아버지 안티오커스 3세가 주전 190년 로마와의 전쟁에서 패하여 로마에 볼모로 15년 동안 인질로 있다가 주전 175년에 귀환하는 도중에 형인 셀류커스 4세가 암살되었다는 소식을 듣고 속임수로 나라를 얻었다.

한편 넘치는 물 같은 군대와 그와 동맹한 왕이 안티오커스에게 패했다(단 11:22a). 물 같은 군대는 애굽이다. 그런데 '동맹한 왕'을 주전 170년에 살해당한 대제사장 오니아스

3세(Onias III)로 보느냐 아니면 애굽의 톨레미 6세(주전 181-146)로 보느냐는 논란이 있다(루카스 2017, 397-398; 우드 1995, 429). 그리고 안티오커스는 누구와 약조했는지 분명하지 않으나 약조를 한 후에 거짓으로 그 지방의 기름진 곳에 들어와 조상들이 행하지 못한 악한 일을 행하고 노략하고 탈취하여 민심을 얻기 위해 무리들에게 나누어주었다(단 11:24). 다니엘 11:22-24은 어떤 역사적 사건을 말하는지 알 수 없으나 그는 유다에 재앙을 가져올 자이고 사악한 자라는 것이다. 그리고 다니엘 11:24b에 '얼마 동안'이라고 말함으로 하나님이 작정하신 한계가 있음을 보여준다(루카스 2017, 398). 안티오커스의 악한 행동은 하나님이 허용하신 제한된 시간 속에 있다.

북방 왕인 안티오커스는 남방 왕을 쳤다. 당시 남방 왕은 톨레미 6세(주전 181-146)였는데 그의 누이였던 클레오파트라의 아들이다. 남방 왕이 큰 군대를 거느리고 싸웠으나 이기지 못하고 패했다. 이는 그를 지지하기로 했던 사람들의 속임수 때문이다(단 11:25). 톨레미의 군대는 그의 음식을 먹는 자들, 곧 그가 신뢰하는 자들의 배신으로 말미암아 군대가 흩어졌다(단 11:26). 이 전쟁에서 톨레미 6세는 포로가 되었다. 안티오커스는 포로로 잡힌 톨레미 6세와 서로 해하려고 식탁에 앉아 모의했지만 형통하지 못할 것이다. 이는 아직 때가 이르지 아니했기 때문이다(단 11:27). 이 역사에서 일어났던 사건들 이면에 은밀한 하나님의 목적이 존재한다는 사실을 상기시킨다(루카스 2017, 399). 사람이 마음으로 자기의 길을 계획할지라도 그의 걸음을 인도하시는 이는 여호와시고 오직 여호와의 목적만 이루게 될 것이기 때문이다(잠 16:9; 19:21). 이 전쟁으로 안티오커스는 많은 재물을 가지고 본국으로 돌아갈 것이고 거룩한 언약을 거스르며 자기 마음에 계획한 대로 행하고 본국으로 돌아갈 것이다(단 11:28).

안티오커스는 작정한 기간에 다시 애굽을 공격했으나 성공하지 못했다. 그것은 깃딤의 배들이 이를 것이기 때문이다(단 11:30a). '깃딤의 배들'이란 표현은 민수기 24:24의 발람의 예언에 나온다. '깃딤'은 키프로스 사람을 말하나 여기서는 로마를 포함하여 지중해 해안을 따라 팔레스틴 서부에 있는 땅을 말한다(우드 1995, 436). 애굽을 치지 못한 안티오커스는 낙심하고 돌아가면서 거룩한 언약에 대해 분노하며 거룩한 언약을 배반하는 사람을 살폈다(단 11:30b). 언약을 배반하는 자들은 하나님의 율법에 대해 등을 돌린 사람을 말한다. 그는 왜 이들을 살폈을까? '살피다'(빈, !yB)라는 말은 '이해하다'라는 뜻도 있으나 여기서는 '관심을 기울이다'라는 뜻으로 그의 계획을 실행할 수 있는 사람을 찾았다는 뜻이다(참조. 마카비상 1:1, 43; 마카비하 4:7-17). 군대는 그의 편에 서서 성소를 더럽히며 제사를 폐하고 멸망하게 하는 가증한 것을 세울 것이다(단 11:31). '멸망하게 하는 가증한 것'은 다니엘 9:29과 같은 것으로 이방 제단을 세웠음을 암시한다. 또 그는 언약을 배반하고 악행하는 자를 속임수로 타락시킬 것이다(단 11:32a). 이는 안티오커스가 악한 자들의 계획을 도와주고 선동하는 것을 말한다. 오늘날에도 악한 자들을 선동하는 안티오커스 같은 정치인들도 있고 이들이 주는 돈과 권력에 취해 하나님의 말씀과 반대되는 온갖 악행을 일삼는 사람들도 있다.

그러나 이 상황에서 자기 하나님을 아는 백성도 있다(단 11:32b). 이들은 선택받은 사람이며 참 이스라엘인 교회이고 믿음으로 행하는 자들이다(영 1999, 356). 안티오커스의 악행에 저항하는 사람들 가운데 맛다디아(Mattathias)의 아들들인 마카비들(Maccabees)이 있다(Miller 1994, 302). 백성 중에 지혜로운 자들은 많은 사람을 가르칠 것이다. 이 사람들은 칼날과 불꽃과 사로잡힘과 약탈을 당할 것이다(단 11:33). 그들이 넘어질 때 약간의 도움을 받으나 신실하지 못한 사람들은 속임수로 악한 자들 편에 서기도 할 것이다(단 11:34).[34] 또 지혜로운 사람들 가운데 몇 사람이 넘어지기도 하나 연단을 받아 정결하게 되기도 한다(단 11:35a). 이러한 넘어짐은 알곡과 쭉정이를 분리해 내는 역할을 한다. 이 일은 전체 역사를 통해 일어나는 일이고 하나님이 정한 마지막 때까지 계속될 것이다(단 11:35).

⑤ 마지막 때에 관한 예언(단 11:36–12:4)

지금까지 다니엘 10장에서 시작된 전쟁에 관한 예언이 안티오커스 4세 시대와 그가 나타나기 이전 고대 근동 지역에 펼쳐질 정치적, 군사적인 갈등을 묘사했다면 다니엘 11:36부터의 내용은 다르다. 이 문단에서 묘사된 '왕'이 안티오커스 4세가 아니다. 그 왕이 안티오커스가 아닌 이유는 그 왕은 스스로 높여 신들 위에 있고(단 11:36) 조상들의 신들을 돌아보지 아니했다고 했으나(단 11:36) 안티오커스는 헬라의 신들을 섬겼기 때문이다. 그 왕은 바다와 거룩한 산 사이에 궁전을 세우나 그의 종말이 이를 것이라 했으나 안티오커스는 페르시아 타베(Tabae)에서 죽었다(단 11:45). 그리고 그 왕은 자신이 작정한 일을 반드시 이룰 수 있는 능력이 있으나(단 11:36) 안티오커스는 그런 능력이 없고 애굽과 리비아와 구스(이디오피아) 등을 정복하지 못했다(단 11:40–43). 그래서 여기서 묘사하고 있는 왕은 안티오커스 4세가 아니라 적그리스도다(Miller 1994, 306; 영, 1999, 360).[35]

---

34 다니엘 11:34은 속임수로 결합하는 자들이 마카비 편에 서는 자들인지 안티오커스를 따르는 악한 자들의 편에 서는 자들인지 애매하다. 영(1999, 357)과 우드(1995, 441)는 마카비 편에 서는 것으로 해석했다. NIV는 대명사 '그들'(them)이라고 번역함으로 누구를 말하는지 모호하다.

35 제롬(Braverman 1978, 124)은 데살로니가후서 2:4에 근거하여 적그리스도라고 했고 자유주의자인 몽고메리(Montgomery 1950, 460)는 안티오커스라고 보았다.

마지막 때에 남방 왕이 북방 왕과 힘을 겨룰 것이다(단 11:40). '마지막 때'에 관해 우드(1995, 448)는 적그리스도가 통치하는 대환란 기간이라고 제한하여 말했으나 영(1999, 365-366)과 밀러(Miller 1994, 309)는 더 넓게 지금 시대의 마지막이나 세상의 마지막을 의미한다고 했다. '남방 왕'과 '북방 왕'은 다니엘 11장에는 애굽과 시리아를 말하는 것이지만 여기서는 상징적으로 사용했다. 북방 왕이 적그리스도라면 그에 상응하는 세력이 되어야 한다. 그래서 이 전쟁을 지금 시대의 마지막에 있을 전쟁이라고 본다(영 1999, 366). 이 전쟁이 영화로운 땅에서 하는 전쟁으로 이동하기에 이 전쟁을 므깃도에 일어나는 아마겟돈 전쟁으로 보기도 한다(Miller 1994, 311; 우드 1995, 452).[36] 이 전쟁에서 많은 나라가 패망할 것이나 에돔과 모압과 암몬의 지도자들은 벗어날 것이다(단 11:41). 이 나라들이 전통적으로 이스라엘의 대적들인 점을 고려할 때 이들은 적그리스도를 돕는 자들이다(Miller 1994, 311).

그리고 '그 때에' 이스라엘 민족을 호위하는 큰 군주 미가엘이 일어날 것이고 환난이 있을 것이며 이스라엘 백성 중 책에 기록된 모든 자가 구원을 받을 것이다(단 12:1). '그 때에'는 다니엘 11:40의 '마지막 때'를 말하는 것으로 특히 그리스도의 초림부터 재림에 이르는 기간으로 보는 것이 좋겠다.[37] 왜냐하면 환난은 모든 시대에 있었고 또 재림 때까지 있을 것이기 때문이다. 하나님의 백성은 앞으로 다가올 시대에 불같은 시련 속에 홀로 남겨지지 않을 것이다. 그들을 보호하는 큰 군주, 곧 큰 천사 미가엘이 일어나 보호할 것이기 때문이다. '책에 기록된 모든 자'는 하나님의 생명책에 기록된 자들로 하나님의 선택을 받아 그리스도 안에서 구속받은 모든 자를 말한다(계 3:5; 17:8). 이들은 세상에서 핍박을 받아 죽는다고 할지라도 부활하여 영생을 받을 것이고 어떤 사람은 수치를 당하여 영원히 부끄러움을 당할 것이다(단 12:2). 그리고 이 세상 환난의 기간에 지혜가 있어 많은 사람을 옳은 데로 인도한 사람은 궁창의 빛과 별과 같이 영원토록 빛날 것이다(단 12:3). 이는 안티오커스의 박해에 백성 가운데 있었던 지혜로운 자들과 같은 표현이다(단 11:33-35). 여기서도 지혜로운 자는 적그리스도를 대적하며 많은 사람을 의로운 길로 인도하는 자들이다.

천사는 다니엘에게 "이 말을 간수하고 이 글을 봉함하라"(서톰 하더바림 와하톰 하세페르,

---

36 우드(1995)와 밀러(Miller 1994)는 전천년설자들의 입장에서 이 본문을 보았다.

37 루카스(2017, 410)는 '그 때에'를 안티오커스 핍박 기간이라고 보고 지상에서 벌어지고 있는 전쟁에 대응하는 하늘의 전쟁 이면으로 데려간다고 했다. 우드(1995, 459-460)는 대환란으로, 밀러(Miller 1994, 309-311)는 재림 직전에 일어나는 아마겟돈 전쟁으로 보았다.

סְתֹם הַדְּבָרִים וַחֲתֹם הַסֵּפֶר)라고 하며 많은 사람이 빨리 왕래하며 지식을 더할 것이라고 했다(단 12:4). 여기 '간수하다'라는 동사는 다니엘 8:26, 12:9에도 나타나는데 잘 보관하여 전하라는 개념이다. 이는 특히 사람이 빨리 왕래하며 말세에 대한 지식을 얻기를 원하지만 참된 지식은 다니엘이 간수한 책에 있음을 보여주려는 것이다.

(3) 마지막 교훈(단 12:5-13)

천사가 다니엘에게 말하기를 마치자 마지막으로 다니엘은 자신이 본 환상을 전한다. 그는 두 사람이 있는데 하나는 강 이쪽 언덕에, 하나는 강 저쪽에 서서 대화하는 것을 듣고 전한다. 이 사람은 천상의 존재로 천사를 의미한다(단 12:5). 두 천사 가운데 한 천사가 "이 놀라운 일들의 끝이 어느 때이냐?"라고 묻자 다른 쪽에 있는 천사는 영원히 살아 계시는 하나님께 맹세하며 '한 때 두 때 반 때'를 지나서 모든 일이 끝날 것이라고 했다(단 12:6-7). 천사들의 대화는 다니엘 8:13-14의 대화와 유사하다. 다니엘이 이 말을 듣고도 깨닫지 못하여 "이 모든 일의 결국이 어떠하겠나이까?"라고 질문했다(단 12:8). 한 천사의 질문이나 다니엘의 질문은 같은 것이다. '한 때 두 때 반 때'(세 때 반)를 지난다고 했는데 다니엘 7:25의 아람어 표현에 해당하는 단어로 정해진 때를 의미한다(영 1999, 378).[38] 그래서 이 의미는 성경에 360일을 1년으로 볼 때 1,260일, 365일을 1년으로 볼 때 1,290일과 같은 의미다. 이 숫자는 요한계시록에서 마흔두 달과 천이백육십 일과 같다(계 11:3; 12:6). 이 숫자를 우리는 그리스도의 초림부터 재림에 이르는 전 복음 시대를 가리킨다고 믿는다(고려신학대학원 교수회 2009, 107).

다니엘의 질문에 대해 그에게 말해주는 천사가 답을 주지 않고 다니엘에게 가라고 하면서 사람이 연단을 받아 스스로 정결하게 하며 희게 할 것이나 악한 사람은 악을 행할 것이지만 지혜 있는 자는 깨달을 것이라고 했다(단 12:9-10). 이것은 택한 사람은 박해와 고통이 있을 때 스스로 연단하여 정결하게 되고 악한 사람은 악을 행해도 지혜 있는 자는 깨닫는다는 것이다. 특히 지혜 있는 자는 매일 드리는 제사를 폐하며 멸망하는 가증한 것을 세울 때부터 천이백구십일을 지낼 것이다(단 12:11). 이는 지혜로운 자는 하나님이 정하신 때가 있다는 사실을 알고 믿음을 지킴으로 그가 지혜로운 자임을 증명해 보인다는 것이다. 또 더 기다려 천삼백삼십오 일까지 이르는 그 사람은 복이 있을 것이다(단

38 두기드와 왜그너(2012, 1642-3)는 다니엘 4:25에 근거하여 '한 때 두 때 반 때'라는 표현을 '일곱 때'라는 완전한 심판 기간의 절반으로 이 기간의 제한된 성격에 강조점이 있다고 보았다.

12:12). 이는 천이백구십 일보다 45일이 더 많은데 이 추가적인 숫자는 하나님의 때를 둘러싼 신비감을 고조시키며 인간의 지혜로는 하나님이 임하실 때가 지난 것처럼 보여도 성도들이 인내해야 할 필요성을 강조한다. 그리고 지혜로운 자인 성도는 마지막 날에 그들을 위해 준비된 기업에 대해 확신하며 이 부패한 세상에서 신실하게 살아갈 것이다(두기드 & 왜그너 2014, 1643).

V. 구속사적 의미

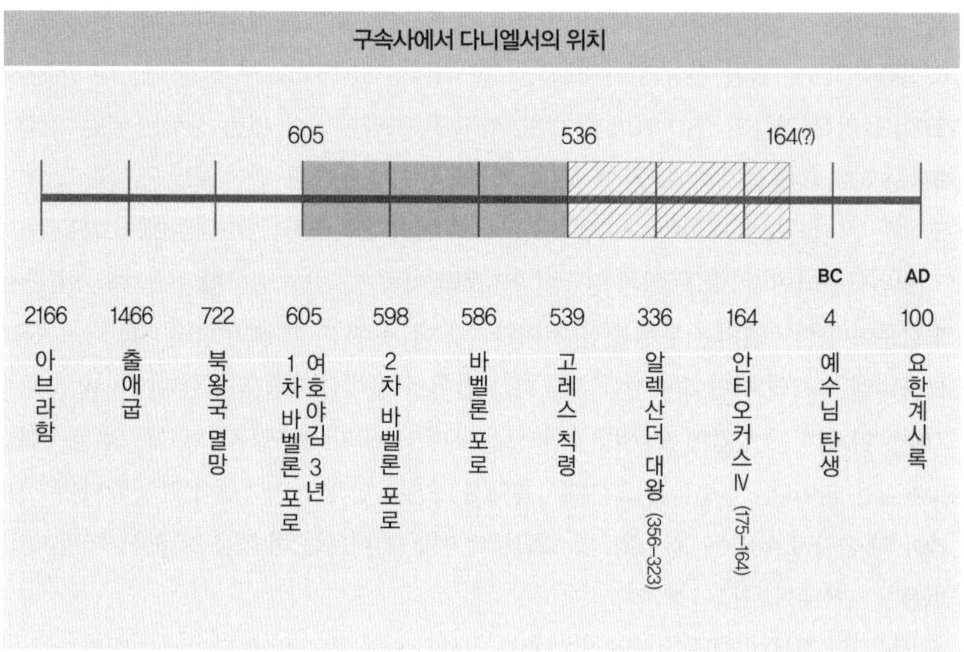

다니엘서는 다니엘과 그의 친구들이 포로로 잡혀 온 여호야김 3년(단 1:1)인 주전 605년부터 다니엘이 마지막 환상을 본 고레스 3년(단 10:1)인 주전 536년까지의 구속사를 기록하고 있다. 그런데 특이한 것은 다니엘이 환상을 기록한 다니엘 7-12장에는 페르시아와 헬라의 알렉산더 대왕(단 8:21; 11:3)과 안티오커스 IV 에피파네스(Antiochus IV Epiphanes, 주전 175-164) 시대의 역사까지 예언했다는 것이다(단 11:2-45). 이 예언이 역사 가운데 성취되었다. 그러므로 이 역시 다니엘서에 기록된 구속사다.

하나님은 다니엘서의 구속사에서 자기 백성이 그들이 지은 죄로 말미암아 징벌을 받는 동안에도 그들에게 관심을 기울이시고 보호해 주셨다. 이는 그들이 이방인의 땅에서 징계를 받고 있었어도 하나님은 그들을 잊지 않으셨고 미래에 그들을 위한 놀라운 계획을 갖고 계셨기 때문이다(우드 1995, 27). 그 계획은 하나님이 그들과 교제하시며 아브라함을 통해 약속하신 대로 그의 자손을 통해 오실 그리스도를 통해 세상이 구원을 얻게 하려는 것이다(참조. 창 12:1–3).

또 하나님은 바다에서 올라오는 기괴한 짐승 넷으로 상징되는 악한 세상을 심판하시고(단 7:2, 17) '구름을 타고' 오실 '인자 같은 이'에게 큰 권세와 영광과 나라를 주어 영원히 다스리게 하실 것이다(단 7:13–14; 26–27). 이 승리는 예언적인데 그리스도가 재림하실 때 완성될 것이다. 이에 대해 신약성경에서 다니엘서의 이미지를 사용하여 설명한다. 예를 들어 요한계시록은 커다란 악의 상징을 바다에서 올라오는 짐승으로 묘사한다(계 13:1–10). 이는 다니엘서에서 바다에서 올라온 네 짐승을 연상시킨다(단 7:2–8). 그리고 그리스도가 재림하실 때 '구름을 타고' 오시고 '인자 같은 이'가 보좌에 앉아 다스리시는 것으로 묘사한다(마 26:64; 막 14:62; 계 1:7; 14:14). 이것은 다니엘서에서 '인자 같은 이'와 '구름을 타고'라는 이미지를 연상시킨다(단 7:13–14).

다니엘서의 구속사에서 언약 백성은 어떤 상황 가운데서도 하나님을 의지하는 믿음으로 살아야 함을 보여준다. 하나님은 다니엘과 그의 친구들의 역사적 상황에 개입하여 그들이 처한 위험에서 건져주실 뿐만 아니라 그것을 통해 그들의 삶을 높이시는 분이시기 때문이다. 오늘날 우리는 다니엘서에서 일어났던 기적이 반드시 나타나지 아니한다 할지라도 믿음으로 살아야 한다(참조. 단 3:17–18). 다니엘서에서 다니엘의 친구들이 풀무불에 들어가고 다니엘이 모함을 받아 사자굴에 들어가도 하나님이 이들을 지키심으로 이를 보여주셨기 때문이다. 그리고 언약 백성은 그리스도가 재림하실 때까지 이 세상에서 시험과 환난이 항상 있음을 알아야 한다. 이 책의 전반부에서 다니엘과 그의 친구들이 모함을 받아 사자굴에 들어가고 우상에 절하지 아니한다고 풀무 불에 던져질 수도 있음과 후반부에서 다니엘의 묵시를 통해 그리스도가 재림하시는 날까지 성도는 많은 시험과 환난이 있음을 보여주었기 때문이다(단 11:31–32; 12:1). 그래서 언약 백성인 우리는 이 세상에서 성도로 살아가는 일이 쉽지 않음을 알고 하나님을 의지하고 기도해야 한다.

참고문헌
Bibliography

고려신학대학원 교수회 2009. 『요한계시록 주석』. 서울: 총회출판국.

고재수 1991[1987]. 『구속사적 설교의 실제』. 서울: 기독교문서선교회.

고재수 1989. "구약의 역사적 본문에 대한 기독론적 해석." 『고려신학보』 제17집. 부산: 고신대학 신학대학원 출판부.

골딩게이, 존 E 2008. 『다니엘』. 채천석 역. WBC 주석 30. 서울: 도서출판 솔로몬.

김성수 2015. 『구약의 키』. 서울 : 생명의 양식.

김정우 1994. 『구약성경에 나타난 리워야단의 영상』. 서울: 총신대학출판부.

김지찬 1996. 『언어의 직공이 되라』. 서울: 생명의 말씀사.

김진수 2012. "구약 내러티브의 해석과 설교 (1)." 『신학정론』 제30권 2호: 523-544.

김진수 2013. "구약 내러티브의 해석과 설교 (2)." 『신학정론』 제31권 1호: 35-62.

노트, M 1997. 『이스라엘 역사』. 박문재 역. 서울: 크리스챤 다이제스트.

답스-알삽, F W 2012. 『예레미야 애가』. 한미공동 주석편집. 서울: 한국장로교출판사.

두기드, 이언 & 폴 왜그너 2014. "다니엘 해설." 『ESV 스터디 바이블』. 이용중 역. 서울: 부흥과 개혁사.

둠브렐, W J 2001. 『언약과 창조』. 최우성 역. 서울: 크리스챤서적.

듀엘, 웨슬리 1994. 『기도로 세계를 움직이라』. 김지찬 역. 서울: 생명의 말씀사.

디어, 찰스 1994. 『예레미야 애가』. 장종식, 김정님 역. 서울: 도서출판 두란노.

디어, 찰스 1994a. 『에스겔』. 김정님 역. 서울: 도서출판 두란노.

라솔, W S 외 2인 2003. 『구약개관』, 박철현 역. 고양: 크리스챤 다이제스트.

라이머, 데이비드 2014. "에스겔 해설." 『ESV 스터디 바이블』. 이용중 역. 서울: 부흥과개혁사.

랄레만, 헤티 2017. 『예레미야, 예레미야 애가』. 유창걸 역. 서울: 기독교문서선교회.

로벗슨, 팔머 1988. 『계약신학과 그리스도』. 김의원 역. 서울: 기독교문서선교회.

로벗슨, 팔머 1999. "'함의 저주'에 관한 오늘날의 중요한 문제들." 『구약신학 논문집』 제9집. 합동신학대학원 출판부.

롱맨 3세, 트렘퍼 2017. 『예레미야, 예레미야 애가』. 이철민 역. 서울: 성서유니온.

루이스, C S 2001. 『순전한 기독교』. 서울: 홍성사.

루카스, 어니스트 2017. 『다니엘』. 김대용 역. 서울: 부흥과 개혁사.

림버그, 제임스, 2004.『현대성서주석: 호세아-미가』. 강성열 역. 한국장로교출판사.

마틴, 존 2011.『이사야』. BKC 강해주석 13. 김동건 역. 서울: 두란노.

맥콘빌, 고든 2009.『성경이해 6: 선지서』. 박대영 역. 서울: 성서유니온선교회.

명종남 1990.『반더발 성경 연구』1. 연합선교회.

박동현, 2010[2006].『예레미야 (I)』. 대한기독교서회 창립 100주년 기념성서주석 23-1. 서울: 대한기독교서회.

박동현, 2011[2006].『예레미야 (II)』. 대한기독교서회 창립 100주년 기념성서주석 23-2. 서울: 대한기독교서회.

박윤선 1976.『성경주석: 이사야』. 서울: 영음사.

박철우 2010.『에스겔』. 대한기독교서회 창립 100주년 기념 성서주석 24. 서울: 대한기독교서회.

반게메렌, 빌렘 A 1993.『예언서 연구』. 김의원, 김명철 역. 서울: 도서출판 엠마오.

백스터, 리차드 2008.『회개했는가』. 배응준 역. 서울: 규장.

버틀러, 트렌트 C 2009.『Main Idea로 푸는 이사야』. 마영례 역. 서울: 도서출판 디모데.

벌럭, 헤슬 C 1999.『시가서 개론』. 임용섭 역. 서울: 은성.

불록, 하젤 2001.『구약선지서 개론』. 류근상 역. 파주: 크리스챤 출판사.

블렌킨솝, 조셉 2002.『에스겔』. 박문재 역. 서울: 한국장로교출판사.

성주진. 2002. "큰 나무의 환상."『그말씀』. 서울: 도서출판 두란노.

송제근 1998.『시내산 언약과 모압 언약』. 서울: 도서출판 솔로몬.

송제근 2017.『아주 오래된 날마다 새로운 구약성경 이야기』1. 군포: 도서출판 언약나라.

송제근 2017a.『아주 오래된 날마다 새로운 구약성경 이야기』2. 군포: 도서출판 언약나라.

신득일 1993. "희년의 윤리."『고려신학보』제25집. 부산 고신대학교 신학대학원.

신득일 2002. "구약에 나타난 야웨(하나님) 경외의 삶."『고신신학』3호. 부산: 고신신학회: 13-48.

신득일 2007.『구약 히브리어』. 서울: 기독교문서선교회.

신득일 2012.『구약정경론』. 서울: 생명의 양식.

신득일 2015.『101가지 구약 Q & A』. 서울: CLC.

신원하 2012.『죽음에 이르는 7가지 죄』. 서울: IVP.

아처, 글리슨 L 1993.『구약총론』. 김정우 역. 서울: 기독교문서선교회.

알렌, 레슬리 C 2008.『에스겔 20-48』. 정일오 역. WBC 주석 29. 서울: 도서출판 솔로몬.

알렌, 레슬리 C 2009.『에스겔 1-19』. 김경렬 역. WBC 주석 28. 서울: 도서출판 솔로몬.

영, 에드워드 J 1989.『이사야 53장 : 고난의 종』. 윤영탁 역. 서울: 성광문화사.

영, 에드워드 J 1999.『다니엘서 주석』. 정일오 역. 서울: 기독교문서선교회.

영, 에드워드 J 2002.『선지자 연구 : 하나님의 종 선지자』. 정충하 역. 서울: 기독교문서선교회.

오만, H M 1986. "구약의 역사적 본문에 대한 기독론적 설교." 이병구 역. 『고려신학보』 제12집. 부산: 고신대학교 신학대학원 출판부.

오틀런드 주니어, 레이먼드 2014. "이사야 해설." 『ESV 스터디 바이블』. 이용중 역. 서울: 부흥과 개혁사.

요세푸스, F 2006.『요세푸스 1: 유대고대사』. 김지찬 역. 서울: 생명의 말씀사.

와츠, 존 D W 2002. 『이사야 1-33』. 강철성 역. 서울: 도서출판 솔로몬.

와츠, 존 D W 2002a. 『이사야 34-66』. 강철성 역. 서울: 도서출판 솔로몬.

우드, 레온 1995. 『다니엘 주석』. 정일오 역. 서울: 기독교문서선교회.

우드, 레온 1995. 『이스라엘의 선지자』. 김동진 역. 서울: 기독교문서선교회.

정중호 2011. 『이사야』 II. 대한기독교서회 창립 100주년 기념 성서주석 22. 서울: 대한기독교서회.

주서택, 김선화 2000. 『내 마음속에 울고 있는 내가 있어요』. 서울: 순출판사.

차일즈, B S 1987. 『구약정경개론』. 김갑동 역. 서울: 대한기독교출판사.

차일즈, B S 1992a. 『구약신학』. 박문재 역. 서울: 크리스챤 다이제스트.

차일즈, B S 1999. 『성경신학의 위기』. 박문재 역. 서울: 크리스챤 다이제스트.

최승락 2013. 『하물며 진리』. 용인: 킹덤북스.

칼빈, 존, 1981. 『구약 성경 주석: 이사야 3』. 존 칼빈 성경 주석 출판위원회 역. 서울: 성서교재간행사, 1981.

콘래드, 에드가 2002. 『이사야서 읽기』. 장세훈 역. 서울: 기독교문서선교회.

크레이다누스, S 1989. 『구속사적 설교의 원리』. 권수경 역. 서울: 학생신앙운동.

클레멘츠, 로날드 E 1994. 『구약성서해석사』. 문동학, 강성열 역. 서울: 나눔사.

키드너, 데렉 2015. "이사야." 『IVP 성경주석』. 김순영 외 7인 공역. 서울: 한국기독학생회출판부.

틸레, 에드윈 R 1990. 『히브리 왕들의 연대기』. 한정건 역. 서울: 기독교문서선교회.

푸타토, 마크 2014. "요나 해설." 『ESV 스터디 바이블』. 이용중 역. 서울: 부흥과 개혁사.

프리처드, 제임스 B 2016. 『고대 근동 문학 선집』. 강승일, 김구원 외 4인역. 서울: 기독교문서선교회.

피, 고든 D & 더글러스 스튜어트 1991. 『성경을 어떻게 읽을 것인가』. 오광만 역. 서울: 성서유니온.

피, 고든 D & 더글러스 스튜어트 2007. 『책별로 성경을 어떻게 읽을 것인가』. 길성남 역. 서울: 성서유니온.

하우스, 폴 2014. "예레미야 애가 해설." 『ESV 스터디 바이블』. 이용중 역. 서울: 부흥과 개혁사.

하우스, 폴 2014a. "선지서 개론." 『ESV 스터디 바이블』. 이용중 역. 서울: 부흥과 개혁사.

하우스, 폴 2014b. "예레미야 해설." 『ESV 스터디 바이블』. 이용중 역. 서울: 부흥과 개혁사.

한정건 2006. 『이사야의 메시아 예언 I: 임마누엘의 메시아』. 서울: 기독교문서선교회.

한정건 2007. 『에스겔 강의안』. 천안: 고려신학대학원.

한정건 2012. 『이사야의 메시아 예언 II: 종의 노래』. 서울: 기독교문서선교회.

헨리, 매튜 2008. 『이사야 : 매튜 헨리 주석』. 박문재 역. 고양: 크리스챤다이제스트.

헬버그, J L 1986. "구약성경연구의 출발점과 방법." 길성남 역. 『고려신학보』 제12집. 부산: 고신대학 신학대학원 출판부: 95−117.

Albright, W F 1971. *The Archaeology of Palestine*. Gloucester: Peter Press.

Alexander, J A 1992[1867]. *Commentary on Isaiah*. Vol. 1. Grand Rapids: Kregel.

Alexander, J A 1992a[1867]. *Commentary on Isaiah*. Vol. 2. Grand Rapids: Kregel.

Allis, O T 1980. *The Unity of Isaiah : A Study in Prophesy*. New Jersey: Presbyterian and Reformed Publishing Co.

Alter, R 1981. *The Art of Biblical Narrative*. New York: Basic Books.

Amit, Y 2001. *Reading Biblical Narrative*. Minneapolis: Fortress Press.

Archer, G L & R Youngblood 2002. "Daniel Notes." *NIV Study Bible*. Grand Rapids: Zondervan.

Atkinson, D 1990. *The Message of Genesis 1-11: The Dawn of Creation*. Leicester: IVP.

Baldwin, J G 1978. *Daniel*. TOTC. Leicester: Inter−Varsity Press.

Bar−Efrat, S 1989. *Narrative Art in the Bible*. Sheffield: Almond Press.

Barker, K L & W Bailey 1999. *Micah, Nahum, Habakkuk, Zephaniah*. Nashville; Broadman & Holman.

Barker, K L & L Walker 2002. "Zechariah Notes." *NIV Study Bible*. Grand Rapids: Zondervan.

Barnes, Albert 1840. *Critical, Explanatory and Practical on the Book of the Prophet Isaiah*. Vol. 3. Boston: Crocker and Brewster.

Berkhof, L 1941. *Systematic Theology*. Grand Rapids: Eerdmans.

Berkhof, L 1988. *Principles of Biblical Interpretation*. Grand Rapids: Baker Book House.

Berlin, A 2002. *Lamentations*. Westminster John Knox Press.

Block, D I 1997. *The book of Ezekiel: Chapters 1-24*. NICOT. Grand Rapids: Eerdmans.

Block, D I 1998. *The book of Ezekiel: Chapters 25-48*. NICOT. Grand Rapids: Eerdmans.

Braverman, J 1978. *Jerome's Commentary on Daniel*. Washington: The Catholic Biblical Association of America.

Bright, J 1955. *The Book of Jeremiah: Its Structure, Its Problems and their Significance for the Interpreter*. Interpretation 9. No. 3. Jul: 259−278.

Bright, J 1965. *Jeremiah*. Anchor Bible. New York: Doubleday.

Bright, J 1981. *A History of Israel* 3rd. Philadelphia: The Westminster Press.

Brockington, L H 1969. *Ezra, Nehemiah and Esther*. London: Nelson.

Brooks, C & R P Warren 1959. *Understanding Fiction*. New York: Appleton Century Crofts.

Brownlee, W H 1986. *Ezekiel*. WBC 28. Word.

Brueggemann, W 1998. *A Commentary of Jeremiah : Exile and Homecoming*. Grand Rapids: Eeerdmans.

Bruce, F F 1980. "Calendar." J. D. Douglas ed. *The New Bible Dictionary*. Leicester: Inter-Varsity Press.

Buyn, J 1992. *The Holy Spirit Was Not Yet: A Study on the Relationship between the Coming on the Holy Spirit and the Glorification of Jesus according to John 7:39*. Kampen: Uitgeversmaatschappij J. H. KOK.

Campbell, D 1977. *Daniel: Decoder of Dreams*. Wheaton: Victor.

Carroll, R P 1986. *Jeremiah*. Old Testament Library. Philadelphia: Westminster.

Chatman, S 1978. *Story and Discourse: Narrative Structure in Fiction and Film*. Ithaca: Cornell University Press.

Childs, B S 2001. *Isaiah*. Louisville: Westminster/John Knox.

Chisholm Jr., R B 1998. *From Exegesis to Exposition*. Grand Rapids: Baker Academic.

Clements, R E 1988. *Jeremiah*. Interpretation. Atlanta: John Knox Press.

Cohen, S 1989[1962]. "Nabateans." *IDB* vol 3. Nashville: Abingdon Press: 491-493.

Cooper, L M 1994. *Ezekiel*. NAC. Broadman & Holman Publishers.

Craigie, P C 1982. "Amos the nōqēd in the light of Ugaritic." *Studies in Religion* 11: 29-33.

Craigie, P C & P H Kelley & J F Drinkard 1991. *Jeremiah 1-25*. WBC 26. Dallas: Word Books.

De Graaf, S G 1981. *Promise and Deliverance* Vol. 1. St. Catharines: Paideia Press.

Delitzsch, F. 1973. *Commentary on the Old Testament VII: Isaiah*. Trans. J. Martin. Grand Rapids: Eerdmans.

Dillard, R B & T Longman III 1994. *An Introduction to the Old Testament*. Grand Rapids: Zondervan.

Douglas, J D ed. 1980. *The New Bible Dictionary*. Leicester: Inter-Varsity Press.

Driver, S R 1897[1891]. *An Introduction to the Literature of the Old Testament*, Edinburgh: T. & T. Clark.

Driver, S R 1978. *Deuteronomy*, Edinburgh: T. & T. Clark.

Duguid, Iain M 1999. *Ezekiel*. NIVAC. Grand Rapids: Zondervan.

Dumbrell, W J 1984. *Covenant and Creation*. Paternoster Press.

Ferris, W F Jr. 1992. *The Genre of Communal Lament in the Bible and the Ancient Near East*. Atlanta: Scholars Press.

Fretheim, T 2002. *Jeremiah*. Smyth & Helwys Bible Commentary. Georgia: Smyth & Helwys.

Furguson, S 1984. *Grow in Grace*. Nav Press.

Gesenius, 1990[1910]. *Gesenius' Hebrew Grammar*. A. E. Cowley trans. New York: Oxford University Press.

Gitay, J 1980. "A Study of Amos's Art of Speech: A Rhetorical Analysis of Amos 3:1−15." *CBQ* 42: 29−309.

Goldsworthy, G 1987. *Gospel & Kingdom: A Christian Interpretation of the Old Testament*. Australia: The Paternoster Press.

Goodfriend, E A 1992. "Adultery." D. N. Freedman eds. Anchor Bible Dictionary(ABD). vol. 1, 82−86.

Gootjes, N H 1990. "Rethinking Redemptive−Historical Interpretation." *Clarion* Vol. 39. The Canadian Reformed Magazine.

Greidanus, S 1970. *Sola Scriptura: Problems and Principles in Preaching Historical Texts*. Toronto: Wedge Publishing Foundation.

Greidanus, S 1988. *The Modern Preacher and the Ancient Text: Interpreting and Preaching Biblical Literature*. Grand Rapids: Eerdmans.

Harman, A 2005. *Isaiah: A Covenant to be kept for the sake of the Church*. Bell and Bain: Christian Focus.

Harman, A M 2007. *Daniel*. Faverdale North: Evangelical Press.

Harris R L, G L Archer & B K Waltke 1980. *Theological Wordbook of the Old Testament*. Chicago: The Moody Bible Institute.

Harrison, R K 1999. *Introduction to the Old Testament*. Grands Rapids: Eerdmans.

Hasel, G 1991. *Old Testament Theology: Basic Issues in the Current Debate*. 4th edition. Grand Rapids: William B. Eerdmans Publishing Company.

Hayes, J H and Irvine, S A 1987. *Isaiah, the Eight-Century Prophet: His Times and Preaching*. Nashville: Abingdon.

Hendriksen, W 1965. *More Than Conquerors: An Interpretation of the Book of Revelation*. grands Rapids: Baker Book House.

Hill, A E & J H Walton 1991. *A Survey of the Old Testament*, Grand Rapids: Zondervan.

Hillers, D R 1992. *Lamentations*. 2nd ed. AB 7A, New York: Doubleday.

Hillmer, M & J H Stek 2002. "Ezekiel Notes." *NIV Study Bible*. Grand Rapids: Zondervan.

Hoekema, A A 1979. *The Bible and thd Future*. Grand Rapids: Eerdmans.

Hoekema, A A 1986. *Created in God's Image*. Grand Rapids: Eerdmans.

Hoekema, A A 1989. *Saved by Grace*. Grand Rapids: Eerdmans.

House, P R 2004. *Lamentations*. WBC 23b. Thomas Nelson.

Hughes, P E 1990. *The Book of the Revelation: Commentary*. Grand Rapids: Eerdmans.

Johnson, A R 1962. *The Cultic Prophet in Ancient Israel*. Universiaty of Wales Press.

Kaiser Jr., W C 1978. *Toward an Old Testament Theology*. Grand Rapids: Zondervan.

Keown, G L & P J Scalise & T G Smothers 1995. *Jeremiah 26-52*. WBC 27. Dallas: Word Books.

Keil, C F 1973. *Biblical Commentary on the Book of Daniel*. Grand Rapids: Eerdmans.

Kepelrud, A S 1989. "Tyre." IDB vol. 4. Nashville: Abingdon Press.

Krasovek. J 1992. "The Source of Hope in the Book of Lamentations." *Vetus Testamentum* 42: 223–233.

Kapelrud, A S 1989. "Tyre", *IDB*, Abingdon: 721–723.

Landers, G M 1989. "Ammon", IDB 1, Abingdon: 111–113.

Lasor, W S, D A Hubbard & F W Bush 1992. *Old Testament Survey: The Message Form and Background of the Old Testament*. Grand Rapids: Wm. B. Eerdmans.

Lee, Hakjae 1999. *A Rhetorical and Theological Interpretation of RUAH in Ezekiel 37:1-34*. Stellenbosch: University of Stellenbosch.

Leupold, H C 1969[1949]. *Exposition of Daniel*. Grand Rapids: Baker.

Livingston G H & K L Barker 2002. "Nahum Notes." *NIV Study Bible*. Grand Rapids: Zondervan.

Liebreich, L 1956–57. "The Composition of the Book of Isaiah", in *JQR* 47: 114–138.

Lindsey, F D 1985. *The Servent Songs*. Chicago: Moody Press.

Longman III, T 1987. *Literary Approaches to Biblical Interpretation*. Grand Rapids: Zondervan.

Longman III, T 1997. *Reading The Bible With Heart Mind*. Nav. Press.

Longman III, T 1999. *Daniel*. The NIV Application Commentary(NIVAC). Grand Rapids: Zondervan.

MacRae, A A 1977. *The Gospel of Isaiah*. Chicago: Moody Press.

MacRae, A A 1991. *The Prophesies of Daniel*. Tampines: Christian Life Publishers.

MacRae, A A 1995. *Studies in Isaiah*. Hatfield: Interdisciplinary Biblical Research Institute.

Magonet, J 1983. *Form and Meaning: Studies in Literary Techniques in the Book of Jonah*. Sheffield: Almond Press.

Malmat, A 1966. "Prophetic Revelations in New Documents from Mari and the Bible," *Vetus Testamentum* 15. Leiden: E. J. Brill: 207–227.

Martens, E A 1986. *Jeremiah*. Believer Church Bible Commentary. Scottdale: Herald Press.

Miller, S R 1994. *Daniel*. NAC Vol. 18. Nashville: B & H Publishers.

Montgomery, J A 1950. *Daniel*. ICC. Edinburgh: T & T. Clark.

Morton, W H 1989. "Dead sea", IDB, Abingdon: 788–790.

Motyer, J A 1993. *The Prophecy of Isaiah: An Introduction and Commentary*. Downers Grove: IVP.

Murphy, S J 2009. "The Quest for the Structure of the Book of Jeremiah." *Bibliotheca Sacra* 166: 306–318.

Nelson, R 1987. *First and Second Kings*. Interpretation. Louisville: John Knox.

Oswalt, J N 1998. *The Book of Isaiah 44-66*. NICOT. Grand Rapids: Eerdmans.

Oswalt, J N 2003. *The NIV Application Commentary: Isaiah*. Grand Rapids: Zondervan.

Parunak, H V D 1984. "Oral Typesetting: Some Uses of Biblical Structure." *Biblica* 62: 153–168.

Pritchard, J B ed. 1969. *Ancient Near Eastern Texts(ANET)*. Princeton: Princeton University Press, 1969.

Provan, I 1991. *Lamentations*. New Century Bible. Grand Rapids: Eerdmans.

Renkema, J 1998. *Lamentations*. Historical Commentary on the Old Testament. Trans. B. Doyle. Leuven: Peeters Publishers.

Ridderbos, J 1985. *Isaiah*. Bible Student's Commentary. Grand Rapids:Zondervan.

Robertson, D 1976. "The Bible as Literature." *The Interpreter's of the Bible Dictionary* Sup. Vol. Ed. Keith Crim. Nashville: Abingdon.

Robertson, O P 1980. *The Christ of the Covenants*. New Jersey: P&R.

Roth, W M W 1962. "Numerical Sequence x/x+1 in the Old Testament." *Vetus Testamentum* 12: 300–311.

Ryken, L 1984. *How to Read the Bible as Literature*. Grand Rapids: Academie Books.

Saggs, H W F 1984. *The Might That Was Assyria*. London: Sidgwick and Jaction.

Seitz, C R 1991. *Isaiah 1-39*. Interpretation. Louisville: Westminster / John Knox.

Skinner, S. 1898. *A Dictionary of the Bible*, ed. J. Hastings and J. Selbie.

Smith, G V 2007. *Isaiah 1-39*. The New American Commentary(NAC): An Exegetical and

Theological Exposition of Holy Scripture. Nashville: B & H Publishing Group.

Smith, G V 2009. *Isaiah 40-66*. The New American Commentary(NAC): An Exegetical and Theological Exposition of Holy Scripture. Nashville: B & H Publishing Group.

Smith, W 1937. *The Glorious Revival Under King Hezekiah*. Grand Rapids: Zondervan.

Song, T G 1992. "Sinai Covenant and Moab Covenant: An Exegetical Study of the Covenants in Exodus 19:1–24:11 and Deuteronomy 4:45–28:69." Ph. D. dissertation. Cheltenham and Gloucester College of Higher Education.

Sweeney, M A 1996. *Isaiah 1-39 with an Introduction to Prophetic Literature*. FOTL. Grand Rapids: Wm. B. Eerdmans.

Sweeney, M A 2016. *Isaiah 40-66*. FOTL. Grand Rapids: Wm. B. Eerdmans.

Tanner, J P 1996. "Rethinking Ezekiel Invasion by Gog." *JETS* 39/1 (March): 29–46.

Taylor, J B 1969. *Ezekiel*. TOTC. Leicester: Inter–Varsity Press.

Thompson, J A 1980. *The Book of Jeremiah*. NICOT. Grand Rapids: Eerdmans.

Throntveit, M A 1992. *Ezra-Nehemiah*. Interpretation. Louisville: John Knox Press.

Towner, W S 1984. *Daniel*. Interpretation. Louisville: John Knox Press.

Trible, P 1978. *God and Rhetoric of Sexuality*. Philadelphia: Fortress.

Trimp, C 1988. *Heilsgeschiedenis en Prediking*. Kampen: Uitgeverij Van Den Berg.

Vanderwaal, C. 1979e. *Search the Scriptures* 5 : *Isaiah-Daniel*. trans. T. Plantinga. Paideia Press.

Vanderwaal, C. 1979f. *Search the Scriptures* 6 : *Hosea-Malachi*. trans. T. Plantinga. Paideia Press.

Vangemeren, W 1988. *The Progress of Redemption: The Story of Salvation from Creation to the New Jerusalem*. Grand Rapids: Baker Book House.

Vangemeren, W 1990. *Interpreting the Prophetic Word*. Grand Rapids: Baker Book House.

Vangemeren, W Ed. 1997. *New International Dictionary of Old Testament Theology and Exegesis*. 5 Vols. Grand Rapids: Zondervan.

Vannoy, J R 2002a. "1, 2 Kings Notes." *NIV Study Bible*. Grand Rapids: Zondervan.

von Rad, G 1965. *The Message of the Prophets*, trans. D. M. G. Stalker. New York: Harper & Row.

Waard, Jan de 1977. "Chiastic Structure of Amos 5:1–17." *Vetus Testamentum*, vol. XXVII no 2: 170–177.

Weingreen, J 1959[1939]. *A Practical Grammar for Classical Hebrew*. London: Oxford University.

Westermann, C 1969. *A Commentary: Isaiah 40-66*. Trans. T. Traps. Minneapolis: Fortress.

Whybray, R N 1983. *Second Isaiah*. OTG. Sheffield: Sheffield Academic Press.

Wiseman, D J 1965. "Some Historical Problems in the Book of Daniel." In D J Wisemman ed. *Notes on Some Problems in the Book of Daniel*. London: The Tyndale Press: 9–18.

Wolf H & J H Stek 2002. "Isaiah Notes." *NIV Study Bible*. Grand Rapids: Zondervan.

Young, E J 1977. *An Introduction to the Old Testament*. Grand Rapids: Eerdmans.

Young, E J 1992[1965]. *The Book of Isaiah*. Vol. I. Grand Rapids: Eerdmans.

Young, E J 1992a[1969]. *The Book of Isaiah*. Vol. II. Grand Rapids: Eerdmans.

Young, E J 1992b[1972]. *The Book of Isaiah*. Vol. III. Grand Rapids: Eerdmans.

Youngblood, R 2002. "Jeremiah Notes." *NIV Study Bible*. Grand Rapids: Zondervan.

Youngblood, R & J Stek 2002. "Lamentations Notes." *NIV Study Bible*. Grand Rapids: Zondervan.

Zimmerli, W 1979. *Ezekiel* 1. Hermeneia. Philadelphia: Fortress Press.

Zimmerli, W 1983. *Ezekiel* 2. Hermeneia. Philadelphia: Fortress Press.